D0934937

Joel Weinberg
Der Chronist in seiner Mitwelt

# Beihefte zur Zeitschrift für die alttestamentliche Wissenschaft

Herausgegeben von
Otto Kaiser

Band 239

Walter de Gruyter · Berlin · New York
1996

Joel Weinberg

# Der Chronist in seiner Mitwelt

Walter de Gruyter · Berlin · New York
1996

♾ Gedruckt auf säurefreiem Papier, das die
US-ANSI-Norm über Haltbarkeit erfüllt.

*Die Deutsche Bibliothek — CIP-Einheitsaufnahme*

**[Zeitschrift für die alttestamentliche Wissenschaft / Beihefte]**
Beihefte zur Zeitschrift für die alttestamentliche Wissenschaft. —
Berlin ; New York : de Gruyter.
    Früher Schriftenreihe
    Reihe Beihefte zu: Zeitschrift für die alttestamentliche Wissenschaft
NE: HST
Bd. 239. Weinberg, Joel: Der Chronist in seiner Mitwelt. — 1996
**Weinberg, Joel:**
Der Chronist in seiner Mitwelt / Joel Weinberg. — Berlin ; New York :
de Gruyter, 1996
    (Beihefte zur Zeitschrift für die alttestamentliche Wissenschaft ;
    Bd. 239)
    ISBN 3-11-014675-4

ISSN 0934-2575

Printed in Germany
Satz: Oliver Roman, Ludwigsburg
Druck: Werner Hildebrand, Berlin
Bindearbeiten: Lüderitz & Bauer-GmbH, Berlin

# Vorwort

„Das Pergament, ist das der heilge Bronnen,
Woraus ein Trunk den Durst auf ewig stillt?
Erquickung hast du nicht gewonnen,
Wenn sie dir nicht aus eigner Seele quillt."

Dieses Goethe-Wort ist eine Warnung für alle Schreibenden, eine Mahnung,
nur dann die Feder in die Hand zu nehmen, wenn es dafür triftige innere und
äußere Gründe gibt. Eine solche Selbstkontrolle und Selbstbegrenzung ist
besonders in einem Bereich angebracht, der so reichlich, ja vielleicht über-
reichlich mit Literatur versorgt ist wie die Bibelwissenschaft. Aber es scheint
mir, daß ich mehrere Gründe benennen kann, welche die Entstehung dieses
Buches rechtfertigen.

Die vorliegende Studie ist einem der Bücher der Bibel, des Alten Testaments – dem Chronikbuch – gewidmet, aber die Bibel ist eine Schöpfung mit
außer- und überzeitlicher Relevanz und Wirkung, ein Werk, das allgemein-
menschliche und konkretmenschliche Erkenntnisse enthält. Die Bibel ist seit
ihrer Entstehung Millionen von Menschen von Kindheit an bekannt, bleibt
aber bis zum Lebensende eines jeden von ihnen unerschöpft. Gleichzeitig
erfordert jede Epoche und jede Generation ein neues Lesen und Verstehen der
Bibel. Das ist ein Ergebnis des Lebens und der Kultur in demjenigen Teil der
Welt und für denjenigen Teil der Menschheit, für den die Bibel eine konstante
und relevante Komponente der eigenen Existenz und der Tradition ist. Es gibt
jedoch auch andere Teile der gegenwärtigen Welt und Menschheit, aus deren
Tradition und Existenz die Bibel jahrzehntelang gewaltsam ausgeschlossen
war, wo für Millionen von Menschen die Bibel nicht nur gänzlich unbekannt
geblieben war (und ist), sondern als Verkörperung des Bösen und Feindlichen
verleumdet und verleugnet wurde (und wird). In diesem Bereich zwischen
dem Pazifik und der Ostsee beginnt erst jetzt eine Rückkehr zur Bibel, was
von vielen als eine überraschende, zuweilen sogar störende Entdeckung empfunden wird. In einer solchen Situation ist jedes ideologisch unvoreingenom-
mene, jedes entideologisierte, wissenschaftlich verantwortliche Wort von
größter Bedeutung und Nutzen.

Auf der Suche nach prägnanten Merkmalen des Phänomens „Mensch"
wird mit Recht darauf hingewiesen, daß er ein historisches Geschöpf ist, das
sich von den übrigen Lebewesen durch Interesse für die eigene Vergangenheit

unterscheidet, das die Fähigkeit besitzt und die Notwendigkeit empfindet, dieser Vergangenheit zu gedenken.[1] Dieses nur dem Menschen eigene geschichtliche Interesse ist eine variable Größe, da es ebenso Epochen mit intensivem historischen Interesse wie solche mit nur geringer Zuwendung zur Vergangenheit zu geben pflegt. Für die gegenwärtige Epoche, für das Ende des 20. Jh., ist im Raum zwischen dem Pazifik und der Ostsee ein reges, zuweilen sogar hektisch überspanntes Interesse für die Vergangenheit kennzeichnend. Man sucht in der Vergangenheit, in der fernen und nahen, nicht nur Exempel, sondern auch Mittel zur Lösung vitaler Probleme der Gegenwart.

Dieses gesteigerte Interesse versetzt die moderne Geschichtswissenschaft, besonders eine ihrer Strömungen – die sowjetisch-marxistische –, in eine prekäre Lage. Einerseits ist der Vergangenheit die öffentliche Aufmerksamkeit zugewandt. Daher werden von der Historie und den Historikern, nicht selten unberechtigt, Antworten auf lebenswichtige Fragen der Gegenwart erwartet und gefordert. Aber andererseits ist ein zunehmendes Mißtrauen, sogar eine Krise des Vertrauens zur Historie und zu den Historikern zu bemerken. Den Historikern wird mit gutem Grund ein beabsichtigtes Verschweigen einer ganzen Reihe von Aspekten und Problemen der Geschichte, absichtliche Fälschung anderer, eine willkürliche Ideologisierung, ein engstirniger Dogmatismus und viele andere tatsächliche Makel und Mängel vorgeworfen. Hiermit sind jedoch zwei prinzipielle Fragen verbunden. Die erste und allgemeine lautet: Sind diese Makel und Mängel Wesenszüge nur der einen Strömung in der modernen Geschichtswissenschaft, oder sind es sozusagen „Geburtsfehler" der Geschichtsschreibung, ihr immanente Eigenschaften? Die zweite Frage ist eine individuell-persönliche, denn auf einer bestimmten Stufe seiner beruflichen Tätigkeit ist es für jeden Historiker um seiner selbst willen wichtig und notwendig, Klarheit über das Wesen und den Sinn seiner Tätigkeit zu gewinnen. Um diese, nicht nur für den Historiker, sondern auch für sein Auditorium wichtigen Fragen zu beantworten, ist es zweckmäßig, auf die Anfänge der Geschichtsschreibung zurückzugreifen.

Geschichte ist stets ein Dialog zwischen der Gegenwart und der Vergangenheit, zwischen Epochen und Generationen, und „jede Epoche sucht sich in der Vergangenheit, zuweilen bewußt und zuweilen unbewußt, diejenigen Traditionen aus, die ihr geistig nahestehen, die Korrelate ihrer eigenen Erfahrung sind."[2] Für die zweite Hälfte unseres Jahrhunderts ist ein solches Korrelat, wie es K. Jaspers schon 1949 voraussah,[3] die Achsenzeit, die Mitte des 1. Jt.v.u.Z. Die besondere Attraktivität dieser Epoche für die Menschen des ausgehenden 20. Jh., insbesondere im Raum zwischen dem Pazifik und der Ostsee, besteht vielleicht darin, daß die heutigen Erwartungen und Hoffnungen auf radikale, tiefgreifende Wandlungen in allen Lebensbereichen daran erinnern, was sich

---

1   J.P. Vejnberg, Roždenije istorii, 6.
2   Je.V. Zavadskaja, Vostok na zapade, 5.
3   K. Jaspers, Vom Ursprung und Ziel der Geschichte, 18-19.

um die Mitte des 1. Jt.v.u.Z. tatsächlich bereits vollzogen und seinen Ausdruck auch in einer bedeutsamen Schöpfung dieser Zeit, im Chronikbuch, gefunden hat.

Es können noch andere Gründe angeführt werden, aber es sei nur noch ein rein persönlicher erwähnt: Ich bin in einer deutschsprachigen jüdischen Familie in Riga geboren. Meine erste Lektüre „Till Eulenspiegel", „Lichtenstein", die Nibelungen usw. Aber in den 30er Jahren begann eine nichtgewollte, aufgezwungene Entfernung und Entfremdung von der deutschen Kultur, die ihren Tief- und Endpunkt im Rigaer Ghetto, in Stutthof, in Buchenwald und anderwärts erreichte. Aber ein Mensch kann und soll keine seiner Wurzeln vergessen, und darum ist dieses auf deutsch geschriebene Buch für mich ein Zeichen der Überbrückung der entstandenen Kluft.

Und noch eine präliminare Bemerkung, die den Titel des Buches betrifft, genauer das Wort „Mitwelt" an Stelle des üblichen Terminus „Umwelt". Das ist nicht meine Erfindung, sondern er ist aus einem Essay von P. Lapide[4] entnommen, der mit Recht behauptet, daß „Umwelt" etwas um den Mittelpunkt Zentriertes, ihm Untergeordnetes, Peripheres bezeichnet. Das Wort „Mitwelt" ist bescheidener, enthält die semantische Nuance der Gleichheit, der Verbundenheit und entspricht darum besser der Stellung und der Rolle des Chronisten und des Chronikbuches in ihrer Zeit sowie der Intention und dem Inhalt meiner vorliegenden Arbeit.

Eine Distanz von mehr als zwei Jahrtausenden liegt zwischen dem Chronisten und seinem heutigen Erforscher, und vieles im Wesen und in der Praxis der Geschichtsforschung hat sich seither grundsätzlich geändert. Aber der moderne Historiker und sein ferner Vorgänger haben das eine gemeinsam, daß ihre Tätigkeit einen individuellen Charakter besitzt, was aber keinesfalls ein Abseitsstehen oder eine Insichgekehrtheit des Forschers einschließt. Ganz im Gegenteil, die individuelle Forschungsarbeit setzt in der Gegenwart und setzte wahrscheinlich auch in der Vergangenheit Meinungsaustausch, Diskussionen und Konsultationen mit Fachkollegen voraus. Ich habe diese Vorbedingungen, soweit es möglich war, genutzt. So gilt mein herzlichster Dank allen Kollegen in Daugavpils und Riga, Moskau und Petersburg, Jerusalem und Marburg, Wien und andernorts. Besonderer Dank gebührt Herrn Professor O. Kaiser, dessen Initiative und Bemühungen die Veröffentlichung des Buches ermöglichten, Frau Wicke-Reuter, die mein Deutsch lesbar machte, wie auch meiner Frau Ljuba Weinberg, denn es war und ist ihre Fürsorge, welche die Fertigstellung dieser Arbeit förderte.

Daugavpils (Lettland), 1989 – Jerusalem, 1994

---

4 P. Lapide, Das Kamel dürstet im Weltenhaus, 10.

# Inhalt

Vorwort............................................. V

I. Das Problem und die Quellen........................... 1

II. Die weitere Mitwelt des Chronisten: Der nahöstliche Vorhellenismus 16

III. Die engere Mitwelt des Chronisten:
Die Jerusalemer Bürger-Tempel-Gemeinde.................. 34
   1. Die Katastrophe von 586 v.u.Z. und ihre Folgen............. 34
   2. Die nachexilische Jerusalemer Gemeinde:
      Entstehung und Chronologie, Mitgliedschaft und Territorium .. 52
   3. Die nachexilische Gemeinde: Ihre soziale Struktur.......... 67
   4. Die nachexilische Gemeinde: Selbstverwaltung und Verwaltung 87
   5. Die nachexilische Gemeinde: „Sie", „Wir" und „Ich" ........ 102
   6. Die nachexilische Gemeinde – eine Bürger-Tempel-Gemeinde . 117

IV. Der Chronist: Seine Quellen und Methode .................. 119
   1. Der Chronist und die geschichtlichen Traditionen .......... 121
   2. Das Eigengut des Chronisten: Sein Inhalt und seine Funktion .. 130
   3. Der Anfang und das Ende im Chronikbuch................. 147
   4. Das mündliche und das schriftliche Wort,
      die direkte und die indirekte Rede im Chronikbuch .......... 151
   5. Handlung und Verifikation im Chronikbuch ............... 156

V. Das Weltbild des Chronisten ........................... 161
   1. Die Rekonstruktion des chronistischen Weltbildes .......... 161
   2. Die Natur im Weltbild des Chronisten.................... 165
   3. Das Ding und die dingproduzierende Tätigkeit des Menschen
      im Weltbild des Chronisten ........................... 174
   4. Der Mensch und die menschlichen Gemeinschaften
      im Weltbild des Chronisten ........................... 180
   5. Königtum, Königreich und König im Weltbild des Chronisten . 209
   6. Gott und das Göttliche im Weltbild des Chronisten ......... 231
   7. Raum, Zeit und Historismus im Weltbild des Chronisten...... 264

VI. Der Verfasser, die Gattung und das Auditorium des Chronikbuches   277

Nachwort ..........................................   291

Literatur ..........................................   294

Abkürzungen .......................................   323

Register der Bibelstellen...........................   326

# I. Das Problem und die Quellen

Der alte römische Spruch „habent libella suum fatum" kann mit Recht auch auf das Chronikbuch bezogen werden, da seine Bewertung, die Einstellung zu ihm im Verlauf der Zeiten grundsätzliche Wandlungen erfahren hat und auch heute nicht eindeutig und übereinstimmend ist. Hierbei ist es auffällig, daß das Chronikbuch im Gegensatz zu anderen Bestandteilen des Alten Testaments „was appraised negatively from the very beginning of biblical criticism."[1] Als Grund für ein solches Verdikt diente die verbreitete (und nicht ganz grundlose) Meinung,daß das Chronikbuch der göttlichen Inspiriertheit entbehre, zu weltlich und zu wenig sakral sei und darum nicht geeignet für ein breites Auditorium, sondern annehmbar nur für einen engen Kreis von Weisen, Exegeten.

Diese Einstellung herrschte bis zum Anfang des 19. Jh. vor, als im Zusammenhang mit der sich schnell entwickelnden Pentateuchforschung auch das Chronikbuch die Aufmerksamkeit W.M.L. de Wettes, K.H. Grafs, J. Wellhausens und anderer prominenter Bibelwissenschaftler auf sich zog,[2] in erster Linie nur als Hilfsmittel zur Klärung von Problemen des Pentateuchs. Obwohl J. Wellhausen[3] das Chronikbuch als eine hervorragende literarische Leistung des Judentums anerkannte, vertrat auch er die allgemein verbreitete Meinung über die nur geringe historische Zuverlässigkeit dieses Werkes.

Für die weitere Entwicklung der Chronikforschung war es jedoch schon wichtig, daß damit das Problem „zuverlässig-nichtzuverlässig" gestellt war. Obwohl schon im 19. Jh. vereinzelt vorsichtige Versuche unternommen worden waren, die Glaubwürdigkeit des chronistischen Materials zu erweisen (C.F. Keil, H. Ewald, H. Graetz u.a.), war es dem kommenden Jahrhundert vorbehalten, einen radikalen Durchbruch in dieser Frage zu erzielen. Es waren hauptsächlich die großen Erfolge der nahöstlichen und palästinischen Epigraphik und Archäologie, die zu der Erkenntnis führten, daß „The portrayal of the Chronicler as the forger of history, as a person endowed with a rigid dogma, rare literary talents, and an unrestrained audacity, whose writings were pure fiction, inspired by limited objectives … was a stereotype which could no longer be accepted."[4] In der Chronikforschung wird seither weitgehend die Authentizität und Glaubwürdigkeit des Chronikbuches anerkannt, besonders

---

1  S. Japhet, The Historical Reliability of Chronicles, 83.
2  T. Willi, Die Chronik als Auslegung, 14ff.; S. Japhet, The Historical Reliability of Chronicles, 84ff.; K. Strübind, Tradition als Interpretation in der Chronik, 1ff., u.a.
3  J. Wellhausen, Prolegomena zur Geschichte Israels, 178ff.
4  S. Japhet, The Historical Reliability of Chronicles, 95.

seines Eigenguts,[5] was aber den gelegentlichen Rückfall in eine negative Bewertung nicht ausschließt.[6]

Ein anderer Aspekt der modernen Chronikforschung ist die Frage, ob das Chronikbuch von Anfang an eine selbständige Schrift war oder ursprünglich zusammen mit den Büchern Esra-Nehemia ein einheitliches, von einem Verfasser geschaffenes Werk bildete, das erst später unterschieden und abgetrennt wurde. Bis 1968 wurde diese Frage überhaupt nicht gestellt, denn seit im Talmud das Urteil gefällt war: „Esra schrieb sein Buch und die Genealogie der Chronik bis auf seine eigene ... Wer führte es [das Buch Esra] zu Ende? – Nehemia, der Sohn Hahalia's" (Baba Bathra 15a), wurde die Einheitlichkeit dieser Bücher allgemein anerkannt. Es war S. Japhet, die auf Grund einer ausführlichen Analyse des chronistischen Vokabulars, seiner zahlreichen spezifischen Termini technici und Ausdrücke, die bahnbrechende Schlußfolgerung zog, daß „the books [Esra-Nehemia und das Chronikbuch] could not have been written or compiled by the same author. It seems rather that a certain period of time must separate the two."[7] Obwohl die traditionelle Anerkennung der Einheitlichkeit der drei Bücher auch heute ihre Anhänger und Verteidiger findet,[8] gewinnt der Standpunkt S. Japhets immer größeren Beifall.[9] Auch ich schließe mich diesem Standpunkt an, und obwohl in der weiteren Darlegung diesem Problem keine spezielle Aufmerksamkeit gewidmet werden soll, enthalten die folgenden Seiten eine Reihe von Argumenten, hauptsächlich konzeptionell-weltanschaulicher Art, die den Standpunkt S. Japhets bekräftigen.

Mit der Anerkennung der Zuverlässigkeit und der Glaubwürdigkeit des Chronikbuches und seiner Bedeutung als historische Quelle kommt unvermeidlich auch die Frage auf, wie der Chronist die von ihm beschriebene Vergangenheit erfaßte, was für ein Geschichtsbild und was für eine Theologie er hatte und welcher Methodik er folgte.[10] Antworten darauf enthielt bereits die

---

5   W. Rudolph, Chronikbücher, XVII-XVIII; B. Mazar, dibrê hayyāmîm, sēper dibrê hayyāmîm, 596ff.; J. Liver, hîstôriyā wĕhîstôrîôgrāpiyā bĕsēper dibrê hayyāmîm, 221-233; J.P. Weinberg, Das Eigengut in den Chronikbüchern, 161-181, u.a.

6   C.C. Torrey, The Chroniclers History of Israel, XV-XVI; P. Welten, Geschichte und Geschichtsdarstellung in den Chronikbüchern, 195, u.a.

7   S. Japhet, The Supposed Common Authorship of Chronicles and Ezra-Nehemia Investigated Anew, 371.

8   W.Th. In der Smitten, Die Gründe für die Aufnahme der Nehemiaschrift in das chronistische Geschichtswerk, 207-221; R. Mosis, Untersuchungen zur Theologie des chronistischen Geschichtswerkes, 11-16; J.M. Myers, 1 Chronicles, XV; M.A. Throntveit, Linguistic Analysis and the Question of Authorship in Chronicles, Ezra and Nehemia, 201-216; G. Fohrer, Erzähler und Propheten im Alten Testament, 201; D. Talshir, A Reinvestigation of the Linguistic Relationship Between Chronicles and Ezra – Nehemia, 165-193, u.a.

9   B. Mazar, dibrê hayyāmîm, sēper dibrê hayyāmîm, 605-606; H.G.M. Williamson, Israel in the Books of Chronicles, 12-36, 60-70; ders., 1 and 2 Chronicles, 5-11; S. Talmon, Ezra and Nehemia, 357-364; ders., 1 and 2 Chronicles, 365-372, u.a.

10  Eine ausführliche Betrachtung der verschiedenen Standpunkte bei: K. Strübind, Tradition als Interpretation in der Chronik, 37-60.

bahnbrechende Arbeit G. von Rads,[11] in der „David und die Lade", „David und der Kultus" und andere Aspekte des chronistischen Geschichtsbildes analysiert wurden. Diese Forschungsrichtung fortsetzend, wandte A.C. Welch[11] besondere Aufmerksamkeit der Schilderung Davids, der Prophetie und der Propheten, der Leviten und anderer im Chronikbuch zu. S. Japhet[11] untersucht ausführlich verschiedene Aspekte des chronistischen Weltbildes wie ‚Gott und sein Kultus', ‚das Volk Israel und das Königtum', während H.G.M. Williamson[11] unter der markanten Überschrift „Some characteristic themes" die Topoi ‚das Volk und das Königtum', ‚der Tempel' u.a. betrachtet.

Alle diese Themen sind im Chronikbuch tatsächlich vorhanden, sie erschöpfen jedoch nicht die Vielfalt und Mannigfaltigkeit des chronistischen Weltbildes. Darum soll der Versuch unternommen werden, eine möglichst weite, komplexe und systematische Rekonstruktion des chronistischen Weltbildes zu erarbeiten, was aber notwendigerweise eine vorangehende Untersuchung der vom Chronisten angewandten Arbeitsmethode erfordert. Die Bestimmung der Methodik des Chronisten und die Rekonstruktion seines Weltbildes sind die zentralen Probleme und wichtigsten Aufgaben dieser Arbeit. Aber eine conditio sine qua non für die Lösung oder besser für den Versuch einer Lösung dieser Probleme ist eine möglichst genaue Bestimmung des „Sitzes im Leben" des Chronikbuchs. „Sitz im Leben" ist ein kompliziertes und komplexes Phänomen. Es umfaßt erstens die engere Mitwelt des betreffenden Werkes, d.h. den Raum und die Zeit, das Milieu, in dem dieses Werk entstanden ist und in dem es rezipiert wird. Zweitens bezieht es auch die weitere Mitwelt – die Epoche, ihre grundsätzlichen sozialpolitischen und geistigen Strukturen und Tendenzen – mit ein sowie drittens das zeitlich frühere, vorangehende und besonders das synchronistische Schrifttum, und zwar vor allem Texte derjenigen Gattung, der auch das betreffende Werk angehört.

In bezug auf das Chronikbuch bedeutet das Gesagte, daß das Werk des Chronisten, seine Methodik und sein Weltbild im Zusammenhang mit seiner weiteren Mitwelt – der Mitte des 1. Jt. v.u.Z. – und im Rahmen seiner engeren Mitwelt – der Jerusalemer Gemeinde des 6.-4. Jh. v.u.Z. – im Kontext nicht nur des Alten Testaments, sondern auch der zeitgenössischen Geschichtsschreibung betrachtet werden soll.

Es ist augenscheinlich, daß jeder Versuch einer Lösung der gestellten Aufgaben vom Stand, Umfang und Informationsgehalt des vorhandenen Quellenmaterials abhängt. Aber gerade die Mitte des 1. Jt. v.u.Z., die sog. persische Zeit, wird in der Bibelwissenschaft häufig als das „dunkle" Zeitalter der jüdischen Geschichte bezeichnet. So bemerkte R.P. Carroll[12] resigniert: „The

---

11 G. von Rad, Das Geschichtsbild des chronistischen Werkes; A.C. Welch, The Work of the Chronicler; S. Japhet, ᵓĕmûnôt wĕdēᶜôt bĕsēper dibrê hayyāmîm; H.G.M. Williamson, 1 and 2 Chronicles, 24-33, u.a.
12 R.P. Carroll, „Silence, Exile and Cunning", 36, vgl. besonders die Thesen des Vortrags.

historical problems of this whole period are enormous, more even because of lack of information than because of what we do have". Die Klagen über die Lückenhaftigkeit des Quellenmaterials für das „dunkle" Zeitalter ist fast ein locus communis in der modernen Bibelwissenschaft. Einmütigkeit ist jedoch nicht immer ein Beweis für die Richtigkeit einer Meinung.

Dazu einige Überlegungen. Erstens muß daran erinnert werden, daß auch das Schweigen der Quellen bereits einen gewissen Informationswert haben kann, da „A depressed people living in a depressed area on the margins and peripheries of the empire are necessarily forced into silence and cunning if they wish to survive and flourish."[13]

Die zweite Überlegung betrifft die Notwendigkeit und Zweckmäßigkeit, im Umgang mit Quellen nicht nur das Was, den Inhalt der Information auszuwerten, sondern auch dem Wie der betreffenden Information Aufmerksamkeit zuzuwenden. Es geht um die Frage, ob die entsprechende Information etwas Nebensächliches und Marginales im gegebenen Quellen-Text ist oder dessen strukturelle und zentrale Komponente. Der Ort der Information im Text ist nicht selten ein Indikator für ihre Bedeutung und Wichtigkeit für die Zeitgenossen. Davon aber hängt teilweise auch der Bestand des Quellenmaterials ab, denn der Erhalt oder das Verschwinden eines Texts, einer Information ist nicht immer ein Spiel des Zufalls, sondern kann auch das Ergebnis einer bewußten oder unbewußten Auslese durch die Zeitgenossen und die folgenden Generationen sein, die das für sie Relevante bewahren, während das, was ihnen unbedeutend erscheint, an den Rand gedrängt wird und verschwindet.

Sämtliche historischen Quellen können drittens in drei Hauptgruppen aufgeteilt werden: 1. „Texte" im weitesten Sinne des Wortes als Bezeichnung für sämtliche mündlichen, schriftlichen, dinglichen, künstlerischen Kommunikationsmittel, die der Zeit (und dem Raum) des betreffenden Phänomens oder Geschehnis angehören und direkte, explizite Informationen darüber enthalten; 2. „Texte", die ebenfalls zur gleichen Zeit (und im selben Raum) wie das betreffende Phänomen entstanden sind, aber direkte, explizite Informationen über andere Erscheinungen und Geschehnisse enthalten, zuweilen jedoch auch indirekte, implizite Angaben über das gegebene Phänomen bieten können; 3. „Texte" aus einer anderen, späteren Zeit (und vielleicht auch aus einem anderen Raum), die dennoch Informationen über das zu untersuchende Phänomen enthalten. Da diese drei Quellengruppen dem Wesen, der Authentizität und der Bedeutsamkeit nach beträchtlich divergieren, scheint eine separate, notwendigerweise kurz gefaßte Übersicht zweckmäßig.

1. Ein wichtiger Bestandteil der ersten Quellengruppe sind die archäologischen Funde und Materialien. Den Archäologen[14] sind zur Zeit mehrere hun-

---

13  Ibid.
14  Diese Übersicht fußt hauptsächlich auf den Arbeiten E. Sterns: ʾereṣ yiśrāʾēl bĕtĕkûpā happarsît, 110-124; The Material Culture of the Land of the Bible in the Persian Period 538-332 B.C; The Archaeology of Persian Palestine, 88-114, u.a.

dert Fundorte für das Palästina des 6.-4. Jh. v.u.Z. bekannt. Hierbei ist es kennzeichnend, daß nur wenige der von den Assyrern und Babyloniern zerstörten Städte (Megiddo, Hazor u.a.) in persischer Zeit nicht wieder aufgebaut wurden, während die Mehrzahl der nachexilischen Ortschaften entweder seit vorexilischer Zeit bestanden (im Samarischen Gebiet sind es 99 Ortschaften oder 42% aller Siedlungen der persischen Zeit) oder neue Siedlungen der Perserzeit (im Samarischen Gebiet 136 Ortschaften oder 58%)[15] waren. Diese Angaben deuten auf eine rege Siedlungstätigkeit hin, die kaum mit der Vorstellung von „A depressed people living in a depressed area" übereinstimmt, sondern ganz im Gegenteil eine dynamische Aktivität in allen Lebenssphären voraussetzt, wobei die dialektische Verbundenheit von Kontinuität und Diskontinuität markant zum Ausdruck kommt. Die zahlreichen Funde von Keramik, Erzeugnissen aus Metall usw. gewähren nicht nur einen Einblick in das wirtschaftliche Leben des nachexilischen Palästina, sondern enthalten auch Angaben, die es ermöglichen, das Problem „Kontinuität-Diskontinuität" zu untersuchen. Ein bedeutender Teil der nachexilischen palästinischen Keramik setzt die vorexilischen Produktionstraditionen fort, während andere Typen örtliche Nachahmungen ägyptischer, phönikischer und besonders assyrischer und persischer Vorbilder waren. Dies wie auch die Funde griechischer Keramik[16] bezeugen, daß Palästina im persischen Zeitalter nicht abseits am Rande des Geschehens lag, sondern enge wirtschaftliche und kulturelle Kontakte mit der Umwelt unterhielt. Ein weiterer Beleg dafür wie auch für die Vielfältigkeit des geistig-geistlichen Lebens im nachexilischen Palästina sind die Terrakotten und Steinfiguren griechischer, kleinasiatischer, rhodischer und zyprischer Herkunft aus Tell Zippor[17] wie auch die zahlreichen Räucher-Altäre[18], die eine Reihe von Fragen im Blick auf das religiöse Leben und die kultisch-rituelle Praxis im vor- und nachexilischen Palästina aufwerfen.

Wichtige Informationen enthalten auch die zahlreichen epigraphischen Materialien, die schon als solche, unabhängig von ihrem Inhalt, auf eine wichtige Komponente des kulturellen Lebens der Juden, nämlich auf die Verbreitung der Lese- und Schreibkultur hinweisen. Während das Muraschu-Archiv[19] einen umfassenden Einblick in die wirtschaftliche Tätigkeit, die soziale Organisation und das religiöse Leben der jüdischen Exulanten in Mesopotamien gewährt, spiegelt das Archiv aus Elephantine[20] das Alltagsleben, die Familien-

---

15 A. Zertal, The Pahwah of Samaria (Northern Israel) during the Persian Period, 9-13.
16 D. Auscher, Les relations entre la Gréce et la Palestine avant la conquête d'Alexandre, 8-30.
17 O. Negbi, A Deposit of Teracottas and Statuettes from Tell Ṣippor.
18 S. Gitin, Incense Altars from Ekron, Israel and Judah, 52-66.
19 G. Cardascia, Les archives des Murašu; S. Daiches, The Jews in Babylonia in the Time of Ezra and Nehemia; R. Zadok, The Jews in Babylonia in the Chaldean and Achaemenian Periods u.a.
20 A.E. Cowley, Aramaic Papyri of the Fifth Century B.C.; E.G. Kraeling, The Brooklyn Museum Aramaic Papyri; B. Porten, A. Yardeni, Textbook of Aramaic Documents from Ancient Egypt 1-2, u.a.

beziehungen, die Rechtsnormen, die religiösen Traditionen und andere
Aspekte der jüdischen Söldner-Kolonie wider.

Die nachexilische palästinische Epigraphik unterscheidet sich merklich
von der vorexilischen: Während die letztere neben den quantitativ dominierenden Siegeln und Stempeln auch eine nicht geringe Anzahl von Briefen und
Ostraka (aus Lachisch, Arad usw.) enthält, in denen verschiedene Aspekte und
Ereignisse des sozial-politischen Lebens erörtert werden, zahlreiche Personen
– Eltern und Kinder, Beamte und Bekannte, Vorgesetzte und Untergeordnete –
miteinander kommunizieren, sind in der nachexilischen Epigraphik solche
Materialien kaum anzutreffen. Statt dessen dominieren die individuellen, per-
sönlichen Siegel und Stempel.[21] Eine solche Veränderung im Bestand und
Inhalt der nachexilischen Epigraphik ist kaum als Zufall zu betrachten. Eher
muß angenommen werden, daß sie von bedeutsamen sozial-psychologischen
Prozessen hervorgerufen ist und sie widerspiegelt. Vielleicht besteht ein
Zusammenhang zwischen der Verbreitung der individuellen, persönlichen Siegel und Stempel und dem in nachexilischer Zeit deutlich wahrnehmbaren
Trend zur Individualisierung und Autonomisierung des Menschen? Vielleicht
machten das kleine Territorium und die geringe Mitgliederzahl der entstehenden nachexilischen Gemeinde, ihre primär agnatische, horizontale Struktur
und die damit verbundene Möglichkeit und Gewohnheit einer direkten, vorwiegend mündlichen Kommunikation das Briefschreiben überflüssig? Jedenfalls liegen den inhaltlichen Wandlungen in der palästinischen Epigraphik
bedeutsame Prozesse in der Wirklichkeit zugrunde. Noch ein anderer Unterschied zwischen der vor- und nachexilischen Epigraphik kann dies belegen: In
der früheren Epigraphik sind die Benennungen der vorexilischen Staaten
kaum anzutreffen, weil sie selbstverständlich waren und kein besonderes
Interesse weckten; in nachexilischer Zeit dagegen bilden Siegel und Stempel
mit den administrativ-politischen Termini *yh*, *yhd* und *yhwd* (Judäa), *yršlm*
(Jerusalem) wie auch *phh* (*pehā*, Statthalter) eine besondere und umfangreiche
Klasse der Epigraphik, weil eben die Erneuerung des eigenen Staatsgebildes
eine der wichtigsten und schwierigsten Aufgaben war und im Mittelpunkt des
Interesses der Zeitgenossen stand.

Obwohl die Bedeutung des archäologischen und epigraphischen Materials
kaum überschätzt werden kann, bilden dennoch die alttestamentlichen Texte
nach wie vor den Kern der ersten Quellengruppe. Er umfaßt alttestamentliche
Texte, die über die Katastrophe von 586 v.u.Z., über das Schicksal der in
Judäa Zurückgebliebenen und über das Leben und die Erwartungen der Exulanten berichten, während im Mittelpunkt anderer Texte die Entstehung und
der Werdegang der nachexilischen Gemeinde stehen.

---

21  Excavations of Ramat-Rahel 1-11; E. Stern, Seal Impressions in the Achaemenid Style
    in the Province of Judah, 6-16; N. Avigad, Bullae and Seals from a Post-Exilic Judean
    Archive, u.a.

Dem ersten Teil alttestamentlicher Texte gehören einige der Sprüche des Propheten Jeremia,[22] des Sohnes Hilkias aus einer Priesterfamilie zu Anatot, an, da seine Tätigkeit im Jahre 626 begann (Jer. 1,2; 25,3) und bis nach der Katastrophe von 586 v.u.Z. andauerte (Jer. 44). Von besonderer Wichtigkeit sind die der dritten Tätigkeitsperiode des Propheten (597 bis nach 586 v.u.Z.) angehörenden Kapitel 27-29 und 44,[23] die geschichtlichen Anhänge in Kap. 52 und 40,5–43,13, die möglicherweise von einem Schüler des Propheten im babylonischen Judäa verfaßt wurden,[24] und einige andere[25]. Die Hauptthemen in allen diesen Stücken sind der Untergang des Staates und die Zerstörung des Tempels, die babylonische Herrschaft in Judäa und das Exil. Letzteres wird dabei nicht behandelt als bloße Episode, sondern als eine andauernde Epoche der Reue und Buße, die von allen Betroffenen nicht nur die Hoffnung auf eine erfreuliche Zukunft, sondern auch eine ernste Auseinandersetzung mit der wenig erfreulichen Gegenwart fordert.

Ein jüngerer Zeitgenosse Jeremias war Ezechiel, der Sohn Busis aus einer Jerusalemer Priesterfamilie, der vielleicht selbst ein Priester war. Im Jahr 597 v.u.Z. war er nach Babylonien deportiert worden und wirkte dort unter den Exulanten bis 571 v.u.Z. als Prophet.[26] Ezechiel war ein Prophet des Exils und der Exulanten, und so fanden in seinen Sprüchen und Visionen die Gefühle und Gedanken, Zweifel und Hoffnungen der Deportierten ihren Ausdruck. Sünde und Strafe, Ermahnungen zur Umkehr und Buße, Verurteilung des vorexilischen Königtums und Unheilsverkündigung gegen diejenigen Völker, die an Gott und Israel schuldig geworden sind, Verantwortlichkeit des Einzelnen für seine Taten und Hoffnung auf eine Auferstehung der Toten, Verheißung eines neuen Israels u.a. sind die Hauptthemen des Propheten. Mit seinem Namen ist auch der wahrscheinlich später, gegen Ende der Exilszeit abgefaßte ausführliche Verfassungsentwurf der zukünftigen Gemeinde (Ez. 40-48)[27] verbunden.

---

22  J. Skinner, Prophecy and Religion; O. Eissfeldt, Einleitung in das Alte Testament, 466-492; J. Rosenberg, Jeremiah and Ezekiel, 184-194; G. Fohrer, Erzähler und Propheten im Alten Testament, 113ff., u.a.

23  H. Seebass, Jeremias Konflikt mit Chananja, 449-452; Th. Seidl, Texte und Einheiten in Jeremia 27-29; D.L. Smith, The Religion of the Landless, 129ff., u.a.

24  E. Janssen, Juda in der Exilszeit, 82ff., u.a.

25  O. Eissfeldt, Jeremias Drohorakel gegen Ägypten und gegen Babel, 31-37; ders., Einleitung in das Alte Testament, 488-491, u.a.

26  D. Baltzer, Ezechiel und Deuterojesaja; O. Eissfeldt, Einleitung in das Alte Testament, 492-515; W.H. Brownlee, „Son of Man Set Your Face", 83-110; J. Rosenberg, Jeremiah and Ezekiel, 194-204; G. Fohrer, Erzähler und Propheten im Alten Testament, 133-138; I.M. Dieguid, Ezekiel and the Leaders of Israel, 1-9, u.a.

27  H. Gese, Der Verfassungsentwurf des Ezechiel (Kap. 40-48); W. Zimmerli, Planungen für den Wiederaufbau nach der Katastrophe von 587, 229-255; G.Ch. Macholz, Noch einmal: Planungen für den Wiederaufbau nach der Katastrophe von 587, 322-352; M. Haran, The Law-Code of Ezekiel XL-XLVIII and its Relation to the Priestly School, 45-71; S.Sh. Tuell, The Law of the Temple in Ezekiel, 40-48, u.a.

In der Zeit, als das neubabylonische Weltreich vor seinem Untergang stand und der persische König Kyros II. seinen Siegeszug antrat, wirkte ein anonymer Prophet, der Deuterojesaja genannt wird (Jes. 40-55) und der „die eschatologische Botschaft vom Umbruch der Zeiten übermittelte, da er ein neues Zeitalter heraufziehen sah."[28] Darum ist der Kern seiner Botschaft die bevorstehende Rettung Israels und dessen Wiederaufbau in der Heimat. Sie enthält aber auch universalistische, an alle Menschen gerichtete Heilsverkündigungen, insbesondere in den ῾ebed jhwh-Liedern (Jes. 42,1-9; 49,1-6 u.a.), die einen Einblick in die geistig-geistlichen Tendenzen und Strömungen der späteren Exilszeit gewähren.[29]

Gefühle und Stimmungen, Verzweiflung und Hoffnung der Exulanten kommen auch in einigen Psalmen (105; 106; 126; 127; 137 u.a.) zum Ausdruck. Dort wird die Bestrafung der Abtrünnigen und die Rettung der Frommen, ein neuer Exodus, die Wiederherstellung Jerusalems und des Tempels und die Bildung der „Gemeinde der Gerechten" verkündigt,[30] während die Klagelieder[31] die unmittelbaren Empfindungen über den Untergang des judäischen Staates, die Zerstörung Jerusalems und des Tempels wiedergeben, aber auch Reflexionen über die Ursachen der überlebten Katastrophe enthalten.

Diese Übersicht über die in persischer Zeit entstandenen alttestamentlichen Texte, die Informationen über die Katastrophe und das Exil enthalten, ist keine erschöpfende, aber sie weist darauf hin, daß die vorhandenen Angaben vielleicht nicht so vielfältig, konkret und präzise sind, wie man es sich wünschen würde, jedoch weniger lückenhaft, als zuweilen behauptet wird.

Andere alttestamentliche Texte der ersten Quellengruppe enthalten Angaben über die nachexilische Gemeinde. Zu dieser Gruppe gehören wahrscheinlich die Kapitel 56-66 des Jesaja-Buchs, bei denen es sich um eine

---

28  J. Morgenstern, The Message of Deutero-Isaiah in its Sequential Unfolding, 1-67; E. Nielsen, Deuterojesaja, 190-205; R.F. Melugin, Deutero-Isaiah and Form Criticism, 326-337; A. Schoors, Arrière – fond historique et critique d'authencité des textes Deutero-Isaiens, 105-135; B.W. Anderson, Exodus and Covenant in Second Isaiah and Prophetic Tradition, 339-360; A.S. Kapelrud, The Main Concern of Second Isaiah, 50-58; L.A. Schökel, Isaiah, 174ff.; J. Blenkinsopp, Second Isaiah – Prophet of Universalism, 83-103, u.a.

29  K.I.A. Engnell, The ῾Ebed Yahweh Songs and the Suffering-Messiah in "Deutero-Isaiah", 54-93; H.H. Rowley, The Servant Mission, 259-272; O. Kaiser, Der königliche Knecht; J. Morgenstern, The Suffering Servant – a New Solution, 292-320, 406-431; A.S. Kapelrud, Second Isaiah and the Suffering Servant, 297-303, L.E. Wilshire, The Servant-City, 356-367; A. Laato, The Servant of Yahweh, 47-48.

30  S. Mowinckel, Psalmenstudien I-IV; ders., Psalms and Wisdom, 205-224, G. Wanke, Die Zionstheologie der Korachiten; ders., Prophecy and Psalms in the Persian Period, 183-188; M. Buttenwieser, The Psalms; E. Lipiński, E. Beaucamp, I. Saint-Arnaud, Les psaumes; J.H. Eaton, The Psalms and Israelite Worship, 238-273; R. Alter, Psalms, 244-262; R.J. Tournay, Seeing and Hearing God with the Psalms, 34ff., u.a.

31  O. Eissfeldt, Einleitung in das Alte Testament, 677-684; G. Brunnet, Les Lamentations contre Jérémie; F. Landy, Lamentations, 329-334; G. Fohrer, Erzähler und Propheten im Alten Testament, 141-142, u.a.

selbständige Sammlung prophetischer Sprüche handelt, die auf einen unbekannten Propheten zurückgeht, der im letzten Drittel des 6. Jh. v.u.Z. oder in der Mitte des 5. Jh. v.u.Z. in Palästina wirkte und gewöhnlich als Trito-Jesaja bezeichnet wird.[32] Im Mittelpunkt seiner Prophetie steht das für die nachexilische Gemeinde äußerst akute Problem der Beziehung „wir – sie", für das der Prophet eine grundsätzlich universalistische Lösung voraussieht, nämlich göttliche Gnade und Vergebung für alle, die Reue zeigen und Buße tun. In Sprüchen anderer Propheten dieser Zeit – und zwar in den Sprüchen Joels[33] (der allerdings in der Forschung auch früher bzw. später datiert wird), Obadjas,[34] Maleachis[35] wie auch in den Sprüchen des sog. Deuterosacharja (Sach. 9-14), für dessen Datierung in die Perserzeit neuerdings überzeugende Argumente angeführt wurden[36] – sind solche enthusiastisch-universalistischen Ideen kaum anzutreffen. Dort herrscht im Gegenteil eine partikularistische Orientierung vor, die in der nachexilischen Gemeinde stark verbreitet war und auch in den Sprüchen Haggais und Sacharjas zum Ausdruck kommt.

Der Prophet Haggai[37], der wahrscheinlich einer der Heimkehrer aus Babylonien war, wirkte in Jerusalem. Sein Auftreten als Prophet kann genau datiert werden – es fällt in das zweite Jahr Darius' I. (520 v.u.Z.), ein für die werdende nachexilische Gemeinde wie auch für das Persische Weltreich schicksalsschweres Jahr. Während dieses um die Wiederherstellung seiner staatlichen Einheit rang, war es für die werdende Gemeinde eine Zeit der Hoffnung auf den Wiederaufbau des Tempels in Jerusalem und auf eine eventuelle Restitution der Davididen-Herrschaft. Dementsprechend stehen in den Sprüchen Haggais drei Themen im Vordergrund: der Wiederaufbau des Tempels, dem eine herrliche Zukunft bevorsteht, die Verheißung der kommenden Herrschaft des Davididen Serubbabels und die Beziehung zu den Widersachern der

---

32  K. Elliger, Der Prophet Tritojesaja, 112-141; O. Eissfeldt, Einleitung in das Alte Testament, 459-466; F. Maas, „Tritojesaja", 153-163; G. Wallis, Gott und seine Gemeinde, 182-200; G. Wanke, Prophecy and Psalms in the Persian Period, 169-172, H.G.M. Williamson, Isaiah 63,7-64, II. Exilic Lament or Post-Exilic Protest? 48-58, u.a.

33  J.M. Myers, Some Considerations Bearing on the Date of Joel, 177-195; F.R. Stephenson, The Date of the Book of Joel, 224-229; B. Uffenheimer, ḳawwîm lěʾôpî hassiprûtî wělěreḳaᶜ haḥîsṭôrî šel yôʾēl-b, 109-116; G. Wanke, Prophecy and Psalms in the Persian Period, 174-177, u.a.

34  J.D.W. Watts, Obadiah; E. Lipiński, Obadiah 20, 368-370; P.K. McCarter, Obadiah 7 and the Fall of Edom, 87-91; J. Wehrle, Prophetie und Textanalyse, u.a.

35  M. Zer-Kabod, hassěpārîm ḥaggay, zěkaryā, malʾākî, 140; O. Eissfeldt, Einleitung in das alte Testament, 595-598; G. Wanke, Prophecy and Psalms in the Persian Period, 172-174; G. Wallis, Wesen und Struktur der Botschaft Maleachis, 229-237, u.a.

36  P. Lamarche, Zacharie IX-XIV, 148; R.A. Mason, The Relation of Zech 9-14 to Proto-Zechariah, 227-239; D.L. Petersen, Persian Period Prophecy, 6; R.F. Person, Second Zechariah and the Deuteronomic School, 84ff., u.a.

37  P.R. Ackroyd, Studies in the Book of Haggai, 163-176, 1-13; F.S. North, Critical Analysis of the Book of Haggai, 25-46; F. Hesse, Haggai, 109-134; W.A.M. Benken, Haggai – Sacharja 1-8; R.A. Mason, The Purpose of the "Editorial Framework" of the Book of Haggai, 413-421; G. Wanke, Prophecy and Psalms in the Persian Period, 164-166; J.E. Tollington, Tradition and Innovation in Haggai and Zechariah 1-8, 11ff., u.a.

Gemeinde. Diese Topoi bilden auch den Kern der Prophezeiungen des Sacharja (1-8),[38] der in Jerusalem in den Jahren 520-518 v.u.Z. wirkte, für den Tempelbau eintrat und den Wiederaufbau Jerusalems als Hauptstadt des kommenden Gottesreiches verhieß, aber die führende Rolle nicht nur des Davididen Serubbabel, sondern auch des Zadokiden Josua als Hoherpriester anerkannte.

Obwohl alle diese alttestamentlichen Texte wichtige Angaben über das Werden und Wesen der nachexilischen Gemeinde enthalten, bleiben die Bücher Esra und Nehemia die Hauptquellen für die Erforschung dieser Gemeinde.[39] Ich stimme denjenigen Bibelwissenschaftlern bei,[40] die für eine ursprüngliche Selbständigkeit dieser Bücher gegenüber dem Chronikbuch und ihre separate Entstehung plädieren. Begründet scheint auch die Annahme, daß es zwei ursprünglich selbständige, von verschiedenen, aber der Zeit – dem Ende des 5. Jh. v.u.Z. – und dem Milieu – Kreisen der aus Babylonien Heimkehrenden und ihrer Nachkommen – nach wie auch weltanschaulich einander nahestehenden Verfassern geschaffene Bücher waren.

Für die Bücher Esra und Nehemia ist eine komplizierte innere Struktur, eine Heterogenität kennzeichnend, da sie der Gattung nach verschiedenartige Stücke enthalten. Die wichtigsten sind die Denkschriften oder Memoiren Esras und Nehemias und die zahlreichen aramäischen Dokumente und Listen.[41] Obwohl es gut möglich ist, daß diese Texte tatsächlich Elemente erbaulicher, didaktischer Erzählungen über die Taten idealer Frommer für das Wohl einer idealen Gemeinde enthalten,[42] sind sie gleichwohl dennoch Memoiren oder Denkschriften realer Persönlichkeiten über deren reale Tätigkeit in einer realen Situation, was für die Relevanz der dort vorhandenen Informationen bestimmend ist. Trotz des zuweilen anzutreffenden Zweifels an der Glaubwürdigkeit der Dokumente und der Listen in den Büchern Esra und Nehemia[43] dominiert die Anerkennung der Authentizität auch dieses Materials, jedenfalls seines bedeutenden Teils.[44] Zwar sind in der Tat eine Reihe von Textumstellungen in den kanonischen Büchern Esra und Nehemia erforder-

---

38  J.W. Rothstein, Die Nachtgesichte des Sacharja; K. Galling, Die Exilswende in der Sicht des Propheten Sacharja, 18-36; B. Halpern, The Ritual Background of Zechariah's Temple Song, 189ff.; D.L. Petersen, Zechariah's Visions, 195-206; G. Wanke, Prophecy and Psalms in the Persian Period, 166-169, u.a.

39  Ed. Meyer, Die Entstehung des Judentums, 3ff.; K. Galling, Studien zur Geschichte Israels im persischen Zeitalter, 56ff.; G. Widengren, The Persian Period, 489-493; S. Japhet, Sheshbazzar and Zerubbabel, 67, u.a.

40  S.o., Anm. 7 und 9 und T.C. Eskenazi, The Structure of Ezra-Nehemiah and the Integrity of the Book, 641-656; S. Japhet, Composition and Chronology in the Book of Ezra, 189-216; L.L. Grabbe, Reconstructing History from the Book of Ezra, 98-106, u.a.

41  S. Mowinckel, Studien zu dem Buche Ezra-Nehemia I-III; ders. „Ich" und „Er" in der Ezrageschichte, 211-233; O. Eissfeldt, Einleitung in das Alte Testament, 736-749; S. Talmon, Ezra and Nehemiah, 321-322; G. Fohrer, Erzähler und Propheten imAlten Testament, 202-204, u.a.

42  S. Mowinckel, Studien zu dem Buche Ezra-Nehemia III, 18-20.

43  C.C. Torrey, Ezra Studies, IX; U. Kellermann, Die Listen in Nehemia 11, 209-227, u.a.

lich. Sie sind jedoch eher unbedeutend und ändern nichts an der Tatsache, daß die gegebene Anordnung des Stoffes – die Tätigkeit Scheschbazzars und Serubbabels (539-515), die Mission Esras (Mitte des 5. Jh. v.u.Z.) und die Tätigkeit Nehemias (445 bis Ende des 5. Jh. v.u.Z.) – grundsätzlich der historischen Wirklichkeit zu entsprechen scheint[45]. Dafür nur ein ergänzendes Argument: Die Verfasser der beiden Bücher bemühten sich nicht, die in ihrer Darlegung vorhandene zeitliche Lücke von 60 Jahren zwischen der Vollendung des Tempelbaus und der Mission Esras künstlich zu überbrücken.

Die Übersicht über die erste Quellengruppe zeigt, daß die Informationen über das „dunkle" Zeitalter quantitativ nicht so spärlich und lückenhaft sind, wie zuweilen behauptet wird. Dies gilt um so mehr, als diese Angaben durch die zweite Quellengruppe noch beträchtlich ergänzt und erweitert werden.

2. Die Eigentümlichkeit dieser Quellengruppe, daß die ihr zuzuordnenden alttestamentlichen Texte zwar dem persischen Zeitalter angehören, sich jedoch inhaltlich nicht mit dieser Epoche befassen, bedingt einerseits den großen Umfang dieser Gruppe und andererseits ihren nur begrenzten Informationswert für dieses Zeitalter. Der erste Umstand ist damit zu erklären, daß die nachexilische Epoche, besonders das persische Zeitalter eine der schöpferisch besonders aktiven und produktiven in der Geschichte des jüdischen Volkes war und ein großer Teil der alttestamentlichen Werke damals geschaffen oder vollendet wurde. Da sich diese Werke jedoch nicht mit Erscheinungen und Ereignissen der persischen Zeit auseinandersetzen, enthalten sie nur indirekte Informationen über dieses Zeitalter, die aber zuweilen sehr wichtig sind.

Obwohl nicht selten Einwände gegen die Annahme eines einheitlichen, die Bücher Josua-Könige umfassenden deuteronomistischen Geschichtswerks erhoben werden, sprechen jedoch überzeugende Indizien dafür, daß in der zweiten Hälfte des 7. Jh. v.u.Z. ein einheitliches deuteronomistisches Geschichtswerk tatsächlich geschaffen wurde.[46] In exilischer Zeit, ungefähr in der Mitte des 6. Jh. v.u.Z., wurde dieses Werk im babylonischen Judäa[47] oder in Babylonien[48] durch zahlreiche Nachträge, besonders 2. Reg. 23, 26-25, 30

---

44  Ed. Meyer, Die Entstehung des Judentums, 3ff.; S. Mowinckel, Studien zu dem Buche Ezra-Nehemia I, 62ff.; S. Talmon, Ezra and Nehemiah, 321; J.M. Myers, Ezra. Nehemiah, XLVIII-LII; J. Blenkinsopp, Ezra – Nehemiah, 60ff., u.a.

45  S. Talmon, Ezra and Nehemiah, 322-327; J.M. Myers, Ezra. Nehemiah, XLI-XLVIII; J. Blenkinsopp, Ezra – Nehemiah, 41-47, u.a.

46  M. Noth, Überlieferungsgeschichtliche Studien I, 97ff.; H.W. Wolff, Das Kerygma des deuteronomistischen Geschichtswerkes, 171-186; M. Weinfeld, Deuteronomy and the Deuteronomic School, 7ff.; F.M. Cross, Canaanite Myth and Hebrew Epic, 275-289; J.R. Porter, Old Testament Historiography, 132-152; R.E. Friedman, The Exile and Biblical Narrative, 1ff., u.a.

47  M. Noth, Überlieferungsgeschichtliche Studien I, 90ff.; E. Janssen, Juda in der Exilszeit, 12-18; J.A. Soggin, Der Entstehungsort des deuteronomistischen Geschichtswerkes, 3-8, u.a.

48  F.M. Cross, Canaanite Myth and Hebrew Epic, 287-289; M. Cogan, Israel in Exile, 12-13; R.E. Friedman, The Exile and Biblical Narrative, 26ff., u.a.

u.a. ergänzt, wobei „The Exilic tradent focused above all on the people and not the kings,"[49] was besser mit der Atmosphäre in der exilisch-nachexilischen Gemeinde, die keinen König besaß, übereinstimmte als mit derjenigen im vorexilischen Königreich.

Das Heiligkeitsgesetz (Lev. 17-26) enthält offensichtlich ältere, vorexilische Satzungen. Es ist in den Kontext eines Geschehnisses der fernen Vergangenheit, des Exodus, eingeschlossen. Dennoch ist es in seiner Gesamtheit eine Schöpfung priesterlicher Kreise der frühexilischen Zeit[50] und „reflected the concerns of an exiled minority people"[51] oder „... bildet ein grundlegendes Gesetz für eine Gemeinde, deren politische und verwaltungsmäßige Befugnisse stark eingeschränkt waren,"[52] was mehr der Lage der Exulanten oder dem Wesen der nachexilischen Gemeinde als den Zuständen während des Exodus entsprach. Von der Vergangenheit erzählt auch die Priesterschrift, die ältere, vorexilische Materialien enthält, aber mit Recht am häufigsten in die exilische Zeit angesetzt wird, während H. Utzschneider[53] die Sinaitischen Heiligtumstexte (Ex. 25-40; Lev. 8-9) mit der nachexilischen Jerusalemer Gemeinde in Verbindung bringt.

Einige Forscher plädieren für eine vorexilische Herkunft des Buches Ruth. Ein nachexilisches Datum – das 4. Jh. v.u.Z. – erscheint jedoch plausibler.[54] Das Büchlein gehört zur Gattung der didaktisch-historischen Novelle, und zwar zu derjenigen Variante dieser Gattung, die man als Heimat-Novelle (im Unterschied zu ihrem Gegenstück, der Diaspora-Novelle, siehe S. 13f.) bezeichnen kann, da sie in Palästina spielt. Für diese Gattung ist es kennzeichnend, daß die Personen und die Geschehnisse in einen möglichst präzisen geographischen und ethnographischen, historischen und rechtlichen, sozialen und geistig-geistlichen Rahmen eingezeichnet sind. Darum verdienen die zahlreichen Beschreibungen sozialer Institute und juristischer Normen[55] im Buch Ruth, wie auch die dem Werk zugrundeliegende universalistische Einstellung größte Aufmerksamkeit als Quellenmaterial, und zwar weniger für die ferne vorexilische Zeit, in der die Handlung spielt, als vielmehr für die nachexilische Gemeinde.

---

49   R.E. Friedman, The Exile and Biblical Narrative, 32.
50   J. Morgenstern, The Decalogue of the Holiness Code, 1-27; H. Graf Reventlow, Das Heiligkeitsgesetz formgeschichtlich untersucht; O. Eissfeldt, Einleitung in das Alte Testament, 310-318; W. Thiel, Erwägungen zum Alter des Heiligkeitsgesetzes, 40-73; W. Zimmerli, „Heiligkeit" nach dem sogenannten Heiligkeitsgesetz, 493-512, u.a.
51   D.L. Smith, The Religion of the Landless, 147.
52   G. Fohrer, Erzähler und Propheten im Alten Testament, 145.
53   H. Utzschneider, Das Heiligtum und das Gesetz, 292ff., vgl. W. Brueggemann, The Kerygma of the Priestly Writers, 397-400; G. Fohrer, Erzähler und Propheten im Alten Testament, 174, u.a.
54   J.-L. Vesco, La date du livre de Ruth, 235-247; O. Eissfeldt, Einleitung in das Alte Testament, 646-654; J.M. Sasson, Ruth, 320-328, u.a.
55   Th. and D. Thompson, Some Legal Problems in the Book of Ruth, 79-99; A.A. Anderson, The Marriage of Ruth, 171-183; E.W. Davies, Ruth IV 5 and Duties of the gōʾēl, 231-234; B.A. Levine, In Praise of the Israelite Mišpāḥā, 95-106, u.a.

Schon das Wesen und Ziel der Weisheitsliteratur[56] – den einzelnen Menschen zum gerechten, tugendhaften und glücklichen Leben anzuleiten und das Bild des idealen Menschen zu entwerfen – wie auch ihr kosmopolitischer Charakter bedingen die bewußte, programmatische, orts- und zeitunabhängige Darlegung. Hiermit soll jedoch nicht gesagt werden, daß die Weisheitsliteratur außerhalb von Raum und Zeit existierte, denn erstens gehört sie immer einem bestimmten Land und einer bestimmten Epoche an. Für die uns interessierenden Werke dieser Gattung – die Sprüche Salomos und das Hiobbuch – ist es das Palästina des persischen Zeitalters. Zweitens hat sie ihren eigentlichen Sitz im Leben, der in der exegetischen Literatur jedoch unterschiedlich bestimmt wird. So gilt die Weisheitsliteratur als ein Erzeugnis entweder der agnatischen Verbände, der Tempel-Hofschule oder der Kreise der Schreiber und der Weisen.[57] Dies waren aber vermutlich nicht alternative, sondern eher wohl parallele, einander ergänzende und aufeinander wirkende Milieus, auch wenn in nachexilischer Zeit der Stand der Schreiber und der Weisen augenscheinlich eine herausragende Rolle spielte. Hiermit ist die Frage verbunden, ob die Weisheitsliteratur eine sog. Klassen-Ethik vertritt[58] oder ein allgemein gültiges, an alle Menschen gerichtetes Wertsystem darbietet.[59] Die Antwort liegt vermutlich in einer Lösung, die den Ausgleich sucht. Darauf verweist drittens die für die Weisheitsliteratur kennzeichnende strukturbildende Kombination von abstrakt und verallgemeinernd formulierten ethischen und religiösen Maximen mit Beispielen, die zuweilen sehr konkrete und bildhafte Elemente enthalten, was auch die Verwendung dieser Texte als Quellenmaterial für das Alltagsleben und die soziale Organisation wie für das religiöse Denken und das ethische Wertsystem der nachexilischen Juden ermöglicht.

3. Das persische Zeitalter, in welches die Rückkehr aus dem Exil, der Wiederaufbau des Tempels und die Wiederherstellung eines eigenen Gemeinwesens fiel, besaß eine besondere Anziehungskraft für die Verfasser und das Auditorium des ausgehenden 1. Jt. v.u.Z. als ein zeitlich nahes und darum besonders überzeugendes Beispiel des strengen, aber gerechten Gottesgerichtes, der göttlichen Gnade und Rettung. Dieser Topos ist daher auch zentral für die Diaspora-Novelle, die mit Recht so bezeichnete Form/Ausprägung der

---

56  H.H. Schmid, Wesen und Geschichte der Weisheit; G. von Rad, Weisheit in Israel; J.A. Emerton, Wisdom, 214-237; J.P. Vejnberg, Čelovek v kul'ture drevnevo Bližnevo Vostoka, 169ff.; H.D. Preuß, Einführung in die alttestamentliche Weisheitsliteratur; J.G. Williams, Proverbs and Ecclesiastes, 263-267, u.a.

57  J.-K. Hermisson, Studien zur israelitischen Spruchweisheit, 96ff.; R.N. Whybray, The Intellectual Tradition in the Old Testament, 6ff.; M.S. Seale, The Common Wisdom Tradition of the Ancient Hebrews and the Desert-Dwelling Arabs, 63-69; L.G. Perdue, Liminality as a Social Setting for Wisdom Instructions, 114-116, u.a.

58  B.W. Kovacs, Is There a Class-Ethic in Proverbs? 171-189; H.D. Preuß, Einführung in die alttestamentliche Weisheitsliteratur, 36ff.; J.L. Crenshaw, Wisdom Literature, 160-187, u.a.

59  R.N. Whybray, The Intellectual Tradition in the Old Testament, 69ff., u.a.

didaktisch-historischen Novelle.[60] Dieser Gattung gehören die ersten sechs Kapitel des Danielbuches,[61] das Estherbuch[62] und das apokryphe Tobitbuch[63] an, die alle in das 3.-1. Jh. v.u.Z. zu datieren sind, aber „Geschehnisse" des persischen Zeitalters schildern. Man kann mit M.L. Humphreys[64] sagen, daß die Diaspora-Novelle „a life style" für die Exulanten enthält und lehrt, was mit Hinsicht auf das zuvor über die Eigentümlichkeit der didaktisch-historischen Novelle Gesagte erlaubt, die erwähnten Texte als ergiebiges Quellenmaterial zur Erforschung des Lebens und der Mentalität der Exulanten zu benutzen. Diese Schlußfolgerung kann mit gewissem Vorbehalt auch auf das Judithbuch,[65] einen typischen Repräsentanten der sog. Heimat-Novelle, bezogen werden.

Das augenscheinlich im 2. Jh. v.u.Z. entstandene III. Esrabuch wird zuweilen als Fragment der ältesten und authentischen Übersetzung des kanonischen Esrabuches betrachtet[66]. Wesentliche inhaltliche und konzeptionelle Divergenzen zwischen den beiden Werken rufen jedoch Zweifel an dieser Annahme hervor. Zum einen deutet es die im kanonischen Text nicht vorhandene Erzählung vom Wettstreit der drei Pagen am Hof des persischen Königs und vom Sieg Serubbabels (III Esr. 3,1–4,63) auf eine offensichtliche Affinität zur Diaspora-Novelle hin. Zum anderen wird im III. Esrabuch anders als in den kanonischen Büchern Esra und Nehemia der Versuch unternommen, „to glorify the figure of Zerubbabel, expand his role, and place him more unequivocably in the position of leader of the people,"[67] was eben diesen Text und nicht das kanonische Buch so attraktiv machte für Flavius Josephus.[68]

Für Flavius Josephus, der nach Meinung L. Troianis[69] die jüdische Geschichte unter zwei Aspekten betrachtete, die für die Juden um die Zeitenwende von existentieller Bedeutung waren, nämlich dem der für die staatliche

---

60  W.L. Humphreys, A Life-Style for Diaspora, 211-223; A. Meinhold, Die Gattung der Josephsgeschichte und des Estherbuches, 306-324; D.L. Smith, The Religion of the Landless, 154ff., u.a.

61  O. Eissfeldt, Einleitung in das Alte Testament, 693-718; E.J. Bickerman, Four Strange Books of the Bible, 51-138; A.A. di Lella, The Book Daniel; S. Talmon, Daniel, 343-356, u.a.

62  S. Talmon, 'Wisdom' in the Book of Esther, 429-455; W. Dommershausen, Die Estherrolle; C.A. Moore, Esther; J.M. Sasson, Esther, 335-342; M.V. Fox, Character and Ideology in the Book of Esther, 6ff., u.a.

63  Th.F. Glasson, The Main Source of Tobit, 275-277; O. Eissfeldt, Einleitung in das Alte Testament, 790-793, u.a.

64  W.L. Humphreys, A Life-Style for Diaspora, 211-213.

65  Y.M. Grintz, yĕhûdît, sēper yĕhûdît, 510-517; G. Brunner, Der Nabuchodonosor des Buches Judith; P.J. Milne, The Narrative Role of Judith, 30-31, u.a.

66  C.C. Torrey, Esra-Studies, 11-18; S. Mowinckel, Studien zum Buche Ezra-Nehemia I, 7-28; O. Eissfeldt, Einleitung in das Alte Testament, 778-731; K.-F. Pohlmann, Studien zum dritten Esra, u.a.

67  S. Japhet, Sheshbazzar and Zerubbabel, 218ff.

68  Ibid., 222ff.

69  L. Troiani, Per un'interpretazione della storia ellenistica e romana contenuta nelle «Antichita' giudaiche» di Guiseppe, 39-50.

Gewalt bestehenden Notwendigkeit, einen modus vivendi mit den Juden mittels Anerkennung und Genehmigung ihres Kultes zu erreichen, und dem der für die Juden anzuerkennenden Tatsache, daß eine Koexistenz mit den Heiden ein konstantes Merkmal ihrer Geschichte war, besaß das persische Zeitalter eine besondere, sogar paradigmatische Bedeutung. Eine ähnliche Einstellung zur Perserzeit ist auch im Talmud und manchen anderen Texten der dritten Quellengruppe zu bemerken. Obwohl es nicht unsere Aufgabe ist, hier eine erschöpfende Übersicht über das gesamte Quellenmaterial für die jüdische Geschichte des persischen Zeitalters zu bieten, soll erwähnt werden, daß einige Informationen über das „dunkle" Zeitalter auch in den neuassyrischen Königsinschriften und den neubabylonischen Chroniken, in den persischen Inschriften und in Werken der antiken Geschichtsschreiber zu finden sind.

Alles bisher Gesagte bezeugt, daß erstens der Bestand des Quellenmaterials nicht so lücken- und mangelhaft ist, wie häufig behauptet wird. Im Gegenteil, der Umfang der vorhandenen Quellen steht nicht hinter dem sonst für die Alte Geschichte im ganzen und für die jüdische Geschichte des Altertums im besonderen zurück. Inhaltlich umfassen die vorhandenen Zeugnisse fast alle Bereiche des jüdischen Lebens im 6.-4. Jh. v.u.Z., mit einer Ausnahme allerdings: Auffällig beschränkt sind die Angaben über Ereignisse, Geschehnisse, Vorgänge usw. Dies betrifft nicht nur die Zeitabschnitte zwischen der Vollendung des Tempelbaus und der Mission Esras und zwischen dem Ende der Tätigkeit Nehemias und der Eroberung Palästinas durch Alexander, sondern auch andere Perioden. Eine derartige Indifferenz gegenüber dem Bereich des sich Ereignenden war kaum ein Zufall. Zwei einander ergänzende Erklärungen hierfür sind möglich: Erstens ist zu berücksichtigen, daß unter den vorhandenen Quellen weniger historische Texte zu finden sind, während die Mehrzahl „are peculiarly literary in form and production,"[70] was übrigens kein Spezifikum nur dieses Quellenmaterials ist, sondern auch für den Quellenstoff der gesamten Alten Geschichte kennzeichnend ist; zweitens ist die Annahme berechtigt, daß der gesamte Bereich der geschichtlichen Vorgänge in den gegebenen Texten darum eine vergleichsweise geringe Resonanz hatte, weil er nur wenig Aufmerksamkeit und Interesse bei den Zeitgenossen fand.

Ist es darum berechtigt, die Worte des Stephen Dedalus „... using for my defence the only arms I allow myself to use – silence, exile and cunning" auf das Leben und Wirken des jüdischen Volkes im 6.-4. Jh. v.u.Z. zu beziehen?

---

70 R.P. Carroll, „Silence, Exile and Cunning", 36.

## II. Die weitere Mitwelt des Chronisten:
## Der nahöstliche Vorhellenismus

„Das schöpferische Erfassen", schreibt M. Bachtin,[1] „löst sich nicht aus dem Bezug zu sich selbst, aus seiner Stellung in der Zeit und aus seiner Kultur. Sehr wichtig für das Erfassen ist das Außen-sein in Zeit, Raum, Kultur des Erfassenden in bezug auf das, was er erfaßt". Was der prominente Literaturwissenschaftler hier Außen-sein nennt, ist eine conditio sine qua non auch für den Historiker und sozusagen sein natürlicher Zustand. Der moderne Historiker gehört ebenso wie der Geschichtsschreiber der Vergangenheit seiner Zeit und seiner Mitwelt, seiner Gesellschaft und seiner Kultur an. Von dieser Zugehörigkeit kann und soll er sich nicht loslösen. Dieser Umstand bedingt auch die grundlegende bipolare Einheitlichkeit des geschichtlichen Denkens – seine Verwurzelung in der Gegenwart auf der einen und seine Zuwendung zur Vergangenheit auf der anderen Seite – und bestimmt das Wesen der Geschichte als eines Dialogs zwischen Gegenwart und Vergangenheit. Eben darum ist es notwendig und zweckmäßig, die Gegenwart des Chronisten zu betrachten, die Zeit und die Mitwelt, in der er lebte und wirkte und von der aus er die von ihm beschriebene Vergangenheit erfaßte und verstand.

Trotz der Divergenzen in der Forschung im Blicke auf die Datierung des Chronisten und des Chronikbuches (S. 283-285) sind beide zweifellos in der Mitte des 1. Jt. v.u.Z. anzusetzen, einer Zeit, die von K. Jaspers[2] als die Achsenzeit der Menschheit bezeichnet wurde. Die zahlreichen tiefgreifenden und grundlegenden Wandlungen, die in dieser Zeit stattgefunden hatten und sie in ihrer Gesamtheit zur Achsenzeit machten, umfaßten die gesamte Alte Welt, äußerten und verwirklichten sich jedoch verschiedenartig in den verschiedenen Gebieten, Gesellschaften und Kulturen dieses Gebietes. Obwohl in der Achsenzeit die vorherige Isoliertheit und Abgeschlossenheit der einzelnen Kulturen verschwindet und sie „... zum Ferment [wird], das die Menschheit in den einen Zusammenhang der Weltgeschichte bringt,"[3] bewahren jedoch die einzelnen Kulturen und Kulturkreise ihre Eigentümlichkeit und Besonderheit. Darum ist die Mitwelt einer Erscheinung der Achsenzeit, hier die des Chronisten und des Chronikbuches, nicht etwas Einheitliches, Monolithisches, sondern ein kompliziertes, mehrere konzentrische Kreise umfassendes Gebilde.

---

1   M.M. Bachtin, Estetika slovesnovo tvorčestva, 334-335.
2   K. Jaspers, Vom Ursprung und Ziel der Geschichte, 18-19.
3   Ibid., 76ff.

Man kann S. Talmon[4] beistimmen, wenn er in bezug auf das Alte Testament gegen einen komparativen Zugang „on the grand scale" Einwände erhebt und dafür plädiert, das Alte Testament, die alttestamentliche Welt „within a ‚historic stream' created and maintained by the geographic-historical continuity", zu betrachten. In der Mitte des 1. Jt. v.u.Z. umfaßte diese geographisch-historische Kontinuität den gesamten Nahen Osten, der auch politisch im Persischen Weltreich vereinigt war. Eben dieses Gebiet kann als „historic stream", als die weitere Mitwelt des Chronisten und des Chronikbuches bestimmt werden. Da die sich in diesem Raum und während dieser Zeit vollziehenden Prozesse, die, um es noch einmal zu betonen, lokale Varianten und spezifische Äußerungen der Achsenzeit waren, ihrem Inhalt nach wie auch im Blick auf ihre Wirkungen und Folgen mit dem Terminus „nahöstlicher Vorhellenismus" bezeichnet werden können,[5] soll im folgenden der nahöstliche Vorhellenismus als weitere Mitwelt des Chronisten und des Chronikbuches betrachtet werden.

Die Einführung und die Verbreitung der Metallurgie des Eisens (später des Stahls) war nicht die einzige und ausschlaggebende Triebfeder der sich während dieser Achsenzeit in sämtlichen Sphären der menschlichen Existenz und Tätigkeit vollziehenden tiefgreifenden Wandlungen. Aber sie lag auf der Oberfläche und zog die Aufmerksamkeit der Zeitgenossen an, was allein schon die Tatsache zeigt, daß das Wort *barzel* (Eisen) im Alten Testament einen Häufigkeitsgrad hat, der mehr als zweimal so hoch ist wie der durchschnittliche. Hierbei ist es auffällig, daß im zeitlichen Ablauf dieses Wort zunehmend häufig vorkommt: In den Büchern Samuel-Könige wird es neunmal erwähnt, im viel kleineren, aber späteren Chronikbuch elfmal. Die Einstellung der Zeitgenossen zum Eisen war jedoch sehr widersprüchlich. So wurde einerseits anerkannt, daß Eisen und daraus hergestellte Gegenstände Opfergaben für Jahwe sein können (Jos. 6,19 u.a.). Gleichzeitig aber bestand das kategorische Verbot, dieses Metall beim Bau des Jahwe-Tempels zu benutzen (1 Reg. 6,7). Darüber hinaus wurde Eisen auch als Verkörperung des Hochmuts und der Willkür betrachtet (Lev. 26,19), was an die bekannten Aussagen Hesiods erinnert und den tatsächlich widersprüchlichen Folgen dieser Neueinführung entspricht.

Das Eisen förderte das Auftreten zahlreicher Stämme Kleinasiens, des iranischen Hochlandes, Arabiens und anderer auf der Bühne der Geschichte und beschleunigte ihren Übergang von der Urgesellschaft zur Zivilisation, was die ethno-politische Karte des Nahen Ostens und die Vorstellungen des altnahöstlichen Menschen von seiner Welt wesentlich änderte. Diese Welt wurde ihrem Wesen nach einheitlicher, da ihr nun hauptsächlich zivilisierte Gesellschaften

---

4   S. Talmon, The "Comparative Method" in Biblical Interpretation, 326.
5   J.P. Weinberg, Bemerkungen zum Problem „Der Vorhellenismus im Vorderen Orient",
    5ff.

angehörten, während die nicht zivilisierten in die ferne Peripherie verdrängt wurden. Hierdurch erklärt sich auch die für die Achsenzeit kennzeichnende Entspannung des zuvor so scharf empfundenen Unterschiedes, ja sogar der Gegensätzlichkeit und Unvereinbarkeit zweier Welten – „unserer" zivilisierten Welt und der „fremden" Welt der urgeschichtlichen Wildheit.[6] Viel interessanter als die fernen nichtzivilisierten Stämme waren für den nahöstlichen Menschen jetzt die Völker seiner Welt, die „uns" typologisch ähnlich waren, sich aber gleichzeitig von „uns" unterschieden. Dieses Interesse fand seinen Ausdruck nicht nur in den zahlreichen geographisch-ethnographischen Exkursen der antiken Geschichtsschreibung,[7] sondern auch in der alttestamentlichen Legende vom Turmbau zu Babel (Gen. 11,1-9) und in den Völkertafeln (Gen. 10; 1 Chr. 1).[8]

Die Verbreitung der Eisen-Metallurgie rief darüber hinaus auch wesentliche Veränderungen im wichtigsten Bereich der wirtschaftlichen Tätigkeit des altnahöstlichen Menschen hervor, nämlich in der Landwirtschaft wie auch in der Mentalität der Bauern, die das Gros der Bevölkerung bildeten. Die Vervollständigung und Verfeinerung der Geräte, der landwirtschaftlichen Kulturen und Spezialitäten boten dem Bauern bessere Möglichkeiten für eine selbständige wirtschaftliche Tätigkeit, die ihm die Wahl der Wirtschaftsform und -organisation überließ, erhöhten beträchtlich die Effektivität der produzierenden Tätigkeit des einzelnen Bauern und seiner Familie. Eben darum war der kleine und mittlere Bauer nicht nur die Hauptfigur in der landwirtschaftlichen Produktion dieser Zeit, sondern wurde zugleich zum Vorbild und gottgefälligen Ideal stilisiert (Mi. 4,4 u.a.). Die weite Verbreitung der kleinen und mittleren bäuerlichen Betriebe schließt das Vorhandensein großer Landgüter der Achämeniden, der Tempel, kurz, der sozialen Elite im gesamten Nahen Osten, nicht aus. Aber auch auf diesen waren Tausende von kleinen und mittleren Pächtern und anderen Inhabern von Landparzellen beschäftigt.[9] Diese bedeutsame Rolle des Bauern, in erster Linie des freien, aber teilweise auch des halbfreien-halbabhängigen, erhöhte sein Selbstbewußtsein beträchtlich. Belege hierfür bieten nicht nur Hesiod, die Awesta usw., sondern auch das Alte Testament (Jes. 28,24-25 u.a.) und die „Klage des Schnitters" aus Mezad Haschawjahu (Mitte des 7. Jh. v.u.Z.), der mit Selbstbewußtsein und Würde gegen die Mißachtung seiner Rechte protestierte.[10]

---

6  J.P. Vejnberg, Čelovek v kuljture drevnevo Bližnevo Vostoka, 24-25.
7  W. Schmid, O. Stählin, Geschichte der griechischen Literatur I, 687ff.; Ch.W. Fornara, Tha Nature of History in Ancient Greece and Rome, 12ff., u.a.
8  B. Oded, The Table of Nations (Genesis 10), 14-31.
9  J. Klausner, haḥayyîm hakalkāliyîm běyiśrā'el biyěmê bayît šēnî, 83ff.; H. Kreissig, Die sozialökonomische Situation in Juda zur Achämenidenzeit, 39ff.; M.A. Dandamajev, V. G. Lukonin, Kuljtura i ekonomika drevnevo Irana, 140ff.; P. Briant, Rois, tributs et paysants, 406ff.; A. Zertal, The Pahwah of Samaria (Northern Israel) during the Persian Period, 10ff., u.a.

Der bemerkenswerte Aufschwung der landwirtschaftlichen Produktion, ihre spürbare Intensivierung und Ausweitung, besonders im Gartenbau und in der Viehzucht, förderten das Aufkommen von Elementen der Waren-Geldwirtschaft auch im agrarischen Bereich. Belege dafür sind die zahlreichen Dokumente über den Kauf und Verkauf von landwirtschaftlichen Produkten wie auch die Einrichtung regelrechter Märkte nicht nur in Großstädten wie Babel, sondern auch in einer Provinzstadt wie Jerusalem, wo die judäischen Bauern „... Esel beladen mit Wein, ... Trauben, Feigen und allerlei Last am Sabbat-Tag nach Jerusalem bringen" (Neh. 13,15 u.a.). Diese wie auch andere ihr ähnliche Aussagen weisen darauf hin, daß die Veränderungen im wirtschaftlichen Bereich auch die Mentalität der judäischen, nahöstlichen Bauernschaft beträchtlich beeinflußten, was sich in einer größeren Mobilität auf der einen und in einer gewissen Laxheit sogar gegenüber den religiös-rituellen Pflichten auf der anderen Seite auswirkte.[11]

Wenn sich bereits in einem seinem Wesen nach so konservativen Milieu wie der nahöstlichen Bauernschaft so tiefgreifende und vielschichtige Wandlungen vollzogen, so kann man sich vorstellen, welche Folgen die Verbreitung des Eisens im viel dynamischeren Handwerk hatte. Und tatsächlich, in der Mitte des 1. Jt. v.u.Z. ist ein spürbarer Aufschwung des Handwerkes in dessen alten Zentren – in Ägypten, Mesopotamien, Phönikien u.a. – zu verzeichnen. Besonders auffällig ist die Entfaltung der handwerklichen Tätigkeit jedoch vor allem in denjenigen Gebieten, die früher nicht zu den fortgeschrittenen in diesem Bereich gehörten wie z.B. in Judäa, wo in nachexilischer Zeit so hochspezialisierte Handwerke wie Steinschneider und Siegelstecher, Goldschmiede, Töpfer und Weber, Bäcker, Salbenbereiter und zahlreiche andere florierten.[12] Während im 3.-2. Jt. v.u.Z. die handwerkliche Produktion hauptsächlich im Staats-Tempel-Sektor der Ökonomie konzentriert war, so bestimmten in der Mitte des 1. Jt. v.u.Z. vom Staat und Tempel unabhängige, selbständig arbeitende Handwerker das wirtschaftliche Leben, von denen viele sich in beruflichen Assoziationen, in „Gilden" zusammenschlossen (Neh. 3,8; 1 Chr. 2,55 u.a.).[13] Die zunehmende wirtschaftliche Bedeutung der handwerklichen Tätigkeit, die Zugehörigkeit zu beruflichen Assoziationen u.a. erhöhten das soziale Prestige des Handwerks und das Selbstbewußtsein der einzelnen Handwerker, wofür die privaten Stempel mit ihren Hinweisen auf den handwerklichen

10  J. Naveh, A Hebrew Letter from the Seventh Century B.C., 129-139; S. Talmon, The New Hebrew Letter from the Seventh Century B.C. in Historical Perspective, 29-38; J.D. Amusin, M.L. Heltzer, The Inscription from Meṣad Ḥashavyahu, 148-157; D. Pardee, The Judicial Plea from Meṣad Ḥashavyahu, 33-66, u.a.
11  J.P. Vejnberg, Čelovek v kuljture drevnevo Bližnevo Vostoka, 35-36.
12  J. Klausner, haʾāmānût hayěhûdît biyěmê hahašmonāʾîm, 196ff.; H. Kreissig, Die sozial-ökonomische Situation in Juda zur Achämenidenzeit, 56ff.; M. Heltzer, Die Organisation des Handwerks, 57ff., u.a.
13  J. Mendelsohn, Guilds in Ancient Palestine, 17-21; M. Heltzer, Die Organisation des Handwerks, 143-149.

Beruf des Besitzers ein Zeugnis sind: „[Gehört] Towschalom, dem Sohn Sak-kurs, dem Heiler (hrpʾ)" (Shiloh, 1986, Nr. 4). Alle diese Wandlungen im Pro-duktionsbereich, die Erweiterung des Warenangebots und die wachsenden Bedürfnisse der Konsumenten wie auch der intensive Urbanisationsprozeß und die Ausbildung des Persischen Weltreichs mit seiner entwickelten Infra-struktur förderten die Belebung des nahöstlichen Handels, in den auch das bis dahin in diesem Bereich rückständige Judäa einbezogen wurde (Neh. 3,31 u.a.).[14] Die Zentren dieses regen Handels waren natürlich die Großstädte, aber zahlreiche Funde griechischer Keramik, südarabischer Erzeugnisse usw. in Engedi, Lachisch und anderen Ortschaften bezeugen nicht nur die aktive Teil-nahme dieser Kleinstädte am Handel, sondern auch die verzweigten Handels-verbindungen Judäas. Während in den vorangegangenen Jahrtausenden der Handel, besonders der Außenhandel in den Händen des Staates und des Tem-pels gelegen hatte, entfaltete sich in der Mitte des 1. Jt. v.u.Z. die private Han-delstätigkeit, z.B. der Egibi, Muraschu u.a., die sehr erfolgreich den Handel mit Tätigkeiten aus Bereichen wie dem Bank- und Pachtwesen verbanden.

Wohlstand wurde im alten Nahen Osten als eine notwendige Komponente des „guten" Lebens stets hochgeschätzt, materielle Güter spielten im Leben des nahöstlichen Menschen immer eine bedeutende Rolle.[15] Für die Mitte des 1. Jt. v.u.Z. ist nicht nur eine beträchtliche Vergrößerung der Quantität und der Auswahl der produzierten und konsumierten Güter festzustellen, sondern auch ein gesteigertes Interesse für die Welt der materiellen Güter und den durch sie gesicherten Wohlstand. Zugleich gewinnt auch das Phänomen der Muße, das für das Verständnis des Wesens und Ziels des literarischen Schaffens, inkl. der Geschichtsschreibung, wie auch der Rezeption der Literatur durch den Hörer bzw. Leser sehr wichtig ist, an Bedeutung. Selbstverständlich waren auch dem nahöstlichen Menschen der vorangegangenen Jahrtausende Stunden der Muße bekannt, aber als eine der Betrachtung würdige Komponente des Lebens wird sie erst im 1. Jt. v.u.Z. empfunden: „Und es begab sich, daß David um die Abendzeit von seinem Lager aufstand und sich auf dem Dach des Könighau-ses erging ..." (2 Sam. 11,2), wobei sich diese Novität in der Stadt stärker durchsetzte als in den Dörfern.[16]

Das Altertum beginnt mit der Geburt der Stadt und endet mit deren Tod. In der Geschichte des alten Nahen Osten gab es aber Epochen intensiver Urbani-sation, die von Epochen des Niederganges des städtischen Lebens abgelöst wurden. Die Achsenzeit war eine Epoche aktiver Urbanisation, und die Stadt bildete den Mittelpunkt des wirtschaftlichen Lebens für den jeweiligen Umkreis, weil sie die Verbindung und Kooperation zwischen den verschiede-

---

14   J. Klausner, haḥayyîm hakalkāliyîm biyĕmê bayît šēnî, 121-130; H. Kreissig, Die sozi-
      alökonomische Situation in Juda zur Achämenidenzeit, 65-70; M.A. Dandamajev, V.G.
      Lukonin, Kuljtura i ekonomika drevnevo Irana, 216 ff., u.a.
15   J.P. Vejnberg, Čelovek v kuljture drevnevo Bližnevo Vostoka, 74-84.
16   Ibid., 175-176.

nen Bereichen der natürlichen Arbeitsteilung aufrecht erhielt. Die Stadt als
Sitz der staatlichen Administration war zugleich das Zentrum des politischen
Lebens im Umkreis, und schließlich lag in der Stadt auch der geistig-geistliche Mittelpunkt des Umkreises, weil sich dort die Tempel der lokalen und der
allgemein-staatlichen Götter sowie die Palast- oder Tempelschulen befanden
und die gemeinsamen Feste gefeiert wurden.

Die nahöstlichen Städte der Mitte des 1. Jt. v.u.Z. unterschieden sich nach
Größe und funktioneller Bestimmung. Die größte Gruppe bildeten Ortschaften
und kleine Städte mit einer Fläche von 3-6 ha und einer Einwohnerzahl um
2 000 und mittlere Städte mit einer Fläche von 6 ha bis 25 ha und einer Einwohnerzahl um 10 000. Seltener waren große Städte mit einer Fläche über 25
ha und einer Einwohnerzahl von mehreren Zehntausenden, während Megalo-
poleis wie Ninive (206 000-256 000 Einwohner) oder Babel (60 000-80 000
Einwohner) eher Ausnahmen waren.[17] Ihrer Funktion nach können folgende
Städte-Typen unterschieden werden: Hauptstädte und administrative Zentren
der Provinzen, Städte als Festungen, Städte als Speicher und Städte ohne spezielle Funktionen. Dem Städte-Typus entspricht zum einen die äußere Gestalt
der Stadt. So gehört beispielsweise zu einer Hauptstadt oder einem provinziellen administrativen Zentrum die Zitadelle mit Palast und Tempel. Zum anderen bestimmt der Städte-Typus auch die sozial-berufliche und die ethnische
Zusammensetzung der Einwohnerschaft. Während in den kleinen und mittleren Städten ohne spezielle Funktionen das Gros der Einwohner Bauern und
weniger Handwerker waren, die hauptsächlich dem „eigenen" örtlichen Ethnos angehörten, einander kannten und nicht selten miteinander verwandtschaftlich verbunden waren, so war für die Einwohnerschaft der Haupt- und
besonders der Großstädte eine sozial-berufliche und ethno-linguistische Heterogenität kennzeichnend. Wenn sogar im nachexilischen Jerusalem Handwerker und Händler, Schreiber und Priester, Juden und Phöniker lebten, so
braucht es nicht zu verwundern, daß in Babel im 7.-4. Jh. v.u.Z. Babylonier
und Perser, Lydier und Araber, Ägypter und Juden, Griechen u.a. lebten und
zahlreiche verschiedene Sprachen gesprochen wurden,[18] so daß der Eindruck
entstehen konnte, daß dort „… Jahwe die Sprache aller Länder verwirrte"
(Gen. 11,9).

Die Folge all dieser Eigenschaften der nahöstlichen Stadt der Mitte des
1. Jt. v.u.Z. war ihre im Vergleich zu anderen Institutionen große Aufgeschlossenheit, wofür ein markanter, materieller Ausdruck die große, den Bedarf oft
überschreitende Anzahl von Toren war, die als Sehenswürdigkeiten in den
Topographien Babels, Jerusalems und anderer Städte erwähnt werden, während im Alten Testament das Wort šaʿar (Tor) mit 373 Vorkommen sogar ein
verbreitetes Schlüsselwort ist.

---

17  Y. Shiloh, The Population of Iron Age Palestine, 30-32.
18  M.A. Dandamajev, Vavilonija do makedonskovo zavojevanija i ellenizma, 116-122; D.J.
    Wiseman, Nebuchadrezzar and Babylon, 81ff., u.a.

Das Aufkommen solcher städtischen Topographien kann auch als Hinweis darauf gelten, daß sich im Nahen Osten ein besonderes „städtisches" Bewußtsein ausbildete. Seine Wurzeln lagen in den Eigentümlichkeiten der Gruppenpsychologie der Städter, für die eine ausgesprochene Dynamik und ein Hang zum Neuen, eine bemerkenswerte Mobilität und ein spürbarer Hedonismus, eine primär universalistische Orientierung und eine vorsichtig-kritische Einstellung zur eigenen Tradition kennzeichnend waren.[19] Eben darum war auch die Stadt für die Zeitgenossen nicht nur ein Objekt der Sehnsucht und Anerkennung, sondern auch der zornigen Verurteilung, wobei zuweilen der „lasterhaften" Stadt als Gegenbild das „tugendhafte" Dorf gegenübergestellt wurde (Jer. 35,2ff.; Ez. 22,3ff. u.a.).

Obwohl in der Mitte des 1. Jt. v.u.Z. in manchen nahöstlichen Gebieten – in Kleinasien, Arabien u.a. – der Sippenverband als grundlegende strukturelle Einheit weiterbestand, war die territoriale Gemeinde oder die Dorf-Gemeinde die vorherrschende Organisationsform der freien wie auch teilweise der halbfreien-halbabhängigen Landbevölkerung. Diese Gemeinde, die als eine Gemeinschaft von benachbarten, verwandten oder nicht verwandten, aber Boden und Wasser gemeinsam nutzenden Familien betrachtet werden kann,[20] unterlag im Verlauf der Zeit zahlreichen Wandlungen, sie überlebte Perioden des Aufschwunges und des Niederganges und besaß lokale Eigentümlichkeiten. Die ihr Wesen bildenden und bestimmenden Merkmale jedoch wie die massenhafte Verbreitung, weitgehende innere Homogenität und Abgeschlossenheit nach außen, spürbarer Kollektivismus und gewisse Autonomie, geringe Mobilität und ein ausgesprochener Konservativismus ihrer Mitglieder besaßen eine erstaunliche Stabilität und bewahrten sich auch in der Achsenzeit. Dennoch konnte sich die Dorfgemeinde nicht gänzlich dem um sie herum sich vollziehenden Wandel entziehen. Die Landbevölkerung bzw. die Anzahl der Gemeindemitglieder verringerten sich und machten sogar im provinziellen Palästina nur zwei Drittel der gesamten Bevölkerung[21] aus. Innerhalb der Dorfgemeinde schritt die wirtschaftliche und soziale Differenzierung voran, was den dort dominierenden Kollektivismus unterwanderte. Obwohl die Dorfgemeinde auch in der Mitte des 1. Jt. v.u.Z. eine gewisse Selbstverwaltung besaß, wurde sie immer mehr in das System der staatlichen Administration integriert. Dies zusammen mit der zunehmenden Einbeziehung der Dorfgemeinde in die Warenwirtschaft lockerte ihre frühere Abgeschlossenheit und steigerte die Mobilität ihrer Mitglieder, was auch das System der agrar-sozialen Verhältnisse im Nahen Osten in der Mitte des 1. Jt. v.u.Z. beträchtlich beeinflußte.

---

19  J.P. Vejnberg, Čelovek v kuljture drevnevo Bližnevo Vostoka, 34.
20  Istorija drevnevo mira I, 35ff.
21  Y. Shiloh, The Population of Iron Age Palestine, 32-33.

Zahlreiche Angaben belegen für die Zeit um die Mitte des 1. Jt. v.u.Z. den Fortbestand der traditionellen Formen von Eigentum und Besitz an Boden im alten Nahen Osten, nämlich der staatlichen und gemeindlich-privaten. Für den nahöstlichen Vorhellenismus war jedoch die wachsende Bedeutung des privaten Eigentums oder Besitzes an Boden besonders kennzeichnend. Dies belegen nicht nur die zahlreichen dokumentierten Transaktionen von Boden, sondern auch das Aufkommen spezieller Termini für verschiedene Formen von Land-Eigentum oder -Besitz.[22] Hierbei muß ausdrücklich hervorgehoben werden, daß diese verschiedenen Formen im realen Leben nicht selten miteinander verbunden und verflochten waren, da zuweilen ein und dieselbe Familie oder ein und dasselbe Individuum Eigentümer des einen und Pächter eines anderen Grundstückes war. Eine derartige Verflechtung der verschiedenen Formen von Eigentum und Besitz zusammen mit der Diversifikation der Berufe und der zunehmenden Mobilität des Einzelnen gab der Struktur der nahöstlichen Gesellschaft eine größere Komplexität, förderte die Auflockerung der zuvor festen Grenzen zwischen den verschiedenen Ständen und Klassen und förderte das Aufkommen zahlreicher Zwischen- und Übergangs-Formen und -Zustände.

In der modernen Geschichtswissenschaft wird kaum bezweifelt, daß die altnahöstliche Gesellschaft eine Stände-Klassen-Struktur besaß, über das Wesen dieser Stände und Klassen, ihren Bestand und ihre Grenzen besteht jedoch nach wie vor Diskussionsbedarf. Unter den zahlreichen Erklärungsmodellen scheint das von S. Utschenko und I. Djakonov vorgeschlagene das überzeugendste zu sein.[23] Nach ihrer Ansicht gab es in der altnahöstlichen Gesellschaft drei Stände: die Freien, die Halbfreien-Halbabhängigen und die Sklaven – und drei Klassen: solche, die Produktionsmittel besaßen, aber am Produktionsprozeß nicht direkt beteiligt waren, andere, die Produktionsmittel besaßen und am Produktionsprozeß auch direkt teilnahmen, und jene, die keine Produktionsmittel besaßen, jedoch am Produktionsprozeß teilnahmen und teilnehmen mußten. Dies ist freilich nur ein Modell und vereinfacht daher stark die tatsächliche Struktur der nahöstlichen Gesellschaft. Aber dieses Konzept hat zumindest einen Vorzug: es berücksichtigt den grundsätzlichen Unterschied zwischen den heutigen Erkenntnissen über die Stratifikation der altnahöstlichen Gesellschaft und den Vorstellungen des altnahöstlichen Menschen über den Aufbau seiner Gesellschaft. Diese grundlegenden Strukturen bestanden auch in der Mitte des 1. Jt. v.u.Z. fort, wobei jedoch innerhalb der einzelnen Strukturelemente wie auch zwischen ihnen zahlreiche soziale Randgrup-

---

22  J.P. Weinberg, Die Agrarverhältnisse in der Bürger-Tempel-Gemeinde der Achämenidenzeit, 473-474; ders., Bemerkungen zum Problem „Der Vorhellenismus im Vorderen Orient", 12-13; M.A. Dandamajev, V.G. Lukonin, Kuljtura i ekonomika drevnevo Irana, 140ff., u.a.

23  S.L. Utschenko, I.M. Djakonov, Socialjnaja stratifikacija drevnevo obščestva, 16-17; M.A. Dandamajev, Nerabskije formy zavisimosti v drevnej Perednej Azii, 5ff., u.a.

pen entstanden und wirkten, die den Aufbau der nahöstlichen Gesellschaft weitgehend änderten, indem sie zu seiner Ausdifferenzierung beitrugen[24].

Die wachsende Vielfalt der zur Wahl stehenden Berufe sowie die zunehmende Differenzierung im sozialen Status brachten es mit sich, daß das Individuum selbst wählen und entscheiden mußte. Dadurch wurde das Selbstbewußtsein des Einzelnen gestärkt, der nun gezwungen war, sich gegenüber den neuen Möglichkeiten und dem stark erweiterten Angebot zu verhalten und die Heterogenität im Status und die verschiedenen Rollen zu harmonisieren und zu integrieren.[25] Daher kann man sagen, daß in der Achsenzeit „der Mensch sich des Seins im Ganzen, seiner selbst und seiner Grenzen bewußt ..." wird,[26] was eine zunehmende Individualisierung des nahöstlichen Menschen zur Folge hat. Daß im Alten Testament an die Stelle des bislang dominierenden Prinzips der kollektiven Verantwortung die individuelle Verantwortung jedes einzelnen Menschen für sein Tun tritt (Ez. 18,20 u.a.), kann als Beleg dafür gelten.

Dieselben Prozesse und Erscheinungen aber, die die Individualisierung des Menschen vorantrieben, förderten zusammen mit anderen Faktoren zugleich den Erhalt, zuweilen sogar die Regeneration großer agnatischer Verbände als notwendige Balance zum Individualisierungsprozeß. Denn auf dieser Entwicklungsstufe, in einer Situation, die von starken inneren Spannungen und von ununterbrochenen Kriegen mit verheerenden Folgen bestimmt war, stand das Individuum, die einzelne Familie allein und fühlte sich hilflos, was der Beter von Ps. 3 in folgendem Vers zum Ausdruck bringt: „Jahwe, wie zahlreich sind meine Feinde, so viele lehnen sich gegen mich auf" (Ps. 3,2).

Man kann der These S.N. Eisenstadts beistimmen, daß in der Achsenzeit „... auch eine weitgehende Reorganisation statt[fand], die in dem Verhältnis zwischen der politischen und der höheren transzendentalen Ordnung verwurzelt war."[27] Es erscheint jedoch zweifelhaft, daß infolge dieser Reorganisation „Die politische Ordnung als Mittelpunkt der irdischen Ordnung ... im allgemeinen als nachrangig gegenüber der transzendentalen gewertet" wurde. Zahlreiche Angaben bezeugen die zunehmende Bedeutung der politischen Organisation, des Staates im Leben und Wirken des nahöstlichen Menschen, ein breiteres Spektrum an Typen und Formen des Staates und seine zunehmende Säkularisierung[28].

Die von I. Djakonov und V. Jakobson[29] vorgeschlagene Unterscheidung von drei Haupttypen des altnahöstlichen Staates – des Gau- und/oder des

---

24  J.P. Vejnberg, Roždenije istorii, 39-43.
25  B.F. Porschnev, Socialjnaja psichologija i istorija, 192; I.S. Kon, Otkrytije „ja", 132; J.P. Vejnberg, Čelovek v kul'ture drevnevo Bližnevo Vostoka, 108ff., u.a.
26  K. Jaspers, Vom Ursprung und Ziel der Geschichte, 19.
27  S.N. Eisenstadt, Allgemeine Einleitung: Die Bedingungen für die Entstehung und Institutionalisierung der Kulturen der Achsenzeit, 18.
28  Ibid., 19.

Stadtstaates, des territorialen Königreichs und des Weltreichs – hat im Vergleich mit anderen Klassifikationsvorschlägen den Vorzug, daß ihr mehr oder weniger eindeutige, relativ objektive Kriterien, nämlich territorial-demographische und organisatorisch-administrative zugrundeliegen. Im Nahen Osten der Mitte des 1. Jt. v.u.Z. gab es nach wie vor den Gau- oder Stadt-Staat mit einer verhältnismäßig geringen Einwohnerzahl und einem kleinen Territorium, dessen Zentrum die befestigte Stadt mit dem Tempel des führenden Gottes und dem Palast des Herrschers war. Für so einen Staat, der in der Regel umgeben war von gleichartigen Staatsgebilden, war es die Hauptaufgabe, seine Selbständigkeit zu behaupten und eine eigene Identität zu finden und zu bewahren. Dazu dienten verschiedene Mittel wie z.B. die Verehrung „eigener" Götter, die Einführung „eigener" Gesetze und die „eigene" Selbstbenennung. Das kleine Territorium und die geringe Einwohnerzahl, die agnatisch-gemeindliche Verbundenheit eines Teils der Einwohner und andere Besonderheiten ermöglichten die Beibehaltung mancher demokratischer Institutionen – der Volksversammlung, des Ältestenrats u.a. –, die eine bestimmte Teilnahme der Bürger an der Staatsverwaltung und eine mehr oder weniger stabile und reguläre Verbindung zwischen dem Herrscher und den Beherrschten sicherstellten.[30]

Das „territoriale Königreich", eine zugegebenermaßen nicht besonders glückliche Bezeichnung, da die meisten Staatstypen territoriale Gebilde sind, umfaßte einige Tausend Quadratkilometer, zahlreiche Städte und Dörfer und eine in die Hunderttausende gehende Einwohnerschaft wie z.B. das relativ kleine judäische Königreich mit einer Einwohnerzahl um 300 000 oder das größere israelitische mit ungefähr 600 000 Einwohnern. Die Entstehung und Existenz des territorialen Königreichs war ein Ergebnis der zentripetalen Tendenzen und führte unvermeidlich zu einer Stärkung der Macht des Herrschers und zu einem Zuwachs an Einfluß für den zentralen bürokratischen Verwaltungsapparat. Dies war aber nicht unbedingt überall mit einem Abbau der früheren demokratischen Institutionen und Traditionen verbunden. So spielten z.B. in den vorexilischen jüdischen territorialen Königreichen eine nicht unbedeutende Rolle die Volksversammlung, der Ältestenrat und andere Institute, was zumindest einem Teil der freien Bevölkerung gewisse Möglichkeiten für eine politische Aktivität und den Bürgern dadurch das Gefühl gab, weiterhin am politischen Leben teilzunehmen[31].

Aber eine solche Partizipation des freien Mannes an der Verwaltung seines Staates oder wenigstens deren Illusion waren kaum möglich in den Weltrei-

---

29  I.M. Djakonov, V.A. Jakobson, „Nomovyje gosudarstva", „territorialjnyje carstva", „polisy" i „imperii", 3ff.

30  J.P. Vejnberg, Čelovek v kuljture drevnevo Bližnevo Vostoka, 29-30.

31  B. Halpern, The Constitution of the Monarchy in Israel, 187ff.; H. Tadmor, Traditional Institutions and the Monarchy, 239-257; M. Weinfeld, The Counsel of the "Elders" to Rehoboam and its Implications, 27-53; D.J. Elazar, St.A. Cohen, The Jewish Polity, 71-91, u.a.

chen, die für die Achsenzeit besonders kennzeichnend waren. Diese Weltreiche – das neuassyrische, das neubabylonische und das achämenidische – umfaßten riesige Flächen und hatten eine mehrere Millionen zählende Einwohnerschaft, die in ihrer ethno-linguistischen Zusammensetzung, im Blick auf die Besonderheiten und das Niveau ihrer wirtschaftlichen, sozialen, politischen und geistigen Entwicklung, und in ihren Traditionen äußerst heterogen war. Eine Annäherung und ein Ausgleich zwischen den verschiedenen Bevölkerungsgruppen und ein Prozeß der Vereinheitlichung waren daher die Grundlage und die Vorbedingung der Existenz solcher Weltreiche und die Gewähr für ihre, wenn auch nur relative, Stabilität und Dauerhaftigkeit. Eins der Mittel zur Bewältigung dieser Aufgabe war die Bildung eines maximal zentralisierten und verzweigten, allumfassenden bürokratischen Verwaltungsapparats mit einem Herrscher an der Spitze, der zumindest theoretisch eine unbegrenzte Macht besaß, so daß im Verhältnis zu ihm sogar die freien Einwohner eher Untertanen als Bürger waren.[32] Die Weltreiche, besonders das achämenidische, hatten großen Einfluß auf die Mentalität und die Weltanschauung ihrer Zeitgenossen, denn einerseits förderten sie das Aufkommen und die Verbreitung universalistischer Einstellungen mit optimistischer Prägung (Jes. 45,1ff. u.a.), aber andererseits riefen die bitteren Erfahrungen der neuassyrischen und neubabylonischen Weltreiche auch einen pessimistischen Universalismus hervor: „Das vierte Tier wird das vierte Reich auf Erden sein, welches mächtiger sein wird als alle Reiche, und es wird alle Länder fressen, zertreten und zermalmen" (Dan. 7,23).[33]

Jedes System benötigt, um zu funktionieren, eine bilaterale Kommunikationsstruktur, und zwar sowohl im Innenverhältnis als auch in der Beziehung zu anderen Systemen. In den nahöstlichen Weltreichen, besonders im neuassyrischen und neubabylonischen, war der notwendige bilaterale Charakter dieser Kommunikation weitgehend gestört, da das Weltreich hauptsächlich ein gigantischer Apparat für die Eintreibung von Abgaben und Dienstleistungen und ein Vehikel der einseitigen Unterdrückung war. Schon bald zeigte sich jedoch, daß selbst der ausgebildetste bürokratische Verwaltungsapparat und die beste Armee nicht im Stande waren, dem Weltreich die erwünschte Stabilität zu geben. Ein Mechanismus der bilateralen Kommunikation mußte daher geschaffen werden, um die Entfremdung zwischen den Untertanen und dem Staat wenn nicht zu überwinden, so doch wenigstens zu mildern. Einen solchen Mechanismus bildeten die autonomen selbstverwalteten Städte, die in manchen Regionen des Nahen Osten – in Mesopotamien, Syrien, Palästina, Phönikien und Kleinasien – die Form der Tempelgemeinde annahmen.[34]

---

32    J.P. Weinberg, Bemerkungen zum Problem „Der Vorhellenismus im Vorderen Orient", 7ff.; Istorija drevnevo mira II, 15ff., u.a.

33    M. Weinfeld, Der Protest gegen den Imperialismus in der altisraelitischen Prophetie, 240ff.

Für die Entstehung und Verbreitung der Tempelgemeinde war auch die in der Mitte des 1. Jt. v.u.Z. gesteigerte Religiosität vieler Herrscher, wie z.B. Assurbanipals und Nabonids, sowie die der Beherrschten ausschlaggebend, da sie die Position und den Einfluß der Tempel und der Priesterschaft stärkte. Infolgedessen wurden zahlreiche Tempel zu privilegierten und autonomen, von der zentralen Administration weitgehend unabhängigen und von Abgaben befreiten Organisationen. In solchen Tempeln bestanden günstigere Bedingungen für die Entfaltung selbständiger wirtschaftlicher Tätigkeit des Einzelnen und der Familie. Darum suchten viele, besonders in den unterworfenen Gebieten, wo das staatliche Joch sehr drückend war, Anschluß an den Tempel. Ein solcher Zusammenschluß der Einwohner einer Stadt oder eines Gebietes mit dem örtlichen Tempel und dessen Priesterschaft führte zur Entstehung eines neuen sozial-politischen Organismus – der Tempelgemeinde.[34] Sie ist eine Gemeinschaft von freien, primär in großen agnatischen Verbänden organisierten Laien und Priestern, die vollberechtigte Mitglieder der Gemeinde sind und infolgedessen ein Recht auf Eigentum oder Besitz an Boden haben. Die Tempelgemeinde hat eine Selbstverwaltung, die der Hohepriester des Tempels zusammen mit dem Rat und der Vollversammlung der Gemeindemitglieder ausübt. Diese umfaßt die Verfügung über den Boden, das Recht, Abgaben und Dienste von den Gemeindemitgliedern einzutreiben, eine eigene Jurisdiktion und die Sorge für die innere und äußere Sicherheit.

Alle diese ökonomischen, sozialen und politischen Erscheinungen sind offensichtlich wesentliche Aspekte der Achsenzeit, aber „Diese gesamte Veränderung des Menschseins kann man Vergeistigung nennen."[35] Diese Vergeistigung war ein vielseitiger und komplexer Prozeß, von dem im folgenden nur einige Aspekte angesprochen werden sollen, nämlich die Intensivierung der ethno-kulturellen Kontakte, die Verbreitung einer für den nahöstlichen Raum gemeinsamen lingua franca, die Veränderungen in der Zusammensetzung und im Wesen der Intelligenz und die Wandlungen in der Denkweise des nahöstlichen Menschen.

Ethno-kulturelle Kontakte sind eine ständige Komponente des historischen Prozesses, dennoch unterscheiden sich die Epochen der Weltgeschichte durch die Intensität und den Stellenwert dieser Kontakte. Die Mitte des 1. Jt. v.u.Z. war eine Epoche besonders reger ethno-kultureller Kontakte, für die ein weiter territorialer Umfang und die Einbeziehung großer Menschenmassen mit ganz unterschiedlichem sozialen und beruflichen Hintergrund kennzeichnend

---

34  G.Ch. Sarkisjan, Samoupravljajuščijsja gorod selevkidskoj Vavilonii, 68-83; A.G. Perichanjan, Chramovyje objedinenija Maloj Azii i Armenii; H. Tadmor, ʿîr hammiḳdāš wĕʿîr hammĕlûḳā bĕbābel wĕʾaššûr, 179-205; J.P. Weinberg, Bemerkungen zum Problem „Der Vorhellenismus im Vorderen Orient", 13ff.; B. Funck, Uruk zur Seleukidenzeit, 19ff.; M.M. Dandamajeva, Nekotoryje aspekty istorii ellenisma v Vavilonii, 17ff., u.a.

35  K. Jaspers, Vom Ursprung und Ziel der Geschichte, 18.

waren. Am intensiven Migrations-Prozeß beteiligten sich hauptsächlich Vertreter der nahöstlichen Ethnien, wobei die Richtung von der Peripherie auf die florierenden Zentren der Weltreiche vorherrschte. Die Wirkung, die von diesen Kontakten ausging, war so groß, daß sie sogar eine der festesten Vorstellungen des nahöstlichen Menschen, das partikularistische Erfassen der Opposition „Wir-Sie", abmilderte und dagegen universalistische Tendenzen soweit stärkte, daß es möglich wurde, eine Fremde, die Moabiterin Ruth, als Ahnin Davids anzuerkennen (Rt. 4,13ff.).

Die Auswirkungen der ethno-kulturellen Kontakte hängen nicht nur von deren Intensität und Umfang sowie vom sozial-beruflichen Hintergrund der Teilnehmer ab, sondern auch vom Vorhandensein oder Nichtvorhandensein eines gemeinsamen sprachlichen Kommunikationsmittels. Der nahöstliche Mensch empfand sehr lebhaft Bedürfnis hiernach, was vielleicht seinen Ausdruck in der alttestamentlichen Erzählung vom Turmbau zu Babel fand, wo mit Bedauern und Nostalgie die Vorzeit erwähnt wird, als „das gesamte Land eine Sprache und dieselben Wörter [hatte]" (Gen. 11,1). In der Mitte des 1. Jt. v.u.Z. gab es Anzeichen für die Erneuerung der sprachlichen Gemeinsamkeit, als das Aramäische die lingua franca des gesamten Vorderen Orients wurde.[36] Das Aufkommen und die Verbreitung einer lingua franca führten zu den für die geistige Atmosphäre der Achsenzeit bedeutsamen Phänomenen der Zwei- und Dreisprachigkeit der Menschen und der Anfertigung von Übersetzungen, was schon für sich genommen eine Annäherung der verschiedenen Kulturen und ihre wechselseitige Beeinflussung förderte.

In der Mitte des 1. Jt. v.u.Z. unterlag das nahöstliche Bildungssystem einem grundlegenden und tiefgreifenden Wandel. Es wurde vielfältiger und „demokratischer" und bot dem Individuum eine größere Auswahl und bessere Möglichkeiten. Obwohl die Palast- und/oder Tempelschule weiter bestehen blieb, verlor sie ihre Monopolstellung, da sie z.B. in Mesopotamien durch das System des Hausunterrichts ersetzt oder ergänzt wurde,[37] während es in Palästina von jetzt an nicht mehr nur in den Hauptstädten Schulen gab, sondern auch in einigen Provinzstädten wie z.B. in Lachisch und Arad.[38] Die Verbreitung einer großen Anzahl verschiedener Schulen befreite die Schulbildung von der Bevormundung durch die Staats-Tempel-Administration und schuf auf diese Weise günstige Vorbedingungen für ein differenziertes Ausbildungssystem. Obwohl die Reproduktion der traditionellen Erkenntnisse im nahöstlichen Lehrsystem nach wie vor dominierte, setzte sich allmählich das Verständnis durch, daß diese Erkenntnisse nicht mechanisch reproduziert, son-

---

36  A. Hurvitz, bên lāšôn lĕlāšôn, 26ff.; J. Naveh, J.C. Greenfield, Hebrew and Aramaic in the Persian Period, 115-129, u.a.

37  I.M. Djakonov, Naučnyje predstavlenija na drevnem Vostoke, 63; M.A. Dandamajev, Vavilonskije piscy, 61ff., u.a.

38  H.-J. Hermisson, Studien zur israelitischen Spruchweisheit, 97ff.; A. Lemaire, Les écoles et la formation de la Bible dans l'ancien Israel, 7ff., u.a.

dern schöpferisch, selektiv und kritisch überarbeitet und den Forderungen und
Bedürfnissen der Gegenwart angepaßt werden müßten. Es ist augenscheinlich,
daß für die Lösung dieser neuen Aufgaben die alten Lehrmethoden kaum
brauchbar waren und neue Methoden erarbeitet und eingeführt werden mußten,[39] wobei der Dialog zur Grundlage des Unterrichts wurde.

Obwohl M. Haran mit Recht vor einer Überbewertung der Verbreitung der
Lese- und Schreibkultur in Palästina warnt, kann man kaum seiner Schlußfolgerung beistimmen, daß „The scholars and educated people, among whom the
scribes were included, were probably to be found within a fairly thin layer of
the population."[40] Die alttestamentlichen Daten wie auch die zahlreichen epigraphischen Funde sprechen eher für die Ansicht A.R. Millards, daß „writing
was theoretically within the competence of any ancient Israelite … [and] was,
in fact, quite widely practised."[41] Obwohl nicht jeder des Lesens und Schrei-
bens Kundige als ein „scholar" oder „educated man" betrachtet werden kann,
war die Lese- und Schreibkultur im Nahen Osten in der Achsenzeit so weit
verbreitet, daß sie nicht mehr wie in den vorangegangenen Jahrtausenden in
erster Linie nur ein Mittel der innerständischen Kommunikation war, sondern
weithin auch den zwischen-ständischen Kontakten diente, was selbstverständlich die Stellung der intellektuellen Elite in der Gesellschaft spürbar änderte
und ihre bisherige Exklusivität auflockerte.

Man kann S.N. Eisenstadt beistimmen, wenn er darauf hinweist, daß eins
der wesentlichsten Merkmale der Achsenzeit das Hervortreten neuartiger Eliten war, die er folgendermaßen beschreibt: „Der neue Typ von Eliten … war
seinem Wesen nach völlig verschieden von den Eliten, die in den früheren
Kulturen Spezialisten für das Rituelle, Magische und Heilige gewesen waren.
Die neuen Eliten, Intellektuelle und Kleriker, rekrutierten und legitimierten
sich nach bestimmten eigenen Kriterien und waren autonom organisiert …
Ferner waren sie bestrebt, von den anderen Eliten oder sozialen Gruppen möglichst unabhängig zu werden, mit denen sie allerdings zugleich konkurrierten,
insbesondere um die Produktion und Kontrolle von Symbolen und Kommuni-
kationsmitteln."[42] Diese Charakteristik erlaubt es, diese neuen Eliten mit dem
Terminus „Intelligenz" zu bezeichnen. Dieser Begriff bezeichnet einen Typ
von Bewußtsein und ein bestimmtes sozio-kulturelles Milieu, für das
Momente wie Bildung, Einbezogensein in die geistige Produktionssphäre und
„rationelle Bedienung" der Gesellschaft kennzeichnend sind.[43] Die Intelligenz
der Achsenzeit war ihrem Bestand nach heterogener als zuweilen angenommen, und sie umfaßte diverse Schichten und Gruppen der Gesellschaft mit

---

39  N. Drazin, History of Jewish Education from 515 B.C.E. to 220 C.H., 12ff.; B. Gerhards-
    son, Memory and Manuscript, 21ff., u.a.
40  M. Haran, On the Diffusion of Literacy and Schools in Ancient Israel, 95.
41  A.R. Millard, The Practice of Writing in Ancient Israel, 108.
42  S.N. Eisenstadt, Allgemeine Einleitung: Die Bedingungen für die Entstehung und Insti-
    tutionalisierung der Kulturen der Achsenzeit, 14.
43  V.I. Maksimenko, Soobščenije, 39-41.

unterschiedlichen sozial-politischen und geistig-geistlichen Stellungen und Orientierungen.

Infolge der zunehmenden Wandelbarkeit und Flexibilität der realen Existenzformen, der wachsenden Hilflosigkeit des Menschen gegenüber den übermächtigen und ihm entfremdeten politischen Kräften gelang es der Priesterschaft in der Mitte des 1. Jt. v.u.Z., ihre Rolle und ihren Einfluß nicht nur zu bewahren, sondern diese sogar noch beträchtlich zu stärken. Gleichzeitig aber begann eine Auflockerung der früheren Exklusivität und Sonderstellung der Priesterschaft, um so mehr als andere Gruppen der Intelligenz ihre frühere Monopolstellung als Vermittlerin zwischen Gott und Mensch, als geistig-geistlicher Leader des Volkes anfochten und einschränkten[44].

Prophetie und Propheten bildeten in der Alten Welt ein allgemein verbreitetes Phänomen, aber nur in der alttestamentlichen Welt und besonders in der ersten Hälfte des 1. Jt. v.u.Z. wurde dieses Phänomen zu einer ernsten Herausforderung für die Priesterschaft, indem es dieser ihre Führungsrolle erfolgreich streitig machen konnte.[45] Hierbei war das Prophetentum eine vom Priestertum grundsätzlich verschiedene Erscheinung. Denn während der Priester sich für sein Amt hauptsächlich durch seine berufliche Vorbereitung, seine Zugehörigkeit zum priesterlichen agnatischen Verband oder zur priesterlichen Korporation qualifizierte, war es die göttliche, stets individuelle und soziale Grenzen überschreitende Berufung des einzelnen, die einen Menschen zum Propheten machte. Obwohl einige alttestamentliche Propheten mit Palast und Tempel assoziiert waren, bildeten unabhängige Propheten ohne institutionalisierte Bindung an Palast und Tempel den Kern des Prophetentums. Durch die Unabhängigkeit von irdischen Institutionen und aufgrund ihrer göttlichen Berufung konnten sie als Künder des Schicksals ihres Volkes auftreten. Die Propheten betrachteten sich als Verkündiger des göttlichen Willens, und als solche wurden sie auch von ihren Hörern anerkannt. Dies stellte sie jedoch immer wieder vor das quälende, zuweilen tragische Problem der Nichterfüllung ihrer Weissagungen, womit zugleich die Frage nach der Wahrhaftigkeit und dem göttlichen Ursprung ihres Wortes aufgeworfen wurde.[46]

Ein anderer Konkurrent der Priesterschaft waren die Schreiber, deren Wesen, Zahl und Status sich in der Mitte des 1. Jt. v.u.Z. bedeutsam verändert hatte. Obwohl viele der Schreiber nach wie vor in der Staats- oder Tempel-Administration tätig waren, nahm die Anzahl derjenigen zu, die von diesen Institutionen unabhängig waren und einer privaten Tätigkeit, besonders der Anfertigung von Dokumenten, Briefen u.ä. für einzelne Auftraggeber,

---

44  J.P. Vejnberg, Roždenije istorii, 50-53.
45  A. Haldar, Associations of Cult Prophets Among the Ancient Semites; H.H. Huffman, The Origins of Prophecy, 171-192; J.F.A. Sawyer, Prophecy and the Prophets of the Old Testament; L.L. Grabbe, Prophets, Priests, Diviners and Sages in Ancient Israel, 54-62; A.D.H. Mayes, Prophecy and Society in Israel, 25-42, u.a.
46  R.P. Carroll, Ancient Israelite Prophecy and Dissonance Theory, 135-151; ders., Prophecy and Dissonance, 108-119, u.a.

nachgingen.[47] Im Palästina der zweiten Hälfte des 1. Jt. v.u.Z. wirkten viele
Schreiber als Abschreiber und Interpreten der Tora, als Lehrer und Weise, was
sie allmählich in den Mittelpunkt des geistig-geistlichen und auch des
sozial-politischen Lebens stellte und zum Kern der jüdischen Intelligenz
machte.[48]

Eben diese Intelligenz war es auch, die die ausschlaggebende und treibende
Kraft bei der vielleicht wichtigsten Äußerung und Errungenschaft der Achsenzeit war, nämlich beim Übergang vom mythologischen Denken zum wissenschaftlich-logischen. Da diesem Problem zahlreiche Forschungsbeiträge
gewidmet sind,[49] ist eine summarische und vergleichende Aufzählung der
wesentlichen Merkmale beider Denkweisen an dieser Stelle ausreichend.

Ein wesentliches Merkmal des mythologischen Denkens ist seine Diffusi-
tät, die sich in der Nicht-Absonderung und im Nicht-Unterscheiden bzw. in
der nicht genügend strikten Absonderung und im nicht genügend scharfen
Unterscheiden zwischen Subjekt und Objekt, Erscheinung und Bezeichnung
äußert und besonders ausgeprägt ist in der Beziehung „Mensch-Natur". Das
mythologische Denken erfaßt diese Beziehung wie ein „Ich-Du"-Verhältnis,
in dem die Natur als „Du" verstanden wird, was diesem „Du" den präzedenzlosen und nicht voraussagbaren Charakter des Individuellen gibt und weshalb
es auch nicht Objekt des Betrachtens und Verstehens sein kann, sondern „is
experienced emotionally in a dynamic reciprocal relationship."[50] Das wissenschaftlich-logische Denken dagegen ist auf eine möglichst genaue und präzise
Absonderung und Abgrenzung des Subjekts und Objekts, der Erscheinung und
der Bezeichnung hin orientiert und erfaßt die Beziehung „Mensch-Natur" wie
ein „Ich-Es"-Verhältnis, in dem das „Es" stets ein Objekt der Betrachtung und
des Begreifens ist.

Das mythologische Denken ist grundsätzlich gegenständlich, sinnlich und
bildlich. Es verfügt nur über einen begrenzten Bestand an abstrakten Begriffen
und erarbeitet sich nur langsam und schwerfällig solche Begriffe und die sie
ausdrückenden Wörter. Für das antike wissenschaftlich-logische Denken
dagegen ist die Erarbeitung eines präzisen Begriffsapparats, einer möglichst
engen Konjunktion und Übereinstimmung zwischen Erscheinung, Begriff und
Wort eine der wichtigsten Aufgaben und eine der größten Errungenschaften.

Obwohl dem mythologischen Denken die Kette von Ursache und Folge
bekannt ist, betrachtet es seine Glieder stets als mit Bewußtsein und Willen
begabte Kräfte, was dazu führt, daß jede äußerliche Analogie, jede Berührung

---

47  M.A. Dandamajev, Vavilonskije piscy, 85.
48  B. Gerhardsson, Memory and Manuscript, 43ff.; D.W. Baker, Scribes as Transmitters of
    Tradition, 65-77, u.a.
49  H. and H.A. Frankfort, Introduction I. Myth and Reality, 3-27; E.M. Meletinskij, Poetika
    mifa, 163 ff.; I.M. Djakonov, Vvedenije, 5ff.; J.P. Vejnberg, Čelovek v kuljture drevnevo
    Bližnevo Vostoka, 44-52; Y. Elkana, Die Entstehung des Denkens zweiter Ordnung im
    antiken Griechenland, 52ff., u.a.
50  H. and H.A. Frankfort, Introduction I. Myth and Reality, 4-5.

in Zeit und Raum als strukturelles und funktionelles Verbundensein aufgefaßt wird. Diese Denkweise kann darum als eine assoziative, matrizenartige bezeichnet werden, im Gegensatz zur kausalen, ihrem Wesen nach wissenschaftlich-logischen, für die die Unterscheidung und die Anerkennung des dialektischen Zusammenhangs von Ursache und Folge eine der Grundlagen des Denkens ist.

Der assoziative Charakter des mythologischen Denkens bedingt seinen prinzipiellen Traditionalismus, seine grundsätzliche Wendung zur Vergangenheit, da es eben die Erfahrung der Vorzeit und der Vorväter ist, die als Matrize für das Erfassen und für die Bewertung der Gegenwart benutzt wird. Obwohl auch das antike wissenschaftlich-logische Denken die Tradition, die Erfahrung der Vergangenheit keineswegs verwirft, ist ihm ein Trend zur Neuerung inhärent, eine Orientierung nicht nur auf die schon geschehene und darum nicht mehr veränderbare Vergangenheit, sondern hauptsächlich auf die noch im Prozeß befindliche, unabgeschlossene Gegenwart.

Mit diesem Traditionalismus, mit dieser Orientierung auf die Vergangenheit ist auch die Dominanz der absoluten Wahrheiten im mythologischen Denken verbunden. Für den Menschen dieser Denkweise haben die aus Vorzeiten herkommenden und von den Vorvätern übernommenen Erkenntnisse den Wert unbestrittener und nicht zu bestreitender Wahrheiten, während der in erster Linie auf die veränderliche Gegenwart orientierte Mensch des wissenschaftlich-logischen Denkens den Reiz, die Versuchung und den Schmerz der relativen Wahrheiten bevorzugt.

Die vorherrschende Hinwendung zur Vergangenheit, auf die längst vergangene Zeit der Götter und Helden, die dominierende Orientierung auf absolute Wahrheiten, deren Quellen, Verkörperung und Garanten die Götter sind, bedingen den ausgesprochenen Theozentrismus des mythologischen Denkens. Diese bevorzugte Einstellung auf die Gegenwart, die Anerkennung des Primats der relativen Wahrheiten, deren Exponent der Mensch ist, fördern den markanten Anthropozentrismus des antiken wissenschaftlich-logischen Denkens: „Der Mensch ist das Maß aller Dinge, der seienden, daß sie sind, der nichtseienden, daß sie nicht sind".

Noch zwei abschließende Bemerkungen: Die Unterscheidung zweier Denkweisen ist nicht axiologisch gemeint, denn keine von beiden ist der anderen übergeordnet, keine ist fortgeschrittener oder rückständiger, sie sind verschiedenartig. Keine dieser Denkweisen ist erstarrt und unveränderlich, zwischen ihnen klaffen keine unüberbrückbaren Klüfte, ganz im Gegenteil, jede der beiden Denkweisen überlebt ihre Blüte und ihr Verblühen, und darum bestanden (und bestehen) Epochen der Weltgeschichte, für die eine Koexistenz der beiden Denkweisen, das allmähliche Abtreten der einen und Aufkommen der anderen kennzeichnend war. Eine solche Epoche war auch die Achsenzeit.

Das Dargelegte umfaßt und erschöpft nicht sämtliche Eigenschaften und Eigentümlichkeiten des nahöstlichen Vorhellenismus, sondern enthält diejenigen Grundlagen, die in ihrer Gesamtheit die weitere Mitwelt des Chronisten bilden. Obwohl dem nahöstlichen Vorhellenismus eine weitgehende Homogenität eigen war, offenbarte und verwirklichte er sich in den unterschiedlichen Gebieten dieses Bereichs verschieden, was die Notwendigkeit bedingt, sich der engeren Mitwelt des Chronisten und des Chronikbuches zuzuwenden.

# III. Die engere Mitwelt des Chronisten: Die Jerusalemer Bürger-Tempel-Gemeinde

Wenn die weitere Mitwelt eines Werkes mit der Atmosphäre, der Luft und der Sonne verglichen werden kann, die eine Pflanze umgeben, ihr Wachstum wesentlich beeinflussen, so ist die engere Mitwelt der Boden, aus dem diese Pflanze wächst, ohne den und außerhalb von dem sie überhaupt nicht bestehen kann. Die engere Mitwelt umfaßt die Zeit und den Raum, das Land und das Volk, die Gemeinschaft und den Staat, die kulturelle Tradition und die geistige Atmosphäre, denen der betreffende Verfasser und sein Auditorium angehören, in denen das entsprechende Werk geschaffen worden ist und in welchem es seine Wirksamkeit entfaltet. Für den Chronisten und das Chronikbuch war dies die nachexilische Gemeinde in Palästina.

## 1. Die Katastrophe von 586 v.u.Z. und ihre Folgen

Die Erforschung der Tempelgemeinden Kleinasiens und Armeniens hat gezeigt, daß sie von den um Tempel konzentrierten Dorfgemeinden abstammen und daß die Tempelgemeinden und -verbände von Mylasa, Pessinunt u.a. in persisch-hellenistischer Zeit schon einen langen Entwicklungsprozeß hinter sich hatten. Obwohl eine solche allmähliche, kontinuierliche, hauptsächlich innere Entwicklung krasse äußere Einwirkungen (Eroberung, Wechsel der Vorherrschaft usw.) nicht ausschließt, war jedoch Kontinuität grundlegend und bestimmend für diese Tempelgemeinden.[1] Diese Schlußfolgerung kann jedoch nicht auf die nachexilische Jerusalemer Gemeinde bezogen werden, da zwischen ihr und den ihr vorangegangenen judäisch-israelitischen Staaten die Katastrophen von 722 v.u.Z. – die Vernichtung des israelitischen Staates durch die Assyrer – und von 586 v.u.Z. – die Vernichtung des judäischen Staates durch die Babylonier – liegen. Hiermit aber ist die Frage verbunden, ob die Katastrophen tatsächlich Katastrophen waren und welche Folgen sie hatten.

Die epische Ruhe und tragische Zurückhaltung in den Schilderungen der Eroberung Judäas und Jerusalems, der Zerstörung des Tempels und des Unter-

---

1 A.G. Perichanjan, Chramovyje objedinenija Maloj Azii i Armenii, 147; G.Ch. Sarkisjan, O gorodskoj zemle v selevkidskoj Vavilonii, 60; J. Blenkinsopp, Temple and Society in Achaemenid Judah, 22-34, u.a.

ganges des Staates (2 Reg. 25,1ff.; Jer. 39,1ff.) in Werken, die unmittelbar nach diesen Geschehnissen von Augenzeugen und Opfern dieser Ereignisse, z.B. Jeremia, geschaffen wurden, scheinen diejenige Ansicht zu unterstützen, nach der diese Katastrophen nur Episoden von geringer Bedeutung waren.[2] Hierbei wird akzentuiert, daß das Gros der Bevölkerung in Palästina zurückblieb und der historische Prozeß ohne wesentliche Änderungen weiterlief wie zuvor, daß also Kontinuität die Dominante der Epoche war. In der modernen Bibelwissenschaft herrscht jedoch die Meinung vor,[3] daß diese Katastrophen, besonders die von 586 v.u.Z., tatsächlich Katastrophen waren, daß sie einen tiefen Bruch in der Geschichte des jüdischen Volkes verursachten, das Vorherrschen der Diskontinuität bedingten und tiefgreifend auf das Schicksal des Volkes einwirkten. Unterschiedlich werden dabei jedoch der Charakter und das Ausmaß dieser Einwirkung bewertet. So akzentuiert P.R. Ackroyd den theologischen Aspekt;[4] nach M. Weber führten die Katastrophe und das Exil zur Vollendung der Ausbildung des jüdischen Volkes als eines Paria-Volkes;[5] am meisten spricht jedoch für die Ansicht, daß die Folgen vielschichtig und umfassend waren und sämtliche Bereiche der nationalen Existenz durchdrangen.[6]

In manchen zeitgenössischen Schilderungen (Thr. 1,1ff.; 2,5ff. u.a.) wird eine beinahe totale Verwüstung und Verheerung Judäas farbenreich und „realistisch" beschrieben. Aber eine solche Verwüstung und Verheerung widerspricht erstens den Intentionen und der Handlungsweise der Weltreiche, für die eine fortlaufende gewaltsame Redistribution von Gütern bzw. eine gewisse Lebensfähigkeit und Lebenstätigkeit der eroberten Länder und der unterjochten Bevölkerung eines der Endziele war. Zweitens dissonieren diese Schilderungen mit den nüchternen und glaubwürdigen Worten Jeremias: „Und ihr (die in Judäa Zurückgebliebenen) sammelt ein den Wein und die Feigen und das Öl und legt es in eure Gefäße und wohnet in euren Städten …" (40,10 u.a.) wie auch mit den archäologischen Daten.

Diese bezeugen, daß im Süden Judäas während der babylonischen Eroberung tatsächlich viele Städte und Siedlungen – Arad, Engedi, Lachisch, Beerseba, Betzur u.a. – zerstört waren. Im nördlichen Judäa dagegen sind Spuren einer solchen totalen Verheerung nicht vorhanden, und viele Städte wie z.B.

---

2  C.C. Torrey, Ezra Studies, 285-288, u.a.

3  Ed. Meyer, Die Entstehung des Judentums, 4-5; M. Noth, Die Katastrophe von Jerusalem im Jahre 587 v.Chr. und ihre Bedeutung für Israel, 352ff.; S. Talmon, The Emergence of Jewish Sectarianism in the Early Second Temple Period, 176ff.; ders., rēʾšîtā šel šîbat ṣiyôn, 28ff.; D.L. Smith, The Religion of the Landless, 5ff.; J.P. Weinberg, Die Mentalität der Jerusalemischen Bürger-Tempel-Gemeinde des 6.-4. Jh. v.u.Z., 135-146, u.a.

4  P.R.Ackroyd, Exile and Restoration, 6ff.

5  M. Weber, Ancient Judaism, 11.

6  S. Talmon, The Emergence of Jewish Sectarianism in the Early Second Temple Period, 176ff.; D.L. Smith, The Religion of the Landless, 8ff.; J.P. Weinberg, Die Mentalität der Jerusalemischen Bürger-Tempel-Gemeinde des 6.-4. Jh. v.u.Z., 135-136, u.a.

Gibeon, Geba, Beitel, Mizpa blieben dort sogar unversehrt oder waren nur teilweise zerstört und zeitweilig verlassen.[7] Eine so unterschiedliche Einstellung ein und desselben Eroberers zu zwei Gebieten desselben feindlichen Staates war kaum ein Zufall, sondern wurde durch die unterschiedlichen politischen Orientierungen, Sympathien und Antipathien der Bevölkerung, besonders der Eliten im Süden und Norden Judäas bedingt.

Der Süden Judäas war in vorexilischer Zeit traditionell wirtschaftlich, politisch und auch kulturell mit Ägypten verbunden,[8] und in den letzten Jahrzehnten des judäischen Staates war der proägyptische Kurs eine der Alternativen der judäischen Außenpolitik.[9] Prominente Exponenten dieses Kurses waren z.B. die am Hof und im Heer einflußreichen Achboriten, deren Vertreter Elnatan, der Sohn Achbors (Jer. 26, 20-23), oder/und Jikbarjahu, der Sohn Elnatans (Lach. III, 15-18; VI, 5-7), unmittelbar an dem Mord an dem probabylonisch gesonnenen Propheten Urijahu, Sohn des Schemajahu, beteiligt waren.[10] Dieser Mord wie auch andere Geschehnisse weisen auf die Schärfe der Widersprüche zwischen der proägyptisch-antibabylonischen und der probabylonisch-antiägyptischen Orientierung am Hof der letzten judäischen Könige und im ganzen Land hin, wobei die an zweiter Stelle genannte Orientierung mehr Anhänger im Norden Judäas besaß und dort stärker verbreitet war. In diesem Gebiet lag Anatot, der Geburtsort des Propheten Jeremia, eines der Wortführer der probabylonischen Orientierung,[11] dort lag auch Mizpa, die Stadt, die vermutlich mit den am Hof sehr einflußreichen und ausgesprochen probabylonisch orientierten Schafaniden verbunden war (2 Reg. 25, 22-25; Jer. 40,6; IAP N 69, 299 u.a.).[12] Obwohl es fraglich ist, ob die probabylonische Politik Jeremias und anderer Verteidiger dieses Kurses „could have steared Judah clear of the maelstrom which ... did engulf her",[13] war sie wahrscheinlich mit ausschlaggebend für die eher schonende Einstellung der babylonischen Eroberer zum judäischen Norden und zu seinen Einwohnern.

Zu den folgenreichen und schicksalsschweren Strafmaßnahmen der neuassyrischen und neubabylonischen Eroberer gehörten die massenhaften Deportationen der besiegten Bevölkerung. Darum ist die Frage nach der Anzahl der aus Judäa Deportierten keineswegs scholastisch. In der wissenschaftlichen Literatur schwanken die Schätzungen zwischen der Auffassung Ed. Meyers,[14]

---

7    E. Stern, ʾereṣ yiśrāʾēl bĕtĕḳûpā happārsît, 110ff.; ders., Israel at the Close of the Period of the Monarchy, 26-54; ders., The Archaeology of Persian Palestine, 90-91; A. Zertal, The Pahwah of Samaria (Northern Israel) during the Persian Period, 11ff., u.a.
8    B. Mazar, The Negev in Ancient Times, 47-48; D.B. Redford, The Relations Between Egypt and Israel, 192-205, u.a.
9    A. Malamat, The Twilight of Judah, 123-145; ders., The Last Years of the Kingdom of Judah, 205-221, u.a.
10   S. Yeivin, mišpāḥôt wĕmiplāggôt bĕmamleket yĕhûdā, 254ff.
11   A. Malamat, Jeremia and the Last Two Kings of Judah, 81-87; ders., The Twilight of Judah, 135-143; N.K. Gottwald, All the Kingdoms of the Earth, 239ff., u.a.
12   S. Yeivin, mišpāḥôt wĕmiplāggôt bĕmamleket yĕhûdā, 254ff.
13   A. Malamat, The Twilight of Judah, 143.
14   Ed. Meyer, Die Enstehung des Judentums, 110-114.

daß fast die gesamte Bevölkerung des Landes weggeführt wurde, was den archäologischen Daten nicht entspricht, und der Ansicht,[15] daß nur einige Tausend deportiert wurden, was wiederum kaum mit der Situation im Exil übereinstimmt. Darum spricht mehr für die fundierte und argumentativ überlegene Auffassung,[16] daß die Katastrophe von 586 v.u.Z. Judäa und seiner Einwohnerschaft einen Verlust von etwa 30 000-40 000 Menschen beifügte, was bei einer Einwohnerzahl von etwa 250 000-300 000 Menschen[17] einen Prozentsatz von 10-15 % ergibt. Hiermit korreliert die Beobachtung E. Sterns,[18] daß 70-80 % aller im babylonischen Judäa gefundenen Keramik dem örtlichen, vorexilischen Typ angehört.

Um aber die Folgen eines Menschenverlustes von 10-15 % für das Volk und das Land richtig zu bewerten, muß erstens nochmals daran erinnert werden, daß sich diese Anzahl nicht gleichmäßig auf alle Gebiete Judäas verteilte, denn in Jerusalem und im Süden waren die Verluste viel größer als im Norden. Zweitens waren nicht alle sozial-beruflichen Gruppen der judäischen Gesellschaft von den Strafmaßnahmen der babylonischen Eroberer in gleicher Weise betroffen. Es ist auffällig, daß der deuteronomistische Geschichtsschreiber und der Verfasser des historischen Anhanges im Jeremiabuch der sozial-beruflichen Zusammensetzung der Deportierten große Aufmerksamkeit widmen und folgende Gruppen aufzählen: die königliche Familie und der judäische Jerusalemer Adel, die Spitze der königlichen Beamtenschaft und der Jerusalemer Priesterschaft, die Kriegsleute und die Jerusalemer Handwerker, die Vertreter des *ʿam hāʾāreṣ* und „das übrige Volk, das in der Stadt (Jerusalem) geblieben war" (2 Reg. 24,12ff.; 25,11ff.; Jer. 24,1; 39,9; 52,10ff. u.a.). Von den babylonischen Strafmaßnahmen waren besonders schwer diejenigen sozial-beruflichen Gruppen betroffen, die den Kern und die Elite des Volkes, dessen dynamische und schöpferisch besonders aktive Kräfte bildeten. Es war das Ziel der neuassyrischen und neubabylonischen Eroberer, die unterjochten Völker ihrer Führung zu berauben und ihren Widerstandswillen und ihre Widerstandsfähigkeit zu brechen, so daß man mit D.L. Smith sagen kann,[19] daß „Exile was a punishing experience, more effective than any symbol left in the homeland which unavoidably reminded the Jews that they were conquered".

---

15  W.F. Albright, A Brief History of Judah, 4-5; E. Janssen, Juda in der Exilszeit, 28-36, u.a.
16  J.P. Weinberg, Demographische Notizen zur Geschichte der nachexilischen Gemeinde in Juda, 45-47; H. Kreissig, Die sozial-ökonomische Situation in Juda zur Achämenidenzeit, 20-23; S. Talmon, The Emergence of Jewish Sectarianism in the Early Second Temple Period, 180; D.L. Smith, The Religion of the Landless, 33-34, u.a.
17  Ed. Meyer, Die Entstehung des Judentums, 108-110; Y. Shiloh, The Population of Iron Age Palestine, 32-33, u.a.
18  E. Stern, ʾereṣ yiśrāʾēl bĕtĕḳûpā happārsît, 114.
19  D.L. Smith, The Religion of the Landless, 33.

Obwohl die Babylonier, anders als die Assyrer, keine staatlich organisierten, planmäßigen Übersiedlungen fremder Ethnien in das eroberte Judäa durchführten, drangen dort, offensichtlich nicht ohne Wissen und Genehmigung der Oberherren, nach 586 v.u.Z. Edomiter und Ammoniter, Araber und Philister, Phöniker und andere ein (Ob. 13; Thr. 5,2 u.a.),[20] was die ethnische Zusammensetzung der Bevölkerung Judäas spürbar veränderte.

Die Katastrophe des Jahres 586 und das Exil hoben zwei grundsätzliche Seinsbedingungen und Lebensformen des jüdischen Volkes auf, nämlich den Monozentrismus und die Homogenität, die im Zusammenleben in einem und zwar eigenen Land wurzelten, und ersetzten sie durch Polyzentrismus und Heterogenität als Ergebnisse der aufgezwungenen dispersiven Existenz des Volkes in verschiedenen Ländern mit unterschiedlichen Lebensbedingungen.[21] Nur darf diese Heterogenität ebenso wie die frühere Homogenität nicht überbewertet werden, denn obwohl das Leben, Tun und Denken der Juden im babylonischen Judäa, in Mesopotamien, Ägypten und an anderen Orten in manchen Aspekten divergierten, muß ausdrücklich betont werden, daß auch nach 586 v.u.Z. das Gemeinsame im jüdischen Leben die lokal bedingten Unterschiede überwog und das Volk seine Einheitlichkeit und Identität bewahrte.

Im 6.-4. Jh. v.u.Z. gab es jüdische Siedlungen in Syrien und Phönikien, in Nordarabien und anderen nahöstlichen Ländern,[22] aber die Hauptzentren der Existenz des jüdischen Volkes waren Judäa, Mesopotamien und Ägypten. Da bei der Genese der nachexilischen Jerusalemer Gemeinde das Diasporajudentum in Ägypten keine bedeutsame Rolle spielte, soll den im babylonischen Judäa Zurückgebliebenen und den Exulanten in Mesopotamien weiter größere Aufmerksamkeit gewidmet werden.

So wie Ägypten war auch Mesopotamien für den alttestamentlichen Menschen ein „fremdes" und zugleich auch ein „nahes" Land, das im historischen Schicksal des Volkes eine gewisse Rolle spielte, die aber mit Widersprüchlichkeiten verbunden war. Als Heimatland Abrahams, Rebekkas und Rachels begegnete man Mesopotamien mit einer gewissen Ehrfurcht, aber gleichzeitig konnte nicht vergessen werden, daß seit der zweiten Hälfte des 8. Jh. v.u.Z. von dort eine ständige Gefahr drohte. Daß am Vorabend der Katastrophe eine probabylonische Orientierung einflußreiche Befürworter hatte, war eher auf eine situativ und realpolitisch bedingte zeitweilige Einstellung

---

20  B.-Z. Lurje, „ʾĕdôm" bĕpî hannĕbîʾîm miyĕmê šibāt-ṣiyôn, 93-98; H. Kreissig, Die sozialökonomische Situation zur Achämenidenzeit, 33-34; H.-P. Müller, Phönizien und Juda in exilisch-nachexilischer Zeit, 189-204; J.M. Myers, Edom and Judah in the Sixth-Fifth Centuries B.C., 386; J.B. Bartlett, Edom and the Fall of Jerusalem, 587 B.C., 13-24, u.a.

21  S. Talmon, The Emergence of Jewish Sectarianism in the Early Second Temple Period, 177.

22  B.-Z. Lurje, hayyĕhûdîm bĕsûryā biyĕmê šibāt ṣiyôn, hamišnā wĕhatalmûd, 7-12; E. Lipiński, Obadiah 20, 368-370, u.a.

als auf eine grundsätzliche Sympathiebekundung gegenüber dem nordöstlichen Nachbarn zurückzuführen. Es kann kaum bezweifelt werden, daß die der Bevölkerung von den babylonischen Eroberern zugefügten Leiden, die gewaltsame Deportation, die feindliche Einstellung der Exulanten zu Land, Leuten und Staat am neuen Aufenthaltsort verschärfte. Das erschwerte, besonders anfangs, die Anpassung der Exilierten an die neuen Umstände, förderte ihre Absonderung von der Umwelt und umgekehrt den engeren Zusammenschluß miteinander, was zusätzlich durch die dichte Ansiedlung in der Umgebung der alten Tempel-Stadt Nippur begünstigt wurde.[23] Diese zentripetalen Tendenzen waren ausschlaggebend für die Bewahrung der ethno-kulturellen Identität nicht nur der Exulanten-Minorität im fremden Land, in Mesopotamien, sondern mutatis mutandis auch der im babylonischen Judäa Zurückgebliebenen, die dort eine Mehrheit waren.

Ethno-kulturelle Identität bedeutet den Erhalt eines Ethnos als einer historisch entstandenen Gesamtheit von Menschen, die Bewahrung und das lebendige Funktionieren so grundlegender Eigenschaften dieser Gesamtheit wie die gemeinsamen, relativ stabilen Besonderheiten der Kultur (inkl. der Sprache) und der Psyche, das Bewußtsein der Zusammengehörigkeit und Einheitlichkeit, aber auch der Unterschiedenheit von anderen gleichartigen Gemeinschaften.[24] Die Bewahrung einer solchen Identität ist stets nicht nur durch die Verbundenheit und die gegenseitige Einwirkung innerhalb des betreffenden Ethnos bedingt, sondern auch durch dessen äußere Existenzbedingungen.

Die letzteren waren, obwohl es paradox erscheint, für die im babylonischen Judäa Zurückgebliebenen ungünstiger als für die Exulanten in Mesopotamien. Mit Recht wird darauf hingewiesen,[25] daß das Empfinden und die Schilderung der Katastrophe von 586 v.u.Z. und der Zustände in Judäa in den Klageliedern – offensichtlich die Schöpfung eines Verfassers aus dem babylonischen Judäa – düsterer, tragischer sind als z.B. bei Ezechiel. Und das ist psychologisch gut verständlich, denn die in Judäa Zurückgebliebenen erlebten und empfanden alle Verluste schmerzlicher als die Exulanten in der Fremde, weil bei jenen aufgrund der vitalen Notwendigkeiten, sich den neuen Umständen in der Fremde anzupassen und sich dort einzuleben, das schwierige Heute die Erinnerungen an das Gestern in den Hintergrund drängte, während in Judäa alles ringsherum an dieses Gestern erinnerte, dieses Gestern in vielem, aber in einer deformierten, verzerrten Weise weiterlebte.

Außerdem war im babylonischen Judäa, wo die Zurückgebliebenen nach wie vor, besonders im Norden, die Mehrheit bildeten, der zentripetal wirkende und Zusammenhalt stiftende Faktor der „Fremdheit ringsherum" schwächer

---

23  S. Daiches, The Jews in Babylonia in the Time of Ezra and Nehemiah, 5ff.; R. Zadok, The Jews in Babylonia in the Chaldean and Achaemenian Periods, 7ff.; B. Oded, Judah and the Exile, 480-486; E. Bickerman, The Babylonian Captivity, 342-358, u.a.

24  J.P. Weinberg, „Wir" und „sie" im Weltbild des Chronisten, 19-20.

25  G. Fohrer, Erzähler und Propheten im Alten Testament, 141-142.

als im Exil. Ein Beleg dafür: Das Wort *zār*, das im Alten Testament die Bedeutungen: fremd, befremdlich, andersartig, unerlaubt der Unbefugte, Fremde, mit dem Kontakte verboten sind, z.B. fremder Gott, nicht-„wir" u.a. hat, ist häufig im Vokabular der Priesterschrift, des Ezechielbuches und anderer Diaspora-Werke anzutreffen, kommt in den Klageliedern dagegen nur einmal vor (Thr. 5,2).

Eine weitere schwerwiegende Folge der Katastrophe von 586 v.u.Z. (wie auch der von 722 v.u.Z.) waren die gewaltsame Entstaatlichung des jüdischen Volkes als Subjekt des eigenen Staates und seine zwangsweise Unterstellung unter ein fremdes staatliches Gebilde als dessen Objekt.[26] Darum scheint die folgende Behauptung D.J. Elazars und St.A. Cohens fraglich: „Not even the physical and cultic calamity of the fall of Jerusalem in 586 BCE affected the resilience of this structure",[27] während mehr für die Ansicht S. Talmons spricht, daß damals die für das vorexilische Israel grundlegende, strukturbildende „... interaction of three pivotal socio-religious institutions: kingship, priesthood and prophecy" aufgelöst wurde, hauptsächlich infolge der gewaltsamen Ausschaltung des ersten Gliedes.[28] Dieser Akt der gewaltsamen Entstaatlichung und der zwangsweisen Eingliederung in fremde staatliche Gebilde war eine Erscheinung, von der alle Zentren des jüdischen Lebens betroffen waren, die sich aber in jedem dieser Zentren verschiedenartig äußerte.

Nach der Einnahme und Zerstörung Jerusalems setzte der babylonische König Gedaljahu den Sohn Ahikams, den Sohn Schafans, „über das übrige Volk im Lande Judäa, das Nebukadnezar zurückgelassen hatte" (2 Reg. 25,22; Jer. 40,5). Das in Lachisch gefundene Siegel mit der Inschrift: „[Gehört] dem Gedaljahu, [d]er über das Hau[s] ist" (EEA, 61-62, Nr. 30), wie auch das Siegel aus Jerusalem mit der Inschrift: „[Gehört] dem Gedaljahu, dem Diener (Sklaven, *ʿbd*) des Königs" (Avigad, 1986, 24-25; Nr. 5), lassen die Vermutung zu, daß dieser Angehörige der prominenten und probabylonisch orientierten Schafaniden-Sippe im babylonischen Judäa als Vertreter des 597 v.u.Z. deportierten, aber nicht entthronten Königs Jojachins (2 Reg. 24,15; 25, 27-30) wirkte.[29] Aber wahrscheinlicher ist dennoch die Ansicht, daß Gedaljahu als Statthalter – *paḥatu* – oder hoher Beamter der babylonischen militärisch-fiskalen Verwaltung Judäas amtierte.[30] Augenscheinlich war Judäa nach 586 v.u.Z.

---

26   P.R. Ackroyd, The Chronicler in His Age, 189ff.
27   D.J. Elazar, St.A. Cohen, The Jewish Polity, 83.
28   S. Talmon, The Emergence of Jewish Sectarianism in the Early Second Temple Period, 177.
29   E.F. Weidner, Jojachin, König von Juda, in babylonischen Keilschrifttexten, 923-935; H.G. May, Three Hebrew Seals and the Status of Exiled Jehoiakin, 146-148; W.F. Albright, King Joiachin in Exile, 49-55, u.a.
30   E. Janssen, Juda in der Exilszeit, 54-56; B. Oded, Judah and the Exile, 476ff.; P.R. Ackroyd, The Chronicler in His Age, 91-93, u.a.

anfänglich eine eigenständige administrative Einheit innerhalb des neubabylonischen Weltreichs mit gewisser Autonomie und Selbstverwaltung, deren Sitz sich in Mizpa befand (Jer. 40,6 u.a.). Die Wahl dieser Stadt als Sitz Gedaljahus hatte gute Gründe: Erstens befand sich in Mizpa ein altes und in jahwistischen Kreisen anerkanntes Heiligtum,[31] und zweitens ist es möglich, daß die Schafaniden mit dieser Stadt verbunden waren. Jedenfalls wurde Mizpa Anziehungs- und Mittelpunkt nicht nur für die Juden in Judäa, sondern auch im übrigen Palästina, sogar in den Nachbarländern (Jer. 40,11f.), und Männer aus Sichem, Silo und Samaria kamen nach Mizpa mit Opfergaben für „das Haus Jahwes" (*bêt yhwh*) in dieser Stadt (Jer. 41,5). Es ist auffällig, daß der Terminus *šᵉʾērît* (Rest, Übergebliebene), der ein grundlegendes Theologumenon der Exilszeit war und die Hoffnung auf die Kontinuität zwischen der Vergangenheit des Volkes und seiner zukünftigen Existenz ausdrückte,[32] besonders häufig in der Beschreibung der Gedaljahu-Mizpa-Episode vorkommt (Jer. 40,11; 41,10.16; 42,15.19 u.a.).

Eine solche Situation hatte reale Möglichkeiten sich einzubürgern, und es wäre reizvoll, sich die Folgen einer eventuellen derartigen Entwicklung für das Schicksal des jüdischen Volkes zu konstruieren. Aber diese Möglichkeit wurde zerschlagen, als Jischmael „vom königlichen Samen", möglicherweise ein Davidide, zusammen mit den *rabê hammelek* („Obersten des Königs"), die vermutlich Vertreter des jehudistischen, antibabylonisch orientierten Dienstadels waren, Gedaljahu und eine Anzahl von Juden und Babyloniern in Mizpa erschlugen und nach Ägypten flüchteten (2 Reg. 25,25; Jer. 41,2ff.).[33] Das war das Ende aller Hoffnungen auf eine gewisse Autonomie im Rahmen des babylonischen Weltreiches, denn nun wurde der größte Teil Judäas der Provinz Samerina (Samaria) zugeschlagen, während der Negeb möglicherweise an Edom fiel, der Südwesten Judäas an Aschdod usw.[34] Infolgedessen wurden Judäa und damit die Zurückgebliebenen in einer zweifachen und darum besonders erniedrigenden Weise abhängig von dem fremden, aber fernen babylonischen Herrscher und von den fremden, aber nahen Provinzstatthaltern, von denen manche jenen Ethnien angehörten, die noch unlängst Vasallen der Juden gewesen waren.

Es ist auch wahrscheinlich, daß die Babylonier in bezug auf die Bevölkerung der eroberten Länder die von ihren Vorgängern, den Assyrern, praktizierten Regeln und Normen beibehielten und die unterworfene Bevölkerung als *šaknu*, d.h. auf König- oder Tempelland sitzende Halbfreie-Halbabhängige,

---

31  M. Haran, Temples and Temple-Service in Ancient Israel, 32-33, u.a.
32  G.F. Hasel, The History and Theology of the Remnant Idea from Genesis to Isaiah, 75ff., u.a.
33  E. Jannsen, Juda in der Exilszeit, 54-56; B. Oded, Judah and the Exile, 476-480, u.a.
34  A. Alt, Die Rolle Samarias bei der Entstehung des Judentums, 316-337; H. Kreissig, Die sozial-ökonomische Situation in Juda zur Achämenidenzeit, 33-34; B. Oded, Judah and the Exile, 476-480 u.a.

betrachteten[35]. Das bedeutete eine krasse Erniedrigung des sozial-politischen Status der in Judäa Zurückgebliebenen: Die gestern noch freie, vollberechtigte Bürger (*'ezrāḥ*) im eigenen Staat gewesen waren, wurden heute zu abhängigen, zweitrangigen Untertanen eines fremden Staates herabgesetzt. Es scheint auch, daß dem „Rest" in Judäa die Möglichkeit genommen war, eine alle Zurückgebliebenen umfassende und vereinigende eigene jüdische administrative oder religiöse Institution zu bilden.[36]

Anders als bei den in Judäa Zurückgebliebenen, für die es anfänglich verschiedene Varianten und Möglichkeiten der Existenz unter der babylonischen Oberherrschaft gab, war die Lage der Exulanten in Mesopotamien schon von Anfang an durch die Deportation und Ansiedlung auf Königs- oder Tempel-Land eindeutig vorbestimmt. Sie waren hauptsächlich *ikkaru* und *šušānu*, d.h. auf Land des Tempels oder des Königs sitzende Bauern, die Abgaben zahlten, zum Militärdienst einberufen werden konnten. Manche waren *ḫatru* (Militär-Kolonisten) oder gehörten anderen Gruppen der halbfreien-halbabhängigen Bevölkerung an.[37] Obwohl auch die Exulanten eine krasse Herabsetzung ihres sozial-politischen Status erlebten, war es für sie psychologisch leichter, sich mit diesen Wandlungen abzufinden. Ein Grund dafür war der Umstand, daß in Mesopotamien nicht nur die jüdischen Exulanten, sondern auch Vertreter zahlreicher anderer Ethnien, inkl. der Babylonier, Halbfreie waren. Ein weiterer Grund war, daß die Exulanten vom Beginn ihres Aufenthaltes in Mesopotamien an einige eigene Zentren und Institutionen besaßen, um die sie sich sammelten.

Eine solche integrative Funktion erfüllte auch der 597 v.u.Z. nach Babylonien deportierte König Jojachin (2 Reg. 24,15ff.), dem sein königlicher Titel nicht genommen worden war (ANET, 308) und der 561/560 v.u.Z. aus seiner Haft befreit wurde (2 Reg. 25, 27-29).[38] Schon die Tatsache, daß der oder die Verfasser der Beiträge zum deuteronomistischen Geschichtswerk es für notwendig halten, diese Tatsache zu erwähnen,[39] weist auf ihre Relevanz für die Zeitgenossen hin, wofür ein weiterer Beleg die bei den Exulanten verbreitete Jahreszählung vom Jahr der Deportation Jojachins ab ist: „... das fünfte Jahr der Verbannung (*gālût*) des Königs Jojachin" (Ez. 1,2; 2 Reg. 25,27 u.a.).

Ein Davidide war selbst als König ohne Land und ohne Staat und selbst in Haft schon an und für sich ein wirksamer, sammelnder und einigender Mittel-

---

35  I.M. Djakonov, Razvitije zemeljnych otnošenij v Assirii, 116ff.; Istorija drevnevo mira II, 42-43, u.a.

36  B. Oded, Judah and the Exile, 479.

37  M.A.Dandamajev, Rabstvo v Vavilonii VII-IV vv. do n.e., 341ff.; ders., Nerabskije formy zavisimosti v drevnej Perednej Azii, 17ff.; E.J. Bickerman, The Babylonian Captivity, 345ff., u.a.

38  E.F. Weidner, Jojachin, König von Juda, in babylonischen Keilschrifttexten, 923-935; W.F. Albright, King Joiachin in Exile, 49-55; J. Liver, tôlādôt bêt dāwîd, 17ff.; D.L. Wiseman, Nebuchadrezzar and Babylon, 81-83, u.a.

39  R.E. Friedman, The Exile and Biblical Narrative, 26ff.

punkt für die Exulanten. Aber sie besaßen außerdem noch andere, realere Institutionen wie die „Ältesten der Verbannung" (*ziknê haggôlā*), die „Ältesten Judas" (Jer. 29,1; Ez. 8,1; 14,1 u.a.) und andere. Es ist sehr wahrscheinlich, daß die jüdischen Exulanten in Mesopotamien, ebenso wie andere ethnische Gemeinschaften dort,[40] eine gewisse Selbstverwaltung in juristischen, religiösen und anderen Bereichen des innergemeindlichen Lebens hatten.[41] Jedenfalls war den Exulanten in Mesopotamien ein Empfinden oder ein Bewußtsein ihrer Zusammengehörigkeit eigen, worauf auch die Anredeformel im Brief des Propheten Jeremias an die Exulanten hinweist: „… an die übrigen der Ältesten der Verbannung und an die Priester und an die Propheten und an das gesamte Volk, das Nebukadnezar aus Jerusalem nach Babel weggeführt hatte" (29,1).

Es ist kennzeichnend, daß sich in dieser Anredeformel des Propheten das traditionelle und übliche Verständnis des Wesens und des Aufbaus der vorexilischen judäisch-israelitischen Gesellschaft widerspiegelt. Aber es war gerade eine weitere Folge der Katastrophe von 586 v.u.Z. und des Exils, daß sie tiefgreifende Wandlungen in vielen Sphären und auf verschiedenen Ebenen der sozialen Struktur des Volkes hervorrief.

Die judäisch-israelitische Gesellschaft besaß im 10.-6. Jh. v.u.Z. einen ausgesprochen bimorphen Aufbau, für den eine Symbiose zweier grundsätzlich verschiedenartiger sozialer Strukturen – der horizontalen Sippen- und Stämme-Struktur (*bêt ᵓāb* – Großfamilie, *mišpāḥā* – Sippe und *šēbeṭ, maṭṭē* – Stamm) und der vertikalen Stände-Klassen-Struktur. Das Eigengewicht und die Bedeutung der beiden Strukturen divergierten in den verschiedenen Regionen Palästinas – bei den Halbnomaden am Rand der Wüste dominierte die Sippen- und Stämme-Struktur, im südlichen Judäa bestand vermutlich eine Parität zwischen den beiden Strukturformen, während im Norden Judäas, in Jerusalem und in anderen größeren Städten augenscheinlich die Stände-Klassen-Struktur dominierte.[42] Die für soziale Aspekte sich rege interessierenden Verfasser der Anhänge zum deuteronomistischen Geschichtswerk und zum Jeremiabuch heben ausdrücklich hervor, daß die Babylonier nach 586 v.u.Z. „von den Armen [des Volkes] des Landes (*midallat hāᵓāreṣ*) einige als Weingärtner und Ackerleute zurück[ließen]" (2 Reg. 25,12; Jer. 39,10; 52,16). Es geht augenscheinlich um eine gezielte Aktion der Eroberer, die das Interesse verfolgte, das wirtschaftliche Potential des eroberten Landes zu erhalten und durch Zuteilung von Boden soziale Verhältnisse zu schaffen, die zur Stabilisierung der Herrschaft beitrugen oder zumindest die Gefahr eines Widerstandes verringerten. Dem *dallat ᶜam hāᵓāreṣ*, d.h. dem verarmten und landlosen

---

40  M.A. Dandamajev, V.G. Lukonin, Kuljtura i ekonimika drevnevo Irana, 280ff.
41  B. Oded, Judah and the Exile, 483-484; E.J. Bickerman, The Babylonian Captivity, 349-350, u.a.
42  Istorija drevnevo mira II, 101-104.

Teil des ʿam hāʾāreṣ, der Gruppe der freien und vollberechtigten Inhaber der Bürgerrechte, die im Kriegsfall auch im Aufgebot dienten,[43] wurden von den Babyloniern wahrscheinlich Parzellen desjenigen Bodens zugewiesen, der vorher Eigentum der judäischen Könige (und des Tempels) wie auch der Deportierten gewesen war, jetzt aber dem babylonischen König gehörte.[44]

Diese agrarischen Maßnahmen brachten tiefgreifende soziale Wandlungen mit sich, führten jedoch nicht zu einer Stärkung des Privateigentums und zur Ausbildung einer freien Bauernschaft.[45] Ganz im Gegenteil, sie vereinfachten und vereinheitlichten das System der Agrarverhältnisse in Judäa, indem sie die verschiedenen Formen von Eigentum und Besitz in vorexilischer Zeit auf die eine dominierende Form des königlichen Eigentums, freilich eines fremden Königs, reduzierten. Aufgeteilt in Parzellen war ein Teil dieses Bodens in den Besitz der von diesem fremdländischen König abhängigen Ackerleute und Winzer übergeben worden. Das rief unvermeidlich eine gewisse Umschichtung der vertikalen Struktur der Gesellschaft im babylonischen Judäa hervor. Folgenreicher waren jedoch die Veränderungen in der horizontalen Struktur. Die Expropriation der naḥălā – ʾăḥuzzā der Deportierten und die Ausweitung des königlichen Eigentums an Boden nahmen den Stämme-und Sippenverbänden, hauptsächlich der Sippe, eine ihrer Grundlagen, nämlich das Recht auf Eigentum an Boden, was zusammen mit den Deportationen eine Abschwächung, sogar Auflösung der Sippen-Stämme-Organisation im babylonischen Judäa hervorrief. Unter solchen Umständen intensivierte sich der vermutlich schon früher begonnene Prozeß der Entstehung der Kleinfamilie.[46] Es begann ein gesellschaftlicher Atomisierungsprozeß, der unbequem für die babylonische Obergewalt werden konnte und existenzgefährdend für den „Rest". Der Zusammenhalt und Zusammenschluß der in Judäa Zurückgebliebenen war deswegen eine vitale Notwendigkeit, die eine Verbreitung der territorialen Gemeinde hervorrief, weil die letztere im Norden Judäas schon in vorexilischer Zeit vorherrschte und weniger als der Stämme- und Sippenverband von der Katastrophe betroffen war. Eben darum trafen die Rückkehrer aus Mesopotamien nicht auf Sippen der Zurückgebliebenen, sondern auf die „nach Ortschaften benannten Gemeinschaften" (S. 55-58).

Es ist offensichtlich, daß solche wesentlichen sozialen Wandlungen zusammen mit der physischen Vernichtung und den Deportationen des größten Teils der alten Elite das Aufkommen einer neuen Elite bedingten. Es ist verlockend und auch berechtigt, die Opposition gegen die Anführer der Heimkehrer am Ende des 6. Jh. v.u.Z., Scheschbazzar und Serubbabel, wie auch gegen Esra und Nehemia in der Mitte des 5. Jh. v.u.Z. mit den „nach Ortschaften benann-

---

43    E. Janssen, Juda in der Exilszeit, 49ff.; J.D. Amusin, „Narod zemli", 27-29, u.a.

44    J.P. Weinberg, Die Agrarverhältnisse in der Bürger-Tempel-Gemeinde der Achämenidenzeit, 479-481.

45    H. Kreissig, Die sozialökonomische Situation in Juda zur Achämenidenzeit, 26-28.

46    S. Bendor, bêt haʾāb bĕyiśrāʾēl, 59ff.

ten Gemeinden" und deren Führung in Verbindung zu bringen.[47] Für diese Opposition (Esr. 3; Neh. 3) sind folgende grundsätzliche Merkmale kennzeichnend: eine enge Verbundenheit mit dem „Nicht-ganz-Wir" (den Tobiaden, Sanballatiden u.a.) und ein Trend zum Universalismus, eine zurückhaltende Einstellung zur Wiederherstellung des Jerusalemer Tempels, was auf eine eventuelle Bindung an lokale Heiligtümer hindeuten könnte. Alle diese Merkmale stimmen tatsächlich mit dem Wesen und Leben der im babylonischen Judäa Zurückgebliebenen überein und unterscheiden sie deutlich von den Exulanten in Mesopotamien.

Anders als im babylonischen Judäa, wo die territoriale Gemeinde Chancen für ein Fortleben besaß, war diese Struktur bei den Exulanten gänzlich verlorengegangen. Nun waren aber durch die Deportationen, verstärkt noch durch ihren allmählichen und etappenweisen Vollzug, etliche der Stämme- und Sippenverbände zerschlagen und zerstreut. Da irgendeine Form von Zusammenschluß eine conditio sine qua non für die Existenz der Exulanten, für die Bewahrung ihrer ethno-kulturellen Identität war, suchten sie sich die Mittel dafür. Obwohl Jeremia die Exulanten aufforderte: „Suchet das Wohlergehen (šālôm) der Stadt, wohin ich (Gott) euch weggeführt habe ..." (29,7), waren diese Städte in Mesopotamien „fremde" Ortschaften im „fremden" Land und konnten darum kaum den Zusammenschluß der Exulanten fördern. Deswegen war es nur natürlich, daß die Exulanten auf die einzige ihnen zugängliche Form, auf den transformierten agnatischen Verband zurückgriffen. Als Beleg dafür kann nicht nur die strukturbildende Rolle dieses agnatischen Verbandes in der späteren Jerusalemer Gemeinde (S. 76-81) genannt werden, sondern auch die ausgesprochene „Genealogiefreudigkeit" der Exulanten (Esr. 7, 1-5 u.a.) und die in der Diaspora-Novelle als besondere Tugend anerkannte Sorge der Helden – Josephs, Tobits u.a. – für ihre Verwandten.

Eine der strukturbildenden, permanenten und universellen Grundlagen des menschlichen Seins ist die Beziehung „Wir-Sie".[48] Aber die Intensität und Wirkung dieser Beziehung sind lokal und temporal bedingt. Was Palästina betrifft, so war es infolge seiner Lage im Zentrum des Nahen Ostens, auf der Kreuzung der Kommunikationslinien dreier Kontinente, dank seiner relativen Offenheit wie auch der anfänglichen ethno-kulturellen Heterogenität der Bevölkerung dazu bestimmt, ein Treff- und Brennpunkt der Beziehung „Wir-Sie" zu sein. Aber sogar dort war in Epochen der inneren und äußeren Stabilität die Gespanntheit dieser Beziehung geringer als in Zeiten der Krise, besonders einer solchen Krise, wie sie die Katastrophe von 586 v.u.Z. und das Exil

---

47  S. Talmon, The Emergence of Jewish Sectarianism in the Early Second Temple Period, 187ff.

48  B.F. Porschnev, Socialjnaja psichologija i istorija, 81ff.; J.P. Weinberg, „Wir" und „sie" im Weltbild des Chronisten, 19-22; ders., Čelovek v kuljture drevnevo Bližnevo Vostoka, 108ff., u.a.

verursachten.[49] Das ist auch verständlich, denn niemals zuvor waren die Beziehungen der Juden zu anderen ethno-linguistischen Gemeinschaften so eng und direkt, so bedrohlich und schicksalbestimmend für die Existenz des „Wir". In der vom Dilemma „Überleben-Untergang", „Bewahrung-Verlust der eigenen Identität" bestimmten Situation besaß die Beziehung „wir-sie" eine Schlüsselbedeutung, wodurch auch die schon vorher vorhandene Antithese „Partikularismus-Universalismus"[50] eine ganz neue Relevanz bekam.

Die vermutlich im babylonischen Judäa entstandenen Texte enthalten zahlreiche Invektiven gegen das „Sie" (Ob. 6ff.; Thr. 4,21ff. u.a.) und deutliche Hinweise auf Spannungen mit „allen Leuten deines Bundes (kol ʾanšê běrîtekā), die dich bis zur Grenze herausstoßen werden …" (Ob. 7ff.). Aber dabei sollte nicht übersehen werden, daß die räumliche Trennung zwischen den Zurückgebliebenen und den fremden Neuankömmlingen, deren Zugehörigkeit zu Völkern, mit denen Connubium schon seit langem ausdrücklich verboten war (Ex. 34, 11-16; Dt. 7,3.4 u.a.), und andere Umstände wirksame Hindernisse gegen zu intensive, die ethno-kulturelle Identität des „Wir" bedrohende Kontakte zwischen den „nach Ortschaften benannten Gemeinschaften" und dem „Sie" waren. Zweifellos fanden auch in Judäa Abweichungen vom rigorosen Jahwismus statt, drangen Aramäismen in die Umgangssprache ein, und vermutlich kam es auch dort zu Mischehen, aber alle diese Identität real bedrohenden Erscheinungen waren im Vergleich zu jenen Bedrohungen, auf die die Exulanten in Mesopotamien stießen, keine so ernste Herausforderung.

Wenn von 64 im Muraschu-Archiv erwähnten Juden 25/26 (41 %) so ausgesprochen babylonische, aramäische u.a. theophore Namen wie Bel-abu-usur, Bel-šu-nu usw. tragen[51] und unter den Trägern dieser fremden Namen sogar Davididen – Scheschbazzar (?) und Serubbabel – anzutreffen sind, so sind dies überzeugende Belege für einen tiefgreifenden Assimilationsprozeß bei den Exulanten in Mesopotamien. Aber das Ausmaß dieser Assimilierung darf nicht überbewertet werden, denn immerhin noch 39/38 (59 %) aller Juden im Muraschu-Archiv tragen jahwistische theophore Namen, worunter nicht selten Neubildungen der Exilszeit waren.[52] Da in der gesamten Alten Welt die

---

49  A. Bertholet, Die Stellung der Israeliten und der Juden zu den Fremden, 1ff.; G. Fohrer, Israels Haltung gegenüber den Kanaanäern und anderen Völkern, 64-75; G. Schmitt, Du sollst keinen Frieden schließen mit den Bewohnern des Landes, 7ff.; M. Weinfeld, gîrûš, hôrāšā wěhaḥermā šel haʾuklûsîyyā hakkedem-yiśrāʾēlît běhuḳê hammiḳrāʾ, 135-147, u.a.

50  O. Eissfeldt, Partikularismus und Universalismus in der israelitisch-jüdischen Religionsgeschichte, 228; H. Gross, Die Idee des ewigen und allgemeinen Weltfriedens im Alten Orient und im Alten Testament, 93-95; M. Weinfeld, hamměgāmmā haʾûnîbersālîstît wěhamměgāmmā hannibdělānît bětěḳûpat šibat-ṣiyôn, 228-242; J.P. Weinberg, „Wir" und „sie" im Weltbild des Chronisten, 21-22, u.a.

51  S. Daiches, The Jews in Babylonia, 6ff.; M.D. Coogan, West Semitic Personal Names in the Murašu Documents, 119-126; E.J. Bickerman, The Babylonian Captivity, 355ff., u.a.

52  Ibid.

Überzeugung herrschte, daß die Namensgebung eines Dinges seiner Schöpfung gleich ist, daß der Name und das Benannte aufs engste miteinander verbunden sind, so weisen diese widersprüchlichen Tendenzen bei der Namensgebung nicht nur auf die Intensität des Assimilationsprozesses bei den Exulanten hin, sondern auch auf einen ernsten bewußten Widerstand gegen diesen Prozeß. Das läßt eine Verschärfung der Antithese „Partikularismus-Universalismus" im sozialen Leben und in der geistig-geistlichen Atmosphäre des Exils vermuten, wobei die Dominanz der partikularistischen Tendenz zu bemerken ist. Ein militanter Partikularismus durchzieht viele der Diaspora-Novellen und äußert sich z.B. auch prägnant in der Verhärtung der Einstellung gegenüber Fremden in der Priesterschrift (Num. 33,51ff. u.a.).[53] Er konnte jedoch das Bestehen und die Verbreitung universalistischer Tendenzen nicht gänzlich ausschalten, was auch die Eigentümlichkeiten des religiösen Lebens im Exil nicht unwesentlich beeinflußte.

Eine ausführliche Betrachtung des vorexilischen Jahwismus kann kaum meine Aufgabe sein, aber einige wesentliche Momente müssen erwähnt werden. Zum einen muß ausdrücklich hervorgehoben werden, daß „Israel ... sich zu einer monotheistischen Nation im Verlauf eines langen historischen Prozesses [entwickelte], der seinen Höhepunkt erst nach dem psychologischen Schock der Tempelzerstörung erreichte."[54] Zum anderen muß berücksichtigt werden, daß in vorexilischer Zeit der monotheistische Jahwismus mehr eine von den Propheten, von manchen Priestern und einzelnen Vertretern des Adels, von etlichen Königen (Hiskia, Josia u.a.) anerkannte und geförderte elitäre und exklusive Lehre, mehr ein angestrebtes Ideal als eine volkstümliche Religion war. Als letztere kann vielmehr der synkretistische oder vielleicht besser der nicht-ganz-monotheistische Jahwismus angesehen werden, der in vorexilischer Zeit viel stärker verbreitet war und in zahlreichen Tempeln von zahlreichen Priestern wie auch von manchen Propheten verkündigt wurde.[55]

Katastrophen wie die von 586 v.u.Z. und das Exil haben grundsätzlich unterschiedliche Folgen für monotheistische und polytheistische Religionen. Da in monotheistischen Religionen der eine und einzige Gott allein die gesamte Verantwortung für alle Geschehnisse trägt, berühren und treffen solche Katastrophen das Wesen dieser Religionen, in dem sie die quälende Frage nach der Allmacht und Gerechtigkeit dieses Gottes hervorrufen. In polytheisti-

---

53  A. Bertholet, Die Stellung der Israeliten und der Juden zu den Fremden, 105ff.; G. Fohrer, Israels Haltung gegenüber den Kanaanäern, 73-75; G. Schmitt, Du sollst keinen Frieden schließen mit den Bewohnern des Landes, 150-151; M. Weinfeld, gîrûš, hôrāšā wĕhaḥermā šel haʾuklûsîyyā hakkedem-yiśrāʾēlît, 139, u.a.

54  B. Uffenheimer, Mythos und Realität im alten Israel, 203.

55  Th.C. Vriezen, The Religion of Ancient Israel, 80ff.; M. Smith, Palestinian Parties and Politics that Shaped the Old Testament, 15ff.; F.M. Cross, Canaanite Myth and Hebrew Epic, 143ff.; M. Weinfeld, Israelite Religion, 485ff., u.a.

schen Religionen, wo die Göttergemeinschaft in corpore oder einer der Götter die Verantwortung trägt, hat diese Frage keine so tragische, schicksalsschwere Wirkung.

Darum trafen die Katastrophe von 586 v.u.Z. und das Exil am schwersten den monotheistischen Jahwismus. Er verlor seine drei Hauptstützen – den Jerusalemer Tempel, die Propheten und den königlichen Hof –, was den Glauben an die Gerechtigkeit und Allmacht des einen und einzigen Gottes untergrub und Zweifel an seinem Willen und seiner Fähigkeit, sein Volk und sein Land, seinen Tempel und seine Dynastie zu bewahren, hervorrief, was folgende Verse zum Ausdruck bringen: „Warum hast du [Jahwe] uns vergessen, uns verlassen auf viele Tage" (Thr. 5,20), „Und Zion spricht: Jahwe hat mich verlassen, mein Herr hat meiner vergessen" (Jes. 49,14). Was den nicht-ganz-monotheistischen Jahwismus betrifft, so war er im babylonischen Judäa widerstandsfähiger, und zwar nicht nur deshalb, weil im Norden Judäas manche seiner Heiligtümer intakt und viele seiner Priester im Lande blieben, sondern auch weil Jahwe nicht allein die Verantwortung für das Geschehene trug. Dies alles waren zusammen mit der Beseitigung der institutionellen und personellen Hauptstützen des monotheistischen Jahwismus günstige Vorbedingungen für die Bewahrung und bewirkten vielleicht eine Störung des nicht-ganz-monotheistischen Jahwismus im babylonischen Judäa.[56] Aber es wäre verfehlt, von einer Paganisierung der in Judäa Zurückgebliebenen zu reden, weil erstens ein nicht-ganz-monotheistischer Jahwismus kein Polytheismus ist und zweitens ein solcher Jahwismus das Streben nach der Vergeistigung und Verinnerlichung des Glaubens und Errungenschaften auf diesem Weg keinesfalls ausschließt. Man kann der These E. Jannsens zustimmen, daß gerade im babylonischen Judäa dem Gebet, d.h. der verbalen und im Vergleich zum Opfer mehr spirituellen Form des Rituals, größere Aufmerksamkeit zugewandt wurde (Jes. 56,7; Thr. 3,8 u.a.).[57]

Es sind gerade die Exulanten in Mesopotamien, denen in der modernen Bibelwissenschaft am häufigsten das Verdienst der Ausbildung und der Verbreitung des monotheistischen Jahwismus zugeschrieben wird.[58] Obwohl dieses Konzept nicht frei ist von einseitiger Überwertung und andere Komponenten dieses Prozesses negiert, hat es darin recht, daß im Exil tatsächlich besonders günstige Vorbedingungen für eine solche Entwicklung bestanden. Im Exil lebten aktive Verkündiger des monotheistischen Jahwismus – die Vertreter des judäischen Adels, die Jerusalemer Priester, der Prophet Ezechiel u.a. Eine bedeutende Rolle spielte auch der Umstand, daß Mesopotamien von

---

56  E. Jannssen, Juda in der Exilszeit, 57ff.; D.L. Smith, The Religion of the Landless, 34-37, u.a.
57  E. Jannssen, Juda in der Exilszeit, 68ff.
58  D.W. Thomas, The Sixth Century B.C., 34ff.; Th.C. Vriezen, The Religion of Ancient Israel, 240ff.; M. Smith, Palestinian Parties and Politics That Shaped the Old Testament, 99-101; E.J. Bickerman, The Babylonian Captivity, 350ff., u.a.

den Exulanten als ein fremdes und feindliches, ergo unreines Land betrachtet
wurde (Ez. 4,13 u.a.), in dem kein Tempel eingerichtet und keine Opfer dargebracht werden konnten. Das bedingte nicht nur die Entstehung der Synagoge,[59] sondern auch ein radikales Umdenken und eine grundsätzliche
Umgestaltung des Kultes. Darum standen im Mittelpunkt der religiösen Suche
der Exulanten zwei Probleme: das Erfassen Gottes und das Ritual.

Was das erste Problem betrifft, so verkündigten die drei wichtigsten literarischen Erzeugnisse aus dem Exulantenmilieu – das Ezechielbuch, der Deu-
tero-Jesaja und die Priesterschrift – einen ausgesprochen monotheistischen
Jahwismus, in dem Jahwe der eine und einzige Gott ist, Schöpfer des Weltalls
und des Menschen, also ein „ferner" Gott, dem aber auch Aufgaben und Funktionen eines „nahen (persönlichen)" Gottes eigen sind.[60] Gleichzeitig ist für
diese Werke, hauptsächlich für die Priesterschrift, ein dezidiertes, zugespitztes
Interesse am Rituellen kennzeichnend, das grundsätzlich als eine Form und
ein Instrument der Verwirklichung der Beziehung „Gott-Mensch, Mensch-
Gott" anzusehen ist, zugleich aber auch die Aufgabe der Absonderung und des
Zusammenhaltes der Exulanten, des „ritual of survival" erfüllt. Hierbei muß
betont werden, daß dieser umgestaltete monotheistische Jahwismus keine elitäre, exklusive Religion, sondern der Glaube vieler Schichten und Gruppen
der Exulanten war.

Trotz der unterschiedlichen Ausgangspunkte, Bedingungen und Tendenzen
des religiösen Lebens im babylonischen Judäa und im mesopotamischen Exil
vollzog sich damals eine gewisse Annäherung der verschiedenen Strömungen
des Jahwismus: Während im babylonischen Judäa eine gewisse Spiritualisierung und Verinnerlichung des nicht-ganz-monotheistischen Jahwismus stattfand, wurde im mesopotamischen Exil der zuvor eher exklusive und elitäre
monotheistische Jahwismus volkstümlicher und ritueller.[61]

Das alttestamentliche Schlüsselwort *tiḳwā* (Erwartung, Hoffnung) kommt
häufig in den Schriften der Exilszeit vor. So fragt der unbekannte Verfasser der
Klagelieder: „... vielleicht gibt es eine Hoffnung" (Thr. 3,29), Jeremia tröstet
die Exulanten in Mesopotamien, daß Jahwe „Gedanken des Wohlergehens und
nicht des Leides [denkt,] um euch ein Ende [des Leides?] und eine Hoffnung
zu geben" (29,11), während Ezechiel sich gegen diejenigen Exulanten wendet,
die sagen: „... unsere Hoffnung ist verloren, und es ist zu Ende mit uns"
(37,11). Diese und andere ähnliche Aussagen bezeugen, daß Hoffnung (aber
auch Hoffnungslosigkeit) eine wichtige Komponente der jüdischen Mentalität

---

59  K. Galling, Erwägungen zur antiken Synagoge, 163-178; J. Morgenstern, The Origin of
     the Synagogue, 192-201; R. de Vaux, Ancient Israel, 343-344; u.a.
60  H. Schrade, Der verborgene Gott, 26ff.; E. Otto, El und Jahwe in Jerusalem, 319-329;
     W.E. Lemke, The Near and Distant God, 541-555; J.P. Vejnberg, Čelovek v kuljture
     drevnevo Bližnevo Vostoka, 146 ff., u.a.
61  P.D. Hanson, Israelite Religion in the Early Postexilic Period, 485ff.

der Exilszeit war, die aber nicht in allen Zentren des jüdischen Lebens glei-
chermaßen ausgeprägt und verbreitet war.

Diese Hoffnungs-Ideologie oder -Theologie[62] hatte zahlreiche Aspekte,
von denen im folgenden aber nur zwei betrachtet werden sollen: Wann soll
und wird sich die Hoffnung verwirklichen und worauf richtet sie sich, was soll
die Hoffnung mit sich bringen? Was die erste Frage betrifft, so ist sie am aus-
führlichsten in der Kontroverse zwischen Jeremia und den „Lügenpropheten"
in Mesopotamien dargelegt (Jer. 28-29).[63] Man kann mit D.L. Smith sagen,
daß dieser Text „gives us insights into the social psychology of a group under
stress. We hear in his chapter about rumors, emotional upheaval, and divisions
of leadership with their conflicting strategies for survival and faithfulness."[64]
Hierbei darf aber nicht übersehen werden, daß den Opponenten – Jeremia und
den „Lügenpropheten" – gemeinsam war, daß sie überhaupt eine Hoffnung
hatten, nämlich die Hoffnung auf eine Befreiung des „Wir" und die Bestrafung der Babylonier. Es ging in dieser Kontroverse nicht um die Antithese
„hoffen – nicht hoffen", sondern nur um den Zeitpunkt der Verwirklichung
dieser Hoffnung: Während Hananja und seine Gesinnungsgenossen eine
Erfüllung der Hoffnung in nächster Zeit, in der Gegenwart versprachen (Jer
28,11ff.; 29,21ff.), behauptete Jeremia, daß das Exil eine längere Zeit, nämlich
70 Jahre andauern würde, ehe sich die Erwartungen und Hoffnungen erfüllen
würden (Jer. 29,10). Diese gegensätzlichen Antworten bedingten auch grundsätzlich unterschiedliche Einstellungen zur Gegenwart, zur gegenwärtigen
Existenz: Wenn diese unerfreuliche Gegenwart nur von kurzer Dauer ist und
die Hoffnungen sich in nächster Zeit erfüllen werden, dann stellt sich kaum
die Frage, wie man diese Gegenwart überleben soll; wenn sie aber andauert,
wird die Sorge um das Überleben zum Mittelpunkt des Seins und Denkens,
wird die Aufgabe, sich dieser Gegenwart anzupassen, sich in diese Gegenwart
einzuleben, eine der wichtigsten (Jer. 29,5ff.).

Die unterschiedlichen Ansichten über den Zeitpunkt der Verwirklichung
der Hoffnungen beeinflußten unvermeidlich auch die Vorstellungen über
deren Inhalt und Ziel. Wurde eine nahe Verwirklichung der Hoffnungen
erwartet, so konnten sich diese im Grunde genommen nur auf eine Restitution
der ursprünglichen Verhältnisse, nur auf eine Erneuerung des status quo ante
richten. Dementsprechend sehen die Wahrsagungen Hananjas nur eine Rückkehr der Deportierten und eine Rückgabe der geraubten Tempelgeräte vor (Jer.
28,2ff.). Wurde dagegen eine späte Erfüllung der Hoffnung vorausgesagt, so
war schon infolge der zeitlichen Distanz eine völlige Restitution des Gewesenen kaum möglich. So entstanden zwei verschiedene Typen oder Orientierungen der Hoffnung. Der eine war auf eine bessere, erfreulichere Zukunft in der

---

62  Cl. Westermann, Theologie des Alten Testaments in Grundzügen, 120ff.
63  T. Overholt, Jeremiah 27-29, 245; E.W. Nicholson, Preaching to the Exiles, 20ff.; H.
    Seebass, Jeremias Konflikt mit Chananja, 449-459, u.a.
64  D.L. Smith, The Religion of the Landless, 138.

Fremde, in der Diaspora hin orientiert und äußerte sich besonders markant in der Diaspora-Novelle, die in der Regel mit der Schilderung des Wohlergehens und der Erfolge des Helden oder der Gemeinschaft in der Fremde endet (Dan. 6,29; Esth. 10,3 u.a.). Es ist gut möglich, daß eben dieser Hoffnungs-Typus zusammen mit anderen Faktoren die Repatriierungsbewegung in ihrem Ausmaß begrenzte und hiermit auch die Verwirklichung des anderen Hoffnungs-Typus beeinflußte, der folgende Erwartungen implizierte: die Rückkehr in das eigene Land, den Wiederaufbau des Jahwetempels in Jerusalem und die Wiederherstellung der eigenen Staatlichkeit.

Dieser Hoffnungs-Typus äußerte sich in verschiedenen Varianten. Im babylonischen Judäa wurden die vereinzelten Gedanken und Aussagen über die Zukunft in den Klageliedern, in den Sprüchen Obadjas, im Jeremia-Buch und anderen Texten[65] nicht zu einem einheitlichen, zusammenhängenden Restaurationsplan zusammengefügt. In den vereinzelten Äußerungen geht es um die Bestrafung der Feinde (Ob. 7ff.; Thr. 4,21ff. u.a.) und die Rückkehr der Deportierten (Jer. 50,4ff. u.a.), um die Wiederherstellung des Tempels (Jer. 50,28), die Rücknahme des Landes und die Erweiterung seiner Grenzen (Jer. 33,4ff. u.a.) wie auch die Erneuerung der Herrschaft der Davididen: „Ich habe gefunden meinen Knecht David, mit meinem heiligen Öl habe ich ihn gesalbt" (Ps. 89,21ff. u.a.). Damit wird im Grunde genommen eine Wiederherstellung des Gewesenen und Verlorengegangenen erwartet.

Einen grundsätzlich anderen, auf tiefgreifende Neuerungen hin orientierten, zusammenhängenden und einheitlichen Restaurationsplan enthalten dagegen die Kapitel 40-48 des Ezechielbuches, das in die zweite Hälfte des 6. Jh. v.u.Z., genauer vor 515, zu datieren ist und im Milieu der babylonischen Heimkehrer geschaffen wurde. Dieser Plan enthält einen detaillierten Entwurf des künftigen Tempels und der Organisation des Tempelkultes, sieht eine strikte Absonderung der Priester von den Laien und der Leviten von den Priestern vor, bestimmt die Pflichten und das Einkommen der Priester und Leviten, sieht die Rückgabe des eigenen Landes, eine Erweiterung seiner Grenzen vor wie auch eine Verteilung des Landes unter den Stämmen inkl. der Aussonderung von Land für Jerusalem und den Tempel, für die Priester und den *nāśî'*, der an Stelle des vorexilischen *melek* (König) an der Spitze des erneuerten eigenen Staates stehen sollte. In der noch andauernden Diskussion über den Inhalt und das Ziel dieses Restaurationsplans werden verschiedene Aspekte besprochen,[66] von denen im Kontext unserer Betrachtung zwei

---

65  E. Jannsen, Juda in der Exilszeit, 76-80; P.D. Hanson, Israelite Religion in the Early Postexilic Period, 485-486, u.a.

66  E. Margulijot, ḥuḳḳê hakohānîm wĕhaḳārbānôt bĕyĕḥezḳî'ēl, 21-27; H. Gese, Der Verfassungsentwurf des Ezechiel (Kap. 40-48), 116ff.; W. Zimmerli, Planungen für den Wiederaufbau nach der Katastrophe von 587, 229-255; G.Ch. Macholz, Noch einmal: Planungen für den Wiederaufbau nach der Katastrophe von 587, 322-352; M. Haran, The Law-Code of Ezekiel XL-XLVIII and its Relation to the Priestly School, 45-71; S.Sh. Tuell, The Law of the Temple in Ezekiel 40-48; I.M. Dieguid, Ezekiel and the Leaders of Israel, 11ff., u.a.

besondere Aufmerksamkeit verdienen: die Fragen nach der Beziehung „Kontinuität – Diskontinuität" in den Restaurationsplänen der Exilszeit und nach deren Einfluß auf die Ausbildung der künftigen Gemeinde.

Was die erste Frage betrifft, so stimmen so wesentliche Merkmale der exilischen Restaurationspläne wie die notwendige Wiederherstellung der eigenen Staatlichkeit und der Wiederaufbau des Tempels, die Rücknahme des Landes und die Anerkennung des Volkes als Träger der Staatlichkeit sowie dessen bevorzugte Organisation in Sippen weitgehend mit den Grundsätzen der alttestamentlichen, jüdischen Staatsidee überein. Aber gleichzeitig weisen die Restaurationspläne der Exilszeit auch augenscheinliche Neuerungen auf. Dazu zählen die strikte Absonderung und Abgrenzung der Sphären des Profan-Politischen und des Sakral-Religiösen, die Änderung der Position und der Machtbefugnisse des Staatsoberhauptes, die auf die Diskontinuität zwischen Theorie und Praxis der vorexilischen Epoche und den Erwartungen der Exilszeit hinweisen. Hierbei muß betont werden, daß in den Zukunftsbetrachtungen der in Judäa Zurückgebliebenen die Kontinuität vorherrschte, während im Restaurationsplan der Exulanten das Moment der Diskontinuität bestimmend war.

Die subjektiven Faktoren, d.h. der Wille der Menschen, der Gemeinschaft, einen Staat zu bilden, ihre Vorstellungen über das erwünschte staatliche Gebilde spielen generell eine ausschlaggebende Rolle in der Entstehung eines Staates, aber von besonderer Bedeutung sind sie in Zeiten des „Nullpunktes", bei den Bestrebungen, ein vernichtetes Staatswesen wiederherzustellen.[67] Dies war genau die Situation der Juden in Judäa und im Exil, die eine Wiederherstellung ihrer eigenen Staatlichkeit anstrebten. Darum spielten die Restaurationspläne bei der Entstehung der nachexilischen Gemeinde eine bedeutsame Rolle, doch war es der Zukunft vorbehalten zu entscheiden, welche dieser Pläne Wirklichkeit werden sollten.

## 2. Die nachexilische Jerusalemer Gemeinde: Entstehung und Chronologie, Mitgliedschaft und Territorium

In der modernen Bibelwissenschaft wird die Entstehung der nachexilischen Jerusalemer Gemeinde häufig entweder als ein Ergebnis nur oder hauptsächlich der inneren Entwicklung des jüdischen Volkes und des Jahwismus betrachtet[68] oder als ein von außen herkommendes, gewissermaßen sogar auf-

---

67  Vejnberg, Drevnejevreiskoje gosudarstvo: ideja i realjnostj, 4-17.
68  A.C. Welch, The Share of North-Israel in the Restauration of the Temple Worship, 175ff.; J. Liver, yěmê ʿezrāʾ wěněḥemyā, 6-8; J. Klausner, hîsṭôriyā šel habbayit haššēnî I, 14-17; K. Galling, Studien zur Geschichte Israels in persischen Zeitalter, 148, u.a.

gezwungenes „Produkt des Perserreiches."[69] Mehr spricht jedoch für die Annahme, daß an der Entstehung der nachexilischen Gemeinde zumindest drei Kräfte ausschlaggebend beteiligt waren: die allgemeine sozial-ökonomische und politisch-geistige Entwicklung des Nahen Ostens in der Mitte des I. Jt. v.u.Z., genauer der nahöstliche Vorhellenismus, das achämenidische Weltreich mit seinen machtpolitischen Bestrebungen und den Besonderheiten seiner staatlichen Organisation und das jüdische Volk, jedoch nicht in seiner Gesamtheit, sondern nur zwei Bestandteile desselben – ein Teil der Exulanten in Mesopotamien und ein Teil der in Judäa Zurückgebliebenen.[70] Hierbei muß ausdrücklich hervorgehoben werden, daß diese drei Kräfte, obwohl zeitlich, räumlich und situativ eng miteinander verbunden, sich jedoch wesentlich voneinander unterschieden und dementsprechend unterschiedlich auf die Entstehung der nachexilischen Jerusalemer Gemeinde einwirkten. Während der nahöstliche Vorhellenismus die Entstehung dieser Gemeinde nur indirekt, sozusagen nur als gemeinsamer Boden und durch seine Atmosphäre, zuweilen auch durch einzelne seiner Komponenten als Vorbild beeinflußte, besaßen die beiden anderen Kräfte dezidierte subjektive Intentionen und Zielsetzungen, die sich voneinander jedoch wesentlich unterschieden.

Nach der Eroberung Babyloniens fielen Kyros II. auch die weltlichen Gebiete des besiegten Gegners, Syrien und Palästina, zu. Die gelegentlich anzutreffende Meinung,[71] daß zur Zeit Kyros' II. die persische Herrschaft in diesen Gebieten eine nur nominelle war, ist überzeugend widerlegt worden.[72] Es scheint, daß es das Ziel der Palästinapolitik des persischen Königs war, dort einen gesicherten Aufmarschraum für den geplanten Feldzug gegen Ägypten zu bilden, und diese Aufgabe konnte durch die Rückkehr der Exulanten nach Judäa und die Bildung einer dem persischen König verpflichteten und zuverlässigen Stütze unter den Heimkehrern erreicht werden, was neben der religiösen Toleranzpolitik der Achämeniden[73] die Veröffentlichung des Edikts Kyros' II. im Jahre 538 v.u.Z. erklärt.

---

69 Ed. Meyer, Die Entstehung des Judentums, 4-5, 70-72; E. Sellin, Studien zur Entstehungsgeschichte der jüdischen Gemeinde nach dem babylonischen Exil II, 196-197; J. Kaufmann, Probleme der israelitisch-jüdischen Religionsgeschichte, 23-24; L. Rost, Erwägungen zum Kyroserlaß, 302-304, u.a.

70 J.P. Weinberg, Zentral- und Partikulargewalt im achämenidischen Reich, 26-27; G. Widengren, The Persian Period, 516ff.; S. Japhet, People and Land in the Restauration Period, 103-104; dies., Sheshbazzar and Zerubbabel, 71ff.; S. Talmon, rēʾšîtā šel šîbat ṣiyôn, 28ff.; P. Ackroyd, The Jewish Community in Palestine in the Persian Period, 136ff.; ders., The Chronicler in His Age, 8ff., u.a.

71 A. Alt, Die Rolle Samarias bei der Entstehung des Judentums, 330-333; K. Galling, Studien zur Geschichte Israels im persischen Zeitalter, 37-42 u.a.

72 A.F. Rainey, The Satrapy „Beyond the River", 51-52; E. Stern, The Persian Empire and the Political and Social History of Palestine in the Persian Period, 70ff.; M.A. Dandamajev, Političeskaja istorija Achemenidskoj deržavy, 48-52, u.a.

73 P. Korngrin, hareḳaᶜ habên – lᵉʾûmî šel šîbat – ṣiyôn mibbabel, 196-199; M.A. Dandamajev, Političeskaja istorija Achemenidskoj deržavy, 41ff., u.a.

Das Esrabuch enthält zwei Versionen dieses Edikts – die aramäische (Esr. 6,3-5), die als eine authentische *dikĕrônā*[74] gilt, d.h. als eine offizielle Verordnung an die für die Verwaltung von Geld, Wolle und Lebensmittel zuständige persische Behörde,[75] und die hebräische Version (Esr. 1,2-4), deren Authentizität zuweilen bezweifelt wird.[76] Aber die inhaltliche Übereinstimmung der beiden Versionen wie auch die Formel: „und er (Kyros) ließ ausrufen (*wayyǎᶜaber ḳol*) in seinem ganzen Königreich und auch durch Schrift sagen" (Esr. 1,1), rechtfertigen das Urteil,[77] daß auch die hebräische Version authentisch ist, aber im Unterschied zur aramäischen *dikĕrônā* ein mündlicher Aufruf an die Exulanten war. Die Rechtmäßigkeit dieser Annahme bestätigt auch die Übersicht in Tabelle 1, in der beide Varianten des Edikts gegenübergestellt werden.

Tabelle 1

| Hebräische Variante (Esr. 1, 2-4) | Aramäische Variante (Esr. 6, 3-5) |
|---|---|
| Erlaubnis einer Rückkehr nach Jerusalem; | ----- |
| Erlaubnis zum Wiederaufbau des Jahwetempels in Jerusalem; | Verordnung, den Jahwetempel auf Kosten des persischen Staates zu bauen; |
| Erlaubnis einer Kollekte zugunsten der Rückkehrer; | ----- |
| ----- | Verordnung, das geraubte Tempelgerät zurückzugeben. |

Der Vergleich der beiden Versionen des Edikts ermöglicht einige aufschlußreiche Beobachtungen. Das Edikt erlaubt den Wiederaufbau des Tempels in Jerusalem und die Rückkehr der Exulanten nach „Jerusalem, das in Judäa ist" (*liyĕrušālayim ᵓǎšer biyĕhûdā*, Esr. 1,3, u.a.), was erstens nur diese Stadt, nicht aber das ganze Land für die Rückkehrer zur Ansiedlung zugänglich macht, und zweitens, und das ist besonders wichtig, im Edikt wird die Frage nach der Schaffung eines eigenen staatlichen Gebildes überhaupt nicht gestellt. Eine solche Zurückhaltung der persischen Zentralgewalt ist gut verständlich, denn die Repatriierung hatte damals erst begonnen, und man konnte

---

74  E.J. Bickerman, The Edict of Cyrus in Ezra I, 248-275; K. Galling, Studien zur Geschichte Israels im persischen Zeitalter, 78-88; J. Liver, tôlādôt bêt dāwîd, 77-79; J.M. Myers, Ezra. Nehemiah. 50-52, u.a.
75  M.A. Dandamajev, Bagasarū ganzubarā, 235-239.
76  Ed. Meyer, Die Entstehung des Judentums, 9ff.; K. Galling, Studien zur Geschichte Israels im persischen Zeitalter, 67-77, u.a.
77  E.J. Bickerman, The Edict of Cyrus in Ezra 1, 248-275; J. Liver, rēᵓšîtā šel šîbat-ṣiyôn, 114-115; L. Rost, Erwägungen zum Kyroserlaß, 301; S. Talmon, Ezra and Nehemiah, 321; J.M. Myers, Esra. Nehemiah, 5-8, u.a.

zu diesem Zeitpunkt weder ihr Ausmaß noch die Lage der Rückkehrer in
Judäa vorhersagen. Die persische Zentralgewalt dachte sich das werdende
Gebilde als eine Gemeinde, d.h. als ein durch wirtschaftliche, soziale, religiös-
ideologische u.a. Kontakte verbundenes Gemeinwesen, jedoch ohne staatli-
che, politisch-administrative Befugnisse und Rechte. Aber entsprach diese
Einstellung der persischen Zentralgewalt den Erwartungen der Rückkehrer?

Eine Antwort auf diese Frage wird durch die zweite Beobachtung vorbereitet: Der Text der beiden Versionen des Edikts Kyros' II. bezeugt, daß die
Rückkehr nicht als eine staatlich angeordnete Zwangsmaßnahme gedacht war,
sondern als ein ausgesprochen freiwilliges, nur vom Willen und Wollen der
einzelnen Individuen, der agnatischen Verbände abhängiges Vorhaben: „Wer
von euch von seinem (Gottes) ganzen Volk, mit dem sei sein Gott (*yĕhî
'ĕlōhāyw 'immô*) und er ziehe hinauf gen Jerusalem ..." (Esr. 1,3). Dieses
Prinzip der freiwilligen, individuell-gemeinschaftlichen Entscheidung, im
Exil zurückzubleiben oder nach Jerusalem zu gehen, beeinflußte weitgehend
das Wesen der entstehenden Gemeinde. Die Rückkehrer, besonders die ersten,
waren infolgedessen Gesinnungsgenossen, was der werdenden Gemeinde eine
bestimmte Homogenität und engere Verbundenheit gab, was die Notwendigkeit einer strengen Institutionalisierung verringerte. Der freiwillige Charakter
der Repatriierung bedingte auch, daß sie sich nur allmählich und in Etappen
vollzog: In den Quellen werden mehrere Zuzüge der Rückkehrer erwähnt –
unter der Leitung Scheschbazzars (Esr. 1,11), Serubbabels (Neh. 7,7 = Esr.
2,2), Esras (Esr. 8,1ff.), Nehemias (Neh. 2,3ff.) u.a. Hierbei muß bemerkt werden, daß an der Spitze dieser Heimkehrergruppen Nachkommen der vorexilischen Elite standen – Scheschbazzar (?) und Serubbabel waren Davididen,[78]
während Esra der Sippe der vorexilischen Jerusalemer Hohenpriester, der
Zadokiden angehörte,[79] was offensichtlich den Rückkehrern Gewicht und
Bedeutung verlieh, aber zugleich unvermeidlich eine komplizierte und widersprüchliche Einstellung und Haltung bei den in Judäa Zurückgebliebenen hervorrief.

Über diesen an der Bildung der nachexilischen Gemeinde aktiv und mit
großem Einfluß partizipierenden Bestandteil des jüdischen Volkes sind nur
begrenzte Informationen vorhanden. Aber ganz hoffnungslos ist die Situation
nicht, da einige Angaben aus der Liste der Mitglieder der nachexilischen
Gemeinde vor 458/457 v.u.Z. (Neh. 7-Esr. 2, S. 61-64) ermittelt werden können. Dort wird an zweiter Stelle, nach der Aufzählung der „Rückkehrer aus
der Gefangenschaft der Verbannung" (*hā'ōlîm miššĕbî haggôlā*, Vv. 7,6 –
2,1), d.h. der Heimkehrer aus Mesopotamien, eine festgefügte Gruppe von

---

78  J. Liver, tôlādôt bêt dāwîd, 8ff.; P.-R. Berger, Zu den Namen Scheschbazzar und
    Schinazzar, 98-100; S. Japhet, Sheshbazzar and Zerubbabel, 68ff., u.a.
79  H.H. Schaeder, Esra der Schreiber, 42ff.; H.J. Katzenstein, Some Remarks on the Lists
    of the Chief Priests of the Temple of Solomon, 377-384; K. Koch, Ezra and the Origin of
    Judaism, 173-197, u.a.

Gemeindemitgliedern genannt (Vv. 7, 25-38 – 2, 20-35), die auch quantitativ, nach der Anzahl der Männer – 8 684/8 635 oder 29,6 %/28,5 % von der Gesamtzahl der Männer in der Gemeinde – an zweiter Stelle steht. Es handelt sich hierbei also offensichtlich um eine für das Werden und Wesen der anfänglichen Gemeinde bedeutsame Gruppe, die sich von den übrigen Gruppen dadurch unterscheidet, daß die ihr angehörenden Gemeinschaften mit Toponymen bezeichnet werden. Diese grundlegende und spezifische Besonderheit berechtigt die vorgeschlagene Benennung dieser Gruppe als „die nach Ortschaften benannten Gemeinschaften"[80].

## Tabelle 2

| Neh. 7 | | | | Esr. 2 | | | |
|---|---|---|---|---|---|---|---|
| a | b | c | d | a | b | c | d |
| 1. Gibeon | B | Söhne | 95 | 1. Gibbar | B | Söhne | 95 |
| 2. Betlechem, Neto-pha | J | Männer | 188 | 2. Betlechem | J | Söhne | 123 |
| | | | | 3. Netopha | J | Männer | 56 |
| 3. Anatot | B | Männer | 128 | 4. Anatot | B | Männer | 128 |
| 4. Bet-Asmawet | B | Männer | 42 | 5. Asmawet | B | Söhne | 42 |
| 5. Kirjat-Jearim, Kephira, | J | | | 6. Kirjat-Jearim, Kephira, | J | | |
| Beerot | B | Männer | 743 | Beerot | B | Söhne | 743 |
| 6. Ha-Rama, Gaba | B | Männer | 621 | 7. Ha-Rama, Gaba | B | Söhne | 621 |
| 7. Michmas | B | Männer | 122 | 8. Michmas | B | Männer | 122 |
| 8. Betel, Ha-Ai | B | Männer | 123 | 9. Betel, Ha-Ai | B | Männer | 223 |
| 9. „Das andere" Nebo | B | Männer | 52 | 10. Nebo | B | Söhne | 52 |
| 10. Jericho | B | Söhne | 345 | 11. Lod, Hadid, Ono | B | Söhne | 725 |
| 11. Lod, Hadid, Ono | B | Söhne | 721 | 12. Jericho | B | Söhne | 345 |

a – Toponymos; b – die Stammgebiete: B – benjaminitisches; J - jehudistisches; c – Terminus der Angehörigkeit; d – Anzahl der Männer.

In Tabelle 2 werden alle in Neh. 7, 25-38 – Esr. 2, 20-35 aufgezählten Gemeinschaften angeführt. Eine separate und parallele Aufzählung der Angaben in beiden Listen ist berechtigt, weil sie in Einzelheiten divergieren. Und noch eine präliminare Bemerkung: Am Ende des Verzeichnisses der „nach

---

80    J.P. Vejnberg, Kollektivy, nazvannyje po mestnostjam v achemenidskoj Judeje, 341-353, vgl. S. Japhet, People and Land in the Restoration Period, 104ff.; J. Blenkinsopp, Temple and Society in Achaemenid Judah, 46, u.a.

Ortschaften benannten Gemeinschaften" werden drei Verbände – „die Söhne des anderen Elams", „die Söhne Harims" und „die Söhne Senaas" (Neh. 7,34.35.38 – Esr. 2,31.32.35) – erwähnt, die kaum dieser Gruppe angehörten[81] und darum in der Übersicht nicht aufgeführt werden.

Die Angaben dieser Tabelle zeigen, daß sämtliche Ortschaften, nach denen die Gemeinschaften benannt waren, sich im Norden des jehudistischen und im benjaminitischen Stammgebiet befanden[82], d.h. in dem Teil des Staates Juda, der während der Katastrophe von 586 v.u.Z. nicht von der totalen Zerstörung betroffen war und dessen Bevölkerung nicht massenhaft deportiert wurde (S. 35f.). Darüber hinaus verdient die Tatsache Aufmerksamkeit, daß von 18 Ortschaften drei (Gibeon, Anatot und Gaba) in vorexilischer Zeit Priesterstädte gewesen waren, während noch andere – Betel, Nebo, Jericho u.a. – eine bedeutende Rolle im vorexilischen jahwistischen Kult gespielt hatten.[83] Das läßt die Annahme zu, daß die „nach Ortschaften benannten Gemeinschaften" heterogene, Laien und Priester umfassende Gruppen darstellten.

Ein markantes Merkmal dieser Gemeinschaften ist, daß die Zugehörigkeit zu ihnen durch die Termini *ben* (Sohn) und *ʾîš* (Mann) ausgedrückt wird, wobei in Neh. 7 der Terminus *ʾîš* vorherrscht (achtmal = 72,7 %) und *ben* seltener (dreimal = 27,3 %) vorkommt, während es sich in Esr. 2 genau umgekehrt verhält – *ʾîš* wird dort nur viermal (33,4 %) erwähnt, *ben* jedoch achtmal (66,6 %). Im alttestamentlichen und epigraphischen Material wird mit *ben* primär die Zugehörigkeit des Individuums zu agnatischen, ethnischen und beruflichen Gemeinschaften bezeichnet[84]. Der Terminus *ʾîš*[85] bezeichnet dort, wo er soziale Tatbestände ausdrückt, am häufigsten in Verbindung mit Toponymen wie auch mit den Wörtern *ʿîr* (Stadt, Stadtteil usw.) und *māḳôm* (Ort, Stelle, Standort, Platz usw.), hauptsächlich die Zugehörigkeit des Individuums zur territorialen, lokalen Gemeinschaft. Mit Hinsicht auf die agnatisch-gemeindliche oder territorial-gemeindliche Organisation der vorexilischen judäisch-israelitischen Gesellschaft, wobei im nördlichen Teil Judäas die zweite Form stärker vertreten war, wie auch auf die Abschwächung der agnatisch-gemeindlichen Form und die Stärkung der territorial-gemeindlichen im babylonischen Judäa kann die Schlußfolgerung gezogen werden, daß die „nach Ortschaften benannten Gemeinschaften" aus den primär in territorial-

---

81  J.P. Vejnberg, Kollektivy, nazvannyje po mestnostjam v achemenidskoj Judeje, 342-343.
82  Über die Zugehörigkeit der Ortschaften zum betreffenden Stammesgebiet: Z. Kallai, Historical Geography of The Bible, 372ff., 398ff.
83  W.F. Albright, The List of Levitic Cities, 49-73; R. de Vaux, Ancient Israel 2, 289ff.; M. Haran, Temples and Temple Service in Ancient Israel, 26ff., 112ff.; Z. Kallai, Historical Geography of the Bible, 447ff., u.a.
84  S. Talmon, Synonymous Readings in the Textual Traditions of the Old Testament, 346; G. Brin, ʿal hatoʾār „ben hammelek", 85-96; D.J.A. Clines, X, X ben Y, ben Y, 266-287; H.W. Wolff, Anthropologie des Alten Testaments, 259ff., u.a.
85  A.M. Grant, ʾadam and ʾish, 2-11; R. de Vaux, Ancient Israel 1, 66ff.; G. Wallis, Die Stadt in den Überlieferungen der Genesis, 133; J.P. Weinberg, Die soziale Gruppe im Weltbild des Chronisten, 85-87, u.a.

gemeindlichen Einheiten organisierten, nichtdeportierten Einwohnern des nördlichen Judäa bestanden.[86]

Ein weiteres Kennzeichen dieser Gemeinschaften ist ihre im Vergleich mit dem *bêt ʾābôt* geringere Mitgliederzahl: Von elf Gemeinschaften umfassen nur vier mehr als 200 Männer, weitere vier weniger als 200 und die übrigen weniger als 100. Damit stellt sich auch die Frage, ob diese Gemeinschaften alle Einwohner der betreffenden Ortschaft umfaßten oder nur einen Teil. Eine mittlere Stadt im vorexilischen Palästina hatte ungefähr 1 200-1 500 Einwohner,[87] aber die durchschnittliche Anzahl der Männer in den „nach Ortschaften benannten Gemeinschaften" lag bei 290, was der Einwohnerzahl einer solchen Stadt entsprach. Aber diese Beobachtung darf nicht verallgemeinert werden. So hatte z.B. das vorexilische Gibeon ungefähr 4 000-6 000 Einwohner,[88] während die nach dieser Stadt benannte Gemeinschaft nur 95 Männer zählte und daher wahrscheinlich nur ein Teil der Stadteinwohner zu ihr gehörte. Darum ist die Annahme berechtigt, daß der Anschluß der „nach Ortschaften benannten Gemeinschaften" an die werdende Gemeinde keine organisierte, allumfassende Massenaktion war, sondern das Ergebnis der freiwilligen Entscheidung und Willensäußerungen einzelner Individuen und Familien. Es ist gut möglich, daß eben diese Freiwilligkeit des Anschlusses der in Judäa Zurückgebliebenen sich auch in der Notiz widerspiegelt, daß am Passa-Fest im Jahre 515 v.u.Z. „die Kinder Israels, die aus der Verbannung zurückkehrten, und alle, die sich von der Unreinheit der Völker des Landes abgesondert hatten, um sich ihnen [den Rückkehrern] anzuschließen (*wěkol hannibdāl miṭṭumʾat goyê hāʾāreṣ ʾǎlēhem*) und Jahwe, den Gott Israels, anzubeten" (Esr. 6,21), teilnahmen. Wenig spricht dafür, diese Leute als Proselyten zu bezeichnen[89]. Wahrscheinlicher ist es dagegen, daß es hier um die „nach Ortschaften benannten Gemeinschaften" geht.

Die für diese Gemeinschaften spezifische Bezeichnungsformel „Männer + Toponym" kommt nach 458/457 v.u.Z. noch im Verzeichnis der am Mauerbau in Jerusalem Beteiligten (Neh. 3,2.7) vor. Später sind die „nach Ortschaften benannten Gemeinschaften" nicht mehr anzutreffen, und in diesem Zusammenhang ist die oben angesprochene Diskrepanz zwischen den beiden Versionen des Verzeichnisses dieser Gemeinschaften aufschlußreich: Es ist wahrscheinlich, daß die offensichtliche Vorliebe für den die agnatische Zugehörigkeit ausdrückenden Terminus *ben* in der zeitlich späteren Version Esr. 2 den allmählichen Prozeß der Auflösung der „nach Ortschaften benannten Gemeinschaften" als eines besonderen Bestandteils der nachexilischen Gemeinde, ihr Aufgehen in und ihre Fusion mit der Gemeinde widerspiegelt.

---

86   J.P. Vejnberg, Kollektivy, nazvannyje po mestnostjam v achemenidskoj Judeje, 350.
87   Y. Shiloh, The Population of Iron Age Palestine, 30-32.
88   J.B. Pritchard, Gibeon Where the Sun Stood Still, 104-108.
89   J.M. Myers, Ezra. Nehemia, 53-54.

Die Entstehung der nachexilischen Gemeinde ist also das Ergebnis der Auswirkung dreier unterschiedlicher Triebkräfte: des Persischen Weltreichs, eines Teils der Exulanten in Mesopotamien und eines Teils der im babylonischen Judäa Zurückgebliebenen. Ein markantes Merkmal des Werdeganges der nachexilischen Gemeinde ist die Freiwilligkeit, die Freiheit der Wahl und Entscheidung, an der Bildung dieser Gemeinde teilzunehmen oder nicht. Aber „Werdegang" und „Bildung" sind stets Prozesse, die sich in Raum und Zeit entfalten. Bevor daher andere Aspekte des Werdens der nachexilischen Gemeinde betrachtet werden, erscheint es sinnvoll, sich den Fragen der Chronologie zuzuwenden, um die zeitlichen Parameter zu bestimmen.

In der modernen Forschung sind Klagen über die Unbestimmtheit der Chronologie zur Geschichte der nachexilischen Gemeinde häufig. Diese Klagen sind aber nur teilweise berechtigt, denn es gibt eine Reihe gesicherter wichtiger zeitlicher Angaben. So wird allgemein anerkannt, daß das Edikt Kyros' II. 538 v.u.Z. veröffentlicht wurde, daß der Tempelbau in den Jahren 520-515 stattfand, daß die erste Amtzeit Nehemias in die Jahre 445-433 v.u.Z. fällt, während seine zweite Amtzeit nach 433 anzusetzen ist. Aber dieser Consensus bedeutet keinesfalls, daß damit alle chronologischen Probleme gelöst sind. Schwierigkeiten bereitet die tatsächlich „dunkle" Zeit zwischen der Vollendung des Tempelbaus 515 v.u.Z. und dem Beginn der Tätigkeit Esras und Nehemias. Dieser Zeitabschnitt ist im vorhandenen Quellenmaterial nur sehr spärlich dokumentiert, und zwar vermutlich deshalb, weil dieses halbe Jahrhundert nach Meinung und Bewertung der Zeitgenossen nichts Bedeutsames und Erfreuliches für den Werdegang und die Entwicklung der nachexilischen Gemeinde mit sich brachte.

Eine ganz andere Bedeutung hatte für die Gemeinde dagegen die Tätigkeit Esras und Nehemias. Darum ist die Diskussion über die Datierung und Aufeinanderfolge dieser Persönlichkeiten keine scholastische Haarspalterei, sondern ein für das Verständnis des Werdeganges der Gemeinde relevantes Problem. In der wissenschaftlichen Literatur sind drei Standpunkte dazu vertreten.[90] Erstens: Die Notiz, daß Esra „im siebten Jahr des Königs Artachschast" in Jerusalem eintraf (Esr. 7,7), bezieht sich auf den König Artaxerxes II. (404-359 v.u.Z.) und fällt dementsprechend auf das Jahr 398/397 v.u.Z., was aber eine radikale und wenig wünschenswerte Umgestaltung der Anordnung des Stoffes in den Büchern Esra und Nehemia erfordert. Zweitens: Im masoretischen Text hat sich ein Fehler eingeschlichen, so daß an Stelle von „das siebte Jahr" das „siebenunddreißigste Jahr" des Königs Artaxerxes I.

---

90  Übersicht dieser Standpunkte in: M.H. Snaith, The Historical Books, 112-114; U. Kellermann, Erwägungen zum Problem der Esradatierung, 61-77; G. Widengren, The Persian Period, 503-509; J.M. Myers, Ezra. Nehemiah. XLI-XLVIII, u.a.

(465-424 v.u.Z.) zu lesen ist, was die Ankunft Esras in Jerusalem auf das Jahr 428/427 legt, aber auch mit einer Umgestaltung der Anordnung des Stoffes verbunden ist. Drittens: Viele Forscher[91] sind jedoch der Ansicht, daß die Notiz in Esr. 7,7 korrekt ist und sich auf den König Artaxerxes I. bezieht, so daß die Ankunft Esras auf das Jahr 458/457 v.u.Z. fällt, Esra vor Nehemia wirkte, was nicht nur der Anordnung des Stoffes in den Büchern Esra-Nehemia entspricht, sondern auch, und das ist ausschlaggebend, mit der Logik der Entwicklung der nachexilischen Gemeinde übereinstimmt.

Aber diese Datierung Esras stößt auf eine Schwierigkeit. Als Zeitgenosse Esras und Nehemias wird der Hohepriester Jojakim, der Sohn Jeschuas genannt (Neh. 12,26), der aber auch ein Zeitgenosse Serubbabels und einer der Leiter des Tempelbaues 520-515 v.u.Z. war (Esr. 3,2.8; 4,3; 5,2; Hag. 1,1; 2,2; Sach. 3,1ff. u.a.). Gleichzeitig wird als Zeitgenosse Esras auch der Zadokide Jehochanan, der Sohn Eljaschibs, erwähnt (Esr. 10,6; III Esr. 9,1; Ant. XI, 5,4), der laut dem Verzeichnis der nachexilischen Hohenpriester (Neh. 12, 10-11) ein Enkel Jeschuas war. Hieraus folgt, daß Esra ein Zeitgenosse des in der Mitte des 5. Jh. v.u.Z. zumindest volljährigen Jehochanans wie auch seines um 545 v.u.Z. geborenen Großvaters Jojakim war. Der letztere war zur Zeit Esras ungefähr 90 Jahre alt, was für den alttestamentlichen Menschen ein seltenes, aber keineswegs unmögliches Alter war.[92] Falls diese Überlegungen richtig sind, fordert die Synchronisierung Esras und der Hohenpriester keine Emendationen des alttestamentlichen Textes. Aber ganz ohne Ergänzungen kommt man auch bei diesem Modell nicht aus, und der Grund dafür ist die Erwähnung des Jerusalemer Hohenpriesters (*khn rbʾ*) Jehochanan im Elephantine-Papyrus von 407 v.u.Z. (Cowl. 30,18), der kaum derselbe sein kann wie jener, dessen Kammer Esra besuchte (Esr. 10,6). Darum vertritt F.M. Cross[93] die Auffassung, daß es in nachexilischer Zeit zwei Hohepriester Jochanan-Jehochanan gab – Jochanan I., der Zeitgenosse Esras, und Jehochanan II., an den 407 v.u.Z. die Elephantiner ihren Brief adressierten.

Diese Betrachtungen ermöglichen es, eine synchronisierte Abfolge der Jerusalemer Hohenpriester, der Laien-Anführer der nachexilischen Gemeinde wie auch der Statthalter (*peḥā*) Samarias anzugeben,[94] die gleichzeitig das chronologische Gerüst des Werdeganges der Geschichte der nachexilischen Gemeinde ist (Tabelle 3).

---

91  H.H. Schaeder, Esra der Schreiber, 34; J. Liver, yěmê ʿezrā̉ wěneḥemyā, 13-18; J. Morgenstern, The Dates of Ezra and Nehemia, 1-8; U. Kellermann, Erwägungen zum Problem der Esradatierung, 78ff.; C.G. Tuland, Ezra-Nehemiah or Nehemiah-Ezra? 47-62; F.M. Cross, A Reconstruction of the Judean Restoration, 11; S. Talmon, Ezra and Nehemiah, 324ff.; E.M. Meyers, The Persian Period and the Judean Restoration, 509-521; A. Demsky, Who Came First, Ezra or Nehemiah? 25-26; S. Japhet, Composition and Chronology in the Book of Ezra-Nehemiah, 208-216, u.a.

92  J. Scharbert, Das Alter und die Alten in der Bibel, 339-343; H.W. Wolff, Anthropologie des Alten Testaments, 177-179, u.a.

93  F.M. Cross, A Reconstruction of the Judean Restauration, 17; S. Talmon, Ezra and Nehemiah, 327-328.

94  F.M. Cross, Papyri of the Fourth Century B.C. from Dâliyeh, 58ff.

Die Angaben dieser Tabelle geben der weiteren Darlegung ein hinlänglich genaues und detailliertes chronologisches Schema, dessen Mittelpunkt die Mitte des 5. Jh. v.u.Z. ist, der auch die Liste in Neh. 7 - Esr. 2 angehört.

## Tabelle 3

| Zeit | Jerusalemische Hohepriester | Anführer der Gemeinde | Statthalter Samarias |
| --- | --- | --- | --- |
| Ende 6. Jh. | Jeschua | Scheschbazzar Serubbabel | |
| Anfang 5. Jh. | | Elnatan (?)** Jehoezer (?)** Achzai (?)** | |
| | Jojakim | Esra | |
| Mitte 5. Jh. | Eljaschib Jehochanan | Nehemia | Sanballat I. |
| Ende 5. Jh. | Jojada Jehochanan (II.?) | Bagohi | Delaja Sanballat II. |
| Anfang 4. Jh. | Jaddua | | Jeschua (?) |
| Mitte 4. Jh. | Jochanan (III.?) Jaddua (II.?) | | Jeschua/Hananja (?) Sanballat III. |

\* Nach F.M. Cross und S. Talmon.
\*\* Hypothetische Rekonstruktion auf Grund epigraphischer Angaben (S. 92).

„Hinter einem derartigen System", schrieb S. Mowinckel in bezug auf das Listen-Material im Josuabuch, „mit seinen politischen und religiösen Forderungen und Theorien und ‚Ideologien' liegt die erlebte Tatsache."[95] Diese treffenden Worte können mit Recht auch auf die Liste in Neh. 7, 7-69 – Esr. 2, 2-67 bezogen werden, die eine der wichtigsten Quellen für das Erfassen des Werdeganges und des Wesens der nachexilischen Gemeinde ist. Obwohl die Authentizität dieser Liste mit einer in der modernen Bibelwissenschaft seltenen Einmütigkeit anerkannt wird, bleibt ihr Inhalt und Zweck umstritten. Manche Forscher betrachten sie als ein Verzeichnis der Teilnehmer einer Repatriierung in 538 v.u.Z., mehrerer Repatriierungen zwischen 538-515 oder sogar aller, einschließlich der Ankunft Esras.[96] Andere denken an eine Volkszählungsliste der Bevölkerung Judäas zur Zeit Kyros' II. oder vor Nehemia,[97]

---

95  S. Mowinckel, Zur Frage nach dokumentarischen Quellen in Josua, 17, vgl. N. Na'aman, Borders and Districts in Biblical Historiography, 37ff.
96  Ed. Meyer, Die Entstehung des Judentums, 135-136; H.H. Schaeder, Esra der Schreiber, 15-23; J. Liver, tôlādôt bêt dāwîd, 87; S. Talmon, rēšî'tā šel šibat ṣiyôn, 35, u.a.
97  J. Wellhausen, Die Rückkehr der Juden aus dem babylonischen Exil, 176-178; R.H. Pfeiffer, Introduction to the Old Testament, 820-822, u.a.

während einige die Liste als ein Verzeichnis der Mitglieder der Gemeinde um 519-517, um 400 v.u.Z. oder aus der Zeit Nehemias betrachten.[98]

Meines Erachtens[99] ist die Liste in Neh. 7 - Esr. 2 ein Verzeichnis der die nachexilische Gemeinde bildenden Gemeinschaften bis zum Jahr 458/457 v.u.Z., d.h. bis zur Ankunft Esras. Für diese Annahme spricht die Überschrift der Liste: „Das sind die Söhne der *mĕdînā*, die zurückgekehrt sind vom Gefängnis der Verbannung ... und wieder nach Jerusalem und Juda kamen, ein jeglicher in seine Stadt" (Neh. 7,6 – Esr. 2,1). Die Überschrift akzentuiert ausdrücklich, daß diese Liste nur ein Verzeichnis der Rückkehrer ist, aber dieser Akzent ist eher ein Ausdruck der ideologischen Einstellung des Verfassers/ der Verfasser der Bücher Esra-Nehemia, ihrer grundlegenden Überzeugung, daß es die Rückkehrer waren, die die nachexilische Gemeinde bildeten,[100] als ein Spiegel der tatsächlichen Situation. Die letztere findet ihren Ausdruck in der Bezeichnung „Söhne der *mĕdînā*", denn dieser Terminus bedeutet im Alten Testament „Gau, Provinz, Satrapie,"[101] und in den Büchern Esra-Nehemia wird mit ihm wiederholt die gesamte nachexilische Gemeinde bezeichnet (Esr. 5,8; Neh. 11,3 u.a.).

Der terminus post quem für den Inhalt dieser Liste ist leicht festzusetzen – es ist der Beginn der Rückkehr in 538 v.u.Z. Was den terminus ad quem anbetrifft, so muß erstens beachtet werden, daß von den 12 Laien-Kollektiven, die mit Esra im Jahr 458-457 v.u.Z in Jerusalem ankamen (Esr. 8, 1-14), neun schon in der Liste Neh. 7 - Esr. 2 erwähnt sind. Die Anzahl der mit Esra Zurückgekehrten ist viel geringer als die derselben Kollektive in Neh. 7-Esr. 2, und in der Benennung der Kollektive in Esr. 8 wird ständig die Präposition *min* (von, aus usw.) benutzt, z.B. „von den Söhnen Adins, Ebed, der Sohn Jonatans" (V. 6,7 u.a.), die auf die Verbundenheit des Teils mit dem Ganzen hinweist. Man kann die Schlußfolgerung ziehen, daß die Liste die Mitglieder der nachexilischen Gemeinde vor 458/457 v.u.Z. umfaßt, und dafür noch ein Argument: Die Priester Hakkoziden, die in Neh.7,63 - Esr. 2,61 unter den zeitweilig aus der Gemeinde Ausgeschlossenen genannt werden, sind später vollberechtigte und angesehene Mitglieder der Priesterschaft, der Gemeinde.

Es gibt keinen ersichtlichen Grund, die Angaben der Liste (Tabelle 4) anzuzweifeln, aber ein Widerspruch muß geklärt werden. In der Liste wird, entsprechend der alttestamentlichen Zensus-Tradition nur die Anzahl der Männer angegeben,[102] und beim Addieren der einzelnen Einträge ergibt sich eine Ge-

---

98  W.F. Albright, A Brief History of Judah from the Days of Josia to Alexander the Great, 12-13; K. Galling, Studien zur Geschichte Israels im persischen Zeitalter, 89; S. Mowinckel, Studien zu dem Buche Ezra-Nehemia I, 62ff.; M. Myers, Ezra. Nehemiah, 14ff., u.a.

99  J.P. Weinberg, Demographische Notizen zur Geschichte der nachexilischen Gemeinde in Juda, 51-52.

100 S. Japhet, Sheshbazzar and Zerubbabel, 68ff.; H. Tadmor, The Origins of Israel, 22-24, u.a.

101 M. Fraenkel, Zur Deutung von Mĕdina, 215.

102 G.E. Mendenhall, The Census List of Numbers 1 and 26, 52-66.

Tabelle 4

| A. Mitglieder der Gemeinde | | | |
|---|---|---|---|
| Bezeichnung der Gruppen | Anzahl der Gemein- schaften | Anzahl der Männer | % |
| 1  „Männer vom Volk Israel" | 17 | 16 722/15 220* | 54,9/53,2 |
| 2  Nach Ortschaften benannte Gemeinschaften | 11/12 | 8 684/8 635 | 28,5/29,6 |
| 3  „Priester" | 4 | 4 289 | 14,2/14,7 |
| 4  „Leviten" | 1 | 74 | 0,2 |
| 5  „Sänger" | 1 | 148/128 | 0,5/0,4 |
| 6  „Torhüter" | 6 | 139/139 | 0,4/0,5 |
| 7  „nĕtînîm und Söhne der Sklaven Salomos" | 42/46 | 392 | 1,3/1,4 |
| B. Zeitweilig aus der Gemeinde ausgeschlossene Kollektive | | | |
| 1  Laien | 3 | 642/652 | – |
| 2  „Priester" | 3 | 525 (Ant. XI, 3,10) | – |
| C. Sklaven und Diener der Gemeindemitglieder | | | |
| 1  „Sklaven und Sklavinnen" | – | 7 337 | – |
| 2  „Sänger und Sängerinnen" | – | 245/200 | – |

\* Die erste Ziffer nach Neh. 7, die zweite nach Esr. 2.

samtzahl (ohne die zeitweilig aus der Gemeinde Ausgeschlossenen) von 31 089 (nach Neh. 7) oder 29 818 (nach Esr. 2) Männern. Dem widerspricht aber die abschließende, zusammenfassende Behauptung: „Die ganze Gemeinde (haḳḳāhāl) war wie ein Mann 42 360" (Neh. 7,66 – Esr. 2,64). S. Klein versuchte diese Diskrepanz zu überwinden, indem er annahm, daß die einzelnen Einträge nur Mitglieder der Gemeinde aus den Stämmen Jehuda und Benjamin beträfen, während die Gesamtsumme auch diejenigen Mitglieder einschließe, die sich zu den Stämmen Efraim und Menasche hinzuzählten (vgl. I Chr. 9, 3).[103] Andere Forscher wollen diesen Widerspruch mit dem fragmentarischen Zustand der Liste erklären,[104] während H.L. Allrik an ein in der

103  S. Klein, ʾereṣ yĕhûdā miyĕmê haʿăliyyā mibbābel ʿad ḥătîmat hatalmûd, 2.
104  J. Klausner, hîṣṭôriyā šel habbayit haššēnî I, 148-149, u.a.

ursprünglichen Liste benutztes altes Ziffersystem denkt, das von den späteren Verfassern oder Abschreibern mißverstanden worden sei.[105] Auf festerem Boden stehen jedoch diejenigen Forscher, nach deren Meinung die fehlenden 12 000 Personen Frauen und Kinder gewesen seien,[106] denn der Begriff *ḳāhāl* bezeichnet nicht selten (Esr. 10,1 u.a.) die gesamte Gemeinde, Männer, Frauen und Kinder inbegriffen. Nun ist aber eine Relation von 3:1 für Männer : Frauen und Kinder anormal, und darum ist die Hypothese J. Ben-Schems sinnvoll, daß unter den Rückkehrern jüngere Leute, Junggesellen, m.E. die jüngeren Angehörigen der agnatischen Verbände dominiert hätten.[107] Dafür spricht nicht nur die große Anzahl der Mischehen in der Gemeinde vor 458/457 v.u.Z. (Esr. 9-10; Neh. 13), sondern auch die größere Mobilität jüngerer Männer und ihre höhere Bereitschaft, die gewohnte Lebensweise aufzugeben, eine entscheidende Voraussetzung für eine freiwillige Repatriierung.

Vor 458/457 v.u.Z. umfaßte die werdende Gemeinde 42 360 Mitglieder, was, ausgehend von der Prämisse, daß trotz der Deportationen der quantitative Bestand der Einwohnerschaft in Judäa sich nicht wesentlich geändert hatte (S. 36-38), nur ungefähr 13-15 % der Bevölkerung des achämenidischen Judäas ausmachte.[108] Diese demographischen Daten stimmen mit dem Umfang und der Konfiguration des Gemeindeterritoriums überein. Die Angaben der Liste Neh.7 par Esr. 2 bezeugen, daß vor 458/457 v.u.Z. die Gemeindemitglieder in Jerusalem und 18 weiteren Städten angesiedelt waren. Aber dieses Aussiedlungsgebiet bildete kein geschlossenes, kompaktes Territorium, sondern bestand aus drei räumlich isolierten Enklaven – im Küstengebiet (Lod, Hadid, Ono), rings um Jerusalem (Jerusalem, Gibeon, Anatot u.a.) und im Jordantal (Jericho) –, zwischen denen sowie innerhalb deren Grenzen sich auch Siedlungen von Nicht-Gemeindemitgliedern befanden.[109]

Nach 458/457 v.u.Z. änderte sich die demographisch-territoriale Situation der Gemeinde beträchtlich. Eine Vorstellung davon vermitteln die Angaben der allgemein als authentisch anerkannten Liste der Einwohner Jerusalems (Neh. 11, 4-22) nach dem sogenannten Synoikismus von 444 v.u.Z.[110] Die Addition der einzelnen Einträge in der Liste ergibt eine Zahl von 3 044 Männern, was einer Gesamtzahl der Einwohner Jerusalems von ungefähr 15 000 entspricht. Da der Synoikismus mittels der Übersiedlung jedes zehnten Mit-

---

105  H.L. Allrik, The Lists of Zerubbabel (Nehemia 7 and Ezra 2) and the Hebrew Numeral Notation, 21-27.
106  K. Galling, Studien zur Geschichte Israels im persischen Zeitalter, 100; J.M. Myers, Ezra. Nehemiah, 20-21, u.a.
107  J. Ben-Shem, heᵓārôt lᵉsôṣiôlôgiyä šel „šibat-ṣiyôn", 210-211.
108  Vgl. die kritischen Einwände J. Blenkinsopps (Temple and Society in Achaemenid Judah, 40-44) und Ch.E. Carters (The Province of Yehud in the Postexilic Period, 107ff.).
109  J.P. Weinberg, Demographische Notizen zur Geschichte der vorexilischen Gemeinde in Juda, 54-55.
110  S. Mowinckel, Studien zu dem Buche Ezra-Nehemia I, 145-150; J.M. Myers, Ezra. Nehemiah, 185-192, u.a.

gliedes der Gemeinde (Neh. 11,1) vollzogen war, so ergibt sich eine Gesamtzahl von ungefähr 150 000 Gemeindemitgliedern.[111] Das bedeutet einen fast
vierfachen Zuwachs im Vergleich zu der Anzahl von vor 458/457 v.u.Z. und
war die Folge des zunehmenden Wohlstandes und der Sicherheit der
Gemeinde wie auch des Zustromes neuer Ankömmlinge aus Mesopotamien
und des Anschlusses der ortsansässigen Bevölkerung Judäas. Infolge dieses
Zuwachses stellten die Gemeindemitglieder nach 458/457 v.u.Z. schon etwa
50-60 % der Einwohnerschaft Judäas.[112]

Mit diesen bedeutsamen demographischen Veränderungen stimmen auch
wesentliche Wandlungen im Ansiedlungsprozeß nach 458/457 v.u.z. überein,
worüber Angaben in den Listen Neh. 3 und Neh. 11, 25-36 vorliegen. Während die Authentizität der ersten keine Zweifel hervorruft, ist die Glaubwürdigkeit der zweiten Liste umstritten.[113] Überzeugende Argumente belegen
jedoch auch die Authentizität dieser Liste.[114] In beiden Listen werden 44
Städte als Siedlungsorte der Gemeindemitglieder erwähnt, was im Vergleich
zu der Anzahl der Gemeindeortschaften vor 458/457 v.u.Z. einen Zuwachs um
das 2,7fache bezeugt und den demographischen Wandlungen in der nachexilischen Gemeinde entspricht. Von den 31 neu erwähnten Ortschaften befinden
sich elf im benjaminitischen Stammgebiet und 20 im jehudistischen, hauptsächlich im Süden Judäas, wo gerade zu dieser Zeit Arad, Engedi, Beerseba
u.a. neu erbaut und besiedelt wurden.[115] Ein Teil dieser neuen Städte befindet
sich in den schon bestehenden drei Enklaven, aber besonders kennzeichnend
ist die Bildung von drei neuen Enklaven: in der Schefela (Sanoach, Keila,
Jarmut u.a.), im Umkreis von Betzur – Hebron und im Negeb (Dibon, Beerseba u.a.).

Trotz des beträchtlichen Zuwachses an Mitgliedern und der Ausdehnung
des Siedlungsgebietes der Gemeinde wohnten auch noch nach 458/457 v.u.Z.
innerhalb der Enklaven Leute, z.B. „die Gewaltigen (*addîrîm*)" von Tekoa,
die sich anders als die übrigen Einwohner dieser zur Gemeinde gehörenden
Stadt nicht am Jerusalemer Mauerbau beteiligten (Neh. 3,5) und offensichtlich
keine Gemeindemitglieder waren. Andererseits wohnten nicht alle Gemeindemitglieder innerhalb des Gemeinde-Territoriums: Im Bericht über die Intrigen

---

111  Laut Ch.E. Carter (The Province of Yehud in the Post-Exilic Period, 108) „the popula-
     tion of Yehud ranged from a low of 11,000 in the late-sixth/early-fifth centuries BCE to a
     high of 17,000 in the late-fifth/early fourth centuries BCE".
112  J.P. Weinberg, Demographische Notizen zur Geschichte der nachexilischen Gemeinde in
     Juda, 53.
113  Ed. Meyer, Die Entstehung des Judentums, 185; G. Widengren, The Persian Period, 531-
     532; U. Kellermann, Die Listen in Nehemia 11, 209-227, u.a.
114  S. Klein, ᵓereṣ yĕhûdā miyĕmê haᶜăliyyā mibbābel ᶜad hăṭîmat hatalmûd, 5-7; J. Liver,
     yĕmê ᶜezrāᵓ wĕneḥemyā, 26-27; J.P. Weinberg, Demographische Notizen zur Geschichte
     der nachexilischen Gemeinde in Juda, 55; J.M. Myers, Ezra. Nehemiah, 189-192, u.a.
115  J. Aharoni, Arad, 4ff.; ders., Excavations at Tel Beer-Sheba, 34ff.; B. Mazar, Excavations
     at the Oasis of Engedi, 99ff.; K. Hoglund, The Achaemenid Context, 58; Ch.E. Carter,
     The Province of Yehud in the Post-Exilic Period, 120ff., u.a.

der Gegner der Gemeinde werden „die Juden, die bei ihnen [den Feinden der Gemeinde] wohnten" (Neh. 4,6), erwähnt, während in der Aufzählung der bei Nehemia Speisenden auch „die zu uns gekommen waren aus den *gôyim*, die um uns herum sind" (Neh. 5,17), genannt sind. Da das Ethnonym *yĕhûdîm* in der zweiten Hälfte des 5. Jh. v.u.Z. die bevorzugte Selbstbenennung der Gemeindemitglieder war, aber mit *gôyim* hauptsächlich fremde ethno-politische Gemeinschaften in Palästina bezeichnet wurden (S. 112-113, 107), so ergibt sich die Schlußfolgerung, daß nach 458/457 v.u.Z. wie vorher eine Anzahl von Gemeindemitgliedern außerhalb des eigentlichen Gemeindegebietes angesiedelt war, während innerhalb dieses Gebietes auch Nicht-Gemeindemitglieder wohnten.

Die Ansiedlungs-Politik der Gemeinde nach 458/457 v.u.Z. weist einen distinkten „Drang nach Süden" auf, obwohl gerade dort, im Süden Judäas, die objektiven Vorbedingungen bei weitem nicht die günstigsten waren – Städte und Ortschaften lagen in Ruinen, fremde und feindlich gesonnene Menschen wohnten dort usw. Das war eine bewußte und zielstrebige, nicht nur von praktischen, alltäglichen Erwägungen getragene, sondern von weitreichenden Intentionen geleitete Siedlungspolitik, deren hauptsächliche Triebfeder ein Kontinuitäts- und Restaurationsbestreben war, der Wunsch und der Wille, die nachexilische Gemeinde im Rahmen des „ganzen Landes", des vorexilischen, davididischen Staates zu erneuern.[116] Ein Hinweis darauf ist das so häufige Vorkommen des dieses Bestreben ausdrückenden Toponyms „Judäa" in den Büchern Esra-Nehemia, in den Sprüchen Haggais und Sacharjas. Aber verwirklichte sich dieses Bestreben, diese Hoffnung?

Alles bisher Gesagte widerlegt die verbreitete, häufig sogar als eine Selbstverständlichkeit betrachtete Gleichsetzung der Erscheinungen „das nachexilische Judäa und seine Einwohnerschaft – das Territorium und die Mitglieder der nachexilischen Gemeinde" und zeigt, daß es genauer und richtiger ist, von der nachexilischen Gemeinde in Judäa (bis Mitte des 5. Jh. v.u.Z.) und in der Provinz Jehud (später) zu sprechen.[117]

Hieraus ergeben sich zwei Erkenntnisse: Die Gleichsetzung „Judäa und Judäer – Gemeindeterritorium und Gemeindemitglieder" entsprach mehr einem angestrebten Ziel als den tatsächlichen Verhältnissen. Aber auch in dieser Form beeinflußte sie entschieden die Politik, die Beziehung „Wir-Sie" nicht nur der nachexilischen Gemeinde, sondern auch der Hasmonäer,[118] und förderte damit die Stabilität in der Wahrnehmung der nachexilischen Gemeinde als eines vor allem ethno-gemeindlichen, später ethno-politischen

---

116  S. Japhet, People and Land in the Restoration Period, 103ff.; P.R. Ackroyd, The Chronicler in His Age, 161ff., u.a.

117  J.P. Weinberg, Demographische Notizen zur Geschichte der nachexilischen Gemeinde in Juda, 58.

118  P. Schäfer, The Hellenistic and Maccabaean Periods, 599ff.; E. Will, C. Orrieaux, Iudaïsmos – hellènismos, 194ff., u.a.

Gebildes, was sich noch in den offiziellen Selbstbenennungen des inzwischen offensichtlich territorial-politischen Gebildes zur Zeit der Hasmonäer – *ḥeber hayyĕhûdîm* – ὁ ἔθνος τῶν Ἰουδαιῶν – bewahrte.[119] Außerdem kongruiert dieses Selbstverständnis der nachexilischen Gemeinde mit den Selbstbenennungen mancher Tempelgemeinden Kleinasiens und Armeniens, z.B. τὸ τὸν Χρυσαορέως Διὸς κοινὸν ἀπάντων Καρῶν („Die [Anhänger] des Zeus Chrisaoreos, die Gemeinschaft aller Karier", Strab. XIV, 2,25) u.a.,[120] was die Annahme berechtigt, daß ein solches Selbstverständnis ein typologisches Merkmal der Tempelgemeinde war.

### 3. Die nachexilische Gemeinde: Ihre soziale Struktur

Unabhängig von dem Verständnis und der Interpretation der nachexilischen Gemeinde wird diese in der modernen Bibelwissenschaft allgemein, explizit oder implizit, als ein soziales Gebilde anerkannt. Aber gerade diesem Aspekt des Wesens und der Geschichte dieser Gemeinde wird nur geringe Aufmerksamkeit zugewandt, was keinesfalls bedeutet, daß zu diesem Problem überhaupt keine Forschungsbeiträge vorlägen.[121] Da aber das soziale Milieu eine notwendige und relevante Komponente des „Sitzes im Leben" eines jeden Werkes, inkl. des Chronikbuches, ist, so hat der Versuch einer ausführlicheren, systematischen Untersuchung der sozialen Struktur der nachexilischen Gemeinde eine gewisse Berechtigung.

Die Eigentumsverhältnisse, sogar das Eigentum – der Besitz von Boden – waren und sind nicht die einzigen und determinierenden Grundlagen und Triebkräfte der zwischenmenschlichen Beziehungen, der sozialen Struktur, aber sie sind deren notwendiger und wesentlicher Bestandteil. Darum ist es zweckmäßig, die Untersuchung der sozialen Struktur der nachexilischen Gemeinde mit einer Analyse der dort herrschenden agrarischen Verhältnisse zu beginnen, um so mehr, als dieser Aspekt der Existenz sich auch im Blickfeld der Zeitgenossen befand. Im Jeremiabuch (52,16) werden die Maßnahmen der babylonischen Eroberer im Bereich der Landwirtschaft erwähnt, der Restaurationsplan im Ezechielbuch enthält ausführliche Hinweise über die Landverteilung und -benutzung im zukünftigen staatlichen Gebilde (45,1ff.),

---

119 E.J. Bickermann, Der Gott der Makkabäer, 53ff.; U. Rappaport, Numismatics, 35ff., u.a.
120 A.G. Perichanjan, Chramovyje objedinenija Maloj Azii i Armenii, 18ff.
121 H. Kreissig, Die sozialökonomische Situation in Juda zur Achämenidenzeit, 77ff.; H. Kippenberg, Religion und Klassenbildung im antiken Judäa; D.L. Smith, The Religion of the Landless, 95ff.; J. Blenkinsopp, Temple and Society in Achaemenid Judah, 44ff., u.a.

im Nehemiabuch werden die von agraren Mißständen hervorgerufenen Konflikte beschrieben (5,1ff.) usw.

Im alttestamentlichen Vokabular sind *ʾăḥuzzā* und *naḥălā* Schlüsselwörter, die trotz der Einwände G. Gerlemans[122] bevorzugt als Termini par excellence für die Bezeichnung von Eigentum oder Besitz anerkannt werden.[123] Von 67 Vorkommen des Wortes *ʾăḥuzzā* in Alten Testament wird es 15mal im Restaurationsplan im Buch Ezechiel erwähnt, wo auch 13mal (von 223 Fällen) der Terminus *naḥălā* figuriert, was auf die Bedeutung dieser beiden Termini in den Überlegungen des Verfassers oder der Verfasser dieses Plans hinweist. Der Sinn und die Intention des agrarischen Programms in Ez. 40-48 wird verschiedenartig interpretiert, denn für die einen ist es eine radikale, aber „spröde Utopie",[124] während andere der Meinung sind, daß gerade in diesem agraren Programm „der Wille zur radikalen Neuordnung der Verhältnisse aus der Nullpunktsituation heraus" sich besonders prägnant äußere.[125] Laut diesem Plan sollten zwölf Stämmen gleich große Landteile zugeteilt werden, in der Mitte des Landes sollte ein geheiligter Bezirk (*tĕrûmā*) mit dem Jahwe-Tempel als Mittelpunkt abgeteilt werden, wo sich auch die Anteile der Priester und der Leviten, der Stadt Jerusalem und des *nāśîʾ* befanden. In diesem Programm sind Kontinuität und Diskontinuität aufs engste miteinander verbunden, denn einerseits enthält es Neuerungen – die geometrisch präzise Aufteilung des Landes mit dem sakralen Zentrum, die egalitäre Verteilung des Landes unter den Stämmen, den heiligen Bezirk –, aber gleichzeitig wiederholen sich in diesem Programm Grundformen der tatsächlichen vorexilischen Agrarverhältnisse – Stämme- bzw. Sippen-, König- und Tempelland – wie auch die diese Formen bezeichnenden Termini *ʾăḥuzzā* – *naḥălā*. Mit *naḥălā* werden die Anteile der Stämme bezeichnet (Ez. 48,29 u.a.), während *ʾăḥuzzā* steht für die Anteile des *nāśîʾ*, der Stadt Jerusalem, der Leviten (Ez. 45,7.8; 48,20; 45,5 u.a.), wobei gesagt wird: „Und sie [die Leviten] sollen nichts davon verkaufen noch verändern" (Ez. 48,14), womit das Prinzip der Unveräußerlichkeit der *ʾăḥuzzā* (und auch der *naḥălā*) ausdrücklich akzentuiert wird.

Im Buche Ruth bestätigt Boas seine Bereitschaft, die *gĕʾullā*-Pflicht, d.h. das im Prinzip der Unveräußerlichkeit des Sippeneigentums wurzelnde Recht und die Pflicht des Rückkaufes des Landes eines Agnaten,[126] zu erfüllen: „Ihr

122  G. Gerleman, Nutzrecht und Wohnrecht, 313-325.
123  F. Horst, Zwei Begriffe für Eigentum (Besitz), 135-156; J.P. Weinberg, Die Agrarverhältnisse in der Bürger-Tempel-Gemeinde der Achämenidenzeit, 476-479; H.O. Forshey, The Construct Chain naḥălat JHWH/ʾĕlohîm, 51-53; S. Bendor, bêt haʾāb bĕyiśraʾēl, 65ff., u.a.
124  G.Ch. Macholz, Noch einmal: Planungen für den Wiederaufbau nach der Katastrophe von 587, 345-348, u.a.
125  W. Zimmerli, Planungen für den Wiederaufbau nach der Katastrophe von 587, 246-250.
126  F. Ch. Fenscham, Widow, Orphan and the Poor in Ancient Near Eastern Legal and Wisdom Literature, 134-137; Th. and D. Thompson, Some Legal Problems in the Book of Ruth, 79-99; E.W. Davies, Ruth IV, 5 and the Duties of the goʾēl, 231-234; B.A. Levine, In Praise of the Israelite Mišpāḥā, 95-106, u.a.

seid heute Zeugen, daß ich alles gekauft habe, was Elimeleks gewesen ist ...,
damit ich dem Verstorbenen seinen Namen auf seiner *naḥălā* erwecke" (4, 9-
10). Da Judith keine direkten Erben hatte, verteilte sie ihr Eigentum zwischen
den Verwandten ihres Mannes und den Mitgliedern ihrer Sippe (Jud. 16,24),
d.h. sie verfuhr entsprechend der Regel, daß Eigentum, auch Boden, innerhalb
der agnatischen Gemeinschaft bleiben muß, wobei das in diesem Text
benutzte Wort ἡ ὑπάρχοντα in der Septuaginta häufig zur Wiedergabe der Termini *ʾăḥuzzā* – *naḥălā* verwendet wird. Diese und andere Angaben berechtigen zu der Annahme, daß *ʾăḥuzzā* – *naḥălā* auch in den folgenden, sich auf die
nachexilische Gemeinde direkt beziehenden Aussagen: „... In den Städten
Judas wohnte ein jeglicher in seiner *ʾăḥuzzā* ..." (Neh. 11,3), und: „das übrige
Israel, die Priester und die Leviten waren in allen Städten Judas, ein jeglicher
in seiner *naḥălā*" (V. 20), das im Prinzip unveräußerliche Bodeneigentum des
*bêt ʾăbôt* bezeichneten.

Aus dem nachexilischen Arad stammt eine Inschrift (IEJ, 14, 1964, 3, 141-
142): *mʿrt ʿnny / wmtbnh / wbyt tnbh* („Die Höhle Ananis / und der Speicher /
und das Haus der Früchte [?]"), die nach Ansicht der Herausgeber „a list of
agrarian possession, comprising various store facilities of the Anani family",
darstellt,[127] wobei darauf hingewiesen werden muß, daß im nachexilischen
Anthroponomastikon Anani als Name von Individuen, als Benennung eines
*bêt ʾăbôt* oder einer Familie und auch einer Ortschaft vorkommt (Neh. 3,23;
10,23; 11,32). Kann diese Angabe eventuell im Zusammenhang mit dem von
Wucher, Konzentration des Bodens und Schuldhörigkeit hervorgerufenen
Konflikt in der nachexilischen Gemeinde in der Mitte des 5. Jh. v.u.Z. (Neh. 5)
betrachtet werden?[128] Die Opfer der Konzentration des Bodens und der
Schuldhörigkeit werden mit dem Terminus *ʾaḥ* (Neh. 5,7.8ff.) bezeichnet, der
die Zugehörigkeit eines Individuums zum *bêt ʾăbôt* anzeigt (S. 79). Es kann
mit Recht angenommen werden, daß es eben die begüterten und einflußreichen Familien im *bêt ʾăbôt* waren wie die des Anani aus Arad, die sich einen
Teil des dem betreffenden *bêt ʾăbôt* angehörenden Bodens angeeignet hatten.
In dieser extremen Situation griff Nehemia auf das alte Gesetz der *šĕmiṭṭā*
(Lev. 25, 11-13; Dt. 15, 1-3) zurück, das die Rückgabe des entäußerten Gutes
im Erlaßjahr vorsieht und im Grundsatz der Unveräußerlichkeit des Sippeneigentums und in der Sippensolidarität wurzelte.[129] Mit dieser Tradition ist

---

127 Y. Aharoni, R. Amiran, Excavations at Tel Arad, 141-142.
128 J. Klausner, hîṣṭôriyā šel habāyit haššēnî I, 282-284; J. Liver, yĕmê ʿezrāʾ wĕneḥemyā,
   29; J.P. Weinberg, Die Agrarverhältnisse in der Bürger-Tempel-Gemeinde der Achämenidenzeit, 483-484; G. Widengren, The Persian Period, 531, u.a.
129 J. Lewy, The Biblical Institution of Dĕrôr in the Light of Accadian Documents, 21-31; G.
   Wallis, Das Jobeljahr-Gesetz, eine Novelle zum Sabbath-Gesetz, 337-345; I.Sch. Schifman, Ugaritskij Jubilej, 94-99; N.P. Lemche, The Manumission of Slaves – the Fallow
   Year – the Sabbatical Year – the Yobel Year, 38-59; M. Weinfeld, Sabbatical Year and
   Jubilee in the Pentateuchal Laws and their Ancient Near Eastern Background, 31-67; M.
   Heltzer, The Social and Fiscal Reforms of Nehemiah in Judah and the Attitude of the
   Achaemenid Kings to the Internal Affairs of the Autonomous Provinces, 333-354, u.a.

auch eine andere alte Vorstellung verbunden, nämlich die, daß das ganze Land Eigentum Jahwes ist.[130] Auch diese Vorstellung bewahrt sich in nachexilischer Zeit, worauf beispielsweise die Begründung des Verbots im Restaurationsplan im Ezechielbuch, die *ʾăḥuzzā* der Leviten, die Erstlinge zu verkaufen, weil es „Jahwe geheiligt ist" (Ez. 48,14), hinweist oder die Aussage im Nehemiabuch: „Wir sind heute Sklaven, und im Lande, das du (Jahwe) unseren Vätern gegeben hast …" (9,36), was mit einer grundlegenden Besonderheit der nahöstlichen Tempelgemeinde der persisch-hellenistischen Zeit übereinstimmt. In vielen Gemeinden wurde die entsprechende Gottheit als oberster Eigentümer des gesamten Gemeindelandes anerkannt.[131]

Die Agrarverhältnisse in der nachexilischen Gemeinde waren durch eine weitgehende Homogenität gekennzeichnet. Es dominierte eine Form, nach der das Gemeindeland, obwohl als Eigentum Jahwes anerkannt, de facto das unveräußerliche Eigentum der agnatischen Verbände, der *batê ʾābôt*, war und, aufgeteilt in Parzellen, sich im Besitz der einzelnen Familien dieser Verbände befand. Obwohl im persischen Palästina außerhalb der nachexilischen Gemeinde auch andere Formen der Agrarverhältnisse – Privateigentum an Boden, Krongut der persischen Könige – bestanden und im Lauf der Zeit die agrarischen Beziehungen in der Gemeinde beeinflußten, war es gerade die oben beschriebene Form, deren Auswirkungen auf die soziale Struktur der nachexilischen Gemeinde feststellbar sind.

Für den nahöstlichen Vorhellenismus waren eine Vielfalt der sozialen Strukturen und das Aufkommen zahlreicher sozialer Randgruppen kennzeichnend, was mutatis mutandis auch für die nachexilische Gemeinde gilt.

Der Terminus *ʿebed*, der mit seinen 807 Erwähnungen ein Schlüsselwort im Alten Testament ist, hat die folgenden Bedeutungen: Sklave im direkten Sinn dieses Wortes; Knecht, Diener, Abhängiger in Vertrauensstellung verschiedenen Ranges, inkl. königlicher Berater, Beamter usw.; Gemeinschaft oder Ethnos in Abhängigkeit vom König oder von Gott; höfliche Selbsterniedrigung.[132] In den Hauptquellen zur Geschichte der nachexilischen Gemeinde wird dieser Terminus 33mal erwähnt, aber nur zweimal in der Bedeutung „Sklave im direkten Sinn", was schon an und für sich auf die marginale Stellung dieser sozialen Gruppe in der nachexilischen Gemeinde hinweist. Die Richtigkeit

---

130  J.P. Weinberg, Die Agrarverhältnisse in der Bürger-Tempel-Gemeinde der Achämenidenzeit, 484.

131  G.Ch. Sarkisjan, Samoupravljajuščijsja gorod selevkidskoj Vavilonii, 68-83; A.G. Perichanjan, Chramovyje objedinenija Maloj Azii i Armenii, 82ff., u.a.

132  I. Mendelsohn, Slavery in the Ancient Near East, 3ff.; E. Häusler, Sklaven und Personen minderen Rechts im Alten Testament, 62ff.; E. Urbach, hălākôt ʿăbadîm kĕmākôr lĕhîsṭôriyā haḥebrātît, 141-189; I.Sch. Schifman, Provovoje položenije rabov v Judeje po dannym bibleiskoj tradicii, 54-80; J.P. Vejnberg, Raby i drugije kategorii zavisimych ljudej, 63-66; N.P. Lemche, The "Hebrew Slave", 129-144; J.P. Floss, Jahwe dienen – Göttern dienen, 1ff.; I. Riesener, Der Stamm ʿbd im Alten Testament, u.a.

dieser Beobachtung bestätigt die abschließende summarische Notiz der Liste der Gemeindemitglieder vor 458/457 v.u.Z.: „Die gesamte Gemeinde [zählte] in allem 42 360. Ausgenommen (*millĕbad*) ihre Sklaven und Sklavinnen (*ʿabdêhem wĕʾamhotêhem*), die waren 7 337, dazu ihre 245 (200 in Esr.) Sänger und Sängerinnen. Ihre Rosse 736, ihre Maultiere 245 [nur in Esr. 2]. Kamele 435, Esel 6 720" (Neh. 7, 66-68 – Esr. 2, 64-67). In dieser Notiz sind zwei Momente bemerkenswert: erstens die in der ganzen Alten Welt übliche Aufzählung der Sklaven zusammen mit dem Vieh und anderen Gütern, was ein überzeugender Beweis für das Sklaventum dieser Sklaven ist, und zweitens die durch das Wort *millĕbad* (außer, abgesehen von) akzentuierte Absonderung der Sklaven von den Mitgliedern der nachexilischen Gemeinde. Das quantitative Verhältnis zwischen den Sklaven und den Gemeindemitgliedern von 1 : 5,6 weist auf eine nur begrenzte Verbreitung der Sklaverei hin wie auch auf den Besitz von Sklaven nur bei einem kleinen, besonders begüterten Teil der Gemeindemitglieder, wofür auch die narrativen Angaben (Rt. 2,3ff.; Hi. 1,3; Eccl. 2,7; Jud. 8,7 u.a.) Zeugen sind. Sklaven und Sklaverei waren eine Komponente der sozialen Struktur der nachexilischen Gemeinde, aber nur als marginale Erscheinung, da die Sklaven den Gemeindemitgliedern gehörten, aber selbst wahrscheinlich keine Gemeindemitglieder waren.

Ähnliches kann auch im Blick auf zwei andere Kategorien von Werktätigen gesagt werden, nämlich die halbfreien-halbabhängigen oder juristisch freien und wirtschaftlich abhängigen Tagelöhner (*śākîr*) und Beisassen (*tôšāb*).[133] Daß diese Termini im Quellenmaterial der nachexilischen Gemeinde, abgesehen von der Priesterschrift, nur vereinzelt vorkommen, kann als Beweis dafür gelten, daß diese sozialen Gruppen keine bedeutende Rolle in der Gemeinde spielten. Auffälliger ist schon das seltene, episodische Vorkommen des Terminus *gēr* (Fremdling, Schutzbürger, Metöke) in diesen Texten, der im alttestamentlichen Vokabular ein Schlüsselwort ist und eine in der vorexilischen wie auch spätnachexilischen Wirklichkeit relevante Erscheinung – den persönlich freien, aber keine Bürgerrechte besitzenden, darum Schutz benötigenden und unter Schutz stehenden Fremdling[134] – bezeichnete. Das Schweigen oder Verschweigen einer so bedeutsamen sozialen Gruppe kann kaum ein Zufall sein, um so mehr, als es im exilisch-nachexilischen Schrifttum eine markante Ausnahme gibt, die Priesterschrift, insbesondere das Heiligkeitsgesetz, wo nahezu ein Viertel (22 von insgesamt 92) aller Erwähnungen dieses Terminus im Alten Testament konzentriert ist. Das massierte Vorkommen des Terminus *gēr* in diesen Werken kann damit erklärt werden, daß sie zahlreiche Materialien der

---

133  R. de Vaux, Ancient Israel 1, 75; H. Kreissig, Die sozialökonomische Situation in Juda zur Achämenidenzeit, 86ff.; J.P. Vejnberg, Raby i drugije kategorii zavisimych ljudej, 64-65; J.D. Amusin, ŠĀKĪR, 15-25, u.a.

134  E. Häusler, Sklaven und Personen minderen Rechts im Alten Testament, 121-122; R. de Vaux, Ancient Israel 1, 74-76; J.D. Amusin, Die gerim in der sozialen Legislatur des Alten Testaments, 15-23; F.A. Spina, Israelites als gērîm 'Sojourners' in Social and Historical Context, 321-333; J. Milgrom, "The Alien in Your Midst", 3-8, u.a.

vorexilischen Zeit enthalten, als der *gēr* eine Realität des gesellschaftlichen Lebens war, und weil die Lage der Exulanten in Mesopotamien wie die der Vorväter in Ägypten als dem Status des *gēr* vergleichbar angesehen wurde: „... denn ihr seid *gērîm* gewesen im Land Ägypten" (Lev. 19,34). Berechtigt ist darum die Annahme, daß die Gründer der nachexilischen Gemeinde bestrebt waren, sich von der fernen und nahen *gēr*-Vergangenheit zu distanzieren, ihr fernes und nahes *gēr*-Sein zu überwinden. Als Beweis dafür könnte die Bestimmung im Restaurationsplan in Ez. 40-48 gelten, nach der im zukünftigen staatlichen Gebilde „die *gērîm*, die bei euch wohnen und die in eurer Mitte Kinder zeugen, bei euch Bürger (*ʾezraḥ*) sein [sollen] inmitten der Kinder Israels; sie sollen zusammen mit euch *naḥălā* inmitten der Stämme Israels erhalten" (47,22). Es scheint, daß diese Empfehlung in der nachexilischen Gemeinde teilweise erhört und verwirklicht wurde, da dieser Gemeinde, zumindest bis zur Mitte des 5. Jh. v.u.Z., eine gewisse Offenheit und Aufgeschlossenheit eigen war, was keinen Raum für *das Institut* des *gēr* hinterließ.

Da die Sklaven, die *śākîr*, *tôšāb* und *gēr* in nachexilischer Zeit entweder überhaupt nicht existent waren oder sich nur an der Peripherie der Gemeinde befanden und eine nur geringe Rolle spielten, so ergibt sich die Vermutung, daß die Gemeinde im Grunde genommen eine Gemeinschaft freier und vollberechtigter Bürger, ein ständisch weitgehend homogenes Gebilde war. Ständische Homogenität schließt wirtschaftliche, berufliche, soziale, intellektuelle Differenzierung nicht aus, setzt jedoch ihrer Verbreitung und Vertiefung bestimmte Grenzen. Ausschlaggebend für das Sein aller Schichten und Gruppen in der Gemeinde war die grundlegende, existentiale Tatsache, daß sie alle *ʾāḥîm* (Brüder) und damit freie und vollberechtigte Mitglieder der Gemeinde waren.

Es scheint, daß in der Realität der nachexilischen Gemeinde, jedenfalls in ihrem Selbstverständnis, die berufliche Differenzierung der Gemeindemitglieder, insbesondere die Unterscheidung zwischen Laien und Priestern, eine bedeutsamere Rolle spielte als die übrigen. Hiermit soll nicht gesagt sein, daß diese Differenzierung eine Novität der nachexilischen Gemeinde war. Sie geht im Gegenteil auf eine uralte und überzeitliche, allgemein verbreitete Erfahrung und Vorstellung zurück, die in der Dichotomie „Gott-Mensch, Himmel-Erde, das Sakrale-das Profane" wurzelt.[135] Aber es gab und gibt Epochen der Weltgeschichte und Gesellschaften, in denen diese Differenzierung in den Hintergrund gedrängt ist, während sie in anderen Epochen und Gesellschaften gerade eine bedeutende Rolle in der Struktur und im Leben der Gemeinschaft spielt. Die nachexilische Gemeinde ist ein Exempel der letzten Variante.

Eine ausführliche Darlegung des schwierigen und in den wesentlichen Aspekten umstrittenen Problems der Herkunft und der Entwicklung der alttestamentlichen Priesterschaft[136] kann kaum unsere Aufgabe sein. Darum nur

---

135  J.P. Vejnberg, Roždenije istorii, 227ff.

einige Bemerkungen zur Stellung der Priester in der vorexilischen Gesellschaft und im vorexilischen Staat. Zur Zeit Davids „waren Priester" Zadok, der Sohn Achitobs, und Achimelek, der Sohn Ebjatars (2 Sam. 8,17), aber Salomo enthob den Ebjatar seines Amtes, und „Zadok den Priester setzte der König anstelle von Ebjatar ein" (1 Reg. 2, 35), Jerobeam „machte Priester von den Geringsten im Volk, die nicht von den Söhnen Levis waren" (1 Reg. 12,31). In Erwähnungen des Bestandes der vorexilischen judäisch-israelitischen Gesellschaft werden die Priester zuweilen überhaupt nicht genannt (1 Reg. 8,1; 2 Reg. 11,4 u.a.), oder sie erscheinen auf der zweiten oder auf einer noch niedrigeren Stufe der sozialen Leiter (2 Reg. 23,2; Jer. 1,18; 34,19 u.a.). Alle diese und etliche weitere Angaben bezeugen, daß die Priesterschaft in der vorexilischen sozial-politischen Struktur eine untergeordnete und zweitrangige Gruppe darstellte, was den gelegentlich anzutreffenden Gleichsetzungen[137] der Priesterschaft mit dem Königtum und anderen Spitzen der Hierarchie widerspricht. Darum war es ein radikaler Bruch mit der Praxis und Tradition der Vergangenheit, als der Restaurationsplan des Ezechielbuches für eine distinktive Vorrangstellung der Priesterschaft gegenüber den Laien, für eine strikte Absonderung der Priester von den Laien und der Leviten von den Priestern eintrat (45,7ff.; 44,6ff. u.a.). Aber diese neuen Vorstellungen setzten sich nur allmählich in der Praxis und im Bewußtsein der nachexilischen Gemeinde durch.

Bevor wir uns der nachexilischen Priesterschaft zuwenden, eine kurze Betrachtung über die *nĕtînîm* und die „Söhne der Sklaven Salomos", die im Verzeichnis der Mitglieder der nachexilischen Gemeinde vor 458/457 v.u.Z. (Neh. 7,46-60 – Esr. 2, 43-58) als letzte sozial-berufliche Gruppe erwähnt werden (Tabelle 4). In der modernen Bibelwissenschaft, wo Konsensus ein seltener Gast ist, wird mit weitgehender Einstimmigkeit anerkannt, daß die *nĕtînîm* und die „Söhne der Sklaven Salomos" Nachkommen der Diener oder Sklaven des ersten Jerusalemer Tempels waren und auch in nachexilischer Zeit dem Tempelpersonal angehörten. Mehr spricht jedoch für die Annahme,[138] daß in vorexilischer Zeit die *nĕtînîm* und die „Söhne der Sklaven Salomos" Handwerker im königlichen Dienst, königliche Dienstleute waren, die zusammen mit den übrigen Einwohnern Jerusalems deportiert wurden. Im 6.-5. Jh. v.u.Z. gehörten beide Gruppen zum Laien-Teil der nachexilischen Gemeinde, aber die Abstammung von königlichen Dienstleuten und die fremdländische Herkunft mancher Kollektive, ihr nur geringer quantitativer Bestand u.ä. bedingten, daß die *nĕtînîm* und die „Söhne der Sklaven Salomos"

---

136 W.W. Baudissin, Die Geschichte des alttestamentlichen Priesterthums, 188ff.; S. Yeivin, lēwî, 450-460; J.Sh. Licht, lēwî, lĕwiyyim, 469-473; M. Haran, kĕhunnā, kōhănîm, 14-45; ders., Temples and Temple-Service in Ancient Israel, 58ff.; R. de Vaux, Ancient Israel 2, 345ff.; A.H.J. Gunneweg, Leviten und Priester, 14ff., u.a.

137 D.J. Elazar, St. Cohen, The Jewish Polity, 82-91; S. Talmon, The Emergence of Jewish Sectarianism in the Early Second Temple Period, 177-179, u.a.

138 J.P. Weinberg, Nĕtînîm und „Söhne der Sklaven Salomos" im 6.-4. Jh. v.u.Z., 355-371.

die niedrigsten Stufen der sozialen Leiter einnahmen und nach dem 5. Jh. v.u.Z. verschwanden.

In sämtlichen Texten, in denen die innere Situation der Gemeinde vor 458/457 v.u.Z. beschrieben wird – in der Aufzählung der ersten Rückkehrer (Esr. 1,5), in der Beschreibung des Tempelbaus und seiner Einweihung (Esr. 3,8ff.; 6,18ff.) u.a. –, werden Priester und Leviten im Bestand der Gemeinde genannt und entsprechend der vorexilischen Praxis an zweiter Stelle nach den Laien aufgezählt. In jenen Texten dagegen, die die äußeren Beziehungen der Gemeinde beschreiben (Esr. 4,12.23 u.a.), wird die letztere als ein einheitliches Gebilde dargestellt, und das erste offizielle Dokument, das eine Anerkennung des Bestandes der Gemeinde aus Laien und Priestern enthält, ist das Edikt Artaxerxes' I. (Esr. 7,13). Aber fünfzig Jahre später ist im offiziellen Brief der Elephantinischen Gemeinde an die Führung der Jerusalemer Gemeinde eine grundsätzlich andere Rangordnung der Laien und Priester zu bemerken als vorher: „An Jehochanan, den Hohenpriester (*khnʾ rbʾ*), und seine Kollegen (*wknwth*), die Priester, die in Jerusalem sind, und an Ostanes, den Bruder Ananis und den Noblen (*wḥry*) der Juden" (Cowl. 30,18-19). Wann und aus welchen Gründen vollzog sich eine solche wesentliche Änderung der Stellung und der Rolle der Priesterschaft in der nachexilischen Gemeinde?

Als erster und entscheidender Grund kann die deutliche Vergrößerung der Priesterschaft – der Anzahl ihrer Kollektive und deren Mitglieder – genannt werden, worauf die Angaben in Tabelle 5 eindeutig hinweisen.[139]

Tabelle 5

| Gruppe | vor 458/457 | | nach 458/457 | |
|---|---|---|---|---|
| | Kollektive | Männer | Kollektive | Männer |
| Laien | 17/20 | 25 406 | 32 | 1 296 |
| Priester* | 15 | 4 649 | 34/35 | 1 648 |
| Proportion | 1,1/1,3 : 1 | 5,4 : 1 | 0,9/0,8 : 1 | 0,8 : 1 |

* Diese Gruppe umfaßt sämtliche Kategorien der Priesterschaft.

Es waren augenscheinlich zwei Quellen, die eine solche Vergrößerung der Priesterschaft ermöglichten: Die „nach Ortschaften benannten Gemeinschaften", in deren Bestand es auch vermutlich Priester gab, und die Priester, insbesondere die Leviten (Esr. 8,2ff.), die aus Mesopotamien zurückkehrten. Mit dieser Annahme stimmt auch die Tatsache überein, daß nach 458/457 v.u.Z.

---

139 J.P. Vejnberg, Graždansko-chramovaja obščina v zapadnych provincijach Achemenidskoj deržavy, 15-17; ders., The Citizen-Temple Community, 133.

die Anzahl und das Eigengewicht der Leviten, inkl. der Tempelsänger und Torhüter, beträchtlich anstiegen – von 8 % der Priesterschaft vor diesem Zeitpunkt bis auf 27 % nach ihm,[140] was auch den Status, die Rolle und die Autorität dieses in vorexilischer Zeit offensichtlich zweitrangigen Teils der Priesterschaft, des clerus minor, sichtlich erhöhte.[141]

Es muß nicht eigens nachgewiesen werden, daß es die Hauptaufgabe der Priester und zugleich der Sinn ihrer Existenz war, als für das Bestehen und Funktionieren des Weltalls und des Menschen notwendige Mittler zwischen Gott und Mensch, zwischen den Sphären des Sakralen und des Profanen zu wirken. Diese wesentliche, grundlegende Funktion bestimmte nicht nur die rituell-liturgische Tätigkeit der nachexilischen Priesterschaft, sondern auch die Aufgabe des Tradierens, der Auslegung und des Lehrens der Tora.[142] Das war eine Sphäre intellektueller Tätigkeit par excellence, die in nachexilischer Zeit besonders deshalb wichtig wurde, weil damals im Ritus das „Sprechen", d.h. das Gebet, die Bitte usw., die Rolle des „Tuns", d.h. des Opferns, zurückdrängte.[143] Im Restaurationsplan des Ezechielbuchs wird gesagt: „Und sie (die Priester) sollen mein Volk lehren, daß sie wissen den Unterschied zwischen Heiligem und Unheiligem, zwischen Reinem und Unreinem" (44,23), das Wort Jahwes befiehlt dem Propheten Haggai: „Frage die Priester nach dem Gesetz (*tôrā*)" (2,11), einer der mit Esra Zurückgekehrten ist „ein weiser Mann (*ʾiš śekel*) von den Söhnen Machlis, des Sohnes Levi" (Esr. 8,18), und während der Vorlesung (und Auslegung) des Gesetzbuches Moses' assistierten Esra „die wissenden, unterweisenden Leviten (*halĕwiyyim mĕbînîm*)", die „dem Volk die Tora erklären … Sie (die Leviten) lasen im Gesetzbuch und übersetzten (*mĕporāš*) und machten es verständlich, und sie (das Volk) verstanden es beim Lesen" (Neh. 8, 7-8) usw.

Dieser Akzent auf der tradierenden, auslegenden und lehrenden Tätigkeit der nachexilischen Priesterschaft, besonders der Leviten, berechtigt nicht nur zu ihrer Charakterisierung als Intellektuelle, sondern erklärt auch die allmähliche Annäherung der Priester und der Schreiber innerhalb der nachexilischen Intelligenz. Ein herausragender Repräsentant dieses für die sozial-politische und geistig-geistliche Entwicklung der nachexilischen Gemeinde bedeutsamen Prozesses war eine der führenden und einflußreichsten Persönlichkeiten dieser Zeit – Esra, der seiner Abstammung nach ein Zadokide, d.h. ein Priester

---

140 J.P. Vejnberg, Graždansko-chramovaja obščina v zapadnych provincijach Achemenidskoj deržavy, 17-18.
141 W.W. Baudissin, Die Geschichte des alttestamentlichen Priesterthums, 286ff.; R. de Vaux, Ancient Israel 2, 388ff.; J.Sh. Licht, lēwî, lĕwiyyim, 473ff.; M. Haran, kehunnā. kōhănîm, 36ff.; ders., Temples and Temple-Service in Ancient Israel, 103ff.; A.H.J. Gunneweg, Leviten und Priester, 224ff., u.a.
142 G. Östborn, Tora in the Old Testament, 89ff.; M. Gertner, The Masorah and the Levites, 241-284; A.H.J. Gunneweg, Leviten und Priester, 188ff., u.a.
143 Cl. Westermann, Theologie des Alten Testaments in Grundzügen, 134ff.; M. Smith, Jewish Religious Life in the Persian Period, 258ff., u.a.

war, aber tätig als Priester und Schreiber, worauf eindeutig die offizielle Anredeformel hinweist: „Artachschast, König der Könige, an Esra, den Priester
(kāhănāʾ) und Schreiber (sāpar)" (Esr. 7,12, vgl. Neh. 8,9 u.a.).[144] Eine solche
Vereinigung zweier Funktionen in der Person des Priesters scheint in der
nachexilischen Priesterschaft keine Ausnahme zu sein: Im Buch Esra-Nehemia wird noch ein anderer Priester, vielleicht ebenfalls ein Zadokide, als
Schreiber erwähnt (ṣādôḳ hassôpēr, Neh. 13,13), und es ist keineswegs ausgeschlossen, daß der Besitzer von zehn Bullen mit der Inschrift „[Gehört]
Jeremai, dem Schreiber" (lyrmy/hspr, N. Avigad, 1976, 7, Nr. 6) auch ein Priester war.

Es war vielleicht gerade diese Eigentümlichkeit der nachexilischen Priesterschaft, ihre gewisse Ambivalenz, die es verhinderte, daß die Gemeinde
trotz des enormen Einflusses der Priesterschaft nach 458/457 v.u.Z. keiner
Klerikalisierung und Theokratisierung unterlag. Mit größerer Gewißheit kann
man jedenfalls sagen, daß eben diese bedeutende Rolle der Priesterschaft die
Intellektualisierung und Spiritualisierung des Lebens und der Atmosphäre in
der nachexilischen Gemeinde förderte.

Das vor fast zwanzig Jahren vorgeschlagene Konzept des bêt ʾābôt[145] als
einer der strukturellen Grundeinheiten der nachexilischen Gemeinde hat
gewissen Anklang gefunden, aber auch Einwände hervorgerufen.[146] Darum
scheint eine Rekapitulation des damals Gesagten zweckmäßig, weil erstens
manches erneut überprüft und präzisiert werden muß und zweitens der bêt
ʾābôt damals gewissermaßen als ein „Ding für sich" betrachtet wurde.

In Tabelle 6 werden die Erwähnungen der etymologisch und semantisch
verwandten sozialen Termini bêt ʾāb, bêt ʾābôt und ʾābôt im deuteronomistischen Geschichtswerk, im Chronikbuch und in den Büchern Esra-Nehemia
summarisch aufgelistet.

---

144  H.H. Schaeder, Esra der Schreiber, 39ff.; S. Mowinckel, Studien zu dem Buche Ezra-
     Nehemia III, 117ff.; J. Liver, yĕmê ʿezrāʾ wĕneḥemyā, 19; J.M. Myers, Ezra. Nehemiah,
     LVII-LXII; G. Widengren, The Persian Period, 535-536; P.R. Ackroyd, The Chronicler
     in His Age, 32ff., u.a.
145  J.P. Weinberg, Das bēit ʾābōt im 6.-4. Jh. v.u.Z., 400-414.
146  P. Briant, Rois, tributs et paysants, 297ff.; H. Kreissig, Eine beachtenswerte Theorie zur
     Organisation altvorderorientalischer Tempelgemeinden im Achämenidenreich, 35-39;
     H. Utzschneider, Das Heiligtum und das Gesetz, 292ff.; D.L. Smith, The Religion of the
     Landless, 108ff.; R.P. Carroll, "Silence, Exile and Cunning", 36; P.E. Dion, The Civic-
     Temple Community, 134; J. Blenkinsopp, Temple and Society in Achaemenid Judah,
     47ff., u.a.

Tabelle 6

| Termini | Jos. – 2 Reg. | 1 – 2 Chr. | Esr. – Neh. |
|---------|---------------|------------|-------------|
| *bêt ʾāb* | 35 | 10 | 1 |
| *bêt ʾābôt* | 1 | 24 | 4 |
| *ʾābôt* | 5 | 22 | 15 |

Die Angaben dieser Tabelle belegen, daß die Termini *bêt ʾābôt / ʾābôt* in den nachexilischen alttestamentlichen Geschichtswerken dominieren, während die Bezeichnung *bêt ʾāb* im deuteronomistischen Geschichtswerk dominiert, was schon an und für sich eine Identifikation dieser Termini ausschließt. Dabei sei ausdrücklich bemerkt, daß der Chronist den ersten Terminus zuweilen auch dann anwendet, wenn er in der von ihm benutzten deuteronomistischen Vorlage nicht vorhanden ist (2 Chr. 23,2, vgl. 2 Reg. 11,4 u.ö.), was die Annahme nahelegt, daß *bêt ʾābôt / ʾābôt* ein Eigengut der nachexilischen Gemeinde bezeichnete. Viermal wird der *bêt ʾābôt* im Zusammenhang mit der Repatriierung aus Mesopotamien erwähnt (Esr. 1,5; Neh. 7,61-62 – Esr. 2, 59-60; Esr. 8,1), und an allen diesen Textstellen bezeichnet der Terminus Laienkollektive der Rückkehrer. Dreimal (Neh. 7,70 par. Esr. 2,68) werden die Häupter der *ʾābôt* als Darbringer von Gaben für den Jerusalemer Tempel erwähnt, und als im Jahre 520 v.u.Z. die „Widersacher" der Gemeinde um Erlaubnis baten, am Tempelbau teilzunehmen, wandten sie sich an „Serubbabel und die Häupter der *ʾābôt*" und erhielten von ihnen eine Absage (Esr. 4,2-3). Die „Häupter der *ʾābôt* von ihren *bêt ʾābôt*"(Esr. 10,16) spielten eine entscheidende Rolle in der Scheidung von Mischehen. Da auch häufig die *battê ʾābôt* der Priester (Neh. 11,13; 12,12.22) und seltener der Leviten (Neh. 12,23) erwähnt werden, läßt das zuvor Gesagte die Schlußfolgerung zu, daß der *bêt ʾābôt* eine Institution, eine strukturelle Einheit innerhalb der nachexilischen Gemeinde war.

Wichtige Angaben über den Bestand der Laien-*battê ʾābôt* enthält die Liste der Gemeindemitglieder vor 458/457 v.u.Z. (Neh. 7, 8-24 – Esr. 2, 3-19), die in der Tabelle 7 aufgelistet sind.

Schon Ed. Meyer[147] bemerkte seinerzeit, daß im Verzeichnis der Laien-*battê ʾābôt* eine gewisse Rangordnung erkennbar ist, aber er brachte dies nicht in Zusammenhang mit dem quantitativen Bestand der Kollektive. Die Daten der Tabelle 7 belegen, daß von den fünf kleineren *battê ʾābôt* mit einer Anzahl von bis zu 400 Männern vier Kollektive (Nrn. 14-17) als letzte im Verzeichnis aufgezählt sind, während fast alle *battê ʾābôt* mittlerer Größe mit einer Anzahl von bis zu 1 000 Männern in der Mitte des Verzeichnisses stehen. Eine strenge Rangordnung gibt es nicht, dennoch liegt die Annahme nahe, daß die Position des *bêt ʾābôt* im Verzeichnis, vielleicht auch seine Stellung und Bedeutung in der Gemeinde, mit der Zahl seiner Mitglieder zusammenhing.

---

147 Ed. Meyer, Die Entstehung des Judentums, 154-156.

## Tabelle 7

| Nr. | Benennung | Anzahl | Nr. | Benennung | Anzahl |
|-----|-----------|--------|-----|-----------|--------|
| 1. | Parosch | 2 172 | 10. | Asgad | 2 322/1 222 |
| 2. | Schepatja | 372 | 11. | Adonikam | 667/666 |
| 3. | Arach | 652/775* | 12. | Bigwai | 2 067/2 056 |
| 4. | Pachat-Moab | 2 818/2 812 | 13. | Adin | 655/454 |
| 5. | Eilam | 1 254 | 14. | Ater | 98 |
| 6. | Satu | 845/945 | 15. | Haschum | 328/223 |
| 7. | Sakai | 760 | 16. | Bezai | 324/323 |
| 8. | Binnui/Bani | 648/642 | 17. | Harip/Jora | 112 |
| 9. | Bebai | 628/623 | | | |

* Die erste Benennung und die erste Zahl folgen Neh. 7, die zweite Esr. 2.

Der *bêt ʾābôt* hatte eine komplizierte innere Struktur, worauf die volle Benennung eines der größten Kollektive (Nr. 4) hindeutet: „die Söhne Pachat-Moab von den Söhnen Jeschua und Joab", die die Vermutung zuläßt, daß dieser *bêt ʾābôt* ein Segment des Verbandes Jeschua und Joab war, von dem sich um das Jahr 458/457 v.u.Z. ein weiteres Segment, „die Söhne Joab" (Esr. 8,9), abtrennte. Auf einen komplizierten inneren Aufbau weist auch die Benennung des kleinsten der Kollektive (Nr. 14) hin: „die Söhne Ater vom Haus Hiskia", das wahrscheinlich ein Segment einer größeren Einheit, des „Hauses Hiskia", war. Segmente größerer *battê ʾābôt* waren auch viele Kollektive der Rückkehrer aus dem Jahre 458/457 v.u.Z. Davon zeugt die im Verzeichnis dieser Rückkehrer (Esr. 8) ständig benutzte Formel: „Von (*min*) den Söhnen Z [die Benennung eines in Neh. 7 par. Esr. 2 erwähnten *bêt ʾābôt*] X, Sohn des Y, und mit ihm [Anzahl] Männer", mit der Präposition *min*, die in ihrer Grundbedeutung Trennung, Abtrennung, Absonderung ausdrückt und im Alten Testament im partitiven Gebrauch vorkommt. Die Anzahl der Männer in solchen Segmenten schwankt nach Esr. 8 zwischen 50 bis 218, aber die Mehrzahl umfaßt ca. 70 Männer, was dem Bestand der Großfamilie, der extended family, entspricht.[148]

Für den *bêt ʾābôt* des 6.-4. Jh. v.u.Z. war ein sorgfältig ausgebildeter und bewahrter Stammbaum kennzeichnend. Hierdurch erklärt sich auch die Fülle der Genealogien in den alttestamentlichen und apokryphen Werken der nachexilischen Zeit, das Aufkommen des terminus technicus *yaḥas* und der spezi-

---

148 S. Bendor, *bêt hāʾāb bĕyiśrāʾēl*, 18ff.

ellen Geschlechtsregister.[149] Der Stammbaum war keine nebensächliche Formalität, sondern ein notwendiges Attribut des *bêt ʾābôt*, und dessen Fehlen konnte zur Ursache oder zum Vorwand für den Ausschluß eines Kollektivs aus der nachexilischen Gemeinde werden: „Und die Rückkehrer ... konnten nicht anzeigen ihren *bêt ʾābôt* und ihren Samen, ob sie aus Israel wären" (Neh. 7, 61-62 par. Esr. 2,59-60). Der Stammbaum der nachexilischen *battê ʾābôt* umfaßte durchschnittlich drei bis sechs Generationen vom Stammvater an gerechnet, nach welchem das Kollektiv benannt ist.

Die Zugehörigkeit eines einzelnen zum *bêt ʾābôt* wird hauptsächlich mit dem Wort *ben* (Sohn) ausgedrückt, das im Alten Testament die Zugehörigkeit eines Individuums zu ethnischen, agnativen, beruflichen und anderen Gemeinschaften bezeichnet.[150] Ein anderer Terminus ist *ʾaḥ* (Bruder), der nicht nur den leiblichen Bruder, sondern alle männlichen Mitglieder des *bêt ʾābôt* bezeichnet (Neh. 11, 12. 13 u.a.).[151] In diesen Termini für die Mitgliedschaft spiegelt sich die dem *bêt ʾābôt* zugrundeliegende reale oder fingierte Blutsverwandtschaft wie auch das ihm eigene Solidaritätsprinzip wider, dessen wirtschaftliche Grundlage das gemeinsame Eigentum des *bêt ʾābôt* an Boden, die *ʾăḥuzzâ-naḥălā*, war, das auch die innere Einheitlichkeit und relative Stabilität dieser Kollektive bedingte.

Eben darum hatten die Häupter (*roʾš*, *śār*) der *battê ʾābôt* bedeutende Vollmachten und spielten eine so große Rolle im Leben der nachexilischen Gemeinde. Die „Häupter der *ʾābôt* von ihren *bêt ʾābôt*" (Esr. 10,16) beteiligten sich aktiv an der Scheidung der Mischehen, sie leiteten wahrscheinlich die Arbeitertrupps ihrer *battê ʾābôt* beim Mauerbau in Jerusalem (Neh. 4,4.7.16 u.a.), verteilten die Beiträge zum Holzopfer (Neh. 10,35). Die Häupter der *battê ʾābôt* konnten in das Leben der ihnen unterstehenden Familien eingreifen und in gewissen Fällen über die Arbeitskraft, die Ressourcen, der von ihnen geleiteten Kollektive verfügen.

Mit der Anerkennung der realen Existenz des *bêt ʾābôt* im 6.-4. Jh. v.u.Z. und der Bestimmung seiner wichtigsten Merkmale ist die Frage nach dessen Wesen noch nicht beantwortet. Es ist notwendig, die Wurzeln des nachexilischen *bêt ʾābôt* aufzudecken. Der Lösung dieser Aufgabe dient am ehesten das onomastische Material. Das Onomastikon der Laien-*battê ʾābôt* des 6.-4. Jh. v.u.Z. wird mit dem vorexilischen alttestamentlichen und epigraphischen Material verglichen. Dies soll den Erweis erbringen, welches der folgenden Urteile zutreffend ist: 1. Es sind nicht genügend Angaben vorhanden, um über die Wurzeln des *bêt ʾābôt* zu bestimmen; 2. der *bêt ʾābôt* wurzelt möglicherweise im vor- und/oder exilisch-nachexilischen Milieu; 3. der *bêt ʾābôt* wur-

149 M.D. Johnson, The Purpose of Biblical Genealogies, 37ff.; J. Liver, yaḥas, yaḥaś, 663-671; R.R. Wilson, Genealogy and History in the Biblical World, 137ff.; J.P. Weinberg, Das Wesen und die funktionelle Bestimmung der Listen in 1 Chr. 1-9, 104ff., u.a.
150 G. Brin, ʿal hatôʾār „ben hammelek", 93-96; S. Bendor, bêt hāʾāb bĕyiśrāʾēl, 86ff., u.a.
151 A.Ch. Freiman, ʾaḥ wĕʾāḥôt, 191-193; S. Bendor, bêt hāʾāb bĕyiśrāʾēl, 85ff., u.a.

zelt im vorexilischen Milieu, und 4. der *bêt ʾābôt* wurzelt im Milieu der exilischen und/oder frühnachexilischen Zeit (Tabelle 8).[152]

Tabelle 8

| Milieu | vor 458/457 | nach 458/457 |
|---|---|---|
| Vorexilisches | 9 (47 %) | 9 (75 %) |
| Vor- oder nachexilisches | 9 (47 %) | 3 (25 %) |
| Exilisches oder nachexilisches | 1 (6 %) | – |

Diese Angaben bezeugen, daß die Mehrzahl der Laien-*battê ʾābôt* des 6.-4. Jh. v.u.Z. vorexilische Wurzeln besaß und mit der Bevölkerung Judäas der ersten Hälfte des 1. Jh. v.u.Z. genetisch verbunden war. Dafür können konkrete Beispiele angeführt werden: Der nachexilische *bêt ʾābôt* der Paschchuriden (Neh. 11,12), dessen Zusammenhang mit dem Ende des 7. - Anfang des 6. Jh. v.u.Z. wirkenden Paschchur, dem Sohn Malkijas, und dem Paschchur, dem Sohn Immers (Jer. 20,1; 21,1 u.a.), sehr wahrscheinlich ist, die nachexilischen *battê ʾābôt* der Tobiaden (Neh. 7,62 par. Esr. 2,60 u.a.),[153] der Rechabiten (Neh. 3,14)[154] u.a., deren vorexilische Herkunft außer Zweifel steht.

Wenn aber die Mehrzahl der nachexilischen *battê ʾābôt* ihre Wurzeln in der vorexilischen judäischen Gesellschaft hat, so entsteht unvermeidlich die Frage, welcher Institution dieser Gesellschaft der *bêt ʾābôt* genetisch, typologisch und funktionell nahesteht. Mögliche Kandidaten sind zwei vorexilische Institutionen – die *mišpāḥā* (Sippe, Clan) und der *bêt ʾāb* (Großfamilie, extended family).

Mit dem vorexilischen *bêt ʾāb*[155] hat der nachexilische *bêt ʾābôt* außer semantischer Affinität noch so wesentliche Merkmale gemeinsam wie das Recht auf Boden, das Recht und die Pflicht der *gᵉʾullā*, vielleicht auch gewisse kultische Funktionen u.a. Aber zahlreicher und wesentlicher sind die Divergenzen zwischen den beiden Institutionen: Anders als der *bêt ʾāb*, der die kleinste und darum monolithische agnatische Einheit war, hatte der *bêt ʾābôt* eine komplizierte innere Struktur; während der *bêt ʾāb* eine Komponente eines hierarchischen Systems agnatischer Einheiten war – Stamm, Sippe, Großfamilie –, war der *bêt ʾābôt* eine selbständige, autonome Einheit, die keinem System ihm typologisch gleichartiger Gebilde angehörte; der *bêt ʾāb* bestand nur aus Blutsverwandten, während der *bêt ʾābôt* nicht nur tatsächlich verwandte, sondern auch vorgeblich verwandte Familien umfassen konnte; für

---

152  J.P. Weinberg, Das beit ʾābōt im 6.-4. Jh. v.u.Z., 409-412.
153  B. Mazar, The Tobiads, 137ff.; ders., ben ṭabᵉʾēl wᵉbêt ṭôbyā, 249-251, u.a.
154  Sh. Abramsky, bêt harēkābîm – gēnēʾālôgiyā wᵉšibyôn ḥebrātî, 255-258.
155  S. Bendor, bêt haʾāb bᵉyiśrāʾēl, 17ff.

den vorexilischen *bêt ʾāb* waren wirtschaftliche Funktionen wesentlich, während sie in der Tätigkeit des *bêt ʾābôt* eine nur geringe Rolle spielten usw.

Mehr hat der nachexilische *bêt ʾābôt* mit der vorexilischen *mišpāḥā* gemeinsam,[156] denn beiden Institutionen ist eine große Mitgliederzahl und ein komplizierter innerer Aufbau eigen, beide sind Eigentümer von Boden, beide nehmen aktiv und direkt am staatlichen Leben teil usw. Aber anders als die sozusagen „naturgegebene" *mišpāḥā* ist der *bêt ʾābôt* ein mehr subjektiv gewolltes und bewußt etabliertes Gebilde, das kein direktes Derivat der beiden ihm zwar nahestehenden, sich aber doch von ihm unterscheidenden vorexilischen Institutionen war, sondern eher als Folge von deren Zusammenbruch, aus deren Trümmern entstand.

Eine der wichtigsten Folgen der Katastrophe von 586 v.u.Z. und der wiederholten Deportationen, des Exils und der allmählichen etappenweisen Rückkehr war die Auflösung und Zerstreuung vieler *battê ʾāb* und *mišpāḥôt*, was die Gefahr der Isolierung und Verlassenheit der einzelnen Individuen und Familien im Exil mit sich brachte und ein Gefühl des sozialen und psychischen Unbehagens hervorrief. Das einzige Mittel dagegen war ein bewußter und gewollter Zusammenschluß der Exulanten, die Ausbildung eines neuen sozialen Gebildes, das unvermeidlich Elemente der vorangegangenen Institutionen aufnahm wie auch Unterschiede zu diesen zeigte, also Kontinuität und Diskontinuität, mit Dominanz des zweiten Glieds, organisch vereinigte.[157]

Es „kehrten [die Rückkehrer] nach Jerusalem und Juda, ein jeglicher in seine Stadt (*lĕʿîrô*)" zurück (Neh. 7,6 – Esr. 2,1). „Und es wohnten die Priester und die Leviten und das übrige Volk und die Sänger und die Torhüter und die *nĕtînîm* und das ganze Israel in ihren Städten (*bĕʿārêhem*)" (Neh. 7,72 – Esr. 2,70) – diese und andere vergleichbare Äußerungen wie auch die zahlreichen (28) Erwähnungen des Terminus *ʿîr* (Burg; Stadt, Stadtteil; Stadteinwohner)[158] im Buche Esra-Nehemia und das noch zahlreichere Auftreten von Stadtbenennungen in ihm bezeugen die Bedeutsamkeit der Stadt in der nachexilischen Gemeinde. Die Stadt war der Mittelpunkt des wirtschaftlichen Lebens. Viele Städte waren wichtige Zentren der landwirtschaftlichen Produktion: Gibea, Gibeon, Bethakerem u.a. waren Zentren des Weinbaus, in Mizpa, Betschemesch und anderen Ortschaften florierte die Produktion von Getreide und Oliven, in der Umgebung von Engedi und Jericho beschäftigte man sich mit dem Anbau und der Verarbeitung von landwirtschaftlichen Produkten, während im Negeb und in den Bergen Ackerbau mit Viehzucht verbunden wurde. Jede Stadt besaß darum ihre landwirtschaftliche χῶρα, die sich z.B. um Schechem in einem Radius von 5-6 km erstreckte, während im Negeb die *ḥăṣērîm*

---

156 C.H.J. de Geus, The Tribes of Israel, 133ff.; S. Bendor, bêt haʾāb bĕyiśrāʾēl, 25ff., u.a.
157 J.P. Weinberg, Das beit ʾābôt im 6.-4. Jh. v.u.Z., 413-414; D.L. Smith, The Religion of the Landless, 118, u.a.
158 R. de Vaux, Ancient Israel I, 66ff.; G. Wallis, Die Stadt in der Überlieferung der Genesis, 133-147, u.a.

in einem Umkreis von 3,5-10 km rund um die Städte oder Festungen disloziert waren, zu denen sie gehörten.[159]

Dementsprechend war ein großer Teil der Städter Bauern, was aber keinesfalls eine Unterschätzung des spezialisierten städtischen Handwerks und Handels, des Eigengewichts und der Rolle der Handwerker und Händler zuläßt. Das Vorhandensein von Assoziationen verschiedener Handwerker und Händler (Neh. 3,31-32 u.a.) und die Erwähnung des handwerklichen Berufes in persönlichen Sigeln, die Aufnahme spezieller Bestimmungen über den Handel in die Konstitution der Gemeinde (Neh. 10,32; vgl. 13,15ff. u.a.) und die lebhafte Diskussion in der nachexilischen Literatur (Prov. 16,11; Sir. 26,27 u.a.) über die religiös-ethische Zulässigkeit der Handelstätigkeit, die örtliche Münzprägung, die Funde importierter Keramik in Engedi, Lachisch, Mizpa und anderen Ortschaften belegen, daß die Städte der nachexilischen Gemeinde auch Zentren einer regen Aktivität in Handel und Handwerk waren.

Diese ausschlaggebende Rolle der Stadt im wirtschaftlichen Leben der Gemeinde bedingte das primär städtische Selbstbewußtsein und die dominierende urbane Orientierung der Gemeindemitglieder. Eine weitere Grundlage dieses städtischen Selbstbewußtseins und zugleich sein dinghafter Ausdruck war eins der wichtigen Kennzeichen der Stadt, ihre Befestigung. Eben darum beunruhigte der Mauerbau in Jerusalem so sehr die Gegner der Gemeinde (Esr. 4,12), während es für Nehemia das denkbar größte Unheil war, daß „die Mauer Jerusalems zerbrochen ist und ihre Tore im Feuer verbrannten" (Neh. 1,3), weshalb er seine Tätigkeit mit der Wiederherstellung der Jerusalemer Mauer begann (Neh. 3). Aber Jerusalem war nicht die einzige befestigte Stadt in der Gemeinde, befestigt waren auch Arad, Bethakerem, Betzur, Lachisch und andere Städte,[160] die auch eine Selbstverwaltung besaßen.

Städtische Selbstverwaltung war eine alte und gefestigte Tradition.[161] In nachexilischer Zeit bestand sie aus den Ältesten (Esr. 10,14; Rt. 4,2 u.a.) und Richtern (Esr. 10,14), während in Extremfällen eine Vollversammlung aller Städter einberufen werden konnte (Jud. 6,16 u.a.). Die Teilnahme der zikĕnê ʿîr und der šopĕṭîm an der Scheidung der Mischehen (Esr. 10,14) und die Bestätigung der gĕʾullā-Prozedur durch die „zehn Männer von den Ältesten der Stadt" und durch das „gesamte Volk, das im Tor war" (Rt. 4,2.11),[162] bezeugt, daß in der nachexilischen Gemeinde die städtische Selbstverwaltung

---

159 E.F. Campbell, The Shechem Area Survey, 9-41; I.W.J. Hopkins, The City Region in Roman Palestine, 19-32, u.a.; R. Gophna, „ḥaṣērîm" bĕnegeb haṣṣĕpônî, 173-180; ders., ha,ḥaṣērîm" bĕdĕrôm pĕlešet bĕtĕḳûpat habbarzel haʾ, 44-51, u.a.

160 E. Stern, ʾereṣ yiśrāʾēl bĕtĕḳûpā happarsît, 114-116; ders., The Archaeology of Persian Palestine, 91-93, u.a.

161 H. Reviv, On Urban Representative Institutions and Self-Government in Syria-Palestine, 283-287; ders., Early Elements and Late Terminology in the Descriptions of Non-Israelite Cities in the Bible, 189-196, u.a.

162 E.A. Speiser, „Coming" and „Going" at the „City" Gate, 20-23; G. Evans, „Coming" and „Going" at the City-Gate, 28-33; ders., 'Gates' and 'Streets', 1-12, u.a.

innerstädtische Jurisdiktion besaß wie auch vermutlich administrativ-fiskalische (Neh. 10,38 u.a.), in Notfällen sogar militärische Funktionen (Jud. 7,2ff.) ausübte.[163]

Ein solcher Umfang an Vollmachten für die städtische Selbstverwaltung wie auch die wirtschaftliche Bedeutsamkeit vieler Städte widerlegen die Annahme einer völligen Vorherrschaft Jerusalems im nachexilischen Judäa, wonach als Stadt im vollen Sinne dieses Wortes nur Jerusalem gelten sollte, während alle übrigen Ortschaften als „villages" betrachtet werden müßten.[164] Dennoch bleibt die Frage nach der tatsächlichen Stellung Jerusalems in der nachexilischen Gemeinde offen.

Als von Gott erwählter Ort des Tempels und als Sitz der von Gott erwählten davidischen Dynastie, als König- und Tempelstadt[165] befand sich Jerusalem im Mittelpunkt der Erwartungen und Hoffnungen des Volkes nach 586 v.u.Z. Eben darum akzentuierten die Gegner der werdenden Gemeinde in ihrer Klage bzw. Denunziation an die persische Zentralgewalt, daß Jerusalem eine „aufrührerische Stadt" sei und daß deren Wiederherstellung dem persischen König Schaden zufügen werde (Esr. 4, 12-13). Aber es waren nicht nur Erinnerungen an die glorreiche Vergangenheit und Hoffnungen auf eine lichte Zukunft, die Jerusalem eine überragende Stellung inmitten der übrigen Städte zuteilten, sondern hauptsächlich der Umstand, daß nach der Wiederherstellung des Jahwe-Tempels Jerusalem wieder *die* Tempelstadt wurde. Im Unterschied zur vorexilischen Zeit, als Jerusalem tatsächlich nur eine von mehreren Tempelstädten war und seine Autorität behaupten mußte, war es in nachexilischer Zeit die Tempelstadt par excellence.

Synoikismos war stets und allerorts eine Maßnahme, die sozial-politische und strategische Ziele verfolgte,[166] und der von Nehemia durchgeführte Synoikismos bildete keine Ausnahme. Durch Übersiedlung jedes zehnten Mitgliedes der Gemeinde nach Jerusalem (Neh. 11,1ff.) wurde es die größte Stadt der Gemeinde wie auch der Sitz der zentralen Institute der Selbstverwaltung, der Ort, wo die für die Gemeinde lebenswichtigen Entscheidungen getroffen wurden. Als religiöses und administratives Zentrum nahm Jerusalem eine überragende, jedoch nicht die beherrschende Stellung in der Gemeinde ein, worauf auch die verbreitete Formel: die Gemeindemitglieder „wohnten in Jerusalem und in den Städten Judas" (Neh. 11,3 u.a.), hinweist. Auch die Stempel mit der Inschrift[167] *yršlm* aus der zweiten Hälfte des 4. Jh. v.u.Z. weisen auf ein

---

163  H. Zucker, Studien zur jüdischen Selbstverwaltung im Altertum, 25-26; J.P. Vejnberg, Gorod v palestinskoj graždansko-chramovoj obščine VI-IV vv. do n.e., 156, u.a.

164  L. Finkelstein, The Pharisees, 24; E.J. Bickermann, The Historical Foundations of Postbiblic Judaism, 91-92, u.a.

165  B. Mazar, yĕrûšālayim – miķdāš melek wĕbêt mamlākā, 25-32; ders., yĕrûšālayim bĕtĕķûpat hammiķra², 11-44; M. Weinfeld, Zion and Jerusalem as Religious and Political Capital, 75-115, u.a.

166  Ju.A. Andrejev, Istoričeskaja specifika grečeskoj urbanizacii, 19ff.

167  J. Aharoni, u.a., Excavations at Ramat Rahel 1, 29-30; N. Avigad, ḥôtām, 84-85, u.a.

beträchtliches Erstarken der Position Jerusalems in der Gemeinde hin, was aber keineswegs einschließt, daß Jerusalem zur Polis wurde. Für die Polis waren vielmehr der völlige Zusammenschluß des Landes und der zentralen Stadt und eine gänzliche Verschmelzung der freien Bevölkerung des Landes mit den freien Einwohnern der zentralen Stadt kennzeichnend, als deren Folge Athen zugleich Attika war und Attika Athen. Jerusalem dagegen war und blieb nur das religiöse und administrative Zentrum der nachexilischen Gemeinde.

Die Stadt war das zweite grundlegende Strukturelement der nachexilischen Gemeinde, so daß sich die Frage nach der Beziehung zwischen der Stadt und dem *bêt ʾābôt* stellt. Anders als dieser, der als agnatischer Verband nur an den eigenen Mitgliedern orientierte, in erster Linie soziale Funktionen erfüllte (Boden, Schutz usw.), war die Stadt ein territoriales Gebilde, dessen primäre Funktionen wirtschaftlicher und juristisch-administrativer Art waren. Stadt und *bêt ʾābôt* repräsentierten zwei typologisch unterschiedliche Strukturen, was deren hierarchische Unterordnung erschwerte, dagegen kein Hindernis, sondern ganz im Gegenteil ein Anreiz für ihre organische Symbiose und einander ergänzende Zusammenarbeit war. Der *bêt ʾābôt* und sein Boden befanden sich in der Stadt, der *bêt ʾābôt* unterstand der Jurisdiktion, der administrativen Führung der Stadt, war aber gleichzeitig entscheidend und aktiv an der Konstituierung und am Funktionieren der städtischen Selbstverwaltung beteiligt. *bêt ʾābôt* und Stadt befanden sich infolgedessen nicht in einem vertikalen hierarchischen, sondern in einem horizontalen Verhältnis von dem Typus und dem Umfang nach unterschiedlichen konzentrischen Kreisen, von denen der größere Kreis – die Stadt – eine Anzahl von engeren Kreisen – die *battê ʾābôt* – nicht nur umfaßte, sondern auch gewissermaßen einigte, ihre natürliche Insichgeschlossenheit milderte.

„The Temple", schreibt J.M. Lundquist,[168] „is the central organizing, unifying institution in ancient Near Eastern society", und diese These kann auch auf den Jerusalemer Jahwe-Tempel bezogen werden. Nach M. Weinfeld[169] waren es zwei Institutionen, die den Übergang von der Stammesorganisation zum Staat bei den Israeliten bedingten, die Einführung einer stabilen Dynastie und die Bildung eines stationären religiös-kultischen Zentrums, des Jahwe-Tempels zu Jerusalem. Die Errichtung dieses Tempels durch den König Salomo in der königlichen Hauptstadt bedingte *ab ovo* dessen grundlegende Verbundenheit mit dem Königtum,[170] wobei aber der Tempel wichtiger für das davidische Königtum war als das davidische Königtum für den Tempel. Darum waren der Bau des Tempels oder dessen Renovierung „a constitutive act of kingship,"[171] darum wurde die Zerstörung des Tempels 586

---

168  J.M. Lundquist, What is a Temple? 212.
169  M. Weinfeld, The Transition from Tribal Rule to Monarchy and its Impact on the History of Israel, 151-152; ders., Zion and Jerusalem as Religious and Political Capital, 75, u.a.
170  B. Mazar, yĕrûšālayim – miḳdāš melek wĕbêt mamlākā, 25-32.
171  B. Halpern, The Constitution of the Monarchy in Israel, 19-31.

v.u.Z. schmerzlicher und tragischer empfunden als alle übrigen dem Volk zugefügten und vom Volk überlebten Leiden, und eben darum waren der Jerusalemer Tempel, seine Wiederherstellung der Mittelpunkt aller Hoffnungen und Erwartungen der Exilszeit. Dafür nur ein Beispiel, der Restaurationsplan im Ezechielbuch, wo eine explizite Tendenz zur Absonderung des Jahwe-Tempels vom davidischen Königtum, zur Auflösung der vorherigen engen Verbundenheit von Tempel und Königtum, Tempel und Davididen zu beobachten ist. Welche Stellung wird der Tempel in der nachexilischen Gemeinde einnehmen – die der Verstaatlichung wie in vorexilischer Zeit oder die der Entstaatlichung wie im Restaurationsplan?

Anders als der *bêt 'ābôt* und die Stadt, deren Erwähnungen im Quellenmaterial, hauptsächlich in den Büchern Esra-Nehemia, relativ gleichmäßig über alle Perioden und Etappen des Werdegangs, der Geschichte der nachexilischen Gemeinde verteilt sind, ist den Erwähnungen des Tempels in diesen Texten ein offensichtlich diskreter Charakter eigen. Der Tempel ist der zentrale Topos in den ersten sechs Kapiteln des Esrabuches, in den Sprüchen Haggais und Sacharjas,[172] in denen sich die Geschehnisse der Jahre 538-515 v.u.Z. widerspiegeln, er nimmt einen nur geringen Raum in den Beschreibungen der Geschehnisse der Mitte des 5. Jh. v.u.Z. ein und erscheint häufiger in den Texten, die Informationen über das Ende dieses Jahrhunderts und das 4. Jh. v.u.Z. enthalten.

Daß der Tempel der zentrale Topos in den Beschreibungen der Geschehnisse von 538-515 v.u.Z. war, drückte nicht nur den Wunsch und den Willen der entsprechenden Verfasser und ihres Auditoriums aus, sondern entsprach auch den Aufforderungen der Wirklichkeit. In der Situation eines allmählichen, langwierigen und freiwilligen Zusammenschlusses der Rückkehrer aus Mesopotamien und der in Judäa Zurückgebliebenen, der *battê 'ābôt* und der „nach Ortschaften benannten Gemeinschaften", war der dank der Genehmigung der persischen Zentralgewalt und mit ihrer Unterstützung gebaute Tempel der sammelnde und vereinigende Mittelpunkt der werdenden Gemeinde, er war Ausdruck und Bestätigung des Wohlwollens und des Schutzes der persischen Könige wie auch die dinghafte und darum besonders überzeugende Äußerung der göttlichen Gnade und Huld.[173] Darum wollten auch „die Widersacher" am Tempelbau teilnehmen, und darum wurde auch ihre Bitte abgelehnt (Esr. 3, 1-3).

Es besteht eine auffällige Übereinstimmung zwischen der Beschreibung vom Bau des ersten Jerusalemer Tempels (2 Sam. 7, 1-29; 1 Reg. 6-8, 1 Chr. 17 - 2 Chr. 6) und der Schilderung des Baues des zweiten Tempels (Esr. 1,1

---

172 R.P. Carroll, So What Do We Know about the Temple? 34-51; D.J.A. Clines, Haggai's Temple Constructed, Deconstructed and Reconstructed, 60-87; P. Marinkovic, What Does Zechariah 1-8 Tells Us About the Second Temple? 88-103; D.L. Petersen, The Temple in the Persian Period Prophetic Texts, 125-144, u.a.
173 P.R. Ackroyd, The Chronicler in His Age, 196ff.

bis 6,22): Die Absicht Davids, den Tempel zu bauen, und seine Vorbereitungen dafür und der Beginn des Tempelbaues unter der Leitung des Davididen Serubbabel, die Verzögerung des Tempelbaues infolge eines Verbots Jahwes im ersten Fall und eines Verbots des persischen Königs im zweiten, die erfolgreiche Vollendung des ersten Tempelbaues durch den Davididen Salomo und die erfolgreiche Vollendung des zweiten Tempelbaues ... ohne den Davididen Serubbabel. Gerade wegen der grundlegenden Gleichartigkeit des Schemas der beiden Beschreibungen ist der Unterschied in der Schilderung des erwarteten und erfreulichen Endes besonders auffällig. Unabhängig davon, was mit dem Davididen Serubbabel tatsächlich geschehen ist (S. 93), kann sein Ausscheiden aus der Erzählung über die Vollendung und Einweihung des zweiten Tempels kaum als Zufall betrachtet werden und hat schon eher einen weltanschaulichen, religiös-politischen Sinn als programmatische Verkündigung einer „Entdavidisierung", einer Entstaatlichung des zweiten Jerusalemer Tempels.

Für die Richtigkeit dieser Annahme spricht auch die Tatsache, daß in allen diesen Beschreibungen der zweite Tempel grundsätzlich betont als Objekt menschlicher Tätigkeit erscheint – sein Bau wird von Menschen genehmigt und verboten, begonnen und vollendet, während als handelndes Subjekt der Tempel und sein Repräsentant, der Hohepriester, verhältnismäßig selten erwähnt werden. Die Vermutung liegt nahe, daß in den Jahren 538-515 v.u.Z. der zweite Jerusalemer Tempel anders als der erste hauptsächlich eine religiös-ideologische, aber keine religiös-politische Institution, eine sammelnde und einigende, aber keine verwaltende und herrschende strukturelle Einheit war und noch viel weniger „a treasury"[174].

In dieser Stellung und in dieser Rolle fungierte der Jerusalemer Tempel auch in der kommenden Periode. Es kann kaum als Zufall betrachtet werden, daß in keiner der Beschreibungen relevanter Geschehnisse dieser Periode, weder bei der Lösung der von Wucher und Konzentration des Bodens hervorgerufenen inneren Krise noch bei den so ernsten Konflikten mit den äußeren Gegnern der Gemeinde, weder bei der Scheidung der Mischehen noch bei der Annahme der Konstitution, sogar nicht einmal bei der Vorlesung der Tora, der Tempel und seine Hohenpriester eine aktive, selbständige und bedeutsame Rolle spielen. Hieraus darf man jedoch nicht die Schlußfolgerung ziehen, daß „the second Temple was a concern of a small elite and irrelevant to the wider community."[175] Eher trifft es zu, daß der Tempel als eine primär religiös-ideologische Institution bei diesen hauptsächlich innen- und außenpolitischen Aktionen tatsächlich keine Rolle spielte und spielen sollte.

Die Situation änderte sich deutlich gegen Ende des 5. Jh. v.u.Z. und im Verlauf des 4. Jh. v.u.Z., als der Jerusalemer Tempel und seine Hohenpriester Ansprüche auf die Teilnahme an der politischen Führung der nachexilischen

---

174  D. Clines, Constructing and Deconstructing Haggai's Temple, 37.
175  R.P. Carrol, So What Do We Know About the Temple? 36.

Gemeinde erhoben. Die Konflikte Nehemias mit den zadokidischen Hohen-
priestern während seiner zweiten Amtszeit (Neh. 13,4ff.), die Adressierung
des Briefes der Elephantiner Gemeinde von 407 v.u.Z. an den Hohenpriester
Jehochanan (Cowl. 30,18), die führende politische Rolle des Hohenpriesters
im Buche Judith (4,6ff.) und anderes mehr bezeugen, daß sich in dieser Zeit
der Jerusalemer Tempel allmählich in eine religiös-politische Institution ver-
wandelte.

Obwohl sich diese Wandlung am Ende der Existenz der nachexilischen
Gemeinde vollzog (und vielleicht auch eine nicht geringe Rolle beim Eintre-
ten dieses Endes spielte), blieb der Jerusalemer Tempel im 6.-5. Jh. v.u.Z. dennoch weiterhin eine grundsätzlich und hauptsächlich religiös-ideologische,
geistig-geistliche, sammelnde und vereinigende Institution, was auch seine
Stellung und Bedeutung in der nachexilischen Gemeinde bestimmte. Anders
als der *bêt 'ābôt*, der Menschen auf Grund ihrer agnatischen Zusammengehörigkeit vereinigte, aber auch voneinander getrennte, anders auch als die Stadt,
die Menschen auf Grund ihrer lokalen Zusammengehörigkeit vereinigte und
umgekehrt trennte, konnte der Tempel Jahwes alle Mitglieder der nachexilischen Gemeinde (wie auch ihr nicht Angehörige) unabhängig vom sozialen
und beruflichen Status, von agnatischer und lokaler Zugehörigkeit integrieren
und vereinigen. Der *bêt 'ābôt*, die Stadt und der Tempel waren typologisch
unterschiedliche Phänomene, aber sie befanden sich und wirkten auf einer und
derselben horizontalen Ebene, bildeten keine hierarchisch strukturierte Pyra-
mide, sondern sollten eher schon als drei auf gleicher Ebene liegende konzentrische Kreise verschiedener Größe gedacht werden. Es ist augenscheinlich,
daß eine solche soziale Struktur der nachexilischen Gemeinde dank der
Besonderheiten ihres Werdeganges, insbesondere des grundlegenden Prinzips
der Freiwilligkeit, auch die Ausbildung und das Spezifikum ihrer Verwaltung
und Selbstverwaltung bestimmte.


## 4. Die nachexilische Gemeinde: Selbstverwaltung und Verwaltung

Es steht außer Zweifel, daß die nachexilische Gemeinde eine gewisse lokale
Selbstverwaltung besaß und daß Judäa als Bestandteil des persischen Weltreiches der zentralen Verwaltung unterlag. Aber hierbei wird stillschweigend von
der als axiomatisch angesehenen Voraussetzung ausgegangen, daß die Selbstverwaltung der Gemeinde und die persische Verwaltung Judäas gleichartige,
fast identische Erscheinungen waren. Aber diese Voraussetzung ist strittig
genauso wie die Frage, wann eine solche Selbstverwaltung in Judäa etabliert
wurde.

Schon 1934 äußerte A. Alt die Ansicht, daß nach 586 v.u.Z. Judäa von den
Babyloniern der schon bestehenden Provinz Samerina (Samaria) zugeschla-

gen wurde und daß die Perser diese administrative Einordnung beibehielten
bis zur Zeit Nehemias, als Judäa und/oder der Gemeinde eine gewisse Selbständigkeit bzw. Autonomie mit einem eigenen Statthalter (pehā) an der Spitze
zugestanden wurde.[176] Obwohl dieses Konzept auch heute noch seine Anhänger hat,[177] findet die hauptsächlich auf epigraphischen Angaben basierende
These, daß Judäa von Anfang an, schon seit der Zeit Scheschbazzars und
Serubbabels, eine selbständige Provinz mit einem eigenen pehā war, immer
mehr Anhänger.[178] E. Stern dagegen vertritt die Ansicht, daß zur Zeit Serubbabels Judäa eine selbständige Provinz, sogar „an independent 'state'
(mĕdînâh)" war, aber nach dem Abtreten Serubbabels diese Selbständigkeit
verlor und der Provinz Samaria unterstellt wurde, bis Nehemia „re-established
the 'state of Judah' (yehwd mĕdintha') as an independent political unit … "[179]

In keiner der beiden Varianten des Edikts Kyros' II. wird die Frage nach
der politisch-administrativen Organisation Judäas und der Rückkehrer erhoben. Eine derartige Zurückhaltung des persischen Königs ist verständlich,
denn einerseits bestand in Palästina, in Judäa ein schon etabliertes und funk-
tionierendes Verwaltungssystem – Palästina gehörte zur Satrapie „Babylon
und Abarnahara", Judäa war der Provinz Samaria in dieser Satrapie unterstellt,
und diese Provinz besaß einen ausgebildeten Verwaltungsapparat.[180] Andererseits war die Rückkehr, auch hinsichtlich der Rückkehrer, hauptsächlich
infolge des dieser Erscheinung zugrundeliegenden Prinzips der Freiwilligkeit
und der Allmählichkeit ihres Ablaufs, eine völlig unvorhersehbare und unbe-
stimmbare Größe.[181]

Aber die Rückkehr hatte begonnen, Rückkehrer und Vertreter „der nach
Ortschaften benannten Gemeinschaften" schlossen sich in einem neuen
Gebilde zusammen, man begann am Tempel zu bauen, und alle diese wie auch

---

176  A. Alt, Die Rolle Samarias bei der Entstehung des Judentums, 316-337.
177  K. Galling, Studien zur Geschichte Israels im persischen Zeitalter, 93ff.; H. Kreissig, Die
       sozialökonomische Situation in Juda zur Achämenidenzeit, 37-39; J.P. Weinberg, Zen-
       tral- und Partikulargewalt im achämenidischen Reich, 25-43; S.E. McEvenue, The Poli-
       tical Structure in Judah from Cyrus to Nehemiah, 353-364; P.R. Ackroyd, The
       Chronicler in His Age, 27-29, 98-104, 193-204, u.a.
178  N. Avigad, Bullae and Seals from a Post-Exilic Judean Archive, 30-36; G. Widengren,
       The Persian Period, 520ff.; S. Japhet, Sheshbazzar and Zerubbabel, 80ff.; S. Talmon,
       rēʾšîtā šel šîbat ṣiyôn, 38-39; H.G.M. Williamson, The Governors of Judah under the
       Persians, 59-82; M. Heltzer, A Recently Published Babylonian Tablet and the Province
       of Judah After 516 B.C.E., 284-286, u.a.
179  E. Stern, The Persian Empire and the Political and Social History of Palestine in the Per-
       sian Period, 72-74, vgl. ders., Seal-Impressions in the Achaemenid Style in the Province
       of Judah, 6-16; ders., Material Culture in the Land of the Bible in the Persian Period,
       209-213, u.a.
180  A.F. Rainey, The Satrapy "Beyond the River", 51ff.; M. Tadmor, Fragments of an
       Achaemenid Throne from Samaria, 37-43; M.A. Dandamajev, Političeskaja istorija
       Achemenidskoj deržavy, 44ff. u.a.
181  J.P. Weinberg, Zentral- und Partikulargewalt im achämenidischen Reich, 30-33.

andere Unternehmen forderten eine mehr oder weniger stabile innere Führung.
Eine solche wird in den Quellen – in den sich auf die Jahre 520-518 v.u.Z. beziehenden Prophezeiungen Haggais und Sacharjas und in den den Zeitabschnitt 538-515 v.u.Z. umfassenden Kapiteln des Esrabuches – erwähnt. Sie besteht aus Scheschbazzar, Serubbabel, dem Sohn Schealtiels, und Jeschua, dem Sohn Jehozadaks, wie auch aus den „Häuptern der ʾābôt zu Israel" und/oder den „Ältesten der Juden". In Tabelle 9 werden alle Erwähnungen von Scheschbazzar, Serubbabel und Jeschua in Esr. 1-6, Haggai und Sacharja 1-8 aufgezählt wie auch die Anzahl ihrer Bezeichnungen mit verschiedenen Titeln oder ohne diese.[182]

Tabelle 9

| Text | Scheschbazzar | | | | | Serubbabel | | | | | Jeschua | | | |
|------|------|------|------|------|------|------|------|------|------|------|------|------|------|------|
| | A* | a* | b* | c* | d* | A | a | b | c | d | A | e* | f* | d* |
| Esr. 1-6 | 4 | 1 | 1 | - | 2 | 6/9 | - | 1?** | 2?** | 6 | 5 | - | - | 5 |
| Haggai | - | - | - | - | - | 7 | - | 4 | - | 3 | 5 | - | 5 | - |
| Sach. 1-8 | - | - | - | - | - | 4 | - | - | - | 4 | 7 | 1 | 3 | 3 |
| Total | 4 | 1 | 1 | - | 2 | 17/20 | - | 4/5 | 0/2 | 13 | 17 | 1 | 8 | 8 |

A* – Die Gesamtanzahl der Erwähnungen; a – *nāśî*; b – *peḥā*; c – *tiršātāʾ*; d – ohne Titel; e – Priester; f – Hohepriester
** In Esr. 6,7, bezieht sich vielleicht auf Serubbabel.
*** Die Erwähung des *hattiršātāʾ* in Neh. 7,65 - Esr. 2,63; Neh. 7,70 bezieht sich vielleicht auf Serubbabel.

Bevor wir uns den Angaben dieser Tabelle zuwenden, noch eine Bemerkung über die Herkunft dieser drei Persönlichkeiten. Es besteht kein Zweifel, daß Jeschua, der Sohn Jehozadaks, dem Geschlecht der Zadokiden, der Hohenpriester des vorexilischen Jerusalemer Tempels, angehörte[183] und daß Serubbabel, der Sohn Schealtiels, ein Davidide war.[184] Schwieriger ist die Frage nach der Herkunft Scheschbazzars, aber die vorhandenen Angaben „raise Sheshbazzar's Davidic origins to the level of probability, but they are by nature undecisive."[185] Jedenfalls waren es Repräsentanten der Elite, und

---

182 J.P. Weinberg, Zentral- und Partikulargewalt im achämenidischen Reich, 32.
183 J. Morgenstern, A Chapter in the History of the High Priesthood, 1ff.; H.J. Katzenstein, Some Remarks on the Lists of the Chief Priests of the Temple of Solomon, 377-384; R. de Vaux, Ancient Israel 2, 397-403; J.C. Vanderkam, Jewish High Priests of the Persian Period, 67-91, u.a.
184 J. Liver, tôlādôt bêt dāwîd, 95ff.; S. Japhet, Sheshbazzar and Zerubbabel, 71ff., u.a.
185 S. Japhet, Sheshbazzar and Serubbabel, 94ff., vgl. J. Liver, tôlādôt bêt dāwîd, 79-81; P.-R. Berger, Zu den Namen Scheschbazzar und Schenazzar, 98-100, u.a.

darum ist das überraschend große Eigengewicht ihrer Erwähnungen ohne Titel um so auffälliger: Bei Scheschbazzar ist es die Hälfte aller Erwähnungen, bei Serubbabel sogar mehr als die Hälfte (76/72 %) und bei Jeschua fast die Hälfte (47 %), was im titelfreudigen alten Vorderen Orient kein Zufall sein kann. Die absolute Mehrzahl aller Erwähnungen von Titeln ist in den prophetischen Sprüchen Haggais und Sacharjas und in den narrativen Stücken in Esr. 1-6 anzutreffen, aber sie fehlen fast gänzlich (die einzige Ausnahme ist Esr. 6,7) in den offiziellen und authentischen Texten der persischen Administration. Darum scheint es schwierig, der Ansicht zuzustimmen, „that not referring to the rulers of Judah by the title of governor is one of the marks of the author of Ezra-Nehemiah, and not a reflection of a historical fact."[186] Näher liegt die entgegengesetzte Auffassung: Da in den offiziellen staatlichen Dokumenten die Anführer der Gemeinde ohne Titel erwähnt werden, während sie in den nichtoffiziellen narrativen und prophetischen Texten bevorzugt mit Titeln bezeichnet werden, kann die Vermutung geäußert werden, daß die drei Anführer der Gemeinde keine offiziell anerkannten Titel besaßen und ihre Titulierung gerade ein Ausdruck der Bestrebungen und Hoffnungen der werdenden Gemeinde wie auch der Propheten Haggai und Sacharja und des oder der Verfasser des Esrabuches war. Dafür noch ein Argument: In den offiziellen Dokumenten werden mit Titeln nicht nur Tatnai, der Satrap Abarnaharas, bezeichnet (Esr. 5,6; 6,13 u.a.), sondern auch die Leiter der Samaritaner – Rechum, der *bĕʿēl ṭĕʿēm*, Schimschai, der *sāprāʾ* (Esr. 4,8.9 u.a.), wobei diese Personen mit ein und demselben Titel bezeichnet werden und als Träger ein und desselben Titels figurieren. Ganz anders steht es mit den Anführern der Gemeinde: Scheschbazzar trägt einmal den Titel *nāśîʾ* (Esr. 1,8) und ein anderes Mal den Titel *peḥā* (Esr. 5,14), Serubbabel wird vier- bis fünfmal *peḥā* genannt (Hag. 1,1; 2,2.21 u.a.) und wahrscheinlich zweimal (Neh. 7,65 – Esr. 2,63; Neh. 7,70) *tiršātāʾ*. Eine solche Vielfalt gleichzeitig verwendeter Titel ist bei einer realen Titulatur kaum möglich, um so mehr, als die sich auf ein und dieselbe Person in einer und derselben Zeit beziehenden Titel grundsätzlich unterschiedliche Ämter und Stellungen bezeichnen.

Der Titel *nāśî* dient im Alten Testament zur Bezeichnung des Hauptes des vorexilischen *bêt ʾāb*, des Stammesanführers und des Hauptes eines Stämmebundes,[187] aber besonders konzentriert (37 Fälle oder ca. 33 % aller Erwähnungen im Alten Testament) wird es im Restaurationsplan des Ezechielbuches benutzt, als Designation des weltlichen Anführers der kommenden Gemeinde,[188] der nicht ein König sein sollte. Da dieser Titel nur in den

---

186  S. Japhet, Sheshbazzar and Zerubbabel, 82.
187  M. Noth, Das System der zwölf Stämme Israels, 151-162; E.A. Speiser, Background and Function of the Biblical Naśîʾ, 113-122; G. Buccellati, Cities and Nations of Ancient Syria, 122-124; B. Halpern, The Constitution of Monarchy in Israel, 206-214, u.a.
188  H. Gese, Der Verfassungsentwurf bei Ezechiel, 116ff.; W. Zimmerli, Planungen für den Wiederaufbau nach der Katastrophe von 587, 244-246, u.a.

erwähnten Texten vorkommt und in der Praxis der nachexilischen Gemeinde nicht mehr anzutreffen ist, kann vermutet werden, daß dieser nur auf innergemeindliche Vollmachten hinweisende Titel eher schon ein Ausdruck des Wünschens und Wollens der werdenden Gemeinde war als die Bezeichnung eines realen Amtes.

Anders als *nāśî'* war *pehā* der offizielle Titel eines persischen (vorher neuassyrischen und neubabylonischen) Beamten der Zentralgewalt, des Satrapen oder Provinzstatthalters,[189] aber in der Regel nur in Verbindung mit der Erwähnung des ihm unterstellten Gebietes, der Bestimmung seiner Machtbefugnisse, z.B. *tatĕnay pahat ʿabarnahărā* (Esr. 5,6; 6,6 u.a.) usw. Der Prophet Haggai benutzt diese offizielle Form des Titels auch in bezug auf Serubbabel – *pahat yĕhûdā* (Hag. 1,1; 2,2 u.a.). Aber dies reicht kaum aus, um Serubbabel als tatsächlichen Träger dieses Amtes anzuerkennen, die Zweifel darüber auszuräumen, „that Judah was in fact a province from the beginning of the period, and that Zerubbabel, the son of Shealtiel was indeed a governor."[190] In den entsprechenden Texten erscheint Scheschbazzar nur als Anführer einer Rückkehrergruppe, dem das geraubte Tempelgerät übergeben wurde und der das Fundament des Tempels legte (Esr. 1,8-11; 5,16); Serubbabel ist der Anführer einer anderen Rückkehrergruppe und zusammen mit dem Hohenpriester Jeschua Leiter des Tempelbaus und Vorsteher der Gemeinde (Neh. 7,7 – Esr. 2,2; Esr. 3,2ff.; 5,2; Hag. 1,1ff.; Sach. 4,9ff. u.a.). Alle drei erfüllten nur innergemeindliche Funktionen, und keinem von ihnen, nicht einmal dem mit dem Titel *pehā* bezeichneten Serubbabel, wird die Erfüllung der für den *pehā* als Vertreter der zentralen Staatsgewalt üblichen und notwendigen außergemeindlichen Funktionen zugeschrieben.

Im Gegensatz zu Scheschbazzar, Serubbabel und Jeschua, die in der offiziellen staatlichen Dokumentation ohne Titel erwähnt werden, kommen gerade in diesen Dokumentationen die einen festen Titel besitzenden *śābê yĕhûdāyē'*, d.h. die Ältesten der Juden, vor und werden mit ihrem Titel genannt. Eben sie beantworten die Anfrage des Satrapen Tatnai in bezug auf den Tempelbau (Esr. 5,5.9), und das Edikt Darius' I. beauftragt eben sie mit der Vollendung des Tempelbaus (Esr. 6,7.8.14). Die *śābê yĕhûdāyē'* erfüllen nicht nur innergemeindliche Funktionen, sondern vertreten auch die Gemeinde gegenüber der persischen Zentralgewalt. Es besteht Grund zu der Vermutung,[191] daß die *śābê yĕhûdāyē'* – ein Erbe und eine Fortsetzung der in vorexilischer Zeit so bedeutsamen Institution der Ältesten – das von der persischen Zentralgewalt offiziell anerkannte führende Gremium der werdenden Gemeinde waren.

Dieser Auffassung widerspricht jedoch die Annahme, daß Judäa schon zur Zeit Scheschbazzars und besonders Serubbabels eine selbständige Provinz mit

---

189 M.A. Dandamajev, V.G. Lukonin, Kuljtura i ekonomika drevnevo Irana, 115-116; P.R. Ackroyd, The Chronicler in His Age, 19ff., u.a.
190 S. Japhet, Sheshbazzar and Zerubbabel, 86.
191 J.P. Weinberg, Zentral- und Partikulargewalt im achämenidischen Reich, 32-33.

einem eigenen *pehā* an der Spitze war. Diese Annahme fußt auf der Titulatur Serubbabels, auf der Erwähnung der „vorigen Statthalter (*wĕhappahôt hārīʾšônîm*), die vor mir gewesen waren", durch Nehemia (Neh. 5,15) und auf einigen anderen alttestamentlichen Angaben, aber hauptsächlich auf den epigraphischen Daten. Die letzteren umfassen die Bulle mit der Inschrift: *lʾlntn/ phwʾ* („[Gehört] dem Elnatan, dem *pehā*", Avigad, Bullae, 5-6, Nr. 5), die Siegel mit der Inschrift: *lšlmyt | ʾmt ʾln/tn ph...* („[Gehört] der Schelomit, der Magd des Elnatan, des *pehā*", Avigad, Bullae, 11-13, Nr. 14), möglicherweise aus der Umgebung Jerusalems, die der Herausgeber[192] in die Zeit um 500 v.u.Z. datiert, und die Siegel mit den Inschriften: [*yhw*]*d*/[*yhwʿ*]*zr* [*ph*]*wʾ* („[Jehu]d, [Jehoʿe]zer, [*peh*]*āʾ*", (ERR 1,33, Nr. 2433/2) und: [*l*]*ʾh* [*yw* oder *zy*]*phwʾ* („[Gehört] dem Ach[jo oder -zai], dem *pehā*, ERR 1, 33-34, Nr. 2021/1), die in Ramat-Rachel gefunden wurden.

Selbstverständlich sind solche epigraphischen Materialien sehr ernst zu nehmende Indizien, gleichwohl darf nicht unberücksichtigt bleiben, daß Y. Aharoni, der Herausgeber der Epigraphik aus Ramat-Rachel, diese Inschriften nicht wie N. Avigad in das frühe 5. Jh. v.u.Z. datierte, sondern viel später, jedenfalls nach Nehemia.[193] Schelomit ist tatsächlich der Name der Tochter Serubbabels (1 Chr. 3,19), und diese Tatsache dient als ausschlaggebendes Argument für die Datierung Elnatans in das ausgehende 6. Jh. v.u.Z.[194] Dabei ist jedoch zu bedenken, daß Schelomit auch die Benennung eines nachexilischen Laien-*bêt ʾābôt* war (Esr. 8,10) und es gut möglich ist, daß ein weibliches Mitglied diesen in der alttestamentlichen weiblichen Onomastik geläufigen Namen (Lev. 24,11) trug. Vielleicht ist es kein Zufall, daß in der alttestamentlichen nachexilischen Onomastik der Name Elnatan nur einmal und nur im Zusammenhang mit der von Esra im Jahre 458/457 v.u.Z. organisierten Rückkehr erwähnt wird (Esr. 8,16), an der auch Mitglieder des *bêt ʾābôt* Schelomit teilnahmen. Jedenfalls ist die von N. Avigad vorgeschlagene Lösung bei weitem nicht die einzig mögliche, und bis auf weitere Funde und überzeugendere Argumente scheint das Verdikt „Alt's case collapses"[195] verfrüht.

Vor 458/457 v.u.Z. war die nachexilische Gemeinde ein Gebilde in Judäa, das der Provinz Samaria angegliedert war und dem dortigen Vertreter der persischen Zentralgewalt, dem *pht šmryn*, administrativ unterstellt war. Aber dieses Gebilde, die nachexilische Gemeinde in Judäa, besaß eine lokale, innere Selbstverwaltung, an deren Spitze die „Ältesten der Juden", d.h. ein von der persischen Zentralgewalt offiziell anerkanntes Gremium stand wie auch von der persischen Zentralgewalt als solche nicht anerkannte Anführer, deren Titu-

---

192  N. Avigad, Bullae and Seals from a Post-Exilic Judean Archive, 30-36.
193  Y. Aharoni u.a. Excavations at Ramat-Rahel 1, 56ff.
194  N. Avigad, Bullae and Seals from a Post-Exilic Judean Archive, 11-13; E. Meyers, The Shelomith Seal and the Judean Restauration, 33-38, u.a.
195  H.G.M. Williamson, The Governors of Judah, 77.

latur nicht ihren tatsächlichen Status, sondern eher schon die Hoffnungen ihrer Anhänger auf einen solchen Status ausdrückte.

Eine derartige Unbestimmtheit und Ambivalenz der Struktur der anfänglichen Selbstverwaltung enthielt diverse Möglichkeiten ihrer Entwicklung und Entfaltung, um so mehr, als die nichtoffiziellen Anführer der Gemeinde ein Davidide und ein Zadokide waren. Die möglichen Entwicklungs- und Entfaltungsvarianten waren eine monarchische oder monarchieähnliche, von Davididen verwirklichte Selbstverwaltung und eine theokratische oder theokratieähnliche, von Zadokiden geleitete Selbstverwaltung oder etwas Neues und Anderes. Was die erste Variante betrifft: Ungeachtet dessen, was mit dem Davididen Serubbabel zwischen 520-515 v.u.Z. geschehen ist – ob ein offener Versuch, die davidische Monarchie wiederherzustellen, stattgefunden hatte oder nur aktive Agitation dafür, ob Befürchtungen und Maßnahmen der persischen Zentralgewalt oder interne antidavidische Tendenzen dazu führten[196] –, bedeutet sein Verschwinden ein Ende der mit dem „Hause Davids" verknüpften Hoffnungen. Aber bestehen blieben die beiden anderen Möglichkeiten. Welche von ihnen würde sich durchsetzen?

Eine Antwort auf diese Frage zeichnet sich in der Mitte und der zweiten Hälfte des 5. Jh. v.u.Z. ab, einer Zeit, die, wie schon mehrmals bemerkt wurde, einen Wendepunkt in der Entwicklung der nachexilischen Gemeinde markierte. In dieser Zeit war die nachexilische Gemeinde schon eine reale und beachtliche Größe in Palästina, besonders in der für das Persische Weltreich kritischen Situation, als dort, hauptsächlich in Ägypten und Syrien, die zentrifugalen Tendenzen und Bewegungen aktiviert wurden.[197]

In dieser Situation ist der Erlaß des Edikts Artaxerxes' I., (Esr. 7, 11-26) verständlich, denn er verfolgte das politisch-praktische Ziel, die Position und die Autorität der persischen Zentralgewalt in Palästina, einer für das Weltreich damals sehr brisanten Region, durch die Unterstützung der dem persischen König gegenüber loyalen Jerusalemer Gemeinde zu stärken. Für eine solche Interpretation des Edikts spricht auch der Vergleich mit den Edikten Kyros' II. und Darius' I. (Tabelle 10).

---

196  E. Sellin, Studien zur Entstehungsgeschichte der jüdischen Gemeinde nach dem Exil 1, 178ff.; J. Liver, zĕrubbābel, 938-941; J. Morgenstern, Jerusalem – 485 B.C., 101-179, 17-47; K. Galling, Studien zur Geschichte Israels im persischen Zeitalter, 147-148; G. Widengren, The Persian Period, 521-522; P. Ackroyd, The Jewish Community in Palestine in the Persian Period, 136-143; S. Talmon, rēʾšît šel šîbat ṣiyôn, 38, u.a.

197  A.F. Rainey, The Satrapy „Beyond the River", 62-64; M.A. Dandamajev, Političeskaja istorija Achemenidskoj deržavy, 175ff.; P.R. Ackroyd, The Chronicler in His Age, 13-15, u.a.

Tabelle 10

| | Edikt Artaxerxes' I. | Kyros' II. | Darius' I. |
|---|---|---|---|
| 1. | Erlaubnis einer Rückkehr und einer Kollekte | + | - |
| 2. | Versorgung des Tempelkultes durch den Fiskus | - | + |
| 3. | Abgabenfreiheit für Priester, Leviten, Tempelsänger, Torhüter, *nětînîm* und „*pālḥê* des Hauses dieses Gottes" | - | - |
| 4. | Einführung eigener Jurisdiktion und Einsetzung eigener Richter | - | - |
| 5. | Bestrafung derer, die „das Gesetz deines Gottes und das Gesetz des Königs" übertreten | - | + |

Die Angaben der Tabelle bezeugen, daß das Edikt Artaxerxes' I. wesentliche Neuerungen enthält. Aber bevor wir uns ihnen zuwenden, muß die Frage nach den Vollmachten Esras beantwortet werden, da zuweilen nur von einer rein religiösen Aufgabe der Privatperson Esra die Rede ist,[198] während andere Forscher ihn als persischen Beamten bei den Exulanten betrachteten[199] oder als speziellen Emissär mit begrenzter Vollmacht.[200] Anders als die in offiziellen Dokumenten nicht betitelten Scheschbazzar und Serubbabel wird der Zadokide Esra im offiziellen Edikt Artaxerxes' I. mit den Titeln *kohēn* und *sôpēr* bezeichnet (Esr. 7,6.11.12 u.a.). Das berechtigt zu der Vermutung, daß Esra nicht als Privatperson, sondern als offiziell installierter Vertreter der Zentralgewalt vom König beauftragt wurde, „Jehud und Jerusalem nach dem Gesetz deines [Esras] Gottes zu untersuchen (*lĕbakḳārā*)" (Esr. 7,14). Das war die erste und wichtigste Novelle im Edikt Artaxerxes' I. – zum erstenmal wird ein offiziell installierter Vertreter der persischen Zentralgewalt speziell in die nachexilische Gemeinde delegiert, was ihren politischen Status hob.

Diese Tendenz lag auch den übrigen neuen Bestimmungen des Edikts Artaxerxes' I. zugrunde. Da meine Ansicht, daß das Edikt Abgabenfreiheit für alle Gemeindemitglieder vorsieht,[201] in der Forschung nicht unumstritten ist,[202] soll einiges ergänzend hinzugefügt werden. Der betreffende Passus (Esr. 7,24) enthält eine Aufzählung sämtlicher Kategorien der Priesterschaft wie auch der *nětînîm*, die, wie schon gesagt, nicht zur Priesterschaft, sondern zum Laien-

---

198  S. Mowinckel, Studien zu dem Buche Ezra-Nehemia III, 117-124; C.R. North, Civil Authority in Ezra, 377-404; H. Mantel, The Dichotomy of Judaism during the Second Temple, 63, u.a.
199  H.H. Schaeder, Esra der Schreiber, 39-49; J. Liver, yĕmê ᶜezrā᾽ wĕneḥemyā, 18-19; G. Widengren, The Persian Period, 535-536, u.a.
200  K. Galling, Studien zur Geschichte Israels im persischen Zeitalter, 178-181; P. Ackroyd, The Jewish Community in Palestine in the Persian Period, 143ff.; ders., The Chronicler in His Age, 48ff.; L.L. Grabbe, What Was Ezra's Mission? 279-299, u.a.
201  J.P. Weinberg, Zentral- und Partikulargewalt im achämenidischen Reich, 35.
202  H. Utzschneider, das Heiligtum und das Gesetz, 295.

Teil der Gemeinde gehörten (S. 73-74). Als letzte Gruppe, für die Abgabenfreiheit vorgesehen ist, werden die „*pālḥê* des Hauses dieses Gottes" genannt.
*pālaḥ* ist das Partizip des aramäischen Verbs *plḥ* (arbeiten, dienen, anbeten),
das im Alten Testament bevorzugt in sakraler Bedeutung benutzt wird (Dan.
3,12.14; 6,17 u.a.). Aber im außerbiblischen Sprachgebrauch – in einer manu-
missio aus Elephantine (Br. 5,11), in der Achikar-Erzählung (11,17) und
andernorts – wird dieses Wort sehr häufig ohne sakrale Bedeutung, im Sinne
von „arbeiten, Arbeiter, dienen, Diener" benutzt. Darum scheint die Annahme
berechtigt, daß mit „*pālḥê* des Hauses dieses Gottes" der nichtpriesterliche
Teil der nachexilischen Gemeinde bezeichnet wird und daß das Edikt Artaxerxes' I. Abgabenfreiheit für die gesamte nachexilische Gemeinde vorsah, was
mit der folgenden Neuerung des Edikts, dem Zugeständnis eigener Jurisdiktion für die gesamte nachexilische Gemeinde, übereinstimmt.

Das Edikt beauftragt Esra, „das Gesetz des Gottes des Himmels" (Esr.
7,23) einzuführen und „Richter und Rechtspfleger" (V. 25) einzusetzen. Ohne
hier die zweifellos wichtige Frage nach dem Wesen und dem Inhalt des
„Gesetzes des Gottes des Himmels" zu erörtern und den Unterschied zwischen den Funktionen der *šāpṭîn* und *dayyānîn* zu betrachten, muß im Kontext
dieser Untersuchung unbedingt bestimmt werden, wer mit dem im Edikt
erwähnten Volk gemeint ist, über das in Esr. 7,25 zu lesen ist: „das ganze Volk
in Abarnahara, alle, die das Gesetz deines Gottes kennen und die es nicht kennen, lehrt es" (Esr. 7,25). Nach Meinung einiger Forscher umfaßt diese
Bezeichnung die jahwegläubigen Einwohner Palästinas, sogar Abarnaharas.[203]
Mehr spricht jedoch für die Annahme, daß es nur um die Mitglieder der nachexilischen Gemeinde geht.[204] Aufmerksamkeit verdient der im Edikt akzentuierte Hinweis, daß diese so bedeutsame Neueinführung diejenigen betrifft, die
„das Gesetz deines Gottes kennen (*yādĕ͑ê*)", was nicht nur mit dem für die
nachexilische Gemeinde grundlegenden Prinzip der Freiwilligkeit, der bewußten Wahl übereinstimmt, sondern auch darauf hinweist, daß diese Gemeinde
ihre volle Staatlichkeit noch nicht erlangt hatte, denn in einem staatlichen
Gebilde werden solche Maßnahmen in der Regel ohne Rücksicht auf das Wissen bzw. Nichtwissen der Bürger oder Untertanen eingeführt.

Trotzdem war eben das Edikt Artaxerxes' I. mit seinen Neuerungen ein entscheidender Schritt zur Ausbildung der nachexilischen Gemeinde als einer in
sich stabilen und abgeschlossenen, eine eigene Identität besitzenden Einheit.
Dessen waren sich schon die Zeitgenossen bewußt, was die Worte Esras belegen: „Denn wir sind Sklaven (*͑ăbādîm*), und in unserer Sklaverei hat uns
unser Gott nicht verlassen und uns die Barmherzigkeit der Könige Persiens

---

203  A. Alt, Zur Geschichte der Grenze zwischen Judäa und Samaria, 355-358; H. Cazelles,
      La mission d'Esdras, 131; K. Koch, Ezra and the Origins of Judaism, 193-195, u.a.
204  H. Mantel, The Dichotomy of Judaism during the Second Temple, 65-68; G. Widengren,
      The Persian Period, 536; P. Ackroyd, The Jewish Community in Palestine in the Persian
      Period, 144; ders., The Chronicler in His Age, 298-301, u.a.

zugeneigt, daß sie … uns *gādēr* geben in Juda und Jerusalem" (Esr. 9,9). Da
das Wort *gādēr* (Umzäunung, Zaun, Wand) im Alten Testament nicht selten
den Schutz Gottes für sein Volk, dessen Absonderung durch Gott bezeichnet
(Mi. 7,11; Ez. 13,5; Ps. 80,13 u.a.), so bedeutet diese programmatische Aussage nicht nur die Zufriedenheit des Verfassers und seines Auditoriums mit
dieser Entwicklung der Gemeinde, sondern auch, daß „the existing political
reality, as it stands, is understood and described as divine benevolence and as
God's special blessing upon His people."[205] Gleichzeitig rief das Edikt Artaxerxes' I. eine paradoxe und deswegen besonders brisante Situation in Palästina hervor, da die im wesentlichen schon ausgebildete, sich ihrer Identität
bewußte Gemeinde mit einer eigenen Selbstverwaltung und Jurisdiktion
administrativ nach wie vor den Statthaltern verschiedener Provinzen in Palästina, hauptsächlich dem *peḥā* Samarias unterstand.

Ein Schritt zur Überwindung dieser paradoxen Situation war die Bildung
einer selbständigen Provinz Jehud in der Mitte des 5. Jh. v.u.Z.[206] Allerdings
muß daran erinnert werden, daß die neugebildete Provinz Jehud und die nachexilische Gemeinde keine identischen Erscheinungen waren (S. 66f.). Darum
scheint es richtiger und präziser, von der nachexilischen Gemeinde in der Provinz Jehud zu sprechen, und zwar nicht nur der demographisch-territorialen
Unterschiede wegen, sondern hauptsächlich darum, weil die Provinz Jehud
ein Institut der Zentralgewalt war, während die nachexilische Gemeinde nach
wie vor ein Institut der lokalen Selbstverwaltung blieb.

In dieser Entwicklung spielte eine entscheidende Rolle die Amtsinhaber-
schaft und Tätigkeit Nehemias.

Der dem judäischen Adel angehörende Nehemia, der Sohn des Hachalja,
der das Amt des *tiršātāʾ*, d.h. eines dem König nahestehenden Höflings innehatte,[207] erhielt von Artaxerxes I. den Auftrag, nach Jerusalem zu gehen, und
„von dem Tage an, da mir befohlen war, deren *peḥā* zu sein im Lande Juda
(*lihĕyôt peḥām bĕʾereṣ yĕhûdā*)" (Neh. 5,14), war Nehemia offiziell installierter Beamter, aber mit welchen Machtbefugnissen? Allgemein gilt es als erwiesen[208], daß Nehemia der *peḥā* der neugebildeten Provinz Jehud, also Vertreter
der Zentralgewalt war, obwohl die Formel *peḥām bĕʾēreṣ yĕhûdā* (vgl.
ἄρχοντα αὐτῶν ἐν γῇ Ἰουδα, LXX: II Esdr. 14,15) Bedenken hieran hervorruft. H.G.M. Williamson hat mit Recht darauf hingewiesen, daß die als unkor-

---

205  S. Japhet, Sheshbazzar and Zerubbabel, 73.

206  E. Stern, Seal-Impressions in the Achaemenid Style in the Province of Judah, 6-16; ders.,
     The Persian Empire and the Political and Social History of Palestine in the Persian
     Period, 83ff., u.a.

207  J.P. Weinberg, Zentral- und Partikulargewalt im achämenidischen Reich, 32, Anm. 51-
     54.

208  K. Galling, Studien zur Geschichte Israels im persischen Zeitalter, 148ff.; S. Talmon,
     Ezra and Nehemiah, 324ff.; G. Widengren, The Persian Period, 528-539; P. Ackroyd,
     The Jewish Community in Palestine in the Persian Period, 148-151; ders., The Chronic-
     ler in His Age, 38-46, u.a.

rekt angesehene Form *peḥām* an Stelle von *peḥātām* im damaligen Sprachgebrauch zulässig war,[209] was aber inhaltliche Bedenken nicht aufhebt. Es geht um das Problem, daß in dem entsprechenden Text der Titel *peḥā* nicht wie üblich mit einem Toponym verbunden war (vgl. nur den Titel des Zeitgenossen und Gegners Nehemias, Sanballats – *pḥt šmryn* –), sondern mit dem Possessivpronomen, und hier offensichtlich als Substitut für das Ethnonym *yĕhûdîm*, die bevorzugte Selbstbenennung der Gemeindemitglieder, steht (S. 112f.). Das ermöglicht die Annahme, daß Nehemia nicht tatsächlich *peḥā* der Provinz Jehud, nicht Träger und Vertreter der Zentralgewalt war (vielleicht war es Petachja, der Sohn Meschesabels, der „an der Hand des Königs in allem, was das Volk anbetrifft" [Neh. 11,24], war, der dieses Amt innehatte?),[210] sondern nur *peḥā* der Gemeinde in Judäa, d.h. der Leiter der lokalen Selbstverwaltung, oder, wie schon vor fast hundert Jahren Ed. Meyer festgestellt hatte: „Nehemias Tätigkeit beschränkte sich darauf, weltliches Oberhaupt der Gemeinde [zu sein] …"[211]

Für diese Annahme zeugen die Maßnahmen Nehemias als „deren *peḥā* im Lande Juda", der Mauerbau und der Synoikismos, die Lösung des sozialen Konfliktes und die Organisation der Verteidigung des Landes, die Einführung der Konstitution, die alle die Gemeinde in der Provinz Jehud betrafen, aber keine die Provinz Jehud selbst. Die Beobachtung Ed. Meyers, daß die in Neh. 3 erwähnten *pelek* (akk. *pilku*, Bezirk) administrative Einheiten waren,[212] findet allgemein Zustimmung, sie muß aber noch dahingehend präzisiert werden, ob es sich um Bezirke der Provinz Jehud oder der nachexilischen Gemeinde handelte. Die Tatsache, daß am Mauerbau in Jerusalem nur einer der beiden Obersten der zwei halben Bezirke von Betzur teilnimmt (Neh. 3,16), ließe sich kaum erklären, wenn der *pelek* eine administrative Einheit der Gemeinde gewesen wäre. Wahrscheinlich ist daher die Annahme richtig,[213] daß er eine territorial-administrative Einheit der Provinz Jehud und die Obersten, die *śārîm* dieser Einheiten, Beamte der persischen Provinz-Administration waren. Darum beteiligten sich am Mauerbau nur manche der Obersten und auch nur als Privatpersonen, als Gemeindemitglieder, worauf auch die Notiz hinweist, daß „Schallum, der Sohn des Hallochesch, der Oberste des halben Bezirks Jerusalem, er und seine Töchter" (Neh. 3,12) einen Abschnitt der Mauer bauten.

---

209  H.G.M. Williamson, The Governors of Judah under the Persians, 78-79.
210  J. Weinberg, The Citizen-Temple Community, 136; anders M. Heltzer, Neh. 11,24 and the Provincial Representative at the Persian Royal Court, 109-119.
211  Ed. Meyer, Die Entstehung des Judentums, 205-206.
212  Ed. Meyer, Die Entstehung des Judentums, 166; J. Klausner, hîstôriyā šel habbayit haššēnî II, 21-22; A. Demsky, Pelekh in Nehemiah 3, 242-244; E. Stern, The Persian Empire and the Political and Social History of Palestine in the Persian Period, 81; D.L. Smith, The Religion of the Landless, 126-127, Anm. 60, u.a.
213  J.P. Weinberg, Zentral- und Partikulargewalt im achämenidischen Reich, 36-37.

In seiner Tätigkeit als „*peḥā* derer im Lande Juda" wirkte Nehemia zusammen mit den *śārîm, ḥorîm* und *sĕgānîn*. Die semantische und kontextuelle Analyse dieser Termini belegt,[214] daß *śār* im Sprachgebrauch der nachexilischen Gemeinde am häufigsten die Häupter der *battê ʾābôt* bezeichnete (Esr. 8,20.24.29 u.a.) und seltener Beamte der persischen Provinzverwaltung. Der Terminus *ḥor* (Freie, Vornehme) ist eine Bezeichnung der Notablen, der Gesamtheit der Häupter der *battê ʾābôt* oder der einflußreichen Familien innerhalb derselben (Neh. 6,17), während der Umstand, daß Nehemia eben den *sĕgānîm* vorwirft, daß die Leviten den gebührenden Zehnten nicht erhalten (Neh. 13,11), die Vermutung zuläßt, daß sie der Tempeladministration angehörten (B. Joma III, 9; VI, 1; B. Tamid VII, 3 u.a.). Hieraus folgt, daß die Umgebung Nehemias nicht aus Beamten der Zentralgewalt bestand, sondern aus Funktionären der Selbstverwaltung der Gemeinde.

Zur nächsten Umgebung Nehemias gehörten auch die *nĕʿārîm* (Knabe, Jüngling, Bursche, junger Mann; Knecht, Gefolgsmann), die stets mit dem Possessivpronomen – *nĕʿāray* usw. – vorkommen (Neh. 5,10.15.16 u.a.), was auf ihre besonders enge Verbundenheit mit Nehemia hinweist. Nehemia behauptet, daß im Gegensatz zu den *nĕʿārîm* der früheren *paḥôt*, die „über das Volk gewalttätig herrschten (*šālṭû*)", „meine *nĕʿārîm*" keine Äcker erworben haben (Neh. 5, 15-16), sondern am Mauerbau teilnahmen und für den Schutz der Erbauer (Neh. 4,10; 5,16) sorgten. Laut J. Macdonald waren die *nĕʿārîm* Nehemias „men of estate and wealth, superior 'citizens' … fully armed for war,"[215] aber wahrscheinlicher scheint die Annahme, daß die *nĕʿārîm* eine aus jungen Leuten bestehende Elite der von Nehemia organisierten Landesverteidigung war. Über die Organisation der letzteren wird gesagt, daß Nehemia das Volk nach Sippen (*lĕmišpāḥôt*), bewaffnet mit Schwertern, Speeren und Bogen (Neh. 4,7) aufstellte, seinen Bruder Hananja als „Obersten der Festung (*śar habbîrā*) einsetzte und ihm auferlegte, Jerusalem zu schützen … Und er [Nehemia] setzte Wachen ein von den Einwohnern Jerusalems, einen jeden in seiner Wache und einen jeden um sein Haus" (Neh. 7, 2-4). Aber außer dieser aus Mitgliedern der Gemeinde bestehenden und mit Nehemia als *peḥā* der Gemeinde verbundenen Landesverteidigung befanden sich auch in Judäa in den Festungen dislozierte persische Garnisonen mit Söldnern. Dort dienten auch Juden, und ein jüdischer Söldner war wahrscheinlich der im Ostrakon aus dem persischen Arad (wo sich eine Festung befand) erwähnte *Abdichai*, der vielleicht Kommandeur der Einheit des *degel* (vgl. die Angaben aus Elephantine) war, worauf die Inschrift „[Gehört] der Standarte des Abdichai" (*ldgl/ʿbdhy*, Y. Aharoni, BA, 31, 1968, I, 10-11) hinweisen könnte.[216] All dies deutet darauf hin, daß die bewaffneten Kräfte der Gemeinde, die Nehemia als

---

214  J.P. Weinberg, Zentral- und Pertikulargewalt im achämenidischen Reich, 37-38.
215  J. Macdonald, The Status and the Role of the Naʿar in Israelite Society, 157-166.
216  Y. Aharoni, Arad: its Inscriptions and Temple, 10-11; K. Hoglund, The Achaemenid Context, 62-64.

dem *peḥā* der Gemeinde unterstanden, vom Söldnerheer der Zentralgewalt in Judäa deutlich abgesondert waren.

Eine der herausragenden und wichtigsten Maßnahmen Nehemias war die *ʾămānā*, die mit der Präambel: „Und hiermit schließen wir eine *ʾămānā* und schreiben sie nieder, und auf dem Versiegelten stehen [die Namen] unserer Obersten, unserer Leviten, unserer Priester" (Neh. 10,1) beginnt. In diesem Text ist so manches eigenartig, an erster Stelle die ungewöhnliche Formel der Präambel, in der das im Alten Testament üblicherweise zur Bezeichnung des Aktes, der Prozedur des Abschlusses eines Bundes verwendete Verb *krt* (abschneiden, abhauen, ausrotten; eine Vereinbarung treffen) (Gen. 15,18; Ex. 34,27 u.a.) nicht in Verbindung mit dem traditionellen Terminus *bĕrît* benutzt wird, sondern mit dem im Alten Testament nur zweimal und nur im Nehemiabuch vorkommenden Wort *ʾămānā* (Vereinbarung). Soll die Ersetzung der traditionellen Formel *krt + bĕrît*[217] durch die neue Formel *krt + ʾămānā* dazu dienen, auf die Kontinuität und die Diskontinuität dieser Maßnahme Nehemias hinzuweisen? Einerseits ist die *ʾămānā* gleich wie die *bĕrît* eine auf Bestimmungen, Verpflichtungen und Selbstverpflichtungen beruhende Vereinbarung, ein Bund, aber gleichzeitig unterscheidet sich die *ʾămānā* Nehemias grundsätzlich von der *bĕrît* dadurch, daß die letztere stets eine Abmachung zwischen verschiedenen Partnern ist, während die *ʾămānā* Nehemias nur eine interne Angelegenheit der nachexilischen Gemeinde und verbindlich nur für die Gemeindemitglieder war. Es besteht noch ein weiterer Unterschied: Die *bĕrît* wird gewöhnlich auf der Seite des Menschen von einer Einzelperson (Abraham, Moses, David u.a.) geschlossen, die die betreffende Gemeinschaft repräsentiert; der Abschluß der *ʾamānā* erhält dagegen einen ausgesprochen „demokratischen" Charakter, indem die *ʾamānā* von den namentlich aufgezählten Häuptern der *battê ʾābôt* unterzeichnet wird. Obwohl Nehemia in diesem Verzeichnis als erster erscheint, wird er nicht mit seinem Amtstitel *peḥā*, sondern mit dem mehr dekorativen Hoftitel *tiršātāʾ* bezeichnet, was kaum der Ansicht entspricht, daß in der Tätigkeit Nehemias, wie sie im Nehemiabuch dargestellt ist, „there is a natural transference to Nehemiah of features which belong to the activity of kings."[218] Eher scheint das entgegengesetzte Urteil berechtigt: In der Tätigkeit Nehemias als „deren *peḥā* im Lande Juda" und darin, wie sie im Nehemiabuch erfaßt wird,[219] sind demokratische Tendenzen bemerkbar.

Für die Zulässigkeit dieser Ansicht zeugt auch die explizite Aufzählung sämtlicher Teilnehmer der *ʾămānā*: „Und das übrige Volk, die Priester, die Leviten, die Torhüter, die Tempelsänger, die *nĕtînîm* und alle, die sich von den Völkern der Länder abgesondert hatten zur Tora Gottes (*wĕkol hannibdāl*

---

217 A. Jepsen, Berith, 161-179; L. Perlitt, Bundestheologie im Alten Testament, 32ff.; E. Kutsch, Verheißung und Gesetz; T.N.D. Mettinger, King and Messiah, 301-304, u.a.

218 P.R. Ackroyd, The Chronicler in His Age, 44.

219 S. Japhet, Shesbazzar and Serubbabel, 89.

*mē⁽ammê hā'ărāṣôt 'el tôrat hā'ĕlohîm*), ihre Frauen, ihre Söhne und ihre Töchter, jeder, der erkennt (weiß usw.) [und] versteht (*kol yôdē⁽a mēbîn*)" (Neh. 10,28).

Diese Aussage enthält drei für das Verständnis der nachexilischen Gemeinde relevante Momente: Erstens das Bewußtsein und die Anerkennung, daß trotz der realen sozial-beruflichen Heterogenität der Gemeindemitglieder die Gemeinde ein einheitliches Gebilde ist; zweitens die nun konstitutionell festgelegte prinzipielle (aber begrenzte) Aufgeschlossenheit der Gemeinde, die allen, die sich von den „Völkern der Länder" absondern, zugänglich, offen ist; drittens die Überzeugung, daß Kennen und Verstehen der „Tora Gottes" die ausschlaggebende, grundlegende Vorbedingung der Zugehörigkeit zur Gemeinde ist, was nochmals, diesmal konstitutionell festgelegt, die Prinzipien der Freiwilligkeit, der bewußten Wahl und Entscheidung als Grundlagen der Gemeinde bestimmt. Alles dies entspricht nur wenig den angeblichen monarchischen Tendenzen in der Wirksamkeit Nehemias, schließt aber andererseits keinesfalls mögliche theokratische Tendenzen aus, worauf auch die Bestimmungen der *'ămānā* hindeuten, denn sie enthält in erster Linie religiös-kultische Verpflichtungen: keine Mischehen einzugehen, den Sabbat und das Sabbat-Jahr einzuhalten, die Opfergaben an den Tempel und die Abgaben für die Priester zu leisten usw.

Für eine um den Tempel konzentrierte Gemeinde waren theokratische Tendenzen und die sie ausdrückende und verwirklichende Prädominanz der Priesterschaft und des Hohenpriesters des betreffenden Tempels und Gottes natürlich und unvermeidlich. So war es z.B. in den Tempelgemeinden Mesopotamiens und Armeniens.[220] Aber welche Stellung hatte der Jerusalemer Hohepriester, und welche Rolle spielte er? Die Auffassung, daß nach dem Abgang Serubbabels die Führung der Gemeinde an die Jerusalemer Hohenpriester, an die Zadokiden, überging,[221] wird durch die Angaben nicht bestätigt. Aber Ende des 5. - Anfang des 4. Jh. v.u.Z. änderte sich die Situation beträchtlich: Im Bericht des Flavius Josephus über die stürmischen Geschehnisse in der Gemeinde (Ant. XI, 7, 1-2) steht an ihrer Spitze der Jerusalemer Hohepriester, im Judithbuch (4,8; 15,8 u.a.) ist der ἱερεὺς ὁ μέγας der Leiter der Gemeinde, die Elephantiner adressieren 407 v.u.Z. ihren Brief an Jehochanan, den Hohenpriester und seine Kollegen, den Priestern in Jerusalem (Cowl. 30,18). Diese und andere Angaben ermöglichen die Annahme, daß um die Jahrhundertwende die Hohenpriester – Zadokiden – tatsächlich Leiter der nachexilischen Gemeinde waren,[222] was eine reale Möglichkeit für eine theokratisch-autoritäre Entwicklung der Selbstverwaltung der Gemeinde, der

---

220  H. Tadmor, ⁽îr hammiḳdāš wĕ⁽îr hammĕlûkā bĕbābel wĕ'aššûr, 181-183; A.G. Perichanjan, Chramovyje objedinenija Maloj Azii i Armenii, 172-173, u.a.

221  J. Liver, yĕmê ⁽ezrā' wĕneḥemyā, 6-7; L. Rost, Erwägungen zum Kyroserlaß, 304, u.a.

222  J.P. Weinberg, Zentral- und Partikulargewalt im Achämenidischen Reich, 39.

Gemeinde als solcher bot: Der einzige Hohepriester des einzigen Gottes ist
der einzige Leiter der Gemeinde!

Aber diese Möglichkeit verwirklichte sich nicht, und neben dem Hohenpriester blieb die Institution der *ḥorê yĕhûdāyē'* (Cowl. 30,19), die γερουσία
(Jud. 4,8; 15,8) weiter bestehen – ein Nachfolger der früheren *śābē' yĕhûdāyē'*
und vielleicht der Versammlung der 150 *hayyĕhûdîm wĕhassĕgānîm* zur Zeit
Nehemias (Neh. 5,17) und vermutlich ein Vorläufer und Keim des späteren
Sanhedrins.[223] Jedenfalls ist die Annahme berechtigt, daß die *ḥorê yĕhûdāyē'* –
ἡ γερουσία ein ständiges Repräsentanten-Organ, ein Rat von Notablen und
eine wirksame Schranke gegen mögliche theokratisch-autoritäre Ambitionen
war.

Die Wurzeln einer solchen nicht-autoritären Einstellung können mit Recht
in den vorexilischen demokratischen Institutionen und Traditionen gesucht
werden, aber ausschlaggebend für ihre beständige Dominanz in der nachexilischen Gemeinde war die organische Verbindung und Ausgeglichenheit der
drei Grundpfeiler der Gemeinde: des grundlegenden Prinzips der Freiwilligkeit und der bewußten Wahl und der für die Mentalität der Gemeinde fundamentalen Bereitschaft, ein Anders-Handeln und Anders-Tun, einen Pluralismus anzuerkennen und anzunehmen. Alle diese und weitere Faktoren führten
dazu, daß der endgültig ausgebildeten Selbstverwaltung der nachexilischen
Gemeinde eine organische Vereinigung und Kooperation autoritärer (*peḥā*,
Hohepriester u.a.) und demokratischer (Volksversammlung, Rat u.a.) Formen,
eine Einheit und Differenzierung der Machtbereiche und Machtbefugnisse
eigen war.

Aber dieses inzwischen voll ausgebildete Verwaltungssystem war nach wie
vor nur das System der lokalen Selbstverwaltung der nachexilischen
Gemeinde, die von der Zentralgewalt und ihrer örtlichen, provinzialen Vertre-
tung, von der Verwaltung der Provinz Jehud streng abgesondert blieb. Darum
betrachtete Flavius Josephus (Ant. XI, 7, 1-2) das Einschreiten des Statthalters
Bagoas in die internen Angelegenheiten der Gemeinde als einen groben und
willkürlichen Verstoß gegen ihre Autonomie und Privilegien. Auch die Anführer der Elephantiner unterscheiden die Selbstverwaltung der Jerusalemer
Gemeinde strikt vom *paḥat yĕhûd*, indem sie an beide Instanzen zwei Briefe
zu ein und derselben Frage senden (Cowl. 30, 1, 18). Hierbei ist die unterschiedliche Benutzung des Toponyms *yĕhûd* und des Ethnonyms *yĕhûdāyē'* in
beiden Briefen auffallend: Während sich das Ethnonym auf das Organ der
Selbstverwaltung der Gemeinde bezieht (Cowl. 30,19), ist das Toponym mit
der provinzialen Verwaltung verbunden (Cowl. 30,1).

Eine derartige Abgrenzung und Koexistenz zweier Gewalten in einem so
kleinen Territorium wie Judäa rief unvermeidlich Komplikationen hervor,
besonders seit im 4. Jh. v.u.Z. die nachexilische Gemeinde und die Provinz

---

223  J. Klausner, kĕneset haggĕdôlā, 193-195; H. Mantel, Studies in the History of the Sanhedrin, 92-101; D.J. Elazar, St.A. Cohen, The Jewish Polity, 95ff., u.a.

Jehud demographisch und territorial sich mehr und mehr einander annäherten, als sich im persischen Weltreich die zentrifugalen Tendenzen stärkten. Darum ist es keineswegs ausgeschlossen, daß im 4. Jh. v.u.Z. eine Annäherung, vielleicht sogar ein Zusammenschluß der beiden Gewalten in der Form einer um den Jerusalemer Hohenpriester zentrierten Personalunion stattfand und der Leiter der Selbstverwaltung der nachexilischen Gemeinde auch die Führung der Verwaltung der Provinz Jehud übernahm, ohne jedoch den Unterschied und die Trennung zwischen diesen beiden Gewalten aufzuheben.[224] Eine solche Evolution des Verhältnisses zwischen der lokalen Selbstverwaltung und der zentralen Verwaltung war im persischen Weltreich verbreitet,[225] aber für die nachexilische Gemeinde bedeutete dies ihre Entgemeindlichung (falls ein solcher Neologismus erlaubt ist) und ihre Verstaatlichung, was letzten Endes zur Ausbildung eines von der Gemeinde verschiedenen staatlichen Gebildes führte.

### 5. Die nachexilische Gemeinde: „Sie“, „Wir“ und „Ich“

Für jede menschliche Gemeinschaft – von der Familie bis zum Ethnos – müssen zwei strukturbildende Voraussetzungen erfüllt sein, nämlich die Absonderung von, zuweilen sogar die Entgegensetzung gegen typologisch gleichartige Gemeinwesen, was die Beziehung „Wir-Sie“ bedingt, und der Zusammenschluß der diese Gemeinschaft bildenden Individuen, woraus sich die Beziehung „Wir-Ich“ ergibt.

Die Beziehung „Wir-Sie“ ist eine universelle und globale Konstante der menschlichen Gesellschaft und Geschichte. Aber Epochen, Gesellschaften und Kulturen unterscheiden sich voneinander durch die Intensität der „Wir“-Beziehung nach innen und die Schärfe der Abgrenzung nach außen gegenüber dem „Sie“. Besonders zugespitzt und brisant wird die Beziehung „Wir-Sie“ in Zeiten und Situationen der Entstehung und Ausbildung neuer Gemeinwesen, mehr noch der Reinstituierung alter, da in dieser Lage die eine Seite, das „Wir“, mit besonderer Energie sein Recht auf Existenz und Identität bestätigt, während die andere Seite, das „Sie“, diesen für sie wenn nicht bedrohlichen, so doch zumindest unerwünschten Bestrebungen des „Wir“ entgegenwirkt.

Eine solche Situation bestand auch im persischen Palästina, wo das Aufkommen und der Werdegang der nachexilischen Gemeinde, des neuen-erneuerten „Wir“, sich in einer fast permanenten Konfrontation mit verschiedenen und unterschiedlichen „Sie“ vollzogen, was auch die Aufmerksamkeit und das

224  N. Avigad, A New Class of Jehud Stamps, 146-153; F.M. Cross, Judean Stamps, 23; J.P. Weinberg, Zentral- und Partikulargewalt im achämenidischen Reich, 40-42; D.L. Smith, The Religion of the Landless, 113-114, u.a.
225  P. Frei, Zentralgewalt und Lokalautonomie im achämenidischen Kleinasien, 157-171.

Interesse der Zeitgenossen auf sich zog und dementsprechend seinen Niederschlag in den betreffenden Texten fand. Dort nimmt der Topos „Wir-Sie" einen weiten Raum ein, besonders in den Beschreibungen zweier Perioden der nachexilischen Gemeinde – der Zeit der Entstehung der Gemeinde Ende des 6. Jh. v.u.Z. und der für ihre Ausbildung ausschlaggebenden Mitte des 5. Jh. v.u.Z. Da gewöhnlich das „Sie" deutlicher als das „Wir" empfunden und in Texten beschrieben wird, so ist es zweckmäßig, mit der Analyse des „Sie" zu beginnen.

Diese Analyse soll auf zwei unterschiedlichen, aber miteinander verbundenen Ebenen durchgeführt werden: Auf der ersten wird versucht, den Bestand und das Wesen des „Sie" zu bestimmen, während auf der zweiten das Erfassen des „Sie" durch das „Wir" untersucht werden soll.

Während des ersten Höhepunktes der Beziehung „Wir-Sie" hatte es die nachexilische Gemeinde hauptsächlich mit zwei sehr verschiedenartigen „Sie" zu tun – mit den Samaritanern und dem persischen Weltreich.

Für die Samaritaner als ein „Sie" sind zwei Merkmale kennzeichnend: erstens ihre administrativ-staatliche Verfaßtheit und das explizite Bewußtsein derselben, das sich deutlich in der wiederholten Aufzählung ihrer Träger – des *bĕ⁽ēl ṭĕ⁽ēm* Rechum, des *sāprā⁽* Schimschai, des Rats usw. (Esr. 4,7.8.9.17.23) – zeigt. Das andere ist ein ambivalentes Identitätsbekenntnis, dessen eines Merkmal das bewußte Hervorheben der eigenen Fremdheit, der Herkunft von Fremden, von Nicht-„Wir" ist: Sie bezeichnen sich mit Selbstbewußtsein und Stolz als diejenigen, die von Babel und Susa, Elam und Persien, von anderen Ortschaften und Ländern herkamen, als die „übrigen Völker, welche der gewaltige und berühmte Asnaphar (Assurbanipal?, eher schon Sargon II.) verbannte und in den Städten Samarias und des übrigen Abarnahara ansiedelte" (Esr. 4, 9-10, vgl. 2 Reg. 17). Sie schreiben es sich sogar als Verdienst zu, an der Zerstörung des Jerusalemer Tempels teilgenommen zu haben (Esr. 4,14). Gleichzeitig weisen sie aber auch darauf hin, daß „wir gleich wie ihr euren Gott verehren" und darum ein Recht haben, am Tempelbau teilzunehmen (Esr. 4,2). Ihr Ziel war es, durch Teilnahme an dem bevorstehenden, von der Zentralgewalt genehmigten Tempelbau und infolge ihrer quantitativen und qualitativen Überlegenheit eine beträchtliche, vielleicht sogar führende Rolle in der kommenden Gemeinde zu spielen und einen Teil, vielleicht den größten Teil der göttlichen Gnade und des königlichen Wohlwollens zu erlangen. Als dieses Ziel nach der kategorischen Absage des „Wir" nicht erreicht werden konnte, versuchte das „Sie", mittels Klagen bzw. Denunziationen gegenüber der persischen Zentralgewalt, den Tempelbau und eo ipso die Ausbildung der Gemeinde zu verhindern. Hierbei wurde die persische Zentralgewalt als einzige tatkräftige und entscheidende Instanz anerkannt und angerufen. Das weist nicht nur auf die tatsächliche Vorherrschaft der persischen Könige hin, sondern bezeugt auch den nur geringen Grad des Selbstbewußtseins des „Sie",

der Bewertung seiner Fähigkeiten und Möglichkeiten, das Problem mit eigenen Kräften zu lösen.

Mit dieser tatsächlichen Stellung des persischen Weltreichs stimmt auch
der weite Raum überein, der ihm in den betreffenden Texten, besonders in Esr.
1-7 zugewiesen ist. Das Gros dieser Texte sind offizielle Dokumente der persischen Zentralgewalt – die beiden Varianten des Edikts Kyros' II. (Esr. 1, 2-4;
6, 3-5), der *pitgām* (Bescheid, Verordnung, Spruch) des Königs Artach-
schascht – Kambyses (Esr. 5, 17-22), das Edikt Darius' I. (Esr. 6, 6-12) und
das Edikt Artaxerxes' I. (Esr. 7, 12-26) –, in denen sich die Einstellung des
persischen Weltreichs als eines „Sie" zur nachexilischen Gemeinde widerspiegelt. Diese Einstellung war, abgesehen von einzelnen Abweichungen, eine im
Grunde genommen positive und wohlwollende, unterstützende und schüt-
zende. Auffällig in diesen Texten ist auch die ausgesprochene Tendenz, eine
religiös-ideologische Affinität, sogar Gemeinsamkeit zwischen den Achämeniden und der nachexilischen Gemeinde hervorzuheben. Wiederholt wird
„der Gott des Himmels" (ʾĕlohê haššāmāyim) und „der Gott, der im Himmel
wohnt" (ʾēlāhāʾ dî šakin šĕmē), erwähnt, und zwar als Gott und Schützer der
persischen Könige (Esr. 1,2; 6,12 u.a.) und gleichzeitig auch als Gott und
Hüter der Gemeinde und ihrer Mitglieder (Esr. 5,11; 6,9; 7,21 u.a.), was
unvermeidlich das „Fremdsein" dieses „Sie", der Achämeniden, beträchtlich
verringerte und milderte, ohne es jedoch aufzuheben.

Ein Jahrhundert später, während des zweiten Höhepunkts in der Beziehung
„Wir-Sie", hatte sich vieles im Bestand und Wesen, in Zielen und Handlungen,
im Selbstbewußtsein des „Sie" geändert. Jetzt standen dem „Wir" zahlreiche
und verschiedene „Sie" gegenüber, die im Nehemiabuch sorgfältig aufgezählt
werden. Es sind die Samaritaner, Aschdoditer, Ammoniter und Araber, mit
Sanballat, „dem Horoniter", dem *peḥā* von Samaria, Tobia, dem „ammoniti-
schen Knecht (oder Sklaven, haʿebed hāʿammonî)", und Geschem, „dem Araber" (Neh. 2,10.19; 4,1; 6,1 u.a.), an der Spitze. Was den letzteren anbetrifft,
so war seine Identität der Forschung bis vor kurzem rätselhaft, aber die
Inschrift in Tell es-Maskhāta (Ägypten) aus dem 5. Jh. v.u.Z.: „Kainu, der
Sohn Geschems, König von Kedar" (JNES, 15, 1956, 1-6, Taf. VII a-b),
erlaubt die Annahme, daß Geschem der Herrscher eines autonomen staatlichen Gebildes im Süden Palästinas war,[226] das sich vermutlich von der nachexilischen Gemeinde nicht nur ethnisch, sondern auch politisch und religiös-
kulturell unterschied und ihr fremd war. Diese Fremdheit hatten für das „Wir"
auch die Aschdoditer,[227] obwohl ihre Kontakte mit der nachexilischen
Gemeinde rege waren: Gemeindeglieder nahmen sich Frauen aus Aschdod
(Neh. 13,23), und aus dem persischen Aschdod kommt die Inschrift: „Der

---

226  J. Rabinowitz, Aramaic Inscriptions of the Fifth Century B.C.E. from a North-Arab
     Shrine in Egypt, 1-9; A.F. Rainey, The Satrapy "Beyond the River", 64-65, u.a.
227  M. Dothan, Ashdod, 178-186; ders., Ashdod of the Philistines, 17-27; E. Stern, The Dor
     Province in the Persian Period, 145-155, u.a.

Weingarten des Sebadya" (*krm zbdyh*, NDBA, 1971, 25) mit dem jahwistisch-theophoren und im Onomastikon der nachexilischen Gemeinde anzutreffenden Namen.[228]

Intensiver und darum auch widersprüchlicher und brisanter waren die Kontakte zwischen der nachexilischen Gemeinde und den Einwohnern der Provinz Samaria, an deren Spitze seit der Mitte des 5. Jh. v.u.Z. Sanballat, der Horoniter, und seine Nachkommen standen.[229] Der Name Sanballat (akk. Sin-uballit; „[Gott] Sin hat geheilt") wie auch der Beiname *haḥoronî* weisen vermutlich auf eine nichtjüdische, nichtjahwistische, vielleicht mesopotamische Herkunft des Gründers dieser Dynastie der *peḥā* von Samaria hin. Aber schon manche seiner Nachkommen tragen so ausgesprochen jahwistische theophore Namen wie Delaja, Schemaja, Hananja u.a. Das ist nur einer der zahlreichen Belege dafür, daß das den Samaritanern schon vorher eigene ambivalente Wesen, ihr widersprüchliches Fremd- und Nicht-Fremdsein sich auch in späterer Zeit bewahrte. Darum war es für die Samaritaner, für Sanballat nicht schwer, Anhänger in der Gemeinde zu werben, und eben darum konnten „einer der Söhne des Hohenpriesters Jehojada Schwiegersohn Sanballats des Horoniters" sein und Nehemia von sich sagen: „und ich jagte ihn von mir" (Neh. 13,28).

Noch enger war mit dem „Wir" Tobija, „der ammonitische Knecht", verbunden. Sein Titel weist vielleicht darauf hin, daß er das Amt des *peḥā* der persischen Provinz Ammon innehatte, wofür auch die Verbundenheit der Tobiaden mit Transjordanien in vorexilischer und späterer Zeit spricht. Tobija trug einen jahwistisch-theophoren Namen, gehörte wahrscheinlich einer vorexilischen judäischen Sippe und einem nachexilischen *bêt ʾābôt* an und befand sich in engen verwandtschaftlichen und freundschaftlichen Beziehungen mit prominenten Mitgliedern der nachexilischen Gemeinde, z.B. mit den Zadokiden (Neh. 6, 17-19; 13, 4-8).[230]

Diese heterogene Zusammensetzung des „Sie" wie auch die im Vergleich mit der Zeit vor 458/457 v.u.Z. wesentlich veränderte Lage der nachexilischen Gemeinde und ihre Stellung in Palästina verwandelten unvermeidlich die Ziele und Aufgaben des „Sie" in seiner Opposition zum „Wir". Jetzt, zur Zeit Nehemias, war es völlig unrealistisch, von einer Vernichtung der Gemeinde zu träumen oder zu erhoffen, durch Anschluß an die Gemeinde Kontrolle über sie zu erringen. Darum setzte sich das „Sie" ein engeres und realistischeres Ziel – die weitere Stärkung der Gemeinde zu verhindern. So versuchten die Anführer des „Sie", den Jerusalemer Mauerbau zu stören (Neh. 4,1ff.), und beschuldig-

---

228  M. Dothan, Ashdod of the Philistines, 25.

229  F.M. Cross, The Discovery of the Samaria Papyri, 110-121; ders., Papyri of the Fourth Century from Daliyeh, 45-69; A. Zertal, The Pahwah of Samaria (Northern Israel) during the Persian Period, 9-16, u.a.

230  W.F.A. [F.W. Albright], The Son of Tabeel, 34-35; B. Mazar, The Tobiads, 137-145, 229-238, u.a.

ten Nehemia und die Gemeinde der Absicht, vom persischen König abzufallen (Neh. 2,19) und Nehemia als ihren König auszurufen (Neh. 6, 6-7).

Hierbei ist es nicht so wichtig, ob Nehemia tatsächlich monarchistische Ambitionen und Pläne hatte (was zweifelhaft scheint).[231] Relevant ist allein schon der Umstand, daß eine solche Beschuldigung vorgebracht wurde, denn sie bezeugt den im Unterschied zum früheren religiös-politischen vorwiegend machtpolitischen Charakter des Konflikts zwischen dem „Sie" und dem „Wir" in der zweiten Hälfte des 5. Jh. v.u.Z.

Die andere Zusammensetzung der „Sie" wie auch die im Vergleich zu vorher veränderte Zielsetzung bestimmten auch ihre neue Handlungsweise. Verleumdung und Denunziation, die stets implizit oder explizit die Hoffnung und Erwartung auf das entscheidende Eingreifen eines Dritten, eines außenstehenden und mächtigen Schlichters einschließen und ebenso eine Mißachtung des Gegners und eine geringe Bewertung der eigenen Möglichkeiten ausdrücken, wurden auch in der zweiten Hälfte des 5. Jh. v.u.Z. von den „Sie" angewandt, aber sie waren nicht mehr das Hauptmittel. Als solches dienten jetzt militärischer Druck (Neh. 4,2 u.a.), ein Anschlag oder die Absicht eines Anschlags auf Nehemia (Neh. 6,2ff.), bilaterale Verhandlungsangebote (Neh. 6,2ff.), Werbung und Unterstützung von Anhängern im „Wir" (Neh. 6, 17-19) u.a., die alle dem Arsenal der altnahöstlichen Diplomatie, der zwischenstaatlichen Beziehungen angehören.[232] All dies wie auch die frappierende Tatsache, daß keine der sich gegenüberstehenden Seiten diesmal direkt an die persische Zentralgewalt appellierte (oder eine solche Appellation ist vom Geschichtsschreiber verschwiegen), zeugt nicht nur von der sinkenden Autorität des persischen Königs, sondern hauptsächlich vom zunehmenden Selbstbewußtsein der „Sie".

Es ist offensichtlich, daß die Wandlungen im Bestand und Wesen wie in den Zielen und Handlungen der „Sie" auch Einfluß darauf hatten, wie das „Wir" das „Sie" erfaßte, was seinen Niederschlag in den für die Bezeichnung der „Sie" benutzten Termini fand. Es ist kennzeichnend, daß in den die Beziehungen zwischen der nachexilischen Gemeinde und ihrer Umwelt beschreibenden Texten die die „Sie" herabsetzenden, erniedrigenden Wörter vermieden wurden und axiologisch neutralen Termini der Vorzug gegeben wurde. Darum kommt dort das alttestamentliche Schlüsselwort *zār* nicht vor, das in abwertender Weise das Fremdsein bezeichnet.[233] Bevorzugt wird das Wort *nēkār, nākrî*, das die Bedeutungen „Fremde, Ausland; Fremder, Ausländer; fremd, ausländisch" besitzt, aber ohne jegliche absondernde und herabsetzende Nuance.[234] Die gleiche semantische Orientierung macht sich auch

231  U. Kellermann, Nehemia, 174ff.; J.M. Myers, Ezra. Nehemia, 137-139; P.R. Ackroyd, The Chronicler in His Age, 38-46, u.a.

232  J.P. Vejnberg, Diplomatičeskaja praktika palestinskich gosudarstv I tysjačeletija do n.e., 36-43.

233  J.P. Weinberg, Der ʿam hāʾāreṣ des 6.-4. Jh. v.u.Z., 329.

234  J.P. Weinberg, „Wir" und „sie" im Weltbild des Chronisten, 24-25.

bei der Auswahl von Wörtern für den Begriff „Feind" bemerkbar. Es werden die Wörter *śonēʾ*, *śinĕā* vermieden, die Haß und eine bis aufs äußerste gesteigerte Feindschaft bezeichnen, und die eine gemäßigtere Einstellung und Bewertung ausdrückenden Wörter *ʾoyēb* und *ṣar* bevorzugt (Esr. 4,1; 8,22; Neh. 4,5; 5,9; 6,1 u.a.).

Zur Bezeichnung des „Sie", aber auch des „Wir" als ethnische Gemeinschaften werden im Alten Testament am häufigsten die Wörter *gôy* und *ʿam* benutzt. Das erste Wort besitzt eine dispersive Polysemie und bedeutet: Schwarm von Tieren, Insekten usw.; Völkerschaft, seltener die eigene, häufiger die fremde und vorwiegend staatlich organisierte.[235] In den Büchern Esra-Nehemia erscheint *gôy* hauptsächlich in Beschreibungen der Geschehnisse nach 458/457 v.u.Z. (Neh. 5,8.9.17 u.a.) und wird nur zur Bezeichnung der damals tatsächlich staatlich organisierten „Sie" benutzt. Das Wort *ʿam* besitzt im Alten Testament dagegen eine ausgesprochene Monosemie, da es im Sing. und mit dem Artikel das eigene Ethnos, das „Wir" oder dessen Bestandteil bezeichnet, während es im Plur. und in der Form des stat. constr. mit dem Wort *ʾereṣ* (Land) am häufigsten zur Bezeichnung fremder Ethnien, der „Sie" dient.[236]

In diesem Zusammenhang noch eine Beobachtung: Im Anschluß an die Feststellung, daß das Angebot der „Widersacher" (*ṣarê*) der Gemeinde, am Tempelbau teilzunehmen, abgelehnt wurde, findet sich folgende Aussage: „da hinderte der *ʿam hāʾāreṣ* die Hand des Volkes Juda und hemmte sie am Bauen" (Esr. 4,4). Problematisch ist hieran, daß ein und dieselbe Gemeinschaft, die Einwohnerschaft Samarias, *ṣarîm* und *ʿam hāʾāreṣ* genannt wird, obwohl die zweite Benennung auch eine Selbstbenennung der werdenden Gemeinde war (S. 110). Zur Beseitigung dieses Widerspruches wurden verschiedene Vorschläge gemacht, die alle mit unerwünschten Emendationen des alttestamentlichen Textes verbunden sind.[237] Dagegen kann jedoch die Vermutung geäußert werden,[238] daß hier überhaupt kein Widerspruch besteht und die Bezeichnung des „Wir" und des „Sie" mit dem Terminus *ʿam hāʾāreṣ* berechtigt war, weil die Samaritaner und auch manch anderes „Sie" für die nachexilische Gemeinde nicht etwas vollkommen Fremdes und gänzlich zu Verneindendes waren und entsprechend vom „Wir" gesehen und benannt wurden.

---

235  E.A. Speiser, „People" and „Nation" in Israel, 157-163; E. Ruprecht, Der traditionsgeschichtliche Hintergrund der einzelnen Elemente von Genesis XII 2-3, 444-445, u.a.

236  E.A. Speiser, „People" and „Nation" in Israel, 157-163; W. von Soden, Sprache, Denken und Begriffsbildung im Alten Orient, 34ff.; R.M.Good, The Sheep of His Pasture, 62-63, u.a.

237  Ed. Meyer, Die Entstehung des Judentums, 127, Anm. 2; J.W. Rothstein, Juden und Samaritaner, 5-11; J. Amusin, „Narod zemli", 31-32; J.M. Myers, Ezra. Nehemiah, 34-36, u.a.

238  J.P. Weinberg, Der *ʿam hāʾāreṣ* des 6.-4. Jh. v.u.Z., 331-333.

Man kann mit S. Japhet sagen, daß „The people of Israel's awareness of their own identity is a constant feature of biblical thought."[239] Nur muß hinzugefügt werden, daß es Epochen eines mehr oder weniger stabilen Bewußtseins der eigenen Identität gab, wie z.B. die spätvorexilische Zeit mit einem festgelegten Komplex von Selbstbenennungen, aber auch Epochen der Suche nach der eigenen Identität und deren Bestätigung. Eine solche war die Epoche des „Nullpunktes", die der nachexilischen Gemeinde, und ein Beleg dafür ist die in Tabelle 11 fixierte Vielzahl und Vielfalt der Selbstbenennungen der nachexilischen Gemeinde.

Tabelle 11

| Nr. | Selbstbenennung | Anzahl der Erwähnungen | |
|-----|-----------------|------------------------|---|
| | | vor 458/7 | nach 458/7 |
| 1. | Die Rückkehrer | 5 | - |
| 2. | „Die Verbannung, die Söhne der Verbannung" | 6 | 2 |
| 3. | „Der Rest, die Entronnenen" | 7 | 6 |
| 4. | „Die Gemeinde, die Versammlung" | 2 | 9 |
| 5. | „Das Volk", inkl. ʿam hāʾāreṣ | 31 | 47 |
| 6. | Israel | 16 | 31 |
| 7. | Juda, Judäer | 23/19 | 25 |

Die Angaben dieser Tabelle bezeugen die Flexibilität der nachexilischen Selbstbenennungen, wobei zwei Momente besondere Aufmerksamkeit verdienen. Das erste ist die Steigerung ihrer Häufigkeit im zeitlichen Ablauf, was auf die zunehmende Aktivität und Intensität der Suche nach der Identität in der nachexilischen Gemeinde hinweist. Das zweite Moment ist die ausgesprochen selektive Einstellung zu den Selbstbenennungen, der Wegfall bestimmter Termini und die intensive Benutzung anderer, in der sich die Richtung der Suche nach der Identität äußert und die Evolution des Identitätsbewußtseins manifestiert.

Es ist offensichtlich, daß die Selbstbenennungen: „die von der Gefangenschaft der Verbannung Zurückkehrenden" (Neh. 7,61 – Esr. 2,59; Esr. 3,8 u.a.) und „die Verbannung, die Söhne der Verbannung" (Sach. 6,9; Esr. 6,20 u.a.) hauptsächlich die Rückkehrer aus Mesopotamien bezeichneten, obwohl sie an manchen Stellen (Neh. 7,6 – Esr. 2,1 u.a.) auch die gesamte Gemeinde vor 458/457 v.u.Z. meinten[240]. Eine solche erweiterte Verwendung dieser Bezeichnungen spiegelte das Streben nach einer und die Ansprüche der Rückkehrer

---

239  S. Japhet, People and Land in the Restauration Period, 103.

auf eine Sonderstellung in der werdenden Gemeinde, vielleicht sogar auf ihre Anerkennung als die eigentliche Gemeinde wider. Da nach 458/457 v.u.Z. ein solches Bestreben und solche Ansprüche bodenlos waren, verschwanden aus dem späteren Sprachgebrauch auch die entsprechenden Selbstbenennungen. Ihr Verschwinden kann auch als Zeugnis dafür gelten, daß die Katastrophe und das Exil gewissermaßen schon als überwundene, der Vergangenheit angehörende Geschehnisse betrachtet wurden, die keinesfalls das Identitätsbewußtsein der nachexilischen Gemeinde bestimmten.

Im Unterschied zu den betrachteten Selbstbenennungen, die nur einen Teil des „Wir" in einer tragischen und der Vergangenheit angehörenden Epoche bezeichnen, sind die Wörter *pĕlêṭā* (Entronnener, Entronnenes; Entrinnen, Rettung) und *šĕʾērît* (Übriggebliebene, Rest) Hauptttermini der jahwistischen Rest-Theologie,[241] die die Güte und Gnade Gottes hervorhebt und dem von Gott erwählten und geretteten Teil des „Wir" eine hoffnungsvolle Zukunft voraussagt, was auch den festen Ort dieser gleichwohl nicht sehr häufig verwendeten Selbstbenennung bedingte.

Obwohl dem Terminus *ḳāhāl* (Aufgebot, Menge, Versammlung, Gemeinde) zuweilen eine späte (4. Jh. v.u.Z.) Provenienz zugeschrieben wird,[242] spricht mehr für eine frühe vorexilische Herkunft und Verbreitung dieses Wortes, das nicht notwendig ein Terminus für Kultgemeinde ist,[243] sondern allgemein eine Versammlung oder Gemeinschaft ohne notwendig religiöses Spezifikum bezeichnet.[244] In der ausgebildeten Gemeinde nach 458/457 v.u.Z. war die Versammlung der Gemeindemitglieder eins der führenden Institute der Selbstverwaltung (S. 99-101). Dementsprechend wird der Terminus *ḳāhāl* häufiger in den diese Periode schildernden Texten erwähnt und dabei auch als Selbstbenennung der gesamten Gemeinde (Esr. 10,14; Neh. 5,13 u.a.), was auf das Selbstverständnis des „Wir" als einer demokratisch instituierten und geführten Gemeinschaft hinweist.

H.C.M. Vogt[245] ist der Auffassung, daß in Esra-Nehemia der Terminus ʿam im Sing. oder mit dem Artikel hauptsächlich die Verbundenheit, die Union der Gemeinde mit Jahwe im Sinne von „das Volk Jahwes" ausdrückt wie auch den nichtpriesterlichen Teil der Gemeindemitglieder bezeichnet, aber nur als den Bestandteil des „Volkes Jahwes". In Wirklichkeit waren die Benutzungsmodi

240 J.P. Weinberg, Der ʿam hāʾāreṣ des 6.-4. Jh. v.u.Z., 326-327; D.G. Gowan, The Beginnings of Exile-Theology and the Root glh, 204-207; S. Japhet, People and Land in the Restauration Period, 112-113; A. Schoors, šĕbî and gālût in Is. XL-LV, 90-101; P.R. Ackroyd, The Chronicler in His Age, 229ff., u.a.
241 G.F. Hasel, The History and Theology of the Remnant Idea from Genesis to Isaiah, 153ff.; E.W. Nicholson, Apocalyptic, 191ff., u.a.
242 E. Urbach, millîm ʾāpyāniyôt bĕtôrat hakkohanîm, 26, u.a.
243 G. von Rad, Das Geschichtsbild des chronistischen Werkes, 44-45; S. Mowinckel, Studien zu dem Buche Ezra-Nehemia I, 85-90; H.C.M. Vogt, Studie zur nachexilischen Gemeinde in Esra-Nehemia, 90-99, u.a.
244 J. Barr, The Semantics of Biblical Language, 120-128.
245 H.C.M. Vogt, Studie zur nachexilischen Gemeinde in Esra-Nehemia, 76-89.

dieses Terminus vielfältiger und im Verlauf der Zeit veränderlich.[246] In den betreffenden Texten wird ꜥam tatsächlich manchmal (Sach. 2,15; 8,7.8; Esr. 1,3; Neh. 1,10) in Verbindung mit Gott, im Sinne von „das Volk Jahwes" erwähnt. Aber viel häufiger bezeichnet dieser Terminus einen Teil des „Wir", wobei in diesem Gebrauch eine eigentümliche Dynamik zu beobachten ist: In Texten, die sich auf die Zeit vor 458/457 v.u.Z. beziehen, kommt ꜥam in dieser Bedeutung nur zweimal vor (Neh. 7,72 – Esr. 2,70), und das Gros der Erwähnungen des Terminus mit dieser semantischen Nuance – 15mal (Neh. 5,1; 10,35 u.a.) – fällt in die Zeit nach 458/457 v.u.Z., als auch noch andere lexikalische Wandlungen stattfanden. Der in spätvorexilischer Zeit sehr verbreitete Terminus ꜥam hāʾāreṣ, der freie und vollberechtigte Bürger des judäischen Staates bezeichnete,[247] kommt in den Sprüchen Haggais und Sacharjas nur zweimal vor (Hag. 2,4; Sach. 7,5) und verschwindet gänzlich aus dem späteren Sprachgebrauch der Gemeinde, um in hellenistisch-römischer Zeit als verbreitete Bezeichnung eines und hierbei zweitrangigen Teil des „Wir" neu in Gebrauch zu kommen. Es kann vermutet werden, daß das konsequente Ausschalten des sozialpolitisch „engagierten", einen Teil des „Wir" absondernden und markierenden Terminus ꜥam hāʾāreṣ und die gleichzeitige Bevorzugung des das „Wir" als Ganzes, als ethnische Gesamtheit charakterisierenden Terminus ꜥam vielleicht das Bestreben, das Wollen und den Wunsch der nachexilischen Gemeinde ausdrücken, sich als Einheit zu sehen und als Einheit zu demonstrieren.[248]

Die bis jetzt betrachteten Selbstbenennungen bezogen sich hauptsächlich auf die nachexilische Gemeinde, aber dieses „Wir" war doch in Wirklichkeit nur einer und nicht der größte Teil des gesamten „WIR", des jüdischen Volkes. Da die folgenden Selbstbenennungen sich gewissermaßen auf das „Wir" und das „WIR" beziehen, so ist es zweckmäßig und notwendig, sich dem Problem der Beziehungen der nachexilischen Gemeinde zu den anderen Teilen des Volkes und den Zentren seiner Existenz zuzuwenden. Dieses Problem erfordert jedoch eine gründliche Untersuchung. Hier sollen einige präliminare Bemerkungen genügen. An erster Stelle fällt es auf, daß im Unterschied zu der hellenistisch-römischen Epoche, für die zahlreiche Angaben über rege bilaterale Kontakte zwischen den Juden Palästinas und der Diaspora vorliegen, die Informationen über solche im persischen Zeitalter äußerst beschränkt sind. Der Brief der Leiter der Elephantiner Gemeinde an die Führung der Jerusalemer Gemeinde von 407 v.u.Z. (Cowl. 30-31), der Bericht „Hananis, eines meiner

---

246    J.P. Weinberg, der ꜥam hāʾāreṣ des 6.-4. Jh. v.u.Z., 328; ders., „Wir" und „sie" im Weltbild des Chronisten, 29-30, u.a.

247    J. Amusin, „Narod zemli", 14-36; S. Talmon, The Judean ꜥAm Haʾareṣ in Historical Perspective, 87; E.W. Nicholson, The Meaning of the Expression ꜥam hāʾāreṣ in the Old Testament, 59-66; A.H.J. Gunneweg, ꜥam hāʾāreṣ – A Semantic Revolution, 437-440; R. Mc. Good, The Sheep of His Pasture, 122, u.a.

248    J.P. Weinberg, „Wir" und „sie" im Weltbild des Chronisten, 30; K. Hoglund, The Achaemenid Context, 65-68; D.L. Smith, The Politics of Ezra, 86-96, u.a.

(Nehemias) Brüder und der Leute aus Juda" über den jämmerlichen Zustand dort (Neh. 1,2ff.) und einige sich aber vor allem auf die Exilszeit oder die frühnachexilische Zeit beziehende Hinweise in den Prophetensprüchen (Jer. 29; Ez. 11,1ff.; Jes. 48,1ff. u.a.) sind fast alles, was an Informationen über die Kontakte zwischen dem „Wir" und dem „WIR" vorliegt. Da in Wirklichkeit diese Kontakte wahrscheinlich nicht so selten und episodisch waren, wie die Quellenlage vermuten läßt – es sei nur an die wiederholten Zuzüge der Heimkehrer erinnert –, so ist der Mangel an Mitteilungen hierüber als Indiz dafür zu bewerten, daß dieser Aspekt der Existenz des Volkes damals die beiden Gruppen des „WIR", die nachexilische Jerusalemer Gemeinde und die Diaspora-Gemeinden, nicht besonders interessierte. Einen diese Annahme bekräftigenden Beleg bietet die Diaspora-Novelle, in der – im ersten Teil des Danielbuches, im Estherbuch, im Tobitbuch u.a. – der nachexilischen palästinischen Judenschaft und den Kontakten zu ihr nur ganz geringe, fast keine Aufmerksamkeit zugewandt wird. Wenn sie aber zur Sprache kommen, so ist es meistens die Diaspora, die als handelnder, helfender und führender Teil des „Wir" auftritt (Neh. 1-2; Esth. 9,27ff. u.a.), was übrigens das Interesse für diesen Aspekt der Existenz des Volkes in der Jerusalemer Gemeinde kaum stimulieren konnte. Ein solches Erfassen der „Wir-WIR"-Beziehung kann zwei Gründe haben: Diese Beziehung ist so beständig, selbstverständlich und intakt, daß sie keiner großen Aufmerksamkeit bedarf, oder diese Beziehung ist etwas so Neues, noch im Entstehen Begriffenes, Nicht-Selbstverständliches, daß sie noch keine besondere Aufmerksamkeit hervorruft. Die zweite Annahme scheint die wahrscheinlichere zu sein, was auch die übrigen Selbstbenennungen der nachexilischen Gemeinde belegen.

Die Angaben der Tabelle 11 zeigen, daß eine der populären Selbstbenennungen der Gemeinde, besonders nach 458/457, das Ethnonym-Toponym *yiśrāʾēl* war. Im Widerspruch zu der in der Bibelwissenschaft verbreiteten Meinung, daß das Konzept „Israel als einheitliches Volk, Nation" eine Errungenschaft der vorexilischen Epoche war, ist Ph.R. Davies der Ansicht, daß „there exists scant basis for the concept of 'Israel' as an ethnic, religious, cultural or political unity before the exile. The creation of such an entity belongs to the process of ideological formation in the Persian Period, when ethnic and religious identity was encouraged by the Persians and implemented by processes now ascribed to the individuals Ezra and Nehemiah."[249] Auch H.G.M. Williamson teilt die Ansicht über eine exilisch-nachexilische Herkunft des Konzepts „Israel",[250] aber er behauptet, daß „the reality of life as a small colony in the vast Achaemenid empire ... had to take precedence over an idealism which could not be understood at the centre of power as other than natio-

---

249  Ph.R. Davies, The Concept of Israel, 24-25.
250  H.G.M. Williamson, The Concept of Israel in Transition, 158; vgl, ders., Israel in the Books of Chronicles, 87ff.; O. Margalith, On the Origin and Antiquity of the Name "Israel", 225-237.

nalist and hence potentially dangerous", und darum: „Not without trauma, Israel had been transformed from a national and political to a cultural and religious concept".

Die Analyse sämtlicher Vorkommen des Ethnonyms-Toponyms *yiśrā'ēl* als Selbstbenennung der nachexilischen Gemeinde belegt, daß in den entsprechenden Texten der Terminus in drei verschiedenen Modi benutzt wird – als eine Bezeichnung des außer- und überzeitlichen „WIR" der Vergangenheit, Gegenwart und vielleicht auch der Zukunft, als eine Bezeichnung der nachexilischen Gemeinde und ihres nichtpriesterlichen Bestandteils. Hierbei ist es kennzeichnend, daß „Israel" am häufigsten (etwa 45 % aller Vorkommen) im ersten Modus benutzt wird (Esr. 3,2.10; 5,11; 7,6; Neh. 1,6 u.a.) und seltener als Selbstbenennung der nachexilischen Gemeinde erscheint (Esr. 7,10; 8,29; 9,1; Neh. 9,1.2 u.a.). In der letzten Bedeutung hatte die Selbstbenennung „Israel" im Vergleich mit den zuvor betrachteten zumindest einen wesentlichen Vorteil – sie drückte markant das für das Identitätsbewußtsein notwendige Kontinuitätsgefühl wie auch die Empfindung der gemeinsamen Zugehörigkeit der beiden „Wir"-Gruppen zum gesamten „WIR" aus und konnte darum eventuell die bevorzugte Selbstbenennung dieser Gemeinde und des gesamten Volkes werden. Aber gerade dieser Vorteil wandelt sich zum Nachteil, denn das in der Selbstbenennung „Israel" geprägte Kontinuitäts-Empfinden hindert die Entfaltung des für das Identitätsbewußtsein nicht weniger wichtigen, vielleicht sogar wichtigeren Diskontinuitäts-Empfindens, es hemmt die Ausbildung der Vorstellung, daß das heutige „Wir" nicht nur ein Erbe und Nachfolger des vorexilischen „Wir" ist, sondern seine eigenen Merkmale und Besonderheiten besitzt und sich dessen bewußt ist.

Eben diese organische Verbindung von Kontinuität und Diskontinuität als notwendige Vorbedingungen und Komponenten des Identitätsbewußtseins drückt am treffendsten das Toponym-Ethnonym Juda (*yĕhûdā*) und besonders das Ethnonym „Jude" (*yĕhûdî*) aus, in denen sich auch besonders prägnant die für das Identitätsbewußtsein der nachexilischen Gemeinde so wichtige Anerkennung der Verbundenheit von „Volk" und „Land" äußerte.[251] Im vorexilischen Sprachgebrauch war *yĕhûdā* als Toponym die Bezeichnung des entsprechenden Stammgebietes wie auch des südlichen Staates, während es als Ethnonym die Angehörigen dieses Stammes und die Einwohner bzw. Bürger dieses Staates bezeichnete. In den sich auf die nachexilische Gemeinde beziehenden Texten war *yĕhûdā-yĕhûd* als Toponym die Bezeichnung des Landes, in dem sich diese Gemeinde befand, später der persischen Provinz in Palästina (Esr. 1,2; Esr, 2,1 – Neh. 7,6; Neh. 2,2 u.a.), während es als Ethnonym, gewöhnlich in für den vorexilischen Sprachgebrauch üblichen Formen wie „Juda und Benjamin", „das Haus Judas", „die Söhne Judas" usw.

---

251 J.P. Weinberg, „Wir" und „sie" im Weltbild des Chronisten, 31; S. Japhet, People and Land in the Restoration Period, 103ff.; P.R. Ackroyd, The Chronicler in His Age, 221-222, u.a.

zur Bezeichnung der nachexilischen Gemeinde benutzt wird (Esr. 10,9; Neh. 11,4 u.a.). Hierbei muß betont werden, daß im Unterschied zu den anderen Selbstbenennungen, inkl. „Israel", „Juda" niemals zur Bezeichnung eines Teils des „Wir" benutzt wurde, sondern nur das „Wir" als Ganzheit, Gesamtheit bezeichnet, aber bestehend aus einer Vielzahl von Individuen, aus den *yĕhûdîm*.

Das Ethnonym *yĕhûdî* (zu Juda gehörig; judäisch, jüdisch; Judäer, Jude) war ein Neologismus der spätvorexilischen Zeit (erstes Vorkommen in 2 Reg. 16,8), ein Ergebnis und eine Widerspiegelung des Individualisierungs- und Autonomisierungsprozesses des Menschen, ein Niederschlag des Empfindens oder des Verständnisses, daß das „Wir" nicht eine unteilbare Ganzheit ist, sondern eine aus zahlreichen Individuen zusammengesetzte Gesamtheit. Ein solches Selbstverständnis des „Wir" entsprach dem Zeitgeist, und darum setzte sich eben dieses neue Ethnonym durch und wurde nach 458/457 v.u.Z. nicht nur die bevorzugte Selbstbenennung der ausgebildeten Gemeinde (Neh. 5,1.8; 13,23.24; Cowl. 30,19 u.a.), sondern allmählich auch des gesamten Volkes.

Im Grunde genommen gibt es nur drei Formen der Beziehung „Wir-Ich, Ich-Wir": die des völligen Einbezogenseins, Eingeschlossenseins und Aufgehens des sich noch nicht als Individuum bewußten einzelnen Menschen im „Wir", die der dialektisch widersprüchlichen, aber nicht antagonistischen Verbundenheit und Zusammengehörigkeit des sich als Individualität-Persönlichkeit verstehenden Menschen mit dem „Wir" und die des Gegensatzes und Widerspruchs, sogar des Antagonismus zwischen „Ich" und „Wir".[252] Der Individualisierungsprozeß des Menschen hat einen quantitativen Aspekt, der sich im Grad der Ausgliederung, des Heraustretens des Individuums aus dem „Wir", im Ausmaß seiner Autonomie gegenüber dem „Wir" äußert, wie auch einen qualitativen Aspekt, der seinen Ausdruck darin findet, auf welchen Ebenen seiner Individualität-Persönlichkeit und in welchen Sphären seiner Tätigkeit der Mensch seine Autonomie und Selbständigkeit erreicht und bestätigt.[253]

S. Japhet weist mit Recht auf die zurückhaltende, alles Persönliche und Individuelle vermeidende Einstellung des Verfassers oder der Verfasser der Bücher Esra-Nehemia zu Scheschbazzar, Serubbabel und anderen führenden Persönlichkeiten der nachexilischen Gemeinde und erklärt es mit dem objektiven „process of decentralisation, in which the power of local and family leaders gradually grew. We might call this process 'democratization ...'"[254] wie auch mit der subjektiven Einstellung des Verfassers, die „transfers the emphasis from the leader to the public or its representatives". Aber gleichzeitig muß

---

252 G.S. Knabe, Rimskaja biografija i „Žisneopisanije Agrikoly", 60ff.; J.P. Vejnberg, Čelovek v kuljture drevnevo Bližnevo Vostoka, 99-100, u.a.
253 I.S. Kon, Otkrytije „ja", 8-11; J.P. Vejnberg, Čelovek v kuljture drevnevo Bližnevo Vostoka, 99-100.
254 S. Japhet, Sheshbazzar and Zerubbabel, 87, 83.

bemerkt werden, daß eben die Bücher Esra-Nehemia von Individuen besonders dicht „bevölkert" sind, daß dort in großer Konzentration Einzelpersonen nicht nur erwähnt werden, sondern auch handelnd in Erscheinung treten. Dabei handelt es sich nicht nur um so führende prominente Persönlichkeiten wie Scheschbazzar und Serubbabel, die Zadokiden Jeschua und Eljaschib, die Propheten Haggai und Sacharja, Esra und Nehemia, ihre Gegner Sanballat, Tobija u.a., sondern auch um zahlreiche mit Namen genannte Individuen, die als Teilnehmer der von Esra geleiteten Repatriierung (Esr. 8,2ff.) und als seine Gehilfen bei der Untersuchung der Mischehen (Esr. 10,15), als Erbauer der Jerusalemer Mauer (Neh. 3,1ff.), Unterzeichner der ʾǎmānā (Neh. 10,2ff.) und anderer Maßnahmen figurieren. Eine derartige „Saturierung" mit namentlich aufgezählten, handelnden und wirkenden Individuen ist ein beachtliches Zeugnis für den tatsächlichen Emanzipationsprozeß des „Ich" in der nachexilischen Gemeinde. Dafür spricht auch die beträchtliche Anzahl der nachexilischen persönlichen Bullen und Siegel, die stets ein dinglicher Ausdruck des realen Status und der wirklichen Bedeutung eines Individuums sind.

Ein weiteres Argument ist die Gattung der Bücher Esra-Nehemia, deren Kern die autobiographisch-biographischen Denk- oder Votivinschriften (S. 10f.) der beiden führenden Persönlichkeiten der Gemeinde war. Das Entstehen und die Verbreitung der Gattung der Biographie und Autobiographie ist an und für sich ein Indikator des vorangeschrittenen Individualisierungs- und Autonomisierungsprozesses, worauf auch der hohe Frequenzgrad des Personalpronomens ʾǎnî – ʾǎnôkî (inkl. der suffigierten Form) in den betreffenden Texten hinweist. Die vorhandenen Angaben, besonders die Schilderungen der Tätigkeit der drei zentralen Persönlichkeiten der Geschichte der nachexilischen Gemeinde – Serubbabels, Esras und Nehemias – ermöglichen sogar einen Einblick in die Entfaltung des Individualisierungsprozesses in der nachexilischen Gemeinde. In der Beschreibung der Tätigkeit Serubbabels wird mit einer einzigen Ausnahme (Esr. 4, 2-3) nur die indirekte Rede angewendet, und im gesamten Text wird niemals in bezug auf ihn das Personalpronomen im Sing. benutzt. Grund dafür sind nicht nur die „demokratischen" Tendenzen des Verfassers oder der Verfasser, sondern möglicherweise auch die noch wenig ausgeprägte Emanzipation des Individuums und dementsprechend das noch nicht ausgebildete individuelle Selbstbewußtsein. Das war eine natürliche Erscheinung in der Situation des „Nullpunktes", des erst beginnenden Zusammenschlusses der künftigen Gemeinde, die notwendigerweise eine Präferenz des Kollektiven gegenüber dem Individuellen forderte.

In der Mitte des 5. Jh. v.u.Z. hatte sich die Situation beträchtlich geändert, und die ausgebildete, erstarkte Gemeinde bot weit bessere Bedingungen für die Entfaltung des Individuums. Dementsprechend kommt in der Beschreibung der Tätigkeit Esras häufiger die direkte Rede vor, dem Hörer oder Leser werden nicht nur Einzelheiten seiner Biographie – über seine Herkunft, Ämter usw. (Esr. 7, 1-6) – und Tätigkeit – über seine Amtseinsetzung, die von ihm organisierte Repatriierung, die Scheidung der Mischehen (Esr. 7,11ff.; 8, 1ff.; 10,1ff.) u.a. – mitgeteilt, sondern auch ein Einblick in die Gefühle und das Denken, das Wünschen und Wollen des Helden gewährt: „Und ich schämte mich ..." (Esr. 8,22), „Und als ich dieses Wort hörte, zerriß ich meine Kleider" (Esr. 9,3) usw. Esra erscheint als eine seiner Selbständigkeit, seiner Aufgabe und Verantwortung bewußte Persönlichkeit: „... und ich war gestärkt, denn die Hand Jahwes, meines Gottes, war über mir" (Esr. 7,28).

Die Beschreibung der Tätigkeit Nehemias beginnt mit der Eingangsformel: „Die Taten (dibrê) des Nehemia, Sohnes des Hachalja, und es war im Monat Kislev des zwanzigsten Jahres [des Artaxerxes' I.], und ich (Nehemia) war im Schloß zu Susa" (Neh. 1,1), und endet mit den Worten: „Gedenke meiner, mein Gott, zum besten" (Neh. 13,31). Schon dieser Rahmen der Erzählung zeigt, daß ihr Mittelpunkt ein seiner Autonomie und Bedeutung bewußtes Individuum ist. Entsprechend werden alle für das „Wir" bedeutsamen Ereignisse und Maßnahmen als nur von Nehemia initiierte und durchgeführte geschildert – „Und ich (Nehemia) stand nachts auf ...", um den Zustand der Jerusalemer Mauer zu inspizieren (Neh. 2,12ff.) und den Mauerbau zu beginnen. „Und mein Herz herrschte über mich, und ich schalt die Noblen ..." (Neh. 5,7ff.), womit die Lösung des von Wucher und Schuldhörigkeit hervorgerufenen Konflikts einsetzt. „Und als die Mauer erbaut war, hängte ich Tore ein ... und bestellte den Hanani, meinen Bruder ..." (Neh. 7, 1-2). Da auch viel Aufmerksamkeit der Beschreibung der Gefühle Nehemias – „Und als ich diese Worte hörte, saß ich und weinte und trug Leid zwei Tage ..." (Neh. 1,4, vgl. 2,2.15 u.a.) – und seiner Gedanken – „Und ich aber sagte: ‚Soll ein Mann wie ich fliehen'" (Neh. 6,11, vgl. 2,17ff. u.a.) –, sogar seiner Absichten, Befürchtungen, Ärgernisse usw. (Neh. 2,12ff.; 13,8ff. u.a.) zugewendet wird, so ersteht vor dem Auditorium ein lebensvolles Porträt einer selbständigen und seiner Selbständigkeit bewußten Persönlichkeit.

Aber diese richtige Beobachtung darf keinesfalls verabsolutiert und die Stufe der Individualisierung und Autonomisierung der Gemeindemitglieder nicht überbewertet werden, denn eine große Anzahl von Angaben weist auf eine stabile Verbundenheit des „Ich" mit dem „Wir" hin. Hierbei ist es kennzeichnend, daß solche Hinweise besonders häufig in der Nehemia-Erzählung anzutreffen sind: Nehemia betont ständig seine Verbundenheit mit seinem agnativen Verband (Neh. 1,2; 2,3 u.a.) und mit dem gesamten „Wir" und dessen verschiedenen Gruppen: „Und weder ich noch meine Brüder und meine Jünglinge (une̔ʿāray) und die Männer der Wache, die hinter mir waren, wir zogen unsere Kleider nicht aus" (Neh. 4,17, vgl. 4,3 u.a.). Da das gleiche Phänomen, obwohl nicht so häufig, auch in bezug auf Esra begegnet – „Und wir fasteten und ersuchten dieses von unserem Gott, und er erhörte uns" (Esr. 8,23), „Und wir brachen auf ... und die Hand unseres Gottes war über uns und errettete uns von der Hand der Feinde ..." (Esr. 8,31) –, so kann die Schlußfolgerung gezogen werden, daß sich in der nachexilischen Gemeinde die

Beziehung „ich-wir, wir-ich" auf der Stufe der dialektisch-widersprüchlichen Verbundenheit des sich als Individualität-Persönlichkeit empfindenden Menschen mit dem „Wir" befand.

„Wir" und „sie", „ich" und „wir" – alle diese und noch andere, aber schon sekundäre Divergenzen und Gegensätze riefen beträchtliche Spannungen um die nachexilische Gemeinde und in der nachexilischen Gemeinde hervor. Diesen Spannungen wird in der modernen Bibelwissenschaft große Aufmerksamkeit gewidmet, da man in der Gemeinde des 6.-4. Jh. v.u.Z. die Wurzeln und Anfänge des für das spätere Judentum so kennzeichnenden und wichtigen Sektierertums sucht. Hierbei sind zwei unterschiedliche Standpunkte anzutreffen – der eine sucht die Wurzeln im Konflikt zwischen der nachexilischen Gemeinde und den Samaritanern,[255] während der andere auf die Widersprüche innerhalb der Gemeinde hinweist.[256]

Alles zuvor über das Wesen und die Struktur der nachexilischen Gemeinde Gesagte widerspricht der Reduzierung der zahlreichen und mannigfaltigen Spannungen in der und um die Gemeinde auf nur eine oder wenige Oppositionen. Der Konflikt zwischen der nachexilischen Gemeinde und den Samaritanern war, jedenfalls bis zur Mitte des 5. Jh. v.u.Z., hauptsächlich von machtpolitischen Interessen hervorgerufen und getrieben, was für das Aufkommen eines religiösen Sektierertums nicht ausreichend war. Zwar gab es Kontroversen religiös-kultischer Art innerhalb der Gemeinde, aber diese bezogen sich nicht auf prinzipielle Abweichungen vom Jahwismus, sondern vielmehr nur auf Überschreitungen einiger kultischer Vorschriften – des Verbots der Mischehen, der Sabbat-Bestimmungen usw. –, was kaum ein ausreichender Grund für die Entstehung eines Sektierertums sein konnte. Außerdem unternahmen die Übertreter der jahwistischen Vorschriften nicht den geringsten Versuch, sich ideologisch, organisatorisch zu vereinigen, eine wenn auch nur lose Gemeinschaft zu bilden, was jedoch eine notwendige Vorbedingung für jede Sekte war und ist. Darüber hinaus muß bedacht werden, daß die nachexilische Gemeinde, jedenfalls auf ihrem Höhepunkt, aufgrund einiger ihrer wesentlichen Merkmale wie des Prinzips der Freiwilligkeit, der Ausgewogenheit ihrer strukturellen Grundpfeiler und der pluralistischen Grundorientierung ihrer Mitglieder, keinen günstigen Boden für das Aufkommen von Sekten bot.

---

255  J.W. Rothstein, Juden und Samaritaner, 2ff.; R.J. Coggins, The Old Testament and Samaritans Origins, 35-48; S. Talmon, Sectarianism in the Early Second Temple Period, 176ff., u.a.

256  A. Bentzen, Priesterschaft und Laien in der jüdischen Gemeinde des fünften Jahrhunderts, 280-286; R. Meyer, Levitische Emancipationsbestrebungen in nachexilischer Zeit, 721-728; U. Kellermann, Nehemia, 174; M. Smith, Palestinian Parties and Politics that Shaped the Old Testament, 18ff.; H. Kreissig, Die sozialökonomische Situation in Juda zur Achämenidenzeit, 86ff.; H. Mantel, The Dichotomy of Judaism during the Second Temple, 53-87; H. Kippenberg, Religion und Klassenbildung im antiken Judäa, 33-59; S.J. Spiro, Who was the Haber? 186-216; J. Blenkinsopp, A Jewish Sect of the Persian Period, 5-20, u.a.

## 6. Die nachexilische Gemeinde – eine Bürger-Tempel-Gemeinde

In der Forschung der nachexilischen Jerusalemer Gemeinde lassen sich in bezug auf ihre Bezeichnung zwei prinzipiell unterschiedliche Einstellungen feststellen. Die eine, für das Ende des vorigen Jahrhunderts und die erste Hälfte des jetzigen kennzeichnende, suchte nach möglichst präzisen, das Wesen der Gemeinde adäquat ausdrückenden Bezeichnungen und erzeugte eine verwirrende Vielzahl und Mannigfaltigkeit von diesen: Kult-, Religions-, Glaubensgemeinde, Volksgemeinde und Rechtsgemeinschaft, Theokratie und kirchlicher Staat, weltlicher Staat usw. Die andere, in den letzten Jahrzehnten vorherrschende Einstellung versucht, definierende und spezifizierende Bezeichnungen zu vermeiden und beschränkt sich auf neutrale deskriptive Formen wie „die nachexilische Gemeinde", „postexilic community", „second commonwealth" und andere, was der vorsichtigen, fast asketischen Zurückhaltung des modernen wissenschaftlichen Denkens entspricht.

Trotzdem kann auch das moderne geschichtliche Denken nicht ohne Benennungen auskommen, und ein Beleg dafür ist die Tatsache, daß die heute bevorzugten neutralen Überschriften nicht so neutral sind, wie es erscheinen mag, da auch sie lokale, temporale und konzeptionelle Bestimmungen enthalten. Darum scheint es, daß eine explizite Bezeichnung vorzuziehen ist, und als solche wird hier die „Bürger-Tempel-Gemeinde" vorgeschlagen.

Diese Bezeichnung wurde 1953 von G. Sarkisjan auf die selbstverwaltete Stadt im Seleukidischen Babylonien angewendet.[257] Drei Jahre später benutzte J. Amusin episodisch diese Bezeichnung für die nachexilische Jerusalemer Gemeinde.[258] Ich benutze diese Bezeichnung systematisch seit 1972,[259] weil sie, wie mir scheint, die Einseitigkeit manch anderer Bezeichnungen vermeidet und adäquater und präziser das Wesen und die Eigentümlichkeiten der nachexilischen Gemeinde ausdrückt. Eine Komponente dieser Bezeichnung ist der Begriff „Bürger", der mit der grundlegenden Eigenschaft dieser Gemeinde übereinstimmt, daß sie eine Gemeinschaft von freien, vollberechtigten Menschen, von Bürgern war. Die andere Komponente dieser Bezeichnung, der Begriff „Tempel", hebt die vereinigende und integrierende Funktion und Rolle des Jerusalemer Tempels in diesem Gemeinwesen hervor, während der Begriff „Gemeinde" die für dieses Gemeinwesen relevanten Prinzipien der Freiwilligkeit und der Halbstaatlichkeit akzentuiert. Es soll auch berücksichtigt werden, daß die Bezeichnung „Bürger-Tempel-Gemeinde" das nachexilische Gemeinwesen im diachronen Schnitt von den ihm vorangehenden und nachfolgenden sozial-politischen Gebilden in der jüdischen Geschichte unterscheidet und abgrenzt, während auf der synchronen

---

257  G.Ch. Sarkisjan, O gorodskoj zemle v selevkidskoj Vavilonii, 60ff.
258  J.D. Amusin, Narod-zemli, 33-34.
259  J.P. Weinberg, Demographische Notizen zur Geschichte der nachexilischen Gemeinde in Juda, 45; ders., The Citizen-Temple Community, 137-138.

Ebene diese Bezeichnung auf die Affinität der nachexilischen Jerusalemer Gemeinde mit anderen typologisch gleichartigen Gebilden der Achsenzeit, des nahöstlichen Vorhellenismus hinweist. Es soll keinesfalls behauptet werden, daß „Bürger-Tempel-Gemeinde" die einzig mögliche, die optimale Bezeichnung ist, aber sie bringt am besten das zuvor dargelegte Konzept der nachexilischen Jerusalemer Gemeinde, der engeren Mitwelt des Chronisten und des Chronikbuches summarisch auf den Begriff.

# IV. Der Chronist: Seine Quellen und Methode

Das Wort „Geschichte" und seine Äquivalente in den modernen Sprachen sind ausgesprochen polysemantisch, aber für unsere Betrachtung sind vor allem zwei seiner Bedeutungen relevant. Geschichte ist der Ablauf von Geschehnissen und Ereignissen in der Existenz des Menschen und seiner Gesellschaft, eine objektive Gegebenheit, und Geschichte ist auch die Erforschung und Beschreibung dieser Ereignisse und Geschehnisse, also das subjektive Erfassen dieser objektiven Gegebenheit. In der folgenden Darlegung wird der Terminus „Geschichte" bevorzugt im ersten Sinne benutzt, während für die zweite Bedeutung die Termini „geschichtliches Bewußtsein" und „geschichtliches Denken" verwendet werden.

Die Kategorie „das geschichtliche Bewußtsein" oder, nach M. Weippert[1], „das Geschichtsbewußtsein" bezeichnet eine besondere, spezifische Form des individuellen und sozialen Bewußtseins, die „sämtliche spontane oder wissenschaftliche Ausdrucksformen umfaßt, in denen die Gemeinschaft [und das Individuum – J.W.] seine Vergangenheit erfaßt (reproduziert und bewertet), präziser – in denen die Gemeinschaft [und das Individuum – J.W.] seine Bewegung in der Zeit reproduziert."[2] Das geschichtliche Bewußtsein selbst ist geschichtlich in dem Sinne, daß es sich im Ablauf der Geschichte in zahlreichen und mannigfaltigen Formen äußert, deren Aufkommen und Wechsel vom Wesen und Niveau des Denkens bestimmt wird.

Obwohl dem „geschichtlichen Denken" spezifische Eigentümlichkeiten eigen sind, z.B. seine bevorzugte Hinwendung zur Vergangenheit, stellt es nur eine besondere Sphäre des menschlichen Denkens dar, dessen zwei Denkweisen – die mythologische und die wissenschaftlich-logische – unterschiedlich und verschiedenartig zur Vergangenheit eingestellt sind, sie divers erfassen und verstehen. Darum enthalten die beiden Denkweisen grundsätzlich unterschiedliche Vorbedingungen und Möglichkeiten für das Aufkommen und die Entfaltung des „geschichtlichen Denkens" und der „Geschichtsschreibung".

Die Kategorien des „geschichtlichen Denkens" und die „Geschichtsschreibung" sind nicht identisch, denn letztere ist eine Form der Verwirklichung, der Materialisierung des geschichtlichen Denkens. Wenn man die Geschichts-

---

1  M. Weippert, Fragen des israelitischen Geschichtsbewußtseins, 415ff.
2  Ju.D. Levada, Istoričeskoje soznanije i naučnyj metod, 191, vgl. J. van Seters, In Search of History, 1-6; G.A. Antipov, Istoričeskoje prošloje i puti jevo poznanija, 144ff.; A. Ja. Gurevitsch, Istoričeskaja nauka i istoričeskaja antropologija, 56ff., u.a.

schreibung als diejenige Sphäre der geistigen Tätigkeit des Menschen anerkennt, deren Aufgabe es ist, ein Wissen und Verständnis von der
Vergangenheit des Menschen und der Menschheit zu erarbeiten, wenn
„History is the intellectual form in which a civilization renders account to
himself on its past,"[3] dann bildet das wissenschaftlich-logische Denken den
Nährboden, der für die Entstehung und Entwicklung der Geschichtsschreibung besonders günstig ist.[4]

Jedem der beiden Typen des geschichtlichen Denkens sind spezifische
Arten der Festsetzung und der Wiedergabe der Vergangenheit eigen: Während
dem mythologischen Denken eine mündliche Fixierung und Tradierung näher
steht (was die Anwendung schriftlicher Formen keineswegs ausschließt), so
drückt sich das wissenschaftlich-logische geschichtliche Denken bevorzugt
und in größerem Umfang in der schriftlichen Form aus (was die Verwendung
mündlicher Formen nicht ausschließt). Die Verbindung zwischen dem Typ des
geschichtlichen Denkens und der Art seiner Fixierung und Tradierung ist eine
bilaterale, denn z.B. die schriftliche Weise der Fixierung und Tradierung ist
nicht nur ein Mittel, ein Vehikel des wissenschaftlich-logischen geschichtlichen Denkens, sondern wirkt selbst bedeutsam auf die Gestaltung und Entwicklung des letzteren ein, so daß Geschichtsschreibung mit Recht als ein Akt
betrachtet werden kann, durch den Ereignissen und Geschehnissen der Vergangenheit Bedeutung verliehen oder umgekehrt die Bedeutsamkeit abgespro-
chen wird.[5]

Das geschichtliche Denken, die Geschichtswerke und die Geschichtsschreiber verschiedener Epochen unterscheiden sich nicht nur durch die Auswahl der Geschehnisse, Situationen und Prozesse der Vergangenheit, die ihre
Aufmerksamkeit anziehen, sondern hauptsächlich durch das Spezifikum des
jeweiligen Verständnisses dieser Geschehnisse und Ereignisse wie auch durch
die unterschiedliche Auslese der Quellen und der Methoden ihrer Behandlung.
Methode ist eine bestimmte Folgerichtigkeit von Verfahren, deren Beachtung
und Erfüllung eine notwendige Vorbedingung für die Verwirklichung der vom
Geschichtsschreiber gestellten Aufgabe ist. Nun spricht H. Freydank[6] von
einer völligen Perspektivlosigkeit der Versuche, die Methoden der altvorder-
orientalischen Geschichtsschreibung zu eruieren, weil dort, anders als in der
antiken Geschichtsschreibung – Herodotos und Thukydides, Aristoteles und
Polybios, Lukian u.a. –, keine Reflexionen der Geschichtsschreiber über ihr

---

3    J. Huizinga, A Definition of the Concept of History, 9.
4    V.N. Toporpov, O kosmologičeskich istočnikach ranneistoričeskich opisanij, 123ff.; J.P.
     Vejnberg, Roždenije istorii, 9-11, u.a.
5    G.W. Ahlström, Oral and Written Transmission, 69ff.; Ju.A. Levada, Istoričeskoje sozna-
     nije i istoričeskij metod, 192-193; J.P. Vejnberg, K voprosu ob ustnoj i pismennoj tradicii
     v Vetchom zavete, 60-63; M.A. Barg, Istoričeskoje soznanije kak problema istoriografii,
     57, u.a.
6    H. Freydank, Zur Entwicklung einer Geschichtsschreibung im Alten Vorderen Orient,
     387.

Schaffen, ihre Arbeitsmethoden usw. anzutreffen sind. Es ist offensichtlich, daß solche Reflexionen überzeugende Indikatoren der Reife und des Selbstbewußtseins des geschichtlichen Denkens sind. Aber erstens muß darauf hingewiesen werden, daß selbst in der antiken Geschichtsschreibung die Versuche theoretischer Selbsterkenntnis nicht nur verhältnismäßig rar, sondern auch meist „dürftig und primitiv" waren.[7] Zweitens ist eine Arbeitsmethode, unabhängig davon, ob sie explizit dargelegt wird oder nicht, stets unvermeidlich in jedem Geschichtswerk vorhanden und kann infolgedessen eruiert werden.

## *1. Der Chronist und die geschichtlichen Traditionen*

Der Weg des Geschichtsschreibers zur Erkenntnis der Vergangenheit begann und beginnt mit dem Sammeln und der Auslese von Informationen über diese Vergangenheit. So begann auch der Chronist, da er dazu gezwungen war, um die vorexilische Vergangenheit beschreiben zu können, sich der geschichtlichen Tradition zuzuwenden. Die letztere aber besteht nicht nur aus dem traditum, d.h. dem Inhalt des Tradierten, sondern auch aus dem actus tradendi, d.h. dem Prozeß des Tradierens,[8] der stets ein Akt der bilateralen Kommunikation zwischen dem Tradenten und dem Rezipienten, eine Komponente und ein Aspekt des Dialogs zwischen der Gegenwart und der Vergangenheit ist. In dieser bilateralen Kommunikation, diesem Dialog ist der Geschichtsschreiber der Rezipient, der aktive Partner, dessen Einstellung zur Tradition, ihre Rezeption von seiner Persönlichkeit und seiner Weltanschauung, von seinem sozialpolitischen Milieu und der geistig-geistlichen Atmosphäre seiner Mitwelt sowie von der ihm und seinem Auditorium eigenen Denkweise bestimmt wird.

Eine grundsätzliche Eigentümlichkeit des Mythos ist seine Über- und Außerzeitlichkeit, seine Allgemeinheit, infolge deren die Mythenbildung ein permanenter Prozeß ist, in dem jeder Text „... als noch ein Wort im fortlaufenden Gespräch" erfaßt wird, und: „Im Prinzip ist es belanglos, welches Wort und welche Phrase als erste stehen."[9] Dementsprechend ist der mythologischen Denkweise ein Verständnis eigen, wonach einzelne Texte nicht besonders markiert und abgesondert werden und wonach das „heute gesprochene Wort" nicht vom „gestern gesprochenen Wort" unterschieden wird. Darum ist schon die nur zaghafte, keimhafte Empfindung des Unterschiedes zwischen dem „heutigen Wort" des Rezipienten und dem „gestrigen Wort" der Tradition, das

---

7   H. Strasburger, Die Wesensbestimmung der Geschichte durch die antike Geschichtsschreibung, 11.

8   J. Kegler, Politisches Geschehen und theologisches Verstehen, 23-33; K. Strübind, Tradition als Interpretation in der Chronik, 64-70, u.a.

9   S.S. Averincev, Grečeskaja „literatura" i bližnevostočnaja „slovesnostj", 223.

Aufkommen einer Beziehung zwischen recipitum und traditum eine Abkehr
vom Mythos und eine Hinwendung zur Geschichtsschreibung. Infolgedessen
ist für das Verständnis des Wesens der alten (und nicht nur der alten!) Geschichtsschreibung die Benutzung der geschichtlichen Tradition an und für
sich kennzeichnend, aber aufschlußreicher ist das dem betreffenden Geschichtsschreiber eigene Erfassen und sein Umgang mit der Tradition, die
Stufe und die Eigentümlichkeit seines „Quellenbewußtseins".

Ein ausgesprochenes „Quellenbewußtsein" ist nicht nur für die antike
Geschichtsschreibung kennzeichnend,[10] sondern auch „The Israelite historian
seems to have respect for his sources."[11] Belege dafür sind die episodischen
Hinweise des Elohisten darauf, was „... gesagt worden ist in der Buchrolle der
Kriege Jahwes" (Num. 21,14 u.a.), die häufigeren Erwähnungen „der Buchrolle der Geschlechter (sēper tôlĕdot)" (Gen. 5,1ff.; 6,9ff. u.a.) in der Priesterschrift usw. Im deuteronomistischen Geschichtswerk, in den Büchern Esra-
Nehemia und im Chronikbuch werden solche Hinweise systematisch aufgenommen, sie haben dort einen normativen Charakter und sind strukturelle
Komponenten dieser Werke. Darum scheint es kaum berechtigt zu sein, die
vom Deuteronomisten systematisch genannte „Buchrolle der Wörter-Taten
der Tage der Könige Judas" oder die „Buchrolle der Wörter-Taten der Tage
der Könige Israels" als Erfindungen dieses Geschichtsschreibers zu betrachten,[12] sondern es spricht viel mehr für die Annahme, daß diese und noch
andere im deuteronomistischen Geschichtswerk genannten Texte, z.B. „die
Buchrolle der Wörter-Taten Salomos" (1 Reg. 11,41), tatsächlich vorhandene
und vom Deuteronomisten verwendete Texte und darum Bestandteile der
geschichtlichen Tradition waren.[13]

Der Wille, die zugrundeliegende geschichtliche Tradition explizit zu nennen, äußert sich besonders markant im Chronikbuch. Der Chronist beruft sich
wiederholt (1 Chr. 9,1; 2 Chr. 20,34; 33,18 u.a.) auf die „Wörter-/Taten der
Könige Israels (dibrê malkê yisrā'ēl)", aber viel kennzeichnender für das
Repertoire der geschichtlichen Tradition, auf die der Chronist in seinem Werk
zurückgegriffen hat, sind die zahlreichen, im deuteronomistischen Geschichtswerk nicht erwähnten Benennungen. Es geht um die siebenmal genannte
„Buchrolle der Könige Israels und Judas (oder Judas und Israels)" (2 Chr.
27,7; 35,27; 16,11; 25,26 u.a.), um acht Erwähnungen von Prophetensprüchen
(1 Chr. 29,29; 2 Chr. 9,29; 12,15 u.a.), um die „Annalen des Königs David" (1
Chr. 27,24), den „midrāš der Buchrolle der Könige" (2 Chr. 24,27) usw. Ohne
hier auf das Wesen und den Inhalt dieser vom Chronisten aufgezählten Texte

---

10  I. Hahn, Erkenntnisfortschritt in der antiken Geschichtsschreibung, 395ff.; H. Labuske,
    Geschichtsschreibung im Hellenismus, 480ff., u.a.
11  B. Halpern, Sacred History and Ideology, 53.
12  G. Garbini, Le fonti citate nel «Libra dei Re», 26-42.
13  A. Jepsen, Die Quellen des Königsbuches, 11ff.; J. Liver, sēper dibrê šelomo, 83ff.;
    T.N.D. Mettinger, Solomonic State Officials, 36-40; J. Krecher, H.-P. Müller, Vergangen-
    heitsinteresse in Mesopotamien und Israel, 42-43, u.a.

näher einzugehen, soll darauf hingewiesen werden, daß der Chronist ein entwickeltes eigenständiges Quellenbewußtsein besaß.

Aber ein entwickeltes Quellenbewußtsein setzt notwendig und unvermeidlich eine Auswahl und Bewertung der vorhandenen geschichtlichen Tradition, eine selektiv-kritische Einstellung zu ihr voraus. Das Entstehen und die Anwendung einer solchen selektiv-kritischen Einstellung werden als wichtigste Errungenschaft der antiken Geschichtsschreibung angesehen,[14] während den altnahöstlichen Geschichtsschreibern gewöhnlich „the lack of critical analysis of the recorded information" zugeschrieben wird.[15] Dieser Vorwurf hat eine gewisse Berechtigung in bezug auf die nahöstlichen Annalen des 3.-2. Jt. v.u.Z., die in der Atmosphäre einer Anerkennung der höchsten Autorität der Vergangenheit, der Dominanz der absoluten Wahrheiten entstanden waren, was eine selektiv-kritische Einstellung verhinderte. Wenn aber sogar schon damals, z.B. in der hethitischen Geschichtsschreibung, „einige, wenn auch schwache Ansätze zu einer Art historischen Kritik" zu beobachten sind,[16] so ist es augenscheinlich, daß im 1. Jt. v.u.Z. zugleich mit der Abschwächung des mythologischen Denkens und der Verbreitung des auf relative Wahrheiten hin orientierten wissenschaftlich-logischen Denkens sich diese Ansätze verstärkten und vermehrten.

Das Ermitteln der Einstellung eines alten Geschichtsschreibers zur geschichtlichen Tradition ist häufig dadurch erschwert, daß das entsprechende Quellenmaterial nur selten vorhanden ist. Ein solcher seltener und besonders ergiebiger Fall ist das Chronikbuch und dessen wichtigste Vorlage, das deuteronomistische Geschichtswerk. Es besteht kein Zweifel darüber, daß der Chronist das Werk seines Vorgängers kannte und es weitgehend benutzt hat, aber umstritten bleibt die Frage nach der Einstellung des Chronisten zur deuteronomistischen Vorlage. Manche Forscher sind der Ansicht, daß der Chronist im wesentlichen seiner Vorlage folgte,[17] andere weisen mit größerem Recht auf die selektiv-kritische Einstellung des Geschichtsschreibers zu seiner Hauptquelle hin.[18] Hierbei muß aber berücksichtigt werden, daß zur Zeit des Chronisten das deuteronomistische Werk ein schon redaktionell ausgebildeter

---

14 K. von Fritz, Die griechische Geschichtsschreibung 1, 462; H. Strasburger, Die Wesensbestimmung der Geschichte durch die antike Geschichtsschreibung, 14ff., u.a.

15 J. Pečirkova, Forms and Functions of Handing Down Historical Events in Babylonia and Assyria, 31ff.

16 H. Cancik, Grundzüge der hethitischen und alttestamentlichen Geschichtsschreibung, 3.

17 A.C. Welch, The Work of the Chronicler, 122ff.; O. Eißfeldt, Einleitung in das Alte Testament, 721; J.M. Myers, 1 Chronicles, LXII-LXIII, u.a.

18 T. Willi, Die Chronik als Auslegung, 50-51; J.R. Porter, Old Testament Historiography, 155ff.; B. Halpern, Sacred History and Theology, 36ff.; S.L. McKenzie, The Chroniclers Use of the Deuteronomistic History, 71ff.; H.G.M. Williamson, 1 and 2 Chronicles, 21-23; ders., The Old Testament in the Old Testament, 31-34; J. Kegler, M. Augustin, Synopse zum Chronistischen Werk, 56ff.; R.K. Duke, The Persuasive Appeal of the Chronicler, 109ff.; P.R. Ackroyd, The Chronicler in His Age, 311ff.; K. Strübind, Tradition als Interpretation in der Chronik, 82ff., u.a.

und schriftlich festgelegter, vielleicht sogar kanonisierter Text war.[19] Darum ist es für den Chronisten um so kennzeichnender, daß ihn sogar die Autorität und Popularität des deuteronomistischen Textes von einer selektiv-kritischen Einstellung nicht abhalten und er in bezug auf die deuteronomistische Vorlage systematisch zwei Verfahren – das des Verschweigens und das der Modifikation – anwendet.

Mit der Methode des Verschweigens schließt der Chronist systematisch und zielstrebig aus der deuteronomistischen Vorlage insgesamt 1 359 Verse, d.h. 32 % des mit dem Inhalt des Chronikbuches parallelen Teils des deuteronomistischen Geschichtswerkes aus, was die Ansicht von einer grundlegenden, ausschlaggebenden Abhängigkeit des Chronisten von der deuteronomistischen Vorlage überzeugend widerlegt. Es muß ausdrücklich hervorgehoben werden, daß der Chronist besonders viel im Bereich der Erzählungen über die von ihm als ideal anerkannten Herrscher verschweigt. So läßt er z.B. 84 % der deuteronomistischen David-Erzählung aus, 63 % der deuteronomistischen Hiskia-Erzählung usw., was auf eine konzeptionelle Bedingtheit und Bestimmtheit dieses Verfahrens hinweist.

Sämtliche vorkommenden Fälle dieses Verfahrens können in zwei Gruppen aufgeteilt werden: Die erste umfaßt alle diejenigen deuteronomistischen Texteinheiten, die für den Chronisten konzeptionell unannehmbar waren, seinem Erfassen und Verständnis der vorexilischen Vergangenheit nicht entsprachen; zur zweiten Gruppe gehören diejenigen Texteinheiten, die dem Chronisten konzeptionell nahestanden, deren Darlegung jedoch für ihn unannehmbare Elemente enthielt. Der konventionelle Charakter einer solchen Klassifikation ist offensichtlich, aber trotzdem kann sie für die Klärung der Frage, „was der Chronist im deuteronomistischen Geschichtswerk und aus welchen Gründen verschweigt", nützlich sein.

Der Chronist übergeht konsequent so bedeutsame, schicksalsreiche Geschehnisse der jüdischen Geschichte und so zentrale Topoi des deuteronomistischen Geschichtswerkes wie die Landnahme Kanaans und die Richterzeit, die Tätigkeit des Priesters und Propheten, Richters und Königmachers Samuel, die Einführung des Königtums u.a. Aber das sind Ereignisse, die sozusagen außerhalb des Rahmens der chronistischen Geschichtserzählung verblieben. Aufschlußreicher sind darum gerade diejenigen Topoi des deuteronomistischen Geschichtswerkes, die der Chronist mit Schweigen übergeht, obwohl die entsprechenden Ereignisse in seinem Werk geschildert worden sind. Ein Kernstück des chronistischen Werkes ist die David-Erzählung, aber der Chronist verschweigt eine Reihe der für das deuteronomistische Davidbild relevanten Ereignisse wie den langwierigen Kampf Davids mit den Sauliden (2 Sam. 2,8-3,1; 3,6-4,12 u.a.), die Episode mit Batseba (2 Sam. 11,2ff.), den

---

19  E.A. Speiser, Three Thousand Years of Bible Study, 208-210; H.H. Guthrie, God and History in the Old Testament, 109ff.; R.E. Friedman, The Exile and Biblical Narrative, 133ff., u.a.

Kampf um den Thron im Hause Davids (2 Sam. 13,1ff.) u.a., weil sie seinen
und seines Auditoriums Vorstellungen von David als dem idealen Herrscher
nicht entsprachen.[20] In großem Umfang benutzt der Chronist das Verfahren
des Verschweigens auch in seiner Schilderung des Unterganges des judäischen
Staates: Er erwähnt nicht die Invasion der Babylonier im Jahre 598 v.u.Z. und
die Deportation Jojachins (2 Reg. 24, 10-16), er verschweigt die Tätigkeit
Gedaljas (2 Reg., 25, 22-26), die Befreiung Jojachins aus dem Gefängnis
(2 Reg. 25, 27-30) und anderes, denn im Unterschied zum Deuteronomisten,
der entsprechend der Wirklichkeit den Untergang des judäischen Staates als
eine langwierige und qualvolle Agonie schilderte,[21] war für den Chronisten
die Katastrophe ein einmaliger Akt der göttlichen Vergeltung, die Erfüllung
des „Wortes Jahwes durch den Mund Jeremias" (2 Chr. 36,21).[22]

In diesen und anderen Fällen ist das Auslassen von Texteinheiten aus dem
deuteronomistischen Geschichtswerk durch konzeptionelle Divergenzen
bedingt. Daneben können auch zahlreiche Beispiele dafür angeführt werden,
daß der Chronist mit Stillschweigen auch solche deuteronomistischen Stücke
übergeht, die ihm inhaltlich und konzeptionell nahestehen, deren Darstellung
aber etwas enthält, was ihm und seinem Auditorium unannehmbar war. Zwar
ist die Annahme R. Mosis, daß die kurze Übersicht der Herrschaft Sauls in
1 Chr. 10 „eine paradigmatische Erzählung [ist], die eine archetypische oder,
besser: eine ,urgeschichtliche' Situation Israels und seiner Könige vorführen
will",[23] fraglich. Dennoch beweist das Vorhandensein eines solchen Kapitels
im Chronikbuch, daß die Geschichte und das Schicksal des Vorgängers Davids
dem Chronisten und seinem Auditorium nicht ganz gleichgültig waren. Es
waren nicht inhaltliche und konzeptionelle Gründe, die den Chronisten dazu
veranlaßten, die umfangreiche Saul-Erzählung (1 Sam. 9,1 – 2 Sam. 1,27) zu
verschweigen, sondern gewisse Eigentümlichkeiten dieser Erzählung wie z.B.
die Fülle der magischen Handlungen (1 Sam. 18,25; 28,6ff. u.a.). Wunder nehmen auch einen breiten Raum in der deuteronomischen Erzählung von der
Tätigkeit der Propheten Elia und Elisa (1 Reg. 17,10ff.; 18,1ff. u.a.) ein. Vielleicht war das der Grund, warum der Chronist diesen Propheten nur so wenig,

---

20  G. von Rad, Das Geschichtsbild des chronistischen Werkes, 134; A.C. Welch, The Work
    of the Chronicler, 11ff.; W. Rudolph, Chronikbücher, XIIIff.; S. Japhet, 'ĕmûnôt wĕdēʿôt
    bĕsēper dibrê-hayyāmîm, 375ff.; J.M. Myers, 1 Chronicles, LXXXI-LXXXIII; H.G.M.
    Williamson, 1 and 2 Chronicles, 26-28; P.R. Ackroyd, The Chronicler in His Age, 70ff.;
    W. Riley, King and Cultus in Chronicles, 54-58, u.a.

21  A. Malamat, The Last Kings of Judah and the Fall of Jerusalem, 137-156; ders., The
    Twilight of Judah, 123-145, u.a.

22  R. Mosis, Untersuchungen zur Theologie des chronistischen Geschichtswerkes, 205ff.;
    S. Japhet, 'ĕmûnôt wĕdēʿôt bĕsēper dibrê-hayyāmîm, 139ff.; R.K. Duke, The Persuasive
    Appeal of the Chronicler, 151-154; R.R. Ackroyd, The Chronicler in His Age, 161ff.,
    u.a.

23  R. Mosis, Untersuchungen zur Theologie des chronistischen Geschichtswerkes, 41-43,
    vgl. R.K. Duke, The Persuasive Appeal of the Chronicler, 96-98; P.R. Ackroyd, The
    Chronicler in His Age, 313-323, u.a.

ja fast keine Aufmerksamkeit zuwendet, obwohl vieles in ihrer Tätigkeit und in ihren Sprüchen – die Verurteilung des Baal-Kultes, die wohlwollende Einstellung zum vom Chronisten hochgeschätzten König Josaphat u.a. – dem Geschichtsschreiber sympatisch sein konnte.[24]

Die Untersuchung des zweiten Verfahrens der selektiv-kritischen Einstellung des Chronisten zur deuteronomistischen Vorlage, des Modifikationsverfahrens, ist ohne Berücksichtigung der fundamentalen Forschung Th. Willis unmöglich. Er klassifizierte sämtliche Änderungen und Zusätze des Chronisten im übernommenen deuteronomistischen Text in folgende neun Kategorien.[25] 1. Der ursprüngliche Chroniktext stimmt mit dem dem Chronisten vorliegenden Text von 1 Sam. – 2 Reg. überein, erlitt aber im Lauf der Überlieferung eine Beschädigung. 2. Der ursprüngliche Chroniktext stimmt mit dem dem Chronisten vorliegenden Text von 1 Sam. – 2 Reg. überein, aber der Text der Vorlage erlitt später eine Beschädigung; 3. orthographische und grammatische Abänderungen; 4. kleinere Auslassungen und Kürzungen; 5. verdeutlichende Zusätze und Änderungen; 6. Adaptation des Textes der Vorlage; 7. theologische Modifikationen im Sinne einer Eintragung eigener Konzepte in das überlieferte Geschichtsbild; 8. Rezension des Textes der Vorlage, d.h. Ausgleich nach anderen Textstellen; 9. Typologie, d.h. Verallgemeinerung des im deuteronomistischen Text Einmaligen. Da die ersten zwei Kategorien Phänomene der reinen Textkritik umfassen und wenig zum Verständnis der schöpferischen Methode des Chronisten beitragen, schließt sie Th. Willi aus der weiteren Analyse aus. Die Erörterung der übrigen sieben Kategorien wird auf drei Ebenen durchgeführt: auf der Ebene der Redaktion, die sich in der Auswahl der zur Durchführung des Themas für nötig erachteten Texte aus dem deuteronomistischen Werk äußert und sich in der Straffung und Akzentuierung dieser Texte auswirkt; auf der Ebene der Interpretation, die eine adaptierende, dogmatisch korrigierende, rezensierende oder typologisierende Tendenz enthält; auf der Ebene der freien Geschichtsschreibung des Chronisten.

Dieses Klassifikationssystem ist zweifellos anregend, ruft aber auch gewisse Bedenken hervor.[26] Erstens ist eine Vermengung verschiedener taxonomischer Ebenen bemerkbar, weil das Kriterium für die Unterscheidung der Kategorien drei bis vier und teilweise auch der Kategorie fünf das objektive Prinzip ist, d.h. die Feststellung und Aufzählung der vom Chronisten verwirklichten Emendationen durch den Forscher, während die Unterscheidung der Kategorien fünf bis neun auf dem subjektiven axiologischen Prinzip beruht,

---

24  K. Strübind, Tradition als Interpretation in der Chronik, 103ff.; P.C. Beentjes, Tradition and Transformation, 258-268.

25  Th. Willi, Die Chronik als Auslegung, 67-69.

26  J.P. Vejnberg, Materialy k izučeniju drevnebližnevostočnoj istoričeskoj mysli, 241ff., vgl. J. Kegler, M. Augustin, Synopse zum Chronistischen Geschichtswerk, 56ff.; H.G.M. Williamson, 1 and 2 Chronicles, 21-23; K. Strübind, Tradition als Interpretation in der Chronik, 82ff., u.a.

d.h. auf der Bewertung der Gründe und Motive, von denen der Chronist bei seinen Änderungen und Zusätzen ausging. Die von Th. Willi vorausgesetzten drei Ebenen könnten zweitens eventuell Ergebnis der Analyse sein, aber keinesfalls Mittel oder Instrument für deren Verwirklichung, weil sie, in dieser Weise angewendet, die gesamte Untersuchung apriorisch prädeterminieren, die Analyse schon a priori der Hauptidee Th. Willis unterordnen – seiner Auffassung von den Chronikbüchern als Auslegung.

Meine Methode umfaßt zwei Ebenen, auf denen sich der Prozeß der Analyse fortlaufend vollzieht:[27] Auf der ersten und primären textuellen Ebene werden die Stufen von Nähe oder Ferne der parallelen Texte im deuteronomistischen Geschichtswerk und im Chronikbuch fixiert, und auf der zweiten und sekundären Ebene werden die durch Textemendationen bedingten konzeptuellen Modifikationen bestimmt.

Auf der ersten Ebene können vier Stufen von Nähe bzw. Ferne unterschieden werden:

1. Zur ersten Stufe – „völlige Übereinstimmung" – gehören alle Fälle der wörtlichen Wiedergabe des deuteronomistischen Textes, einschließlich unbedeutender Emendationen in Orthographie und Grammatik, die jedoch den Inhalt und Sinn des übernommenen Textes nicht verändern, z.B. *mēʾaḥār haṣṣoʾn* (2 Sam. 7,8) und *min ʾaḥărê haṣṣoʾn* (1 Chr. 17,7) u.a.

2. Die zweite Stufe – „teilweise Übereinstimmung" – umfaßt diejenigen Fälle, wo der Chronist mittels grammatikalischer Änderungen, Zusätze oder Auslassungen bzw. Ersetzens von Wörtern den übernommenen Text variiert, ohne aber den Kern seines Inhalts und Sinns zu verändern, z.B. „… denn Jahwe ist mit dir (David)" (… *kî yhwh ʿimmāk*, 2 Sam. 7,3) und „… denn der Gott ist mit dir" (… *kî hāʾĕlohîm ʿimmāk*, 1 Chr. 17,2) u.a.

3. Zur dritten Stufe – „teilweise Diskrepanz" – gehören diejenigen Fälle, wo der Chronist das Wesen, den Kern des übernommenen Textes beibehält, aber mit Hilfe der oben erwähnten Mittel dessen Sinn und Tendenz bedeutend ändert, z.B. „und daß sieben Jahre Hunger in dein (Davids) Land kommen, oder daß du (David) drei Monate vor deinen Widersachern fliehen mußt und sie dich verfolgen oder drei Tage Beulenpest in deinem Land sind …" (2 Sam. 24,13) und „Drei Jahre Hunger oder drei Monate Flucht vor deinen Widersachern, und das Schwert deiner Feinde wird dich ergreifen, oder drei Tage das Schwert Jahwes und Pestbeulen im Lande, und der Bote (Engel, *malʾak*) Jahwes verheert in allen Grenzen Israels …" (1 Chr. 21,12) u.a.

4. Der vierten Stufe gehören alle Fälle an, wo der Chronist einen Topos, ein Motiv usw. aus dem deuteronomistischen Geschichtswerk übernimmt, es aber wesentlich anders darlegt, z.B. die Schilderung des Bündnisses zwischen Josaphat, dem König Judas und Achab, dem König Israels (2 Chr. 18,2ff., vgl. 1 Reg. 22,2ff.) u.a.

---

27  J.P. Vejnberg, Materialy k izučeniju drevnebližnevostočnoj istoričeskoj mysli, 242ff.

Diese vier Stufen von Nähe und Ferne sind in den einzelnen Königs-Erzählungen des Chronikbuches verschieden stark vertreten. Die Tabelle 12 gibt daher eine summierende Übersicht des Eigengewichts (in %) dieser Stufen in den einzelnen Erzählungen.

Die Angaben dieser Tabelle ermöglichen es, von approximativen Spekulationen über das Verhältnis des Chronisten zu seiner deuteronomistischen Vorlage zur konkreten Bestimmung dieser Beziehung überzugehen. Das mit dem deuteronomistischen Geschichtswerk parallele Material bildet durchschnittlich nur 56 % des Umfanges der chronistischen Erzählung in 1 Chr. 11 – 2 Chr. 36, was überzeugend die Ansicht widerlegt, daß das deuteronomistische Geschichtswerk die Hauptquelle des Chronisten war.

Von Bedeutung ist auch die Tatsache, daß in Erzählungen von den vom Chronisten als ideal angesehenen Königen das Eigengewicht der deuteronomistischen Vorlage entnommenen Texte beträchtlich niedriger ist als in anderen Erzählungen und im Umfang unter dem Durchschnitt der sonst üblichen Aufnahme deuteronomistischer Texte liegt: In der David-Erzählung bildet dieses Material nur 37 %, in der Ussia-Erzählung 30 %, in der Hiskia-Erzählung 16 % des Umfanges usw. In den für den Chronisten und sein Auditorium bedeutsamen Erzählungen steigt die Unabhängigkeit des Geschichtsschreibers von der deuteronomistischen Vorlage an. Die einzige Ausnahme ist die Salomo-Erzählung, was (zusammen mit anderen Argumenten) Bedenken an der Anerkennung Salomos (neben David) als zentraler Figur des chronistischen Geschichtsbildes hervorruft.[28]

Kennzeichnend ist auch der Umstand, daß die Stufen der „völligen Übereinstimmung" und der „teilweisen Übereinstimmung" durchschnittlich nur 14,5 % bzw. 17,5 % des Gesamtumfanges des dem deuteronomistischen Geschichtswerk entnommenen Textes bilden. Das widerspricht der Schlußfolgerung Th. Willis[29], daß die für den Chronisten typische Methode darin besteht, „die Stücke aus Sam.-Kön., versetzt mit kleinen Änderungen und deutenden Zusätzen, wiederzugeben". Ganz im Gegenteil, die in der Emendationstechnik des Chronisten dominierenden Stufen der „teilweisen Diskrepanz" und der „völligen Diskrepanz", die durchschnittlich 35,5 % bzw. 32,5 % des übernommenen Textes betreffen, zeigen, daß die selektiv-kritische Einstellung des Geschichtsschreibers viel radikaler war.

Das bestätigen auch die Ergebnisse der Untersuchung auf der zweiten und sekundären Ebene der konzeptionellen Modifikationen, wo drei typologisch divergierende Gruppen unterschieden werden können:[30]

---

28   R.L. Braun, Solomonic Apologetic in Chronicles, 503-516; ders., Solomon, the Chosen Temple Builder, 581-590; H.G.M. Williamson, The Dynastic Oracle in the Books of Chronicles, 312ff.; R.K. Duke, The Persuasive Appeal of the Chronicler, 63-66, u.a.
29   Th. Willi, Die Chronik als Auslegung, 50-51.
30   J.P. Vejnberg, Materialy k izučeniju drevnebližnevostočnoj istoričeskoj mysli, 243-248.

Tabelle 12

| Nr. | König | Umfang* | | Stufen von Affinität-Alienation | | | |
|-----|-------|------|-----|-----|-----|-----|-----|
| | | Verse | % | 1 | 2 | 3 | 4 |
| I | David | 198 | 37 % | 19 % | 31 % | 30 % | 20 % |
| II | Salomo | 188 | 93 % | 22 % | 26 % | 19 % | 33 % |
| III | Rehabeam | 32 | 57 % | 37 % | 31 % | 19 % | 13 % |
| IV | Abia | 3 | 15 % | – | 28,5 % | 43 % | 28,5 % |
| V | Asa | 18 | 38 % | 5,5 % | 16,5 % | 39 % | 39 % |
| VI | Josaphat | 42 | 41 % | 50 % | 17 % | 22 % | 11 % |
| VII | Joram | 7 | 37 % | 14 % | 28,5 % | 28,5 % | 29 % |
| VIII | Ahasja | 4 | 100 % | – | 20 % | 40 % | 40 % |
| IX | Joas | 43 | 84 % | – | 12 % | 23 % | 65 % |
| X | Amazja | 17 | 60 % | 30 % | 30 % | 30 % | 10 % |
| XI | Ussia | 7 | 30 % | 42 % | 14 % | 30 % | 14 % |
| XII | Jotam | 5 | 55 % | 20 % | 40 % | 40 % | – |
| XIII | Ahas | 14 | 52 % | 7 % | – | 22 % | 71 % |
| XIV | Hiskia | 19 | 16 % | 6 % | – | 10 % | 84 % |
| XV | Manasse | 12 | 60 % | 17 % | 17 % | 50 % | 16 % |
| XVI | Amon | 5 | 100 % | 20 % | 20 % | 40 % | 20 % |
| XVII | Josia | 35 | 58 % | 16 % | 13 % | 34 % | 37 % |
| XVIII | Joahas | 4 | 100 % | – | 25 % | 75 % | – |
| XIX | Jojakim | 2 | 50 % | – | – | 50 % | 50 % |
| XX | Jojachin | 2 | 100 % | – | – | 50 % | 50 % |
| XXI | Zedekia | 1,5 | 75% | – | – | 50 % | 50 % |
| Durchschnittlich | | | 56 % | 14,5 % | 17,5 % | 35,5 % | 32,5 % |

\* In dieser Spalte werden der Umfang des im deuteronomistischen Geschichtswerk und im Chronikbuch parallelen Textes und dessen Eigengewicht (in %) in den Erzählungen des Chronisten aufgewiesen.

1. Die erste Gruppe umfaßt Modifikationen religiös-kultischer Art – Änderungen der Gottesnamen, Erwähnungen anderer religiös-kultischer Phänomene als im deuteronomistischen Geschichtswerk usw. Indem der Chronist an Stelle der Formel „das Haus meines Namens" oder „das Haus für meinen Namen" (*bayit lišěmî*, 2 Sam. 7,13) die Formel „das Haus für mich" (*bayit lî*, 1 Chr. 17,12) benutzte oder an Stelle der Notiz, daß David und seine Leute die Götzen „aufhoben" (*wayyiśśā'ēm*, 2 Sam. 5,21), schrieb: „... und David sagte (befahl), und sie (die Götzen) wurden im Feuer verbrannt" (*wayyiśśarpû bā'ēš*, 1 Chr. 14,21), so vollzog sich hier „... a semantic shift".[31]

2. Der zweiten Gruppe gehören Modifikationen sozial-politischer Art an, inkl. der Änderungen der sozial-politischen Terminologie, neue Interpretationen alter sozial-politischer Phänomene oder die Hinzufügung neuer usw., z.B. die Ersetzung des vom deuteronomistischen Geschichtsschreiber bevorzugten Terminus *mamlākā* durch den Terminus *malkût*, die Transformation des Ausdrucks: *... wě'el kol bêt yěhûdā ubinyāmîn wěyeter hā'ām ...* (1 Reg. 12,23) in: „*... we'el kol yiśrā'ēl biyěhûdā ubinyāmîn ...*" (2 Chr. 11,3) u.a.

3. Die dritte Gruppe enthält Modifikationen existentialer Art, Erwähnungen mannigfaltiger Erscheinungen oder Attribute der Lebensweise, die in der deuteronomistischen Vorlage entweder nicht vorhanden sind oder vom Chronisten wesentlich anders als in der Vorlage dargelegt werden. Als Beispiel sei die chronistische Version der Erzählung vom Kauf der Tenne Arawnas (1 Chr. 21, 18-26, vgl. 2 Sam. 24, 18-25) genannt, in der der Chronist den Kaufpreis von 50 Schekel Silber auf 600 Schekel Gold erhebt, was im übrigen den Realitäten seiner Gegenwart entsprach.

Die Untersuchung der Einstellung des Chronisten zur historischen Tradition belegt nicht nur das Ausmaß und die Intensität seiner selektiv-kritischen Einstellung, sondern bestätigt auch die Schlußfolgerung H.G.M. Williamsons: „But overall the Chronicler shows himself as the master, not the servant, of his sources",[32] was sich besonders prägnant im chronistischen Eigengut äußert.


## 2. Das Eigengut des Chronisten: Sein Inhalt und seine Funktion

Ein wesentliches Merkmal des antiken geschichtlichen Denkens, der antiken Geschichtsschreibung war nach I. Hahn ihr agonales Wesen, ihre Orientierung auf den Wettbewerb.[33] Bereits seit Hekataios und Herodotos kommt dies in markanter Weise in der vielfach anzutreffenden Deklaration zum Ausdruck, daß es ein allgemeines Anliegen und eine persönliche Verpflichtung sei, seinen Vorgänger zu übertreffen. Das konnte und sollte auf vier Ebenen verwirk-

---

31  B. Halpern, Doctrine by Misadventure, 60-61.
32  H.G.M. Williamson, 1 and 2 Chronicles, 23.
33  I. Hahn, Erkenntnisfortschritt in der antiken Geschichtsschreibung, 388ff.

licht werden: Vollständigkeit der Darstellung, Glaubwürdigkeit der vorgetragenen Tatsachen, Objektivität der geäußerten Meinungen und Bewertungen im Sinne der persönlichen Unbefangenheit und höhere Darstellungskunst. Nur wenn der Geschichtsschreiber mit seinem Werk in diesen Parametern seine Vorgänger und Zeitgenossen übertrifft, ist sein Schaffen berechtigt und kann auf die Aufmerksamkeit und Anerkennung des Auditoriums rechnen. I. Hahn verbindet mit Recht diese Eigentümlichkeit der antiken Geschichtsschreibung mit dem Aufkommen und der Entfaltung des autonomen Individuums wie auch mit dem grundlegenden agonalen Geist der antiken Polis. Aber kann man seiner Behauptung beipflichten, daß diese agonale Einstellung der antiken Geschichtsschreibung „… gleichzeitig ein grundlegender Unterschied der orientalischen, auch der alttestamentlichen Geschichtsschreibung gegenüber" sei?[34]

In der altnahöstlichen Gesellschaft (und nicht nur in ihr!) war es tatsächlich Norm und Tugend, sich so zu benehmen wie alle, so zu handeln wie seit Urzeiten die Vorväter.[35] Dementsprechend dominierte in der altnahöstlichen, besonders frühen Geschichtsschreibung das Bestreben, das Traditionelle und Übliche und darum Wahrhaftige und Richtige möglichst erschöpfend genau wiederzugeben. Aber diese grundlegende Orientierung änderte sich in der Mitte des 1. Jt. v.u.Z., als zusammen mit dem Aufkommen des autonomen Individuums, der Wandlung der Denkweise usw. eine agonale Einstellung sich auch in diversen Sphären des nahöstlichen Lebens einbürgerte, sich auch in der alttestamentlichen Welt und im alttestamentlichen Weltmodell durchsetzte. Kain und Abel, Jakob und Esau, Joseph und seine Brüder, Moses und Aharon und viele andere können als Beispiele genannt werden. Aber es bleibt die Frage offen, ob diese agonale Einstellung, diese Orientierung auf den Wettbewerb auch das Schaffen der alttestamentlichen Geschichtsschreiber, konkret des Chronisten, beeinflußte.

Die Anerkennung dessen, daß das Chronikbuch einmaliges, andernorts im Alten Testament nicht vorhandenes Material, also Eigengut, enthält, ist ein locus communis der modernen Bibelwissenschaft. Hierbei ist jedoch die Frage nach seiner Bedeutung und Rolle im Chronikbuch umstritten, denn manche Forscher betrachten es als etwas Sekundäres, Nichtausschlaggebendes,[36] während andere der Ansicht sind,[37] daß „this own material … is more than a 'document' interwoven with another pre-existing document, it represents not merely a substantial amount of intercalculated new material, but, rather, a

---

34  Ibid., 388.
35  J.P. Vejnberg, Čelovek v kuljture drevnevo Bližnevo Vostoka, 101.
36  W. Rudolph, Chronikbücher X-XIII; O. Eißfeldt, Einleitung in das Alte Testament, 721-723, u.a.
37  W. Johnstone, Reactivating the Chronicles, 19, vgl. J. Kegler, M. Augustin, Synopse zum Chronistischen Geschichtswerk, 59-63; H.G.M. Williamson, 1 and 2 Chronicles, 19ff.; R.K. Duke, The Persuasive Appeal of the Chronicler, 116 ff.; K. Strübind, Tradition als Interpretation in der Chronik, 110-113, u.a.

totally new framework and groundwork within which the modified Samuel-Kings is received and indeed, significantly reconceived". Noch mehr Divergenzen ruft die Frage nach der Herkunft und dem Wesen dieses Eigenguts hervor, da manche Forscher der Ansicht sind, daß der Chronist selbst das Gros dieser Stücke verfaßt habe und sich darin Realitäten seiner Zeit widerspiegelten.[38] Andere vertreten die Auffassung, daß dem Eigengut erweiterte Varianten des deuteronomistischen Geschichtswerkes oder sogar dessen Midrasch zugrundelägen,[39] während die dritten der Meinung sind, daß der Chronist für sein Eigengut verschiedene authentische vorexilische Texte benutzt habe.[40]

Es scheint zweckmäßig, die Erörterung dieser umstrittenen Fragen mit einer Bestandsaufnahme der vorwiegend narrativen Eigengutstücke in 1 Chr. 10 – 2 Chr. 36 (das Listen-Material im Eigengut wird S. 141-147 separat untersucht werden) zu beginnen.[41] Die Ergebnisse dieser Bestandsaufnahme sind in Tabelle 13 zusammengestellt, in der der Umfang des Eigenguts (in Versen) und sein Eigengewicht (in %) in den einzelnen Königserzählungen aufgewiesen wird wie auch die Gattung der in den Schlußverweisen (S. 149-151) genannten Texte.

Die Angaben der Tabelle 13 zeigen, daß das Eigengut, von einigen Ausnahmen abgesehen (Nr. II, IX, XII u.a.), nicht aus vereinzelten, dem Umfang nach geringfügigen Ergänzungen der deuteronomistischen Vorlage besteht, sondern häufig große und inhaltlich komplexe Texte umfaßt. Dabei ist es kennzeichnend, daß in Erzählungen von Königen, die der Chronist positiv bewertet, das Eigengewicht des Eigenguts stets höher als das durchschnittliche ist – in der David-Erzählung nimmt es 63 % des Textes ein, in der Ussia-Erzählung 70 %, in der Hiskia-Erzählung 84 % usw. –, während in Erzählungen über die vom Chronisten negativ bewerteten Könige – Ahasja, Amon, Joahas u.a. – Eigengutstücke gänzlich fehlen oder nur eine geringe Rolle spielen. Hieraus folgt, daß das Eigengut ein wichtiger Träger des Geschichtskonzepts, des Weltbildes des Chronisten ist, was durch die Untersuchung der Topoi des Eigenguts bestätigt wird.[42]

---

38  R.H. Pfeiffer, Introduction to the Old Testament, 803-806; Ch.C. Torrey, The Chroniclers History of Israel, XIX-XX; P. Welten, Geschichte und Geschichtsdarstellung in den Chronikbüchern, 195ff., u.a.

39  K. Budde, Vermutungen zum „Midrasch des Buches der Könige", 37-51; W. Rudolph, Chronikbücher, IX-XII; O. Eißfeldt, Einleitung in das Alte Testament, 723-726, u.a.

40  J.M. Myers, 1 Chronicles, XLV-XLIX; J. Kegler, M. Augustin, Synopse zum Chronistischen Geschichtswerk, 59-63; H.G.M. Williamson, 1 and 2 Chronicles, 17ff.; G. Fohrer, Erzähler und Propheten im Alten Testament, 201-203 u.a.

41  J.P. Weinberg, Das Eigengut in den Chronikbüchern, 161-165.

42  Ibid., 165-179.

Tabelle 13

| Nr. | König | Gattung | *Umfang | |
|-----|-------|---------|---------|---|
| | | | Verse | % |
| I | David | prophetisch | 335 | 63 % |
| II | Salomo | prophetisch | 7 | 7 % |
| III | Rehabeam | prophetisch | 24 | 43 % |
| IV | Abia | prophetisch | 20 | 85 % |
| V | Asa | geschichtlich | 29 | 62 % |
| VI | Josaphat | prophet., geschicht. | 60 | 59 % |
| VII | Joram | – | 12 | 63 % |
| VIII | Ahasja | – | 0 | 0 % |
| IX | Joas | geschichtlich | 6 | 16 % |
| X | Amazja | geschichtlich | 11 | 40 % |
| XI | Ussia | prophetisch | 16 | 70 % |
| XII | Jotam | geschichtlich | 4 | 45 % |
| XIII | Ahas | geschichtlich | 13 | 48 % |
| XIV | Hiskia | prophet., geschicht. | 97 | 84 % |
| XV | Manasse | prophet., geschicht. | 8 | 40 % |
| XVI | Amon | – | 0 | 0 % |
| XVII | Josia | geschichtlich | 30 | 42 % |
| XVIII | Joahas | – | 0 | 0 % |
| XIX | Jojakim | geschichtlich | 2 | 50 % |
| XX | Jojachin | – | 0 | 0% |
| XXI | Zedekia | – | 0,5 | 25 % |
| Durchschnittlich | | | | 40 % |

\* Der quantitative Bestand dieser Eigengutstücke schließt auch das Listenmaterial in den entsprechenden Erzählungen ein.

Der Topos „das königliche Kriegsgefolge" wird in zwei Eigengutstücken (1 Chr. 12, 1-23; 24-41) dargelegt. Für das erste Stück sind archaische Ausdrücke und Termini kennzeichnend, wie z.B. *nošᵉḳê ḳešet mayᵉmînîm umaśĕmiʾlîm bāʾăbānîm ubaḥiṣṣîm bakkāšeṭ* („bogengerüstet, mit der Rechten und der Linken gleich geschickt, Steine zu schleudern und Pfeile vom Bogen [zu schießen]", 1 Chr. 12,2), was auf eine uralte, bei den Kriegern des Stammes Benjamin und der Sippe Davids geübte Kunst der Linkshändigkeit hinweist,[43] die im uralten Kult der Vatergötter[44] wurzelnde Formel *ʾĕlohê ʾăbôtênû* (1 Chr. 12,18), die archaischen militärisch-religiösen Termini *maḥăne* (Kriegslager, Lagerplatz, Heer) und *maḥăne ʾĕlohîm* (1 Chr. 12,23 u.a.) usw. Für dieses Eigengutstück ist es auch charakteristisch, daß dort die Rolle der Gaditen (1 Chr. 12, 9-16) und der Manassiten (1 Chr. 12, 20-23) hervorgehoben wird.

In der modernen Bibelwissenschaft wird 1 Chr. 12, 24-41 nicht selten als „a very free construction" des Chronisten betrachtet,[45] deren Zweck und Aufgabe darin bestehe, die chronistische These von der ursprünglichen Anerkennung Davids als König über alle Stämme nochmals zu bestätigen. Diese Ansicht ist keinesfalls unbegründet. Ihr widerspricht auch nicht die mögliche Annahme, daß der Sitz im Leben dieser Liste in der Zeit und in den Umständen des vereinigten Königtums zu suchen ist[46]. Dafür zeugt das dortige Vorkommen alter militärtechnischer Termini wie *ḥālûṣ, ḥălûṣê ṣābāʾ* (kampfbereit, zum Heeresdienst gerüstet sein usw., 1 Chr. 12,24.25 u.a.), des in vorexilischen Teilen des Alten Testaments verbreiteten Ausdrucks *ʿrk* (rüsten, ordnen) und *milḥāmā* (Jdc. 20,20; 1 Sam. 17,2; Jer. 6,23 u.a.). Auffallend ist auch die in diesem Eigengutstück wie auch im vorherigen akzentuierte Rolle und Bedeutung der nördlichen und transjordanischen Stämme (1 Chr. 12, 31-38). Das berechtigt zu der Annahme, daß der Sitz im Leben der beiden Eigengutstücke in den dem König David nahestehenden, aber mit den nördlichen und transjordanischen Stämmen verbundenen Kreisen zu suchen ist. Der spürbar prophetische Ton der beiden Texte, um nur die Prophezeiung des Amasai zu erwähnen, läßt die Vermutung zu, daß sie den im Schlußverweis der Davidererzählung (1 Chr. 29,29) erwähnten *dibrê gad haḥoze* („die Wörter-Taten des Sehers Gad") entstammen.

In vier Eigengutstücken (2 Chr. 24, 17-19; 25, 14; 26, 16-20; 33, 12-13) wird der Topos „die Vergehen und Bestrafung oder Buße des Königs" betrachtet. Alle vier Stücke sind inhaltlich und kompositionell gewissermaßen homogen und weisen auch eine typologische Affinität zu den sog. „prophetic summons to repentance" auf.[47] Diese Gattung ist im deuteronomistischen Geschichtswerk (2 Reg. 17,13 u.a.) und in den vorexilischen Prophetensprüchen anzutreffen (Jer. 3, 21-22; Am. 5, 4-5 u.a.), was mit der Erwähnung

---

43     A.M. Gasov-Ginsberg, Sekret prašči Davida, 54-58; O. Eißfeldt, Zwei verkannte militärtechnische Termini im Alten Testament, 354-356, u.a.

44     A. Alt, Gott der Väter, 45-67; H. Hirsch, Gott der Väter, 56-58; F.M. Cross, Canaanite Myth and Hebrew Epic, 3-12, u.a.

45     A.C. Welch, The Work of the Chronicler, 13-15.

46     A. Zeron, Tag für Tag kam man zu David, um ihm zu helfen, 1 Chr. 12, 1-22, 257-261.

47     Th.M. Raitt, The Prophetic Summons to Repentance, 30-49, u.a.

geschichtlicher und prophetischer Texte in den Schlußverweisen der entsprechenden chronistischen Erzählungen übereinstimmt.

In der Chronikforschung wird immer wieder auf die Rolle und die Bedeutsamkeit der Prophezeiungen, der Prophetensprüche im Schaffen und im Weltbild des Chronisten hingewiesen.[48] Dem muß hinzugefügt werden, daß im Chronikbuch zwei unterschiedliche Gruppen von Propheten und Prophetensprüchen anzutreffen sind: die dem deuteronomistischen Geschichtswerk entnommenen sog. „kanonischen" Propheten und Prophezeiungen und die sog. „außerkanonischen" Propheten und Prophezeiungen,[49] die nur im Eigengut des Chronisten vorkommen. Eben diese „außerkanonischen" Propheten und Prophezeiungen bilden das Gros – um 75 % – des prophetischen Materials im Chronikbuch.

Die Analyse des Onomastikons der „einmaligen", der nur im Chronikbuch erwähnten Propheten bezeugt,[50] daß sie alle vorexilische Namen tragen, viele von ihnen mit dem vorexilischen Judäa verbunden waren und priesterlich-levitischen Kreisen angehörten. Auf eine vorexilische Herkunft der „außerkanonischen" Prophezeiungen weist auch die nicht seltene Bezeichnung der „einmaligen" Propheten mit den archaischen Titeln[51] ḥoze (Seher, 2 Chr. 9, 29; 12,15 u.a.), roʾe (Seher, 2 Chr. 16,7) und ʾîš hāʾĕlohîm (Mann Gottes, 2 Chr. 25,7) hin, die Benutzung der uralten Berufungsformel der vorexilischen, sogar vormonarchischen charismatischen Anführer[52] in vier Fällen (1 Chr. 12,19; 2 Chr. 15,1; 20,14; 24,20) wie auch ihr kleiner Umfang – 2-4 Verse –, was ein Merkmal des ursprünglichen Prophetenspruchs war.[53] Diese und weitere Indizien bezeugen die Authentizität der „außerkanonischen" Prophezeiungen, ihre Zugehörigkeit zur vorexilischen Prophetie.[54]

Der Topos „die Bundeslade" kommt in vier Eigengutstücken der David-Erzählung vor (1 Chr. 15, 1-24; 16, 4-6. 7-36. 37-42), in denen im Vergleich mit der parallelen deuteronomistischen Beschreibung der Überführung der Bundeslade in das Haus des Obed-Edoms (2 Sam. 6, 1-11) die religiös-kulti-

48  A.C. Welch, The Work of the Chronicler, 42-51; T. Willi, Die Chronik als Auslegung, 215ff.; H.G.M. Williamson, The Old Testament in the Old Testament, 34-35; J. Kegler, Prophetengestalten im Deuteronomistischen Geschichtswerk und in den Chronikbüchern, 481-497; H.F. van Rooy, Prophet and Society in the Persian Period According to Chronicles, 163-179, u.a.

49  J.P. Vejnberg, Materialy k izučeniju drevnebližnevostočnoj istoričeskoj mysli, 231ff.; ders., Die „außerkanonischen Prophezeiungen" in den Chronikbüchern, 390-392.

50  Ibid., 390-392.

51  A. Haldar, Associations of Cult Prophets Among the Ancient Semites, 91ff.; P.D. Hanson, Jewish Apocalyptic Against its Near Eastern Environment, 43-45, u.a.

52  N. Habel, The Form and Significance of the Call Narratives, 297-309; W. Richter, Die sogenannten vorprophetischen Berufungsberichte, 15-36; B.O. Long, Prophetic Call Traditions and Reports of Visions, 494-500, u.a.

53  S. Mowinckel, Prophecy and Tradition, 40-41.

54  J.P. Weinberg, Die „außerkanonischen Prophezeiungen" in den Chronikbüchern, 395-404.

sche Relevanz der Bundeslade und des Offenbarungszeltes weitgehend hervorgehoben wird,[55] was an die Bedeutung dieser Heiligtümer in der Priesterschrift erinnert. Zur Priesterschrift weisen die betreffenden Eigengutstücke auch eine bemerkenswerte terminologische Affinität auf: Das in diesen Texten häufig vorkommende (1 Chr. 15,13; 16,12.14 u.a.) Wort *mišpāṭ* (S. 228f.) ist auch kennzeichnend für die priesterlichen *tôrôt*,[56] die, nach Meinung vieler Exegeten,[57] von Priestern der peripherischen Heiligtümer, das Heiligtum in Silo einbezogen, geschaffen wurden. Da Silo aufs engste mit der Tradition der Bundeslade wie auch mit der Tätigkeit Samuels verbunden ist, läßt sich die Vermutung anstellen, daß drei Stücke des Topos „die Bundeslade" den im Schlußverweis der David-Erzählung erwähnten „Wörtern – Taten des Sehers Samuel" (*dibrê šĕmuʾēl hāroʾe*, 1 Chr. 29,29) entnommen sind, während das vierte Eigengutstück, der Dankhymnus Davids (1 Chr. 16, 7-36), eine vom Chronisten modifizierte Wiedergabe einiger kanonischer vorexilischer Psalmen (105, 1-15; 96, 1-13; 106,1.47-48) ist.[58]

Der Topos „der Bau des Jerusalemer Tempels" (1 Chr. 22, 1-19; 28, 1-21; 29, 1-26) schließt sich inhaltlich an die „kanonische" Prophezeiung Natans an (1 Chr. 17, 2-15 par 2 Sam. 7, 2-17). Da dieser mit Kreisen des Jerusalemer Königshofes und Tempels assoziierte Prophet[59] auch im Schlußverweis der David-Erzählung genannt wird – „die Wörter-Taten des Propheten Natan" (1 Chr. 29,29) –, kann die Möglichkeit eines Zusammenhangs der betreffenden Eigengutstücke und der Sprüche Natans erwogen werden. Dafür spricht das Vorhandensein gemeinsamer Schlüsselformeln und grundlegender Termini wie die Bezeichnung des zukünftigen Tempels als *bayit lišĕmî* (2 Sam. 7,13 und 1 Chr. 22,7.8.10; 28,3) und die Bezeichnung Davids mit dem Titel *nāgîd* (Vorsteher, Anführer; Offizier; Kultbeamter; König usw., 2 Sam. 7,8 und 1 Chr. 17,7; 28,4; 29,22).

---

55  M. Haran, Shilo and Jerusalem, 14-19; ders., Temples and Temple-Service in Ancient Israel, 149ff.; M. Görg, Das Zelt der Begegnung, 8ff.; O. Eißfeldt, Die Lade Jahwes in Geschichtserzählung, Sage und Lied, 133-134; R. Schmitt, Zelt und Lade als Thema alttestamentlicher Wissenschaft, 175; H. Utzschneider, Das Heiligtum und das Gesetz, 109ff., u.a.

56  K. Koch, Die Priesterschrift, 96-97; K.I.A. Engnell, A Rigid Scrutiny, 58; F.M. Cross, Canaanite Myth and Hebrew Epic, 294ff., u.a.

57  O. Eißfeldt, Silo und Jerusalem, 417-425; G. Wallis, Geschichte und Überlieferung, 67-87; W.F. Albright, Samuel and the Beginning of the Prophetic Movement, 149-176; M. Haran, Temples and Temple-Service in Ancient Israel, 27-28, u.a.

58  J.M. Myers, 1 Chronicles, 121-123; T.C. Butler, A Forgotten Passage from a Forgotten Era (1 Chr. XVI 8-36), 142-150, u.a.

59  G.W. Ahlström, Der Prophet Nathan und der Tempelbau, 113-127; R.A. Carlson, David, the Chosen King, 97-128; A. Weiser, Die Tempelbaukrise unter David, 153-168; T.E. Fretheim, The Priestly Document: Anti-Temple? 322-323; T. Veijola, Die ewige Dynastie, 68-79; T.N.D. Mettinger, King and Messiah, 48-63; H.G.M. Williamson, The Dynastic Oracle in the Books of Chronicles 305-317; J. Høgenhaven, Israels Golden Age, 38, u.a.

Umfangreiche Eigengutstücke (1 Chr. 23-26; 2 Chr. 8, 13-16; 11, 13-17; 35, 10-16) enthalten den Topos „die Organisation der Priesterschaft". In diesen Texten, besonders in 2 Chr. 8, 13-16 und 35, 10-16, wiederholt sich der im vorexilischen Sprachgebrauch verbreitete administrative Terminus technicus *maḥăloḳet*[60] (Verurteilung; Abteilung des Volkes und der Priester, 2 Chr. 8,14; 35,10 u.a.) wie auch der Terminus *miṣwā* (von Menschen und/oder von Gott erteiltes einzelnes Gebot, Summe aller Gebote; Auftrag), der in der Form *miṣĕwat hammelek* oder *miṣwā* + Name des Königs, z.B. Davids (2 Chr. 8,14.15; 35,10 u.a., vgl. 1 Reg. 2, 43; 18,36 u.a.), offensichtlich dem Bereich der staatlich-administrativen Terminologie angehört. Dies zusammen mit weiteren Indizien berechtigt zu der Annahme eines Zusammenhangs dieser Eigengutstücke mit dem in den Schlußverweisen der David-Erzählung (1 Chr. 27,24) und der Josia-Erzählung (2 Chr. 35,27) erwähnten Geschichtswerk.

Das dritte Eigengutstück dieses Topos (2 Chr. 11, 13-17) unterscheidet sich strikt von den oben betrachteten, da es eine vom Chronisten negativ bewertete konkrete Situation – die erzwungene Flucht der Priester und Leviten aus dem Staat Israel – beschreibt und inhaltlich mit der in der Prophezeiung des Schemaja (2 Chr. 11, 2-4 = 1 Reg. 12, 22-24) erwähnten Konfrontation der beiden Staaten zusammenhängt. Da in diesen beiden Texten auch andere gemeinsame Merkmale zu finden sind, so liegt die Vermutung nahe, daß dieses Eigengutstück zu den im Schlußverweis der Rehabeam-Erzählung genannten „Wörtern-Taten der Propheten Schemaja ..." (2 Chr. 12,15) gehörte.

Eine ausgesprochene inhaltliche und kompositionelle wie auch terminologische und konzeptionelle Homogenität besitzen die den Topos „die Kultreform" enthaltenden Eigengutstücke (2 Chr. 14, 2-4; 15, 8-15; 17,6; 29, 3-36; 30, 1-27; 31, 2-21; 33, 15-17; 34, 3-7; 35, 1-13). In diesen Texten erscheint das uralte Phänomen der Vatergötter (2 Chr. 14,3; 15,12; 29,5 u.a.), kommen die traditionellen religiös-kultischen Termini technici *ʿabôdā* (2 Chr. 31,2.16; 35,2 u.a.), *ʿolā* und *šĕlāmîm* (2 Chr. 29,24.32; 30,22 u.a.)[61] wie auch die religiös-politischen Termini *miṣwā* und *mišpāṭ* (2 Chr. 14,3; 29,15; 30,16 u.a.) und andere vor, während das in uralten Traditionen wurzelnde und hauptsächlich in der Priesterschrift beschriebene Sündopfer (*ḥăṭṭāʾt*)[62] außerhalb dieser Eigengutstücke (2 Chr. 29,21.23.24) im Chronikbuch nicht mehr erwähnt wird. Alle diese Beobachtungen ermöglichen die Annahme einer vorexilischen Herkunft der Eigengutstücke zum Topos „die Kultreform" und die Annahme ihrer möglichen Zugehörigkeit zum in sämtlichen Schlußverweisen der betreffenden chronistischen Erzählungen genannten Geschichtswerk.

Der Topos „die Staatsverwaltung" umfaßt drei Eigengutstücke (1 Chr. 27, 1-34; 2 Chr. 17, 7-9; 19, 4-11), von denen die zwei letzten eine Beschreibung

---

60   J.P. Weinberg, Die soziale Gruppe im Weltbild des Chronisten, 77.
61   R. de Vaux, Ancient Israel 2, 415ff.; J. Milgrom, Studies in Levitical Terminology 1,8ff.; M. Haran, Temples and Temple-Service in Ancient Israel, 205ff., u.a.
62   R. de Vaux, Ancient Israel 2, 418ff.; J. Milgrom, Two Kinds of ḤAṬṬĀʾT, 333-337, u.a.

der nur im Chronikbuch erwähnten Justizreform des Königs Josaphat enthalten und deren Authentizität weitgehend anerkannt wird[63]. Was das Eigengutstück in 1 Chr. 27, 1-34 anbetrifft, so ist das Urteil nicht so eindeutig, aber es ist die Tendenz bemerkbar[64], auch diesen Text als authentisch anzuerkennen und als eine Beschreibung der von David tatsächlich durchgeführten staatlich-administrativen Reorganisation zu betrachten. Hiermit ist auch die Annahme berechtigt, daß der Chronist diese Eigengutstücke dem im Schlußverweis der Josaphat-Erzählung (2 Chr. 20,34) und in der David-Erzählung (1 Chr. 27,24) erwähnten Geschichtswerk entnahm.

Die den Topos „die Heeresverfassung" enthaltenden Eigengutstücke (2 Chr. 14,7; 17,2.14-19; 25, 5-6; 26, 11-14) sind laut P. Welten homogen und entstammen der nachexilischen Zeit.[65] Während der erste Teil dieser Schlußfolgerungen keine Einwände hervorruft, ist der zweite Teil – über die nachexilische Herkunft – zu hinterfragen. Für P. Welten ist die vom Chronisten geschilderte Zweiteilung des Heeresbanns in judäische Schwer- und benjaminitische Leichtbewaffnete „eine Fiktion des Chronisten", aber alttestamentliche Angaben (Jdc. 20,16; 1 Sam. 18,4 u.a.) belegen, daß die judäischen und benjaminitischen Krieger in vorexilischer Zeit tatsächlich verschieden bewaffnet waren. Auch die Gliederung des Heeres (2 Chr. 25) nach ḥămiššîm (50 Männer), mēʾôt (Hundertschaft) und ʾălāpîm (Tausendschaft) entspricht der vorexilischen militärischen Praxis[66] und kommt besonders häufig in der Priesterschrift vor, mit der diese Eigengutstücke auch die Begeisterung für übermäßig hohe Zahlenangaben teilen. Diese Tatsachen weisen auf eine vorexilische Herkunft dieser Eigengutstücke hin wie auch auf deren mögliche Zugehörigkeit zu jenem Geschichtswerk, das in den Schlußverweisen der drei von den vier betreffenden chronistischen Erzählungen erwähnt wird (2 Chr. 16,11; 20,34; 25,26).

Die größte Anzahl von Eigengutstücken (2 Chr. 13, 2b-21; 14, 8-14; 20, 1-30; 21,16-19; 25, 11-13; 26, 6-8; 27,5; 28, 5-8.17; 32, 1-4.6-8; 33, 10-11; 35, 20-25; 36, 6-7) umfaßt der Topos „die Kriegsberichte". Obwohl P. Welten die vorexilische Herkunft von einigen dieser Stücke anerkennt, ist er der Meinung, daß das Gros der Kriegsberichte „das überraschende Bild der Jerusalemer Kultgemeinde" darbietet.[67] Seine Argumentation ist aber anfechtbar, da die geopolitische Situation des vorexilischen, insbesondere des späten judäischen Staates und diejenige der nachexilischen Gemeinde tatsächlich ähnlich

---

63   W.F. Albright, The Judicial Reform of Jehoshaphat, 61-81; R. Knierim, Exodus 18 und die Neuordnung der Mosaischen Gerichtsbarkeit, 161-167; G.Ch. Macholz, Zur Geschichte der Justizorganisation in Juda, 316-321, u.a.

64   S. Yeivin, ʾămarkālût yiśrāʾēl, 50-61; Y. Aharoni, mēḥôzôt yiśrāʾēl wĕyĕhûdā, 115-121; Z. Kallai, Historical Geography of the Bible, 36, u.a.

65   P. Welten, Geschichte und Geschichtsdarstellung in den Chronikbüchern, 98-114.

66   R. de Vaux, Ancient Israel 1, 214-218; A.M. Gasov-Ginsberg, Sekret prašči Davida, 55-57, u.a.

67   P. Welten, Geschichte und Geschichtsdarstellung in den Chronikbüchern, 171.

waren. Eben darum hinterläßt die vom Chronisten geschilderte Kriegstätigkeit der judäischen Könige den Eindruck einer Übertragung der für die nachexilische Gemeinde realen Konfrontationen in die vorexilische Vergangenheit.

Ausschlaggebend ist jedoch der Umstand, daß in sämtlichen Eigengutstücken des Topos „die Kriegsberichte" manche Komponenten der archaischen Mythologeme bzw. Theologeme des „heiligen Krieges" vorkommen:[68] die Bitte um Hilfe und Beistand Gottes (2 Chr. 14,10; 20,3.4 u.a.), die rituelle Reinigung der Krieger und die sakrale Gestaltung der Schlacht (2 Chr. 13,14; 20,3ff. u.a.), das unmittelbare Eingreifen Jahwes in die Kriegstätigkeit und der dadurch errungene Sieg (2 Chr. 13,12ff.; 14,11; 20,22 u.a.), die reiche Beute (2 Chr. 13, 16ff.; 14,12; 20,25ff. u.a.) und anderes. Da für das Weltbild des Chronisten die entgegengesetzte Tendenz der Entmythologisierung und Entsakralisierung des Krieges kennzeichnend war (S. 221-224), so sind diese Elemente der archaischen Mythologeme bzw. Theologeme ein Zeugnis der vorexilischen Herkunft dieser Eigengutstücke und ihrer möglichen Zugehörigkeit zum geschichtlichen Werk und zu den prophetischen Sprüchen, die in den Schlußverweisen der entsprechenden chronistischen Erzählungen genannt werden.

Der Topos „die Bautätigkeit" der Könige war in nachexilischer Zeit, als in Palästina ein intensiver Erneuerungs- und Urbanisationsprozeß im Gange war, tatsächlich aktuell. Aber dieser Umstand ist bei weitem nicht ausreichend, um der Annahme P. Weltens beizustimmen, daß das Gros dieser Berichte „Fiktionen des Chronisten" waren.[69] Es scheint logischer und wahrscheinlicher, daß gerade diese Aktualität des Topos für seine Zeit den Chronisten dazu anregte, in den ihm zugänglichen vorexilischen Materialien Angaben über die Bautätigkeit der von ihm als ideal anerkannten vorexilischen Herrscher zu suchen und diesen Aspekt der königlichen Tätigkeit zu akzentuieren. Zugunsten dieser Annahme spricht die weitgehende inhaltliche, kompositionelle und terminologische Affinität der den Topos „die Bautätigkeit" enthaltenden Eigengutstücke (2 Chr. 11, 5-12; 14, 5-6; 17,12; 26, 9-10.15; 27, 3-4; 32,5; 33,14) zu Eigengutstücken anderer Topoi, besonders der „Heeresverfassung", der „Kriegsberichte" u.a., von deren möglicher vorexilischer Herkunft schon die Rede war. Der Topos „die Bautätigkeit" war offensichtlich ein locus communis, der in gleicher Weise in dem in den Schlußverweisen der chronistischen Erzählungen erwähnten Geschichtswerk und in den Prophetensprüchen vertreten war.

---

68  F. Stolz, Jahwes und Israels Kriege; M. Weippert, „Heiliger Krieg" in Israel und Assyrien, 460-493; P.D. Miller, The Divine Warrior in Early Israel; J.S. Ackerman, Prophecy and Warfare in Early Israel, 5-13; G.H. Jones, „Holy War" or „Yahwe War"? 642-658; M. Weinfeld, They Fought from Heaven, 23-30; ders., Divine Intervention in War in Ancient Israel and in the Ancient Near East, 121-147; W.H. Brownlee, From Holy War to Holy Martyrdom, 281-292; J.P. Weinberg, Krieg und Frieden im Weltbild des Chronisten, 111-129, u.a.

69  P. Welten, Geschichte und Geschichtsdarstellung in den Chronikbüchern, 45.

Der Topos „die Macht der Könige" (2 Chr. 17,5.10-12; 27,6; 32,25-31) ist nach P. Welten „stark chronistisch geprägt".[70] Aber die dort anzutreffenden Ausdrücke *paḥad yhwh* (2 Chr. 17,10)[71] und *gbh* + *lēb* (hochgemut/hochmütig, 2 Chr. 17,6; 32, 25-26) sind für die Phraseologie der vorexilischen Propheten (Jes. 2,10.21; Ez. 28,2 u.a.) charakteristisch, was andererseits damit übereinstimmt, daß in zwei von drei Schlußverweisen der betreffenden chronistischen Erzählungen Prophetensprüche genannt sind.

Unsere Untersuchung bezeugt, daß praktisch sämtliche narrativen Eigengutstücke in 1 Chr. 10 – 2 Chr. 36 ihren Sitz im Leben in der vorexilischen Epoche haben und aus vorexilischen Materialien stammen.[72] Es bestehen tatsächlich manche situativ-inhaltliche und andere Berührungspunkte zwischen den Eigengutstücken im Chronikbuch und den nachexilischen Realitäten, die damit zu erklären sind, daß der Chronist ihn interessierendes, ihm und seinem Auditorium entsprechendes Material in vorexilischen Texten suchte und fand. Dieses Material ist nicht dem kanonischen deuteronomistischen Geschichtswerk entnommen, sondern stammt aus einem vorexilischen außerkanonischen Geschichtswerk und aus diversen vorexilischen außerkanonischen Prophetensprüchen. Für die Richtigkeit dieser Annahme spricht noch eine weitere Beobachtung:[73] Von den sechs chronistischen Erzählungen ohne Schlußverweise enthalten fünf keine Eigengutstücke, und gerade in diesen Erzählungen (Nr. VIII, XVI, XVIII, XX, XI in Tabelle 12) überwiegt das Eigengewicht des aus dem deuteronomistischen Geschichtswerk übernommenen Materials.

Die Untersuchung der chronistischen Eigengutstücke ermöglicht auch den Versuch, die Konturen des Wesens und des Inhalts des vom Chronisten benutzten Geschichtswerkes zu umreißen: Es war ein zur Zeit des Chronisten schon schriftlich fixierter Text, für den ein reges Interesse für die religiös-kultische Problematik und für das Königtum als Garant der Wahrung und Befolgung der *tôrat mošе*, eine konzeptionelle und terminologische Affinität zur Priesterschrift und andere Merkmale kennzeichnend waren. Derselbe Interessenbereich, besonders aber für das Königtum und den König, ist auch für die „außerkanonischen" Prophezeiungen charakteristisch. Es kann darum mit gutem Grund angenommen werden,[74] daß die vom Chronisten benutzten „außerkanonischen" Prophezeiungen und das „außerkanonische" Geschichtswerk in räumlich und sozial relativ nah beieinanderliegenden Milieus wurzelten, nämlich in Kreisen des judäischen Adels und der Priesterschaft in Jerusalem und in Nordjudäa, d.h. im Kerngebiet der nachexilischen Bürger-Tempel-Gemeinde, dem wahrscheinlich auch der Chronist entstammte (S. 280-282).

---

70   Ibid., 186.
71   D.H. Hillers, Paḥad yiṣḥāq, 90-92.
72   J.P. Weinberg, Das Eigengut in den Chronikbüchern, 179-181.
73   Ibid., 180.
74   J.P. Weinberg, Die „außerkanonischen Prophezeiungen" in den Chronikbüchern, 403-404; ders., Das Eigengut in den Chronikbüchern, 181.

Eine markante Ausdrucksform der agonalen Einstellung in der antiken Geschichtsschreibung war das Streben des Verfassers nach größtmöglicher Glaubwürdigkeit, das Wollen und Wünschen, sein Auditorium von der größeren Genauigkeit und Wahrhaftigkeit des von ihm Erzählten zu überzeugen. Hierdurch erklärt sich auch das ausgesprochene Interesse der antiken Geschichtsschreibung für Dokumente, die, wenn nicht als die Wahrheit selbst, so doch zumindest als eine maximale Annäherung an sie angesehen wurden. Aber es wäre verfehlt, dieses gesteigerte Interesse an Dokumenten als eine ausgesprochene Besonderheit nur der antiken Geschichtsschreibung zu betrachten, denn eine ähnliche „Dokumenten – resp. Listen – Liebe" ist auch für die nahöstliche Geschichtsschreibung der Mitte des 1. Jt. v.u.Z., inkl. des Chronikbuches, kennzeichnend.[75]

Die Listen bilden ungefähr ein Viertel des Umfanges des Chronikbuches und sind dort hauptsächlich in zwei kompakten Sammlungen – 1 Chr. 1-9 und 23-26 – konzentriert. Zur Provenienz dieser Listen werden in der modernen Bibelwissenschaft zwei diametral entgegengesetzte Standpunkte vertreten: Die Listen werden, zumindest in der Mehrzahl, als Schöpfung des Chronisten angesehen,[76] aber immer häufiger erklingt in letzter Zeit die Auffassung,[77] daß diesen Listen, jedenfalls in der Mehrzahl, authentische vorexilische Materialien zugrundeliegen, was keinesfalls das Vorhandensein folkloristischer Elemente, künstlicher Ergänzungen usw. in ihnen ausschließt. Trotz ihres antithetischen Charakters ist beiden Standpunkten die Tendenz gemeinsam, die beiden Listenkomplexe gesondert voneinander wie auch isoliert von den übrigen Listen im Chronikbuch zu betrachten. Darum beginnt unsere Untersuchung mit einer Aufzählung sämtlicher Listen im Chronikbuch (Tabelle 14).[78]

Die Angaben dieser Tabelle belegen, daß erstens das Gros der Listen Eigengut des Chronisten ist und zweitens in Erzählungen über die von ihm als ideal angesehenen Könige, insbesondere David, konzentriert ist, was auf die Relevanz dieses Materials für den Chronisten und sein Auditorium hinweist.

---

75  J.P. Vejnberg, Roždenije istorii, 72-75.
76  A.C. Welch, The Work of the Chronicler, 81-95; M. Noth, Überlieferungsgeschichtliche Studien 1, 118-122; W. Rudolph, Chronikbücher, 93; A.H.J. Gunneweg, Leviten und Priester, 204-216; J.M. Myers, 1 Chronicles, 6ff., 158ff., u.a.
77  S. Klein, Kleine Beiträge zur Erklärung der Chronik dibrê hayyāmîm, 197-204; B. Mazar, dibrê hayyāmîm, sēper dibrê hayyāmîm, 589-599; J. Liver, yaḥas, yaḥaś, 663-671; ders., pĕrāḵîm bĕtôlādôt hakĕhûnnā wĕhallĕwîyā, 11ff.; ders., hîstôrîyā wĕhîsṭôriôgrā'piyā bĕsēper dibrê hayyāmîm, 227ff.; A. Demsky The Genealogy of Gibeon, 16-23; S. Japhet, 'ĕmûnôt wĕdē'ôt bĕsēper dibrê – hayyāmîm, 13-14, 198ff., 243ff., u.a.
78  J.P. Weinberg, Das Wesen und die funktionelle Bestimmung der Listen in 1 Chr. 1-9, 92.

Tabelle 14

| Nr. König | Liste | Inhalt | Eigeng. | Parall. |
|---|---|---|---|---|
| 1. – | 1,1,1-27 | Nachkommen Adams | +* | |
| 2. – | 1,1,28-42 | Nachkommen Abrahams | +* | |
| 3. – | 1,1,43-54 | Herrscher Edoms | +* | |
| 4.-23. – | 1,2-8 | Stämmeverzeichnisse | +** | |
| 24. – | 1,9,1-34 | Einwohner des nachexilischen Jerusalem | +*** | |
| 25. – | 1,9,35-44 | Genealogie der Sauliden | + | |
| 26. David | 1,11,10-47 | Recken Davids in Hebron | +**** | +**** |
| 27. David | 1,12,1-22 | Recken Davids in Ziklag | + | |
| 28. David | 1,12,24-39a | Heerbann in Hebron | + | |
| 29. David | 1,15,4-24 | Teilnehmer der Überführung der Bundeslade | + | |
| 30.-35. David | 1,23,2-26,28 | Priester und Leviten im Tempeldienst | + | |
| 36. David | 1,26,29-32 | Leviten im Staatsdienst | + | |
| 37. David | 1,27,1-22.25-34 | Anführer der Abteilungen, Stammeshäupter, Beamte | + | |
| 38. Rehabeam | 2,11,5-12 | Festungsverzeichnis | + | |
| 39.-40. Josaphat | 2,17,7-9.13-19 | Gesetzeslehrer und Heerführer | + | |
| 41.-42. Hiskia | 2,29,12-14; 31,12-19 | Priester und Leviten | + | |
| 43. Josia | 2,35,8-9 | Priester und Leviten | + | |

\*     In diesen Listen ist alttestamentliches, hauptsächlich priesterschriftliches Material benutzt worden.

\*\*    Obwohl auch in diesen Listen manches aus anderen alttestamentlichen Teilen übernommenes Material vorkommt, überwiegt dort chronistisches Eigengut.

\*\*\*   Vgl. Neh. 11.

\*\*\*\* Der erste Teil der Liste (V. 10-41) hat seine Vorlage in 2 Sam. 23, 8-39, während der zweite Teil (V. 42-47) chronistisches Eigengut ist.

Die grundlegende Eigentümlichkeit der Gattung „Liste" ist es, daß sie Aufzählungen von Eigennamen enthält. Die Inventur sämtlicher Anthropo-, Topo-

und Ethnonyme in den Listen ergibt ohne die sich wiederholenden Eigennamen eine Gesamtzahl von ca. 970 Eigennamen, was einen beträchtlichen Teil des zur Zeit bekannten althebräischen Onomastikons ausmacht. Ein Teil dieser Namen – etwa 150 – sind Toponyme, und deren Untersuchung belegt,[79] daß ihre absolute Mehrzahl – um 90 % – Benennungen von Ortschaften der vorexilischen oder vor- und nachexilischen Zeit sind, während Erwähnungen von solchen, die nur in nachexilischer Zeit existierten, selten vorkommen. Die Mehrzahl dieser Toponyme – 61 % – bezeichnen judäische Ortschaften, was die Schlußfolgerung ermöglicht, daß in den chronistischen Listen vorwiegend vorexilische judäische Ortschaften aufgezählt werden.

Das Gros des onomastischen Materials in den Listen – ca. 670 Namen – bilden die individuellen und kollektiven Anthroponyme, für deren vorwiegend nachexilische Provenienz ihrzeit ausdrücklich G.B. Gray und M. Noth plädierten.[80] Aber eine Untersuchung des gesamten Anthroponomastikons in den chronistischen Listen zeigt, daß dort Namen vorexilischer Herkunft überwiegen – 57 % aller Anthroponyme –, während typische exilisch-nachexilische Namen nur 13 % ausmachen.[81] Hierbei ist es kennzeichnend, daß im zeitlichen Ablauf das Eigengewicht der letzteren zunimmt – von 10 % in den Stämmeverzeichnissen (1 Chr. 2-8) auf 38 % in der Liste der Einwohner des nachexilischen Jerusalem (1 Chr. 9, 1-34 – Neh. 11, 3-19). Diese Regelmäßigkeit bekräftigt die Berechtigung unserer Analyse und deren Ergebnisse, wofür zwei weitere Argumente angeführt werden sollen. In der diachronischen Betrachtungsweise verringert sich das Eigengewicht der „unikalen", d.h. außerhalb der chronistischen Listen im Alten Testament nicht mehr vorkommenden Anthroponyme von 34 % in den Stämmeverzeichnissen auf 11 % in der Liste der Einwohner des nachexilischen Jerusalem, was mit der für die Anthroponomastik kennzeichnenden Tendenz übereinstimmt, daß die Anzahl der selten benutzten Personennamen im Laufe der Zeit abnimmt, während die der sich wiederholenden zunimmt.[82] Ausschlaggebend aber ist das Faktum, daß fast alle – um 90 % – in den chronistischen Listen anzutreffenden Personennamen auch im vorexilischen epigraphischen Material vorhanden sind.

Dafür zeugt auch die Untersuchung der im Anthroponomastikon der chronistischen Listen vertretenen Namenstypen.[83] Die althebräischen Personennamen können in folgende Haupttypen klassifiziert werden: fremde – ägyptische, babylonische, aramäische u.a. – Personennamen, althebräische profane

---

79  Ibid., 93-96.
80  G.B. Gray, Studies in Hebrew Proper Names, 189-190; M. Noth, Die israelitischen Personennamen im Rahmen der gemeinsemitischen Namengebung, 8.
81  J.P. Weinberg, Das Wesen und die funktionelle Bestimmung der Listen in 1 Chr. 1-9, 96-103; vgl. J.A. Fowler, Theophoric Personal Names in Ancient Hebrew, 21-29.
82  Ch.E. Osgood, Language Universals and Psycholinguistics, 303-305; A.W. Superanskaja, Obščaja teorija imeni sobstvennovo, 10-11, u.a.
83  J.P. Weinberg, Das Wesen und die funktionelle Bestimmung der Listen in 1 Chr. 1-9, 99-103.

Personennamen, althebräische theophore Personennamen mit den jahwistischen theophoren Komponenten El und Jahwe und mit den nichtjahwisti-
schen, in erster Linie kanaanäischen theophoren Komponenten Baal, Hadad
u.a. und die sog. „kingshipnames" mit den Komponenten ʾaḫ, ʾāb usw.[84] Die
Ergebnisse dieser Analyse zeigen erstens die sehr geringe Anzahl – nur 21
oder 2 % – fremder Personennamen, womit sich das Anthroponomastikon in
den chronistischen Listen strikt vom exilisch-frühnachexilischen Anthroponomastikon unterscheidet, da im letzteren das Eigengewicht fremder Personennamen viel höher war. Markant ist auch das verhältnismäßig hohe Eigengewicht profaner Personennamen in den chronistischen Listen (343 Namen oder
25 %), was sich kraß von der nachexilischen Namensgebung unterscheidet,
wo, wie das epigraphische Material bezeugt, „most of the names recorded in
the document [aus Keteph-Jericho] have a Jewish theophoric element."[85] Aber
besonders aufschlußreich sind die Angaben über die theophoren Personennamen, die das Gros des anthroponomastischen Materials in diesen Listen bilden, wobei das Eigengewicht dieses Namentyps von 66,5 % in den frühen
Stämmeverzeichnissen bis auf 78 % in der späteren Liste der Einwohner des
nachexilischen Jerusalem ansteigt. Gleichzeitig ändert sich im zeitlichen
Ablauf auch das quantitative Verhältnis zwischen den El-Namen und den
Jahwe-Namen:[86] Während sich das Eigengewicht der ersten von 14 % in den
Stämmeverzeichnissen bis auf 9 % in der Liste der Einwohner des nachexili-
schen Jerusalem verringert, steigt das Eigengewicht der Jahwe-Namen von
27 % in den ersten Listen bis auf 34 % in der letzten, was mit fundamentalen
Tatbeständen des vorexilischen religiösen Lebens, mit der Stärkung der
Bedeutung und des Einflusses des Jahwismus übereinstimmt.

Es kann mit Recht gefolgert werden, daß das in den chronistischen Listen
vorhandene onomastische Material in erster Linie im vorexilischen Onomastikon wurzelt und daß der Chronist dieses Material en bloc vorexilischen,
hauptsächlich außeralttestamentlichen Texten entnommen hat. Aber um was
für ein Material handelte es sich dabei? Die zahlreichen nichtonomastischen
Angaben in den Listen, wie z.B. die Eingangs- und Schlußformeln (S. 147-
151) mit ihren narrativen Einsätzen und chronologischen Hinweisen, gestatten
es, die scheinbar amorphe Masse der chronistischen Listen zu differenzieren
und die ihnen zugrundeliegenden verschiedenen Textgattungen auszuson-
dern.[87]

---

84  M. Noth, Die israelitischen Personennamen, 66ff.; F.M. Cross, Canaanite Myth and
    Hebrew Epic, 11; J.A. Fowler, Theophoric Personal Names in Ancient Hebrew, 29ff.
85  H. Eshel, H. Misgav. A Fourth Century B.C. Document from Ketef Jeriho, 167ff.
86  S. Norin, Jô-Namen und Jehô-Namen, 87-97; A.R. Millard, JW and JHW Names, 208-
    212, u.a.
87  J. Liver, „wĕkol yiśrāʾel hityaḥśû wĕhinnām kĕtûbîm ʿal sēper malkê yiśrāʾēl", 234ff.;
    J. Kegler, M. Augustin, Synopse zum Chronistischen Geschichtswerk, 23ff.; J.P. Wein-
    berg, Das Wesen und die Funktion der Listen in 1 Chr. 1-9, 103-104, u.a.

Im vorderorientalischen Bereich besitzen im 2.-1. Jt. v.u.Z. Beamtenverzeichnisse eine gewisse Homogenität, da sie folgende notwendige Komponenten enthalten: die Eingangsformel mit dem Namen und Titel des diese Beamten Einsetzenden oder ihnen Vorstehenden und der Bezeichnung des Amtes oder der Ämter, den Inhalt des Verzeichnisses mit der Aufzählung der Beamten und nochmaligen Nennung des Amtes oder der Aufgabe und die Schlußformel mit Rekapitulation des zuvor Gesagten. Da dieses Modell des vorderorientalischen Beamtenverzeichnisses auch in der vorexilischen judäisch-israelitischen Welt reproduziert wurde,[88] ist es berechtigt, es den chronistischen Listen „anzupassen" und in Fällen der Übereinstimmung anzunehmen, daß solchen Listen (1 Chr. 1, 43-54; 6, 16-32; 11, 10-47; 12, 1-22. 24-39a; 15, 4-24; 27, 25-34; 2 Chr. 17, 7-9. 13-19; 29, 12-14; 35, 8-9) als Vorlagen authentische, schriftlich fixierte Beamtenverzeichnisse der vorexilischen Staats- und Tempel-Administration zugrundelagen.

Im gesamten nahöstlichen Bereich, inkl. Palästina, waren Zensus- oder besser Mobilmachungslisten weit verbreitet.[89] Sie enthielten folgende strukturelle Komponenten: die Eingangsformel mit dem Namen und Titel des Anordners der Mobilmachung und mit der Benennung der ihr Unterworfenen, den Inhalt, bestehend aus den Registern der zum Dienst herangezogenen Personen oder Gemeinschaften, die Erwähnungen von deren Anführern, der Bezeichnung der Pflicht oder des Dienstes und der Anzahl der mobilisierten Personen oder Kollektive unter Verwendung der für diese Gattung spezifischen Termini technici *spr* (= zählen, aufschreiben usw.) und *mispār* (Zahl, Anzahl), *pḳd* (prüfend sehen nach; ausheben, mustern usw.) und *pěḳuddā* (Betrauung, Dienst, Amt; Wache, Wachposten; Aufsicht, Fürsorge, Verwaltung usw.), aber besonders *yḥś* (in die Geschlechtsregister, in die Register eintragen lassen) und *yaḥaś* (Stammbaum, Register) und die Schlußformel mit Rekapitulation. Diese spezifischen Merkmale der Gattung sind in zahlreichen chronistischen Listen anzutreffen (1 Chr. 7, 1-5. 6-12. 30-40; 12, 24-39; 27, 1-22; 2 Chr. 17, 13-19; 31, 12-19), aber besonders häufig im Komplex 1 Chr. 23-26 (23, 3-24; 24, 1-19; 25, 1-31; 26, 1-19. 20-32), was auch die Vermutung zuläßt, daß allen diesen Listen authentische vorexilische Mobilmachungsverzeichnisse der Staats- und Tempel-Administration zugrundelagen.

In noch einer weiteren Listengruppe (1 Chr. 4, 24-43; 5, 1-10. 11-17. 23-26; 7, 20-29; 8, 8-28) sind gemeinsame strukturelle Merkmale zu beobachten: Listen dieser Gruppe enthalten Genealogien mit vertikaler und horizontaler Gliederung. Im Unterschied zu den anderen Listengattungen, wo narrative Zusätze nur episodisch vorkommen, enthalten diese Listen ausführliche und inhaltlich homogene narrative Zusätze, in denen der Topos „die kriegerische

---

88   A.F. Rainey, Administration in Ugarit and the Samaria Ostraca, 62-63; O. Kaiser, Zum Formular der in Ugarit gefundenen Briefe, 10-23, u.a.
89   G.E. Mendenhall, The Census List of Numbers 1 and 22, 52-66; J. Liver, „wĕkol yiśrāʾēl hityāḥśû wĕhinnām kĕtûbîm ʿal sēper malkê yiśrāʾēl", 234-238.

Tätigkeit", zuweilen mit Elementen der uralten Mythologeme des „heiligen Krieges" (S. 221-224) (1 Chr. 5,20. 25-26 u.a.), vorherrscht und präzise chronologische Angaben (1 Chr. 4,31.41; 5,10 u.a.) erwähnt werden.[90] In allen diesen Listen sind markierende Schlußformeln vorhanden, wo dreimal (1 Chr. 4,41. 43; 5,26) der Ausdruck ʿad hayyôm hazze („bis zum heutigen Tag") vorkommt, der „the continuation of a certain condition up to the present time" bedeutet.[91] Jedoch ist nicht klar, ob dieser Ausdruck auf das Fortdauern des betreffenden Zustandes oder der Situation bis auf die Zeit des Chronisten oder nur bis auf die Zeit der Entstehung der Vorlagen der betreffenden Listen hindeutet. Die letzte Annahme ist wahrscheinlicher, weil in den Zusätzen Geschehnisse der frühmonarchischen Zeit geschildert sind.

Alles Dargelegte weist darauf hin, daß diese Texte einer selbständigen Gattung angehören, die wesentliche Berührungspunkte mit der isländischen Sippensage aufweist. Diese, schreibt M. Steblin-Kamenskij, „ist das, was in der oralen Tradition als Geschichte, als wahrer Vorfall weitergegeben wird, obwohl es auch Elemente einer schöpferischen Überarbeitung der Fakten der Wirklichkeit enthält ... die Sagen hatten auch praktische Bedeutung. Das Wissen der Geschichte der eigenen Sippe wie auch der verwandten, benachbarten oder feindlichen Sippen ist für die Orientierung in der Umwelt notwendig ... Die wichtigsten Geschehnisse in der Sippensage sind Fehden, ausführliche genealogische Information".[92] Obwohl zeitlich und räumlich ferne Analogien riskant sind, ist die Annahme zulässig, daß als Vorlagen der betreffenden Listengruppe Sippensagen der Sippenverbände der frühmonarchischen Zeit dienten, die teilweise, wie die Notizen in 1 Chr. 4,41 bezeugen, Ende des 8. Jh. v.u.Z. schriftlich fixiert wurden.

Nicht einordnen lassen sich in eine der drei eruierten Gattungen die Liste in 1 Chr. 24,20-30 und das Gros der Listen im Komplex 1 Chr. 1-9 (1 Chr. 1, 1-42; 2, 3-55; 3, 1-24; 4, 1-23; 5, 27-41; 6, 1-15. 35-38; 7,13; 8, 1-40, vielleicht ohne V. 8-28), die, oder präziser, deren Vorlagen, Genealogien waren. Allen diesen Listen ist eine bemerkenswerte Homogenität eigen, deren auffälliges Merkmal das Fehlen markierender Eingangs- und Schlußformeln ist, wodurch sich die Genealogien in den chronistischen Listen grundsätzlich von denen in der Priesterschrift unterscheiden. Die letzteren besitzen nicht nur einen sie ausgliedernden Anfang in der Formel: ʾēlle tôlĕdôt X, sondern auch ein markierendes Ende in der Formel: ʾēlle bĕnê Y (Gen. 10, 1 und 20; 36, 1 und 9 u.a.). Eine solche strenge Vereinheitlichung und Standardisierung der Genealogien in der Priesterschrift ist eine Folge der schriftlichen Fixierung, ein Ergebnis der „Buch"-Überarbeitung ursprünglich in oraler Form entstan-

---

90  B. Oded, Observations on the Methods of Assyrian Rule in Transjordania after the Palestinian Campaign of Tiglat-Pileser III, 183; S. Yeivin, The Israelite Conquest of Canaan, 179 Anm. 8, 181 Anm. 17, 212 Anm. 33ff., u.a.
91  J.R. Wilch, Time and Event, 52-59.
92  M.I. Steblin-Kamenskij, Islandskaja rodovaja saga, 286-288.

dener und mündlich tradierter Genealogien.[93] Falls diese Beobachtung richtig ist, so weist sie darauf hin, daß der Chronist seine Genealogien nicht der Priesterschrift entnommen hatte,[94] sondern aus diversen, primär mündlichen genealogischen Traditionen schöpfte. Dafür spricht auch die Tatsache, daß in fast allen chronistischen Genealogien der Terminus *tôlēdôt* (Erzeugung; Geburtsfolge, Nachkommen, Geschlechterfolge; Stammbaum, Entstehungs-, Stammesgeschichte) nicht erwähnt wird, obwohl gerade dies ein Schlüsselwort der priesterschriftlichen Genealogien ist,[95] während in der einzigen Liste, die tatsächlich der Priesterschrift entstammt, in 1 Chr. 1, 1-42,[96] auch der priesterschriftliche Terminus *tôlēdôt* vorkommt (V. 29). Für die Genealogien der *tôlēdôt*-Reihe in der Priesterschrift ist das Bestreben offensichtlich, alle Genealogien, insbesondere im Horizont des „genealogical stock" und der „line of ancestors"[97], in das starre zehn- oder elfgliedrige Schema zu zwängen. Eine derartige Tendenz, die einen ausgesprochen künstlichen „Buch"-Charakter trägt, fehlt gänzlich in den Genealogien des Chronisten, wo mannigfaltige und „lebensechte" Tiefen der Geschlechterfolge aufgewiesen werden.

### 3. Der Anfang und das Ende im Chronikbuch

In der Untersuchung dessen, wodurch sich der „mythenerzeugende Mechanismus" des literarischen Schaffens vom „texterzeugenden Mechanismus" unterscheidet, weist Ju. Lotman darauf hin,[98] daß für den ersten das „Fehlen der Kategorien des Anfangs und des Endes" kennzeichnend ist, weil der Text als eine unaufhörlich sich wiederholende und den zyklischen Zeitverlauf spiegelnde Gestaltungsform empfunden wird. Für den „texterzeugenden Mechanismus", der sich am linearen Zeitverlauf orientiert und dem Chroniken, Annalen und andere Formen der Geschichtsschreibung angehören, ist die deutliche Markierung des Textanfangs und -endes ein Spezifikum.

Die hebräischen Schriftsteller benutzten, wie R. Alter bemerkt,[99] häufig eine Rahmentechnik, die sich auch in der konsequenten Benutzung der Eingangs- und Schlußformeln in den Geschichtsdarstellungen äußert. Die Eingangsformel, die stets „eine bestimmende formgebende Funktion erfüllt, da

---

93  F.M. Cross, Canaanite Myth and Hebrew Epic, 301-305; P. Weimar, Die Toledot-Formel in der priesterlichen Geschichtsdarstellung, 65-93; ders., Aufbau und Struktur der priesterschriftlichen Jakobsgeschichte, 180-187, u.a.
94  W. Rudolph, Chronikbücher, 6ff.; J.M. Myers, 1 Chronicles, XLIXff., u.a.
95  P. Weimar, Aufbau und Struktur der priesterlichen Jakobsgeschichte, 180-187; J. Scharbert, Der Sinn der Toledot-Formel in der Priesterschrift, 45-56, u.a.
96  J.M. Myers, 1 Chronicles, 6-8; J. Kegler, M.Augustin, Synopse zum Chronistischen Geschichtswerk, 13ff., u.a.
97  A. Malamat, King Lists of Old Babylonian Period and Biblical Genealogies, 165ff.
98  Ju.M. Lotman, Statji po tipologii kuljtury, 9-10, 19-20.
99  R. Alter, Introduction to the Old Testament, 28.

sie nicht nur ein Beweis der Existenz, sondern auch ein Substitut der späteren Kausalitätskategorie ist",[100] kommt in 18 von den 21 (parallelen) Königserzählungen im deuteronomistischen Geschichtswerk und im Chronikbuch vor und besteht aus zwei Teilen – dem chronologischen und dem axiologischen. Der chronologische enthält folgende feste Komponenten: Die Synchronisierung der Regierungsjahre der judäischen und israelitischen Könige (hauptsächlich im deuteronomistischen Geschichtswerk); die Angaben über das Alter des inthronisierten Königs und die Dauer seiner Herrschaft; zuweilen, vor allem im deuteronomistischen Geschichtswerk, auch den Namen der Mutter des Königs. Obwohl der axiologische Teil der Eingangsformel unvermeidlich stärker individualisiert ist, enthält auch er einige feste Komponenten: die Bewertung der Tätigkeit des Königs, den Vergleich dieser Tätigkeit mit der des Vaters des betreffenden Königs, seiner Vorfahren oder Davids (im Falle einer negativen Bewertung mit der der Könige Israels) und die Motivation der gegebenen Bewertung, wobei eine positive Bewertung meistens mit der Ausrottung der Höhen motiviert wird, während für die negative die Anbetung der Höhen steht. Die Schlußformel, die die Bedeutung des Zieles stärkt,[101] kommt in fast sämtlichen (parallelen) Königserzählungen im deuteronomistischen Geschichtswerk und im Chronikbuch vor und besteht aus folgenden festen Komponenten: aus der Mitteilung über den Tod des Königs, seine Begräbnisstätte, dem Bericht über die Inthronisierung seines Nachfolgers und aus dem Schlußverweis, der Informationen über den Inhalt und den Titel bestimmter Texte enthält.

Diese Beobachtungen über die Konstruktion der Eingangs- und Schlußformeln in beiden zeitlich und konzeptionell voneinander entfernten alttestamentlichen Geschichtswerken bezeugen deren weitgehende Konstanz und Gleichartigkeit. Darum sind um so auffälliger und aufschlußreicher die ebenso zahlreichen wie wesentlichen Abweichungen des Chronisten, die nochmals seine selektiv-kritische Einstellung zur geschichtlichen Tradition bezeugen.

Nur in einem Drittel sämtlicher Verwendungen der Eingangsformel benutzt sie der Chronist in der standardisierten und vereinheitlichten Form, in der sie im deuteronomistischen Geschichtswerk vorherrscht. In den meisten Fällen, besonders in Erzählungen von den von ihm positiv bewerteten Königen, weicht der Chronist von der gegebenen Formel ab, variiert und individualisiert sie, um größere Übereinstimmung zwischen dem Anfang der Erzählung und der weiteren Darlegung zu erreichen, um die „formgebende Funktion" des Anfangs zu stärken. So ergänzt der Chronist z.B. die standardisierte Eingangsformel zur Erzählung von König Asa durch den konzeptionell relevanten Zusatz: „... und in seinen Tagen (Asas) hatte das Land zehn Jahre Ruhe (šāḳĕtā)" (2 Chr. 13,23, vgl. 1 Reg. 15,8), und in der Eingangsformel zur Josa-

---

100  Ju.M. Lotman, Struktura chudožestvennovo teksta, 259-260.
101  Ibid., 262.

phat-Erzählung fügt er die Wörter: „… und er (Josaphat) war stark geworden
über Israel" (2 Chr. 17,1, vgl. 1 Reg. 15,24) hinzu.

Obwohl die Schlußformeln im Chronikbuch häufig mit den deuteronomistischen übereinstimmen, kann man kaum mit H.G.M. Williamson sagen, daß
„in all such cases the Chronicler was dependent on his Vorlage".[102] Dem
widersprechen die vom Chronisten vollzogenen zahlreichen Modifikationen
der Schlußformeln, insbesondere des so wichtigen Schlußverweises. Im deuteronomistischen Geschichtswerk erscheint er am häufigsten in der standardisierten und vereinheitlichten Formel: „Und die übrigen Wörter-Taten des
[Königs] X, und was er getan hat, die sind niedergeschrieben in der Buchrolle
A (Titel)" (wĕyeter dibrê X wĕkol ʾăšer ʿāśā halōʾ-hēmmā kĕtûbîm ʿal sēper A,
1 Reg. 14,29; 15,7 u.a.). Das diese Formel einleitende Wort yeter, das als Substantiv im Alten Testament die Bedeutungen: Rest, was man übrig läßt, was
übrig bleibt, hat und als Adverb „übermäßig" bedeutet, wird in dieser Formel
stets mit der Konjunktion w- benutzt, was die Annahme zuläßt, daß dieses
Wort auf etwas hinweist, das außerhalb der gegebenen Erzählung gelassen
wurde oder geblieben ist. Dieses wird im Schlußverweis mit dem grundlegenden Wort dābār bezeichnet, das laut J. Barr die Grundbedeutungen „word"
und „matter" innehat,[103] während nach Th. Boman dābār „nicht nur Wort,
sondern auch Tat [ist] … weil das Wort mit seiner Verwirklichung zusammenhängt, könnte man dābār mit Tatwort wiedergeben."[104]

Der Chronist übernimmt diese Formel, aber fügt ihr häufig nach den Worten „Und die übrigen Wörter-Taten des [Königs] X" die Ergänzung:
hāriʾšônîm wĕhāʾăḥărônîm (2 Chr. 9, 29; 12,15 u.a.) hinzu. Da riʾšôn die
Bedeutungen: erster, vorangehend, früher, vormalig (in räumlicher, temporaler
und axiologischer Sicht) innehat, ʾaḥărôn dagegen: hinten befindlich, westlich
(in räumlicher Sicht), später, künftig; zuletzt, letzt, letzter (in temporaler und
axiologischer Sicht) bedeutet, so dient die Vereinigung der beiden Wörter zur
Bezeichnung der erschöpfenden Vollkommenheit und Vollendung in räumlicher und zeitlicher, axiologischer und ethischer, eschatologischer u.a. Sicht.[105]
Durch Hinzufügung dieser Worte akzentuiert der Chronist die Relevanz dessen, was er aus seiner Erzählung ausgelassen hat, und hiermit ist auch die
Annahme berechtigt, daß es die Funktion, die Aufgabe des Schlußverweises
war, die Aufmerksamkeit des Auditoriums auf diese Berichte über die „übrigen Wörter-Taten" der Könige und die in diesen Berichten enthaltenen Texte
zu lenken.[106]

---

102 H.G.M. Williamson, 1 and 2 Chronicles, 18.
103 J. Barr, The Semantics of Biblical Language, 132-134.
104 Th. Boman, Das hebräische Denken im Vergleich mit dem griechischen, 45ff., u.a.
105 H.Ch. Brichto, Kin, Cult, Land and Afterlife – a Biblical Complex, 25; J.G. Gammie,
    Spatial and Ethical Dualism in Jewish Wisdom and Apocalyptic Literature, 356-359, u.a.
106 J. Krecher, H.-P. Müller, Vergangenheitsinteresse in Mesopotamien und Israel, 42-43;
    R.K. Duke, The Persuasive Appeal of the Chronicler, 110ff., u.a.

Hiermit stimmt auch die zweite Komponente des Schlußverweises, der Titel, überein, in dem besondere Aufmerksamkeit das Verb *ktb* (schreiben) und das Substantiv *sēper* (Inschrift, Schriftstück, Brief, Buchrolle) verdienen, da sie deutlich auf die schriftliche Fixierung der erwähnten Texte in Buchrollen hinweisen. Was die letzteren anbetrifft, so wird im deuteronomistischen Geschichtswerk mit Ausnahme der „Buchrolle der Begebenheiten Salomos" vermutlich ein einziges Werk – die „Buchrolle der Annalen (*sēper dibrê hayyāmîm*) der Könige Judas (und/oder Israels)" – genannt. In den Titeln der chronistischen Schlußverweise werden dagegen verschiedene Werke erwähnt. Der *sēper malkê yĕhûdā wĕyiśrāʾēl*, *sēper malkê yiśrāʾēl wĕʾĕhûdā* und *sēper hammĕlākîm lĕyĕhûdā weyiśrāʾēl*, das bevorzugt in Schlußformeln derjenigen chronistischen Königserzählungen vorkommt, in denen das aus dem deuteronomistischen Geschichtswerk entnommene Material die durchschnittlichen 56 % (Tabelle 12) übersteigt: in der Amazja-Erzählung – 60 % (2 Chr. 25,26), in der Manasse-Erzählung – 60 % (2 Chr. 33,18), in der Josia-Erzählung – 58 % (2 Chr. 35,27) und in anderen. Es kann vermutet werden, daß mit all diesen Bezeichnungen das vom Chronisten benutzte deuteronomistische Geschichtswerk gemeint war. Zweimal werden der *sēper* oder die *dibrê malkê yiśrāʾēl* erwähnt, aber nur in Verbindung mit Prophetensprüchen, und noch zweimal kommt ein *midrāš* vor. Hierbei ist es auffällig, daß diese Titel am häufigsten in denjenigen chronistischen Königserzählungen vorkommen, in denen das Eigengewicht des Eigenguts die durchschnittlichen 40 % (Tabelle 13) übersteigt, z.B. in der David-Erzählung – 63 % (1 Chr. 29,29), in der Abia-Erzählung – 85 % (2 Chr. 13,22), in der Ussia-Erzählung – 70 % (2 Chr. 26,22) und in anderen, was für die Annahme spricht, daß diese Titel ein vorexilisches außerkanonisches Geschichtswerk und diverse, vorwiegend vorexilische außerkanonische Prophetien bezeichneten.

Alles zuvor Gesagte bezieht sich nur auf die interne Organisation des Textes des Chronikbuches, wo die Eingangs- und Schlußformeln die typologisch gleichartigen Königserzählungen umrahmen und voneinander absondern. Aber das Chronikbuch besitzt auch einen das gesamte Werk umfassenden äußeren Rahmen, dessen eine Komponente das Ende dieses Werkes ist, das fast wörtlich mit dem Anfang des Esrabuches übereinstimmt (2 Chr. 36, 22-23 – Esr. 1, 1-3). Diese Kongruenz dient nicht selten als Argument für die Anerkennung der ursprünglichen Zusammengehörigkeit und Einheitlichkeit des Chronikbuches und der Bücher Esra-Nehemia. Aber zusammen mit der überzeugenden Widerlegung dieses Konzepts fällt auch die bisherige Interpretation des Sinnes und der Funktion des Endes im Chronikbuch weg. Falls man H.G.M. Williamson beistimmt, daß „2 Chr. 36:22f has all the appearance of being extracted from Ezr. 1:1",[107] dann entsteht die Frage nach der Intention und dem Sinn dieses Zitats. Eine mögliche Antwort lautet: Der Chronist been-

---

107 H.G.M. Williamson, Israel in the Books of Chronicles, 9; ders., 1 and 2 Chronicles, 5ff., u.a.

det sein Werk mit einem Zitat aus dem Esrabuch, weil er seine Geschichte als eine Vorgeschichte der Bürger-Tempel-Gemeinde betrachtet, und darum bricht er das Zitat plötzlich mit dem Wort *weyā'al* („... und er ziehe hinauf ...") ab. Ein solches Ende weist nicht nur auf die Zukunft, auf die kommende Bürger-Tempel-Gemeinde hin, sondern drückt auch eins der grundlegenden Prinzipien dieser Gemeinde, eins der wesentlichen Merkmale des chronistischen Weltbildes aus, nämlich das der Freiwilligkeit, der Notwendigkeit und Pflicht des Menschen, eine Wahl zu treffen und die Verantwortung zu tragen.

Für die Zulässigkeit einer solchen Interpretation des Endes im Chronikbuch spricht auch das Wesen des Anfangs dieses Werkes. Trotz Divergenzen in Einzelheiten herrscht die Meinung vor, daß die ersten neun Kapitel des Chronikbuches „serve as the introduction to the total story of the Chronicler. They establish the principal subjects of the narrative, the theological concerns of the narrator, the general time parameters and laws of reality at work within the story's world-view".[108] Diese Kapitel können auch mit Recht als eine vielleicht mit den Anfangskapiteln des Thukydides zu vergleichende „Vorgeschichte" qualifiziert werden, „in der die Voraussetzungen des zu berichtenden Sachverhaltes mitgeteilt werden".[109] Außerdem erfüllen diese Kapitel als Anfang des Chronikbuches noch zwei für die nachexilische Bürger-Tempel-Gemeinde bzw. ihre Mitglieder äußerst wichtige und auch praktische Aufgaben: Die erste Aufgabe der Eingangskapitel besteht darin, daß sie die Herkunft vieler Mitglieder der Gemeinde auflisten und so deren Ansprüche und Rechte begründen und bestätigen. Bedeutender ist die zweite Aufgabe: Sie besteht in dem Beweis, daß diese von Adam und den Patriarchen abstammende Gemeinde, die alle Stämme umfaßt, von Juda und Benjamin umrahmt wird und deren Mitte Levi bildet, das Volk Israel ist.[110]

## 4. Das mündliche und das schriftliche Wort,
### die direkte und die indirekte Rede im Chronikbuch

Im Arsenal der Argumente für eine typologische Unterscheidung oder gar Entgegensetzung der altnahöstlichen und der antiken Welt findet sich auch die These, daß im alten Nahen Osten „das Wort nur dann als eine tatsächliche, wahrhaftige und endgültige Wahrheit anerkannt wird, wenn es ein schriftliches Wort ist", während in der antiken Welt „nur das mündliche Wort das

---

108 R.K. Duke, The Persuasive Appeal of the Chronicler, 55, vgl. M.D. Johnstone, The Purpose of the Biblical Genealogies, 74-76; H.G.M. Williamson, 1 and 2 Chronicles, 38ff.; S. Japhet, I and II Chronicles, 8-9, u.a.
109 H. Cancik, Grundzüge der hethitischen und alttestamentlichen Geschichtsschreibung, 24-27.
110 J.P. Weinberg, Das Wesen und die funktionelle Bestimmung der Listen in 1 Chr. 1-9, 112.

Schicksal des Staates und des Menschen entscheiden kann."[111] Ein gewisser Unterschied zwischen der Rolle des mündlichen und schriftlichen Wortes im alten Nahen Osten und in der antiken Welt läßt sich tatsächlich feststellen, aber er scheint eher stadialer als typologischer Art zu sein. Die grundsätzliche Existenzform des mythologischen Denkens ist das mündliche Wort, und diese Eigentümlichkeit wirkte sich im alten Nahen Osten und in der antiken Welt in gleicher Weise aus, während das wissenschaftlich-logische Denken sich immer und überall primär im schriftlichen Wort manifestiert.[112] Darum ist auch das schriftliche Wort die bevorzugte, optimale Form der Fixierung des geschichtlichen Denkens, was ebenso für die altnahöstliche wie die antike Geschichtsschreibung gilt. Dies bedeutet aber keinesfalls eine völlige Ausschaltung des mündlichen Wortes.[113] Deswegen lautet die Frage nicht, ob der altnahöstliche Geschichtsschreiber, der Chronist eingeschlossen, auf schriftliche und mündliche Formen der Fixierung und Tradierung zurückgriff, sondern welchen Raum und welche Rolle das schriftliche und mündliche Wort bei der Entstehung des Chronikbuches einnahmen und spielten.[114]

Um diese Frage zu beantworten, ist ein möglichst objektiver und präziser Indikator nötig, und als solcher kann der Häufigkeitsgrad der die mündlichen und schriftlichen Kommunikationsweisen bezeichnenden Termini gelten. Die Aufzählung sämtlicher vorkommender Termini der mündlichen und schriftlichen Tradierung im Chronikbuch ergibt eine Proportion von 8,6 : 1,4 zwischen ihnen,[115] d.h. es besteht eine offensichtliche Dominanz des mündlichen Wortes. Als ein primär mündliches Wort wird im gesamten alten Nahen Osten das göttliche Wort anerkannt (der geschriebene Dekalog ist eine der Ausnahmen, die die Regel bestätigen). Der Chronist folgt dieser Regel und führt sämtliche Anreden Gottes mit Termini der mündlichen Überlieferung ein: „und es erging das Wort Gottes an Natan zu sagen" (1 Chr. 17,3), „… und es offenbarte sich Gott Salomo und sprach …" (2 Chr. 1,7) u.a. Dementsprechend wurde auch das prophetische Wort als ein prinzipiell orales betrachtet, was aber keinesfalls die Anerkennung einer späteren schriftlichen Fixierung und Tradierung des prophetischen Wortes ausschließt.[116] Der Chronist bewahrt diese Einstellung und führt eine ganze Reihe von Prophetensprüchen mit Termini der mündlichen Überlieferung ein: „Und Schemaja der Prophet … sagte ihnen …" (2 Chr. 12,5), „Und zu dieser Zeit kam Hanani, der Seher, zum König Asa und sagte ihm …" (2 Chr. 16,7), was ihn aber nicht hindert, den

---

111  S.S. Averincev, Poetika rannevizantijskoj literatury, 188, 191.
112  E. Meletinskij, Mif i istorićeskaja poetika foljklora, 25.
113  Ju.A. Levada, Istorićeskoje soznanije i naučnyj metod, 192-193; Z. Ritook, Schriftlichkeit und Geschichtsschreibung, 416-427, u.a.
114  J.P. Vejnberg, K voprosu ob ustnoj i pisjmennoj tradicii v Vetchom zavete, 60-70.
115  J.P. Vejnberg, Roždenije istorii, 84.
116  S. Mowinckel, Prophecy and Tradition, 34ff.; W. McKane, Prophecy and the Prophetic Literature, 180ff.

ausdrücklich schriftlichen Charakter der Sprüche der Propheten Natan, Gad, Achija und anderer hervorzuheben (1Chr. 29,29; 2 Chr. 9,29 u.a.).

In der realen Situation der nahöstlichen Wirklichkeit der Mitte des 1. Jt. v.u.Z., nicht nur in den riesigen Weltreichen, sondern auch in den viel kleineren territorialen Staaten, sogar in solchen wie Juda und Israel, waren direkte, mündliche Kontakte zwischen dem Herrscher und seinen Untertanen eine seltene, außerordentliche Erscheinung, und das königliche Wort lag in erster Linie in schriftlicher Form vor. Darum sind die Bemühungen der nahöstlichen Geschichtsschreiber, die grundsätzliche Mündlichkeit auch dieses Wortes zu akzentuieren, um so bedeutender. Sie verfolgten das Ziel, die in der Wirklichkeit nicht vorhandenen und nicht möglichen, aber wahrscheinlich gewollten direkten persönlichen Kontakte zwischen dem Adressanten-König und den Adressaten-Untertanen hervorzuheben. Auch der Chronist akzentuierte die Mündlichkeit des königlichen Wortes, besonders in Stücken seines Eigenguts – „Und David sagte …" (1 Chr. 15,6), „Und Abia sprach …" (2 Chr. 13,4) –, was besser mit der Wirklichkeit der ihm zeitgenössischen Bürger-Tempel-Gemeinde als der der vorexilischen Staaten übereinstimmte, da ihr Umfang und Bestand es zuließen, daß die mündliche Kommunikation eine wichtige Rolle spielte (Esr. 9-10; Neh. 8-9 u.a.).

Während in den betrachteten Bereichen der Chronist der Tradition folgend, zuweilen aber auch in Übereinstimmung mit den tatsächlichen Verhältnissen, den Vorrang des mündlichen Wortes akzentuiert, gibt es einen Bereich, wo er konsequent auf die Bedeutung des schriftlichen Wortes hinweist, nämlich wenn es um Geschehnisse und Erscheinungen geht, die es nach seiner Auffassung verdienen, im Gedächtnis der Nachkommen zu bleiben. Darum führt der Chronist in seinen Schlußverweisen die Hinweise auf die von ihm benutzten Texte mit dem Verb *ktb* (schreiben, schriftlich verzeichnen usw.) ein, und darum wird nicht nur die „Tora Jahwes" als ein in erster Linie schriftlicher Text (*hakkātûb bĕtôrat yhwh*, 1 Chr. 16,40; 2 Chr. 25,4; 34,21 u.a.) behandelt, sondern auch manche der Listen (1 Chr. 4,41; 24,6 u.a.).

Alle diese Angaben bezeugen, daß der Chronist ebenso wie seine nahöstlichen und antiken Zeitgenossen die Bedeutsamkeit der mündlichen Fixierungs- und Tradierungsweise akzentuierte,[117] obwohl, und das muß nochmals betont werden, nicht nur das Gros der von ihm benutzten Texte schriftlich fixiert war, sondern auch seine eigene schöpferische Tätigkeit sich ab ovo in schriftlicher Form verwirklichte.

Jeder Text, ob mündlich oder schriftlich, ist ein Ausspruch, der sich in der Form der direkten oder der indirekten, erzählenden Rede vollzieht.[118] In diachronischer Sicht sind diese Redeformen zwei sukzessive Stufen der sprachlichen Kommunikation, wobei die direkte Rede des Sprechenden, Erzählenden die frühere, ursprüngliche und primäre Form des Ausspruches ist. Ihr folgt der

---

117 J.P. Vejnberg, Roždenije istorii, 82-87.
118 M.M. Bachtin, Estetika slovesnovo tvorčestva, 237ff.

Bericht über das Geschehene, der ein Keim und Vorläufer der Erzählung, der Narration ist.[119] Die direkte Rede unterscheidet sich von der indirekten nicht nur durch gesteigerte Expressivität, sondern auch durch den Effekt oder die Illusion des Effekts der unmittelbaren Präsenz und Teilnahme des Redenden in dem und an dem, worüber er redet. Für die indirekte, erzählende Rede ist im Gegensatz dazu eine bestimmte Distanziertheit, eine gewisse Entfremdung zwischen dem Erzähler und dem Erzählten kennzeichnend, infolge deren die Erzählung „... das ist, was in der Wirklichkeit nicht besteht, ... dessen Analogie, ‚Ebenbild‘ ..."[120]

Der einzelne Ausspruch ist meistens ein Glied in der sprachlichen Kommunikationskette, eine Antwort auf den vorangehenden Ausspruch, und infolgedessen sind einem jeden Ausspruch „dialogische Obertöne" inhärent.[121] Aber in den verschiedenen Redeformen äußern sich diese „dialogischen Obertöne" mit unterschiedlicher Intensität: Während in der indirekten Rede das monologische Element vorherrscht, für das die Vergegenwärtigung des Gewordenen wichtiger als die des Werdens, die Schilderung des Erfüllten relevanter als die der Erfüllung ist, so ist die direkte Rede, sogar in der Form eines Monologs, stets dialogisch eingestellt. Für sie ist die Demonstration des Werdens wichtiger als die des Gewordenen, die Schilderung der Erfüllung interessanter als die Feststellung des Erfüllten.[122]

Es war wahrscheinlich eben diese Eigenschaft der direkten Rede, die die „Rede-Freundlichkeit", das Angefülltsein der antiken Geschichtsschreibung mit Reden der handelnden Personen bedingte.[123] In der Praxis (und Theorie) der antiken Geschichtsschreibung ist die Rede – die vom Geschichtsschreiber verfaßte, produzierte oder die von ihm wiedergegebene, reproduzierte – hauptsächlich ein Mittel der Selbstäußerung, der Darlegung seiner Ansichten, seines Disputs mit Opponenten usw. wie auch ein Mittel, der Erzählung Spannung und Dramatik zu geben. Aber gleichzeitig ist die produzierte oder die reproduzierte Rede ein Mittel der Annäherung der Vergangenheit an die Gegenwart, der Überwindung oder Verringerung der temporal-situativen Distanz zwischen der erzählten Vergangenheit und der erzählenden Gegenwart. Aber die strengen Forderungen des Wettbewerbs und der Verifikation verlangten, daß die produzierten oder reproduzierten Reden in gewisser Weise mit dem übereinstimmen mußten, was die betreffende Person in der Vergangenheit tatsächlich gesagt hatte, sagen konnte oder wollte (Thuk. 1,22). Da Reden, besonders aus längst vergangenen Zeiten, sofern sie nicht schriftlich fixiert waren, nur in Ausnahmefällen den Geschichtsschreiber erreichen konn-

---

119  O.M. Frejdenberg, Mif i literatura drevnosti, 209.
120  Ibid., 214.
121  M.M. Bachtin, Estetika slovesnovo tvorčestva, 271-272.
122  V.S. Bibler, Myšlenije kak tvorčestvo, 3-5, 62-69, u.a.
123  A. Momigliano, Greek Historiography, 6-8; J. Hart, Herodotus and Greek History, 178; Ch.W. Fornara, The Nature of History in Ancient Greece and Rome, 142-145, u.a.

ten, entstanden unvermeidlich Spielräume zwischen der tatsächlichen historischen Rede und der Gestalt, die sie im Geschichtswerk annahm. Die Weite und Tiefe dieser Spielräume hängen nicht nur von den subjektiven Eigenschaften des Geschichtsschreibers, von seiner Informiertheit, Wahrheitsliebe und von seinem Können, ab, sondern hauptsächlich von dem ihm und seinem Auditorium eigenen geschichtlichen Bewußtsein, und können darum als Indikatoren dieses geschichtlichen Bewußtseins gelten und benutzt werden.

Im Chronikbuch ist das quantitative Verhältnis der Stücke der direkten und indirekten Rede 2,1 : 7,9. Dieser Befund rechtfertigt es kaum, von einer „Rhetorisierung" des Chronikbuches zu reden, es als „a rhetorical unit" zu qualifizieren,[124] besonders wenn man es mit anderen alttestamentlichen Geschichtswerken vergleicht wie dem jahwistisch-elohistischen, wo dieses Verhältnis 5,4 : 4,6 ist, oder mit den Büchern Esra-Nehemia (4,1 : 5,9).[125] Eher sollte man von einem „Entrethorisierungsprozeß" sprechen, da der Chronist nicht selten aus der deuteronomistischen Vorlage übernommene direkte Reden in indirekte verwandelt. So gibt er z.B. die Rede Joabs: „… ich habe gekämpft gegen Rabba und habe die an Wasser [reiche] Stadt eingenommen" (2 Sam. 12,27) folgendermaßen wieder: „… und Joab führte die Heermacht und verheerte das Land der Kinder Ammons und kam und belagerte Rabba …" (1 Chr. 20,1), d.h. der Chronist überführt die gespannte und erregte, die Illusion der Gegenwärtigkeit hervorrufende Rede in die Bahn einer ruhigen, distanzierten Erzählung über ein Ereignis der Vergangenheit.

Rhetorik ist kein grundlegendes Merkmal des Chronikbuches, aber hieraus folgt nicht, daß man die quantitative und kompositionelle Bedeutsamkeit der direkten Rede im Chronikbuch ignorieren kann.[126] Dagegen spricht allein schon die Tatsache, daß das Gros der direkten Reden chronistisches Eigengut ist und in den Erzählungen über die vom Chronisten positiv bewerteten Könige – David (1 Chr. 13, 2-3; 22, 7-16. 17-19 u.a.), Josaphat (2 Chr. 19, 6-7 u.a.), Hiskia (2 Chr. 29, 5-11 u.a.), Josia (2 Chr. 35, 3-4 u.a.) und andere – vorkommt. Nicht weniger kennzeichnend sind die Subjekte dieser direkten Reden, die Redner: 8mal werden die Reden Gott zugeschrieben, 17mal den Propheten und am häufigsten – 55mal – den Königen. Eine solche Verteilung der direkten Rede bezeugt ihren autoritativen Charakter wie auch ihre vorwiegend menschliche Provenienz. Die direkte Rede überwiegt in den für den Chronisten wichtigen Topoi wie „Tempelbau und Tempelrenovierung", „Krieg und Frieden", was auch die Schlußfolgerung zuläßt, daß „The Chronicler employed speeches, set in the past and in the mouths of authoritative

124 J. Hempel, Althebräische Literatur und ihr hellenistisch-jüdisches Nachleben, 184-185; R.K. Duke, The Persuasive Appeal of the Chronicler, 35ff., u.a.
125 J.P. Vejnberg, Roždenije istorii, 88-90.
126 O. Plöger, Reden und Gebete im deuteronomistischen und chronistischen Geschichtswerk, 55ff.; M. Saebø, Taler og bønner hos Kronisten og i Esra/Nehemja-boken, 119-132; R.K. Duke, The Persuasive Appeal of the Chronicler, 123ff., u.a.

characters, to address forcefully his present audience while remaining perso-
nally remote."[127]

Nur dürfen diese Schlußfolgerungen nicht verallgemeinert und überbewertet und die direkten Reden (und Gebete) als „Höhepunkte" der chronistischen
Erzählung betrachtet werden.[128] In Hinsicht auf die Proportion zwischen der
direkten und indirekten Rede spricht mehr für die Annahme, daß gerade die
letztere, die Narration, nicht nur quantitativ, sondern auch kompositionell und
konzeptionell den Kern des Chronikbuches bildet. Dafür noch ein Argument:
„Narrative proper in the Hebrew Bible is almost exclusively reserved for
prose",[129] aber das Chronikbuch ist fast ausschließlich ein Prosatext.

## 5. Handlung und Verifikation im Chronikbuch

Eins der wesentlichsten Merkmale des mythologischen Denkens besteht darin,
daß es allem, was dem „Beginn der Zeiten" angehört, die höchste Sakralität
und absolute Wahrhaftigkeit zuspricht und es in den Rang eines Modells, eines
Archetyps erhebt. Darum erfaßt, ja organisiert der mythologisch denkende
Mensch alles, was nach dem „Beginn der Zeiten" geschieht, als eine Repetition und Reproduktion der ursprünglichen Geschehnisse und Erscheinungen.
Spätere Geschehnisse und Erscheinungen sind nur dann sinn- und bedeu-
tungsvoll, wenn sie den Archetyp imitieren und wiederholen. Falls aber ein
Geschehnis und eine Erscheinung nur als Repetition und Reproduktion des
schon Gewesenen betrachtet werden, dann ist es kaum notwendig und zweckmäßig zu erzählen, wie sie geschehen oder geworden sind, es genügt festzustellen, daß sie geschehen oder geworden sind. Obwohl Rudimente einer
solchen Orientierung auch in der nahöstlichen Geschichtsschreibung der Mitte
des 1. Jt. v.u.Z., inkl. des Chronikbuches, anzutreffen sind, überwiegt dort
jedoch die zielgerichtete geschichtliche Handlung, dank und mittels derer die
Vergangenheit „als ein vom handelnden Subjekt her gesehener, durch menschlichen Willen und Verstand bewirkter Zusammenhang" erfaßt werden konnte,
und „Diese wesentliche anthropozentrische Geschichtsbetrachtung ist ein
Grund dafür, daß die Geschichte als sinnvoller Prozeß gedeutet werden
konnte."[130]

Die geschichtliche Handlung ist ein vielseitiges, kompliziertes Phänomen,
dem folgende Merkmale und Komponenten eigen sind: Vielzahl und Mannig-

---

127 R.K. Duke, The Persuasive Appeal of the Chronicler, 134.
128 O. Plöger, Reden und Gebete im deuteronomistischen und chronistischen Geschichts-
    werk, 56ff.; J. Kegler, M. Augustin, Synopse zum Chronistischen Geschichtswerk, 61,
    u.a.
129 R. Alter, The Characteristics of Ancient Hebrew Poetry, 618.
130 H. Cancik, Grundzüge der hethitischen und alttestamentlichen Geschichtsschreibung, 8-9.

faltigkeit der synchronen, parallelen und sich überkreuzenden Taten, die Anzahl der handelnden Personen, das Vorkommen von Plänen für ausgeführte (oder nicht ausgeführte) Taten, die Erwähnung von möglichen Varianten eines Geschehnisses, das Vorhandensein geschichtlicher Reflexionen usw.

In zahlreichen nahöstlichen Geschichtswerken aus der Mitte des 1. Jt. v.u.Z., inkl. der alttestamentlichen, offenbart sich die Fähigkeit der Autoren, beides, die Parallelität der Geschehnisse im zeitlichen Ablauf und ihre Unterschiedlichkeit und Andersartigkeit dem Wesen nach, in der Darstellung miteinander zu verbinden. Hierzu werden zwei Verfahren angewendet – das „Nebeneinanderstellen" und das „Ineinanderfügen".[131] Das erste und einfachere Verfahren besteht darin, daß synchrone, parallele Geschehnisse innerhalb eines Zeitabschnittes nebeneinander gesetzt, aber nacheinander dargelegt werden. Der deuteronomistische Geschichtsschreiber benutzt dieses Verfahren häufig, indem er z.B. die Beschreibungen der Herrschaft Rehabeams von Judäa und Jerobeams von Israel im Text räumlich nebeneinander stellt (1 Reg. 12,21-14,29) und durch die Notiz: „Und es war Krieg zwischen Rehabeam und Jerobeam alle Tage lang" (1 Reg. 14,30) situativ-inhaltlich vereinigt. Im Chronikbuch ist dieses Verfahren nur selten anzutreffen (2 Chr. 22, 5-9. 10-12 – 2 Reg. 8, 28-29; 11, 1-3 u.a.). Der Chronist bevorzugt dagegen das zweite, viel schwierigere „Ineinanderfügen", weil es die Schilderung der Verbundenheit und Wechselwirkung gleichzeitiger Geschehnisse, primär auf der Ebene ihres Werdens, des Prozesses ermöglicht. Im Chronikbuch sind zahlreiche Beispiele für dieses Verfahren vorhanden, z.B. in der David-Erzählung, wo so verschiedenartige und unterschiedliche Geschehnisse und Erscheinungen wie das königliche Kriegsgefolge (1 Chr. 11,10-12,39) und die Überführung der Bundeslade (1 Chr. 13, 1-14; 15,1-16,6 u.a.), die Kriege und die Siege Davids (1 Chr. 14, 8-12; 18, 1-14; 19,1-20,3 u.a.), die Vorbereitungen zum Tempelbau (1 Chr. 22, 2-5; 28,1-29,9), die Organisation der Priesterschaft und des Tempeldienstes (1 Chr. 23,2-26,28 u.a.) und andere nicht nur miteinander verbunden und einander durchdringend, sondern auch ihren Werdegang und ihre Ausbildung akzentuierend beschrieben werden, so daß sie in ihrer Gesamtheit ein einheitliches und vielseitiges Bild der geschichtlichen Handlung Davids darbieten. Der Chronist wendet dieses Verfahren auch in den Beschreibungen der Handlungen Salomos und Josaphats, Ussias und Hiskias, Josias und anderer, hauptsächlich der von ihm positiv bewerteten Könige an, wobei er zuweilen das Grundmuster der Handlungen dieser Könige im Vergleich mit der deuteronomistischen Vorlage beträchtlich erweitert.

Wenn die Aufmerksamkeit des Geschichtsschreibers in erster Linie dem Ergebnis, dem schon Geschehenen zugewandt ist, so beschäftigt ihn vorwiegend diejenige Person, von der dieses Ergebnis hauptsächlich abhängt oder die mit Recht oder Unrecht eine solche Rolle beansprucht. Wenn aber den

---

131 J.P. Vejnberg, Roždenije istorii, 96-97.

Geschichtsschreiber auch das Erreichen des Resultates, das Werden des Gewordenen interessiert, so erweitert sich unvermeidlich der Kreis der in die geschichtliche Handlung einbezogenen Personen.[132] Die Gattung des Chronikbuches (S. 285-288) setzt dieser Tendenz Grenzen. Darum ist es um so bezeichnender, daß sogar der Chronist in seine Erzählungen eine Reihe neuer, in der deuteronomistischen Vorlage nicht erwähnter, handelnder Personen, hauptsächlich Propheten (S. 135), einführte.

Zugleich mit der Erweiterung des Kreises der handelnden Subjekte entsteht für den Geschichtsschreiber auch die Aufgabe, diese Personen zu differenzieren und zu charakterisieren. In der nahöstlichen Geschichtsschreibung der Mitte des 1. Jt. v.u.Z. wurde die handelnde Person bevorzugt, aber nicht ausschließlich durch ihre Handlung charakterisiert und individualisiert. Aber Handlung ist nicht nur Tun, sondern auch Fühlen und Denken, Wünschen und Wollen, was zur Darstellung „von nichtausgeführten, modifizierten und möglichen Handlungen hinführt",[133] die gerade im Chronikbuch häufig vorkommen. Den Chronisten interessieren nicht nur die durchgeführten Handlungen, sondern auch die ihnen vorangehenden und sie vorbereitenden Absichten, Intentionen, Pläne. Darum widmet er weite Stücke seines Eigenguts der Schilderung der Absicht Davids, den Tempel zu bauen: „Hört mir zu, meine Brüder und mein Volk, ich hatte mir vorgenommen (*ănî ʿim lĕbābî*) …" (1 Chr. 28,2ff.), der Absicht Joas', den Tempel zu renovieren: „Danach nahm Joas sich vor (*hāyā ʿim lēb*), das Haus Jahwes zu erneuern" (2 Chr. 24,4ff), der Absicht Hiskias, einen Bund mit Gott zu schließen (2 Chr. 29,10ff.), und anderen Absichten.

Der Chronist ist sich aber auch dessen bewußt, daß bei weitem nicht alle Absichten, Intentionen sich erfüllen, und er erwähnt deshalb nicht nur die nicht verwirklichte Intention Davids, den Jahwe-Tempel zu bauen, sondern auch den nicht verwirklichten Plan Rehabeams, mit Israel Krieg zu führen (2 Chr. 11,1ff.). Da ist es nicht nur die göttliche Intervention, die die Verwirklichung des Beabsichtigten verhindert wie in den oben erwähnten Fällen, sondern es können auch rein menschliche Taten, Umstände sein wie z.B. beim Fehlgehen der Pläne Ataljas, sämtliche Nachkommen des Königs Ahasja zu vertilgen (2 Chr. 22,10ff.). Hiermit ist aber noch ein weiterer Aspekt verbunden, nämlich die Einsicht in die Variabilität der Handlung: Die Absicht Davids, den Tempel zu bauen, verwirklichte sich nicht, sondern es verwirklichte sich die andere Variante: den Tempel erbaute Salomo; statt daß die kriegsgefangenen Judäer, wie beabsichtigt, versklavt wurden, ließen die Israeliten sie frei (2 Chr. 28, 9-15).

Die Anerkennung des Unterschieds zwischen Absicht und Tat, die Einsicht in die Variabilität der Taten usw. bringen unvermeidlich geschichtliche Refle-

---

132  J.P. Vejnberg, Roždenije istorii, 97-98.
133  H. Cancik, Grundzüge der hethitischen und alttestamentlichen Geschichtsschreibung, 15-17.

xionen mit sich. Diese sind auch dem Chronisten nicht fremd, wofür als Beispiel nur an seine Betrachtungen über den Untergang Sauls (1 Chr. 10, 13-14)
und die Niederlage und den Tod Josias (2 Chr. 35, 20-25) erinnert werden soll.
In diesen beiden Fällen ist der Unterschied zwischen der Stellungnahme des
Chronisten und der des deuteronomistischen Geschichtsschreibers besonders
markant. Während der letztere ausführlich und dramatisch schilderte, wie Saul
(1 Sam. 31) und Josia (2 Reg. 23, 29-30) ihren Tod fanden, interessiert den
Chronisten hauptsächlich, warum diese tragischen Geschehnisse stattfanden,
was unvermeidlich das Bedürfnis nach Verifikation steigert.

Der Mensch des mythologischen Denkens, der in einer Welt der von der
Tradition autorisierten und von den Göttern geschützten absoluten, unwandelbaren und ewigen Wahrheiten lebte, bedurfte keiner Bestätigung, keiner Verifikation der Informationen über die Vergangenheit, da die Verwurzelung dieser
Informationen in der Vergangenheit schon an und für sich die Bürgschaft für
ihre Authentizität und Wahrhaftigkeit leistete. Mit dem Aufkommen und der
Entfaltung des wissenschaftlich-logischen Denkens entstand allmählich die
Empfindung, später die Überzeugung, daß bei weitem nicht alle Wahrheiten,
nicht einmal die aus der Vergangenheit, von den Göttern und Vorvätern herkommenden, absoluten Wert besitzen. Mit aller Schärfe, zuweilen nicht ohne
Tragik, entsteht die Frage: Was ist Wahrheit und was ist wahr?

Zum alttestamentlichen Vokabular gehört das Wort ʾemet, das die Bedeutungen: Festigkeit, Zuverlässigkeit, Beständigkeit, Dauer, Treue, Wahrheit,
Wahrhaftigkeit hat.[134] Im Chronikbuch wird ʾemet fünfmal erwähnt, wovon
eine Stelle besonders aufschlußreich ist: Nach der ausführlichen Beschreibung
der im deuteronomistischen Geschichtswerk nicht erwähnten Reorganisation
der Priesterschaft durch König Hiskia und der Beschreibung der Passah-Feier
hält es der Chronist für notwendig zu betonen: „Und nach diesen Begebenheiten und dieser Wahrheit" (ʾaḥărê haddĕbārîm wĕhāʾĕmet hāʾelle, 2 Chr. 32,1),
um auf diese Weise die Wahrhaftigkeit des von ihm neu Gesagten zu bestätigen. In der Septuaginta (LXX: Paral. 32,1) wird das althebräische ʾemet durch
das altgriechische Wort ἀλήθεια (Wirklichkeit, Richtigkeit; wahres Tun,
rechte Weise; wahres Reden, Aufrichtigkeit, Wahrhaftigkeit) wiedergegeben,
das von Herodotos an bis auf Lukian ein Schlüsselbegriff der antiken
Geschichtsschreibung war.[135]

Obwohl das Chronikbuch, genauso wie fast alle anderen zeitgenössischen
nahöstlichen und die Mehrzahl der antiken Geschichtswerke, keine Betrachtungen und Reflexionen über die angewandte Arbeitsmethode enthält, hatte
der Chronist eine Methode, die auch hinlänglich ausgebildet und komplex war

---

134 W. von Soden, Alter Orient und Altes Testament, 44, vgl. J. Barr, The Semantics of Biblical Language, 187-205; M. Weinfeld, mišpāṭ wĕṣĕdāḳā bĕyiśrāʾel wĕbĕʿamîm, 24ff.,
  u.a.
135 H. Peter, Wahrheit und Kunst, 2ff.; M. Grant, The Ancient Historians, 115, u.a.

und sein Schaffen weitgehend beeinflußte. Der Chronist hatte seine eigene, seinem Ziel und seiner Aufgabe entsprechende Arbeitsmethode, für die eine selektiv-kritische Einstellung zur geschichtlichen Tradition und ein bewußtes Streben nach schöpferischer Selbständigkeit, nach eigenem Profil und Eigenständigkeit seines Werkes kennzeichnend sind.

# V. Das Weltbild des Chronisten

Der Historiker gehört wie jeder Mensch seiner Zeit und seiner Gesellschaft an und kann (und soll auch) nicht frei von deren Einfluß sein. Aber eben diese unumgängliche Tatsache ist in der modernen Geschichtsschreibung (wie auch in der früheren) Ursache und Stimulus willkürlicher und unwillkürlicher, bewußter und unbewußter „Modernisierung" der Vergangenheit. Geschichte ist stets ein Dialog zwischen Gegenwart und Vergangenheit, und dieser Dialog kann nur dann stattfinden und fruchtbar sein, wenn der die Wechselrede führende Historiker sich des Unterschiedes zwischen Gegenwart und Vergangenheit bewußt ist und nicht versucht, die Vergangenheit in das Prokrustesbett der Gegenwart zu zwängen.

Das unvermeidlich Subjektive, das zeitlich, räumlich, sozial, individuell usw. Bedingte in der Sicht des Historikers kann (und soll auch) nicht völlig eliminiert werden, aber der moderne Forscher ist verpflichtet und auch in der Lage, extreme Äußerungen einer solchen Sicht und Einstellung zu vermeiden. Er muß sich dessen bewußt sein, daß die Gegenwart weder eine geradlinige Fortsetzung der Vergangenheit ist noch deren Antipode, und er muß anerkennen, daß sich die Vorstellung des Menschen dieser Vergangenheit über sich und seine Zeit von den Ansichten der Nachwelt, des modernen Forschers über ihn und diese Zeit wesentlich unterscheiden können. Für den modernen Historiker entsteht also die Aufgabe, das Weltbild seines Gesprächspartners, im gegebenen Fall des Chronisten, zu rekonstruieren.

## 1. Die Rekonstruktion des chronistischen Weltbildes

Um das Weltbild des Menschen nicht nur der Vergangenheit, sondern auch der Gegenwart zu eruieren und zu rekonstruieren, muß versucht werden, „diejenigen grundlegenden, universellen Kategorien zu bestimmen, ohne die sie nicht bestehen kann und die sämtliche ihrer Schöpfungen durchdringen."[1] Diese universellen Kategorien, die auch gleichzeitig die grundlegenden Begriffe des menschlichen Bewußtseins sind, bilden in ihrer Gesamtheit das imaginäre Weltmodell, d.h. das Koordinatensystem, mit dessen Hilfe der Mensch die Wirklichkeit erfaßt und welches sein Verhalten in der realen Welt, seine Ein-

---

1  A.J. Gurewitsch, Kategorii srednevekovoj kuljtury, 15.

stellung zu ihr bedingt. Das betreffende Weltmodell, seine universellen Kategorien sind allen Mitgliedern der Gemeinschaft gemeinsam, ungeachtet der
divergierenden Interessen und Ansprüche der verschiedenen sozialen Gruppen
und Individuen innerhalb dieser Gemeinschaft.[2]

Ein Weltmodell ist ein System, in dem verschiedene hierarchisch strukturierte Ebenen unterschieden werden können. In bezug auf den Chronisten und
das Chronikbuch kann man mit Recht von drei strukturellen Ebenen reden.
Die erste ist das Meta-Weltmodell der gesamten Geschichtsschreibung der
Achsenzeit, das die allgemeinen, sämtlichen Geschichtswerken dieser Zeit
gemeinsamen, universellen Kategorien umfaßt wie die Erkenntnis des Unterschiedes zwischen Vergangenheit, Gegenwart und Zukunft, die Absonderung
der irdischen Welt von der überirdischen, das Erfassen des menschlichen
Daseins als Geschichte, die Entstehung eines Nachdenkens über das Denken
usw.[3] Diese universellen Kategorien des Meta-Weltmodells wiederholen sich,
zuweilen mit variierenden Nuancen, in den Weltmodellen der einzelnen
Geschichtsschreibungen, z.B. der alttestamentlichen. Diese zweite Ebene
umfaßt hauptsächlich die spezifischen, dem betreffenden Weltmodell eigenen
Kategorien wie z.B. das für das alttestamentliche Weltmodell charakteristi-
sche Vermeiden systematischer, theoretischer Darlegungen und Verallgemei-
nerungen. Aber die Meta-Weltmodelle und die Weltmodelle verwirklichen
sich in einzelnen konkreten Schöpfungen des menschlichen Geistes, in einzelnen Geschichtswerken, in denen jedoch nicht ein Fragment oder Segment des
betreffenden Weltmodells zum Ausdruck kommt, sondern in denen es im Ganzen, in seiner Gesamtheit wiedergegeben wird, nur ausgehend vom Blickwin-
kel, vom Standpunkt des Verfassers und seines Auditoriums. Diese dritte
Ebene kann mit dem Terminus „das Weltbild" bezeichnet werden,[4] und unsere
Aufgabe ist es, das Weltbild des Chronisten zu rekonstruieren, aber im Hinblick auf das Meta-Weltmodell der Geschichtsschreibung der Achsenzeit und
das Weltmodell des Alten Testaments.

A. Gurewitsch bemerkt nicht ohne gewisse Resignation: „Das Weltmodell
des betreffenden sozio-kulturellen Systems kann augenscheinlich nur empi-
risch bestimmt werden, jede apriorische Zusammenstellung seiner Komponenten wird niemals eine erschöpfende sein und kann – das ist das
Grundsätzliche – ‚Aberrationen' in der Forschung hervorrufen."[5] Das ist
zweifellos möglich, aber jedes Geschichtswerk enthält etwas, das die Vermei-
dung solcher apriorischer „Aberrationen" ermöglicht, und bietet dem Forscher
aufschlußreiche und zuverlässige Angaben über die zu eruierenden universellen Kategorien. Diese Funktion erfüllt „der (schriftliche und mündliche) Text

---

2  Ibid., 15-16.
3  K. Jaspers, Vom Ursprung und Ziel der Geschichte, 19-25; S.E. Eisenstadt, Allgemeine
   Einleitung, 10ff., u.a.
4  J.P. Vejnberg, Struktura ponjatijnoj sistemy v kn. Paralipomenon, 82.
5  A.J. Gurewitsch, Kategorii srednevekovoj kuljtury, 19.

als primäre Gegebenheit ... des humanitär-philologischen Denkens,"[6] weil jeder gesprochene oder geschriebene Text aus Wörtern besteht und die Zeugnisse der Wörter, der Sprache stets Informationen enthalten und authentisch sind.[7]

In der denotativ-kommunikativen Funktion der Sprache erfüllen verschiedene Wortklassen unterschiedliche Aufgaben: Während die Substantive das Sein der Dinge und Erscheinungen designieren, bezeichnen die Adjektive deren Eigenschaften und die Verba deren Tätigkeits- und Existenz-Modi usw. Hieraus folgt, daß im Unterschied zu den Verben und Adjektiven, die hauptsächlich das Wandelbare und Sich-Ändernde, das situativ und temporal Bedingte fixieren und ausdrücken, das Statische und Beständige ein Gebiet des Substantivs ist, in dem eben darum die universellen Kategorien des Weltmodells und Weltbildes besonders prägnant ihren Ausdruck finden. Die Substantive enthalten die ergiebigsten Angaben für die Rekonstruktion eines Weltmodells oder Weltbildes, um so mehr, als sie in sämtlichen Sprachen das Gros des Wortschatzes bilden.[8]

Da die Sprache eine Dokumentation des sich unaufhörlich ändernden Lebens ist, befindet sie sich in einem ständigen Evolutionsprozeß, in dem zwei entgegengesetzte, aber miteinander verbundene Tendenzen wirken: Als Vehikel der Kommunikation und als Konsolidierungsmittel der Gemeinschaft ist die Sprache auf ein Bewahren ihres Bestandes ausgerichtet, aber gleichzeitig rufen eben diese Funktionen unvermeidliche Änderungen in der Sprache hervor. Diese Änderungen vollziehen sich hauptsächlich auf drei Ebenen: die Bildung neuer Wörter für neue Erscheinungen und Erfahrungen wie auch das Ausfallen mancher Wörter für alte Erscheinungen und Erfahrungen; semantische Wandlungen, in deren Ablauf Wörter mit „dispersiver" Polysemie durch Wörter mit „gesammelter" Polysemie oder Monosemie ersetzt werden; der Hang zur Beseitigung der überschüssigen Ausdrucksmittel, zur Sparsamkeit der angewendeten Sprachmittel, was mit einer Vertiefung und Intensivierung der verallgemeinernden und integrierenden Wirksamkeit der Sprache verbunden ist.[9]

Vor allem auf zwei Ebenen – der ersten und der dritten, teilweise auch der zweiten – äußern sich diese Prozesse auch quantitativ und sind darum einer wortstatistischen Analyse zugänglich. Diese Analyse hat verschiedene Aspekte, aber für unseren Zweck ist die Bestimmung des Häufigkeitsgrades eines Wortes von besonderem Wert und besonderer Beweiskraft, da sich die Bedeutsamkeit eines Phänomens für die Gemeinschaft, für den Verfasser und

---

6   M.M. Bachtin, Estetika slovesnovo tvorčestva, 281.
7   I.M. Djakonov, Archaičeskije mify Vostoka i Zapada, 22ff.
8   J.O. Hertzler, A Sociology of Language, 84.
9   J.O. Hertzler, A Sociology of Language, 142ff.; R.R. Budagov, Čto takoje razvitije i soveršenstvovanije jazyka, 41ff.; B.A. Serebrennikov, Ob otnositeljnoj samostojateljnosti razvitija jazyka, 42ff., u.a.

das Auditorium auch in der Häufigkeit und Intensität der Benutzung des dieses Phänomen bezeichnenden Wortes äußert.[10] Besonders informativ und aufschlußreich können die sog. Schlüssel- oder Grundwörter sein, d.h. diejenigen Wörter, deren Häufigkeitsgrad über dem in dem betreffenden Text durchschnittlichen liegt.

Aber die Möglichkeiten und die Beweiskraft der wortstatistischen Analyse dürfen nicht überbewertet werden, da sie nur unvoreingenommen und präzis die Tendenzen und Richtlinien eines Prozesses feststellen, aber nicht dessen Inhalt, Wesen usw. bestimmen kann. Darum ist die wortstatistische Analyse nur die erste Stufe, der notwendig die zweite, höhere Stufe der etymologischen und semantischen Analyse folgen muß. Etymologische Studien können ergiebige Informationen nicht nur über die Evolution des menschlichen Denkens darbieten, sondern auch wichtige Angaben über die Entwicklung einer Gemeinschaft und ihrer Kontakte mit der Umwelt enthalten. In der Evolution der Semantik eines Wortes kommen direkt und unbewußt Wandlungen in der Mentalität, in der Denkweise des Menschen zum Ausdruck und nicht so direkt, eher schon vermittelt und zuweilen bewußt auch Wandlungen in anderen Bereichen des menschlichen Lebens und der menschlichen Tätigkeit.

Ebenso wie in der Wirklichkeit Dinge und Erscheinungen miteinander verbunden und einander bedingend existieren, bedingen sich auch die Wörter der Sprache stets gegenseitig in ihrer Funktion. Darum ist die Sprache als ein sozio-kulturelles Phänomen ein System, dessen Bestandteile, die Wörter, „... although they may be semiautonomous, they are coherent, coexistent, interdependent or complementary" in einer Gesamtheit, in einem Text.[11] Deswegen ist auch die kontextuelle Analyse unumgänglich, da nur auf dieser Ebene die Bedeutung, der Sinn des Gesagten bzw. des Geschriebenen festgelegt werden kann. Aber es muß ausdrücklich betont werden, daß die linguistische Untersuchung im folgenden stets in Verbindung mit anderen Forschungsmethoden durchgeführt werden wird.

Die Substantive (teilweise auch die Adjektive) können in drei große Klassifikationsgruppen eingeordnet werden: Wörter, die in erster Linie Natur-Phänomene bezeichnen, Wörter, die hauptsächlich Erscheinungen aus dem menschlichen Bereich benennen, und Wörter, die vorwiegend zur Bezeichnung des Göttlichen dienen. Eine solche dreifache Klassifikation ist berechtigt, da sie mit der tatsächlichen universellen Form der Verbindung des Menschen mit dem Weltall, mit den grundsätzlichen Richtlinien der Orientierung des Menschen im Weltall übereinstimmt.[12] Da diese dreifache Klassifikation im Vokabular der alttestamentlichen Geschichtswerke anzutreffen ist, kann sie mit Recht als grundlegender Parameter des entsprechenden Weltmodells und der betreffenden Weltbilder gelten. Aber in den Vokabularen der alttestament-

---

10  R.R. Budagov, Istorija slov v istorii obščestva, 34-35, u.a.
11  J.O. Hertzler, A Sociology of Language, 72.
12  Ibid., 23-25.

lichen Geschichtswerke sind die diesen Klassifikationsgruppen angehörenden
Wörter verschieden stark vertreten und verbreitet, was auch auf unterschiedli-
che Orientierungen der betreffenden Weltbilder, auf deren divergierendes
Interesse an den Klassifikationsgruppen hinweist. Einen Beleg dafür bietet die
Tabelle 15, in der das Eigengewicht der Wörter der drei Klassifika-
tionsgruppen in den alttestamentlichen Geschichtswerken aufgewiesen wird:[13]

Tabelle 15

| Phänomen | Jahw.-Eloh. | Deuteron. | Esr.-Neh. | Chron. |
|----------|-------------|-----------|-----------|--------|
| Natur    | 15 %        | 11 %      | 8 %       | 7 %    |
| Mensch*  | 64 %        | 70 %      | 64 %      | 66 %   |
| Gott     | 13 %**      | 13 %      | 19 %      | 19 %   |

\*  Dieser Sphäre gehören alle diejenigen Wörter an, die nicht nur den Menschen und
   die menschlichen Gemeinschaften bezeichnen, sondern auch das vom Menschen
   Geschaffene, z.B. die Dinge usw.
\*\* Die drei Sphären erschöpfen nicht das gesamte alttestamentliche Vokabular, und
   darum ergibt die Summierung der einzelnen Beiträge keine 100 %.

Die Beweiskraft dieser statistischen Angaben darf nicht überbewertet werden, um so weniger, als in dieser Aufzählung der Häufigkeitsgrad der einzelnen Wörter nicht berücksichtigt wird. Trotzdem weist diese Tabelle nicht nur
auf die grundsätzliche typologische Gleichartigkeit der Weltbilder in den alttestamentlichen Geschichtswerken hin, was schon an und für sich die Zulässigkeit und Zuverlässigkeit dieser Angaben bestätigt, sondern sie bezeugt auch
die Divergenzen. Zu diesen zählt das im zeitlichen Ablauf sich verringernde
Eigengewicht der sich auf die Natur beziehenden Wörter, das seinen Tiefpunkt
im Chronikbuch erreicht und hiermit auf die Eigentümlichkeit des Erfassens
der Natur im chronistischen Weltbild hindeutet.

## 2. Die Natur im Weltbild des Chronisten

Zu den grundlegenden wissenschaftlichen und weltanschaulichen Erkenntnissen der modernen Menschheit gehört die Einsicht, daß mit dem Hervortreten
des Menschen auch das System „Natur-Mensch, Mensch-Natur" entsteht. Der
aus der Natur qualitativ herausgehobene Mensch ist nicht nur genetisch, sondern durch sein ganzes Leben, insbesondere durch seine produktive Tätigkeit,
ständig und in zunehmendem Maß mit der Natur als notwendiger Vorbedingung seiner Existenz verbunden. Mit der Immanenz dieses Systems ist auch

13  J.P. Vejnberg, Struktura ponjatijnoj sistemy v kn. Paralipomenon, 83-86.

unter Berücksichtigung der Wandlungen in Raum und Zeit seine ständige und notwendige Inhärenz im menschlichen Leben und Handeln in der Geschichte gegeben, und zwar in zwei unterschiedlichen und miteinander verbundenen Aspekten. Der erste objektive Aspekt besteht darin, daß „Das Geschichtliche also eine synthetische Einheit von Naturhaftem und aus menschlicher Tätigkeit Stammendem dar[stellt],"[14] während der zweite subjektive Aspekt das Erfassen dieser synthetischen Einheit betrifft.[15]

In seiner Untersuchung der antiken Auffassungen von den Einwirkungen der τέχνη (Kunst, Geschick, Handwerk usw.) und φύσις (Natur) auf die menschliche Geschichte zieht K. Wilsdorf die Schlußfolgerung, daß die antiken Geschichtsschreiber die Natur (zusammen mit der τέχνη) als immanente Kraft der Geschichte ansahen.[16] Aber die Annahme einer Wechselwirkung zwischen Mensch und Natur, noch mehr der Einwirkung der Natur auf den Menschen und die Menschheit setzt notwendigerweise deren Unterscheidung voraus. Die Anerkennung eines qualitativen Unterschiedes zwischen Natur und Mensch, Mensch und Natur, ihre Distanz voneinander, das Erfassen des Verhältnisses „Mensch-Natur" als einer „ich-es"-Beziehung, wo dieses „es" mit anderen Objekten korreliert und Bestandteil einer Gruppe oder Serie sein kann, ist ein markantes Kennzeichen und eine Errungenschaft des wissenschaftlich-logischen Denkens. Das mythologische Denken dagegen erfaßt das Verhältnis „Mensch-Natur" als eine „ich-du"-Beziehung, wo dieses „du" unbedingt einzigartig ist, den präzedenzlosen und nichtvoraussehbaren Charakter des Individuellen hat und somit nicht ein Objekt des Betrachtens und Verstehens ist, sondern „is experienced emotionally in a dynamic reciprocal relationship."[17]

Aber in welcher Weise wird das System „Natur-Mensch, Mensch-Natur" nun im alttestamentlichen Weltmodell, in den Weltbildern der alttestamentlichen Geschichtsschreibung, besonders in dem des Chronisten erfaßt? Es erscheint zweckmäßig, die Suche nach einer Antwort mit der wortstatistischen Analyse des Natur-Vokabulars der alttestamentlichen Geschichtswerke zu beginnen. Die Ergebnisse dieser Analyse sind in Tabelle 16 zusammengestellt, wo das Eigengewicht der die Erscheinungen der Sphäre „Natur" und ihrer vier Subsphären – „Himmel", „Erde", „Flora" und „Fauna" – bezeichnenden Wörter aufgewiesen wird. Dabei, und das muß ausdrücklich betont werden, geht es nur um Erscheinungen der sog. „ersten", nicht anthropogenen Natur. Die Angaben dieser Tabelle weisen auf eine ausgesprochene Erd-Orientierung des chronistischen Weltbildes hin, wofür auch die Tatsache spricht, daß das Voka-

---

14  P. Janssen, Natur und Geschichte? 16.
15  J.P. Weinberg, Die Natur im Weltbild des Chronisten, 324-326.
16  H. Wilsdorf, Antike Auffassungen von den Einwirkungen der τέχνη und der φύσις auf die Geschichte, 428-435.
17  H. and H.A. Frankfort, Introduction 1. Myth and Reality, 4-5; J.P. Vejnberg, Čelovek v kuljture drevnevo Bližnevo Vostoka, 53-54, u.a.

bular der Subsphäre „die Erde" im Chronikbuch sechs Schlüsselwörter enthält, während in den Subsphären „Himmel", „Flora" und „Fauna"
entsprechend nur ein, zwei und ein Schlüsselwort bzw. Schlüsselwörter vorhanden sind.[18]

### Tabelle 16

| Phänomen | Jahw.-Eloh. | Deuteron. | Esr.-Neh. | Chron. |
|----------|-------------|-----------|-----------|--------|
| Natur    | 15 %        | 11 %      | 8 %       | 7 %    |
| Himmel   | 2,1 %       | 2,1 %     | 1,7 %     | 1,1 %  |
| Erde     | 2,9 %       | 3,7 %     | 3,6 %     | 3,3 %  |
| Flora    | 3,5 %       | 2,4 %     | 1,4 %     | 1,4 %  |
| Fauna    | 6,5 %       | 2,8 %     | 1,3 %     | 1,2 %  |

Die Erde als eine Schöpfung Gottes und als der Wohnort des Menschen ist
ein notwendiger und ständiger Bestandteil sämtlicher Weltmodelle und Weltbilder, auch des alttestamentlichen Weltmodells und des chronistischen Weltbildes.[19] Aber sogar in dieser im chronistischen Weltbild offensichtlich
bevorzugten Subsphäre der Natur setzt sich der für den Chronisten charakteri-
stische selektive und sparsame Wortgebrauch durch: Von 126 Wörtern, die im
Alten Testament 29 Erscheinungen der Erde bezeichnen, was eine Proportion
von 1 : 4,3 zwischen Erscheinung und Wort ergibt, benutzt der Chronist nur 27
Wörter zur Bezeichnung von 16 Erscheinungen, was eine Proportion von
1 : 1,7 bedeutet. In der Regel vermeidet es der Chronist, das Besondere, das
Detail in der Subsphäre „die Erde", hauptsächlich aber das Belanglose oder
das für die Lebenstätigkeit des Menschen Schädliche zu erwähnen, z.B. den
Sumpf, die Öde. Er bevorzugt das Fundamentale, Allgemeine und für die palästinische Landschaft Typische, z.B. Stein, Berg, Wüste, Meer, und verwendet
dabei Wörter des zu seiner Zeit aktiven Wortschatzes, die auch im Alten Testament allgemein verbreitet sind. So benutzt der Chronist z.B. von fünf Wörtern
mit der Bedeutung „Staub, Boden" nur ʿāpār (110 Erwähnungen im Alten
Testament) und verwirft alle nur selten und vereinzelt vorkommenden
Bezeichnungen wie ʾābāḵ u.a.

Das im Erd-Vokabular des Chronisten am häufigsten vorkommende Wort
ist ʾereṣ (114 Erwähnungen), das im Alten Testament die Bedeutungen: Erdbo-
den, Grundstück, Gebiet, Land, trägt. In der im Alten Testament häufig anzutreffenden bipolaren Formel: ʾereṣ-šamayim erscheint die Erde als
Komponente des zweiteiligen Weltmodells. Dabei ist diese Formel, die auch

---

18  J.P. Weinberg, Die Natur im Weltbild des Chronisten, 326-327.
19  J.I. Alfaro, the Land-Stewardship, 51-61; S. Japhet, People and Land in the Restoration
    Period, 103ff., u.a.

die Verben *rkᶜ* (stampfen, breit- und festtreten, ausbreiten), *ysd* (gründen, errichten auf, festlegen) und ᶜ*śh* (machen, anfertigen, hervorbringen) enthält, die „cultic formulae in Israel associated with traditions which have to do with the overcoming of chaos and ordering of the cosmos."[20] Diese Formel ist genetisch mit einem uralten Mythologem verbunden, wofür auch die Vorstellung von der Erde als einem lebendigen, fühlenden und tätigen Wesen spricht (Gen. 4,11ff.; Num. 16,30ff. u.a.). Im alttestamentlichen Weltmodell untersteht die Erde Gott als ihrem Schöpfer (Am. 4,13; Ps. 27, 13 u.a.), ist aber dem Menschen zur Verfügung gestellt (Gen. 1,28; Ps. 115,16 u.a.). Darum ist *ʾereṣ* auch das fruchtbare und ertragreiche Kulturland, das Grundstück. Im Sing. und mit dem Artikel bezeichnet dieses Wort häufig das „eigene" Land, Palästina oder das Territorium des judäischen und israelitischen Staates, im Plur. dient es dagegen in erster Linie zur Bezeichnung „fremder" Länder.

Im Chronikbuch wird *ʾereṣ* hauptsächlich (ca. 50mal) zur Bezeichnung des „eigenen" Landes – Palästinas oder des judäischen Staates – wie auch „fremder" Länder (30mal) benutzt und dementsprechend vorwiegend in einer weitgehend entmythologisierten Form erfaßt. Dieses Verständnis bestimmt auch die übrigen Erwähnungen von *ʾereṣ* im Chronikbuch. Obwohl das Wort *ʾereṣ* dort mehrmals die Erde als Komponente des bipolaren Alls (Himmel und Erde) bezeichnet, wird es nur einmal (2 Chr. 2,11) in der mit dem uralten kosmologischen Mythologem verbundenen Formel benutzt, während in allen übrigen Fällen diese Formel entmythologisiert ist und die Erde entmythologisiert (1 Chr. 21,16; 2 Chr. 7,13; 9,22 u.a.) als Lebensraum des Menschen beschreibt. Dafür sprechen nicht nur die indirekten Hinweise (1 Chr. 1,10; 29,15 u.a.), sondern auch eine markante Textveränderung, die der Chronist vornimmt: An Stelle des deuteronomistischen Ausdrucks: „Denn kann Gott auf Erden wohnen (*yēšeb ʾĕlohîm ᶜal hāʾāreṣ*)" (1 Reg. 8,27) schreibt der Chronist: „Denn kann Gott zwischen Menschen auf Erden wohnen (*yēšeb ʾĕlohîm ʾet hāʾādām ᶜal hāʾāreṣ*)" (2 Chr. 6,18).

Ein anderes Schlüsselwort des Erd-Vokabulars des Chronisten ist *ʾeben* (24 Erwähnungen), das im Alten Testament einfach das bloße Naturphänomen (einzelner Stein, Gestein, Hagelstein, Edelstein) oder das Material und Ergebnis der menschlichen produktiven Tätigkeit (Baumaterial, Waffe, Senkblei, Gewicht, Geräte, Gefäße) bezeichnet, aber auch für sakrale Dinge (Steinaltar, Grabmal, Grenzmal, Siegeszeichen, Gedenkzeichen, skulptierte Steine zum Anbeten, Idole) steht[21]. Im chronistischen Weltbild ist *ʾeben* nur Edelstein (8mal, 1 Chr. 29,2.8; 2 Chr. 3,6 u.a.) und Baumaterial oder Waffe (16mal, 1 Chr. 12,2; 2 Chr. 1,15 u.a.) ohne explizite sakral-mythologische Konnotationen.

---

20  Th.M. Ludwig, The Traditions of the Establishing of the Earth in Deutero-Isaiah, 345-357; H.G. May, Aspects of Imagery of World Dominion and World State in the Old Testament, 70; J.A. Soggin, Old Testament and Oriental Studies, 120-129, u.a.

21  E. Stockton, Stones at Worship, 58-81; H.G.M. Williamson, ʾeben gĕlāl (Ezra 5:8, 6:4) Again, 83-88, u.a.

Diese entsakralisierende, entmythologisierende Tendenz äußert sich noch eindrucksvoller in der chronistischen Verwendung des Schlüsselwortes *midbār* (Trift, Steppe, Wüste; 11 Erwähnungen). Im alttestamentlichen Weltmodell ist die Wüste nicht selten ein Ort, eine „Szene" der wahren Gottesfurcht und Gläubigkeit, die im Schicksal des Volkes eine bedeutende, zuweilen ausschlaggebende Rolle spielt.[22] Auch der Chronist mißt der Wüste gewisse Bedeutung bei, denn sämtliche Erwähnungen dieses Wortes finden sich in den Eigengutstücken. Aber in acht Fällen (1 Chr. 5,9; 6,63; 12,9; 2 Chr. 8,4 u.a.) ist *midbār* eine rein naturhafte Örtlichkeit ohne jede religiöse und mythische Bedeutung, und nur dreimal (1 Chr. 21,29; 2 Chr. 1,3; 24,9) figuriert *midbār* als Arena der Tätigkeit Moses', was ihr eine gewisse religiös-geschichtliche Qualität verleiht, ohne jedoch ihre grundlegende Naturhaftigkeit aufzuheben.

Der Berg, oder präziser der Weltberg als Zentrum des Weltalls, als Mittel- und Treffpunkt der vertikalen und horizontalen Strukturen des Weltraums ist eine notwendige und konstante Komponente sämtlicher mythologischer Weltmodelle und Weltbilder und besitzt dort eine absolute Sakralität.[23] Rudimente eines solchen Verständnisses sind auch im Alten Testament anzutreffen, wo das Wort *har* (558 Erwähnungen) ein ausgesprochenes Schlüsselwort ist, das die Bedeutung: Gebirge, einzelner Berg, hat, aber mit dem Artikel oder im stat. constr. mit Topo- oder Ethnonymen einen bestimmten Berg, ein bestimmtes Gebirge bezeichnen kann, während es im Plur. und in der Constructus-Verbindung mit Topo- oder Ethnonymen auch zur Bezeichnung von Land- und Ortschaften dient.[24] Im Chronikbuch ist *har* ein Schlüsselwort (21 Erwähnungen), das hauptsächlich in den Eigengutstücken erwähnt wird und dort am häufigsten den Berg oder das Gebirge als bloßes Naturphänomen oder als Objekt menschlicher Tätigkeit bezeichnet (1 Chr. 4,42; 5,23 u.a.) und nur vereinzelt, z.B. bei der Erwähnung des *har hammôriyā* als Tempelstätte (2 Chr. 3,1), auch religiöse Konnotationen erhält.[25]

In vielen mythologischen Weltmodellen und Weltbildern spielt das Phänomen „das Wasser, das Meer" eine bedeutende Rolle,[26] was in gewisser Weise auch für das alttestamentliche Weltmodell, für einzelne alttestamentliche Weltbilder richtig ist:[27] *yām* (See, Meer, bestimmtes Meer; Kultgerät) ist dort eine Komponente des Weltalls und als solche eine Schöpfung Gottes, womit vermutlich auch die Benennung eines wichtigen Kultgegenstandes im Jerusa-

---

22  S. Talmon, The 'Desert Motif' in the Bible and in Qumran Literature, 31-63.
23  E.M. Meletinskij, Poetika mifa, 212-217; J.P. Vejnberg, Čelovek v kuljture drevnevo Bližnevo Vostoka, 62-64, u.a.
24  R.J. Clifford, The Cosmic Mountain in Canaan and in the Old Testament, 7ff.; F.M. Cross, Canaanite Myth and Hebrew Epic, 36-39, u.a.
25  H.G.M. Williamson, The Temple in the Books of Chronicles, 22-25.
26  I.Sch. Schifman, Kuljtura drevnevo Ugarita, 69ff.; I.M. Djakonov, Archaičeskije mify Vostoka i Zapada, 145-146, u.a.
27  O. Eißfeldt, Gott und das Meer in der Bibel, 256; F.M. Cross, Canaanite Myth and Hebrew Epic, 112-124, u.a.

lemer Tempel, des *hayyām*, verbunden ist.[28] Außerdem bedeutet *yām* „das Meer, die See" überhaupt, manchmal bestimmte Gewässer, inkl. des Mittelmeers, und vereinzelt steht *yām* auch als Bezeichnung für den Westen,[29] für den Nil oder Euphrat. Im Chronikbuch kommt *yām* 14mal vor, davon achtmal in den der deuteronomistischen Vorlage entnommenen Texten, wo es hauptsächlich den Kultgegenstand des vorexilischen Jahwe-Tempels bezeichnet (2 Chr. 4,2ff. – 1 Reg. 7,23ff. u.a.), während in allen übrigen Erwähnungen, vor allem in Stücken des chronistischen Eigenguts (1 Chr. 9,24; 2 Chr. 2,15 u.a.), *yām* ein konkretes Gewässer als ein entmythologisiertes einfaches Naturphänomen ist.

Die Analyse der die Subsphäre „die Erde" und ihre Bestandteile bezeichnenden Schlüsselwörter wie auch der übrigen 21 nicht so häufig vorkommenden Wörter[30] berechtigt zu der Annahme, daß im Weltbild des Chronisten die Erde in erster Linie als ein weitgehend entmythologisiertes und entsakralisiertes Naturphänomen erfaßt wird, das unterschieden vom Menschen vorwiegend als dessen Wohnort und Handlungsraum betrachtet wird.

In der Auswahl der Himmelerscheinungen und der sie bezeichnenden Wörter war der Chronist besonders sparsam,[31] denn in seinem Werk kommen nur neun von den 25 Himmelerscheinungen des Alten Testaments vor, wobei auffällt, daß er für die mythologischen Weltmodelle und Weltbilder so relevante Erscheinungen wie Blitz und Donner, Mond und Licht überhaupt nicht erwähnt, andere, z.B. Sonne, Finsternis nur selten, episodisch. Im Himmel-Vokabular des Chronisten gibt es nur ein einziges Schlüsselwort, nämlich *šāmayim* (Himmel, Himmelgewölbe; Luft, 35 Erwähnungen), das im Alten Testament in der bipolaren Formel *šāmayim – ʾereṣ* den Himmel als Komponente der zweiteiligen Struktur des Weltalls bezeichnet, auch als Firmament, das ausgespannt wie ein Zelt auf Säulen oder Grundfesten ruht (Jes. 40,22; Jer. 10,12; Ps. 104,2 u.a.), während in manchen anderen Texten (Gen. 1,26.28 u.a.) *šāmayim* nur der Raum über der Erde, der Luftraum überhaupt ist[32]. Der von Jahwe erschaffene Himmel ist der Wohnort Gottes (1 Reg. 8,30; Mi. 1,3 u.a.), und diese Vorstellung findet in nachexilischer Zeit ihren Ausdruck in der Benennung *ʾĕlāh šĕmayyāʾ* (Esr. 5,11ff.; 6,9 u.a.).[33] Da Jahwe im Himmel wohnt, wendet man sich mit Gebet und Opfer an den Himmel, d.h. an Gott im Himmel, und von dort kommen Gnade und Heil, aber auch Unheil und Fluch. Der Himmel wird auch in Gottes Gericht einbezogen, und ein neuer Himmel wird eschatologisch angekündigt (Jes. 13,13; 65,17; Jer. 4,23ff. u.a.). Obwohl auch im chronistischen Weltbild die Vorstellung von dem von Gott geschaffe-

---

28  A. Parrot, Le temple de Jérusalem, 32ff.; R. de Vaux, Ancient Israel 2, 319-320, u.a.
29  M. Lubetski, New Light on Old Seas, 65-73.
30  J.P. Weinberg, Die Natur im Weltbild des Chronisten, 337.
31  Ibid., 330-331.
32  E. Levine, Distinguishing 'Air' from 'Heaven' in the Bible, 97-99.
33  J.M. Myers, Ezra. Nehemiah, 45-46, u.a.

nen und ihm als Wohnort dienenden Himmel, insbesondere in den der deuteronomistischen Vorlage entnommenen Texten (2 Chr. 6,21ff. – 1 Reg. 8,30ff.
u.a.), vorherrscht, fehlen dort gänzlich eschatologische Anspielungen, und in
Stücken des chronistischen Eigenguts wird der Himmel häufig als eine reine
Naturerscheinung erfaßt (1 Chr. 21,16; 27,23 u.a.).

Die Flora ist eine wesentliche Komponente vieler mythologischer Weltmodelle und Weltbilder[34] und spielt auch eine nicht geringe Rolle im alttestamentlichen Weltmodell,[35] wo 78mal die Flora erscheint und mit 130 Wörtern
bezeichnet wird. Der Chronist dagegen erwähnt nur zehn Fälle, für deren
Bezeichnung er zwölf Wörter benutzt, von denen zwei Schlüsselwörter sind.
Das eine Schlüsselwort ist ʿēṣ (Baum, Gehölz, Holz, Bauholz usw.), das in den
Formen ʿēṣ haḥayyîm („Baum des Lebens", Gen. 2,9; 3,22 u.a.) und ʿăṣê yhwh
(„die Bäume Jahwes", Ps. 104,16 u.a.) das verbreitete kosmologische Mythologem des Weltbaumes wiedergibt.[36] Aber ʿēṣ bedeutet auch Bau- und Heiz-
material im rein profanen Sinne,[37] und eben in dieser Bedeutung benutzt der
Chronist dieses Wort am häufigsten, nämlich 21mal (1 Chr. 14,1; 20,5; 2 Chr.
2,9 u.a.), während es nur zweimal (1 Chr. 21,23 – 2 Sam. 24,22; 2 Chr. 28,4 –
2 Reg. 16,4) eine Opfergabe an Jahwe und ein Objekt des verpönten Götzen-
dienstes bezeichnet. Das zweite Schlüsselwort ist ʾerez (Zeder), das der Chronist fast ausschließlich (9mal von 10 Erwähnungen, 1 Chr. 14,1; 17,1; 2 Chr.
2,7 u.a.) im Sinne von „wertvolles Baumaterial" ohne ausgesprochene mytho-
logisch-religiöse Konnotationen benutzt, obwohl vorwiegend im Zusammenhang mit dem Tempelbau.

In vielen mythologischen Weltmodellen und Weltbildern nimmt die Fauna
einen weiteren Raum ein als die Flora, da die „ich-du"-Beziehung zwischen
Mensch und Natur besonders prägnant und unmittelbar in bezug auf die Tier-
welt zutage tritt.[38] Die Spuren einer solchen Einstellung sind auch im Alten
Testament anzutreffen, wo 120 verschiedene Tiere genannt und mit 162 Wörtern bezeichnet werden, von denen der Chronist jedoch nur 13 Wörter für zehn
Repräsentanten der Fauna benutzt.[39] Im Fauna-Vokabular des Chronisten gibt
es nur ein Schlüsselwort, kānāp, das im Alten Testament diese Bedeutungen
hat: Flügel des Vogels, Flügel mythologisch-sakraler Wesen, z.B. des kĕrûb;
Zipfel eines Gewandes; Rand, Äußerstes im Sinne der vier Weltenden. Im
Chronikbuch wird dieses Wort zehnmal erwähnt, fast ausschließlich in den der
deuteronomistischen Vorlage entnommenen (2 Chr. 3,11ff. – 1 Reg. 6,24ff.)

---

34  E.Ch. Haver, Der geographische Raum in der Vorstellungswelt des Menschen, 73ff.;
    E.M. Meletinskij, Poetika mifa, 213-214; J.P. Vejnberg, Čelovek v kuljture drevnevo
    Bližnevo Vostoka, 62-64, u.a.
35  J.P. Weinberg, Die Natur im Weltbild des Chronisten, 337-340.
36  S. Terrien, The Omphalos Myth and Hebrew Religion, 315-338; G.R.H. Wright,
    Joseph's Grave Under the Tree by the Omphalos at Shechem, 478-486, u.a.
37  J. Barr, The Semantics of Biblical Language, 105.
38  E.M. Meletinskij, Poetika mifa, 178ff., u.a.
39  J.P. Weinberg, Die Natur im Weltbild des Chronisten, 340-342.

Beschreibungen der Cheruben, und zwar nicht als selbständige, „lebendige", fast göttliche Wesen (S. 248-249), sondern nur als Teile des von Menschenhand angefertigten Tempelgeräts.

Im chronistischen Weltbild ebenso wie in den zeitgenössischen Weltbildern der nahöstlichen und antiken Geschichtsschreibung wird die Natur in erster Linie als ein weitgehend entmythologisiertes und entsakralisiertes, vom Menschen unterschiedenes Phänomen für sich erfaßt,[40] obwohl zuweilen auch Relikte eines mythologischen Verständnisses im Aspekt der „ich-du"-Beziehung anzutreffen sind. Für die Richtigkeit dieser Ansicht können zwei weitere Argumente angeführt werden. Als erstes kann das Aufkommen von Naturbeschreibungen in der nahöstlichen Geschichtsschreibung in der Mitte des 1. Jt. v.u.Z., auch im Chronikbuch, genannt werden, da das ästhetische Erfassen die Distanz des Menschen zur Natur voraussetzt,[41] ansatzweise bereits in einer so schlichten Naturbeschreibung wie der folgenden: „Und sie (die Simeoniten) fanden fette und gute Weide und ein weites Land, ruhig und fruchtbar …" (1 Chr. 5,40).

Das zweite Argument ist die häufige Verwendung von Naturerscheinungen als Metaphern im Chronikbuch, denn „Die mythologische Gestalt bedeutet stets das, was sie wiedergibt, und gibt nur das wieder, was sie bedeutet. Im Werdegang des Begriffs gibt es eine Stufe, wo er nicht das wiedergibt, was er bedeutet, und nicht das bedeutet, was er wiedergibt. Auf dieser Stufe erscheint er in der Form der Metapher, genauer, diese Stufe erzeugt objektiv die Metapher."[42] Als Beispiel dafür kann die Aussage des Chronisten (1 Chr. 12,9) über die Helden Davids angeführt werden: „… und ihr Gesicht ist wie das Angesicht des Löwen, und sie sind schnell wie die Rehe auf den Bergen" u.a.

Wenn die Natur im Modus der „ich-du"-Beziehung erfaßt wird und die Einheitlichkeit, sogar die Identität des Menschen mit der Natur anerkannt wird, so kann keine Rede sein von der funktionellen Bedeutung der Natur für den Menschen, präziser vom Empfinden, und noch weniger vom Bewußtsein einer solchen funktionellen Bedeutung. Ein solches Empfinden, ein solches Bewußtsein kommen nur dann und dort auf, wo die Natur in der Beziehung „ich-es" als etwas vom Menschen qualitativ Unterschiedenes und Distanziertes aufgefaßt wird. Dann erst erwachen beim Menschen auch der Trieb und der Wille, die Natur zu erkennen, worauf mit großer Wahrscheinlichkeit die folgende Bemerkung im deuteronomistischen Geschichtswerk hinweist: Der König Salomo „… redete von den Bäumen, von der Zeder im Libanon bis zum Ysop, der aus der Wand wächst, und er redete vom Vieh, von den Vögeln, vom Gewürm und von den Fischen" (1 Reg. 5,13).[43] Nun ist es auffällig, daß

---

40   J.P. Vejnberg, Roždenije istorii, 111-112.
41   M.I. Steblin-Kamenskij, Mir sagi, 61-62.
42   O.M. Frejdenberg, Mif i literatura drevnosti, 191.
43   O. Eißfeldt, Einleitung in das Alte Testament, 115-116; J. Liver, sēper dibrê šēlomo, 90ff., u.a.

der Chronist eben diese Aussagen ausläßt, was vielleicht darauf hinweist, daß sich zur Zeit des Chronisten die Wahrnehmung der Natur als Objekt schon soweit eingebürgert hatte, daß der *māšāl* über die Natur seine Neuartigkeit eingebüßt und seinen Reiz für den Verfasser und das Auditorium verloren hatte. Jedenfalls redeten die *māšālim* der nachexilischen Zeit nicht „... von Bäumen, von der Zeder", sondern vom Menschen.[44]

In der nahöstlichen Geschichtsschreibung der Mitte des 1. Jt. v.u.Z. sind keine so ausführlichen Betrachtungen über die Bedeutung und Rolle der Natur im Leben und für die Tätigkeit des Menschen und in der Geschichte anzutreffen wie z.B. in den Schriften des Demokritos, Polybios, Lukrez u.a. Aber die Problematik war den nahöstlichen Geschichtsschreibern nicht gänzlich fremd, und in manchen Werken, auch im Chronikbuch, wird zwei Aspekten dieses Problems große Aufmerksamkeit zugewendet – der Natur als Schöpfung, Eigentum und Instrument der Götter resp. des Gottes, und der Natur als Bereich der menschlichen Existenz und des menschlichen Handelns.[45]

Die Schöpfung des Alls, der Natur und des Menschen durch den göttlichen Demiurgen ist das grundlegende Urgeschehen sämtlicher mythologischer Weltmodelle und Weltbilder, der Kern der archaischen Mythenbildung,[46] deren Nachhall auch im alttestamentlichen Weltmodell anzutreffen ist, besonders in den ausführlichen Schilderungen des Urgeschehens im jahwistisch-elohistischen Werk und in der Priesterschrift. Obwohl der Chronist nicht selten die göttliche Erschaffung des Alls und die göttliche Herrschaft über das All erwähnt (1 Chr. 29,11ff.; 2 Chr. 2,11 u.a.), ist es kennzeichnend, daß er es vermeidet, das Urgeschehen zu beschreiben, obwohl das Sujet und die Komposition seines Werkes die Möglichkeit dazu bieten. Es wäre sicher verfehlt, von einer bewußten Verneinung der Schöpfung als Ausdruck der göttlichen Güte und Gnade durch den Chronisten zu reden, aber ebenso zweifelhaft erscheint die Behauptung,[47] daß im Chronikbuch die Vorstellung von Gott dem Schöpfer und dem Herrscher des Alls besonders prägnant zum Ausdruck käme. Die ersten Worte des Chronikbuchs: „Adam, Schet, Enosch ..." (1 Chr. 1,1) berechtigen zusammen mit dem zuvor Gesagten zu der Annahme, daß für den Chronisten und sein Auditorium die göttliche Schöpfung schon etwas Gegebenes und Selbstverständliches war, das darum keiner ausführlichen Betrachtung mehr bedurfte, im Unterschied zur Natur als Lebensraum der menschlichen Existenz und Tätigkeit, dem der Verfasser viel mehr Aufmerksamkeit widmet.

In der nahöstlichen Geschichtsschreibung erscheint die Natur als Lebensraum des Menschen unter drei Aspekten.[48] Erstens ist sie neutral die Grund-

---

44  R.N. Whybray, The Intellectual Tradition in the Old Testament, 17ff.; R. Alter, The Art of Biblical Poetry, 163-184; H.D. Preuß, Einführung in die alttestamentliche Weisheitsliteratur, 190ff.; J.G. Williams, Proverbs and Ecclesiastes, 263-282, u.a.
45  J.P. Vejnberg, Roždenie istorii, 112-114.
46  V.N. Topopov, O kosmologičeskich istočnikach ranneistoričeskich opisanij, 125ff.; E.M. Meletinskij, Poetika mifa, 194-199, u.a.
47  S. Japhet, ʾemûnôt wĕdēʿôt bĕsēper dibrê hayyāmîm, 52-57.

lage seiner materiellen Existenz und der Ort seines Handelns, ohne selbst auf den Menschen einzuwirken, so im Chronikbuch z.B. in der Wendung „ein Stück Acker voll mit Gerste" (1 Chr. 11,13), wo David mit den Philistern kämpfte, oder in der Beschreibung der Hinrichtung der Kriegsgefangenen, die „auf die Spitze des Felsens" geführt und „von der Spitze des Felsens" hinabgestürzt wurden (2 Chr. 25,12). Zweitens und häufiger ist die Natur eine für den Menschen schwierige Umwelt, deren Überwindung Mühe und Willenskraft erfordert, wofür im Chronikbuch als Beispiel die Episode über den Wassermangel im Lager Davids (1 Chr. 11,16ff.) genannt werden kann.

In der nahöstlichen Geschichtsschreibung kommt auch der dritte Aspekt vor, unter welchem die Natur ohne direkte göttliche Mitwirkung und nicht als Instrument des göttlichen Willens, sondern durch sich selbst, durch ihre Beschaffenheit den Menschen in seinem Leben und Handeln entscheidend beeinflussen kann. Der Chronist betont ausdrücklich, daß die Simeoniten ihre Wohnorte darum verließen, weil „sie Weide suchten für ihre Schafe" und sich dort niederließen, wo „es Weide gab für ihre Schafe" (1 Chr. 5, 39-41). Aber das nahöstliche geschichtliche Denken erkennt zuweilen auch an, daß der Mensch in seinem Handeln die Natur benutzen und verändern kann, wie es z.B. der König Ussia tat: Dieser „baute Festungen in der Wüste und grub viele Brunnen, denn er hatte viel Vieh in der Schefela und in der Ebene, Ackerleute und Weingärtner in den Bergen und in den Hügeln, denn er hatte Lust am Land" (2. Chr. 26,10).

Im Verständnis der Natur und ihrer Rolle in der geschichtlichen Handlung und im Verhältnis zum Menschen finden sich einige Berührungspunkte zwischen der antiken und der nahöstlichen Geschichtsschreibung, das Chronikbuch eingeschlossen. Ein grundsätzlicher Unterschied muß jedoch beachtet werden: in keiner der altnahöstlichen Sprachen, inkl. des Althebräischen, gab es ein dem griechischen Begriff φύσις vergleichbares Wort, was die Vermutung zuläßt, daß das Begreifen der Natur als einer völlig selbständigen Gegebenheit noch nicht im Horizont des altnahöstlichen Denkens lag und der Zukunft vorbehalten blieb.

### 3. Das Ding und die dingproduzierende Tätigkeit des Menschen im Weltbild des Chronisten

Ein prägnantes Merkmal des antiken wissenschaftlich-logischen Denkens und damit auch des geschichtlichen Denkens ist das Erfassen des Dinges als etwas vom Menschen Geschaffenes, das sich von seinem Schöpfer, dem Menschen, qualitativ unterscheidet, die Anerkennung der Unterschiedenheit und Abge-

---

48  J.P. Vejnberg, Roždenije istorii, 114-116.

sondertheit des Hergestellten von seinem Hersteller, dem Menschen. Aber auch der antike Mensch durchlebte eine Epoche in der für ihn der beseelte Mensch und das unbeseelte Ding identisch waren, so daß als Folge „das Ding für ihn der Kosmos war", „... das Ding in sich die gesamte Umwelt in ihrer Einheitlichkeit verkörperte."[49] Ein solches Verständnis des Dinges dominierte, z.B. im homerischen Epos, wo Gott und Mensch, Tier und Ding als ihrer Qualität nach gleichartige Erscheinungen betrachtet wurden, die sich voneinander nur durch den quantitativen Anteil an dieser Qualität unterscheiden.[50]

Diese Beobachtung kann auf das Verständnis des Dinges in sämtlichen Weltmodellen und Weltbildern bezogen werden, wo die Anerkennung der Identität und der Einheitlichkeit von Mensch und Ding, von Schöpfer und Geschöpf vorherrschte. Darum war für den Menschen der mythologischen Denkweise das Ding nicht so sehr in seiner utilitären, funktionellen Bestimmung relevant (obwohl dieser Aspekt des Dinges nicht negiert werden soll), sondern hauptsächlich dadurch, daß es das Wesen, den Charakter, die Existenz des Menschen, den Menschen selbst ergänzte und fortsetzte. Wenn das Ding abgesondert und unterschieden vom Menschen wahrgenommen wird, so bestimmen sein Nutzen und seine Notwendigkeit für den Menschen die Stellung des Dinges, seine Bedeutung und Rolle; wenn aber das Ding eine Fortsetzung und Ergänzung des Menschen ist, so bestimmen umgekehrt die Stellung des Dinges, seine Bedeutung und Rolle die Regeln und das „Muß", denn jeder „gute Mensch" muß „gute Dinge" erzeugen bzw. besitzen oder umgekehrt.[51]

Welche dieser so unterschiedlichen Weisen, das Ding und die dingproduzierende Tätigkeit des Menschen zu erfassen, bestimmen nun das chronistische Weltbild? In Tabelle 17 werden die Ergebnisse der wortstatistischen Analyse des Ding-Vokabulars der alttestamentlichen Geschichtsschreiber, inkl. des Chronisten, summarisch aufgelistet.[52]

Die Angaben dieser Tabelle belegen, daß die Dinge und die dingproduzierende Tätigkeit des Menschen im chronistischen Weltbild wie auch in den Weltbildern der übrigen alttestamentlichen Geschichtswerke einen verhältnismäßig weiten, jedenfalls viel weiteren Raum als die Natur einnehmen, der im Wandel der Zeiten relativ stabil bleibt. Eine derartige Hinwendung zur Welt der Dinge entspricht der beim altnahöstlichen, alttestamentlichen Menschen so ausgeprägten Anerkennung des materiellen Wohlstandes als einer notwendigen Komponente des „guten", „glücklichen" Lebens,[53] während das hohe Eigengewicht des Ding-Vokabulars im Chronikbuch die Beobachtung

---

49    O.M. Frejdenberg, Mif i literatura drevnosti, 63, 98.
50    I.V. Schtalj, Chudožestvennyj mir gomerovskovo eposa, 156.
51    I.S. Klotschkov, Duchovnaja kuljtura Vavilonii, 47-59; J.P. Vejnberg, Čelovek v kuljture drevnevo Bližnevo Vostoka, 74-84, u.a.
52    J.P. Vejnberg, Roždenije istorii, 116-126; ders., The Perception of „Things" and Their Production in the Old Testament Historical Writings, 174-181.
53    J.P. Vejnberg, Čelovek v kuljture drevnevo Bližnevo Vostoka, 174-175.

B. Halperns bestätigt, daß „from David through Hezekiah Chronicles regards and bestows abundance as a mark of divine favor."[54]

Tabelle 17

| Phänomen | Jahw.-Eloh. | Deuteron. | Esr.-Neh. | Chron. |
|---|---|---|---|---|
| Dinge | 29 % | 29,9 % | 22,5 % | 26,3 % |
| Landwirtschaft: | 6,5 % | 6,8 % | 5,8 % | 5,7 % |
| Ackerbau | 4,1 % | 3,8 % | 3,4 % | 2,7 % |
| Viehzucht | 2,4 % | 3 % | 2,4 % | 3 % |
| Handwerk: | 5,4 % | 6,2 % | 1,9 % | 5 % |
| Metallurgie | 2,1 % | 2,8 % | 1 % | 2,2 % |
| Bau | 1,5 % | 1,6 % | 0,7 % | 1,4 % |
| Weberei | 1,3 % | 1,6 % | – | 0,7 % |
| Transport | 1 % | 1,5 % | 0,8 % | 1 % |
| Handel, Wucher: | 3,3 % | 2,4 % | 3,2 % | 2,6 % |
| Handel | 0,6 % | 0,4 % | 0,9 % | 0,4 % |
| Wucher | 0,7 % | 0,4 % | 0,2 % | 0,4 % |
| Maßeinheiten | 2 % | 1,6 % | 2,1 % | 1,8 % |
| Konsum: | 12,8 % | 13 % | 10,8 % | 12 % |
| Haus | 1,8 % | 3,5 % | 3,4 % | 3,6 % |
| Hausgerät | 3,3 % | 3,4 % | 1,7 % | 3,3 % |
| Kleidung | 2,1 % | 2,2 % | 1,5 % | 0,7 % |
| Schmuck | 1,4 % | 0,6 % | 0,2 % | 0,7 % |
| Nahrung | 2,8 % | 2,5 % | 2,3 % | 2,2 % |
| Eigentum – Besitz | 1,4 % | 0,8 % | 1,7 % | 1,5 % |

Die Angaben der Tabelle 17 weisen auch darauf hin, daß im Unterschied zu den mythologischen Weltmodellen und Weltbildern, wo stets einzelne und bestimmte, mythologisch und sakral relevante Dinge prävalieren,[55] für das Chronikbuch wie auch für die übrigen alttestamentlichen und nahöstlichen Geschichtswerke die Tendenz kennzeichnend ist, eine möglichst umfassende

---

54  B. Halpern, Sacred History and Ideology, 40.
55  J.V. Antonova, Očerki kuljtury drevnich zemledeljcev Perednej i Srednej Azii, 120ff.

und erschöpfende, gewissermaßen sogar „systematische" Gesamtheit des realen Bestandes der Dinge zu bieten, sämtliche oder die wichtigsten tatsächlichen Bereiche der Dinge und der dingproduzierenden Tätigkeit des Menschen zu erfassen.

Eben diese „Systematik" in der Wiedergabe der realen Welt der Dinge ermöglicht es, noch eine Besonderheit der Art und Weise zu bestimmen, wie diese Sphäre im chronistischen Weltbild erfaßt wird, nämlich die dort offensichtlich dominierende urbane Orientierung. Dafür zeugt die Proportion 7,6 : 5,7 zwischen den Wörtern, die bevorzugt städtische Dinge und dingproduzierende Tätigkeiten bezeichnen, und denen, die hauptsächlich für ländliche Dinge und dingproduzierende Tätigkeiten stehen. Dies stimmt mit der Beobachtung R. Alters überein,[56] daß, „Though biblical poetry abounds in pastoral, agricultural, topographical, and metereological images, the manufacturing processes of ancient Near Eastern urban culture are frequently enlisted by the poets," um so mehr, möchten wir hinzufügen, von den Geschichtsschreibern.

Für das mythologische Denken ist das Erschaffen des Dinges, die dingproduzierende Tätigkeit von besonderer, ausschlaggebender Wichtigkeit. Die Angaben der Tabelle 17 belegen dagegen, daß den Chronisten und sein Auditorium mehr der Konsum der produzierten Dinge interessiert. Hierbei ist eine weitgehende, aber widersprüchliche Übereinstimmung zwischen dem im Chronikbuch widergespiegelten und dem realen Konsum zu vermerken. Die im Chronikbuch genannten Maßeinheiten *bat*, *šekel* und andere (1 Chr. 21,25; 2 Chr. 2,9; 4,5 u.a.) werden auch im vorexilischen epigraphischen und archäologischen Material erwähnt.[57] Aber gleichzeitig ändert der Chronist in dem der deuteronomistischen Vorlage entnommenen und fast wörtlich wiedergegebenen Bericht über den Kauf der Tenne Aravnas (1 Chr. 21, 18-26 – 2 Sam. 24, 18-25) den Kaufpreis – an Stelle der im deuteronomistischen Text erwähnten 50 Silberschekel wird ein Preis von 500 Goldschekel (V. 25) genannt, was dem Anstieg der Preise in persischer Zeit entsprach.[58] Dies wie auch die Erwähnung der persischen Goldmünze *'ădarkôn* in der David-Erzählung (1 Chr. 29,7) erinnern daran, daß im Chronikbuch wie auch in allen anderen Geschichtswerken in mehr oder weniger expliziter Weise stets zwei Wirklichkeiten – die der beschriebenen Vergangenheit und die der schreibenden Gegenwart – gegenwärtig sind.

Eins der Schlüsselwörter im Ding-Vokabular des Chronisten ist das Wort *zāhāb* (Gold), das mit seinen 73 Erwähnungen im Chronikbuch häufiger vorkommt als in der dem Umfang nach größeren deuteronomistischen Vorlage. Gold als göttliche Substanz und Verkörperung der vornehmsten Güte, als Synonym für Dauerhaftigkeit und Unvergänglichkeit nimmt in den mythologi-

---

56  R. Alter, The Characteristics of Ancient Hebrew Poetry, 617.
57  A.F. Rainey, Royal Weights and Measures, 34-36; S. Yeivin, Weights and Measures of Varying Standards in the Bible, 63-68 u.a.
58  M.A. Dandamajev, V.G. Lukonin, Kuljtura i ekonomika drevnevo Irana, 228, u.a.

schen Weltmodellen und Weltbildern eine privilegierte Stelle unter den Dingen ein.[59] Auch im Chronikbuch wird dieses Edelmetall am häufigsten im Zusammenhang mit dem Jerusalemer Tempel, dessen Geräten usw. (1 Chr. 22,11ff.; 2 Chr. 2,6ff. u.a.), d.h. der Sphäre des Sakralen erwähnt. Für den Chronisten ebenso wie für den Deuteronomisten (2 Chr. 12, 9-10 – 1 Reg. 14, 26-27) ist Rehabeams durch die Not erzwungene Ersetzung der goldenen Schilde Salomos durch eherne ein Zeichen des verringerten „Gutseins", der abnehmenden „Güte" des Königs. Alle diese Angaben bezeugen die Bewahrung von Rudimenten des mythologischen Verhältnisses zum Gold im chronistischen Weltbild. Sie dürfen jedoch nicht verabsolutiert werden, da der Chronist wiederholt und nachdrücklich, besonders in Stücken seines Eigenguts, die menschliche Herstellung der goldenen Tempelgeräte akzentuiert (1 Chr. 22, 14; 2 Chr. 2,6 u.a.) und hiermit ihre Sakralität herabsetzt, häufig auch Gold im rein profanen Sinn als Bestand von Beute oder Abgaben erwähnt (1 Chr. 18,7.10; 2 Chr. 21,3 u.a.).

Ein anderes Schlüsselwort des chronistischen Ding-Vokabulars ist śāde, das im Alten Testament die Bedeutungen: Festland (im Gegensatz zum Meer), das freie, offene Land (im Gegensatz zum bewohnten Land), das einer ethnopolitischen Gemeinschaft gehörende Gebiet, Feld (im Gegensatz zur Stadt), Saatfeld usw. hat, aber auch zuweilen mythologische, in der Beziehung „Erde, Feld – Geburt und Tod" wurzelnde Konnotationen impliziert (Gen. 25,10; 49,30; Jos. 24,32 u.a.). Solche Konnotationen fehlen gänzlich im chronistischen Weltbild, denn bei sämtlichen (11) Erwähnungen des Wortes śāde bezeichnet es „das Feld, den Acker" als Objekt oder Ergebnis der menschlichen dingproduzierenden Tätigkeit (1 Chr. 27,25.26 u.a.).

Obwohl im chronistischen Weltbild Relikte einer mythologischen, sakralisierenden Sicht der Dinge vereinzelt vorkommen, herrscht dort das Verständnis des Dinges als einer weitgehend entmythologisierten und entsakralisierten Schöpfung der Menschen vor, die von seinem Schöpfer unterschieden und abgesondert, als Objekt und Ergebnis seiner Tätigkeit existiert und eine bestimmte Rolle im geschichtlichen Handeln des Menschen spielt.

In der nahöstlichen Geschichtsschreibung der Mitte des 1. Jt. v.u.Z. sind drei Aspekte dieser Rolle zu vermerken.[60] Der erste Aspekt umfaßt die dingproduzierende, wirtschaftliche Tätigkeit des Menschen, in erster Linie des Königs, der der Chronist besonders große Aufmerksamkeit zuwendet und einen weiten Raum in seinen Erzählungen, hauptsächlich in den Eigengutstücken, zuweist. Mit offensichtlichem Gefallen beschreibt er die vielseitige und reiche Dingwelt Davids (1 Chr. 27, 25-31), die rege und unternehmungslustige dingproduzierende Tätigkeit Ussias (2 Chr. 26, 9-10) u.a. Ein zweiter Aspekt ist der Konsum, die Verteilung der Dinge, hauptsächlich mittels Beute und

---

59  O.D. Berlev, „Zolotoje imja" egipetskovo faraona, 41-59; J.P. Vejnberg, Čelovek v kuljture drevnevo Bližnevo Vostoka, 79, u.a.

60  J.P. Vejnberg, Roždenije istorii, 123-124.

Tribut, Handel und Wucher. Im Chronikbuch ist auch dieser Aspekt, besonders in den ersten beiden Formen, vertreten. So ergänzt der Chronist z.b. die deuteronomistische Josaphat-Erzählung durch eine Beschreibung des Tributs, den dieser König erhalten hatte (2 Chr. 17, 10-11), und fügt der Asa-Erzählung eine Schilderung der erbeuteten Dinge hinzu (2 Chr. 14, 13-14).

Unter diesen beiden Aspekten fungiert das Ding in erster Linie als Objekt der menschlichen Tätigkeit. Davon unterscheidet sich der dritte Aspekt: Hier erscheint das Ding als eine Kraft, die ihrerseits das Leben der Menschen, die menschlichen Gemeinschaften und die geschichtliche Handlung wesentlich beeinflußt und bestimmt. Der nahöstliche Geschichtsschreiber sieht und beschreibt diese aktive Rolle der Dinge genauso wie sein antiker Zeitgenosse hauptsächlich im Zusammenhang mit dem Krieg.[61] Dementsprechend schildert der Chronist ausführlich die Bewaffnung der Helden Davids (1 Chr. 12,1ff.), die Rüstung der Krieger Ussias, seine Festungen (2 Chr. 26, 14-15), und zwar im Kontext der Überzeugung, daß es eben diese Dinge waren, die dazu führten, daß „sein (Ussias) Name (Ruhm) sich weit verbreitet, denn ihm wurde wunderbar geholfen, bis er mächtig war" (2 Chr. 26,15) u.a.

Aber das nahöstliche geschichtliche Denken beschränkte sich nicht auf die Feststellung der offensichtlichen, an der Oberfläche liegenden Verbundenheit „Waffen, Rüstung – Verlauf des Krieges", sondern weist zuweilen auch auf tiefere, grundlegendere Einwirkungen der Dinge auf das Leben und die Tätigkeit des Menschen hin. Ein markanter Beleg dafür ist die Verwendung des Wortes ʿôšer (Reichtum) im Chronikbuch: Der Chronist benutzt dieses der Welt der Dinge angehörende Wort nicht nur viel häufiger als sein Vorgänger – entsprechend achtmal und zweimal –, sondern auch hauptsächlich (siebenmal, 1Chr. 29,12.28; 2 Chr. 1, 11-12; 17,5 u.a.) in Verbindung mit dem religiös-weltanschaulich sehr relevanten Terminus kābôd (Schwere, Last, Besitz; Herrlichkeit, Pracht; Auszeichnung, Ehrung, Ehrengabe, Ansehen; Ehre des Menschen, Ehre, Herrlichkeit Gottes),[62] der ständig und eindeutig eine äußerst positive axiologische Einstellung ausdrückt. So fügt der Chronist z.B. der David-Erzählung nicht nur eine ausführliche Aufzählung der Güter, des Reichtums des Königs hinzu, sondern ergänzt auch den wertenden Teil der Schlußformel: „Und [David] starb in gutem Alter, voller Lebenstage, Reichtum und Ehre" (... šěbaʿ yāmîm ʿošer wěkābôd, 1 Chr. 29,28), in der Josaphat-Erzählung akzentuiert er nach der Aufzählung des Tributs, den der König erhalten hatte, daß Josaphat „Reichtum und Ehre in Menge" hatte (2 Chr. 17,5; 18,1). In ähnlicher Weise schildert er die „kostbaren Geschenke" an Hiskia (2 Chr. 32,23) und betont, daß „Hiskia sehr viel Reichtum und Ehre" hatte (V. 27).

---

61   H. Wilsdorf, Antike Auffassungen von den Einwirkungen der τέχνη und der φύσις auf die Geschichte, 432ff.
62   I.I. Efros, Ancient Jewish Philosophy, 7ff.; T.N.D. Mettinger, The Dethronement of Sabaoth, 80ff., u.a.

Zusammenfassend kann man sagen, daß im chronistischen Weltbild die vorwiegend entmythologisiert und entsakralisiert, vom Menschen abgesondert und unterschieden erfaßten Dinge und die dingproduzierende Tätigkeit nicht nur einen weiten Raum einnehmen, sondern daß ihnen auch eine beträchtliche Rolle in der geschichtlichen Handlung des Menschen zugewiesen wird.

## 4. Der Mensch und die menschlichen Gemeinschaften im Weltbild des Chronisten

Jedes Weltmodell und Weltbild enthält unbedingt den Menschen als sein Subjekt, da eben der Mensch dieses Weltmodell oder Weltbild schafft, aber auch als sein Objekt, weil sich im Weltmodell und Weltbild notwendigerweise und unvermeidlich das Verständnis des Menschen von sich selbst und von seiner Gemeinschaft widerspiegelt. Die Art des Erfassens des Menschen in verschiedenen Weltmodellen oder Weltbildern hängt von den ihnen zugrundeliegenden Denkweisen ab – der mythologischen oder der wissenschaftlich-logischen.

In den mythologischen Weltmodellen und Weltbildern wird der Mensch nicht strikt und streng von der Natur abgesondert und unterschieden erfaßt, sondern „the ancients … saw man always as part of society, and society as imbedded in nature and dependent upon cosmic forces,"[63] so daß der Mensch in diesen Weltmodellen und Weltbildern eine bloß zweitrangige, periphere Stellung einnimmt. Das wissenschaftlich-logische Denken bringt dagegen eine strikte und strenge Absonderung des Menschen von der Natur mit sich, eine Abgrenzung seiner Rollen als Subjekt und Objekt und zugleich eine Versetzung des Menschen von der Peripherie in das Zentrum des Weltmodells und Weltbildes, d.h. das Aufkommen eines Anthropozentrismus.[64]

Ein solcher Anthropozentrismus wird häufig und mit gutem Grund als grundlegende Eigenschaft der antiken Geschichtsschreibung angesehen und dem prinzipiellen Theozentrismus der nahöstlichen Geschichtsschreibung gegenübergestellt.[65] Aber immer häufiger weisen auch Forscher der Antike darauf hin, daß der offensichtliche Primat des Menschlichen in der antiken Geschichtsschreibung nicht bedeutet, daß das Göttliche völlig ausgeschaltet wird,[66] während umgekehrt in der modernen Orientalistik die Ansicht anzu-

---

63   H. und H.A. Frankfort, Introduction 1: Myth and Reality, 4, vgl. J.P. Vejnberg, Čelovek v kuljture drevnevo Bližnevo Vostoka, 85ff., u.a.
64   O.M. Freidenberg, Mif i literatura drevnosti, 109; R. Müller, Menschenbild und Humanismus der Antike, 10ff., u.a.
65   R.G. Collingwood, The Idea of History, 16ff.; R. Müller, Menschenbild und Humanismus der Antike, 77ff.; J. Pečirkova, Forms and Functions of Handing Down Historical Events in Babylonia and Assyria, 31ff., u.a.
66   The Legacy of Greece, 4ff.; Geschichte des wissenschaftlichen Denkens im Altertum, 328-329, u.a.

treffen ist,[67] daß auch in der nahöstlichen Geschichtsschreibung, die alttestamentliche eingeschlossen, „an increasing awareness of man's competence within all spheres of life" bemerkbar ist.[68]

Für die Richtigkeit dieser Feststellung sprechen die Angaben der Tabelle 18, in der das Eigengewicht des Mensch-Vokabulars in den alttestamentlichen Geschichtswerken aufgewiesen wird, wobei „der Mensch" in vier Grundbeziehungen betrachtet wird – der Mensch als solcher („Mensch"), der Mensch als ein Individuum („ich"), der Mensch im Bestand „eigener" („wir") und „fremder" („sie") sozialer und ethnischer Gemeinschaften.

## Tabelle 18

| Phänomen | Jahw.-Eloh. | Deuteron. | Esr.-Neh. | Chron. |
|---|---|---|---|---|
| Mensch und die menschl. Gemeinschaften | 23,5 % | 23 % | 23,1 % | 23,7 % |
| Der Mensch als solcher | 1 % | 1 % | 1,7 % | 1,7 % |
| Der Mensch als Individuum: | 13,9 % | 12,4 % | 10,4 % | 10,5 % |
| der Körper | 10,5 % | 8,7 % | 6,2 % | 7,1 % |
| die Psyche | 3,4 % | 3,7 % | 4,2 % | 3,4 % |
| Der Mensch im Hinblick auf soziale Gemeinschaft: | 7,4 % | 9,2 % | 9 % | 9,8 % |
| die Sippe-Familie | 2,3 % | 2,2 % | 2,5 % | 2,6 % |
| die Altersgruppe | 0,9 % | 1,1 % | 0,6 % | 1,1 % |
| die lokale Gruppe | 1 % | 1,3 % | 1,9 % | 1,6 % |
| die Berufsgruppe | 0,9 % | 1,7 % | 1,5 % | 1,9 % |
| die Stände-Eigentumsgruppe | 1,7 % | 1,9 % | 1,7 % | 1,5 % |
| die nichtinstituierte Gruppe | 0,5 % | 0,7 % | 0,6 % | 0,4 % |
| Der Mensch im Hinblick auf ethnische Gemeinschaft | 1,2 % | 1,3 % | 2 % | 1,7 % |

Die Angaben dieser Tabelle belegen sehr anschaulich, daß der Mensch und die menschlichen Gemeinschaften in den Weltbildern der alttestamentlichen Geschichtsschreibungen einen weiten und stabilen Raum einnehmen, was auf

---

67   V.N. Toporov, O kosmologičeskich istočnikach ranneistoričeskich opisanij, 121-123; H. Cancik, Grundzüge der hethitischen und alttestamentlichen Geschichtsschreibung, 59-61; J. van Seters, In Search of History, 31ff., u.a.

68   P. Fannon, Emerging Secularity in the Old Testament, 37, vgl. W.A. Irwin, The Hebrews, 255ff.; J.A. Wilcoxen, Some Anthropocentric Aspects of Israels' Sacred History, 334ff., u.a.

eine primäre anthropozentrische Orientierung dieser Weltbilder hinweist, jedoch Divergenzen in der Repräsentation der verschiedenen Seins-Ebenen oder Grundbeziehungen des Menschen nicht ausschließt.

Ein markantes Kennzeichen des mythologischen Denkens ist seine nur beschränkte Fähigkeit und Willigkeit, abstrakte Begriffe und die sie ausdrükkenden Wörter zu erarbeiten.[69] Darum können auch das Aufkommen und die Verbreitung solcher Begriffe als ein anschaulicher Beleg für die Relevanz der durch sie bezeichneten Erscheinung, im gegebenen Fall des Phänomens „der Menschen im allgemeinen, als solcher", für den Chronisten und sein Auditorium gelten.

Im alttestamentlichen Mensch-Vokabular gibt es 17 Wörter, die mehr oder weniger bestimmt die Bedeutung „der Mensch im allgemeinen, als solcher" haben. Der Chronist jedoch vermeidet drei Wörter dieses Vokabulars – ḥayyā, něḵēḇā und něšāmā –, während weitere sieben Wörter dieser Gruppe – miḥyā, bāśār, ʾěnoš, zāḵār, děmût, ṣelem und nepeš – im Chronikbuch nur selten, episodisch vorkommen. Eine detaillierte Analyse dieser Wörter[70] belegt, daß ihnen gemeinsame semantische Eigentümlichkeiten inhärent waren. Für einen Teil dieser Wörter ist es kennzeichnend, daß sie zugleich Mensch und Tier bezeichnen, z.B. zāḵār (Mann; männliches Tier, Widder) und něḵēḇā (Weib; weibliches Tier), ḥayyā, das nicht nur „Leben, Gier; Wohnstatt" bedeutet, sondern auch „Getier aller Art, wilde Tiere" usw.[71] Dieser Gruppe gehört auch das Wort bāśār an, das die Bedeutungen: Haut, Fleisch von Menschen und Tieren; Fleisch als Nahrung; Opferfleisch; Körperteil, Leib; Verwandtschaft; das Lebendige, trägt, im letzten Sinne sich hauptsächlich auf den Menschen bezieht und die semantische Nuance „Ohnmacht, Vergänglichkeit des Menschen vor Gott" enthält.[72]

Eine andere Gruppe der vom Chronisten vermiedenen Termini mit der Bedeutung „der Mensch im allgemeinen, als solcher" umfaßt Wörter, die besonders explizit die Geschöpflichkeit des Menschen, seine Erschaffung durch Gott, die Imago-Dei-Konzeption wie auch die Unvergleichbarkeit der Hoheit Jahwes und der Nichtigkeit des Menschen akzentuieren. Ein Wort dieser Gruppe ist das Verb brʾ (schaffen, Gott schafft), während das Substantiv běrîʾā das einmalige, präzedenzlose Schaffen und die Schöpfung Gottes bezeichnet.[73] Das archaische Wort ʾěnoš bedeutet im Alten Testament nicht nur „die Menschen, einige Menschen, der Mensch", sondern impliziert auch

---

69    J.P. Vejnberg, Čelovek v kuljture drevnevo Bližnevo Vostoka, 46.
70    I.M. Djakonov, Vvedenije, 24ff.; ders. Archaičeskije mify Vostoka i Zapada, 61ff., u.a.
71    J.P. Weinberg, Der Mensch im Weltbild des Chronisten: die allgemeinen Begriffe, 28-33.
72    J. Barr, The Semantics of Biblical Language, 35-36; H.W. Wolff, Anthropologie des Alten Testaments, 49ff., u.a.
73    J. Körner, Die Bedeutung der Wurzel bārā im Alten Testament, 533-540; H.E. Hanson, Num XVI 30 and the Meaning of BĀRĀʾ, 353-359; H.W. Wolff, Anthropologie des Alten Testaments, 145ff., u.a.

die semantische Nuance der Nichtigkeit des Menschen vor Gott,[74] während die Wörter *dĕmût* (Gestalt, Nachbildung; Abbildung Gottes) und *ṣelem* (Statue, Bildsäule, Gottesbild; Abbild Gottes) sehr häufig die religiös-weltanschaulich grundlegende Vorstellung ausdrücken, daß „der Mensch nach einem himmlischen Urbild erschaffen ist."[75] Aber diese Vorstellung war scheinbar für den Chronisten und sein Auditorium nur wenig attraktiv, und er gebraucht diese Wörter in einem der Imago-Dei-Konzeption entgegengesetzten Sinne: *dĕmût* bezieht sich auf die das Tempelgerät schmückenden Stierbilder (2 Chr. 4,3), während *ṣelem* im Plur. die verpönten Götterbilder sind (2 Chr. 23,17).

Auffällig ist auch das Nichtvorhandensein des Wortes *nĕšāmā* (Atem; Gottes Odem; Lebewesen) im chronistischen Vokabular, das als „Grundfunktion menschlichen Lebens den Menschen mit seinem Schöpfer und Erhalter, mit dem zürnenden und dem erbarmenden Gott verbunden" hält,[76] wie auch das im Vergleich zum deuteronomistischen Geschichtswerk seltenere Vorkommen (45mal gegenüber 11mal) eines der relevanten alttestamentlichen Schlüsselwörter, nämlich *nepeš*. Dieses Wort, das Kehle, Hals; Atem; Leben, lebendes Wesen; Menschen, Leute, Mensch; Seele, Toten-Seele, Toter bedeutet, wird im Alten Testament dazu verwendet, um folgende Aspekte auszudrücken: a.) „to mean the living and acting of its possessor … or its possessor as living and acting", wobei unter diesem Aspekt *nepeš* hauptsächlich mit Gott und Mensch, seltener mit Tieren assoziiert wird, b.) „its possessor as a mere living being", in erster Linie als Gott und Mensch, c.) um „that part of the being which is important for its life and action", hauptsächlich des Menschen, zu bezeichnen; d.) in nur wenigen Fällen ist *nepeš* „denoting the contents of soul."[77] Relevant ist auch der Hinweis A. Murtonens,[78] daß *nepeš* im Alten Testament ursprünglich als Verkörperung und Ausdruck der „mental-functional community", des Stammes, der Sippe, der Familie usw. erfaßt wird, während die Vorstellung von *nepeš* als einer individuellen Seele erst später aufkommt, ohne hierbei ihr grundsätzlich kollektivistisch korporatives Wesen gänzlich einzubüßen. Obwohl A. Murtonen, wie es scheint, das kollektivistische Erfassen der *nepeš* im alttestamentlichen Weltmodell zu sehr verabsolutiert, stimmen seine Beobachtungen mit der Ansicht überein, daß im Alten Testament „the 'soul' is the living person in his flesh; 'soul' and 'flesh' are not separable, but one is the outward and visible manifestation of the other,"[79] was

---

74  E. Jacob, Theology of the Old Testament, 156-157.
75  T.N.D. Mettinger, Abbild oder Urbild? 403, vgl. O. Loretz, Der Mensch als Ebenbild Gottes, 109-120; J.M. Miller, In the „Image" and „Likeness" of God, 289-304; J.F.A. Sawyer, The Meaning of *bĕṣelem* ʾᵉlohîm („in the Image of God") in Genesis I-IX, 418-426; A. Meinhold, Menschsein in der Welt vor Gott, 242-245; H.W. Wolff, Anthropologie des Alten Testaments, 233ff., u.a.
76  H.W. Wolff, Anthropologie des Alten Testaments, 98.
77  A. Murtonen, The Living Soul, 10ff., vgl. H.W. Wolff, Anthropologie des Alten Testaments, 25ff., u.a.
78  A. Murtonen, The Living Soul, 70-76.
79  J. Barr, The Semantics of Biblical Language, 8-14, vgl. J. Pedersen, Israel I-II, 99ff.; W.A. Irwin, The Hebrews, 276-278, u.a.

auch die verbreitete Verwendung des Wortes *nepeš* in der Bedeutung „Mensch
im allgemeinen, als solcher" erklärt. Der Chronist dagegen benutzt dieses
Wort nirgends in dieser Bedeutung, und *nepeš* ist für ihn ein kollektives (1
Chr. 5,21; 11,19 u.a.) oder individuelles (1 Chr. 22,19; 28,9 u.a.) psychisches
Phänomen, das in Verbindung mit dem Herz in der Formel: *běkol lēb wěběkol
nepeš* (1 Chr. 22,19; 2 Chr. 6,38; 15,12 u.a.) die psychische Aktivität des Menschen, aber nicht den „Menschen im allgemeinen, als solchen" bezeichnet.

Alles zuvor Gesagte deutet darauf hin, daß der Chronist es vermeidet, diejenigen Wörter zu benutzen, die den Menschen nicht strikt genug vom Tier
unterscheiden, die besonders ausdrücklich die Imago-Dei-Konzeption und die
Nichtigkeit des Menschen vor Gott hervorheben oder auch ausgesprochene
mythologische Implikationen enthalten wie z.B. der Terminus *šēm*.

Dieses Wort, das Name, Ansehen, Ruf, Nachruhm bedeutet, wird im Alten
Testament nicht selten auch im Sinne von „der Mensch im allgemeinen, als
solcher" benutzt. Eine solche Verwendung dieses Wortes wurzelt in der für das
mythologische Denken kennzeichnenden Vorstellung, daß „der Name ...
schon der Mensch oder das Ding selbst ist", daß Benennung und Erschaffung
identisch, gleichbedeutend sind,[80] was auch *šēm* zur geeigneten Bezeichnung
des Begriffs „der Mensch im allgemeinen, als solcher" macht. Im Chronikbuch ist *šēm* ein Schlüsselwort, das 44mal in bezug auf Gott gebraucht wird
(S. 254) und 56mal in bezug auf den Menschen, wobei *šēm* dort häufig
(26mal, 1 Chr. 8,38; 9,44; 2 Chr. 12,13 u.a.) das ist, was Individuum von Individuum, Gemeinschaft von Gemeinschaft unterscheidet, ohne jedoch ein Substitut des Benannten zu sein. In weiteren 19 Fällen, besonders in den Formeln:
*ʾēlle habāʾîm běšēmôt* oder *ʾēlle hakětûbîm běšēmôt* (1 Chr. 4,38.41 u.a.) ist
*šēm* ein Indikator der Vornehmheit, der Zugehörigkeit zur Elite oder ein Ausdruck des Ruhms (1 Chr. 17,8.24; 2 Chr. 26,8.15 u.a.), so daß auch dieser Terminus im Chronikbuch nicht den Begriff „Mensch im allgemeinen, als
solcher" ausdrückt.

Ein weiteres Schlüsselwort ist *ʾîš* (*ʾišā*), das jeder, jede, jemand; weibliches
Tier (nur *ʾîšā*); Ehemann, Ehefrau; Mann, Frau, Mensch (nur *ʾîš*) bedeutet,
wobei in der letzten Bedeutung *ʾîš* häufig auf die Zugehörigkeit des Individuums zur Volks-, Stammes- oder Stadtgemeinschaft hinweist wie auch den
freien Menschen im Gegensatz zum nichtfreien bezeichnet.[81] Die Überprüfung sämtlicher 90 Erwähnungen dieses Wortes im Chronikbuch belegt,[82] daß
*ʾišā* dort hauptsächlich (90 % aller Fälle) die Ehefrau ist, *ʾîš* jedoch niemals
den Ehemann bezeichnet und bevorzugt (74 %) das Individuum in seiner
sozialen, beruflichen und ethno-politischen Verbundenheit als Krieger oder

---

80  J.P. Vejnberg, Čelovek v kuljture drevnevo Bližnevo Vostoka, 88-89, vgl. J. Pedersen,
    Israel I-II, 245ff.
81  A.D. Crown, An Alternative Meaning for *ʾîš* in the Old Testament, 110-112; A.M. Grant,
    *ʾadam* and *ʾish*, 2-11, u.a.
82  J.P. Weinberg, Der Mensch im Weltbild des Chronisten: die allgemeinen Begriffe, 35-36.

Schreiber, als *ʾîš hāʾĕlohîm* oder *ʾîš yĕhûdā*, resp. *yiśrāʾēl*, bezeichnet (1 Chr. 5,24; 12,39; 23,14; 27,32; 2 Chr. 5,3; 13,15 u.a.). In nur wenigen Fällen (2 Chr. 6,5; 13,7) drückt *ʾîš* den Begriff „Mensch im allgemeinen, als solcher" aus.

Der Terminus par excellence für diesen Begriff ist im Chronikbuch das Wort *ʾādām*, das der Eigenname des von Gott erschaffenen ersten Menschen ist, aber auch die Bedeutungen: Mensch, Menschen, Menschheit trägt.[83] Im Chronikbuch dient dieser Terminus neunmal zur Bezeichnung der Gesamtheit der Menschen, der Menschheit – „Jedes Gebet und jede Bitte, die von jedem Menschen (oder von der gesamten Menschheit, *lĕkol hāʾādām*) und von deinem ganzen Volk Israel herkommen" (2 Chr. 6,29, vgl. 1 Chr. 17,17; 2 Chr. 6,18.30 u.a.), und nur ein einziges Mal (1 Chr. 1,1) ist *ʾādām* Adam, der erste Mensch, aber ohne jeden Hinweis auf seine Erschaffung durch Gott. Hiermit soll nicht gesagt sein, daß der Chronist die Erschaffung des Menschen durch Gott leugnet oder bezweifelt. Aber das zielstrebige Verschweigen des Mythologems bzw. Theologems der göttlichen Erschaffung des Menschen wie auch das bereits angesprochene Vermeiden derjenigen Wörter, die auf die Erschaffung des Menschen durch Gott und auf die Gottebenbildlichkeit des Menschen hinweisen, berechtigen zu der Annahme, daß den Chronisten nicht so sehr die Schöpfung des Menschen als vielmehr der geschaffene Mensch, auch als der „Mensch im allgemeinen, als solcher", interessiert.

Der Mensch ist eine Einheit des Physischen und Psychischen, des Körpers und der Seele, aber in verschiedenen Weltmodellen und Weltbildern treten unterschiedliche Aspekte des Menschseins in den Vordergrund. Obwohl das Erfassen des Menschen nach S. Averincev[84] im Alten Testament kaum weniger körperlich ist als in der Antike, ist im Alten Testament „der menschliche Körper nicht Haltung, sondern Schmerz, nicht Geste, sondern Beben, nicht voluminöse Plastik der Muskeln, sondern verletztes ‚Geheimnis der Tiefen‘; dieser [alttestamentliche] Körper ist nicht ein von außen anzuschauender, sondern von innen heraus empfundener, und seine Gestalt setzt sich nicht aus Eindrücken des Auges zusammen, sondern aus Schwingungen des menschlichen Inneren". Anders urteilt W.A. Irwin: „… There is also through the Old Testament frequent reference to organs or parts of body to which are ascribed special functions … but man was one single unified organism and personality,"[85] was mit den Angaben der Tabelle 18 übereinstimmt.

Diese Angaben weisen darauf hin, daß die den Körper bezeichnenden Wörter einen beträchtlichen Bestandteil des Mensch-Vokabulars der alttestamentlichen Geschichtsschreibung bilden, wobei im zeitlichen Ablauf eine

---

83  J. Barr, The Semantics of Biblical Language, 105; Th. Boman, Das hebräische Denken im Vergleich mit dem griechischen, 56-57; A.M. Grant, ʾadam and ʾish, 2-11, u.a.

84  S.S. Averincev, Poetika rannevizantijskoj literatury, 62.

85  W.A. Irwin, The Hebrews, 276-278.

beträchtliche Kürzung des alttestamentlichen Körper-Vokabulars zu bemerken ist, die ihren Tiefstand im Chronikbuch erreicht. Der Chronist verschweigt eine große Anzahl der im Alten Testament erwähnten Bestandteile und Funktionen des menschlichen Körpers – 99 von 144 oder 69 % – und viele der sie bezeichnenden Wörter – 263 von 319 oder 82 %. Außerdem kommen viele der vom Chronisten erwähnten Erscheinungen des Körpers und der sie bezeichnenden Wörter in seinem Werk nur selten, episodisch vor. Die Untersuchung[86] der vom Chronisten verschwiegenen und nur selten benutzten Wörter des Körper-Vokabulars belegt, daß er es vermeidet, diejenigen Körperteile und deren Bezeichnungen zu erwähnen, die dem Menschen und dem Tier gemeinsam sind, z.B. *šēn* – Zahn des Menschen und des Tieres –, *zĕrô͑a* – Arm, Unterarm des Menschen und des Tieres – u.a. Außerdem verschweigt der Chronist die mythologisch bedeutsamen Bestandteile und Funktionen des menschlichen Körpers wie Geschlechtsorgane und Geschlechtsverkehr, Haar und Haut, Schlaf, Traum u.a. Das mythologische Denken ist in erster Linie auf „metaphysische" Probleme wie das Geheimnis der Geburt und des Todes eingestellt,[87] der Chronist dagegen übergeht mit Schweigen das Phänomen der Geburt, während der Tod (*māwet*) hauptsächlich in den Schlußformeln vorkommt (2 Chr. 25,25; 26,21 u.a.), jedoch ohne jede „Metaphysik".

In Schilderungen mythologischer Helden wird viel Aufmerksamkeit ihrer Kraft zugewendet, wobei „die Kraft des Menschen … nicht nur physische Stärke, sondern der Mensch selbst ist."[88] Analoge Vorstellungen sind auch im Alten Testament anzutreffen, wo Kraft eine Gabe Gottes an die von ihm Erwählten – Gideon, Simson u.a. – ist. Im alttestamentlichen Vokabular wird diese Erscheinung der menschlichen Körperlichkeit mit 17 Wörtern bezeichnet, von denen vier – *gĕbûrā*, *ḥāzĕḳā*, *͑oz* und *kôaḥ* – Schlüsselwörter sind. Im Chronikbuch ist nur *kôaḥ* ein solches, das zwölfmal (1 Chr. 16,11.27; 2 Chr. 20,6 u.a.) die Kraft, Macht Gottes bezeichnet und 13mal (1 Chr. 29,30; 2 Chr. 12,1; 26,16 u.a.) die mit dem Menschen assoziierte Kraft, Stärke bedeutet, jedoch weniger im Sinne einer körperlichen, physischen Eigenschaft, sondern vorwiegend als die von Gott dem Königtum und den Königen verliehene Fähigkeit zu handeln.

„Das Alte Testament ist ein Buch, in dem sich niemand schämt, zu leiden und über sein Leiden zu klagen."[89] Es enthält tatsächlich zahlreiche Erwähnungen von Schmerz, Leiden, Krankheiten usw., insgesamt ca. 35 Fälle, die mit 82 Wörtern benannt werden.[90] Auch der Chronist erwähnt die *ḥôlî*, *maḥăle* und *taḥălu'îm* (Krankheit, Leiden) der Könige Asa (2 Chr. 16,12)

86　J.P. Weinberg, Der Mensch im Weltbild des Chronisten: sein Körper, 74-80.
87　E.M. Meletinskij, Poetika mifa, 169.
88　A.A. Tacha-Godi, Mifologičeskoje proizchoždenije poetičeskovo jazyka „Iliady" Gomera, 205.
89　S.S. Averincev, Poetika rannevizantijskoj literatury, 61.
90　J.P. Weinberg, Der Mensch im Weltbild des Chronisten: sein Körper, 80-81.

und Joram (2 Chr. 21,15.18.19), den ṣāraʿat (Aussatz) des Königs Ussia (2 Chr. 26,19) und die *deber* (Pest) (1 Chr. 21,12.14; 2 Chr. 7,13 u.a.). Aber sein Leidens-Vokabular enthält nur neun dieser Zustände, die mit 24 Wörtern bezeichnet werden. Wichtiger ist jedoch der Umstand, daß im Chronikbuch Schmerz, Leiden und Krankheiten als anomale extraordinäre Zustände betrachtet werden, als ein von Gottes strafender Hand verhängtes Unglück, „dessen man sich schämt und worüber man nur ungern spricht oder schreibt."[91]

Der Chronist vermeidet es also, die dem Menschen und dem Tier gemeinsamen körperlichen Phänomene wie auch die Schattenseiten des körperlichen Daseins zu erwähnen. Was ist es aber am menschlichen Körper, am körperlichen Dasein, das die Aufmerksamkeit des Chronisten anzieht? Eine Antwort darauf geben die zehn Schlüsselwörter des chronistischen Körper-Vokabulars, die hauptsächlich körperliche Erscheinungen von zwei Arten bezeichnen – die dem Leib angehörenden (Hand, Blut, Herz) und die mit dem Kopf bzw. Gesicht verbundenen (Kopf, Gesicht, Auge, Mund und Stimme).[92] A. Kobzev ist der Ansicht, daß für den Osten und Westen zwei grundsätzlich unterschiedliche, sozusagen körperliche Orientierungen kennzeichnend waren und sind – die „Leib- oder Herz-Orientierung" im Osten, wo Leib, insbesondere das Herz, als Mittelpunkt des Körpers, sogar des Menschen, angesehen wurde und wird, und die im Westen vorherrschende „Kopf-Orientierung", nach der der Kopf, das Gesicht der Mittelpunkt des Menschen ist.[93] Das Vorhandensein solcher unterschiedlichen Einstellungen läßt sich nicht leugnen, aber man kann mit mehr Recht von einer in sich ausgewogenen Verbreitung der „Herz-" und der „Kopf-Orientierung" im Osten, im Alten Orient, wie im Westen, in der antiken Welt, sprechen, vielleicht nur mit der notwendigen Präzisierung, daß in beiden Welten im zeitlichen Ablauf die erste Orientierung an Bedeutung und Verbreitung verlor, während die „Kopf-Orientierung" an Bedeutung und Verbreitung zunahm.[94]

Im Alten Testament ist *lēb-lēbāb* mit seinen 860 Erwähnungen der am häufigsten verwendete Terminus des alttestamentlichen Körper-Vokabulars, dem die Bedeutungen: das Herz als Körperteil des Tieres und des Menschen; Sitz der Lebenskraft bzw. der Empfindungen und Regungen, Inneres; Sinn, Neigung, Entschlossenheit, Mut, Wille, Absicht, Aufmerksamkeit, Beachtung, Verstand, Gewissen; Inneres, Mitte (im räumlichen Sinne), eigen sind.[95] Im Alten Testament sind mit *lēb-lēbāb* ein körperliches Organ und auch die von diesem Organ ausgehende, in diesem Organ sich befindende psychische Tätig-

---

91  H.W. Wolff, Anthropologie des Alten Testaments, 211ff.
92  J.P. Weinberg, Der Mensch im Weltbild des Chronisten: sein Körper, 83-88.
93  A.I. Kobzev, O ponimanii ličnosti v kitajskoj i jevropejskoj kuljturach, 43-57.
94  J.P. Vejnberg, Čelovek v kuljture drevnevo Bližnevo Vostoka, 92-93.
95  J. Pedersen, Israel 1-11, 145; A.J. Johnson, The Vitality of the Individual in the Thought of Ancient Israel, 75ff.; H.W. Wolff, Anthropologie des Alten Testaments, 68ff., u.a.

keit und der psychische Zustand gemeint. Im Chronikbuch wird dieses Schlüsselwort 64mal erwähnt, und in 62 Vorkommen ist *lēb-lēbāb* das Herz des Menschen, und zwar nicht als ein körperliches Organ, sondern fast ausschließlich als ein psychischer Zustand und eine psychische Tätigkeit des Menschen, als sein Verstand, Mut, Wille, seine Entschlossenheit usw. (1 Chr. 22,7; 2 Chr. 1,11; 6,7; 9,23 u.a.), am häufigsten aber als Absicht, Neigung, insbesondere in den Formeln *bĕkol lēb*, *bĕlēbāb šālēm* usw. (2 Chr. 6,14; 19,9 u.a.). Der Chronist „psychologisiert" das Herz, und einer entsprechenden „psychologisierenden" Wandlung unterlagen im chronistischen Weltbild auch die anderen Komponenten der „Herz-Orientierung".[96]

Es ist offensichtlich, daß die Komponenten der „Kopf-Orientierung" für ein solches psychologisierendes Erfassen des Körpers besonders geeignet waren. Darum ist es kaum ein Zufall, daß das Wort *pāne* mit 2 126 auftretenden Fällen im alttestamentlichen Körper-Vokabular das am häufigsten erwähnte ist und mit 182 Erwähnungen im Chronikbuch dort auch an der Spitze der den Körper bezeichnenden Termini steht. Dieses Wort hat im Alten Testament folgende Bedeutungen: mit den entsprechenden Präpositionen-Präfixen bedeutet es „vor, vorn" usw. im räumlichen, „vorher, früher, von Anfang an" usw. im zeitlichen Sinn; metaphorisch ist *pāne* die sichtbare Seite, Vorderseite, Oberfläche; Angesicht Gottes; Maul des Tieres; Gesicht, Antlitz des Menschen, die Person, wobei in bezug auf den Menschen „The soul shows particularly in the face and its expression."[97] Im Chronikbuch wird *pāne* am häufigsten – 112mal – mit den Präpositionen bzw. Präfixen im räumlichen (1 Chr. 6,17; 16,4.6 u.a.) und seltener (1 Chr. 1,43; 4,40 u.a.) im temporalen Sinn erwähnt, 60mal, hauptsächlich in der Formel: *lipĕnê hā'ĕlohîm, yhwh* (1 Chr. 16,1.33; 17,16; 23,13 u.a.), ist *pāne* mit Gott assoziiert, jedoch ohne irgendwelche körperlichen Implikationen. Und nur 8mal gebraucht der Chronist *pāne* direkt in bezug auf den Menschen, und zwar meistens in festen Klischees, um damit eine bestimmte Handlung oder Geste des Menschen (1 Chr. 21,16; 2 Chr. 6,3; 20,3 u.a.), gewisse emotionale Zustände (2 Chr. 19,7; 32,21) zu bezeichnen. Da eine gleiche psychologisierende Tendenz auch in der Verwendung der übrigen Schlüsselwörter der „Kopf-Orientierung" – *pe* (Maul, Schnabel usw. des Tieres; Mund, Lippen des Menschen, Gottes; Bestimmung, Beschluß, Befehl des Menschen oder Gottes; Mündung, Öffnung u.a.), *ᶜayin* (Quelle, Born; Äußeres, Aussehen; Auge des Tieres, des Menschen und Gottes) und anderer – zu beobachten ist,[98] kann zusammenfassend mit Recht gesagt werden, daß im chronistischen Weltbild das Körperliche vorwiegend

---

96   J.P. Weinberg, Der Mensch im Weltbild des Chronisten: sein Körper, 85-86.
97   J. Pedersen, Israel 1-11, 174, vgl. A.J. Johnson, The Vitality of the Individual in the Thought of Ancient Israel, 40ff.; H.W. Wolff, Anthropologie des Alten Testaments, 116ff., u.a.
98   J.P. Weinberg, Der Mensch im Weltbild des Chronisten: sein Körper, 83-88.

sub specie des Psychischen erfaßt wird, daß für dieses Weltbild die Psyche des Menschen von besonderer Relevanz ist.

Das diffuse Wesen des mythologischen Denkens, die relative sozial-psychologische Homogenität der archaischen Gesellschaften und die in ihnen noch nicht entwickelte Individualisierung[99] bedingen den prinzipiellen Antipsychologismus des Mythos. Aber im Verlauf der Zeit, infolge der zunehmenden Emanzipation des Individuums und der Entfaltung des wissenschaftlichlogischen Denkens, verliert dieser mythologische Antipsychologismus an Bedeutung, und es entsteht ein immer regeres Interesse für das Phänomen der menschlichen Psyche und ihrer zwei Sphären, der emotionalen und der intellektuellen.

Die in der wissenschaftlichen Literatur zuweilen anzutreffende Gegenüberstellung der antiken Welt als einer Welt der Freude mit der alttestamentlichen Welt als einer Welt des Kummers und des Leidens[100] ist in bezug auf das Chronikbuch kaum haltbar, da in seinem psychologischen Vokabular Wörter, die die Freude bezeichnen, nicht nur zahlreicher sind als die die entgegengesetzten Emotionen bezeichnenden, sondern auch einen viel höheren Häufigkeitsgrad besitzen.[101] Um nur ein Beispiel zu nennen: Während das Wort ʿônî (Leid, Kummer, Unheil) im Chronikbuch nur einmal erwähnt wird (1 Chr. 22,14), und zwar in der Bedeutung „mühevolle Tätigkeit, Bemühung" Davids bei den Vorbereitungen zum Tempelbau, ist das Wort śimḥā (Freude, Fröhlichkeit) dort ein Schlüsselwort,[102] wobei die Freude, die Fröhlichkeit stets mit den Festen, mit der Anbetung Gottes verbunden ist und als Subjekt dieser Emotion meistens menschliche Gemeinschaften – das Volk (1 Chr. 15,25; 29,22 u.a.), die Priester (2 Chr. 23,18; 29,30 u.a.) und andere – auftreten. Einen solchen sozusagen „kollektivistischen" Charakter weisen im Chronikbuch auch andere Emotionen auf, z.B. die Furcht, insbesondere die Gottesfurcht[103] (2 Chr. 14,13; 17,10; 19,7 u.a.), Liebe und Zorn, vor allem die Liebe Gottes zu seinem Volk (2 Chr. 2,10; 9,8 u.a.)[104] und der Zorn Gottes gegen sein Volk (1 Chr. 27,24; 2 Chr. 12,7 u.a.) usw.[105]

Zusammenfassend kann gefolgert werden, daß im chronistischen Weltbild die emotionale Sphäre der menschlichen Psyche nur einen begrenzten Raum

---

99  I.S. Kon, Otkrytije „ja", 125-131.
100 S.S. Averincev, Poetika rannevizantijskoj literatury, 64ff.
101 B. Halpern, Sacred History and Ideology, 42-43; J.P. Weinberg, Der Mensch im Weltbild des Chronisten: seine Psyche, 304.
102 J.P. Weinberg, Der Mensch im Weltbild des Chronisten: seine Psyche, 311.
103 J.L. Crenshaw, The Eternal Gospel, 25 u.a.
104 W.A. Irwin, The Hebrews, 227ff.; W.L. Moran, The Ancient Near Eastern Background to the Love of God in Deuteronomy, 47-87; I.I. Efros, Ancient Jewish Philosophy, 107ff.; D.J. McCarthy, Notes on the Love of God in Deuteronomy and the Father-Son Relationship Between Yahweh and Israel, 144-147; J.W. McKay, Man's Love for God in Deuteronomy and the Father/Teacher – Son/Pupil Relationship, 426-435, u.a.
105 D.J. McCarthy, The Wrath of Yahweh and the Structural Unity of the Deuteronomistic History, 101-107; B.A. Levine, In the Present of the Lord, 69, u.a.

einnimmt, wobei als deren Subjekte am häufigsten menschliche Gemeinschaften und Gott auftreten und nur vereinzelt (in 13 % aller Fälle) Individuen, die dagegen viel häufiger als Subjekte der intellektuellen Sphäre in Erscheinung treten.

Wenn der durchschnittliche Häufigkeitsgrad der Wörter des emotionalen Vokabulars des Chronisten 4,7 ist, dann ist der Häufigkeitsgrad der Wörter seines intellektuellen Vokabulars fast zweimal so hoch – nämlich 8. Der Chronist benutzt die Wörter *maddāʿ* (Verständnis, Gedanke), *bînā* (Einsicht) und *śēkel* (Einsicht, Verstand) zur Bezeichnung des besonderen, vielleicht magischen Wissens der Issakariten als derjenigen, „die die Zeiten verstanden (wußten)" (*yôdĕʿê bînā laʿittîm*, 1 Chr. 12,33, vgl. Esth. 1,13[106]), der Kenntnisse der Leviten beim Erfüllen ihrer kultischen Pflichten (1 Chr. 26,14; 2 Chr. 30,22), aber hauptsächlich zur Bezeichnung des Salomo von Gott verliehenen Verständnisses, Wissens und Verstehens in seiner herrscherlichen Tätigkeit, in der Befolgung der *tôrā* und beim Bau des Tempels (2 Chr. 1,10.11; 2,11 u.a.). Häufiger als diese Termini benutzt der Chronist das Wort *ʿeṣā*, das im Alten Testament die Bedeutungen: Rat, politische Konsultation, praktische Weisheit, Leitung, Erfahrung; vom Menschen oder von Gott ausgehender Plan, besitzt. Im Chronikbuch geht *ʿeṣā* hauptsächlich von Menschen – von den *zĕkēnîm* und *yĕlādîm* um Rehabeam (2 Chr. 10,8.13.14) und vom „Hause Ahabs" (2 Chr. 22,5) – aus, und nur ein einziges Mal erscheint Gott als Quelle der *ʿeṣā* (2 Chr. 25,16), die beim Chronisten stets ein Ratschlag im staatlichen Leben, eine politische Konsultation ist.

Die alttestamentliche Bezeichnung par excellence für den Intellekt, für die intellektuelle Sphäre der menschlichen Psyche ist das Schlüsselwort *ḥokmā*. Es bezeichnet im Alten Testament die praktische Weisheit, d.h. das Wissen und die Fähigkeit des Menschen, die seine alltägliche Tätigkeit fördern und erfolgreich machen und sich verschiedenartig offenbaren – die allgemeine Denkfähigkeit, angeborene Intelligenz des Menschen, die erworbene oder von Gott verliehene Staatskunst des Herrschers, das Wissen und das praktische Können, die technische Fertigkeit des Handwerkers; *ḥokmā* ist auch die ethisch-religiöse und die spekulative Weisheit, die sich in der Erkenntnis des Alls und des Lebens äußert und gleichzeitig „an intellectual technique for attaining this speculative wisdom, a discipline of learning" ist; *ḥokmā* ist auch eine Eigenschaft und ein Attribut Gottes, wobei aus diachronischer Sicht in nachexilischer Zeit theologische Reflexionen über den letzten Aspekt der *ḥokmā* an Bedeutung gewinnen.[107]

---

106  C.A. Moore, Esther, 9 Anm. 13.
107  M.V. Fox, Aspects of the Religion of the Book of Proverbs, 55-69; ders. The Epistemology of Proverbs, 63, vgl. G. Fohrer, Die Weisheit im Alten Testament, 242ff.; R.N. Whybray, The Intellectual Tradition in the Old Testament, 6ff.; H.W. Wolff, Anthropologie des Alten Testaments, 298ff.; H.D. Preuß, Einführung in die alttestamentliche Weisheitsliteratur, 10ff., u.a.

Im Chronikbuch kommt das Wort ḥokmā zehnmal vor und siebenmal das Wort ḥākām.[108] Dieses bezeichnet sechsmal den Kunstfertigen, den Handwerker (1 Chr. 22,15; 2 Chr. 2,6.12 u.a.), und einmal (2 Chr. 2,11) wird Salomo mit Hinblick auf seine Bautätigkeit ḥākām genannt. Mit diesem König sind auch neun von den zehn Erwähnungen des Wortes ḥokmā verbunden, wobei zwei Momente auffallen: das Erfassen der ḥokmā als Wissen und Können, „mein Volk zu richten (oder: zu herrschen)" (2 Chr. 1,10.11 u.a.), und die ausgesprochene „Dinghaftigkeit" der ḥokmā, ihre Zusammengehörigkeit mit der Welt der Dinge: „So übertraf König Salomo alle Könige der Erde an Reichtum und Weisheit" (2 Chr. 9,22, vgl. 9,3.5 u.a.). Der Chronist erfaßt ḥokmā fast ausschließlich als ein Phänomen aus dem menschlichen Bereich, als das menschliche, vor allem praktische Wissen und Können, dessen Subjekt, Träger am häufigsten das Individuum ist – einzelne Handwerker, der König Salomo. Hieraus folgt die Vermutung, daß es im Weltbild des Chronisten eben der Intellekt ist, durch den und mit dem sich das Individuum (auf der Ebene der Psyche) vom „Wir" absondert und unterscheidet, sich selbst als „Ich" bestätigt und erfaßt.

Hiermit stellt sich zugleich die Frage, ob dem Chronisten das Phänomen des menschlichen Charakters bekannt war oder nicht, ob er den Menschen als Individualität oder Persönlichkeit erfaßte oder nicht. Nach S. Averincev gibt es im Alten Testament viele äußerst eigentümliche Persönlichkeiten, jedoch keine Individualitäten, da der Mensch „eine Persönlichkeit ist oder nicht, unabhängig davon, was er über sich denkt, als Individualität jedoch bestimmt er sich selbst in seinem Bewußtsein oder bestimmt sich nicht". Dem Alten Testament, meint der Forscher, sei auch das Phänomen „der menschliche Charakter" als eine „scharf umrissene und unbeweglich erstarrte plastische Gestalt, die leicht, fehlerlos zwischen anderen erkannt werden kann" unbekannt, und so werde dort z.B. die Psychologie der Lüge, aber nicht des Lügners dargestellt.[109]

Wenn wir uns z.B. den Gestalten der Könige in der neuassyrischen Geschichtsschreibung zuwenden, so ist es kennzeichnend,[110] daß sie meistens entsprechend den Normen der epischen Charakterisierung geformt worden sind, die eine qualitative Gleichheit der charakterlichen Eigenschaften zugleich mit deren quantitativer Ungleichheit vorsehen.[111] Und in der Tat, alle diese Könige besitzen, aber in verschiedenem Ausmaß und in unterschiedlicher Kombination, Kraft und Mut, sie alle sind fürchterlich im Zorn usw. Elemente einer solchen typisierenden Charakterisierung sind auch im Alten Testament anzutreffen, aber viel häufiger kommen dort individuelle Charaktere vor – der zu Beginn seines Lebens mannhafte, tätige, lebensfreudige und

108  J.P. Weinberg, Der Mensch im Weltbild des Chronisten: seine Psyche, 308-312.
109  S.S. Averincev, Grečeskaja „literatura" i bližnevostočnaja „slovesnostj", 213ff.
110  J.P. Vejnberg, Roždenije istorii, 140.
111  I.V. Štalj, Chudožestvennyj mir gomerovskovo eposa, 189.

der später finstere, mißtrauische, misanthropische Saul, der eitle und eingebildete, leichtfertige und beschränkte Absalom und viele andere, die in ihrer Gesamtheit die Auffassung bestätigen, daß „this sense of the centrality of character and the ability to sketch and develop the characters of their heroes is one aspect of the notable excellence of Hebrew narrative,"[112] das Chronikbuch inklusive.

Obwohl die Gattungszugehörigkeit des Chronikbuches (S. 285-288) die Möglichkeiten, vielseitige und lebensvolle Charaktere zu bilden, beträchtlich begrenzt, verleiht der Chronist seinen handelnden Personen trotzdem individuelle Charakterzüge. Als Beispiel soll ein Vergleich der Gestalten David und Salomo dienen. In der weitläufigen David-Erzählung werden Erscheinungen und Tätigkeiten des Intellekts nur selten erwähnt: David „weiß, kennt" den Willen Gottes (1 Chr. 14,2; 29,17), er „hält Rat" (1 Chr. 13,1) usw. Aber die Dominante des chronistischen David-Bildes sind die Emotionen, besonders das Gefühl der Freude, das den König und das Volk, den König und die *ziķěnê yiśrāʾēl wěśārê hāʾālapîm* (1 Chr. 15,25; 29,9 u.a.) umfaßt und vereinigt. Die Anerkennung der Verbundenheit des Individuums David mit den menschlichen Gemeinschaften durch die Emotion und in der Emotion stimmt mit der Verwendung des Personalpronomens *ʾānôkî-ʾănî* in der David-Erzählung überein, das dort vorwiegend in Verbindung mit menschlichen Gemeinschaften vorkommt: „Wer bin ich … und was ist mein Haus …" (1 Chr. 17,16; 21,17), „Wer ich bin und was ist mein Volk" (1 Chr. 29,14 u.a.). Das „Ich" des Königs offenbart sich hauptsächlich im Pflicht- und Schuldgefühl (1 Chr. 17,1; 21,17; 22,7 u.a.), in der Erkenntnis der eigenen Geringfügigkeit (1 Chr. 17,16; 29,14), d.h. in denjenigen Gefühlsbereichen, wo die Verbundenheit des Individuums mit menschlichen Gemeinschaften eine besonders enge und intensive ist. Das chronistische David-Bild ist durch die Dominanz der emotionalen Sphäre in der Psyche des Helden und durch die enge ständige Verbundenheit des sich seiner Eigenständigkeit bewußten Individuums mit menschlichen Gemeinschaften geprägt.

Das Salomo-Bild im Chronikbuch wird dagegen vorwiegend durch den Intellekt des Königs bestimmt, der seine Exklusivität und Überlegenheit bedingt (2 Chr. 9,22). Darauf weist auch der Verwendungsmodus des Personalpronomens *ʾānôkî-ʾănî* in der Salomo-Erzählung hin: *ʾănî* kommt dort sechsmal vor, aber nirgends ist das königliche „Ich" mit jemandem oder mit etwas verbunden, es ist stets völlig selbständig und autonom, sich dieser seiner Selbständigkeit und Autonomie wohl bewußt, worauf vom Chronisten akzentuierte „ich"-Äußerungen wie die folgende hinweisen: „Siehe, ich (Salomo) baue dem Namen Jahwes, meines Gottes, ein Haus" (2 Chr. 2,3 u.a.).

David, Salomo und andere erscheinen im Weltbild des Chronisten als Persönlichkeiten und Individualitäten, wofür noch ein weiterer Beleg angeführt

---

112 W.A. Irwin, The Hebrews, 279-280; vgl. S. Bar-Efrat, Some Observations on the Analysis of Structure in Biblical Narrative, 161ff., u.a.

werden kann. Im Chronikbuch müssen die handelnden Personen eine Wahl, eine Entscheidung treffen: David trifft eine Entscheidung, indem er den angebotenen Trunk nicht annimmt (1 Chr. 11,17ff.), das Strafmaß für sein Vergehen, die Volkszählung, wählt (1 Chr. 21,8ff.); Salomo erwählt von den verschiedenen angebotenen Gottesgaben die Weisheit (2 Chr. 1,7ff.); Rehabeam muß sich für die Ratschläge der *zĕķēnîm* oder der *yĕlādîm* entscheiden (2 Chr. 10,6ff.), aber „die wichtigste Funktion der Persönlichkeit ist es, die Wahl zu treffen,"[113] und, so soll hinzugefügt werden, die getroffene Wahl bzw. Entscheidung auch zu verantworten. Eins der markantesten Merkmale des chronistischen Weltbildes ist das grundlegende Prinzip der persönlichen und unmittelbaren Verantwortlichkeit des Menschen für seine Taten,[114] und selbst so positiv bewertete Herrscher wie Asa, Ussia u.a. müssen für ihre Vergehen büßen (2 Chr. 16,10; 20,21 u.a.).

Das eigene „Ich" scheint für den Menschen eine primäre und selbstverständliche Realität zu sein, obwohl es in der Wirklichkeit ein Ergebnis eines langwierigen und schwierigen Prozesses des Heraustretens des Individuums aus menschlichen Gemeinschaften ist, und noch langwieriger und schwieriger ist stets das Erfassen dieses Prozesses im betreffenden Weltmodell oder Weltbild. Hier soll uns nur der zweite, subjektive Aspekt dieses Prozesses interessieren, nämlich das Erfassen der Beziehung „ich-wir, wir-ich" im chronistischen Weltbild, was zuvor eine Betrachtung der sozialen Gruppe im Chronikbuch fordert.

Die Angaben der Tabelle 18 belegen, daß das Eigengewicht der die sozialen Gruppen bezeichnenden Wörter in der alttestamentlichen Geschichtsschreibung im zeitlichen Ablauf zunimmt und ihren Höhepunkt im Chronikbuch erreicht. Hierbei ist es auffällig, daß der Chronist ein reges Interesse für das Phänomen „die soziale Gruppe als solche, im allgemeinen" zeigt,[115] denn in seinem Werk kommen sechs von den acht Wörtern vor, die im alttestamentlichen Vokabular dieses verallgemeinerte, abstrakte Verständnis ausdrücken, wobei manche dieser Termini nur im Chronikbuch begegnen. Es sind die Wörter *yaḥad* (Vereinigung, Gemeinschaft, Gesamtheit, nur in Dt. 22,5 und 1 Chr. 12,18, später die bevorzugte Selbstbenennung der Gemeinschaft von Qumran), *miplaggā-pĕluggā* (Abteilung, nur im Chronikbuch), *maʿămad* (Aufwartung, Posten, Stellung usw., von sechs Erwähnungen im Alten Testament drei im Chronikbuch), *ḥaluķķā* (Abteilung, nur im Chronikbuch) und insbesondere das Schlüsselwort *maḥăloķet* (Verteilung, Abteilung, Anteil, von 44 Erwähnungen im Alten Testament 37 im Chronikbuch).

Dennoch wäre es verfehlt, die Bedeutung dieses verallgemeinernden, sozusagen soziologisierenden Verständnisses der sozialen Gruppe im Chronikbuch

---

113  B.F. Porschnev, Socialjnaja psichologija i istorija, 192.
114  H.G.M. Williamson, 1 and 2 Chronicles, 31.
115  J.P. Weinberg, Die soziale Gruppe im Weltbild des Chronisten 76-77.

überzubewerten, denn im Mittelpunkt des Interesses des Geschichtsschreibers steht, wie es die Angaben der Tabelle 18 belegen, die agnatische Gruppe, die Sippe, was mit der tatsächlichen sozialen Struktur der vom Chronisten beschriebenen Vergangenheit und der seiner eigenen nachexilischen Gegenwart übereinstimmt. Zur Bezeichnung dieses Typs der sozialen Gruppe benutzt der Chronist 22 Wörter (von den 36 im alttestamentlichen Vokabular), von denen zehn Schlüsselwörter sind – ein sehr hohes Eigengewicht der letzteren, was nochmals die Bedeutung eben dieses Typs der sozialen Gruppe für den Chronisten und sein Auditorium hervorhebt.

Aber der Chronist verschweigt auch eine Reihe die agnatische Gruppe bezeichnender Termini oder benutzt sie nur selten. Die Überprüfung dieser Termini zeigt,[116] daß sie einige gemeinsame Merkmale haben. Es sind erstens Wörter, die die für den Chronisten stets unannehmbare Vorstellung von der Verbundenheit des Menschen mit der Natur und infolgedessen von der Naturhaftigkeit der zwischenmenschlichen agnatischen Verbindungen ausdrücken. Darum benutzt der Chronist zur Bezeichnung der Erscheinung „Nachkomme, Generation, Herkunft, Genealogie" nur selten das alttestamentliche Schlüsselwort *zeraʿ* (Same, Saat von Pflanzen, Tieren und Menschen; Nachkommenschaft, Herkunft) mit seiner „dispersiven" Polysemie, die die Bedeutung Naturhaftigkeit einschließt, und bevorzugt die von naturhaften Anklängen freien, das nur spezifisch Menschliche bezeichnenden Wörter *hityuḥes-yaḥas* (Registrierung, Stammbaum usw., 1 Chr. 4,33; 5,7 u.a.) und *tôlēdôt* (Erzeugung, Geburtsfolge, Nachkommen u.a., 1 Chr. 5,7; 7,9; 8,28 u.a.). Zweitens sind es Wörter, die mythologisch relevante Komponenten und Vorstellungen der agnatischen Struktur[117] bezeichnen wie Schwiegervater – Schwiegermutter, Schwager – Schwägerin, Onkel – Tante und auch sozusagen anomale, destruktive Erscheinungen dieser Struktur wie Witwe, Waise u.a. Hierbei muß ausdrücklich betont werden, daß diese vom Chronisten verschwiegenen oder nur vereinzelt erwähnten Wörter Komponenten der realen vor- und nachexilischen Sippen-Familiengruppen bezeichnen, was der zurückhaltenden Einstellung des Chronisten besondere Bedeutung verleiht.

Eins der zehn Schlüsselwörter des Sippen-Familien-Vokabulars des Chronisten ist *mišpāḥā* (Arten der Tiere, der Völkerwelt; Sippe), das er niemals in seiner „naturhaften" Bedeutung benutzt, sondern nur zur Bezeichnung des menschlichen Phänomens. Von den 19 Erwähnungen dieses Terminus im Chronikbuch bezeichnet es 18mal die Sippe als eine reale und lebenswahre Gemeinschaft mit Namen und Anführern, Wohnort und Eigentum, Kriegen und Übersiedlungen, Genealogien, Sippensagen usw. Aber der Chronist verschweigt erstens eine der wesentlichsten Institutionen der Sippe, nämlich die der *gᵉʾullā* (Recht, Pflicht des Rückkaufes, Rückkauf) und des *goʾel* (Löser, Bluträcher), obwohl sie in der vorexilischen und vielleicht auch in der nach-

---

116  J.P. Weinberg, Die soziale Gruppe im Weltbild des Chronisten, 79.
117  E.M. Meletinskij, Poetika mifa, 199ff.

exilischen Wirklichkeit bestanden,[118] aber dem für das chronistische Weltbild so wichtigen Prinzip der individuellen, persönlichen Verantwortlichkeit nicht entsprachen. Zweitens kommen sämtliche 19 Erwähnungen der *mišpāḥā* im Chronikbuch in den ersten neun Kapiteln vor, und das bedeutet, daß der Chronist die Sippe im Widerspruch zu ihrem tatsächlichen Fortbestehen bis zum Ende der vorexilischen Zeit in die in seinem Welt- und Geschichtsbild periphere und in der Bewertung sekundäre vormonarchische Zeit abschiebt, während für die als paradigmatisch angesehene, sich im Zentrum seines Welt- und Geschichtsbildes befindende Epoche der davidischen Monarchie die Familie kennzeichnend ist.[119]

Auf diese zentrale, dominierende Rolle der Familie – der Groß- oder Kleinfamilie – im chronistischen Weltbild weist das hohe Eigengewicht der sie bezeichnenden Schlüsselwörter hin. Eins dieser Wörter ist *bayit*, das im Alten Testament die Bedeutungen: Wohnhaus, Königsschloß, Tempel, Aufenthaltsort; Behälter, das Innere; menschliche Gemeinschaft, trägt und mit seinen 330 Erwähnungen eins der besonders häufigen Wörter im Chronikbuch ist. Dort sind fast alle Bedeutungen dieses Wortes anzutreffen, aber uns interessiert hier nur die Constructus-Verbindung *bêt ʾāb* (zehnmal) – *bêt ʾābôt* (24mal) als Bezeichnung einer sozialen Gruppe. Im Chronikbuch werden diese Termini streng differenziert benutzt. Der Terminus *bêt ʾābôt*, der die Bezeichnung der grundlegenden strukturellen Einheit der nachexilischen Bürger-Tempel-Gemeinde war, herrscht im Listenmaterial – in den Sippensagen (1 Chr. 5, 13. 15 u.a.), Mobilmachungslisten (1 Chr. 7, 2. 4. 9 u.a.), Beamtenverzeichnissen (1 Chr. 23,24; 24,30 u.a.) und anderem – der ersten neun Kapitel vor. Hieraus ergibt sich aber ein Widerspruch: Der *bêt ʾābôt* ist die Bezeichnung der in nachexilischer Zeit bestehenden Gemeinschaft, wird jedoch hauptsächlich im authentischen vorexilischen Listenmaterial des Chronikbuches erwähnt. Eine mögliche und glaubwürdige Lösung dieses Widerspruches ist in der funktionellen Bestimmung der Listen zu suchen: Da sie auch Beweise für die Legitimität, die Ansprüche und Rechte der nachexilischen *bātê ʾābôt* auf Boden und Mitgliedschaft in der Gemeinde waren, so ist es gut möglich, daß es der Chronist war, der die in den Originaltexten vermutlich vorhandene und der vorexilischen Praxis entsprechende Benennung *bêt ʾāb* durch die nachexilische Benennung *bêt ʾābôt* ersetzte, um in dieser Weise die Kontinuität zwischen dem vorexilischen *bêt ʾāb* und dem nachexilischen *bêt ʾābôt* offensichtlicher zu machen. Für die Wahrscheinlichkeit dieser Vermutung spricht auch der Umstand, daß in den narrativen Teilen des Chronikbuches, auch in den Eigengutstücken (1 Chr. 23,11; 26,6; 2 Chr. 2,13 u.a.), entsprechend der vorexilischen sozialen Praxis und Terminologie, der Terminus *bêt ʾāb* vorherrscht. Aber der chronistische *bêt ʾāb* ist keine Kopie der realen vorexilischen

---

118  R. de Vaux, Ancient Israel I, 11ff.; Th. und D. Thompson, Some Legal Problems in the Book of Ruth, 79ff.; B.A. Levine, In Praise of the Israelite Mišpāḥā, 98, u.a.
119  J.P. Weinberg, Die soziale Gruppe im Weltbild des Chronisten, 79-80.

Gemeinschaft, denn die letztere war eine mehrere Generationen umfassende Großfamilie,[120] während im Chronikbuch der *bêt 'āb* vorwiegend eine aus zwei Generationen bestehende Kleinfamilie ist. Dafür einige Belege: In der aus 2 Reg. 9,27 übernommenen Mitteilung über den Tod des Königs Ahasja fügt der Chronist die Erwähnung des die Söhne des Ermordeten umfassenden *bêt 'ăḥazjāhû* hinzu (2 Chr. 22,9), im Bericht über die Ermordung der Brüder durch Joram nennt der Chronist (2 Chr. 21,13) die Ermordeten *'aḥêkā bêt 'ābîkā* usw.

Da im Chronikbuch auch die Schlüsselwörter *'āb* (Vater, Großvater, Vorfahr) – *'ēm* (Mutter, Stammesmutter usw.) stets nur den leiblichen Vater und die leibliche Mutter (2 Chr. 1,9; 2,2; 11,21; 21,17 u.a.), *ben* (Sohn, Enkel usw.) und *bat* (Tochter, Mädchen usw.) vor allem den leiblichen Sohn und die leibliche Tochter (2 Chr. 11,21; 21,17 u.a.), *'aḥ* (Bruder, Halbbruder, Blutsverwandter; Gefährte usw.) und *'aḥôt* (Schwester, weibliche Verwandte; Geliebte usw.) nur den leiblichen Bruder und die leibliche Schwester (2 Chr. 21,4.13; 36,4) bezeichnen[121], so ist die Schlußfolgerung berechtigt, daß im Chronikbuch der *bêt 'āb* eine Zweigenerationen-Familie ist, was mehr der nachexilischen als der vorexilischen Wirklichkeit entsprach.

Im sozialen Vokabular des Chronisten nehmen die die Berufsgruppe bezeichnenden Termini die zweite Position (im deuteronomistischen Geschichtswerk die dritte, Tabelle 18) ein. Die Analyse[122] sämtlicher im Chronikbuch anzutreffenden Berufstermini zeigt, daß dort die „ländlichen" Berufe bedeutend weniger als die „städtischen" vertreten sind, was mit der grundsätzlichen urbanen Orientierung des Chronisten übereinstimmt. Die Berufstermini bezeichnen nur selten distinkte Berufsgruppen (1 Chr. 2,55; 4,14.23 u.a.), obwohl entsprechende berufliche Assoziationen in vor- und nachexilischer Zeit verbreitet und einflußreich waren. Viel häufiger beziehen sich die Berufstermini auf einzelne Berufsangehörige – Kaufleute (2 Chr. 1,16; 9,14) und Ärzte (2 Chr. 16,12), Bauer und Winzer (2 Chr. 26,10) und andere –, was mit der prinzipiellen Orientierung des Chronisten auf das Individuum hin übereinstimmt.

Die dritte (im deuteronomistischen Geschichtswerk die vierte) Position nimmt im chronistischen Vokabular der sozialen Gemeinschaft die lokale Gruppe ein,[123] was weitgehend ihrer tatsächlichen Stellung und Rolle in der vor-, aber auch der nachexilischen Wirklichkeit entspricht. Hierbei ist es offensichtlich, daß die urbane Ortsgruppe bei weitem dominiert, denn von den betreffenden zwölf Wörtern bezeichnet die Mehrzahl die Stadt und ihre Komponenten, und eins dieser Wörter ist auch das Schlüsselwort *ʿîr*. Der Chronist verleiht diesem Wort, das im Alten Testament mit (Opfer-)Blut besprengte

---

120  S. Bendor, bêt hā'āb bĕyiśrā'ēl lĕmin hahitnaḥălût wĕ̔ad sôp yĕmê hammĕlûkā, 18ff.
121  J.P. Weinberg, Die soziale Gruppe im Weltbild des Chronisten, 80-83.
122  Ibid., 88-89.
123  Ibid., 85-88.

Steine; Festung; Stadt, Stadtteil; mit Artikel Jerusalem bedeutet,[124] einen ausgesprochen terminologischen Charakter, da sämtliche 126 Erwähnungen dieses Wortes in seinem Werk die Bedeutung „Stadt" haben. Im Gegensatz zur *mišpāḥā* und zum *bêt ʾābôt*, die im chronistischen Weltbild hauptsächlich der peripheren und axiologisch zweitrangigen vormonarchischen Zeit angehören, fällt das Gros der Erwähnungen von *ʿîr* (84%) auf die für den Chronisten paradigmatische staatliche Epoche. Häufig (20mal) gebraucht der Chronist das Wort *ʿîr* in der die Vorstellung über die urbane Geordnetheit, Erfülltheit des Raumes ausdrückenden Formel *ʿîr lĕʿîr*, *ʿîr wāʿîr* u.a. (überall, 2 Chr. 15,6; 28,25 u.a.), aber noch häufiger bezeichnet im Chronikbuch *ʿîr* mit dem Artikel und in Verbindung mit dem Namen David (1 Chr. 11,5; 2 Chr. 13,23 u.a.) Jerusalem, jedoch nicht nur und nicht so sehr als die Tempelstadt, sondern hauptsächlich als die mit dem König verbundene Hauptstadt (2 Chr. 9,30; 11,1.5 u.a.). Ein weiterer Beleg dafür ist das häufige Vorkommen (2 Chr. 20,15.17; 34,3.5 u.a.) der Formeln: *yĕhûdā wiyĕrûšālayim*, *yĕrûšālayim wĕyĕhûdā* und *kol yĕhûdā wĕyôšbê yĕrûšālayim*, die zumindest auf die Anerkennung eines besonderen Status Jerusalems und seiner Einwohner im judäischen Staat durch den Chronisten hinweist.[125] Hierbei ist es auffällig, daß der Chronist den *yôšbê yĕrûšālayim* eine größere politische Aktivität, eine engere Verbundenheit mit dem König und dem Königtum zuspricht, als es im deuteronomistischen Geschichtswerk geschieht: Während in 2 Reg. 8,25 die Einleitungsformel lautet: „Im zwölften Jahr Jorams, des Sohnes Ahabs, des Königs Israels, ward Ahasja, der Sohn Jorams, König in Juda", schreibt der Chronist: „Und die Einwohner Jerusalems machten zum König den Ahasja ..." (2 Chr. 22,1, so auch 2 Chr. 32,33, vgl. 2 Reg. 20, 20-21). Liegt hierin nicht die Erklärung dafür, daß der Chronist nirgends die in vor- und nachexilischer Zeit bestehende Selbstverwaltung der palästinischen Städte erwähnt? Das mit dieser Institution verbundene Wort *šaʿar* (Tor) ist im Chronikbuch ein Schlüsselwort, aber nur als Element der städtischen Anlage (2 Chr. 18,9; 24,8; 26,9), und zweimal (2 Chr. 18,9; 32,6) ist das Stadttor die Stelle, wo der König wirkt, nicht aber die Städter.

Die nur vereinzelten Erwähnungen der die Siedlungen der nomadischen-halbnomadischen Viehzüchter bezeichnenden Wörter *ṭîrā*, *ḥawwā* und *yaṣûʿā* im Chronikbuch (1 Chr. 2,23; 6,39 u.a.) belegen, daß dem Chronisten diese in der vorexilischen Wirklichkeit öfters gepriesene „Mirage" der nomadischen Lebensweise[126] gleichgültig war. Auch andere bäuerliche Ortschaften oder Ortsgruppen spielen im chronistischen Weltbild eine ganz geringe Rolle, da

---

124  G. Wallis, Die Stadt in den Überlieferungen der Genesis, 133; E.W. Nicholson, Blood-Spattered Altars, 113-116, u.a.

125  Vgl. das Konzept der dualistischen Struktur des judäischen Staates (A. Alt, Das Reich Davids und Salomos, 33-65) und die Einwände der Opponenten (B. Mazar, *yĕrûšālayim* – *miḳdāš melek wĕbêt mamlākā*, 25-32; G. Buccellati, Cities and Nations of Ancient Syria, 215ff., u.a.).

126  P. Briant, Etat et pasteurs au Moyen-Orient Ancien, 39-40.

sogar *ḥāṣēr* (Hof, eingehegter Raum; nichtbefestigte Siedlung in der Umgebung der Stadt oder Festung)[127] zehnmal (1 Chr. 23,28; 2 Chr. 7,7; 20,5 u.a.) vom Chronisten in seiner ersten Bedeutung erwähnt wird und nur sechsmal in der zweiten (1 Chr. 4,32.33; 6,41 u.a.)

Im Unterschied zu den verhältnismäßig häufigen, nicht selten selbstbewußten Anerkennungen der Zugehörigkeit zu den agnatischen, beruflichen, lokalen u.a. sozialen Gruppen sind Erwähnungen der Stände-Eigentums-Gruppe in der nahöstlichen Geschichtsschreibung der Mitte des 1. Jt. v.u.Z. nur selten anzutreffen, was im krassen Widerspruch zur tatsächlichen Bedeutung und Rolle dieses Typs der sozialen Gruppe im Nahen Osten, inkl. Palästina, in dieser Zeit steht. Vielleicht ist es damit zu erklären, daß die von „oben" – vom Staat, vom Gesetz usw. – bestimmte und legitimierte Ständezugehörigkeit noch kein Faktum und kein Faktor des Selbstbewußtseins, des Selbstverständnisses des nahöstlichen Menschen geworden war, weil er sich in erster Linie als Mitglied der kleineren und kompakteren sozialen Gruppen fühlte, während die Zugehörigkeit zur quantitativ und räumlich sehr weiten Ständegruppe ihm noch als etwas Unbestimmtes, Nebelhaftes erschien.

Das Gesagte betrifft auch das Erfassen dieses Typs der sozialen Gruppe im Weltbild des Chronisten (Tabelle 18),[128] da der Geschichtsschreiber eine Reihe relevanter, die Eigentums-Stände-Verhältnisse ausdrückender Termini ausläßt. Es sind die Wörter *dal*, *ʿānî*, *ʾebyôn* u.a. (arm, Arme, Armut usw.) wie auch *ʿāšîr* (begütert, reich, der Reiche), die auch im chronistischen Vokabular vorhanden sind, jedoch nur in sozialer Anspielungen entbehrenden und ausschließlich den Reichtum, die Macht der Könige bezeichnenden stereotypen Formeln vorkommen (1 Chr. 29,12.28; 2 Chr. 17,5 u.a.), was die Vermutung zuläßt, daß der Chronist die in der vorexilischen judäischen Gesellschaft tatsächlich vorhandene Eigentums-Stände-Differenzierung absichtlich, sogar programmatisch aus seinem Weltbild ausschließt.

Die Zulässigkeit einer solchen Vermutung bekräftigt das nur seltene, episodische Vorkommen der Wörter *gēr* und *tôšāb* im chronistischen Vokabular, obwohl diese Begriffe zwei in der vorexilischen Gesellschaft bedeutsame soziale Gruppen bezeichneten. Besonders auffällig ist es jedoch, daß der Chronist den *gēr* und *tôšāb* nicht entsprechend ihrem tatsächlichen Status und dem dominierenden Begriff von ihnen im alttestamentlichen Weltmodell als Gruppen außerhalb des „Wir" erfaßt, sondern grundsätzlich anders. In einem Stück seines Eigenguts sagt der Chronist (1 Chr. 29,15): *kî gērîm ʾanaḥnû lĕpanĕkā wĕtôšābîm* („Denn wir sind *gērîm* und *tôšābîm* vor Dir ... [Gott]"), d.h. *gēr* und *tôšāb* bilden die Gesamtheit des „Wir", wobei diese Formel im Unterschied zu ihren stets situativ, zeitlich und räumlich bestimmten Erwähnungen im Pentateuch – im Zusammenhang mit der ägyptischen Gefangen-

---

127  H.M. Orlinsky, Ḥāṣēr in the Old Testament, 22-37; A. Malamat, „ḥaṣērîm" bamiḳrāʾ wĕbĕmaʾrî, 181-184; R. Gophna, „ḥaṣērîm" bĕnegeb haṣṣĕpônî, 173-180, u.a.

128  J.P. Weinberg, Die soziale Gruppe im Weltbild des Chronisten, 89-93.

schaft (Ex. 22,20; 23,9; Lev. 19,34 u.a.) – im Chronikbuch in einem bedingungslosen, zeitlich und räumlich unbestimmten Kontext erscheint. Während laut der deuteronomistischen Beschreibung hauptsächlich *kol yiśrā'ēl* am Tempelbau teilnahm (1 Reg. 5,27 u.a.), erwähnt der Chronist wiederholt die *haggērîm 'ăšer bĕ'ereṣ yiśrā'ēl*, die *kol hā'ănāšîm haggērîm 'ăšer bĕ'ereṣ yiśrā'ēl* als Teilnehmer des Tempelbaus (1 Chr. 22,2; 2 Chr. 2,16). Daraus entsteht die Vermutung, daß im Chronikbuch *gēr* und *tôšāb* nicht soziale Gruppen außerhalb des „Wir" sind, sondern das „Wir" selbst (möglicherweise in seiner Beziehung zu Gott), zumindest im „Wir" integrierte Bestandteile sind.[129] Hiermit stimmt auch das Fehlen des Terminus *'ezrāḥ* (Einheimische, Vollbürger) im chronistischen Vokabular überein, da dieser Terminus hauptsächlich in der binären Opposition *'ezrāḥ – gēr* (Lev. 16,29; 18,26 u.a.) vorkommt,[130] die keinen Sinn ergibt, wenn *gēr* (und *tôšāb*) dem „Wir" angehören.

Das Bestreben des Chronisten, Gegebenheiten der sozial-ökonomischen Differenzierung aus seinem Weltbild zu eliminieren, äußert sich besonders prägnant in seiner Verwendung des Schlüsselwortes *'ādôn* (Herr, Gebieter), das im Alten Testament den göttlichen Herrn, den irdischen, menschlichen Herrn über Sklaven, Ehefrau usw. bezeichnet, aber auch als Höflichkeitsformel benutzt wird. Im Chronikbuch wird dieser Terminus vorwiegend in der Höflichkeitsformel verwendet, der jede explizite soziale Bestimmtheit fehlt (1 Chr. 21,3; 2 Chr. 2,14 u.a.), und seltener (1 Chr. 12,20; 2 Chr. 13,6 u.a.) drückt *'ādôn* das Herrschafts-Abhängigkeits-Verhältnis aus, jedoch nur in bezug auf die Beziehung „König-Untertan". Ein Schlüsselwort ist auch *gibbôr*, das die Bedeutungen: mannhaft, kraftvoll, Held (im Kampf), Vorkämpfer, Elitetruppe trägt, während die Constructus-Verbindung *gibbôr ḥayil* die Bezeichnung einer distinkten sozialen Gruppe der vorexilischen Zeit war – der Großgrundbesitzer oder der Vollbürger als Mitglieder der Landesverteidigung.[131] Die Analyse sämtlicher 43 Erwähnungen dieses Wortes im Chronikbuch zeigt, daß es dort in den alten authentischen Mobilmachungslisten, Beamtenverzeichnissen und Genealogien dominiert und vorwiegend die Bedeutung „Krieger" ohne explizite soziale Spezifikation hat (1 Chr. 7,2.5; 8,40 u.a.), zuweilen (1 Chr. 28,1; 29,24 u.a.) auch königliche Dienstleute oder Beamte bezeichnet. Das dritte Wort in dieser Gruppe ist *'ebed*, das im Alten Testament das Individuum und die Gemeinschaft in Verbundenheit mit und in Abhängigkeit von Gott, die Abhängigkeit des Individuums (des Königs) und der Gemeinschaft (des Staates, Volkes u.a.) in zwischenstaatlichen Beziehungen, den Untertan des Königs, den königlichen Beamten, den Diener, Sklaven im direkten Sinne bezeichnet, aber auch Selbsterniedrigung in Höflichkeits-

---

129 S. Japhet, *'ĕmûnôt wĕdē'ôt bĕsēper dibrē hayyāmîm*, 286-299.
130 J.D. Amusin, Narod – zemli, 24-25; N.H. Tur-Sinai, *'ezrāḥ*, 188-189, u.a.
131 J.D. Amusin, Narod – zemli, 24-25; R. de Vaux, Ancient Israel 1, 69-70, u.a.

formeln ausdrückt.[132] Die Überprüfung sämtlicher (71) Erwähnungen dieses Terminus im Chronikbuch belegt, daß dort nur viermal (5 %) mit ʿebed Sklaven bezeichnet werden, wobei der Chronist zweimal (2 Chr. 28,10; 36,20) die Versklavung von Mitgliedern des „Wir" scharf verurteilt, während in allen übrigen Fällen mit ʿebed die „Gottesknechte" Mose, David und Hiskia, fremde abhängige Könige und Völker, das „Wir" als Untertan des eigenen Königs, königliche Dienstleute usw., also nicht echte Sklaven bezeichnet werden.

Im Gegensatz zum tatsächlichen Vorhandensein von Sklaverei und Sklaven – mehr in der vorexilischen, weniger in der nachexilischen Wirklichkeit – wird diese soziale Gruppe im chronistischen Weltbild faktisch nicht erwähnt. In diesem Zusammenhang ist es auch begreiflich, warum im chronistischen Vokabular die Wörter ḥupšā (Freilassung aus dem Sklavenstand) und ḥopšî (freigelassen aus dem Sklavenstand, abgabenfrei, frei von Gewalttat, von Zauber)[133] faktisch fehlen – der bêt haḥopšît in der Beschreibung der Krankheit des Königs Ussia (2 Chr. 26,21) bedeutet „Haus der Entfernung, der Entfremdung (von der staatlichen Tätigkeit?)"[134] –, denn wenn es keine Sklaverei und keine Sklaven gibt, dann ist auch eine „Freilassung aus dem Sklavenstand" u.ä. sinnlos. So entsteht die Vermutung, daß der Chronist konsequent und zielstrebig die in der vorexilischen Gesellschaft tatsächlich vorhandene Stände-Eigentums-Differenzierung des „Wir" verschweigt, vielleicht auch darum, weil sie der relativ egalitären Struktur der ihm zeitgenössischen Bürger-Tempel-Gemeinde nicht entsprach.

In archaischen Gesellschaften und in mythologischen Weltmodellen und Weltbildern spielt die Altersgruppe eine große Rolle,[135] aber im historischen Wandel verliert dieser naturbedingte Typ der sozialen Gruppe an Bedeutung. In den alttestamentlichen Geschichtswerken, inkl. des Chronikbuches, nehmen die die Altersstufe-Altersgruppe bezeichnenden Termini die vorletzte Position im sozialen Vokabular ein (Tabelle 18), wobei im Chronikbuch viele der im Alten Testament verbreiteten Alterstermini, besonders die die Kindheit und das Alter bezeichnenden, fehlen.[136] „Für die mythologische Archaik sind Kind und Greis Gestalten mit geheimnisvoller Bedeutung,"[137] was auch für

---

132 E. Häusler, Sklaven und Personen minderen Rechts im Alten Testament, 66ff.; I.Sch. Schifman, Pravovoje položenije rabov v Judeje po dannym biblejskoj tradicii, 54-80; J.P. Vejnberg, Raby i drugije kategorii zavisimych ljudej v palestinskoj graždansko-chramovoj obščine, 64-66; J.P. Floss, Jahwe dienen – Göttern dienen, 7ff., u.a.

133 W. von Soden, Sprache, Denken und Begriffsbildung im Alten Orient, 34-40; I.M. Djakonov, Primenim li termin „svobodnyj" v istorii drevnej Mesopotamii, 184-186; J.D. Amusin, K voprosu o svobodnych na Drevnem Vostoke, 71-76; M. Weinfeld, mišpāṭ weṣṣĕdākā bĕyiśrāʾēl wĕbĕʿamîm, 97, u.a.

134 W. Rudolph, Chronikbücher, 284; J.M. Myers, II Chronicles, 151, Anm. 21; S. Japhet, I and II Chronicles, 887-888, u.a.

135 I.M. Djakonov, Archaičeskije mify Vostoka i Zapada, 91ff.

136 J.P. Weinberg, Die soziale Gruppe im Weltbild des Chronisten, 83-85.

137 S.S. Averincev, Poetika rannevizantijskoj literatury, 171; vgl. M. Weinfeld, The Phases of Human Life in Mesopotamian and Jewish Sources, 182-189.

manche alttestamentliche Geschichtswerke zutrifft, da dort dem Greisenalter Abrahams, der Kindheit und dem Greisenalter Isaaks, Jakobs, Josefs, Moses und anderer Heroen viel Aufmerksamkeit zugewandt wird. Im Chronikbuch dagegen sind fast alle handelnden Personen im reifen Alter, und der Geschichtsschreiber schweigt sogar über die Kindheit und das Alter Davids. Da der Chronist die Kindheit und Jugend zuweilen ausdrücklich als hilfsbedürftige und zu bevormundende Altersstufen schildert (1 Chr. 22,5; 29,1; 2 Chr. 13,7 u.a.), erinnert diese Einstellung an die der Antike, die „sich gewöhnlich für den Mann, Krieger und Bürger interessiert, der sich in seiner Akme befindet, im Alter, in dem ‚Taten' vollzogen werden."[137]

Von allen im Chronikbuch erwähnten Alterstermini sind nur *zaqēn* (alter Mann, ältester Sklave im Haus; die Ältesten als ein Gremium) und *yeled* (Leibesfrucht; Tierjunges; Knabe; die Jungen als ein Gremium) Bezeichnungen von besonderen distinkten Altersgruppen.[138] Die *ziqnê yiśrāʾēl, ziqnê yěhûdā wiyěrušālayim* und *hazzěkēnîm* nehmen zusammen mit den Königen an wichtigen kultischen Handlungen – an der Überführung der Bundeslade, Veröffentlichung des *sēper habběrît* usw. (1 Chr. 15,25; 21,16; 2 Chr. 34,29ff. u.a.) – teil, sie akklamieren in Hebron David zum König, und mit ihnen schließt David dort ein Bündnis (1 Chr. 11,3), während in Schechem 926 v.u.Z. die *zěkēnîm* und die *yělādîm* eine wichtige Rolle bei der Spaltung des Reiches spielten (2 Chr. 10,6ff. – 1 Reg. 12,6ff.). Entsprechend den Realitäten der vor-, aber auch der nachexilischen Zeit erfaßt der Chronist die Altersgruppe als eine von sämtlichen mythologischen Implikationen losgelöste sozial-politische Institution.

In sämtlichen nahöstlichen Geschichtswerken der Mitte des 1. Jt. v.u.Z., auch in den alttestamentlichen (Tabelle 18) wird nur selten die nichtinstituierte Gruppe erwähnt. Ein Grund dafür scheint eben das Faktum des Nichtinstitutionalisiertseins dieser Gruppe, ihre übermäßige Lockerheit, die Unbestimmtheit und Zufälligkeit der Zugehörigkeit des Individuums zu den „Freunden", „Gästen", zur „Menge" u.a. zu sein, was auch dem Chronisten und seinem Auditorium unzulässig und unannehmbar schien,[139] weil „Man in the Old Testament is always part of a group."[140]

Man kann dieser These B.S. Childs beistimmen, jedoch muß ergänzend ausdrücklich auf das durchaus entmythologisierte Erfassen der sozialen Gruppe im chronistischen Weltbild, auf die unterschiedlichen Bewertungen der einzelnen Gruppen hingewiesen werden wie auch auf das Bestreben des Chronisten, die tatsächliche soziale Differenzierung des vorexilischen „Wir"

---

138  C.U. Wolf, Traces of Primitive Democracy in Ancient Israel, 98-108; A. Malamat, Organs of Statecraft in the Israelite Monarchy, 41-47; D.G. Evans, Rechoboam's Advisers at Shechem and Political Institutions in Israel and Sumer, 273-279; W.A. Roeroe, Das Ältestenamt im Alten Testament, 2ff.; M. Weinfeld, The Counsel of the „Elders" to Rehoboam and its Implications, 27-53, u.a.
139  J.P. Weinberg, Die soziale Gruppe im Weltbild des Chronisten, 93-94.
140  B.S. Childs, Old Testament Theology in a Canonical Context, 92ff.

zu verhehlen, was unvermeidlich sein Verständnis des „Wir" als ethnische Gemeinschaft beeinflußte.

Der Feder B.S. Childs' entstammt auch die These, daß „his (des Menschen) ability to remember the past joins the individual indissolubly with the nation,"[141] die mit dem bedeutsamen Problem des Erfassens der ethnischen Gemeinschaft, des Menschen als Teil der ethnischen Gemeinschaft zusammenhängt. In der Hierarchie der vielen und verschiedenen menschlichen Gemeinschaften nimmt das Ethnos als eine historisch entstandene Gesamtheit von Menschen, die gemeinsame, relativ konstante Besonderheiten der Kultur inkl. der Sprache und der Psyche wie auch das Bewußtsein ihrer Einheitlichkeit mit und Unterschiedenheit von anderen gleichartigen Gemeinschaften besitzen, eine bedeutende und im Verlauf der Zeit zunehmende Stellung ein. Für die letzte Feststellung zeugen auch die Angaben der Tabelle 18, da das Eigengewicht der den Menschen als Teil der ethnischen Gemeinschaft bezeichnenden Wörter im Mensch-Vokabular des Chronisten merklich höher ist als im Vokabular des jahwistisch-elohistischen Werkes oder der deuteronomistischen Geschichtsschreibung.

Eine strukturelle Komponente des Ethnos ist das ethnische Selbstbewußtsein, das sich in der bewußten Anerkennung und/oder in der unbewußten Empfindung der Zugehörigkeit des Individuums zur ethnischen Gemeinschaft äußert und infolgedessen unvermeidlich mit den entsprechenden Typen des Denkens verbunden ist, durch sie bedingt wird.[142] Die grundlegende Intention des Mythos ist es, das Individuum und die Gemeinschaft mit der sie umgebenden Natur in Einklang zu bringen. Eben darum nimmt das Ethnos in sämtlichen mythologischen Weltmodellen und Weltbildern einen relativ weiten Raum ein, aber es wird dort vorwiegend als ein „naturhaftes", agnatisches Gebilde erfaßt. Belege dafür sind das Nichtvorhandensein des Begriffes „Völkerschaft" und der entsprechenden Wörter in den altnahöstlichen Sprachen und statt dessen das Vorkommen expliziter Termini für „Stamm".[143] Auch die Etymologie und Semantik der den allmählich aufkommenden Begriff „Völkerschaft" bezeichnenden Wörter beweisen, daß die ethnische Gemeinschaft anfänglich als eine solche von Blutsverwandten aufgefaßt wird. Die Aufteilung des geographischen Raums in mythologischen Weltmodellen und Weltbildern in „Raum und Nichtraum, Welt und Nichtwelt" vertieft und verschärft die Opposition „wir – sie", da das „Wir" mit dem organisierten und geordneten, darum „guten" Raum, der „guten" Welt zusammengehört, während der chaotische, nichtgeordnete, darum „schlechte" Nicht-Raum, die Nicht-Welt das Terrain des „Sie" ist. Diese Vorstellungen bedingen auch die Gleichstellungen „wir – die wahrhaften Menschen" mit „sie – die Nicht- oder Halbmen-

---

141 Ibid., 199ff.
142 J.P. Weinberg, „Wir" und „sie" im Weltbild des Chronisten, 19-22.
143 W. von Soden, Sprache, Denken und Begriffsbildung im Alten Orient, 34-40.

schen", was auch den in mythologischen Weltmodellen und Weltbildern dominierenden Ethnozentrismus und Partikularismus hervorbringt.[144] Hierbei kann in mythologischen Weltmodellen und Weltbildern das Bewußtsein des „Wir" nur schwach ausgebildet sein, obwohl das „Wir" sich stets dessen deutlich bewußt ist, daß es das „Sie" gibt und daß es dieses „Sie" als Träger bestimmter Eigenschaften, die zuweilen konkreter, realer als die des eigenen „Wir" sind, erfaßt.[145] Im zeitlichen Ablauf vollzieht sich ein paralleler Prozeß der allmählichen Konkretisierung der Vorstellungen über das „Wir" und der Verallgemeinerung der Vorstellungen über das „Sie", worauf das Ersetzen der die konkreten Ethnien bezeichnenden Ethnonyme durch Termini mit der verallgemeinerten Bedeutung „sie" hinweist. Gleichzeitig kommt auch ein Universalismus oder, besser, ein sich erweiternder Partikularismus auf, es verbreitet sich die Vorstellung, daß das seine Besonderheit und Exklusivität bewahrende „Wir" seine geordnete Welt ausdehnt und hierdurch das „Sie" auf einen gemeinsamen Nenner – das „Wir" – bringt.[146]

Im antiken Weltmodell dominiert die Vorstellung vom ἔθνος, vom *populus* als einer unvollkommenen Gemeinschaft im Vergleich mit der πόλις, der *civitas*, was zu einer allmählichen Sozialisierung und schließlich zur Staatswerdung der ethnischen Gemeinschaft führt. Infolge dieser Entwicklung verliert das Ethnos seine „Naturhafigkeit" und wird vorwiegend als Erscheinung κατὰ λόγον, als Komponente der vom Menschen erschaffenen zweiten Natur erfaßt. Die Opposition „wir – sie" besteht weiter, aber es vollzieht sich eine weitgehende Verallgemeinerung des „Sie" – βάρβαροι –, und zugleich mit dem sich bewahrenden Partikularismus und in Wechselwirkung mit ihm setzt sich ein Universalismus, eine Anerkennung der Gleichwertigkeit und Parität des „Sie" und „Wir" durch.[147] Aber welche dieser so unterschiedlichen Auffassungen von ethnischer Gemeinschaft dominiert im Weltbild des Chronisten?

Zur Bezeichnung des „Sie" benutzt der Chronist hauptsächlich das Schlüsselwort *gôy*, das im Alten Testament die Bedeutungen: Schwarm von Tieren; Volk, vor allem fremdes Volk, hat.[148] Der Chronist verleiht diesem Terminus eine ausgesprochene Monosemie, da er ihn fast ausschließlich – von 21 Erwähnungen 20mal – zur Bezeichnung des „Sie", der fremden Völkerschaften benutzt, dabei nicht der konkreten, sondern mit einer Ausnahme (1 Chr. 18.11) des „Sie im allgemeinen". Die gleiche Tendenz ist auch in der Verwendung der Wörter *ʾoyēb*, *ṣar* und *śonēʾ* (Feind, Gegner, Widersacher) durch den Chronisten bemerkbar, die im Chronikbuch nur die auswärtigen Feinde des „Wir" und deren Herrscher bezeichnen (1 Chr. 17,10; 21,12; 2 Chr. 6,24 u.a.),

144  V.N. Toporov, O kosmologičeskich istočnikach ranneistoričeskich opisanij, 113ff.; E.Ch. Haver, Der geographische Raum in der Vorstellungswelt des Menschen, 112-117, u.a.
145  B.F. Porschnev, Socialjnaja psichologija i istorija, 81.
146  J.P. Vejnberg, Čelovek v kuljture drevnevo Bližnevo Vostoka, 108-110.
147  A.I. Dovatur, Politika i politii Aristotelja, 7ff.; R. Müller, Menschenbild und Humanismus der Antike, 77ff., u.a.
148  J.P. Weinberg, „Wir" und „sie" im Weltbild des Chronisten, 22-27.

wobei am häufigsten das verallgemeinerte, abstrakte „Sie" in der Rolle dieser Feinde, Gegner auftritt. Dasselbe Verständnis und dieselbe Bewertung des „Sie" implizieren auch die Wörter *nēkār, nākrî* (Ausland, Ausländer, Fremde; fremd, ausländisch), die nur eine Eigenschaft des „Sie" hervorheben, nämlich, daß es ein „Nicht-Wir" ist: „der Fremde (*hannākrî*), der nicht von deinem Volk Israel ist" (2 Chr. 6,32 u.a.). Im Chronikbuch wird das „Sie" auch durch Ethnonyme bezeichnet, und dort sind ungefähr 80 (von den ca. 100 im Alten Testament vorhandenen) fremde Ethnonyme erwähnt. Aber das Gros dieser die konkreten „sie" bezeichnenden Ethnonyme ist in 1 Chr. 1-8 konzentriert, besonders im ersten Kapitel. Hier wird die für das Welt- und Geschichtsbild des Chronisten eher periphere und minderbewertete vormonarchische Zeit geschildert. Dadurch wird die Relevanz dieser Erwähnungen begrenzt, was nicht der Annahme widerspricht, daß im chronistischen Weltbild ein verallgemeinertes, abstraktes Erfassen des „Sie" überwiegt.

Das „Sie" erscheint im Chronikbuch am häufigsten in der Beziehung „wir – sie", als Partner und Gegenspieler des „Wir". Aber die in manchen alttestamentlichen Bestandteilen vorhandene, prinzipiell negative und abfällige Einstellung zum „sie"[149] kommt im Weltbild des Chronisten verhältnismäßig selten vor, vorwiegend in aus dem deuteronomistischen Werk übernommenen Stücken (1 Chr. 14,12, vgl. 2 Sam. 5,21; 2 Chr. 28,3, vgl. 2 Reg. 16,3 u.a.). Hierbei ist es kennzeichnend, daß der Chronist manchmal in den übernommenen Texten die negative Einstellung zum „Sie" mildert, indem er z.B. das herabsetzende Wort *ʿăṣabêhem* („ihre Götzenbilder", 2 Sam. 5,21) durch das keine Herabsetzung implizierende *ʾĕlohêhem* („ihre Götter", 1 Chr. 14,12) ersetzt. Man kann mit J.D. Newsome sagen,[150] daß „the favorable attitude demonstrated in Chronicles toward foreigners in general … stands in marked contrast to the attitude displayed in Ezra-Nehemiah."

Dafür spricht auch die Tatsache, daß der Chronist die Möglichkeit zuläßt, daß in manchen Bereichen, sogar in solchen für ihn so wichtigen wie dem Königtum und dem Tempelbau, das „Sie" das „Wir" überragt: Er hebt ausdrücklich hervor, daß die *mĕlākîm* und *ʾallûpîm* bei den Edomitern früher erschienen als ein König in Israel (1 Chr. 1,43ff.), er akzentuiert stärker, als der deuteronomistische Geschichtsschreiber es tut (1 Reg. 7,13ff.), die Teilnahme und Rolle des Tyrers Hurams/Hirams oder Huramabi (2 Chr. 2,12ff.), wobei der Chronist zugleich durch den Hinweis, daß die Mutter dieses Tyrers eine Daniterin war (2 Chr. 2,13), das „Sie-Sein" dieses Teilnehmers am Tempelbau abschwächt.

---

149 A. Bertholet, Die Stellung der Israeliten und der Juden zu den Fremden, 76ff.; G. Fohrer, Israels Haltung gegenüber den Kanaanäern und anderen Völkern, 64-67; G. Schmitt, Du sollst keinen Frieden schließen mit den Bewohnern des Landes, 7-9; M. Weinfeld, *gîrûš, hôrāšā wĕhaḥermā šel haʾuklûsiyyā hakkedem-yiśrāʾēlît bĕḥukkê hammikrā*, 135-147, u.a.

150 J.D. Newsome, Toward a New Understanding of the Chronicler and His Purpose, 201-217.

Viel reicher und mannigfaltiger ist im Chronikbuch der Bestand der das „Wir" bezeichnenden Termini, was aber eine strenge terminologische Auslese nicht ausschließt. Der Chronist vermeidet es, die religiös-weltanschaulich so relevanten, die Bestrafung des „Wir", aber auch die dem „Wir" erwiesene göttliche Gnade und Huld ausdrückenden Wörter *gôlā*, *pĕlêṭā* und *šĕᵓār-šĕᵓērît* zu benutzen, und in den seltenen Fällen (1 Chr. 12,39; 2 Chr. 34,9 u.a.), wo er diese Termini anwendet, enthalten sie keine religiös-eschatologischen Implikationen, was an die Verwendung dieser Wörter in der politischen Terminologie der nachexilischen Bürger-Tempel-Gemeinde denken läßt.

Mit der terminologischen Praxis der nachexilischen Bürger-Tempel-Gemeinde stimmt auch die nur einmalige Erwähnung (2 Chr. 5,6 – 1 Reg. 8,5) des im Alten Testament, insbesondere in der Priesterschrift, verbreiteten (98 Erwähnungen) Schlüsselwortes *ᶜēdā* (Schwarm; Schar, Rotte; Versammlung, Gemeinde)[151] überein. Dagegen ist im Chronikbuch mit 33 Erwähnungen *ḳāhāl* (Aufgebot; Versammlung, Gemeinde, Menge) ein Schlüsselwort, das der Chronist häufig, besonders mit dem Artikel, im Sinne von „Versammlung" benutzt (1 Chr. 29,20; 2 Chr. 1,3.5; 23,3 u.a.) und das eine im vorexilischen judäischen Staat und in der nachexilischen Bürger-Tempel-Gemeinde tatsächlich existierende und wirkende Institution – die Versammlung der Bürger oder ihrer Repräsentanten – bezeichnete. In der Mehrzahl der Fälle im Chronikbuch benennt *ḳāhāl*, insbesondere in der Form *ḳāhāl yiśrāᵓēl*, jedoch das gesamte „Wir" (1 Chr. 28,8; 2 Chr. 6,3.12 u.a.), das vorwiegend, aber nicht ausschließlich im Zusammenhang mit religiös-kultischen Handlungen – mit der Überführung der Bundeslade, den Opfern usw. (1 Chr. 13,2.4; 2 Chr. 1,3.5 u.a.) – erwähnt wird. Aber nicht selten, vor allem in Stücken des chronistischen Eigenguts und in Modifikationen der deuteronomistischen Vorlage (1 Chr. 29,1; 2 Chr. 23,3, vgl. 2 Reg. 11,4; 2 Chr. 28,14 u.a.), wirkt der *ḳāhāl* auch außerhalb der sakralen Sphäre, was die Ansicht widerlegt,[152] daß im Chronikbuch *ḳāhāl* stets die Kultgemeinde ist.

Die Termini par excellence für das „Wir" sind im Chronikbuch die Schlüsselwörter *maṭṭe*, *šēbeṭ* und *ᶜam*. Die Analyse[153] sämtlicher Erwähnungen von *maṭṭe* (Reis, Geschoß; Stab, Stock; Stamm) und *šēbeṭ* (Stab, Stock, Wurfspieß, Zepter; Stamm) belegt, daß der Chronist sie in einer ausgesprochenen Monosemie verwendet, und zwar hauptsächlich in der Bedeutung „Stamm". Wichtiger aber ist der Umstand, daß 90 % sämtlicher Erwähnungen dieser Termini in den ersten acht Kapiteln des Chronikbuches konzentriert sind, wo der Stamm

---

151  M. Noth, Das System der zwölf Stämme Israels, 102-103, Anm. 2; P. Korngrin, ᶜēdût wĕᶜēdā, 19-26; J. Barr, The Semantics of Biblical Language, 119-129; A. Hurvitz, Linguistic Observations of the Biblical Usage of the Priestly Term ᶜēdā, 261-267; J. Milgrom, Priestly Terminology and the Political and Social Structure of Premonarchic Israel, 66-76, u.a.

152  G. von Rad, Das Geschichtsbild des chronistischen Werkes, 44-45; S. Mowinckel, Studien zu dem Buche Ezra-Nehemia 1, 85-90, u.a.

153  J.P. Weinberg, „Wir" und „sie" im Weltbild des Chronisten, 28-29.

als eine lebensvolle, eine eigene Benennung und Genealogie, ihr eigenes Territorium, ihre eigene Überlieferung usw. besitzende Gemeinschaft auftritt. In den übrigen, sich auf den judäischen Staat beziehenden Teilen des Chronikbuches kommen die den Stamm bezeichnenden Termini nur elfmal vor, dabei häufig in der Formel: *kol šibṭê yiśrāʾēl* (2 Chr. 6,5; 11,16 u.a.), die nicht den Stamm bezeichnet, eher schon das die Stämme umfassende Volk. Für den Chronisten ist der Stamm ein Phänomen der fernen, eher peripheren und niedriger bewerteten vormonarchischen Epoche, während in den Kapiteln, die der im Weltbild des Chronisten zentralen und paradigmatischen Epoche des judäischen Staates gewidmet sind, der Terminus *ʿam* (Vatersbruder, väterliche Verwandtschaft; Sippe; Volk) eindeutig dominiert[154] – 156mal von insgesamt 157 Erwähnungen im Chronikbuch!

In der vorexilischen Wirklichkeit spielte der *ʿam hāʾāreṣ* als eine sozialökonomisch und militärisch-politische Einheit eine große Rolle, aber im Chronikbuch wird er nur siebenmal erwähnt, was auf das nur geringe Interesse des Chronisten für dieses in seiner Zeit nicht vorhandene und die innere Differenzierung des „Wir" akzentuierende Phänomen hinweist. Häufiger, zwölfmal, kommt im Chronikbuch *ʿam* mit Personalsuffixen vor, die seine Verbundenheit mit den Königen David, Josaphat und anderen anzeigen (1 Chr. 18,14; 19,7; 2 Chr. 13,17; 18,3 u.a.), wobei zuweilen mit diesem Terminus das Heer und/oder die Dienstleute des Königs bezeichnet werden (1 Chr. 19,7; 2 Chr. 13,17; 20,25 u.a.), vor allem jedoch das nichtdifferenzierte „Wir" in seiner militärisch-politischen Tätigkeit. 42mal (30 % aller Fälle) erscheint *ʿam* oder *ʿam yiśrāʾēl* im Chronikbuch mit Personalsuffixen, die eine Verbundenheit des „Wir" mit Jahwe ausdrücken. Aber auch dieses mit Gott verbundene „Wir" ist vorwiegend im militärisch-politischen Bereich tätig (1 Chr. 11,2; 14,2; 2 Chr. 1,9; 23,12 u.a.) und nur selten (2 Chr. 31,8.10 u.a.) im religiös-kultischen. In diesem Zusammenhang muß auch darauf hingewiesen werden, daß, obwohl im chronistischen Weltbild die Vorstellung von der göttlichen Erwählung Davids und Salomos (1 Chr. 28,4ff. u.a.), Jerusalems (2 Chr. 6,6.34 u.a.), der Leviten (1 Chr. 15,2 u.a.) und anderer anzutreffen ist,[155] dort nur ein einziges Mal und hierbei in einem übernommenen Text (1 Chr. 16,13 – Ps. 105,6) die göttliche Erwählung des „Wir" erwähnt wird. Am häufigsten (86mal – 57 %) benutzt der Chronist das Wort *ʿam*, insbesondere in der Formel: *kol haʿam*, zur Bezeichnung des einheitlichen, innerlich nichtdifferenzierten „Wir", das in der militärisch-politischen (1 Chr. 11,13; 19,11; 2 Chr. 23,12. 16 u.a.) und in der religiös-kultischen (1 Chr. 16,36; 2 Chr. 18,2; 27,2 u.a.) Sphäre aktiv tätig ist.

In den Chronikbüchern wird das „Wir" auch durch die Ethnonyme *yĕhûdā* und *yiśrāʾēl* bezeichnet. Die Überprüfung aller 185 Erwähnungen des Wortes *yĕhûdā* (im umfangreicheren parallelen Text des deuteronomistischen

---

154 Ibid., 29-30.
155 S. Japhet, ʾemûnôt wĕdēʿôt bĕsēper dibrê-hayyāmîm, 80ff.

Geschichtswerkes nur 166 Fälle) zeigt,[156] daß dieses Ethnonym (und auch Toponym) im Chronikbuch nur 20mal, hauptsächlich in den sich auf die vormonarchische Epoche beziehenden ersten Kapiteln, den betreffenden Stamm und dessen Territorium bezeichnet, während in allen übrigen Fällen *yĕhûdā* entsprechend der tatsächlichen vorexilischen Nomination[157] die Benennung des judäischen Staates, seines Territoriums und seiner Bevölkerung ist. Häufiger – 301mal – benutzt der Chronist das Ethnonym *yiśrā'ēl*, das in seinem Werk als Bezeichnung des geeinten Staates Davids-Salomos figuriert (2 Chr. 11,1; 13,4 u.a.), aber elfmal (2 Chr. 11,13; 19,8; 21,4 u.a.) auch den Südstaat. Dieser Umstand wie auch die Art und Weise, wie der Chronist die Aussage in 1 Reg. 12,23: *kol bêt yĕhûdā ubinyāmîn wĕyeter hā'ām* („... das ganze Haus Juda und Benjamin und das übrige Volk ...") umschreibt: *kol yiśrā'ēl biyĕhûdā ubinyāmîn* („... ganz Israel in Juda und Benjamin", 2 Chr. 11,3, auch 2 Chr. 10,17 u.a.), ermöglichen die Annahme, daß der Chronist das vorexilische „Wir" trotz der tatsächlichen Reichsspaltung, trotz der realen Existenz zweier Staaten als ein einheitliches Ethnos sehen wollte und sah. Dafür noch zwei weitere Belege: die zahlreichen Erwähnungen der auf eine solche Einheitlichkeit hinweisenden Formel *kol yiśrā'ēl* im Chronikbuch und die Bevorzugung des Namens *yiśrā'ēl* für den Patriarchen Jakob.[158]

Im chronistischen Weltbild sind für das Erfassen des Menschen als Teil der ethnischen Gemeinschaft folgende grundlegenden Merkmale kennzeichnend: Die ethnische Gemeinschaft wird vorwiegend als ein weitgehend entmythologisiertes und entsakralisiertes, nicht-agnatisches und nicht-naturhaftes Gebilde gesehen; das „Sie" wird primär verallgemeinert und in abstrakter Form erfaßt, wobei ein universalistischer Trend bemerkbar ist; das „Wir" wird entsprechend der Wirklichkeit als Stamm in der vorstaatlichen Epoche und als Volk in der staatlichen Epoche gesehen. Abweichend jedoch von der geschichtlichen Wirklichkeit der vorexilischen Zeit und in größerer Übereinstimmung mit den Realitäten seiner nachexilischen Gegenwart akzentuiert der Chronist die innere Einheitlichkeit und Homogenität des primär als ethnopolitische Gemeinschaft erfaßten „Wir". Diesem „Wir" wie auch den übrigen Hypostasen des Menschen mißt der Chronist eine bedeutende Rolle in der geschichtlichen Handlung zu.

Um die Bedeutung und Rolle zu bestimmen, die im chronistischen Weltbild dem Menschen als Individuum, als „Ich" in der geschichtlichen Handlung zugewiesen werden, ist es zweckmäßig, sich denjenigen Geschehnissen und deren Beschreibungen zuzuwenden, bei denen keine direkte göttliche Teilnahme oder Intervention festzustellen sind, die handelnden Personen nicht Könige,

---

156 J.P. Weinberg, „Wir" und „sie" im Weltbild des Chronisten, 30-31.
157 Z. Kallai, Judah and Israel, 251-261.
158 J.P. Weinberg, Das Wesen und die funktionelle Bestimmung der Listen in 1 Chr. 1-9, 112; H.G.M. Williamson, Israel in the Books of Chronicles, 99ff.; ders., The Concept of Israel in Transition, 156-157, u.a.

Propheten oder andere mit der Sphäre des Göttlichen, Sakralen verbundene Menschen sind, sondern „private" Personen. Infolge seiner Gattungszugehörigkeit (S. 285-288) enthält das Chronikbuch, anders als das deuteronomistische Geschichtswerk, wo, um nur ein Beispiel zu nennen, Joabs und Abners Rollen im Werdegang des Reiches Davids ausführlich dargestellt werden, nur wenige Schilderungen der Tätigkeit solcher „privaten" Personen. Einige finden sich dennoch, z.B. die im Eigengutstück der Joas-Erzählung erwähnten „Obersten Judas (śārê yĕhûdā)", die, wie der Chronist hervorhebt (2 Chr. 24, 17-18), den König zum Bösen verleiteten, während es andererseits auch „Privatpersonen", „Männer von den Häuptern der Kinder Efraims" waren, die das Böse, die Versklavung der kriegsgefangenen Judäer abwenden konnten (2 Chr. 28,12ff.). Der Chronist war ebenso wie andere zeitgenössische nahöstliche und antike Geschichtsschreiber der Meinung,[159] daß sogar der Mensch als „Ich", auch als ein privates „Ich", aktiv und maßgeblich an der geschichtlichen Handlung beteiligt sein konnte und war.

Bedeutender war jedoch nach Ansicht des Chronisten und seiner nahöstlichen und antiken Zeitgenossen die Rolle des Menschen als Gemeinschaftswesen,[160] wobei der Chronist die Bedeutung und Rolle dieser Beziehungen des Menschen in der geschichtlichen Handlung bestimmter hervorhebt als sein deuteronomistischer Vorgänger. Die Entscheidung über die Überführung der Bundeslade nach Jerusalem trifft David zusammen „mit den Obersten der Tausend- und Hundertschaften, mit allen Vorstehern" (1 Chr. 13,1), er wendet sich „an die ganze Gemeinde Israels" (V. 2) und versammelt „das ganze Israel" (V. 6), um diese Handlung zu vollziehen (vgl. 1 Chr. 15,3ff. u.a.). Auch der Vorbereitung zum Tempelbau gibt der Chronist einen „kollektivistischen" Charakter, indem er akribisch alle diejenigen Gemeinschaften und sozialen Gruppen aufzählt, denen David über seine Maßnahmen berichtete (1 Chr. 29,1ff.), während König Hiskia „... Rat hielt mit seinen Obersten und mit der ganzen Gemeinde (Versammlung, wĕkol haqqāhāl) zu Jerusalem" über die Organisation der Passafeier (2 Chr. 30,2) u.a.

Der Chronist mißt dem Menschen, insbesondere dem Menschen als Gemeinschaftswesen, eine relevante Rolle in bedeutsamen politischen Aktionen bei. Im Unterschied zum deuteronomistischen Geschichtsschreiber, für den die Wallfahrt Salomos nach Gibeon ein rein persönliches Vorhaben war, das nur der König durchführte: „Und der König ging hin gen Gibeon ..." (1 Reg. 3,4ff.), schreibt der Chronist: „Und Salomo sprach mit ganz Israel, den Obersten der Tausend- und der Hundertschaften, den Richtern und allen Vorstehern (nāśî᾽), dem ganzen Israel, den Häuptern der ᾽ābôt. Und sie gingen, Salomo und mit ihm die ganze Gemeinde ..." (2 Chr. 1, 2-3). Hierdurch wird dieser wichtigen Aktion ein „kollektivistischer" Charakter verliehen, und die gleiche Tendenz ist in manchen chronistischen Schilderungen der Inthroni-

---

159  J.P. Vejnberg, Roždenije istorii, 144-145.
160  Ibid., 151-152.

sation der judäischen Könige zu vermerken, da der Chronist nicht selten den deuteronomistischen Bericht durch Mitteilungen über eine entscheidende Rolle menschlicher Gemeinschaften bei dieser Handlung ergänzt. Im deuteronomistischen Geschichtswerk steht geschrieben: „Im zwölften Jahr Jorams, des Sohnes Ahabs, des Königs Israels, ward Ahasja, der Sohn Jorams, König in Juda" (2 Reg. 8,25), während im Chronikbuch zu lesen ist: „Und die Einwohner Jerusalems setzten zum König Ahasja, seinen (Jorams) jüngsten Sohn ein" (2 Chr. 22,1, vgl. 2 Reg. 23,31 und 2 Chr. 36,1 u.a.).

Es wird kaum verfehlt sein, die These aufzustellen, daß im chronistischen Weltbild die Rolle und Bedeutung des Menschen (in allen seinen Grundbeziehungen) in der geschichtlichen Handlung zielstrebig und konsequent hervorgehoben werden, was auf einen zunehmenden Anthropozentrismus des Chronisten hinweist, der sich auch im Erfassen der Triade „Königtum, Königreich und König" durchsetzt.

### 5. Königtum, Königreich und König im Weltbild des Chronisten

Der Staat ist ein Ergebnis sowohl der sozial-ökonomischen und politisch-ideologischen Entwicklung der Gemeinschaft, eine „Antwort" auf immer größere und höhere Anforderungen an die Führung, wie auch der Ausbildung einer sozial-politischen und ideologischen Elite und einer „Idee" des Staates, einer Überzeugung von seiner Notwendigkeit und einer Vorstellung von seinem Wesen und seiner Form. Der von solchen strukturellen, grundlegenden Ursachen und Vorbedingungen ins Leben gerufene Staat ist ein mächtiges Instrument des sozialen Sanktionierens, der Regulierung des Lebens und der Tätigkeit der Gemeinschaft, eine Institution mit einer enormen direkten, allumfassenden und alles durchdringenden Einwirkung,[161] was auch zu der Ansicht berechtigt, daß der Staat „... forms the very heart of the oldest civilized societies"[162] und ebenso derjenigen Weltmodelle und Weltbilder, die von diesen Gesellschaften gebildet worden sind.

Die Richtigkeit dieser Ansicht bestätigen die Ergebnisse der wortstatistischen Analyse derjenigen Wörter, die in der alttestamentlichen Geschichtsschreibung, inkl. des Chronikbuches, das Phänomen „Königtum, Königreich und König" bezeichnen (Tabelle 19).

---

161 J.P. Weinberg, Königtum und Königreich im Weltbild des Chronisten, 28-30; ders., Drevnejevreiskoje gosudarstvo: ideja i realjnostj, 4-17.
162 H. Frankfort, Kingship and the Gods, VII-VIII.

Tabelle 19

| Phänomen | Jahw.-Eloh. | Deuteron. | Esr.-Neh. | Chron. |
|---|---|---|---|---|
| Königtum, Königreich, König (insgesamt): | 11,6 % | 15,7 % | 18,4 % | 16,2 % |
| Königtum | 0,1 % | 0,3 % | 0,4 % | 0,6 % |
| Königreich | 0,2 % | 0,5 % | 0,6 % | 0,4 % |
| Anführer, Herrscher, König | 1 % | 1,5 % | 2 % | 2,1 % |
| Königl. Administration | 0,9 % | 1,9 % | 3,4 % | 2,4 % |
| Krieg und Frieden: | 3,4 % | 5,7 % | 5,9 % | 7 % |
| Heer, Waffen usw. | 2,6 % | 4,8 % | 4,9 % | 5,7 % |
| Richter und Gesetze | 0,9 % | 0,9 % | 1,7 % | 1,1 % |
| Ethische Werte und Normen* | 5,1 % | 4,9 % | 4,4 % | 2,6 % |

\* Die Einbeziehung der Rubrik „ethische Werte und Normen" ist dadurch berechtigt, daß im Altertum Moral und Recht und dementsprechend das ethische und juristische Vokabular eng miteinander verbunden waren, so daß der Staat an der Festlegung und Wahrung der ethischen Normen aktiv teilnahm.

Die Angaben dieser Tabelle belegen, daß diese Triade im Weltmodell der alttestamentlichen Geschichtsschreibung einen weiten und im zeitlichen Ablauf zunehmenden Raum einnimmt, der einen seiner Höhepunkte im Chronikbuch erreicht. Außerdem muß bemerkt werden, daß von den 132 Wörtern des politischen Vokabulars des Chronisten nur etwa 5 % in den ersten neun Kapiteln des Chronikbuches vorkommen, was nochmals die Richtigkeit der angewandten Methodik bestätigt – die den Staat bezeichnenden Termini dominieren in den Teilen des Chronikbuches, die den vorexilischen Staat schildern, und sind nur selten in jenen Teilen anzutreffen, die sich hauptsächlich auf die vorstaatliche Epoche beziehen.

Die prinzipielle Orientierung des mythologischen Denkens auf die Vergangenheit führte dazu, daß der Mensch dieser Denkweise den Staat – eine qualitativ neue Erscheinung der postarchaischen Zeit – anfangs mit Hilfe des Koordinatensystems der archaischen staatenlosen Vergangenheit erfaßte. In den Augen des altnahöstlichen Menschen war der Staat in besonderem Maße dadurch gekennzeichnet, daß er auf der Grenze zwischen Göttlichem und Menschlichem lag. So enthielt er zugleich etwas Göttliches und Nichtganzgöttliches, Über- bzw. Außermenschliches und Fastmenschliches, ihm war Dinghaftigkeit und Substantialität eigen, er gehörte dem Bereich der unantastbaren, unhinterfragbaren absoluten Wahrheiten an, war selbst eine solche.[163] Demgegenüber bedingen der ausgesprochene Anthropozentrismus des wissenschaftlich-logischen Denkens und seine prinzipielle Orientierung an der Gegenwart, seine Vorliebe für die begriffliche Abstraktion und andere wesentliche Eigentümlichkeiten das Verständnis des Staates als eines nur-menschlichen Gebildes im antiken Weltmodell, das das Ergebnis der zielbewußten und rationalen Tätigkeit des Menschen ist und eben darum ein Objekt aktiver Diskussionen, zahlreicher Theorien und Utopien sein kann.[164]

In der modernen Bibelwissenschaft sind Staat oder Königtum in der alttestamentlichen Welt und im alttestamentlichen Weltmodell überaus umstrittene Größen. Während viele Forscher der Meinung sind, daß „Keine andere Institution ... im deuteronomistischen ... Geschichtswerk eine so zentrale Rolle wie das Königtum [spielt],"[165] sind andere der Ansicht, daß in Israel und im Alten Testament „kingship never achieved a standing equal to that of institutions which were claimed ... to have originated during the Exodus."[166] Noch stärker umstritten ist die Frage nach dem Wesen des Königtums in Israel und im Alten Testament, da für manche Alttestamentler die Theokratie eine Konstante, eine „Invariante" der alttestamentlichen Welt und des alttestamentlichen Weltmodells war,[167] andere das Vorhandensein einer Theokratie als Wirklichkeit oder Ideal kategorisch ablehnen,[168] die dritten das Vorkommen temporal oder lokal begrenzter theokratischer Tendenzen oder Komponenten im alttestamentlichen Königtum und im alttestamentlichen Weltmodell einräumen.[169] Es ist offensichtlich, daß diese Divergenzen unvermeidlich auch die Urteile über die Bedeutung und das Verständnis des Königtums im Chronikbuch beeinflussen: Während nach Ansicht mancher Forscher „beim Chronisten ... das Königtum die Achse" ist,[170] sind andere der Ansicht, daß im Chronikbuch der Tempel

---

163  H. Frankfort, Kingship and Gods, 3; C.J. Gadd, Ideas of Divine Rule in the Ancient Near East, 1ff.; Cl. Westermann, Das sakrale Königtum in seinen Erscheinungsformen und seiner Geschichte, 291-308; V.A. Jakobson, Predstavlenije o gosudarstve v drevnej Mesopotamii, 66; J.P. Vejnberg, Čelovek v kul'ture drevnevo Bližnevo Vostoka, 115ff., u.a.
164  R. Müller, Menschenbild und Humanismus der Antike, 82ff., u.a.
165  T. Veijola, Das Königtum in der Beurteilung der deuteronomistischen Historiographie, 5, vgl. T.N.D. Mettinger, King and Messiah, 13; B. Halpern, The Constitution of Monarchy in Israel, XVIIff.; D.J. Elazar, St.A. Cohen, The Jewish Polity, 1ff., u.a.
166  H. Frankfort, Kingship and the Gods, 340, vgl. W.A. Irwin, The Hebrews, 343ff., u.a.
167  G. Widengren, King and Covenant, 1-32; J.A. Soggin, Das Königtum in Israel, 1-25, u.a.
168  J. Kaufmann, Probleme der israelitisch-jüdischen Religionsgeschichte, 27; B. Halpern, The Constitution of Monarchy in Israel, XXII, u.a.
169  O. Eißfeldt, Jahwe als König, 94-95; A. Alt, Gedanken über das Königtum Jahwes, 345-357; W. Schmidt, Königtum Gottes in Ugarit und Israel, 64ff.; A.H.J. Gunneweg, Herrschaft Gottes und Herrschaft des Menschen, 164-179; T.N.D. Mettinger, King and Messiah, 294ff.; D.J. Elazar, St.A. Cohen, The Jewish Polity, 7ff., u.a.
170  G. von Rad, Das Geschichtsbild des chronistischen Werkes, 67, vgl. A.C. Welch, The Work of the Chronicler, 3; S. Japhet, 'ĕmûnôt wĕdēʿôt bĕsēper dibrê hayyāmîm, 334; H.G.M. Williamson, Eschatology in Chronicles, 115-154, u.a.

und der Kult die zentrale Rolle spielen,[171] und während die einen[172] den Chronisten als überzeugten Adepten der Theokratie Jahwes sehen, heben andere Bibelwissenschaftler das Menschliche im chronistischen Bild des Königtums hervor.[173]

Alle das Phänomen „Königtum" im Alten Testament bezeichnenden Wörter können in zwei Gruppen aufgeteilt werden.[174] Die erste umfaßt Derivate des Verbs *mšl* (herrschen), als dessen Subjekt am häufigsten der Mensch oder die menschliche Gemeinschaft auftreten, wobei diesem Verb öfters die negativ bewertete Nuance des gewalttätigen Herrschens inhärent ist (Gen. 37,8; Jos. 12,2 u.a.). Diese semantische Nuance bewahrt sich auch nicht selten in den davon abgeleiteten Substantiven *mošel – mimšāl – memšālā – memšelet* (Herrschaft, Herrschaftsgebiet, Herrscher usw.), die vorwiegend die überragende, universale Herrschaft Jahwes über das Weltall, die Menschheit und das „Wir" bezeichnen (Ps. 103,22; 114,2 u.a.), aber auch die gewalttätige Herrschaft, hauptsächlich fremdländischer Potentaten (Jer. 34,1; Dan. 11,3.5 u.a.). Es ist gut möglich, daß es eben diese beiden semantischen Konnotationen und unter ihnen besonders die letzte waren, die diese Wörter für den Chronisten unannehmbar machten.

Die Richtigkeit dieser Vermutung bekräftigen die Wörter der zweiten Gruppe, die Derivate des gemeinsemitischen Verbs *mlk* (König sein, herrschen), als dessen Subjekt am häufigsten (in mehr als 90 % aller Fälle) der König-Mensch, seltener die fremden und vorwiegend die eigenen Herrscher des „Wir" auftreten, und zwar ohne semantische Implikationen einer Willkürlichkeit oder Gewalttätigkeit.[175] Diese semantischen Eigenschaften sind auch den Derivaten eigen, wobei beachtet werden muß, daß eine Nominalbildung auf -*h* (und -*ut*) eine vom wurzelgleichen Verb beschriebene Handlung nicht nur substantiviert, sondern auch abstrahiert.[176] Gerade die so gebildeten Substantive *malkût* (Königsherrschaft; Königswürde, Königreich; Regierungstätigkeit, Regierungszeit) und *mamlākā* (Herrschaftsbereich; Königtum, Königswürde, -herrschaft; König) sind im Chronikbuch Schlüsselwörter. Die Überprüfung sämtlicher vorkommender Fälle dieser Termini im Alten Testament belegt, daß sie nur selten im Zusammenhang mit Gott erwähnt werden und hauptsächlich eine mit dem Menschen verknüpfte, dem menschlichen

---

171  W. Rudolph, Chronikbücher, XXIII; R. North, Theology of the Chronicler, 370-381, u.a.
172  G. von Rad, Das Geschichtsbild des chronistischen Werkes, 1-3; W. Rudolph, Chronikbücher, VIII-IX; O. Plöger, Theokratie und Eschatologie, 135; S. Japhet, ʾĕmûnôt wĕdēʿôt bĕseper dibrê hayyāmîm, 334ff.; J.A. Myers, 1 Chronicles, LXXXI; H.G.M. Williamson, 1 and 2 Chronicles, 26ff.; T.-S. Im, Das Davidbild in den Chronikbüchern, 181ff.; I.M. Dörrfuß, Mose in den Chronikbüchern, 282, u.a.
173  A.C. Welch, The Work of the Chronicler, 11ff.; R. Mosis, Untersuchungen zur Theologie des chronistischen Geschichtswerkes, 99ff., u.a.
174  J.P. Weinberg, Königtum und Königreich im Weltbild des Chronisten, 32-36.
175  J. Barr, The Semantics of Biblical Language, 105; T.N.D. Mettinger, King and Messiah, 86; J.H. Ulrichsen, JHWH Mālāk, 361-374, u.a.
176  J.P. Floss, Jahwe dienen – Göttern dienen, 63.

Bereich angehörende Erscheinung bezeichnen. Obwohl im deuteronomistischen Geschichtswerk *mamlākā* zuweilen eine durch Jahwe „gesicherte, festgelegte, gestärkte" (2 Sam. 7,12.13 u.a.) Institution ist, kann sie eben darum auch von Jahwe „in Stücke gerissen, fortgenommen" werden (1 Reg. 11,11. 13). Aber gleichzeitig wird hervorgehoben, daß „die *mamlākā* fest gesichert in Salomos Hand ward" (1 Reg. 2,46) ohne jede direkte Hilfe Jahwes. Noch weniger unmittelbare göttliche Teilnahme ist darin zu finden, daß „die *mamlākā* mächtig ward in seiner (König Joas) Hand" (2 Reg. 14,5), daß es der assyrische König war, der die *mamlākā* des Königs Menahem bekräftigte (2 Reg. 15,19) u.a. Diese ausgesprochene Mensch-Verbundenheit des Terminus *mamlākā* machte ihn für den Chronisten attraktiv, er benutzt ihn am meisten (16mal) in Stücken seines Eigenguts, vor allem in der Form Constructus-Verbindung *mamlĕkôt hāʾăraṣôt* (1 Chr. 29,30; 2 Chr. 12,8; 17,10; 20,6 u.a.), zur Bezeichnung fremder Königreiche und seltener des Königtums bzw. Königreichs der Davididen (2 Chr. 14,4; 25,3 u.a.).

Der chronistische Terminus par excellence für das Königtum der Davididen war *malkût*. Im deuteronomistischen Geschichtswerk kommt er dagegen nur zweimal vor und ist dementsprechend als ein Eigengut des Chronisten (wie auch des nachexilischen Sprachgebrauchs) zu bewerten. Im Chronikbuch assoziiert sich *malkût* nur zweimal mit Gott (1 Chr. 17,14; 28,5), während es in allen übrigen 26 Fälle im Zusammenhang mit den Davididen, insbesondere mit den als ideal angesehenen Königen David (1 Chr. 11,10; 12,24 u.a.), Salomo (2 Chr. 1,1.18 u.a.), Asa (2 Chr. 15,10.19 u.a.) und anderen gebraucht wird. Obwohl auch im chronistischen Weltbild Jahwe zuweilen die *malkût* der Davididen „sichert, stärkt" usw. (1 Chr. 14,2; 17,11; 29,25 u.a.), wird sie dennoch am häufigsten vom König selbst oder von seinen Mitkämpfern, also von Menschen ohne direkte Teilnahme und Hilfe Jahwes „gestärkt, festgelegt" (1 Chr. 11,10; 2 Chr. 1,1; 11,17; 12,1 u.a.), wobei das Wort *malkût* keinerlei Anklänge an eine Dinghaftigkeit, Substantialität enthält.

Es muß auch ausdrücklich darauf hingewiesen werden, daß der Chronist nirgends die das Königtum des „Wir" bezeichnenden Termini in den der vorstaatlichen Epoche gewidmeten Kapiteln seines Werkes erwähnt. Nicht einmal in der chronistischen Saul-Erzählung (1 Chr. 10) kommt einer dieser Termini vor, obwohl im deuteronomistischen Geschichtswerk gerade die Geschichte Sauls die ausführlichste Betrachtung über das Phänomen „Königtum" (dessen Einführung) in der gesamten nahöstlichen Geschichtsschreibung der Mitte des 1. Jt. v.u.Z. enthält. Dabei geht es um die Diskussion (1 Sam. 8, 1-20 u.a.) über die Notwendigkeit oder Nichtnotwendigkeit, Zulässigkeit oder Unzulässigkeit eines Mensch-Königtums an Stelle des Gott-Königtums.[177] Der Chronist

---

177 R.C. Birch, The Development of the Tradition on the Anointing of Saul in 1 Sam. 9:1-10:16, 55-68; D.J. McCarthy, The Inauguration of Monarchy in Israel, 401-412; R.E. Clements, The Deuteronomistic Interpretation of the Founding of the Monarchy in 1 Sam. VIII, 398-410; T.N.D. Mettinger, King and Messiah, 64ff.; B. Halpern, The Constitution of the Monarchy in Israel, 149ff., u.a.

jedoch übergeht dieses grundlegende Geschehen mit Schweigen, und zwar nicht nur darum, weil für ihn das echte, richtige Königtum erst mit David beginnt, sondern hauptsächlich, weil das Mensch-Königtum für ihn und sein Auditorium schon so selbstverständlich, herkömmlich und gegeben ist, daß dessen Ursprung und Entstehung kaum von Interesse sein können. Dafür noch ein Beleg, nämlich die so unterschiedliche Interpretation der Reichsteilung im deuteronomistischen Geschichtswerk und im Chronikbuch, die für beide Geschichtsschreiber gleich schicksalsschwer war: Im deuteronomistischen Geschichtswerk verkündigt ein Gottes- und Prophetenspruch (1 Reg. 11,11-13, 30-39) die bevorstehende Reichsspaltung als göttliche Strafe dafür, daß Salomo „meinen (Gottes) Bund und meine Gebote nicht gehalten hatte;" der Chronist dagegen legt dem König Abia eine nüchterne post factum-Erklärung in den Mund, laut der die Reichsspaltung eine Folge der politischen Abtrünnigkeit des Menschen Jerobeam und seiner Mitläufer wie auch der Jugend, Unerfahrenheit und Schwäche des Menschen Rehabeam ist (2 Chr. 13, 4-12).

Im chronistischen Weltbild wird das Königtum als eine weitgehend entmythologisierte und entsakralisierte, vorwiegend dem menschlichen Bereich angehörende Erscheinung erfaßt, und zwar in Übereinstimmung mit dem chronistischen Begriff vom Phänomen „Königreich".

In den mythologischen Weltmodellen und Weltbildern „ergreift, umfaßt" das „vom Himmel herabgestiegene, heruntergelassene", dinghafte, substanzhafte Königtum einen um- und abgegrenzten Raum – die Stadt oder das Land –, infolgedessen ein „Königreich" wird. Aber ein „Königreich" ist nicht etwas Unwandelbares, Konstantes, denn infolge der „Übertragung" des Königtums von einem Raum auf den anderen hört ein Königreich auf zu bestehen und ein anderes entsteht.[178]

Wenn das Königreich ein vom Königtum „umgriffener" Raum ist, so sind dessen notwendige, wesentliche Attribute strikte Markierung und Abgrenzung nach außen durch die staatliche Grenze und Gliederung in administrative, fiskalische und andere Einheiten nach innen. Zur Bezeichnung dieser notwendigen Attribute des Königreichs als eines territorial-politischen Gebildes besitzt das alttestamentliche Vokabular das Schlüsselwort *gĕbûl* – *gĕbûlā* (Berg; Gebiet; Randstreifen, Grenze), das trotz der Behauptung Th. Bomans,[179] daß dieses Wort im Alten Testament nur eine Scheidelinie zwischen zwei Gebieten bedeutet und darum prinzipiell nicht dasselbe wie der heutige Begriff „Grenze" ist, dennoch die echte Grenze bezeichnet, die Stammesland von Stammesland, Königreich von Königreich trennt. Darum ist es auffällig, daß der Chronist dieses Wort, das 241mal im Alten Testament und 112mal im deuteronomistischen Geschichtswerk (hauptsächlich in Jos.-1 Sam.) vorkommt,

---

178	Th. Jacobsen, Mesopotamia, 185ff.; J.P. Vejnberg, Čelovek v kuljture drevnevo Bližnevo Vostoka, 117ff., u.a.

179	Th. Boman, Das hebräische Denken im Vergleich mit dem griechischen, 136-138.

nur sechsmal (1 Chr. 21,12; 2 Chr. 9,26 u.a.) erwähnt und nur selten in bezug auf die vorexilischen Staaten.[180]

Die territoriale Abgegrenztheit eines Königreichs kann auch ohne Erwähnung der betreffenden Termini deskriptiv ausgedrückt werden. Eben dies hat S. Japhet vor Augen, wenn sie die die Grenzen umschreibenden Formeln: *mibbĕᵓēr šebaᶜ wĕᶜad dān* (1 Chr. 21,2; 2 Chr. 19,4 u.a.), *min šîḥôr miṣrayim wĕᶜad lĕbôᵓ ḥămāt* usw. (1 Chr. 13,5; 2 Chr. 9,26 u.a.) als Belege dafür betrachtet, daß der Chronist durch sie die maximale Ausdehnung des vorexilischen Königreichs ausdrücken wollte.[181] Ohne die Wahrscheinlichkeit einer solchen Intention zu bezweifeln, muß darauf hingewiesen werden, daß infolge der Formelhaftigkeit dieser Ausdrücke die Toponyme Beerseba und Dan, Schichor Mizraim und Lebo Hamat[182] in diesem Kontext nicht so sehr als konkrete geographische Orschaften und Grenzpunkte figurieren, sondern eher als Zeichen, Metaphern der größten Ausdehnung, der höchsten Machtentfaltung des davidischen Königreichs. Wichtiger ist aber der Umstand, daß das durch diese „Grenzen" umfaßte Königreich im chronistischen Weltbild nicht so sehr als ein territorial-politisches, sondern vielmehr als ein ethno-politisches Gebilde erfaßt wird, wofür die Sentenz: *wayyaḳĕhēl dāwîd ᵓet kol yiśrāᵓēl min šîḥôr miṣrayim wĕᶜad lĕbôᵓ ḥāmat* („Und es sammelt David das ganze Israel von Schichor Mizraim bis auf Lebo Hamat", 1 Chr. 13,5, vgl. 21,2; 2 Chr. 19,4 u.a.) als Zeugnis steht. Hiermit stimmt auch die Tatsache überein, daß unter den im Chronikbuch so zahlreichen Listen nur zwei (1 Chr. 27, 1-15. 16-22) Angaben über eine administrative Einteilung des Königreichs Davids enthalten. Aber auch diesen liegt nicht das Prinzip der territorial-administrativen Organisation zugrunde, sondern das der auf Sippen ausgerichteten Administration.

In sämtlichen mythologischen Weltmodellen und Weltbildern ist „die Mitte der eine Pol des geordneten, gegliederten Lebensraums und die Grenze der andere. Zwischen diesen beiden Polen – psychologisch und räumlich – spielt sich das Leben des Menschen ab."[183] Ein Beleg dafür ist die im alten Nahen Osten verbreitete Auffassung, daß die eigene Hauptstadt das sakral-politische Zentrum des eigenen Königreichs und zugleich auch die Mitte des Weltalls ist. Solche Vorstellungen sind auch dem Alten Testament nicht fremd. Entsprechend spielt hier das Konzept „Jerusalem = Zion – Zentrum des ‚Wir' und des Weltalls" eine große Rolle.[184] Darum ist es um so auffälliger, daß der Chronist

180  J.P. Weinberg, Königtum und Königreich im Weltbild des Chronisten, 39-43.

181  S. Japhet, ᵓĕmûnôt wĕdēᶜôt bĕsēper dibrê hayyāmîm, 303ff.

182  B. Mazar, lĕbôᵓ ḥămāt wĕggĕbûlā haṣṣĕpônî šel ᵓereṣ kanaᶜan, 167-181; W. Wifall, The Sea of Reeds as Sheol, 322-328; Z. Kallai, Historical Geography of the Bible, 323-325; N. Naᶜaman, Borders and Districts in Biblical Historiography, 244ff. u.a.

183  E.Ch. Haver, Der geographische Raum in der Vorstellungswelt des Menschen, 100-101.

184  N.W. Porteous, Jerusalem-Zion, 250; R.J. Clifford, The Cosmic Mountain in Canaan and in the Old Testament, 141; J.J.M. Roberts, The Davidic Origin of the Zion Tradition, 329-344; T.N.D. Mettinger, The Dethronement of Sabaoth, 19ff., u.a.

*ṣiyôn* – ein Schlüsselwort im Alten Testament – nur zweimal (1 Chr. 11,5 – 2 Sam. 5,7; 2 Chr. 5,2) und dabei ohne irgendwelche mythologischen oder theologischen Konnotationen, nur als den befestigten Stadtteil Jerusalems erwähnt. Obwohl Jerusalem im Chronikbuch nicht selten als Wohn- und Regierungsort der Davididen (1 Chr. 15,3; 2 Chr. 5, 2-3), d.h. als politisches Zentrum des „Wir" figuriert, ist es dort dennoch am häufigsten der von Jahwe erwählte religiös-kultische Mittelpunkt, wo sich der Tempel Jahwes befindet und die Feste Jahwes gefeiert werden, wo *kol ḳĕhal yiśrāʾēl, kol ʾîš yiśrāʾēl, kol yiśrāʾēl wiyĕhûdā* usw. (1 Chr. 13,2; 2 Chr. 5,3; 30,1), d.h. das „Wir" als eine ethno-politische Gemeinschaft zusammenkommt. Es liegt die Annahme nahe, daß im chronistischen Weltbild Jerusalem in erster Linie das religiös-kultische und politische, dabei mehr das religiös-kultische als das politische, Zentrum des davidischen Königreichs als eines primär ethno-politischen Gebildes ist. Ein solches Verständnis des Königtums steht dem Wesen der nachexilischen Bürger-Tempel-Gemeinde, einem tatsächlichen ethno-politischen Gebilde, näher als dem des vorexilischen Staates, der in Wirklichkeit ein territorial-politisches Gebilde war.

Im Leben und in den mythologischen Weltmodellen und Weltbildern des altnahöstlichen Menschen spielt der König, das konkreteste, bildhafteste Glied der Triade „Königtum – Königreich – König" eine besonders große Rolle. Der König wird stets als „ein Teilnehmer der kosmologischen Handlung" gesehen, und seine Rolle in der Gesellschaft wird durch seine kosmologischen Funktionen bestimmt, die denen anderer sakraler Repräsentanten der „Weltmitte" ähnlich sind.[185] Infolgedessen wird der König nicht nur als eine sakrale, sondern auch als eine gleichzeitig der Welt der Götter und der Welt des Menschen angehörende Gestalt betrachtet, die darum als Mittler zwischen diesen Welten wirken kann. Das im zeitlichen Ablauf zunehmende „Auseinandergehen" dieser beiden Welten erweitert, erhöht die Mittler-Rolle und -Funktion des Königs und verleiht ihm zuweilen eine kosmisch-universale Bedeutung (vgl. der König-Messias).[186]

In der modernen Bibelwissenschaft sind unterschiedliche Standpunkte darüber anzutreffen, wie der König im Alten Testament erfaßt wird: Während einige Forscher die Göttlichkeit oder Nahezu-Göttlichkeit der israelitisch-judäischen Könige anerkennen,[187] andere jedoch das nur-menschliche Wesen dieser Könige hervorheben,[188] weisen die dritten auf eine lokale und temporale Variabilität des Wesens der Könige in verschiedenen Epochen alttesta-

---

185  V.N Toporov, Pervobytnyje predstavlenija o mire, 19.
186  J.P. Vejnberg, Čelovek v kuljture drevnevo Bližnevo Vostoka, 127ff.
187  C.R. North, The Religious Aspects of Hebrew Kingship, 8-38; G.A. Cooke, The Israelite King as Son of God, 202-225; Cl. Westermann, Das sakrale Königtum in seinen Erscheinungsformen und seiner Geschichte, 294ff., u.a.
188  K.A. Kitchen, Ancient Orient and Old Testament, 105-106; W. Brueggemann, The Trusted Creature, 484-498; Th.C. Vriezen, The Religion of Ancient Israel, 179-193, u.a.

mentlicher Geschichte und in unterschiedlichen alttestamentlichen Weltbildern hin, wobei aber anerkannt wird, daß sich im zeitlichen Ablauf eine „Vermenschlichung" des Königs durchsetzte.[189] Strittig ist auch die Frage nach dem Erfassen des Königs im Chronikbuch, da nicht selten auf die Sakralität, das Charismatische oder sogar Eschatologisch-Messianische im chronistischen Königsbild hingewiesen wird,[190] aber zugleich auch die Ansicht vorhanden ist, daß im Chronikbuch das Menschsein des Königs im Vordergrund steht.[191]

Die Analyse der Herrscher-Titel im Chronikbuch bezeugt,[192] daß der Chronist von 17 solchen Termini im alttestamentlichen Vokabular nur neun benutzt, wobei alle verschwiegenen Titel – nogēš (Treiber, Vogt, Gewalthaber usw.), nāzîr (Geweihter, Fürst), ḳāṣîn (Machthaber, Oberhaupt, Vorgesetzter) u.a. – Träger der vorstaatlichen Macht in Sippen und Stämmen wie auch „fremde" Potentaten bezeichnen, manche von ihnen, wie z.B. nāzîr, die Sakralität ihres Trägers hervorheben, andere, so nogēš, ḳāṣîn, die vom Chronisten auch in bezug auf die soziale Gruppe, das Königtum verpönte Nuance der Gewalttätigkeit implizieren.

Manche Wörter des Herrscher-Vokabulars werden vom Chronisten nur selten, episodisch erwähnt. Zu dieser Gruppe gehört auch das alttestamentliche Schlüsselwort nāśîʾ, das im Alten Testament eine Bezeichnung des Hauptes des agnatischen Verbandes und der Mitglieder des führenden Gremiums der vormonarchischen Stämmeverbände war,[193] aber in der Form něśîʾ hāʾāreṣ auch „a title for a person who rules a city that is governed by its urban institutions, but not by a monarch."[194] Obwohl im „Restaurationsplan" des Ezechielbuches (40-48) nāśîʾ der Titel des Hauptes des zukünftigen staatlichen Gebildes in Palästina ist und dieser Titel auch in der politischen Terminologie der werdenden Bürger-Tempel-Gemeinde vorkommt, benutzt der Chronist ihn nur als Bezeichnung des Anführers des vorstaatlichen agnatischen Verbandes (1 Chr. 2,10; 5,6 u.a.).

Besonders auffällig ist die Gleichgültigkeit des Chronisten gegenüber einem der im gesamten alten Nahen Osten und auch im alttestamentlichen Bereich wichtigsten Rituale der königlichen Inthronisation, nämlich der Salbung mit Öl, der die Bedeutung eines Bundes oder Vertrages des kommenden Königs mit Gott bzw. den Göttern zugeschrieben wird, die als Garant eines

189 T.N.D. Mettinger, King and Messiah, 254ff.; B. Halpern, The Constitution of the Monarchy in Israel, 174ff., u.a.
190 W.F. Stinespring, Eshatology in Chronicles, 209ff.; R.L. Braun, Solomonic Apologetic in Chronicles, 506ff.; W. Riley, King and Cultus in Chronicles, 157ff., u.a.
191 S. Japhet, ʾĕmûnôt wĕdēʿôt bĕsēper dibrê hayyāmîm, 361.
192 J.P. Weinberg, Der König im Weltbild des Chronisten, 418-419.
193 M. Noth, Das System der zwölf Stämme Israels, 151ff.; E.A. Speiser, Background and Function of the Biblical Naśiʾ, 113-122; A.D.H. Mayes, Israel in the Premonarchic Period, 161-162; B. Halpern, The Constitution of the Monarchy in Israel, 206ff., u.a.
194 H. Reviv, Early Elements and Late Terminology in the Descriptions of Non-Israelite Cities in the Bible, 189-196.

solchen Bundes bzw. Vertrages gilt und infolgedessen eine den König sakralisierende Wirkung ausübt.[195] Im Alten Testament wird das Phänomen „die Salbung des Königs, der König ein Gesalbter" durch das Verb *mšḥ* (bestreichen, salben) und dessen Derivate bezeichnet. Dieses Verb kommt im Alten Testament 60mal vor, im deuteronomistischen Geschichtswerk wird es 27mal erwähnt, im Chronikbuch dagegen nur viermal und ausschließlich in dem deuteronomistischen Geschichtswerk entnommenen Texten (1 Chr. 11,3 –2 Sam 5,3; 2 Chr. 23,11 – 2 Reg. 11,12 u.a.). Das Substantiv *mišḥā – māšḥā* (Salbung) wird im Alten Testament 24mal erwähnt, fehlt aber gänzlich im chronistischen Vokabular. Ähnliches gilt für den religiös-weltanschaulich so relevanten Terminus *māšiaḥ*[196] (Gesalbter), der im Alten Testament 39mal vorkommt, im deuteronomistischen Geschichtswerk 18mal, im Chronikbuch jedoch nur zweimal, und zwar beide Male in Texten, die den Psalmen entnommen sind (1 Chr. 16,22 – Ps. 105,15; 2 Chr. 6,42 – Ps. 132,10). Es scheint darum verfehlt, den Messianismus als einen Kern oder wesentlichen Bestandteil des chronistischen Weltbildes zu betrachten.[197] Angemessener ist es, von einer zumindest zurückhaltenden Stellungnahme des Chronisten zu dem für das Wesen des Königs so bedeutsamen Phänomen „die Salbung des Königs, der König ein Gesalbter" zu reden.

Das Herrscher-Vokabular des Chronisten enthält auch drei Schlüsselwörter. Eins von diesen ist der Titel *nāgîd*, der nach der Auffassung einiger Forscher in erster Linie profane Anführer der Sippe oder des Stammes, Heerführer bezeichnete,[198] nach Ansicht anderer ein Titel des als Nachfolger bestätigten Kronprinzen ist,[199] während T.N.D. Mettinger die Anschauung vertritt, daß der ursprünglich völlig profane Titel im 10. Jh. v.u.Z. theologisiert wurde und dazu diente „to denote the king as set apart by God for his office."[200] Der Chronist benutzt diesen Terminus vorwiegend in seiner profanen Bedeutung, da 16mal, hauptsächlich in Stücken seines Eigenguts, *nāgîd* hohe Würdenträger und Beamte der königlichen Administration und des Jerusalemer Tempels genannt werden (1 Chr. 9,11.20; 12,28; 13,1 u.a.). Selbst an den fünf Stellen, wo dieser Titel in bezug auf den König gebraucht wird, ist er frei von jeder expliziten sakralen Anspielung: „Und Rehabeam setzte Abia, den Sohn Maachas, zum *nāgîd* unter seinen Brüdern, um ihn als König einzusetzen" (2 Chr. 11,22).

---

195 T.N.D. Mettinger, King and Messiah, 185ff.
196 E. Kutsch, Salbung als Rechtsakt, 16ff.; T.N.D. Mettinger, King and Messiah, 185ff., u.a.
197 S. Japhet, ʾĕmûnôt wĕdēʿôt bĕsēper dibrê hayyāmîm, 413ff.; J.M. Myers, 1 Chronicles, LXXXI-LXXXIII; H.G.M. Williamson, 1 and 2 Chronicles, 26-28; T.-S. Im, Das Davidbild in den Chronikbüchern, 185ff.; W. Riley, King and Cultus in Chronicles, 169ff. u.a.
198 F.M. Cross, Canaanite Myth and Hebrew Epic, 220; J. Flanagan, Chiefs in Israel, 43-73, u.a.
199 E. Lipiński, Nāgīd, der Kronprinz, 497-499; B. Halpern, The Constitution of the Monarchy in Israel, 1-11, u.a.
200 T.N.D. Mettinger, King and Messiah, 182, vgl. R. de Vaux, Ancient Israel 1, 94, u.a.

Im gesamten semitischen Sprachbereich, auch im Alten Testament und im Chronikbuch, ist der Titel par excellence für den König *melek*. Die Überprüfung sämtlicher 346 vorkommender Fälle dieses Terminus im Chronikbuch zeigt,[201] daß fast alle Erwähnungen von *melek* in den Teilen des Werkes liegen, die der Zeit der vorexilischen Staaten gewidmet sind, als es in Juda und Israel tatsächlich einen *melek* gab. 63mal (18 %) werden mit *melek* fremde Herrscher bezeichnet und sonst überall die Könige des „Wir", in erster Linie die Davididen. Nirgends im Chronikbuch wird jedoch *melek* in Verbindung mit Jahwe erwähnt, was entgegen anderslautenden Behauptungen[202] zumindest auf eine zurückhaltende, vorsichtige Einstellung des Chronisten zum im alttestamentlichen Weltmodell so bedeutsamen Theologem „Jahwe als König" hinweist.[203] Aber widerspricht dieser These nicht die im Alten Testament, inkl. des Chronikbuches, anzutreffende Vorstellung von der „Vater-Sohn"-Beziehung zwischen Gott und König?[204]

„Ich (Jahwe) werde ihm (Salomo) Vater sein und er wird mir ein Sohn sein" (2 Sam. 7,14a – 1 Chr.17,13a), deklariert die für die davidische Monarchie programmatische Natanverheißung.[205] Aber in dieser Formel der Beziehung „Jahwe – Vater, König – Sohn" fehlt gänzlich das Motiv der göttlichen Geburt, der sozusagen direkten biologischen göttlichen Abstammung des Königs, einer im altnahöstlichen Raum verbreiteten Vorstellung, die zuweilen auch im Alten Testament (Ps. 2,7; 89, 27-28 u.a.) durchscheint.[206] In der Natanverheißung wird ganz im Gegenteil ausdrücklich die menschliche Abstammung und Geburt des Königs Salomo hervorgehoben, wobei der Chronist durch Modifikationen des deuteronomistischen Textes diese ausschließlich menschliche Herkunft, das Nur-Menschsein Salomos ausdrücklich akzentuiert, indem er die die naturhaften und mythologischen Konnotationen implizierenden Worte des Deuteronomisten „... deinen (Davids) Samen, der von deinem Leib herkommt (... *zarʿakā ʾaḥărêkā ʾăšer mimmēʿêkā*) ..." (2 Sam. 7,12) durch die Worte: „... der von deinen Söhnen", sein wird (... *yihĕye mibbānêkā*)" (1 Chr. 17,11), ersetzt, die frei sind von solchen Konnotationen.

201 J.P. Weinberg, Der König im Weltbild des Chronisten, 422-423.
202 S. Japhet, ʾemûnôt wĕdēʿôt bĕsēper dibrê hayyāmim, 334-348; J.M. Myers, 1 Chronicles, LXXXI; H.G.M. Williamson, 1 and 2 Chronicles, 26, u.a.
203 O. Eißfeldt, Jahwe als König, 81-105; W. Schmidt, Königtum Gottes in Ugarit und Israel, 1ff.; E. Lipiński, La royauté de Jahwe dans la poésie et le culte de l'Ancient Israel, 391ff.; J.H. Eaton, The Psalms and Israelite Worship, 241ff.; T.N.D. Mettinger, In Search of God, 93, u.a.
204 P.A.H. de Boer, Fatherhood and Motherhood in Israelite and Judean Piety, 22ff.; B. Halpern, The Constitution of the Monarchy in Israel, 125ff., u.a.
205 G.W. Ahlström, Der Prophet Nathan und der Tempelbau, 113-127; T.N.D. Mettinger, King and Messiah, 48-63; E. von Nordheim, König und Tempel, 444-449; H.G.M. Williamson, The Dynastic Oracle in the Books of Chronicles, 305-318, u.a.
206 J.P. Vejnberg, Čelovek v kuljture drevnevo Bližnevo Vostoka, 118ff.

Das Hervorheben der menschlichen Abstammung sogar des als „Sohn Gottes" ausgerufenen Königs schließt die Möglichkeit einer göttlichen Berufung Salomos und anderer Davididen nicht aus. Vielleicht gilt sogar das Gegenteil: Das Nur-Menschsein des kommenden Königs ist eine Vorbedingung seiner göttlichen Berufung, und dementsprechend enthält das deuteronomistische Geschichtswerk zahlreiche ausführliche Beschreibungen der göttlichen Berufung Sauls (1 Sam. 9,1-10,27) und Davids (1 Sam. 16, 1-13; 2 Sam. 2 u.a.), Salomos (2 Sam. 7,4ff.), Jerobeams (1 Reg. 11,29ff.) und anderer Könige. Der Chronist verschweigt, wie es die Angaben der Tabelle 20 belegen, die Mehrzahl der Beschreibungen der göttlichen Berufung, oder er ersetzt, wie z.B. in bezug auf David, die ausführliche Schilderung durch eine nur beiläufige Erwähnung (1 Chr. 11,2; 17,7ff.). Hierdurch überträgt der Chronist die göttliche Berufung des Königs von der Ebene des Geschehnisses auf die Ebene der Erinnerung an das Geschehnis, was offensichtlich den Effekt der Unmittelbarkeit des Beschriebenen abschwächt und eo ipso die Autorität der göttlichen Berufung herabsetzt. Darum scheint es verfehlt, die göttliche Berufung als die vom Chronisten bevorzugte Form der Thronfolge zu betrachten,[207] um so mehr, als entsprechend den Angaben der Tabelle 20 14/15 von den Davididen, auch so positiv bewertete wie Asa, Josaphat, Hiskia u.a., nicht direkt von Gott berufen wurden, sondern den Thron von ihren Vätern erbten und durch die Thronnachfolge zu Königen wurden. Das individuelle persönliche Charisma und die göttliche Berufung der Könige werden damit im chronistischen Weltbild auf das Minimum reduziert, und statt dessen wird der rein menschliche Charakter der Thronnachfolge hervorgehoben.[208]

Es kann also mit Recht gefolgert werden, daß im chronistischen Weltbild der König vorwiegend als ein Phänomen des menschlichen Bereichs erfaßt wird, was unvermeidlich das Verständnis der Bedeutung und Rolle des Königs in der geschichtlichen Handlung beeinflußt.

In Tabelle 20[209] wird (Spalte 2) der Umfang sämtlicher chronistischer Königserzählungen (zweite Ziffer) im Vergleich mit dem Umfang dieser Erzählungen im deuteronomistischen Geschichtswerk (erste Ziffer) aufgewiesen; Spalte 3 zeigt die Proportion des Umfanges der im Chronikbuch geschilderten Bereiche der königlichen Tätigkeit – der wirtschaftlich-administrativen (Sigel: w-a), der militärisch-politischen zwischen den beiden Staaten des „Wir" (Sigel: m-p$_1$) und zwischen dem „Wir" und dem „Sie" (Sigel: m-p$_2$) und der religiös-kultischen (Sigel: r-k); Spalte 4 zeigt die Art und Form der Thronbesteigung (Sigel: Thr.), umfassend die göttliche Berufung des Königs (Sigel:

---

207 R.L. Braun, Solomonic Apologetic in Chronicles, 506-509; ders., Solomo, the Chosen Temple Builder, 588-590; S. Japhet, ʾĕmûnôt wĕdēʿôt bĕseper dibrê hayyāmîm, 378ff., u.a.
208 J.P. Weinberg, Der König im Weltbild des Chronisten, 430-431.
209 Ibid., 423-424.

göttl.), die Einsetzung, Akklamation durch das Volk (Sigel: volk), die Erbfolge (Sigel: erb) und die Einsetzung durch fremde Herrscher (Sigel: fremd) und die Art und Form des Endes der königlichen Herrschaft (Sigel: End), das ein natürliches (Sigel: nat), ein gewaltsames (Sigel: gew) und ein durch Krankheit (Sigel: kr) bedingtes sein kann; Spalte 5 zeigt die Bewertung des Lebens und der Tätigkeit des Königs durch den Chronisten (Sigel: Axiol), und zwar sowohl die positive (Sigel: pos) als auch die negative (Sigel: neg) Bewertung.

Die Angaben dieser Tabelle belegen, daß in den chronistischen Königserzählungen die militärisch-politische Sphäre der königlichen Tätigkeit den weitesten Raum einnimmt. Dies stimmt auch mit den Angaben der Tabelle 19 überein, die das große und im zeitlichen Ablauf zunehmende Eigengewicht der das Phänomen „Krieg und Frieden" bezeichnenden Wörter im politischen Vokabular der alttestamentlichen Geschichtswerke bezeugen, wobei diese Dynamik ihren Höhepunkt im Chronikbuch erreicht.

Für die Bezeichnung des Begriffs „der Krieg als solcher, im allgemeinen" benutzt der Chronist nur das Wort *milḥāmā*, das im Alten Testament einen hohen Häufigkeitsgrad besitzt (319 Fälle) und dort die Bedeutungen: bestimmte Waffe; Gedränge, Handgemenge, Kampf, Krieg, hat, aber auch, wenn mit den Wörtern *ʾîš*, *śār* u.a. verbunden, den sozial-beruflichen Status von Individuen und Gruppen bezeichnet. In seiner ersten und grundlegenden Bedeutung kann *milḥāmā* das mythologisierte und sakralisierte Erfassen des Krieges als einer kosmischen, eschatologischen Erscheinung ausdrücken wie auch das entmythologisierte und entsakralisierte Erfassen des Krieges als einer Erscheinung des nur-menschlichen Bereichs. Die Überprüfung sämtlicher 64 Erwähnungen des Terminus *milḥāmā* im Chronikbuch bezeugt,[210] daß er dort in der absoluten Mehrzahl der vorkommenden Fälle den Krieg ohne jegliche kosmische und eschatologische Konnotationen, als eine Erscheinung des nur-menschlichen Bereichs bezeichnet und dabei am häufigsten (29mal) für Auseinandersetzungen zwischen dem „Wir" und dem „Sie" und nur selten (viermal, 2 Chr. 12,15; 13,2.3) für Konflikte innerhalb des „Wir", zwischen den Stämmen oder den beiden vorexilischen Staaten, verwendet wird. Das alttestamentliche Denken unterscheidet ebenso wie das antike[211] auch terminologisch den Krieg zwischen dem „Wir" und dem „Sie" von demjenigen innerhalb des „Wir" und benutzt für den letzteren Wörter mit der Bedeutung „Meuterei, Aufstand, Verschwörung" (*pešaʿ*, *mered-mardût*, *ḳešer* u.a.), von denen einige als Schlüsselwörter zu betrachten sind. Der Chronist erwähnt jedoch solche Wörter nur zweimal in Stücken, die der deuteronomistischen Vorlage entnommen sind (2 Chr. 23,13 – 2 Reg. 11,14; 2 Chr. 25,27 – 2 Reg. 14,19), und bezeugt hiermit nochmals sein Prinzip, alles das zu verschweigen, was der von ihm postulierten, nicht der vorexilischen, sondern mehr der nach-

---

210  J.P. Weinberg, Krieg und Frieden im Weltbild des Chronisten, 116-117.
211  R. Müller, Menschenbild und Humanismus der Antike, 112.

exilischen Wirklichkeit entsprechenden Auffassung von der ursprünglichen und unwandelbaren Ganzheit und Einheitlichkeit des „Wir" widersprach.

Tabelle 20

| 1 Könige | | 2 | 3 | | | 4 | | 5 |
|---|---|---|---|---|---|---|---|---|
| | | w-a | m-p$_1$ | m-p$_2$ | r-k | Thr | End | Axiol |
| I | Saul | 664/14 | - | - | 99 % | - | - | gew | neg |
| II | David | 758/522 | 22 % | - | 9 % | 60 % | göttl-volk. | nat | pos |
| III | Salomo | 434/201 | 16 % | - | 8 % | 75 % | göttl-erb | nat | pos |
| IV | Rehabeam | 35/68 | 25 % | 6 % | 13 % | 7 % | erb-volk | nat | neg |
| V | Abia | 8/83 | 4 % | 80 % | - | - | erb | nat | [pos] |
| VI | Asa | 16/47 | 6 % | 13 % | 15 % | 34 % | erb | kr | pos |
| VII | Josaphat | 33/102 | 18 % | 37 % | 32 % | 6 % | erb | nat | pos |
| VIII | Joram | 9/20 | 10 % | 5 % | 30 % | - | erb | kr | neg |
| IX | Ahasja | 7/9 | - | 44 % | 10 % | - | volk | gew | neg |
| X | Joas | 42/48 | 6 % | - | 4 % | 30 % | volk | ges | pos-neg |
| XI | Amazja | 20/28 | 10 % | 46 % | 14 % | - | erb | gew | pos |
| XII | Ussia | 9/23 | 35 % | - | 16 % | 26 % | volk | kr | pos |
| XIII | Jotam | 7/9 | 20 % | - | 10 % | - | erb | nat | pos |
| XIV | Ahas | 20/27 | - | 37 % | 22 % | 29 % | erb | nat | neg |
| XV | Hiskia | 95/117 | 5 % | - | 20 % | 72 % | erb | nat | pos |
| XVI | Manasse | 18/20 | 5 % | - | 5 % | 65 % | erb | nat | [neg-]pos |
| XVII | Amon | 8/5 | - | - | - | 40 % | erb | gew | neg |
| XVIII | Josia | 50/60 | - | - | 8 % | 83 % | erb | gew | pos |
| XIX | Joahas | 5/3 | - | - | 33 % | - | erb | gew | - |
| XX | Jojakim | 9/5 | - | - | 40 % | - | fremd | gew | neg |
| XXI | Jojachin | 10/2 | - | - | 50 % | - | erb | gew | neg |
| XXII | Zedekia | 23/11 | - | - | 82 % | - | fremd | gew | neg |

Aber wird eine solche Interpretation der chronistischen Anschauung vom Krieg als einem Phänomen, das primär dem nur-menschlichen Bereich ange- hört, nicht durch das Vorkommen des uralten Mythologem-Theologems des

„heiligen Krieges" im chronistischen Weltbild (achtmal, 1 Chr. 5,18ff.; 11,13ff.; 14,8ff.; 2 Chr. 13,3ff. u.a.) widerlegt? Wie jede sakrale Handlung besitzt auch der „heilige Krieg" ein festgelegtes „Szenarium" mit folgenden Komponenten: rituelle Reinigung der Krieger, unmittelbare Teilnahme der Priester, Anwendung von Zeichen, Signalen usw., Anruf an Jahwe um Hilfe, Bevorzugung der Bezeichnung Jahwes als *yhwh ṣĕbāʾôt*, unmittelbare Teilnahme Jahwes und/oder der Bundeslade am Kampf, Vorhandensein kosmischer Elemente, mit Hilfe Jahwes errungener Sieg und Dedikation der Beute an Jahwe.[212] Ein Vergleich dieses „Szenariums" mit den chronistischen Kriegsbeschreibungen zeigt, daß nur drei Schilderungen (1 Chr. 14,8ff.; 2 Chr. 13,3ff.; 20,1ff.) ein mehr oder weniger volles Repertoire der notwendigen Elemente des „heiligen Krieges" enthalten, während in allen übrigen Fällen dieser mythologisierte und sakralisierte Typ des Krieges in weitgehend entmythologisierter und entsakralisierter Form erfaßt wird.

Für die Schilderung des Krieges und der Krieger im Heldenepos sind eine dinghafte Konkretheit, eine gegenständliche Erfülltheit, sogar ein gewisser Überfluß an Dingen kennzeichnend.[213] Die Angaben der Tabelle 18 belegen, daß das Eigengewicht der die „Dinghaftigkeit" des Krieges – das Heer, die Rüstung usw. – bezeichnenden Wörter im politischen Vokabular des Chronikbuches im Vergleich mit der übrigen alttestamentlichen Geschichtsschreibung am größten ist. Zwei Besonderheiten sind in diesem Zusammenhang jedoch zu nennen. Die erste ist die offensichtlich zurückhaltende Einstellung des Chronisten zu jenen Wörtern, die wesentliche Komponenten des Rituals des „heiligen Krieges" bezeichnen wie *ʾôt* (Zeichen, Vorzeichen, Feldzeichen, Wunder), *nēs* (Zeichen, Feldzeichen, Signalstange; Segel), *šôpār* (Widderhorn, Horn) u.a., die alle im Alten Testament Schlüsselwörter sind, im Chronikbuch jedoch gänzlich fehlen oder nur vereinzelt vorkommen. Die zweite Besonderheit besteht in der konsequenten „Befreiung" der vom Chronisten benutzten Termini von möglichen ihnen inhärenten mythologisch-sakralen Konnotationen, was sich besonders prägnant am Beispiel der Verwendung des Wortes *ṣābāʾ* äußert. Dieses Wort hat im Alten Testament die Bedeutungen: Kultdienst, Frondienst, Heeresdienst; Heerhaufen, Kriegsleute; Himmelskörper, himmlische Umgebung, himmlisches Heer Jahwes, und ist infolgedessen auch eine Komponente des Gottesnamens *yhwh ṣĕbāʾôt*.[214] Auch im Chronikbuch ist *ṣābāʾ* ein Schlüsselwort (38 Erwähnungen), wird aber dort im sakralen Sinne nur episodisch und hauptsächlich in den dem deuteronomistischen Werk entnommenen Stücken benutzt. Vorwiegend (33mal – 86%) ist *ṣābāʾ* das Heer als Erscheinung des nur-menschlichen Bereichs, hauptsächlich des

---

212  M. Weippert, „Heiliger Krieg" in Israel und Assyrien, 485-492; J.P. Weinberg, Krieg und Frieden im Weltbild des Chronisten, 123-124, u.a.
213  A.J. Gurevitsch, „Edda" i saga, 56ff.
214  F.M. Cross, Canaanite Myth and Hebrew Epic, 69ff.; T.N.D. Mettinger, The Dethronement of Sabaoth, 19ff., u.a.

„Wir", wobei *ṣābā'* nur selten (4mal, 1 Chr. 19,8; 20,1; 2 Chr. 28,9.12) im Krieg geschildert wird und am häufigsten (1 Chr. 25,1; 26,26; 2 Chr. 17,18 u.a.) außerhalb der kriegerischen Tätigkeit, als Bestandteil und Kennzeichen der Macht der judäischen Könige erscheint.

Da eine derartige entmythologisierende und entsakralisierende Tendenz auch die chronistische Verwendung anderer Attribute des Krieges bestimmt,[215] so kann mit Recht die These vertreten werden, daß im chronistischen Weltbild wie auch in den Weltbildern der zeitgenössischen nahöstlichen und antiken Geschichtsschreibung der Krieg vor allem als ein Phänomen des menschlichen Bereichs erfaßt wird.[216]

Solange der Krieg als ein sakrales Phänomen betrachtet und anerkannt wird, bedarf er keiner besonderen Motivierung. Wenn er aber als ein irdisches, menschliches Geschehen gesehen und verstanden wird, so kommt auch die Frage nach seiner Begründung auf. Der Chronist bekundet offensichtliches Interesse für die die Kriege hervorrufenden Gründe und Anlässe und nennt am häufigsten (zehnmal) die Frevel und Vergehen der Menschen, hauptsächlich der judäischen Könige, so daß die Kriege als Strafmaßnahmen Gottes erscheinen (1 Chr. 5, 25-26; 10, 13-14 u.a.). Aber nicht selten (neunmal) werden auch nur-menschliche, keinerlei göttliche Anteile einschließende Kriegsursachen oder Anlässe angeführt wie das Bestreben, ergiebige, aber fremde Weideplätze zu besetzen (1 Chr. 4, 39-40; 5, 9-10 u.a.), Beleidigung der königlichen Boten (1 Chr. 19,1ff.) u.a.

Der Krieg als ein sakrales Geschehen bedarf keiner besonderen Bewertung, da schon sein sakrales Wesen Vorbedingung und Garant einer unvermeidlich positiven Wertung ist. Sobald aber der Krieg als ein profanes, menschliches Geschehen verstanden wird, entsteht das keineswegs einfache Problem seiner Bewertung. Im Chronikbuch erhält der Krieg nirgends eine unbedingte Beurteilung, sie wird vielmehr stets durch den Bestand der Teilnehmer, den Charakter des Kriegs und in geringerem Maß durch dessen Ausgang bestimmt: Während die siegreichen Kriege des „Wir" gegen das „Sie" gewöhnlich positiv bewertet werden (1 Chr. 14,17; 2 Chr. 20,27ff. u.a.), unterliegen die Kriege innerhalb des „Wir" in der Regel einer negativen Bewertung (2 Chr. 28,6ff. u.a.).

Im alttestamentlichen Weltmodell nimmt der Topos „Frieden" einen weiten Raum ein, wofür der hohe Häufigkeitsgrad (241 Erwähnungen) des Terminus *šālôm* ein überzeugender Beweis ist. Dieser Terminus bezeichnet im Alten Testament ein weites Spektrum von Zuständen – vom äußerst allgemeinen und verallgemeinerten Zustand der Ganzheit und Unversehrtheit bis zu den konkreten Äußerungen der Befriedigung und Genügsamkeit, der Vereinbarung und Eintracht, vom Erfassen des Friedens als Sonderzustand des Nichtkrieges bis zum Verständnis des Friedens als allgemeiner und absoluter Harmonie,

---

215 J.P. Weinberg, Krieg und Frieden im Weltbild des Chronisten, 117-121.
216 J.P. Vejnberg, Roždenije istorii, 183-188.

körperlicher und seelischer Gesundheit, materiellen Wohlergehens und guten
Einverständnisses mit Mitmenschen, Sicherheit und Erlösung von sämtlichen
Übeln, aber hauptsächlich als Einvernehmen und Verständnis zwischen Gott
und Mensch, Mensch und Gott, wobei ein solcher *šālōm* nicht ein Ergebnis
menschlicher Tätigkeit und noch weniger eine Folge des Krieges ist, sondern
an erster Stelle eine göttliche Gnade und Heilsgabe.[217] Die Überprüfung sämtlicher (zwölf) Erwähnungen von *šālōm* im Chronikbuch zeigt,[218] daß der
Begriff dort nur einmal explizit (1 Chr. 22,9) die von Gott erwiesene Gnade,
von ihm verliehene Ruhe und das Wohlergehen bezeichnet, während er in
allen übrigen Fällen (1 Chr. 12, 18.19; 2 Chr. 19,1 u.a.) gutes Verhältnis, Eintracht, Ruhe der Menschen, insbesondere innerhalb des „Wir" bedeutet, was
als ein Ergebnis der menschlichen Tätigkeit betrachtet wird: „Und es freute
sich das ganze Volk des Landes [nach dem Umsturz Jehojadas im Jahre 840
v.u.Z.], und die Stadt (Jerusalem) war still (ruhig, friedlich, *šāḳāṭā*)" (2 Chr.
23,21, vgl. 2 Chr. 14,5 u.a.).

Das chronistische Geschichtswerk enthält zahlreiche Beschreibungen des
friedvollen Charakters der Regierung der für den Geschichtsschreiber idealen
Herrscher – Salomo, Josaphat, Hiskia und anderer –, wobei er die Relevanz
dieser Friedenszeiten hervorhebt,[219] indem er die deuteronomistische Vorlage
durch Hinzufügung von Erwähnungen des Friedens ergänzt. So schreibt er
z.B. an Stelle von „Und Asa, sein Sohn, ward König an seiner (des Ahas)
statt" (1 Reg. 15,8) folgendes: „... und Asa, sein Sohn, ward König an seiner
statt, und in seinen Tagen hatte das Land zehn Jahre Ruhe" (2 Chr. 13,23).

Im Unterschied zu der im chronistischen Weltbild stets situativ und funktionell bedingten Bewertung des Krieges hat der Frieden für den Chronisten
einen stets bedingungslos positiven Wert. Das äußert sich besonders prägnant
in der von ihm in seinem Eigengut gegebenen Darlegung der Gründe, warum
David von Gott verboten wurde, den Tempel zu bauen, und warum dagegen
Salomo von Gott mit dem Tempelbau beauftragt wurde.[220] Der deuteronomistische Geschichtsschreiber begnügt sich mit der beiläufigen Bemerkung, daß
David der vielen Kriege wegen den Tempel nicht bauen konnte (*loʾ yākôl*)
(1 Reg. 5,17). Der Chronist wiederholt diese Bemerkung, aber viel stärker als
der deuteronomistische Geschichtsschreiber hebt er die Absicht Davids hervor, den Tempel zu bauen, seine Vorbereitungen hierfür, und fügt eine ausführ-

---

217 H. Gross, Die Idee des ewigen und allgemeinen Weltfriedens im Alten Orient und im
    Alten Israel, 60ff.; W. Eisenbeis, Die Wurzel šlm im Alten Testament, 1ff.; G. Gerleman,
    Die Wurzel šlm, 1-14; Cl. Westermann, Der Frieden (shalom) im Alten Testament, 196-
    229; H. Graf Reventlow, Friedensverheißungen im Alten und Neuen Testament, 99ff.,
    u.a.
218 J.P. Weinberg, Krieg und Frieden im Weltbild des Chronisten, 121-122.
219 B. Halpern, Sacred History and Ideology, 41-42.
220 R.L. Braun, Solomon, The Chosen Temple Builder, 581-590; J.P. Floss, Jahwe dienen –
    Göttern dienen, 490-492; H.G.M. Williamson, The Accession of Solomon in the Books
    of Chronicles, 351-361, u.a.

liche Erklärung hinzu, in der das Entscheidende die Gegenüberstellung der folgenden Aussagen ist: „Du (David) hast viel Blut vergossen und große Kriege geführt, du sollst das Haus meinem Namen nicht bauen ...“ und „Siehe, ein Sohn, der dir geboren werden soll, er wird ein Mensch (Mann) der Ruhe (*ʾîš mĕnûḥā*) sein, und Ich werde ihm Ruhe geben vor allen Feinden umher, da sein Name *šĕlomo* sein soll, und Frieden und Ruhe werde ich Israel geben (schenken) sein Leben lang. Er soll meinem Namen ein Haus bauen ...“ (1 Chr. 22, 7-10; 28, 2-6).

Mit dieser bedingungslos positiven Bewertung des Friedens im chronistischen Weltbild ist auch die dort häufig akzentuierte und stets positiv bewertete Bautätigkeit der davidischen Könige verbunden. Da Bauen, Bebauung eins der wichtigsten Mittel für die Umwandlung eines ungeordneten und darum „schlechten“ Raums in einen geordneten und darum „guten“ Raum ist, so wird die Bautätigkeit stets als eine relevante Komponente der weltordnenden Funktion der nahöstlichen Könige betrachtet.[221] Das Gesagte betrifft auch das Chronikbuch (Tabelle 20). So ergänzt der Chronist durch Beschreibungen der Bautätigkeit in Stücken seines Eigenguts sieben Königs-Erzählungen, hauptsächlich der positiv bewerteten Könige wie Asa, Josaphat, Ussia und anderen, aber besonders kennzeichnend ist es, daß er die Bautätigkeit als wichtigste Tat der zweiten, rechten und gottgefälligen Periode der Herrschaft Manasses anerkennt (2 Chr. 33,14). Da diese vom Chronisten so positiv bewertete Bautätigkeit auch die Renovierung des Jerusalemer Tempels einschließt, entsteht die Frage nach den religiös-kultischen Funktionen dieser Könige.

Wenn das Königtum, das Königreich und der König als Erscheinungen des sakralen Bereichs aufgefaßt werden, dann ist es unvermeidlich, daß „As the connecting link between god and people the king was, in general, the priest.“[222] So war es in Ägypten, Babylonien und anderen nahöstlichen Ländern und Gesellschaften. Dagegen ist die Frage der Priesterfunktionen der judäisch-israelitischen Könige umstritten. Einige Forscher rechnen die Ausübung priesterlicher Funktionen zu den Aufgaben der vorexilischen Könige,[223] andere sind hingegen der Ansicht, daß schon in vorexilischer Zeit das öffentliche Erfüllen religiös-kultischer Funktionen durch den König wenn nicht verboten war, so doch zumindest als unzulässig galt.[224]

Im deuteronomistischen Geschichtswerk werden wiederholt und ohne jeden Vorbehalt oder irgendeine Verurteilung die öffentlichen religiös-kultischen Handlungen Sauls, Davids, Salomos und anderer Könige erwähnt und beschrieben, über die Söhne Davids wird sogar mit Bestimmtheit gesagt:

---

221  J.P. Vejnberg, Čelovek v kuljture drevnevo Bližnevo Vostoka, 131-132.
222  C.J. Gadd, Ideas of Divine Rule in the Ancient Near East, 39, vgl. V.N. Toporov, Pervo-
     bytnyje predstavlenija o mire, 19ff.
223  C.R. North, The Religious Aspects of Hebrew Kingship, 17ff.; R. de Vaux, Ancient
     Israel 1, 113-114; T.N.D. Mettinger, King and Messiah, 305ff., u.a.
224  H. Frankfort, Kingship and the Gods, 337-344; E.I.J. Rosenthal, Some Aspects of
     Hebrew Monarchy, 3-20; D.J. Elazar, St.A. Cohen, The Jewish Polity, 71ff., u.a.

„... und die Söhne Davids waren Priester (*kohănîm*)" (2 Sam. 8,18). Obwohl der Chronist mehrmals (1 Chr. 21,26 – 2 Sam. 24-25; 2 Chr. 7, 4-5 – 1 Reg. 8, 62-63 u.a.) die deuteronomistischen Mitteilungen über die Ausübung religiös-kultischer Funktionen durch die Davididen ohne Änderungen wiederholt, modifiziert er die oben zitierte deuteronomische Notiz und schreibt: *ubĕnê dāwîd hāriʾšonîm lĕyad hammelek* („... und die Söhne Davids sind die ersten (die wichtigsten) neben dem König", 1 Chr. 18,17). Ungeachtet einer gewissen Unklarheit des chronistischen Textes[225] ist es offensichtlich, daß er keinerlei Hinweise auf die Ausübung priesterlicher Funktionen durch die Davididen enthält, sondern solche Hinweise ausklammert. Außerdem ergänzt der Chronist die deuteronomistische Erzählung von dem von ihm hochgeschätzten König Ussia mit einem Eigengutstück (2 Chr. 26, 16-21), das den König wegen seiner Ansprüche auf öffentliche priesterliche Funktionen aufs schärfste verurteilt. Es entsteht der Eindruck, daß der Geschichtsschreiber ebenso wie der anonyme Verfasser des sog. Restaurationsplanes im Ezechielbuch die Ansicht vertrat, daß die Ausübung öffentlicher religiös-kultischer Handlungen für die Könige prinzipiell unzulässig war, was mehr den Vorstellungen der nachexilischen Bürger-Tempel-Gemeinde als der Praxis der vorexilischen Monarchie entsprach.

Im alten Nahen Osten, inkl. der alttestamentlichen Welt und des alttestamentlichen Weltmodells, gehören auch Recht und Gesetz zu den Machtbefugnissen der Könige.[226] Hierbei ist es kennzeichnend, daß in der alttestamentlichen Geschichtsschreibung das Eigengewicht der Wörter des juristischen Vokabulars im Verlauf der Zeit zunimmt (Tabelle 20). Ein Schlüsselwort in diesem Vokabular ist *tôrā*, das im Chronikbuch 19mal vorkommt (im Vergleich zu nur zwölf Erwähnungen in den viel umfangreicheren parallelen Teilen des deuteronomistischen Geschichtswerks), hauptsächlich (13mal) in Stücken des chronistischen Eigenguts und vorwiegend (16mal) in Erzählungen von den vom Chronisten als ideal angesehenen Königen – David, Salomo, Josaphat u.a. –, was auf die Bedeutung dieses Terminus für den Chronisten und sein Auditorium hindeutet. Der Terminus *tôrā*, der gewöhnlich vom Verb *yrh* (lehren, unterweisen, belehren) abgeleitet wird, hat die Bedeutungen: Vorschrift, Weisung, in bezug auf eine einzelne, vor allem rituelle Handlung oder eine Gruppe solcher Handlungen, eine schriftlich fixierte und als Buchrolle gestaltete Gesetzessammlung.[227] Am häufigsten wird *tôrā* in Verbindung mit anderen Wörtern des alttestamentlichen juristischen Vokabulars – *miṣwā*, *ḥôḳ*, *mišpāṭ* u.a. – benutzt, wobei die letzteren als der Thora angehörende und die Thora als die sie umfassende, umrahmende und vereinigende Sammlung

---

225 G.J. Wenham, Were David's Sons Priests? 79-82; J.M. Myers, 1 Chronicles, 139, u.a.
226 E.A. Speiser, Authority and Law in Mesopotamia, 313-323; M. Weinfeld, mišpāṭ wĕṣĕdāḳā bĕyiśrāʾēl wĕbĕʿamîm, 13ff., u.a.
227 G. Östborn, Tōrā in the Old Testament, 4ff.; A. Jepsen, Israel und das Gesetz, 87ff.; Th. Lescow, Die dreistufige Tora, 362ff.; D. Timpe, Moses als Gesetzgeber, 67-68, u.a.

erscheinen. Bezeichnungen wie „die Thora Jahwes", „Meine (Gottes) Thora"
u.a. akzentuieren die Tatsache, daß die Thora eine Gabe Gottes ist, was aber
keinesfalls die aktive und notwendige Teilnahme des Menschen als Verkündiger, Verbreiter und Lehrer der Thora ausschließt. Während im deuteronomistischen Geschichtswerk am häufigsten Mose diese Rolle des Thora-Lehrers und
-Verkündigers zugeschrieben wird (Jos. 8,31.32; 1 Reg. 2,3 u.a.), erscheint er
im Chronikbuch nur dreimal in dieser Rolle (2 Chr. 23,18; 25,4; 30,16), drei-
bis viermal dagegen die Priester und Leviten (2 Chr. 15,3; 17,9 u.a.) und zehnmal (1 Chr. 22,12; 2 Chr. 6,16 u.a.) die Davididen. Hiermit stimmt auch die
Tatsache überein, daß im chronistischen Weltbild die Thora auch als eine allgemeine Verhaltensmaßregel für den König und das „Wir" (1 Chr. 22,12; 2
Chr. 6,16 u.a.), als „ein umfassender Begriff für die vom Menschen zu verwirklichende Lebensordnung und eine spezielle Bezeichnung für die Rege-
lung religiöser Belange" erfaßt wird.[228]
    Ein anderes Schlüsselwort im juristischen Vokabular des Chronisten ist
*miṣwā*, ein Derivat des Verbs *ṣwh* (einen Befehl geben; befehlen, heißen zu
tun usw.), wobei als dessen Subjekt in der Regel Gott auftritt, während der
Mensch das Objekt ist. Dementsprechend hat das Substantiv *miṣwā* die
Bedeutungen: das von Gott ausgehende, einzelne Gebot oder die Summe aller
von Gott erteilten Gebote, aber auch der vom Menschen erteilte Auftrag.[229]
Während im deuteronomistischen Geschichtswerk mit *miṣwā* fast ausschließlich die Gesamtheit der von Gott ausgehenden Gebote bezeichnet wird (1 Reg.
2,3; 3,14 u.a.), geht im Chronikbuch die *miṣwā* vorwiegend (in 60 % aller
Fälle) vom Menschen aus – von Mose und den Propheten (2 Chr. 8,13;
29,25 u.a.), hauptsächlich aber von den Davididen – und bezeichnet die einzelne und einmalige Verordnung oder den Befehl des Königs, z.B. in bezug
auf die Organisation der Priesterschaft, die Regel für das Opfer, die Passa-
Feier usw. (2 Chr. 8,14ff.; 29,15 u.a.), aber auch in anderen Bereichen. So
wurde der Priester Sakarja „nach *miṣwā* des Königs (Joas) gesteinigt" (2 Chr.
24,21).
    Der Chronist erfaßt *miṣwā* bevorzugt als eine Erscheinung des menschli-
chen Bereichs. Diese Beobachtung wird auch durch ein anderes Schlüsselwort
des juristischen Vokabulars des Chronikbuchs bestätigt, und zwar durch den
Terminus *mišpāṭ*, der Schiedsspruch, Rechtsentscheid, -bestimmung, -sache,
-streit, -anspruch, Recht; Gemäßheit, richtige Ordnung, Wahrheit; Frieden,
Gerechtigkeit usw. bedeutet und als Korrelat für das altägyptische *ma'at* und
mesopotamische *kittum(u) mīšarum* betrachtet werden kann.[230] Die Untersuchung sämtlicher 22 auftretender Fälle von *mišpāṭ* im Chronikbuch bezeugt,

---

228  T. Willi, Thora in den biblischen Chronikbüchern, 102ff.; vgl. G. Östborn, Tōrā in the
     Old Testament, 22ff.; D. Timpe, Moses als Gesetzgeber, 67-68, u.a.
229  A. Jepsen, Israel und das Gesetz, 87-94.
230  A. Jepsen, Israel und das Gesetz, 87-94; W.A.M. Benken, Mišpāṭ, 30; D. Timpe, Moses
     als Gesetzgeber, 67-68; M. Weinfeld, mišpāṭ wĕṣṣĕdāḳā bĕyiśrāʾēl wĕbĕʿamîm, 2ff., u.a.

daß dieser Terminus vorwiegend in Stücken (20mal) des chronistischen Eigenguts erwähnt wird und dort am häufigsten (1 Chr. 6,17; 15,13 u.a.) die Bedeutung „der richtige, gute Weg, das richtige, gerechte Gesetz" als eine gewisse autonome Gegebenheit hat.

Die Übersicht über diese Schlüsselwörter wie auch einige andere Wörter des juristischen Vokabulars des Chronisten bezeugt, daß ihre Semantik auch ethische Aspekte impliziert, was in Hinsicht auf die genetische und funktionelle Affinität zwischen Religion, Recht und Moral augenscheinlich ist. Zugleich aber weisen die Angaben der Tabelle 19 darauf hin, daß in der alttestamentlichen Geschichtsschreibung auf konzeptioneller und terminologischer Ebene ein Prozeß der Absonderung der moralischen Werte und Normen als einer besonderen Form des menschlichen Bewußtseins, als eines speziellen Bereichs des menschlichen Tuns und Denkens im Gang war. Hierbei ist aber auffällig, daß sich im zeitlichen Ablauf das Eigengewicht des ethischen Vokabulars in den alttestamentlichen Geschichtswerken verringert (Tabelle 19), was vielleicht damit zusammenhängt, daß sich in nachexilischer Zeit die Ethik als spezieller Bereich herausbildete, der seinen Ort vor allem in der Weisheitsliteratur hatte. Dadurch entstand eine gewisse Differenzierung der „Interessensphären" zwischen Geschichtsschreibung und Weisheitsliteratur.

Für diese Annahme spricht auch der äußerst unterschiedliche Häufigkeitsgrad gewisser Schlüsselwörter des ethischen Vokabulars im Chronikbuch und im markantesten Repräsentanten der vor-nachexilischen alttestamentlichen Weisheitsliteratur, in den Proverbien,[231] wobei berücksichtigt werden muß, daß das letztere Textstück mit 915 Versen kaum mehr als halb so groß ist wie das Chronikbuch (1765 Verse). Ein grundlegendes Wort des ethischen Vokabulars des Alten Testaments ist *ṭôb*,[232] das als Adjektiv die Bedeutungen: fröhlich, angenehm, erwünscht; in Ordnung, brauchbar, qualitativ gut, zweckmäßig; schön, freundlich, gütig, gut im Wesen, sittlich gut, hat, während es als Substantiv (auch in der Form *ṭôbā*) das Beste, Wohlstand; Schönheit; Fröhlichkeit; Güte, Wohlwollen, das widerfahrene Gute, Glück, Heil; das von Gott geschenkte Glück, Besitz, Segen, Heil usw. bedeutet. In den Proverbien wird dieser religiös und ethisch-ästhetisch relevante Terminus 62mal erwähnt, im Chronikbuch nur 31mal und aussschließlich als Adjektiv. Ein anderes grundlegendes Wort des alttestamentlichen ethischen Vokabulars ist *yāšār-yošer*, das als Adjektiv gerade, gestreckt, eben; richtig, recht, gerecht, aber als Substantiv Geradheit; Redlichkeit, Rechtschaffenheit, das Rechte; Abmachung (im Plur.) bedeutet und in den Proverbien 25mal vorkommt, im Chronikbuch dagegen nur elfmal. Obwohl die ethische Problematik demnach im chronistischen

---

231 R.N. Whybray, The Intellectual Tradition in the Old Testament, 55-61; J.A. Emerton, Wisdom, 228-231; J.G. Williams, Proverbs and Ecclesiastes, 263-276; H.D. Preuß, Einführung in die alttestamentliche Weisheitsliteratur, 31-68; H.C. Washington, Proverbs and Post-Exilic Society, 63-64, u.a.

232 M. Fox, Ṭôb as Covenant Terminology, 41-42.

Weltbild einen nur begrenzten Raum einnimmt, fehlt sie dort nicht gänzlich. Darum muß auch das Erfassen der ethischen Werte und Normen im Chronikbuch betrachtet werden.

Im alttestamentlichen ethischen Vokabular sind die Begriffe *ṣedeḳ-ṣĕdāḳā* und *ḥesed* besonders wichtig. Der erste Begriff mit den Bedeutungen Gemeinschaftstreue, gemeinschaftstreues Verhalten, Handeln; das Rechte, Richtige, Rechtlichkeit; Rechtsausspruch, gerechte Taten, Gerechtigkeit des Menschen; göttliche Gerechtigkeit als Gnade, Huld[233] wird im Alten Testament insgesamt 500mal erwähnt, davon 83mal in den Proverbien, im Chronikbuch jedoch nur sechsmal. Dort bezeichnet er zuweilen die göttliche Gerechtigkeit – „... und sie sagten, Jahwe ist gerecht (*ṣāddiḳ yhwh*)" (2 Chr. 12,6) –, aber viel häufiger die irdische, menschliche, mit der semantischen Nuance „juristisch" versehene Gerechtigkeit der Könige David und Salomo wie in folgendem Beispiel: „Und es herrschte David über ganz Israel, und er handhabte Recht und Gerechtigkeit (*mišpāṭ uṣĕdāḳā*) für all sein Volk" (1 Chr. 18,14; vgl. 2 Chr. 9,8 u.a.).

Analog wird im Chronikbuch auch das Wort *ḥesed* erfaßt, das im Alten Testament die Bedeutungen: Gemeinschaftspflicht, Loyalität; frommes, gottgefälliges Tun, Leistungen des Menschen, Treue, Güte, Huld Gottes gegenüber Menschen, besitzt.[234] Der Chronist benutzt dieses Wort 15mal und bezeichnet damit zuweilen, besonders in den der deuteronomistischen Vorlage entnommenen Stücken (1 Chr. 17,13 – 2 Sam. 7,15; 2 Chr. 1,8 – 1 Reg. 3,6 u.a.) die von Gott dem Menschen – David, Salomo u.a. – erwiesene Huld, Güte usw. Aber viel häufiger, vor allem in Stücken des chronistischen Eigenguts, ist *ḥesed* eine moralische Norm des nur-menschlichen Bereichs. So ist z.B. die durch den König Joas veranlaßte Ermordung seines Wohltäters Jojada besonders ruchlos, weil „der König Joas nicht der Wohltat (*haḥesed*) gedachte, die ihm Jojada erwiesen hatte" (2 Chr. 24,22 u.a.).

Und noch eine abschließende Beobachtung.[235] Ein Blick auf Tabelle 20 zeigt, daß im Chronikbuch ein offensichtlicher Zusammenhang zwischen der Vollständigkeit bzw. Nichtvollständigkeit des Schemas der königlichen Tätigkeit und der Bewertung des Königs besteht. Das „vollständige" Handlungsschema dominiert in Erzählungen über die positiv bewerteten Könige (Nr. II, III, VI, VII, XII, XV u.a., in Tabelle 20), während für Erzählungen über die negativ bewerteten Könige (Nr. I, IX, XVII, XIX, XX u.a.) ein „nicht vollständiges" Handlungsschema kennzeichnend ist. Das bedeutet, daß im Chronikbuch die Handlung, ihr Ausmaß und ihre Intensität, eines der ausschlaggeben-

---

233  Ch.C. McCown, Man, Morals and History, 235-237; I.J. Efros, Ancient Jewish Philosophy, 100-107; F. Crüseman, Jahwes Gerechtigkeit (ṣĕdāqā/ṣädäq) im Alten Testament, 427-450; G. Gerleman, Das übervolle Maß, 154-156; M. Weinfeld, mišpāṭ wĕṣṣĕdāḳā bĕyiśrā'ēl wĕbĕ'amîm, 18, u.a.

234  W. Zimmerli, ḥsd im Schrifttum von Qumran, 439-449; A.H. Kenik, Code of Conduct for a King, 395; G. Gerleman, Das übervolle Maß, 151-154; C.F. Whitley, The Semantic Range of Ḥesed, 519-526, u.a.

235  J.P. Weinberg, Der König im Weltbild des Chronisten, 431-432.

den Kriterien für die Bewertung des in erster Linie als Mensch erfaßten
Königs war.

### 6. Gott und das Göttliche im Weltbild des Chronisten

Zu den loci communes der modernen Geschichtswissenschaft gehört die
Ansicht über die prinzipielle Unterschiedlichkeit und Gegensätzlichkeit des
seinem Wesen nach theozentrischen altnahöstlichen geschichtlichen Denkens
und des grundsätzlich anthropozentrischen geschichtlichen Denkens der
Antike. Aber gegen dieses Konzept können zumindest zwei Einwände vorgebracht werden. Der erste besteht darin, daß trotz der zweifellos dominierenden
humanistischen, anthropozentrischen Einstellung des antiken geschichtlichen
Denkens auch ihm Vorstellungen von der Einmischung der Götter in die irdischen Geschehnisse mit bestimmten Auswirkungen oder von der göttlichen
Prädestination keineswegs fremd sind:[236] „Soll ich meine Meinung darüber
äußern, so hat die Gottheit das so gefügt, um durch ihren [der Troer] völligen
Untergang den Menschen zu bedeuten, daß die Götter über großes Unrecht
auch schwere Strafen verhängen" (Her. 11,120). Der zweite Einwand besteht
in dem Hinweis, daß alles oben über die Bedeutung und Rolle der Dinge, des
Menschen und der menschlichen Gemeinschaften, des Königs und anderer
Phänomene aus dem menschlichen Bereich in der geschichtlichen Handlung
Gesagte ein spürbares, im zeitlichen Ablauf zunehmendes Interesse der nahöstlichen Geschichtsschreibung der Mitte des 1. Jt. v.u.Z. für den Menschen,
also einen offensichtlichen anthropozentrischen, humanistischen Trend[237]
bezeugt, der sich markant im Chronikbuch äußert.

Darum sollen im folgenden die Bedeutung und Rolle des Göttlichen im
chronistischen Weltbild, das Spezifikum des chronistischen Erfassens des
Göttlichen und die Erkenntnisse des Chronisten über die Einflußnahme Gottes
und des Göttlichen auf die geschichtliche Handlung untersucht werden.
Obwohl man mit J. Goldingay sagen kann,[238] daß es nicht zulässig ist, im alttestamentlichen Glauben ein einziges zentrales Problem oder auch nur Schlüs-
selkonzept herauszustellen, kann man sagen, daß für den Jahwismus wie für
alle Religionen die Beziehung „Gott/Götter – Mensch, Mensch – Gott/Götter"
der Kern und die Grundlage ist.

Diese Beziehung ist ein kompliziertes, mehrschichtiges System, das erstens
zwei aufeinander zukommende Kommunikationslinien umfaßt, von denen

---

236  H. Strasburger, Die Wesensbestimmung der Geschichte durch die antike Geschichts-
     schreibung, 31-32; A. Momigliano, Greek Historiography, 6-8; The Legacy of Greece,
     162-163; Ch.W. Fornara, The Nature of History in Ancient Greece and Rome, 77-79, u.a.
237  J.P. Vejnberg, Roždenije istorii, 205-206.
238  J. Goldingay, Diversity and Unity in Old Testament Theology, 153-154.

jede ihre Besonderheiten hat. Zweitens wirken in dieser Beziehung zahlreiche unterschiedliche Mittler, vom Menschen (König, Priester, Prophet u.a.) an bis zu den fastgöttlichen Wesen (Engel, Satan u.a.). Diese Beziehung impliziert drittens verschiedene Handlungen (Rituale) und besitzt viertens auch bestimmte Punkte in Zeit (Feste) und Raum (Heiligtum, Tempel usw.), an denen sie sich besonders intensiv äußert und wirkt. Obwohl diese Komponenten nicht das Wesen der Beziehung „Gott – Mensch, Mensch – Gott" erschöpfen, können sie als Grundlagen für die Klassifikation des religiösen Vokabulars in der alttestamentlichen Geschichtsschreibung dienen (Tabelle 21).

## Tabelle 21

| Phänomen | Jahw.-Eloh. | Deuteron. | Esr.-Neh. | Chron. |
|---|---|---|---|---|
| Das Göttliche (im Ganzen) | 13 % | 13 % | 19 % | 19,4 % |
| Die Götter: | 2 % | 2 % | 3,1 % | 2,2 % |
| der jahwist. Gott | 1,3 % | 1,3 % | 2,7 % | 1,1 % |
| die nichtjahwist. Götter | 0,2 % | 0,1 % | 0,2 % | 0,2 % |
| Götzenbild | 0,5 % | 0,6 % | 0,2 % | 0,9 % |
| Die fast-göttlichen Wesen | 1 % | 0,8 % | 1,4 % | 1,2 % |
| Priester und Propheten: | 1,1 % | 1,1 % | 1,8 % | 2 % |
| jahwist. Priester | 0,8 % | 0,5 % | 1,2 % | 1,3 % |
| jahwist. Propheten | 0,1 % | 0,3 % | 0,6 % | 0,6 % |
| nichtjahwist. Priester | 0,2 % | 0,3 % | - | 0,1 % |
| Ritual: | 3,8 % | 2,8 % | 5,2 % | 4 % |
| Gebet | 0,7 % | 0,6 % | 0,8 % | 0,6 % |
| Opferung | 2,3 % | 1,5 % | 2,8 % | 3,6 % |
| Fest | 0,1 % | 0,4 % | 1,3 % | 0,8 % |
| Tempel, Heiligtum | 5 % | 5,9 % | 6,2 % | 9,2 % |

Die Angaben dieser Tabelle bezeugen einen beträchtlichen Zuwachs (um 6 %) des religiösen Vokabulars in den Büchern Esra – Nehemia und im Chronikbuch, was mit dem regen religiösen Leben, mit dem aktiven religiösen Suchen der nachexilischen Zeit übereinstimmt.[239]

---

239 P.D. Hanson, Israelite Religion in the Early Postexilic Period, 485-508; P.R. Ackroyd, The Chronicler in His Age, 126ff., u.a.

Die Vorstellung und der Begriff vom Tempel bei den Menschen des mythologischen Denkens, seine Stellung und Bedeutung in den mythologischen
Weltmodellen und Weltbildern werden von den grundlegenden Eigentümlichkeiten dieses Denkens, insbesondere vom Erfassen des Weltalls, des Raumes
(S. 265ff.) bestimmt. In diesen Weltmodellen und Weltbildern fungiert der
Tempel häufig als Verkörperung der notwendigen Mitte, der Achse des geordneten Raums, als Treffpunkt seiner vertikalen und horizontalen Organisation
und besitzt infolgedessen eine ausgesprochene Sakralität.[240] Aber zugleich ist
dem Tempel auch die Funktion der Grenze als Schwelle und Übergang eigen,
denn als Verkörperung der Weltmitte gehört er gleichzeitig zum Himmel, dem
Bereich des Göttlichen, und zur Erde, dem Bereich des Menschlichen, was
den Tempel zum bevorzugten oder ausschließlichen Ort der Verwirklichung
der Beziehung „Gott/Götter – Mensch, Mensch – Gott/Götter" macht. Diese
Vorstellungen waren auch in der nahöstlichen Geschichtsschreibung der Mitte
des 1. Jt. v.u.Z., inkl. der alttestamentlichen, noch lebendig, obwohl sich dort
im zeitlichen Ablauf mehr und mehr die Auffassung von der Verbundenheit
des Tempels mit dem Bereich des Menschen durchsetzte.[241]

Die Angaben der Tabelle 21 bestätigen die These M. Harans,[242] daß „The
temple is the most conspicuous and prominent of all cultic institutions in
ancient Israel and, for the matter, in the ancient Near East as a whole", wobei
besonders kennzeichnend das im zeitlichen Ablauf zunehmende Eigengewicht
des Tempel-Vokabulars in der alttestamentlichen Geschichtsschreibung ist.
Diese Tendenz erreicht ihren Höhepunkt im Chronikbuch, was mit der so
wichtigen Stellung und Rolle des Jerusalemer Tempels in der Struktur und im
Leben der nachexilischen Bürger-Tempel-Gemeinde übereinstimmt.

Sämtliche alttestamentliche Termini mit der Bedeutung „Altar, Tempel,
Heiligtum" verteilen sich auf drei semantische Felder: Zum semantischen
Feld „Ort, Ortschaft, Wohnort" gehören die Termini *māḳôm* (Raum, Gegend,
Standort; Ort, Stelle, Platz, Ortschaft; Wohnort; heilige Stätte), *miškān* (Wohn-
statt des Menschen; Wohnstatt Jahwes; die Stiftshütte, das Zentralheiligtum),
*mā'ôn* (Lager von Tieren; Wohnung des Menschen und Gottes) und *bāmā*
(Rücken; Anhöhe; Grabstätte, Kulthöhe), deren ursprüngliche Bedeutung
etwas Naturhaftes, auch vom Menschen Gebildetes, jedenfalls ausgesprochen
Profanes impliziert; das Profane, aber nur vom Menschen Geschaffene ist
auch den Wörtern des zweiten semantischen Feldes – *'ohel* (*mô'ēd*) (Zelt,
Zeltbewohner; Zelt des Sichtreffens, der Begegnung; Stiftshütte), *hêkāl*
(Palast; Tempel, Hauptraum des Tempels) und *bayit* (agnatische Gemein-

---

240  R. Patai, Man and Temple in Ancient Jewish Myth and Ritual, 54ff.; E. Leach, The Gate-
     keepers of Heaven, 243ff.; J.M. Lundquist, What is a Temple? 205-219; M. Haran,
     Temples and Temple-Service in Ancient Israel, 13ff.; V.(A.) Hurowitz, I Have Built You
     an Exalted House, 322-337, u.a.
241  J.P. Vejnberg, Roždenie istorii, 208-215.
242  M. Haran, Temples and Temple-Service in Ancient Israel, 1.

schaft; Behälter; Aufenthaltsort; Wohnhaus, Palast; Tempel) – eigen; das dritte
semantische Feld bilden die Wörter *mizbēaḥ* (Altar) und *miḳdāš* (heilige
Abgabe, Heiligtum), die ab ovo etwas nur der Sphäre des Sakralen Angehö-
rendes bezeichnen.[243]

Eine Übersicht über das chronistische Tempel-Vokabular zeigt, daß der Geschichtsschreiber offensichtlich die Wörter des zweiten semantischen Feldes
bevorzugt. Der Terminus par excellence für den Jerusalemer Tempel im Chronikbuch ist *bayit* (210 Erwähnungen), der besonders deutlich die Bindung dieses Phänomens an den Menschen zum Ausdruck bringt. Da der Chronist auch
andere Termini des zweiten semantischen Feldes mit einer gewissen Vorliebe
verwendet – das Wort *hêkāl* kommt im Chronikbuch siebenmal vor (und nur
zwölfmal im viel umfangreicheren deuteronomistischen Geschichtswerk),
*miškān* achtmal (und nur einmal im deuteronomistischen Geschichtswerk)
usw. –, so kann mit Recht gefolgert werden, daß im chronistischen Weltbild
die Verbundenheit des Tempels mit dem Bereich des Menschlichen ausdrücklich hervorgehoben werden soll. Dies belegen darüber hinaus die besonders in
Stücken des chronistischen Eigenguts zahlreichen weitläufigen und ausführlichen Beschreibungen der Vorbereitungen Davids für den Tempelbau, der Re-
novierungen des Tempels durch Joas, Manasse, Josia u.a. Für alle
chronistischen Beschreibungen der Arbeiten am Tempel ist eine Steigerung
der Rolle des Menschen bei dieser Tätigkeit kennzeichnend, wobei es nicht
nur die Könige sind, die ausschlaggebend wirken – so z.B. David („… und
David bereitete viel Eisen …", „Und ich (David) habe aus allen Kräften vorbereitet für das Haus Gottes Gold …", 1 Chr. 22,3ff.; 29,2ff. u.a.) und Salomo
(„Und Salomo fing an zu bauen das Haus Jahwes in Jerusalem", 2 Chr. 3,1ff.)
u.a. –, sondern auch weniger hochgestellte Menschen wie z.B. „der weise
Mann (*ʾîš ḥākām*", 2 Chr. 2,12-13), dem der Chronist eine größere Rolle am
Tempelbau beimißt, als es der deuteronomistische Geschichtsschreiber tut.

In diesem Zusammenhang ist die Verwendung des Terminus *tabnît* (Bild,
Urbild, Abbild, Modell, Bauplan) durch den Chronisten auffällig, der zusammen mit den Wörtern *dĕmût* und *ṣelem* das Konzept der Imago Dei ausdrückt
und z.B. in der Priesterschrift (Ex. 25,9.40 u.a.) das himmlische, göttliche
Abbild oder Urbild des Tempels, resp. der Stiftshütte bezeichnete.[244] Aber
*tabnît* ist im Alten Testament auch das vom Menschen geschaffene Bild,
Modell, der Bauplan, und in dieser Bedeutung wird es dort häufig sehr negativ
bewertet (Dt. 4,16.17.18; Ez. 8,3.10 u.a.). Im Chronikbuch dagegen, hauptsächlich in Stücken des chronistischen Eigenguts, wird die von David an
Salomo übergebene „*tabnît* der Halle (des Tempels)", die „*tabnît* des Wagens

---

243 R. de Vaux, Ancient Israel, 2, 274ff.; K.D. Schunk, Zentralheiligtum, Grenzheiligtum
und ‚Höhenheiligtum' in Israel, 132-140; M. Haran, Temples and Temple-Service in
Ancient Israel, 13ff., u.a.
244 R.G. Hamerton-Kelly, The Temple and the Origins of Jewish Apocalyptic, 1-15; T.N.D.
Mettinger, Abbild oder Urbild? 403-424, u.a.

der goldenen Cheruben ..." (1 Chr. 28,11.18) ausgesprochen positiv bewertet. Obwohl festgestellt wird: „Alles dies steht in einem Schriftstück von der Hand Jahwes, das mich (David) in allen Arbeiten der *tabnît* unterwies" (1 Chr. 28,19), womit die göttliche Provenienz des *tabnît* anerkannt wird, schließt das die Teilnahme des Menschen David am Schaffen der *tabnît* nicht aus: „... die *tabnît* von allem, was im Geist (*rûaḥ*) mit ihm (David) war" (1 Chr. 28,12). Es scheint, daß im Chronikbuch stärker als in anderen alttestamentlichen Geschichtswerken der Charakter des Tempels als Menschenwerk hervorgehoben ist.

Die Gesamtheit der alttestamentlichen, archäologischen und epigraphischen Angaben bestätigt die ungehinderte Existenz und das rechtmäßige Funktionieren zahlreicher jahwistischer Altäre, Heiligtümer und Tempel in vorexilischer und auch in nachexilischer Zeit.[245] Im Unterschied zum deuteronomistischen Geschichtswerk, wo nicht selten ohne expliziten Vorbehalt und entsprechend der vorexilischen Wirklichkeit die jahwistischen Heiligtümer in Silo und Bet-el, Dan u.a. erwähnt werden (1 Sam. 1,3ff.; 13,1ff. u.a.), nennt der Chronist nur das Heiligtum in Gibeon, und dies auch nur vor der Errichtung des Jerusalemer Tempels (1 Chr. 16,39; 21,29; 2 Chr. 1,3 u.a.). Der Chronist vermeidet konsequent jede Erwähnung jahwistischer Heiligtümer neben dem Jerusalemer Tempel, vertritt also das Prinzip „ein Gott ein Tempel", das mehr den Erwartungen und Forderungen, der religiösen Atmosphäre der nachexilischen Bürger-Tempel-Gemeinde entsprach als der vorexilischen Wirklichkeit.

Für den altnahöstlichen Menschen war es offensichtlich, daß der Tempel der Wohnort der Gottheit ist, aber für den alttestamentlichen Menschen war infolge der im zeitlichen Ablauf zunehmenden antiidolatrischen Orientierung des Jahwismus (S. 251-257) die Frage nach der funktionellen Bestimmung des Tempels nicht eindeutig zu beantworten. Obwohl die in der alttestamentlichen Geschichtsschreibung vorkommende Vorstellung vom Tempel als einem Wohn- bzw. Aufenthaltsort Gottes zuweilen auch im Chronikbuch anzutreffen ist (2 Chr. 7,12 u.a.), dominiert dort das Konzept, daß der Himmel der eigentliche Wohnort Gottes ist, während der Jerusalemer Tempel als „das Haus des Namens Jahwes" betrachtet wird (1 Chr. 22,7; 28,3; 2 Chr. 6,33 u.a.).

Unabhängig davon, in welcher Form sie sich äußert, bedingt die Anwesenheit Gottes im Tempel dessen hervorragende Rolle und Bedeutung im altnahöstlichen Leben. Man kann mit J.M. Lundquist sagen,[246] daß „the temple is the central organizing, unifying institution in ancient Near Eastern society". Aber im Chronikbuch figuriert der Jerusalemer Tempel bevorzugt nur als Stätte für Opfer und Gebet und äußerst selten, faktisch nur in der Beschreibung des

---

245 R. de Vaux, Ancient Israel 2,289ff.; V.D. Schunk, Zentralheiligtum, Grenzheiligtum und Höhenheiligtum, 132ff.; M. Haran, Temples and Temple-Service in Ancient Israel, 43ff.; J.S. Holladay, Religion in Israel and Judah Under the Monarchy, 249-299, u.a.
246 J.M. Lundquist, What is a Temple? 212.

Staatsstreiches des Priesters Jojada (2 Chr. 23,1ff. – 2 Reg. 11,4ff.), erscheint
der Tempel auch als Stätte nichtreligiöser Handlungen. Ein solches Verständnis der Rolle und der Bedeutung des Jerusalemer Tempels entsprach mehr der
tatsächlichen Stellung dieser Institution in der nachexilischen Bürger-Tempel-
Gemeinde, jedenfalls bis Ende des 5., Anfang des 4. Jh. v.u.Z., als derjenigen
in vorexilischer Zeit.

„Jede Feier", schrieb M. Bachtin,[247] „ist eine sehr wichtige primäre Form
der menschlichen Kultur. Der Feier ist stets ein essentieller, sinnvoller, welt-
anschaulicher Inhalt inhärent", denn sie ist ein Zeitabschnitt der besonders
engen Verbundenheit mit der Sphäre des Sakralen. Die Feier fixiert und reproduziert ein archetypisches, paradigmatisches Geschehnis oder Phänomen der
Urzeit, versichert dadurch deren Fortdauer und Erneuerung.[248] Ein solches
Verständnis der Feier ist auch in der nahöstlichen Geschichtsschreibung der
Mitte des 1. Jt. v.u.Z., inkl. der alttestamentlichen, anzutreffen.[249] Aber für die
letztere sind im zeitlichen Ablauf eine zunehmende Humanisierung, Histori-
sierung und Verstaatlichung der Feier kennzeichnend. Diese Tendenzen, vor
allem das Moment der Humanisierung und dasjenige der Verstaatlichung,
äußern sich prägnant im Chronikbuch.

Die Angaben der Tabelle 21 bezeugen gegenüber dem deuteronomistischen
Geschichtswerk eine Verdoppelung des Fest-Vokabulars im Chronikbuch.
Noch überzeugender ist ein Vergleich der Frequenzgrade der Festtermini:
Während im umfangreicheren deuteronomistischen Geschichtswerk das
Grundwort dieses Vokabulars ḥag (Umgang, Reigen; Fest) nur fünfmal vor-
kommt, erwähnt es der Chronist neunmal, Sabbat wird in diesen Werken ent-
sprechend sechs- und zehnmal erwähnt, *Passa-Mazzot* vier- und 24mal usw.
Berücksichtigt man dazu noch die Tatsache, daß der Chronist dem Topos der
Feier umfangreiche Eigengutstücke (2 Chr. 29,30-30,27; 35,1-19 u.a.) wid-
met, ist die Schlußfolgerung berechtigt, daß das Phänomen „die Feier", besonders der Sabbat-Tag und das Passa-Fest, für den Geschichtsschreiber und sein
Auditorium sehr wichtig war.

Hierbei ist es auffällig, daß es der Chronist in keiner der zahlreichen
Erwähnungen des Sabbats, nicht einmal in einer der so ausführlichen
Beschreibungen des Passa-Festes für notwendig hält, die Ätiologien dieser
Feier anzuführen. Ein derart konsequentes Verschweigen religiös-weltan-
schaulich relevanter Topoi kann kaum ein Zufall sein. Zwei Erklärungen kön-
nen dafür angeführt werden. Der Chronist schweigt über die Herkunft dieser
Feste, weil sie bereits etabliert waren und darum eine Betrachtung dazu über-
flüssig war, oder die verschwiegenen Ätiologien enthielten etwas, das den

---

247  M.M. Bachtin, Tvorčestvo Fransua Rable i narodnaja kuljtura srednevekovja i Renes-
     sansa, 11.
248  V.N. Toporov, O rituale, 15ff.
249  J.P. Vejnberg, Roždenije istorii, 215-219.

Vorstellungen des Geschichtsschreibers und seines Auditoriums nicht entsprach. Im Gegensatz zum konsequenten Verschweigen der stets auf die göttliche Gabe der Feier des Sabbats und des Passa hinweisenden Ätiologien
beschreibt der Chronist ausführlich und mit offensichtlichem Vergnügen die
Organisation und Ausführung dieser Feier, was in seinem Werk stets eine nur-
menschliche Handlung ist. Es war David, der „alle Brandopfer für Jahwe an
Sabbaten, Neumonden und Festen ..." festlegte (1 Chr. 23,31 u.a.), es war
Salomo, der anordnete, „nach dem Gebot des Mose an bestimmten Tagen ...
zu opfern" (2 Chr. 8,13), es waren Hiskia und Josia, die solche Passafeste
organisierten, wie sie in Israel seit Zeiten nicht gefeiert wurden (2 Chr. 30,26;
35,18). Entsprechend dem grundlegenden Verständnis der Feier als der opti-
malen Zeitspanne für die Verwirklichung der Beziehung „Gott-Mensch,
Mensch-Gott", ist für den Chronisten der Sabbat an erster Stelle die Zeit für
Opfergaben (1 Chr. 9,32; 2 Chr. 2,3), und in den chronistischen Beschreibungen der Passa-Feier nehmen die Schilderungen der rituellen Verfahren einen
weiten Raum ein (2 Chr. 30,21-27; 35, 7-17 u.a.). Trotzdem ist die Feier im
Chronikbuch hauptsächlich und bevorzugt die Zeit der Zusammenkunft und
der Einigung des gesamten „Wir". Darum „sandte Hiskia hin zu ganz Israel
und Juda (ᶜal kol yiśrāᵓēl wiyĕhûdā) und schrieb auch Briefe an Efraim und
Manasse, daß sie kämen in das Haus Jahwe zu Jerusalem, Passa zu halten" (2
Chr. 30,1), eben darum sandte der König Läufer, die „von einer Stadt zur
anderen gingen" (V. 10), um zur Teilnahme an der Passa-Feier zu ermahnen,
und in Jerusalem kam „eine sehr große Gemeinde (Versammlung, ḳāhāl lārob
mĕᵓod) zusammen" (V. 13). Da die gleiche Tendenz auch die chronistische
Schilderung der von Josia organisierten Passa-Feier bestimmt (2 Chr. 35,1ff.),
kann mit Recht gefolgert werden, daß im Weltbild des Chronisten die Feier
nicht nur religiös-kultische, sondern auch religiös-politische Funktionen
erfüllte.

Während der Tempel der optimale Raum und die Feier die optimale Zeit für
die Verwirklichung der Beziehung „Gott-Mensch, Mensch-Gott" ist, ist das
Ritual eines der wichtigsten Mittel der Verwirklichung dieser Beziehung. Das
Ritual als eine feste, stereotype Aufeinanderfolge von Gesten, Wörtern und
Dingen erfüllt die grundlegende und lebenswichtige Aufgabe, mittels Imita-
tion und Reproduktion der archetypischen und paradigmatischen Geschehn-
nisse oder Erscheinungen der Ur-Vorzeiten die andauernde Existenz und das
stete Funktionieren dieser Geschehnisse oder Erscheinungen sicherzustellen.
Dementsprechend erfüllt das Ritual drei grundlegende Funktionen: Es sorgt
für den normalen Verlauf der wirtschaftlich-praktischen Tätigkeit des Individuums und der Gemeinschaft, es reguliert die traditionellen Beziehungsnor-
men innerhalb der Gemeinschaft wie auch zwischen seinen Mitgliedern und
sichert die vital notwendigen Beziehungen zwischen dem Menschen und all
jenen Kräften, von denen sein Wohlergehen abhängt, an erster Stelle die

Beziehung „Gott-Mensch, Mensch-Gott". Für die Erfüllung dieser Aufgaben besitzt das Ritual sein eigenes Verfahrensrepertoire, das hauptsächlich aus „Tun" und „Reden", aus instrumentalen und verbalen Verfahren besteht.[250]

Die Angaben der Tabelle 21 bezeugen einen gewissen Zuwachs an Eigengewicht des rituellen Vokabulars in der alttestamentlichen Geschichtsschreibung, was gewissermaßen mit der tatsächlichen Entwicklung des jahwistischen Rituals übereinstimmt. Nach Cl. Westermann sind drei zeitlich aufeinanderfolgende Stufen in der Ausbildung des jahwistischen Rituals zu unterscheiden:[251] die vormonarchische Epoche, für die eine Vielzahl von Heiligtümern und Altären wie auch eine Irregularität und Spontaneität der rituellen Handlung kennzeichnend sind, wobei das instrumentelle Verfahren dominiert; die Epoche der vorexilischen Staaten, als nur wenige Heiligtümer, insbesondere der Jahwe-Tempel in Jerusalem, als optimale Stätte der rituellen Handlung anerkannt wurden, ein mehr oder weniger regulärer Festkalender eingeführt und das Ritual weitgehend institutionalisiert und festgesetzt wurde; die exilisch-nachexilische Epoche, als das „Tun", das instrumentale Verfahren im Ritual, an Bedeutung und Verbreitung verlor, während die Rolle des „Redens", des verbalen Verfahrens, zunahm, wofür als Exempel das Ritual im Chronikbuch dienen kann.

In diesem Buch, auch in Stücken des chronistischen Eigenguts (1 Chr. 23,13; 2 Chr. 26,18; 29,31 u.a.), werden zahlreiche Opferhandlungen erwähnt, aber die chronistische Schilderung dieses instrumentellen Verfahrens unterscheidet sich merklich von derjenigen der übrigen alttestamentlichen Geschichtswerke im Blick darauf, wer die Opfer darbringt. Während in den anderen alttestamentlichen Geschichtswerken in dieser Beziehung gewisse „demokratische" Tendenzen kennzeichnend sind – es opfern Individuen und das „Wir", die Patriarchen und die Richter, die Könige und manche ihrer Untertanen –, so ist im Chronikbuch die Gruppe derjenigen, die Opfer darbringen, begrenzt und elitär. Zu dieser Gruppe gehören dort hauptsächlich, fast ausschließlich, die davidischen Könige – David und Salomo, Ussia, Hiskia und andere (1 Chr. 21,26; 2 Chr. 1,6; 26,18; 29,20ff. u.a.). Für das chronistische Verständnis des Opfers ist ein Hervorheben seiner Instituiertheit kennzeichnend, denn in der Mehrzahl der Beschreibungen wird die Teilnahme der Priester und Leviten (1 Chr. 23,13; 2 Chr. 29,16ff.; 35,2ff. u.a.) als notwendige Vorbedingung des Rituals betrachtet. In anderen alttestamentlichen Geschichtswerken wird die Opferung in erster Linie als ein situativ motiviertes oder bedingtes „Tun" angesehen – man opfert auf Grund eines Gebotes Gottes (Gen. 15,9 u.a.), als Äußerung des vom Menschen gefühlten Bedürfnisses (Jdc. 11,30ff.; 1 Sam. 1,4ff. u.a.) usw. Obwohl im Chronikbuch solche situativ motivierten und bedingten Opferungen auch vorkommen (1 Chr. 21,26; 2 Chr. 1,6 u.a.), dominieren dort institutionalisierte, reglementierte und

---

250 V.N. Toporov, O rituale, 15ff.
251 Cl. Westermann, Theologie des Alten Testaments in Grundzügen, 165-171.

normative Opferhandlungen, die nicht dem individuellen oder kollektiven Bedürfnis entspringen, sondern der Pflicht, der religiös-kultischen Norm wegen zu bestimmter Zeit und an bestimmter Stätte dargebracht werden müssen. Salomo bringt dreimal jährlich Opfergaben „nach dem Gebot des Mose" dar (2 Chr. 8,13), wobei der Chronist ausdrücklich die Instituiertheit und Normativität dieser Opferungen hervorhebt, indem er dem übernommenen deuteronomistischen Text (1 Reg. 9,25) den Hinweis: *kĕmiṣwat mošé*, hinzufügt.

In den alttestamentlichen Geschichtswerken dominieren die jedem Ritual zugrundeliegende Vorstellung und Überzeugung, daß die Opferung dazu dient, dem Menschen das göttliche Wohlwollen und die göttliche Huld zu sichern.[252] Die menschlichen Bedürfnisse und Anfragen, deretwegen Opfer dargebracht werden, sind mannigfaltig – Bitte um Theophanie und um einen Sohn, Flehen um Hilfe und Dank für die erwiesene Wohltat usw. –, was die Anerkennung des rituellen „Tuns", des rituellen instrumentellen Verfahrens als eines Mittels, Vehikels der bilateralen Kommunikation und damit die Ansicht über das dialogische Wesen der Opferung bestätigt.[253] Aber diese Schlußfolgerung darf nicht verabsolutiert werden, denn im Chronikbuch dominieren Erwähnungen von Opferungen ohne jede, zumindest ohne jede explizite Erwartung einer göttlichen „Antwort". David opferte, und Jahwe „antwortete ihm (*wayyăʿănēhû*) durch das Feuer vom Himmel auf dem Altar des Brandopfers" (1 Chr. 21,26; vgl. 2 Chr. 1,6ff. u.a.); die überreichen Opfergaben Hiskias, Josias und anderer (2 Chr. 29,21ff.; 35,7ff. u.a.) blieben jedoch ohne direkte göttliche „Antwort", es scheint sogar, daß eine solche überhaupt nicht erwartet wurde oder vorgesehen war.

Obwohl im Chronikbuch das rituelle „Tun", das instrumentelle Verfahren, breit vertreten ist, dominiert augenscheinlich das „Reden", das verbale Verfahren. Dazu ein wortstatistisches Argument: Im alttestamentlichen rituellen Vokabular ist *tĕpillā* (Gebet) einer der wichtigsten Begriffe zur Bezeichnung des verbalen Verfahrens und dieses Schlüsselwort kommt im deuteronomistischen Geschichtswerk elfmal vor, in dem Umfang nach viel kleineren Chronikbuch dagegen zwölfmal. Außerdem enthalten die chronistischen Eigengutstücke nicht wenige rituelle „Reden" (1 Chr. 29,10ff.; 2 Chr. 20,6ff. u.a.), was auf ein ausgesprochenes Interesse des Geschichtsschreibers und seines Auditoriums für das verbale rituelle Verfahren hinweist.[254]

Das verbale Verfahren ist unvermeidlich stärker individualisiert als das instrumentelle wie auch weniger institutionalisiert und reglementiert. Dementsprechend figurieren im Chronikbuch als Beter oder Bittende in erster Linie

252  J.P. Vejnberg, Roždenije istorii, 219-227.
253  Th.P. van Baaren, Theoretical Speculations on Sacrifice, 1-12; J. van Baal, Offering, Sacrifice and Gift, 161-178; Cl. Westermann, Theologie des Alten Testaments in Grundzügen, 134ff., u.a.
254  O. Plöger, Reden und Gebete im deuteronomistischen und chronistischen Geschichtswerk, 56-65; S. Japhet, ʾemûnôt wĕdēʿôt bĕsēper dibrê-hayyamîm, 217ff., u.a.

Individuen, deren rituelles „Reden" häufig ihrem Wollen und Wünschen entspringt und inhaltlich individuell-situativ bestimmt ist: Asa „rief Jahwe, seinen Gott", um Beistand gegen Feinde an (2 Chr. 14,10), auch Josaphat bittet Gott um Hilfe (2 Chr. 20,5ff.), während Hiskia zu Gott „betete", dem Volk seine Vergehen zu verzeihen (2 Chr. 30,20) usw.

Die alttestamentlichen Geschichtsschreiber, insbesondere der Chronist, waren auch der Meinung, daß das verbale rituelle Verfahren „wirksamer" als das instrumentale sei, denn während das letztere ganz häufig ohne explizite göttliche „Antwort" bleibt, werden im Chronikbuch die meisten verbalen Anreden an Gott beantwortet: Asa rief Gott um Hilfe an, und „Jahwe plagte die Kuschiter vor Asa und Juda, so daß die Kuschiter flohen" (2 Chr. 14,11); als Hiskia todkrank war, „betete er (*wayyitpallēl*) zu Jahwe" und wurde gesund (2 Chr. 32,24).

Es kann gefolgert werden, daß der Chronist das Ritual, insbesondere dessen verbale Form, als ein notwendiges und tatkräftiges Mittel der Verwirklichung der Beziehung „Gott-Mensch, Mensch-Gott" betrachtete, in der die Priester und Leviten eine bedeutende Rolle spielten.

Das allmähliche Verschwinden des mythologischen Denkens und das Aufkommen des wissenschaftlich-logischen brachten auch eine unvermeidliche Absonderung der vorher als geeint und vereint angesehenen Welten der Götter und des Menschen mit sich, was unvermeidlich das Bedürfnis nach Mittlern, Mediatoren zwischen diesen auseinandergehenden Welten, deren Rolle und Bedeutung steigerte.[255] Diese Rolle erfüllten die Priester,[256] und die Angaben der Tabelle 21 bezeugen, daß in der alttestamentlichen Geschichtsschreibung das Eigengewicht der die Priesterschaft bezeichnenden Wörter im zeitlichen Ablauf zunimmt und den Höhepunkt im Chronikbuch erreicht. Es kann kaum unsere Aufgabe sein, sich in das schwierige und umstrittene Problem der Genesis und der Struktur des jahwistischen Klerus zu vertiefen, aber mit großer Wahrscheinlichkeit kann man denjenigen Forschern beistimmen,[257] die das Vorhandensein von zwei Gruppen des Klerus – der Priester (*kohēn*) und der Leviten (*lēwî*) – in vorexilischer Zeit anerkennen, jedoch auf die Dominanz der ersten und die Zweitrangigkeit der letzteren als eines clerus minor hinweisen. Dafür sprechen auch die Angaben des deuteronomistischen Geschichtswerkes, in dem die Priester 114mal erwähnt werden, die Leviten jedoch nur dreimal. Der Wirklichkeit entsprach wahrscheinlich auch die Schil-

---

255 J.P. Vejnberg, Čelovek v kuljture drevnevo Bližnevo Vostoka, 127-128.
256 S.H. Hooke, Prophets and Poets, 7-8; V.N. Toporov, Pervobytnyje predstavlenija o mire, 19; S.N. Eisenstadt, Allgemeine Einleitung, 13ff., u.a.
257 W.W. Baudissin, Geschichte des alttestamentlichen Priestertums, 272ff.; M. Haran, kĕhunnā, kohănîm, 34ff.; ders., Temples and Temple-Service in Ancient Israel, 76ff.; S. Yeivin, lēwî, 450-460; J.Sh. Licht, lēwî, lĕwiyyim, 469-472; J. Kaufmann, tôlĕdôt haʾĕmûnā hayyiśrăʾēlît 1, 160ff.; R. de Vaux, Ancient Israel, 2, 372ff.; A.H.J. Gunneweg, Leviten und Priester, 117ff., u.a.

derung der priesterlichen Tätigkeit in diesem Geschichtswerk, wo die Priester in erster Linie religiös-kultische Funktionen ausüben – den Dienst an der Bundeslade verrichten und in verschiedenen Heiligtümern dienen, Opfer darbringen, das Volk lehren.[258] Aber der deuteronomistische Geschichtsschreiber wendet besonders große Aufmerksamkeit der politisch-staatlichen Tätigkeit der Priester zu: Samuel war ein Priester und Prophet in Silo, aber den Geschichtsschreiber interessiert hauptsächlich seine politisch-staatliche Tätigkeit als Richter und „king-maker"; Ebjatar und Zadok waren Priester, aber der Hörer/Leser erfährt hauptsächlich über ihre Wirksamkeit als führende Funktionäre der königlichen Administration und aktive Teilnehmer am Kampf um den Thron nach dem Tod Davids; Jehojada war ein Priester, aber im deuteronomistischen Geschichtswerk figuriert er nur als Organisator des Staatsstreiches von 840 v.u.Z. und als faktischer Regent des Königs Joas (2 Reg. 11,4ff.) usw. Man kann von einer gewissen Politisierung der Beschreibung der priesterlichen Tätigkeit im deuteronomistischen Geschichtswerk reden, was vermutlich der tatsächlichen Stellung und Rolle der Priester in den vorexilischen Staaten entsprach.[259]

Darum ist es um so auffälliger, daß der Chronist in seiner Beschreibung derselben Epoche und derselben Geschehnisse die Stellung und die Rolle des Klerus im vorexilischen Judäa wesentlich anders erfaßte und darstellte. Das viel häufigere Vorkommen des Terminus *kohēn* im Chronikbuch im Vergleich mit dem deuteronomistischen Geschichtswerk – 108 und 114 Fälle –, aber besonders der krasse Unterschied in der Verwendung der Termini *lēwî* – 100 und 3 Fälle –, *šo'ēr* (Torhüter) – 20 und 3 Fälle – usw. wie auch die dem Klerus gewidmeten großen Stücke des Eigenguts (1 Chr. 24-26 u.a.) bezeugen, daß für den Chronisten und sein Auditorium die Priesterschaft, insbesondere die Leviten, die Torhüter und Tempelsänger von besonderer Wichtigkeit waren.[260] Ein solches ausgesprochenes Interesse des Chronisten für die Priesterschaft, insbesondere für den clerus minor der vorexilischen Zeit, entspricht der tatsächlichen Stellung und Rolle der Priesterschaft in der nachexilischen Bürger-Tempel-Gemeinde, besonders nach 458/457 v.u.Z. Hiermit soll keineswegs behauptet werden, daß der Chronist die ihm zeitgenössische Organisation und Rolle der Priesterschaft in die vorexilische Vergangenheit rückprojiziert, aber es muß berücksichtigt werden, daß seine Darstellung des

---

258  M. Haran, kĕhunnā, kohănîm, 22-29; R. de Vaux, Ancient Israel 2, 348ff.; B.S. Childs, Old Testament Theology in a Canonical Context, 153, u.a.

259  R. de Vaux, Ancient Israel 2, 372ff.; T.N.D. Mettinger, Solomonic State Officials, 15ff., u.a.

260  G. von Rad, Das Geschichtsbild des chronistischen Werkes, 90ff.; A.C. Welch, The Work of the Chronicler, 55ff.; S. Japhet, 'emûnôt wĕdē'ôt bĕsēper dibrê hayyāmîm, 193ff.; D.L. Petersen, Late Israelite Prophecy, 55ff.; J.M. Myers, 1 Chronicles, LXVIIIff.; J.W. Wright, Guarding the Gates: 1 Chronicles 26.1-19 and the Role of Gatekeepers in Chronicles, 69-80; J.W. Kleinig, The Lord's Song, 28ff.; O. Kaiser, Der Gott des Alten Testaments 1, 213ff.; L.L. Grabbe, Prophets, Priests, Diviners and Sages in Ancient Israel, 54-62, u.a.

vorexilischen Klerus stark von der Praxis seiner nachexilischen Gegenwart beeinflußt ist. Ebenso wie sein Vorgänger, zuweilen ihn ergänzend, erzählt der Chronist von der politisch-staatlichen Tätigkeit der Priester und Leviten – ihrer Teilnahme an der Administration Davids (1 Chr. 18,16ff. u.a.), an der Gerichtsreform Josaphats (2 Chr. 19,4ff.) und an anderen wichtigen politischen Geschehnissen im judäischen Staat. Aber viel häufiger als in der politisch-staatlichen Tätigkeit erscheinen im Chronikbuch, besonders in Stücken des chronistischen Eigenguts, die Priester und Leviten als Vollzieher religiös-kultischer Handlungen – sie bedienen die Bundeslade (1 Chr. 15,2; 2 Chr. 5,4 u.a.) und vollbringen Liturgien (1 Chr. 15,16-24 u.a.), bringen Opfer dar (2 Chr. 7,6; 35,2ff. u.a.), wirken als Lehrer (2 Chr. 17, 8-9) usw. Und noch eine auffällige Besonderheit in der Darstellung der Priesterschaft im Chronikbuch: Während im deuteronomistischen Geschichtswerk nicht selten die göttliche Berufung zum Priester – Elis (1 Sam. 2,27ff.), Samuels (1 Sam. 3,4) u.a. – ausführlich beschrieben wird, übergeht der Chronist solche Berufungen mit Schweigen und akzentuiert dagegen häufig und mit Gefallen die aktive, ausschlaggebende Rolle des Menschen, des Königs bei der Organisation der Priesterschaft (1 Chr. 23,2ff. u.a.).

Für die Darstellung und das Bild der Priesterschaft im chronistischen Weltbild ist das offensichtliche Hervorheben der Bedeutung und Rolle der Priester und Leviten wie auch eine gewisse Entpolitisierung und Spiritualisierung ihrer Tätigkeit kennzeichnend, was weniger der Wirklichkeit der vorexilischen Zeit als vielmehr den Realitäten der nachexilischen Bürger-Tempel-Gemeinde entsprach.

Wahrscheinlich hatte S.H. Hooke recht, als er schrieb, daß „the priest and the prophet stand for a fundamental yet complementary antithesis in religious experience",[261] besser: in der Beziehung „Gott-Mensch, Mensch-Gott". Während die Notwendigkeit und die Entstehung des Priestertums letzten Endes auf das Ritual, d.h. auf das Mittel der Verwirklichung dieser Beziehung, zurückgehen, ist das Entstehen des Prophetentums vom Wesen dieser Beziehung, von einer ihrer grundsätzlichsten Komponenten, der göttlichen Prädestination bestimmt. Da man davon ausging, daß die göttliche Prädestination das Leben und Tun des Menschen als Individuum oder als Teil einer Gemeinschaft bestimmt, so war der Mensch daran interessiert, das ihm Vorbestimmte zu erkennen, um zu versuchen, sein Leben und Wirken dementsprechend zu organisieren. Aber das von Gott für den Menschen Vorbestimmte bleibt dem Menschen unverfügbar, und nur wenige sind es, die von Gott Berufenen und Erwählten, die infolge ihrer Berufung und Erwählung der Welt des Göttlichen angenähert sind und denen sich infolgedessen das göttliche Vorhaben teilweise eröffnet. Die Propheten sind solche von Gott erwählte charismatische Mittler, die eine große Rolle im Leben des altnahöstlichen und alttestamentli-

---

261 S.H. Hooke, Prophets and Poets, V.

chen Menschen spielten, einen weiten Raum im Weltmodell der nahöstlichen Geschichtsschreibung der Mitte des 1. Jt. v.u.Z. und in den Weltbildern der alttestamentlichen Geschichtsschreibung, inkl. des Chronikbuches, einnahmen.[262]

Man kann mit Recht der in der modernen Bibelwissenschaft[263] herrschenden Auffassung vom Vorhandensein zweier Kategorien von Propheten in Israel zustimmen – der mit Tempel und Tempeldienst verbundenen Kultpropheten und derjenigen Propheten, für die eine solche Verbundenheit nicht kennzeichnend war. Obwohl zwischen diesen beiden Kategorien keine strikte Abgrenzung bestand, erscheinen im deuteronomistischen Geschichtswerk am häufigsten die Kultpropheten – die mit dem Heiligtum in Silo verbundenen Propheten Samuel (1 Sam. 3,21ff.) und Ahia (1 Reg. 11,29ff.), der „alte Prophet" zu Betel (1 Reg. 13,11ff.) und viele andere.

Ein markantes Merkmal der alttestamentlichen Prophetie ist es, daß die Prophezeiungen nicht nur ad hoc, auf direkte Anfragen hin gegeben werden, sondern vorwiegend Ausdrücke der göttlichen Offenbarung oder des inneren Bedürfnisses des Propheten sind, was ihren Sprüchen eine gewisse Allgemeingültigkeit verleiht und die Propheten selbst in den Rang von Verkündigern des Schicksals des gesamten „Wir", des Menschen und der Menschheit erhebt. Obwohl im deuteronomistischen Geschichtswerk eben diese Form der prophetischen Verkündigung dominiert (1 Sam. 7,4ff.; 1 Reg. 11,31 u.a.), werden dort nicht selten auch prophetische Sprüche als Antworten auf direkte, konkrete Anfragen erwähnt, z.B. die Anfrage des Königs Abia an den Propheten Ahia aus Silo (1 Reg. 14,2ff.), die Anfrage der Könige Ahab und Josaphat an die 400 Propheten und an Mihajahu, den Sohn Jimlas, über den Ausgang der bevorstehenden Schlacht (1 Reg. 22,2ff.).

Eine Folge dieser primär nicht von außen initiierten, sondern innerlich bestimmten Provenienz des alttestamentlichen Prophetenspruches ist dessen fast unbegrenzte thematische Vielfältigkeit. Die alttestamentlichen Propheten sprachen über das Erhabene, Menschlich-Allgemeine, Überzeitliche usw., über die Einzigkeit und das Einssein Gottes, gegen Idolatrie und Götzendienst, hoben den Primat der ethischen Grundlagen hervor, forderten die Menschen zur Abkehr vom Bösen, zur Buße auf, redeten aber auch über das Alltägliche, Individuelle, situativ-temporal Bedingte, das Vorübergehende, z.B. über die so aktuellen und brisanten Fragen der israelitisch-judäischen Außenpolitik und Diplomatie, und dabei mit solch profundem Wissen, daß man mit N.K. Gottwald sagen kann: „… nearly all of the salient aspects of

262  A. Haldar, Associations of Cult Prophets Among the Ancient Semites, 91ff.; J. Jeremias, Kultprophetie und Gerichtsverkündigung in der späten Königszeit Israels, 1ff.; J.L. Crenshaw, Prophetic Conflict, 1ff.; R.E. Clements, Prophecy and Tradition, 8ff.; Cl. Westermann, Theologie des Alten Testaments in Grundzügen, 67-71; W. McKane, Prophecy and the Prophetic Literature, 163-188; D.L. Petersen, Late Israelite Prophecy, 13ff.; J.F.A. Sawyer, Prophecy and the Prophets of the Old Testament, 1ff., u.a.

263  H.H. Rowley, From Moses to Qumran, 118-136; J. Jeremias, Kultprophetie und Gerichtsverkündigung in der späten Königszeit, 2ff., u.a.

international relations in the ancient Near East are documented in the prophetic writings."[264] Obwohl im deuteronomistischen Geschichtswerk der erste thematisch-konzeptionelle Kreis der Prophetensprüche auch vertreten ist, dominieren dort aktuelle Sprüche ad hoc, vorwiegend über zeitlich und räumlich naheliegende, hauptsächlich innen- und außenpolitische Probleme und Ereignisse, z.B. über die bevorstehende Reichsspaltung (1 Reg. 11,29ff.), über den kommenden Dynastiewechsel im Staate Israel (2 Reg. 9,2ff.) u.a. Hierbei ist es auffällig, daß der deuteronomistische Geschichtsschreiber häufig die Propheten nicht nur in der Weise schilderte, daß sie politische Geschehnisse voraussagen, sondern auch ihre aktive und direkte Teilnahme an der Verwirklichung des von ihnen Vorausgesagten beschreibt: Der Prophet Natan sagt die Thronfolge Salomos voraus und unterstützt Salomo aktiv im Kampf um den Thron (1 Reg. 1,11ff.), Elisa kündigt nicht nur den Untergang des israelitischen Königs Ahab an, sondern fördert auch aktiv die Machtübernahme durch Jehu (2 Reg. 9,2ff.) u.a.

Obwohl die Propheten selbst sich als Charismatiker verstanden und auch als solche von ihren Hörern betrachtet wurden, nimmt die göttliche Berufung den Propheten nicht ihr menschliches Wesen, befreit sie nicht von irdischen, allgemein menschlichen Leiden, die sogar als ein notwendiges Existenz-Paradigma des „echten" Propheten Jahwe angesehen werden. Der Prophet muß stets zwei für ihn mühe- und qualvolle Prüfungen überstehen – die der Verwirklichung bzw. Nichtverwirklichung des von ihm Vorausgesagten und die hiermit verbundene Zustimmung bzw. Ablehnung seines Auditoriums.[265] Der Konflikt zwischen dem „Mann Gottes" und dem namenlosen Propheten aus Betel (1 Reg. 13,1ff.), der Wettstreit zwischen dem „Propheten Jahwes" Elia und den Propheten Baals (1 Reg. 18,19ff.), der Konflikt zwischen dem „Propheten Jahwes" Micha und den 400 „Lügenpropheten" (1 Reg. 22,6ff.) und andere analoge Schilderungen belegen, daß der deuteronomistische Geschichtsschreiber diesem für die Mentalität der vorexilischen Propheten, des gesamten vorexilischen „Wir"[266] so relevanten Aspekt der Tätigkeit und des Seins der Propheten große Aufmerksamkeit zuwandte.

Hiermit, mit der Überzeugung, daß der von Gott berufene Prophet ständig und fortlaufend seine göttliche Berufung bezeugen und bestätigen muß, ist vielleicht auch die Überfülle der symbolischen, magischen Handlungen in den prophetischen Partien des deuteronomistischen Geschichtswerks zu erklären. Der deuteronomistische Geschichtsschreiber beschreibt mit Vergnügen und Billigung die magischen Handlungen Samuels (1 Sam. 15,27ff.) und Ahias (1 Reg. 11,30ff.), die zahlreichen Wundertaten Elias und Elisas (1 Reg. 17,5ff.)

---

264 N.K. Gottwald, All the Kingdoms of the Earth, 347.

265 Sh.H. Blank, The Prophet as Paradigm, 111-130; R.P.Carroll, Ancient Israelite Prophecy and Dissonance Theory, 135-151; ders., Prophecy and Dissonance, 108-119, u.a.

266 J.P. Weinberg, Die Mentalität der Jerusalemischen Bürger-Tempel-Gemeinde des 6.-4. Jh. v.u.Z., 134-135.

und anderer, was wahrscheinlich dem tatsächlichen Stand und der Praxis der vorexilischen Prophetie entsprach,[267] aber offensichtlich dem Chronisten und seinem Auditorium nur wenig zusagte.

In der Chronikforschung wird schon seit langem auf das besondere Interesse des Chronisten für das Prophetentum, die prophetische Verkündigung und die Propheten hingewiesen.[268] Die Richtigkeit dieser Ansicht wird durch die Angaben der Tabelle 21 bestätigt, aber besonders aufschlußreich ist die Tatsache, daß der Chronist einige der „kanonischen", im deuteronomistischen Geschichtswerk erwähnten Propheten mit Schweigen übergeht, z.B. Elisa, gleichzeitig aber 15 „außerkanonische" Propheten in Stücken seines Eigenguts nennt und zitiert. Dieses Material bezeugt nicht nur die Relevanz des betrachteten Phänomens für das Weltbild des Chronisten, sondern läßt auch ein eigenes, besonderes Verständnis des Prophetentums im Chronikbuch vermuten.

Die erste Besonderheit äußert sich schon im prophetischen Vokabular des Chronisten, der das Schlüsselwort nābî (Prophet) nicht so häufig wie die Verfasser des deuteronomistischen Geschichtswerkes verwendet – 30mal gegenüber 86mal. Nach Ansicht einiger Forscher stellt der nābî eine zeitlich spätere und stärker institutionalisierte Entwicklungsstufe des Prophetentums dar und verdrängte und absorbierte erst im 9.-8. Jh. v.u.Z. die anderen Formen.[269] Auch zum Terminus ʾîš hāʾĕlohîm (Mann Gottes), der besonders prägnant die Verbundenheit der entsprechenden Person mit Gott hervorhebt[270] und durch den im Alten Testament Mose und Samuel, Elia und Elisa, David u.a. bezeichnet werden, ist die Einstellung des Chronisten eher zurückhaltend, denn er erwähnt diese Bezeichnung nur siebenmal (im Vergleich mit den 63 vorkommenden Fällen im deuteronomistischen Geschichtswerk). Häufiger als sein Vorgänger benutzt der Chronist dagegen die Termini ḥoze und roʾe (Seher) – 20mal bzw. fünfmal im Chronikbuch und nur zweimal bzw. viermal im deuteronomistischen Geschichtswerk –, die eine archaische und nichtinstitutionalisierte Form des alttestamentlichen Prophetentums bezeichnen.[271] Hierbei muß

---

267 G. Fohrer, Die symbolischen Handlungen der Propheten, 20ff.; M. Weinfeld, Ancient Near Eastern Patterns in Prophetic Literature, 179-180; A. Malamat, A Forerunner of Biblical Prophecy, 35ff., u.a.

268 G. von Rad, Das Geschichtsbild des chronistischen Werkes, 113ff.; A.C. Welch, The Work of the Chronicler, 42ff.; W. Rudolph, Chronikbücher, X-XIII; S. Japhet, ʾemûnôt wĕdēʿôt bĕsēper dibrê hayyāmîm, 154ff.; D.L. Petersen, Late Israelite Prophecy, 55ff.; I.M. Myers, 1 Chronicles, LXXVff., u.a.

269 A. Haldar, Associations of Cult Prophets Among the Semites, 108-126; P.D. Hanson, Jewish Apocalyptic Against ist Near Eastern Environment, 43-45; D.L. Petersen, The Roles of Israels Prophets, 51ff., u.a.

270 A. Haldar, Associations of Cult Prophets Among the Ancient Semites, 126-134; J.A. Holstein, The Case of ʾîš hāʾĕlohîm Reconsidered, 69-81; D.L. Petersen, The Roles of Israels Prophets, 35ff., u.a.

271 A. Haldar, Associations of Cult Prophets Among the Ancient Semites, 108-126; D.L. Petersen, The Roles of Israels Prophets, 35ff., u.a.

ausdrücklich betont werden, daß im Chronikbuch *ro'e* und *ḥoze* als eindeutig positive Erscheinungen erfaßt werden (1 Chr. 9,22; 2 Chr. 16,7.10 u.a.) im Gegensatz zu manchen Prophetensprüchen des 8.-7. Jh. v.u.Z. (Am. 7,12; Mi. 3,7; Jes. 28,15 u.a.), wo diese Termini im negativen Sinne, als Bezeichnungen der „falschen" Propheten verwendet werden.

Im Chronikbuch sind genauso wie im deuteronomistischen Geschichtswerk die meisten der erwähnten Propheten – Natan, Gad, Ahia, Jesaja u.a. – sozusagen „Professionelle", die mehrmals als Propheten auftreten, bei denen das Prophet-Sein den Status und die Rolle bestimmt. Dennoch sind im Chronikbuch besonders unter den „nichtkanonischen" Propheten häufig „Nichtprofessionelle" anzutreffen, d.h. Propheten oder besser Seher, die nur einmal prophetisch auftreten und deren prophetisches Wirken für sie selbst und ihre Umgebung etwas völlig Unerwartetes und Überraschendes war. Solche „nichtprofessionellen" Propheten waren Amasai, der Krieger Davids, den „der Geist (*rûaḥ*) [Jahwes] erfaßte" (1 Chr. 12,19), so daß er zu prophezeien begann, oder Jehasiel, der Sohn Saharjas von den Leviten, „... auf den der Geist Jahwes inmitten der Gemeinde niederkam" (2 Chr. 20,14) u.a. Hierbei muß bemerkt werden, daß zur Kennzeichnung der göttlichen Berufung eben dieser „nichtprofessionellen" Propheten der Chronist authentische Berufungsformeln der vorexilischen Zeit verwendete.[272]

Kennzeichnend für das chronistische Erfassen der Propheten und des Prophetentums ist auch das völlige Verschweigen sämtlicher in der deuteronomistischen Vorlage erwähnten und beschriebenen magischen, symbolischen Handlungen der Propheten.[273] Der Chronist erwähnt die Prophezeiung des Ahia über die bevorstehende Reichsteilung (2 Chr. 10,15 – 1 Reg. 12,15), aber verschweigt die im deuteronomistischen Geschichtswerk geschilderte magische Manipulation des Propheten (1 Reg. 11,29-39), der Chronist erwähnt die Heilung des Königs Hiskia (2 Chr. 32,24), aber übergeht mit Schweigen die Teilnahme des Propheten Jesaja und seine magischen Manipulationen hierzu (2 Reg. 20, 1-11) usw.

Im Chronikbuch werden auch zahlreiche Prophezeiungen ad hoc, in bezug auf aktuelle, „brennende" Fragen erwähnt, z.B. das Wort des „Gottesmannes" Schemajahu gegen die Kriegsvorbereitungen Rehabeams (2 Chr. 11,2ff. – 1 Reg. 12,22ff.), der Protest „des Propheten Jahwes, Oded ist sein Name", gegen die Versklavung der judäischen Kriegsgefangenen (2 Chr. 28, 9-15) und manche andere. Dennoch sind dort die Mahnreden mit überzeitlicher Allgemeingültigkeit (2 Chr. 15, 1-8; 24,20 u.a.) und die Aufrufe, Gott zu vertrauen (2 Chr. 19, 2-3; 20,37; 21,12-15 u.a.), häufiger. Wenn man noch berücksich-

---

272  N. Habel, The Form and Significance of the Call Narratives, 297-309; W. Richter, Die sogenannten vorprophetischen Berufungsberichte, 13ff.; B.O. Long, Prophetic Call Traditions and Reports of Visions, 494-500, u.a.

273  J. Kegler, Prophetengestalten im Deuteronomistischen und Chronistischen Geschichtswerk, 57.

tigt, daß der Chronist die Propheten ausschließlich weissagend, aber niemals aktiv und direkt politisch-diplomatisch handelnd darstellt, so drängt sich die Schlußfolgerung auf, daß im Weltbild des Chronisten die Propheten und die Prophezeiung stärker entpolitisiert und dafür stärker spiritualisiert erscheinen als im Weltbild seines Vorgängers, was im übrigen mit den Tendenzen übereinstimmt, die für das nachexilische Prophetentum kennzeichnend sind.[274]

Es ist ein markantes Merkmal sämtlicher Grenzerscheinungen, daß sie keiner eindeutigen Klassifikation unterliegen, keine beständige Stellung in der Welt und im Weltmodell einnehmen, sondern sich stets in einem Schwebe- und Zwischenzustand befinden. Hieraus folgt aber nicht, daß solche Grenzerscheinungen völlig grund- und bodenlos sind, denn jede von ihnen hat ihre bevorzugte Wirkungssphäre. Während für den Priester und Propheten, trotz der unvermeidlichen und notwendigen Verbundenheit mit der Welt des Göttlichen, die Sphäre ihrer Existenz und Tätigkeit dennoch hauptsächlich die Welt des Menschen ist, so gibt es auch Grenzerscheinungen und Wesen, die ungeachtet ihrer Kontakte mit der Welt des Menschen dennoch vorwiegend der Welt des Göttlichen angehören.

Es geht um die zahlreichen und mannigfaltigen „fast-göttlichen" Wesen, die in fast allen Religionen anzutreffen sind, deren Rolle aber in den polytheistischen und monotheistischen Religionen bei weitem nicht gleichartig ist. Während die entwickelten polytheistischen religiösen Systeme mit ihrer vielstufigen hierarchischen Organisation der Götterwelt kein besonderes Bedürfnis nach solchen „fast-göttlichen" Wesen empfanden, waren diese für dualistische und monotheistische religiöse Systeme, wo die Distanz zwischen der Welt des Göttlichen und der Welt des Menschlichen beachtlich war und mit der Zeit noch zunahm, von großer und wachsender Bedeutung.[275]

Eine Bestätigung dieser Beobachtung bietet das alttestamentliche Material, wo mehr als 20 verschiedene „fast-göttliche" Wesen figurieren, die in vier Gruppen aufgeteilt werden können: 1.) die hauptsächlich dem Himmel zugerechneten, mit Gott direkt verbundenen, als seine Boten, Emanationen usw. wirkenden, vorwiegend anthropomorph gedachten „fast-göttlichen" Wesen wie *mal'āk*, *śāṭān*, *rûaḥ* u.a.; 2.) „fast-göttliche" Wesen wie *'egel*, *kěrûb* u.a., die dem Himmel und der Erde zugerechnet sind, mit Gott vor allem situativ, seltener funktionell verbunden sind und vorwiegend zoomorph gedacht werden; 3.) die „fast-göttlichen" Wesen *nāḥaš*, *naḥuštān* (Schlange, Schlangenidol), *liwyātān* (Meeresungeheuer, Meerdrache usw.), *tānîn* (Schlange, Seedrache, Seeungeheuer) u.a., die alle der Sphäre des Unterirdischen und des Wassers zugerechnet sind, zoomorph gedacht werden und als Antagonisten

---

274  P.D. Hanson, Jewish Apocalyptic Against ist Near Eastern Environment, 57-58; D.L. Petersen, Late Israelite Prophecy, 98ff.

275  J.P. Vejnberg, Čelovek v kuljture drevnevo Bližnevo Vostoka, 145ff.; ders., Roždenije istorii, 240-243.

Jahwes auftreten, und 4.) die „fast-göttlichen" Wesen *nĕpîlîm* (Riesen), *rĕpā'îm* (Totengeister: legendäres oder reales Volk) u.a., die ausgesprochen anthropomorph gedacht werden und mit der Welt des Menschen, hauptsächlich des toten Menschen, verbunden sind.

Es kann kaum als Zufall betrachtet werden, daß der Chronist fast sämtliche Wesen der dritten und vierten Gruppe verschweigt, obwohl oder präziser weil eben diese, z.B. die Schlange, der Stier, die Riesen u.a., in mythologischen Weltmodellen, manche alttestamentliche Weltbilder eingeschlossen, sehr verbreitet und bedeutsam waren.[276] Sogar die nur zweimalige, dem deuteronomistischen Geschichtswerk entnommene Erwähnung der Refaim (1 Chr. 11,15 – 2 Sam. 23,13; 1 Chr. 14,9 – 2 Sam. 5,18) lassen diese nicht als selbständige „fast-göttliche Wesen", sondern als Komponente eines Toponyms erscheinen. Im Chronikbuch werden nur die „fast-göttlichen Wesen" der ersten zwei Gruppen erwähnt, wobei etliche Benennungen dort Schlüsselwörter sind, was auf das Interesse des Geschichtsschreibers und seines Auditoriums für diese Wesen hinweist.

Ein solches Schlüsselwort ist *kĕrûb*, das ein zoo-anthropomorphes Mischwesen, einen geflügelten Löwen mit dem Antlitz einer Frau, bezeichnet, das im alttestamentlichen Weltmodell in drei unterschiedlichen Seinsformen erscheint: *kĕrûb* ist ein im Himmel wohnendes „lebendiges" Wesen, das auf Befehl Jahwes den Eingang in Eden bewacht, Gott in den Weiten des Alls trägt und seine Allmacht ausdrückt; *kĕrûb* ist eine Komponente des archaischen Theonyms *yhwh ṣĕbā'ôt yôšēb hakkĕrubîm* („Jahwe der Heerscharen, der auf den Cheruben thront") ohne eigenständige Existenz und Funktion, und *kĕrûb* ist ein von menschlicher Hand geschaffenes dekoratives Element der Bundeslade, der Stiftshütte usw.[277] Die Analyse sämtlicher 24 vorkommender Fälle dieses Teminus im deuteronomistischen Geschichtswerk zeigt, daß dort alle drei Erscheinungsformen des Cherubs vertreten sind, während im Chronikbuch in zwölf von insgesamt 13 Erwähnungen *kĕrûb* ein handgemachtes dekoratives Element des Jerusalemer Tempels ist (2 Chr. 3,11.12; 5,7 u.a.), was in der Tat eine Ausschaltung des Cherubs als eines selbständig existierenden und funktionierenden „fast-göttlichen" Wesens im chronistischen Weltbild bedeutet.

Dem alttestamentlichen Schlüsselwort *rûaḥ* ist eine ausgesprochen dispersive Polysemie eigen, denn als Bezeichnung einer Naturkraft bedeutet es „Wind, Luft, Weltseite,"[278] in bezug auf den Menschen ist *rûaḥ* sein Atem, die

---

276  R. de Vaux, Ancient Israel, 2, 322, 333; E. Danelius, The Sins of Jeroboam Ben-Nabat, 211ff.; K.R. Joines, The Bronze Serpent in the Israelite Cult, 245-256; dies., Serpent Symbolism in the Old Testament, 1ff.; K. Jaroš, Die Stellung des Elohisten zur kanaanäischen Religion, 260-281, 352-388; M. Haran, Temples and Temple-Service in Ancient Israel, 29ff., u.a.

277  R. de Vaux, Ancient Israel 2, 301ff.; T.N.D. Mettinger, The Dethronement of Sabaoth, 19ff.; M. Haran, Temples and Temple-Service in Ancient Israel, 189ff., u.a.

278  J. Barr, The Semantics of Biblical Language, 118; E. Levine, Distinguishing 'Air' from 'Heaven' in the Bible, 97-99, u.a.

von Gott ausgehende und dem Menschen gegebene Lebenskraft, der Wille, die außerordentliche Begabung, das Gemüt usw. des Menschen.[279] Aber *rûaḥ* kann auch „eine bei der Erschaffung der Welt beteiligte Größe neben Gott,"[280] etwas „Fast-Göttliches" bezeichnen, wobei die zuletzt genannte Vorstellung von *rûaḥ* für die nachexilische Zeit und Literatur besonders kennzeichnend war. Die Überprüfung sämtlicher (15) Erwähnungen im Chronikbuch zeigt, daß *rûaḥ* mit der einen Ausnahme von 1 Chr. 9,24 (*rûaḥ* = Himmelsrichtung) im chronistischen Weltbild ausschließlich die von Gott ausgehende und den Menschen umfassende, ihm außerordentliche Handlungsfähigkeit beigebende Lebenskraft ist, die darum hauptsächlich in den prophetischen und in anderen Berufungsformeln genannt wird: „Und im ersten Jahr des Kyros, Königs von Persien, erweckte Jahwe den Geist (*rûaḥ*) des Kyros, Königs von Persien, um das Wort Jahwes durch den Mund [des Propheten] Jeremias zu erfüllen" (2 Chr. 36,22, vgl. 1 Chr. 12,19; 2 Chr. 9,4; 15,1 u.a.). Hieraus folgt, daß auch *rûaḥ* im chronistischen Weltbild kein selbständiges „fast-göttliches" Wesen ist.

Das Schlüsselwort *maľāk* (Bote) wird im Alten Testament hauptsächlich in drei Bedeutungen benutzt: Es dient erstens zur Bezeichnung eines menschlichen Boten, der von Mensch zu Mensch gesandt wird und völlig dem menschlichen Bereich angehört,[281] zweitens ist *maľāk* ein Mensch, am häufigsten der Prophet, der eine Mittler-Rolle zwischen Gott und Mensch einnimmt,[282] und drittens ist *maľāk* ein „fast-göttliches" Wesen, mit oder ohne Körperlichkeit, das dem himmlischen Kreis Jahwes angehört und die Rolle eines Mittlers zwischen Gott und Mensch innehat, ein Engel Gottes ist.[283] Im deuteronomistischen Geschichtswerk sind alle drei Erscheinungsformen des *maľāk* anzutreffen, aber am häufigsten, nämlich in mehr als 60 % aller Fälle ist er eine Erscheinung des nur-menschlichen Bereichs, während er in einem Drittel aller Erwähnungen als ein „fast-göttliches" Wesen figuriert. Für die nachexilische Epoche ist eine Verbreitung der Angelologie ein deutliches Kennzeichen,[284] aber diese Tendenz berührt den Chronisten nur wenig. Obwohl im Chronikbuch der Terminus *maľāk* zehnmal von insgesamt 17 Erwähnungen

---

279 A.J. Johnson, The Vitality of the Individual in the Thougt of Ancient Israel, 23ff.; Cl. Westermann, Theologie des Alten Testaments in Grundzügen, 64; H.W. Wolff, Anthropologie des Alten Testaments, 51ff., u.a.

280 H.F. Weiß, Untersuchungen zur Kosmologie des hellenistischen und palästinischen Judentums, 211-212.

281 M. Weinfeld, A Comparison of a Passage from the Šamaš Hymn (Lines 65-78) with the Psalm 107, 276; J.P. Vejnberg, Diplomatičeskaja praktika palestinskich gosudarstv 1 tys.do n.e., 39, u.a.

282 R. North, Angel-Prophet or Satan-Prophet? 32-67; D.L. Petersen, Late Israelite Prophecy, 42ff., u.a.

283 R. de Vaux, Ancient Israel 2,291ff.; S.L. Shearman, J. Briggs, Divine-Human Conflict in the Old Testament, 231-242, u.a.

284 M. Smith, Jewish Religious Life in the Persian Period, 252ff.; Sh. Shaked, Iranian Influence on Judaism, 314ff., u.a.

das „fast-göttliche" Wesen, den Engel Gottes bezeichnet, kann man mit S.
Japhet sagen, daß der Chronist systematisch „die in seiner Quelle vorhandenen Elemente der Angelologie abschwächt und mäßigt."[285] Das tut er z.B. in
der Beschreibung der Vernichtung des assyrischen Heeres bei den Mauern
Jerusalems, indem er an Stelle des Satzes: „Und in dieser Nacht ging aus der
malʾāk yhwh …" (2 Reg. 19,35) schreibt: „Und es sandte Jahwe einen malʾāk
…" (2 Chr. 32,21) usw. Besonders kennzeichnend ist jedoch die Tatsache, daß
in Stücken des chronistischen Eigenguts malʾāk vorwiegend – in fünf von sieben Erwähnungen (1 Chr. 19,2; 2 Chr. 35,21 u.a.) – ein rein-menschlicher
Bote ist und von Mensch zu Mensch übermittelt.

Obwohl das zum Schluß noch zu betrachtende Wort im Vokabular der alttte-
stamentlichen Geschichtsschreibung kein Schlüsselwort ist, im Chronikbuch
nur einmal erwähnt wird, verdient es unsere Aufmerksamkeit aus zwei Gründen: erstens, weil es eine in der nachexilischen Epoche religiös-weltanschauli-
che Relevanz hat, und zweitens, weil es im Chronikbuch in einer der
wichtigen Episoden der David-Erzählung erscheint. Es geht um das Wort
śāṭān, das zusammen mit dem Substantiv śiṭnā (Anklage) ein Derivat des
Verbs śṭn (anfeinden, sich widersetzen) ist und im Alten Testament die Bedeutungen: Widersacher, Gegner als Mensch; Widersacher, Gegner als „fast-göttliches" Wesen, als Satan, hat.[286] Im deuteronomistischen Geschichtswerk
figuriert śāṭān nur als Erscheinung des menschlichen Bereiches (1 Sam. 29,4;
2 Sam. 19,23), während er im Chronikbuch nur in der Beschreibung der von
David ausgeführten Volkszählung vorkommt. Die Beschreibung dieser Gott
mißfallenden Handlung[287] kommt sowohl im deuteronomistischen Geschichtswerk (2 Sam. 24,1ff.) als auch im Chronikbuch (1 Chr. 21,1ff.) vor, jedoch mit dem grundsätzlichen Unterschied, daß es sich im ersten Werk dabei
nur um eine der nicht gottgefälligen Taten Davids handelt, während es im
Chronikbuch dagegen die einzige Handlung dieser Art ist. Die deuteronomistische Beschreibung beginnt mit den Worten: „Und der Zorn Jahwes entbrannte wiederum gegen Israel und reizte David …" (2 Sam. 24,1), die
Volkszählung durchzuführen, d.h. für den Geschichtsschreiber ist Jahwe die
einzige „Ursache" des Geschehnisses, das als göttliche Strafe für das Abweichen vom „Wege Gottes" betrachtet wird. Im Chronikbuch lautet der Anfang
ganz anders: „Und der śāṭān stand wider Israel und reizte David …" (1 Chr.
21,1), wodurch der Chronist die gesamte Schuld von Gott wegnimmt und dem
śāṭān auflädt. Aber wer oder was ist dieser Satan? Nach J.M. Myers ist es der
Satan als ein „fast-göttliches" Wesen,[288] während S. Japhet der Ansicht ist, daß

---

285  S. Japhet, ʾemûnôt wĕdēʿôt bĕsēper dibrê-hayyāmîm, 126.
286  E.O. James, Ancient Gods, 276-277; R. North, Angel-Prophet or Satan-Prophet? 66-67;
     G. Fohrer, Das Buch Hiob, 82-86; P.L. Day, An Adversary in Heaven, 15ff., u.a.
287  G.E. Mendenhall, The Census List of Numbers 1 and 22, 52-66; E.A. Speiser, Census
     and Ritual Expiation in Mari and Israel, 171-186, u.a.
288  J.M. Myers, 1 Chronicles, 146-150

ein Mensch aus der Umgebung Davids gemeint ist, der ihn zu diesem Vorhaben verleitete.[289] Es ist aber noch eine andere Erklärung möglich: *śāṭān* ist der „innere Widersacher" Davids, sein Hochmut, sein Wille usw. Für diese Vermutung können folgende Argumente angeführt werden: die für den Chronisten kennzeichnende Tendenz, den Menschen, insbesondere die idealen Helden, inkl. David, als mit Willen und Wollen ausgestattete, eine Wahl treffende und die Verantwortung tragende Persönlichkeiten zu erfassen, das ständige Bestreben des Geschichtsschreibers, die innere Motivierung der Handlungen seiner Helden zu akzentuieren, die Lokalisierung der Episode von der Volkszählung gleich hinter der Beschreibung der glorreichen Siege Davids, die Hochmut und Übermut, den *śāṭān* Davids hervorrufen konnten. Aber unabhängig davon, ob der *śāṭān* im Chronikbuch als eine Erscheinung außerhalb oder innerhalb des Menschen gedacht wird, ist er dort augenscheinlich kein „fast-göttliches" Wesen, sondern eher schon ein Phänomen des nur-menschlichen Bereichs.

Es kann gefolgert werden, daß die „fast-göttlichen" Wesen im Weltbild des Chronisten einen nur geringen, marginalen Raum einnehmen und für die geschichtliche Handlung ohne sichtliche Bedeutung waren.

Kein Bibelwissenschaftler bezweifelt die Wirklichkeit des alttestamentlichen Monotheismus, aber umstritten ist nach wie vor die Frage nach seiner Entstehung und dem Charakter und Grad dieses Monotheismus in den verschiedenen Perioden alttestamentlicher Geschichte und in den unterschiedlichen alttestamentlichen Weltbildern. Im alttestamentlichen Weltmodell dominiert eine ausgesprochen antiidolatrische Einstellung, eine offensichtliche und vorherrschende Tendenz, Gott transzendent, bildlos und körperlos zu erfassen. Aber war diese Einstellung und Tendenz in allen Perioden alttestamentlicher Geschichte, in allen alttestamentlichen Weltbildern in gleicher Weise verbreitet? Im alttestamentlichen Weltmodell ist Gott der Schöpfer des Alls und des Menschen, aber ist er der Gott-Demiurg der einmaligen schöpferischen Tätigkeit und darum ein „ferner" Gott, oder ist er der Gott des vielfältigen, permanenten Wirkens und darum ein „naher" Gott, und wie wirkt sich diese Dichotomie in den verschiedenen Perioden alttestamentlicher Geschichte und in den unterschiedlichen alttestamentlichen Weltbildern aus? Die Anerkennung Gottes als Schöpfer setzt seine aktive, ausschlaggebende Einwirkung auf die Welt und auf den Menschen voraus. Aber wurde diese Einwirkung in allen Perioden alttestamentlicher Geschichte und in sämtlichen alttestamentlichen Weltbildern als eine sich mit gleicher Intensität und in denselben Sphären – der der Natur und der des Menschen – manifestierende anerkannt? Es besteht kein Zweifel, daß der eine und einzige Gott im Alten Testament und in den verschiedenen alttestamentlichen Werken mit verschiedenen Theonymen

---

289 S. Japhet, ʾemûnôt wĕdēʿôt bĕsēper dibrê-hayyāmîm, 131.

bezeichnet wird. Aber weisen diese verschiedenen Bezeichnungen auch auf
ein unterschiedliches Gottesverständnis in den verschiedenen Perioden alttestamentlicher Geschichte und in den einzelnen Weltbildern, auch im chronistischen, hin?

Alle diese Fragen sind in mehr oder weniger expliziter Form schon in zahlreichen Studien über das Chronikbuch, über die Theologie des Chronisten
gestellt und beantwortet worden.[290] Besonders beachtenswert ist die Untersuchung S. Japhets,[291] in der die vom Chronisten benutzten und verschwiegenen
Theonyme, die Einzigkeit des transzendenten Gottes und die Formen seiner
Anwesenheit in der Welt, die Beziehung „Gott-wir, wir-Gott" und andere relevante Aspekte einer vielseitigen, systematischen Untersuchung unterworfen
wurden, wobei der Topos „Jahwe, der Gott Israels", als Bestandteil eines weiteren Ganzen betrachtet und darum im Zusammenhang mit anderen Komponenten dieses Ganzen – mit dem Tempelkult, dem „Wir", dem Königtum usw.
– erörtert wird. Nur geht diese fundamentale Untersuchung von der grundlegenden Voraussetzung aus, daß „... der wirkliche Schwerpunkt dieses Werkes
(des Chronikbuches) weder der Mensch noch das Volk, sondern nur Gott ist
... Das Chronikbuch kann mit Recht eine ‚theozentrische Historiographie'
genannt werden."[292]

Nun haben aber die vorangehenden Untersuchungen einiger Bereiche des
chronistischen Weltbildes wie der Natur und der Dinge, des Menschen, der
sozialen Gruppe und des „Wir", des Königtums, Königreiches und Königs,
sogar des Göttlichen bisher keinen dominierenden Theozentrismus aufgewiesen, eher schon einen konsequenten Hang zum Anthropozentrismus.

Im Alten Testament finden sich ungefähr 20 Benennungen des jahwistischen Gottes, von denen im jahwistisch-elohistischen Werk 14 erwähnt werden, im deuteronomistischen elf, im Chronikbuch dagegen nur acht, was auf
die in der alttestamentlichen Geschichtsschreibung feststellbare Tendenz hinweist, die Anzahl der zirkulierenden Theonyme zu beschränken. Die Analyse
der vom Chronisten verschwiegenen Gottesnamen wie ʾēl, ʾēl šadday, ʾēl
ʿelyôn und ʾēl ʿôlām, ʾādôn-ʾădonay, ʾābîr und paḥad (yiṣḥāḳ) bezeugt eine
weitgehende Homogenität dieser Benennungen.[293] Fast alle diese Theonyme
kommen auch in der außeralttestamentlichen Umwelt vor; der Mehrzahl dieser Gottesnamen ist eine dispersive Polysemie eigen, und sie sind fast alle
„verkörperte", d.h. an ein bestimmtes Objekt gebundene Eigennamen; die
Mehrzahl der betrachteten Theonyme impliziert Elemente der Bildhaftigkeit,
Körperlichkeit der Gottheit, ist mit archaischen Mythologemen und Theologe-

---

290 G. von Rad, Das Geschichtsbild des chronistischen Werkes, 3-18; W. Rudolph, Chronik-
    bücher, XVIIIff.; R. Mosis, Untersuchungen zur Theologie des chronistischen
    Geschichtswerkes, 17ff.; J.M. Myers, 1 Chronicles, LXIV-LXVII; H.G.M. Williamson,
    1-2 Chronicles, 31-33; P.R. Ackroyd, The Chronicler in His Age, 273-289, u.a.
291 S. Japhet, ʾemûnôt wĕdēʿôt bĕsēper dibrê-hayyāmîm, 17ff.
292 Ibid., 17.
293 J.P. Weinberg, Gott im Weltbild des Chronisten, 170-188.

men verbunden; diese Gottesnamen sind am häufigsten in Redestücken, Mahn- und Verheißungssprüchen, in individuellen oder kollektiven Klage- und Dankliedern, Theodizeen, Gebeten usw. anzutreffen, wo der durch sie bezeichnete Gott zuweilen als der „ferne (-nahe)" Gott, Schöpfer und Herrscher des Alls und der Menschen auftritt, viel häufiger aber der strafende und rettende „nahe (-persönliche)" Gott ist, dessen Beziehung zum Menschen nicht selten durch die Opposition „Gott – der Herr, Gebieter, Mensch – der Sklave, Untertan" geprägt wird.

Eine derartige Homogenität weist darauf hin, daß die vom Chronisten verschwiegenen Gottesnamen in ihrer Gesamtheit ein gewisses einheitliches Gottesverständnis widerspiegeln, das sich im krassen Gegensatz zu manchen grundsätzlichen Merkmalen des chronistischen Weltbildes befindet: Die der Mehrzahl der verschwiegenen Gottesnamen eigene dispersive Polysemie widerspricht nicht nur dem konsequenten Hang des Chronisten zur „gesammelten" Polysemie oder Monosemie, sondern auch der von ihm angestrebten Absonderung, Distanzierung der profanen Welt von der sakralen; die Verbundenheit der verschwiegenen Gottesnamen mit archaischen Mythologemen widerspricht der konsequenten entmythologisierenden Einstellung des Chronisten; die in manchen der verschwiegenen Gottesnamen vorhandene semantische Opposition „Herr-Sklave, Gebieter-Untertan" widerspricht dem chronistischen Verständnis des „Wir" als einer Ganzheit und Einheitlichkeit usw. Darum scheint auch die Annahme berechtigt zu sein, daß das Fehlen mehrerer wichtiger alttestamentlicher Gottesnamen im Vokabular des Chronisten die Folge eines bewußten, gewollten, zielstrebigen Verschweigens war, weil diese Theonyme einige für den Chronisten und sein Auditorium unannehmbare Eigentümlichkeiten des Gottesverständnisses enthielten. Aber was für ein Gottesverständnis hatte der Chronist?

Eine Antwort auf diese Frage ist von der Untersuchung der acht vom Chronisten benutzten Gottesnamen zu erwarten. Diese Theonyme können in zwei Gruppen aufgeteilt werden – die erste umfaßt die vom Chronisten nur selten, episodisch gebrauchten und dementsprechend für ihn nicht so wichtigen Gottesnamen, die zweite diejenigen, die im Chronikbuch überwiegen und offenbar für den Geschichtsschreiber und sein Auditorium besonders wichtig waren.

Eines der Theonyme der ersten Gruppe ist die archaische, mit der Vorstellung von Jahwe als dem auf dem Cheruben-Thron sitzenden himmlischen Herrscher und Anführer der himmlischen Heerscharen, mit der Zion-Theologie und dem vorexilischen Jerusalemer Tempel verbundene Benennung *yhwh ṣĕbāʾôt*, oder nach der vollständigen Formel: *yhwh ṣĕbāʾôt yôšēb hakkĕrubîm*, in der „The concept of God is thus at once aniconic and anthropomorphic."[294]

---

294 T.N.D. Mettinger, The Dethronement of Sabaoth, 37, vgl. M. Tsevat, Studies in the Book of Samuel IV. Yahweh Ṣebaʾot, 49-58; O. Eißfeldt, Jahwe Zebaoth, 103-123; J.B. Ross, Jahwe Ṣᵉbāʾôt in Samuel and Psalms, 76-92; F.M. Cross, Canaanite Myth and Hebrew Epic, 69-71; J.A. Emerton, New Light on Israelite Religion, 3-9, u.a.

An einem solchen Gottesverständnis war der Chronist augenscheinlich nur wenig interessiert, da er diese Benennung nur dreimal (im Vergleich mit den 15 auftretenden Fällen im deuteronomistischen Geschichtswerk) erwähnt und ausschließlich in den der deuteronomistischen Vorlage entnommenen Texten (1 Chr. 11,9 – 2 Sam. 5,10; 1 Chr. 17,7.24 – 2 Sam. 7,8.27). Ein anderes Theonym dieser Gruppe ist *kābôd* (Schwere, Last; Besitz; Gewichtigkeit, Herrlichkeit, Pracht, Auszeichnung, Ansehen, Ehre, Ehrengabe; Jahwes Herrlichkeit), das der mit diesem Begriff verbundenen sogenannten *kābôd*-Theologie entstammt, die „... may be in principle regarded as a restatement of the Zion-Sabaoth theology, since according to the kābôd theology it is God, who dwells in his sanctuary"[295], und eine gewisse Körperlichkeit Gottes impliziert (die übrigens der Semantik dieses Wortes inhärent ist). Der Chronist erwähnt dieses Wort als Theonym nur viermal, und zwar ausschließlich im Zusammenhang mit der Inbesitznahme des Tempels durch Gott: „... und die Herrlichkeit Jahwes (*kābôd yhwh*) erfüllte das Haus (den Tempel)" (2 Chr. 5,14; 7,1.2.3) u.a. Es kann gefolgert werden, daß dem Chronisten diejenigen Benennungen Gottes, die deutlich die Körperlichkeit Gottes und seine ausdrückliche lokale Bindung assoziierten, wenig zusagten und er jene Theonyme bevorzugte, die eine mehr spiritualisierte, transzendente und universale Vorstellung von Gott ausdrückten.

Für diese Annahme spricht die Analyse derjenigen Gottesnamen, die im Chronikbuch Schlüsselwörter sind. Ein solches Wort ist *šēm* (Name, Benennung), das im Alten Testament auch eine mit der sog. *šēm*-Theologie verbundene, sie ausdrückende Benennung Gottes ist. Man kann mit Recht der Ansicht T.N.D. Mettingers beistimmen, daß „... the Name theology is indeed a radical theological creation,"[296] die ein stärker spiritualisiertes und die Transzendenz Gottes erfassendes Gottesbild mit sich brachte, was auch den Vorstellungen des Chronisten und seines Auditoriums offensichtlich entsprach. Jedenfalls wird dieses Theonym im Chronikbuch ungefähr 30mal erwähnt, vor allem in Stücken des chronistischen Eigenguts und fast ausschließlich in der Formel: *bayit lišĕmî* („das Haus [der Tempel] für meinen Namen, meines Namens", 1 Chr. 22,7; 28,3; 2 Chr. 1,18 u.a.).

Im gesamten Alten Testament und auch im Chronikbuch sind *'ĕlohîm* und *yhwh* wie auch *yhwh 'ĕlohîm* die am stärksten verbreiteten Theonyme. Es ist augenscheinlich, daß *'ĕlohîm* die Pluralform des gemeinsemitischen Terminus *'il – 'ēl – 'ĕlohā* ist,[297] der nicht nur als Gattungsname ohne Verkörperung in

---

295 T.N.D. Mettinger, The Dethronement of Sabaoth, 114, vgl. R. Rendtorff, Offenbarung als Geschichte, 30; Cl. Westermann, Die Herrlichkeit Gottes in der Priesterschrift, 115-137, u.a.

296 T.N.D. Mettinger, The Dethronement of Sabaoth, 79, vgl. M. Weinfeld, Deuteronomy and the Deuteronomic School, 192-198; R.E. Clements, God and Temple, 94-99; R. de Vaux, „Le lieu que Jahvè a choisi pour y établir son Nom", 219-228, u.a.

297 A. Murtonen, A Philological and Literary Treatise on the Old Testament Divine Names, 24ff.; M.H. Pope, El in the Ugaritic Texts, 1 ff.; G.H. Parke, Taylor, Yahweh, 10-17, u.a.

einer bestimmten göttlichen Gestalt im Sinne von „Götter oder Gott über-
haupt, als solcher" benutzt wird, aber auch der Eigenname einer bestimmten
Gottheit ist, für deren Wesen und in deren Erfassen jedoch Elemente der dem
ersten Sinn inhärenten Allgemeinheit, Nichtkonkretheit kennzeichnend waren.
Im Gegensatz zu dieser phänomenologisch-semantischen Ambivalenz des
Theonyms *ĕlohîm* wird *yhwh*, ungeachtet der fortdauernden Strittigkeit seiner
Etymologie und Semantik, als ein ab ovo ausgesprochen „verkörperlichter"
Eigenname betrachtet, der ursprünglich einen räumlich und funktionell
bestimmten Gott bezeichnete.[298] Der in frühvorexilischer Zeit vollzogene
Zusammenschluß beider Theonyme[299] verlieh *ĕlohîm* größere Bestimmtheit
und Konkretheit, während sich in *yhwh* Elemente der Allgemeinheit und des
Universalismus verstärkten.

In Tabelle 22 wird die Verteilung der vorkommenden Fälle dieser Gottesnamen im Chronikbuch entsprechend den drei in diesem Geschichtswerk
geschilderten Perioden der israelitisch-judäischen Geschichte – der vormonarchischen Epoche (1 Chr. 1-8), der Zeit des vereinigten israelitisch-judäischen
Staates (1 Chr. 11 – 2 Chr. 9) und der Epoche der separaten Staaten (2 Chr. 10-
36) – aufgewiesen.[300]

Tabelle 22

| Gottesbenennung | Zeitabschnitt | | |
|---|---|---|---|
| | 1 Chr. 1-8 | 1 Chr. 11 – 2 Chr. 9 | 2 Chr. 10-36 |
| *yhwh* | 4 (0,01)* – 30 %** | 158 (0,2) – 53 % | 230 (0,4) – 60 % |
| *ĕlohîm* | 10 (0,03) – 70 % | 87 (0,11) – 29 % | 83 (0,13) – 21 % |
| *yhwh ĕlohîm* | - | 50 (0,07) – 18 % | 73 (0,11) – 19 % |

\* Die in Klammern angegebenen Zahlen weisen auf die Anzahl der Erwähnungen
des betreffenden Theonyms in einem Vers hin.

\*\* Diese Zahlen weisen auf das Eigengewicht der betreffenden Theonyme hin.

Die Angaben der Tabelle bezeugen eine ständige Zunahme der Erwähnungen dieser Gottesnamen in diachronischer Sicht. Hierbei ist es auffällig, daß
diese Dynamik ihren Tiefpunkt in der im chronistischen Weltbild weniger
bedeutsamen und geringer geachteten vormonarchischen Zeit hat, aber den
Höhepunkt in der Beschreibung des judäischen Staates erreicht, was im

298 A. Murtonen, A Philological and Literary Treatise on the Old Testament Divine Names,
    3ff.; W. von Soden, Jahweh: „Er ist, Er erweist sich", 177-187; F.M. Cross, Canaanite
    Myth and Hebrew Epic, 60-65; G.H. Parke-Taylor, Yahwe, 18ff.; W.H. Brownlee, The
    Ineffable Name of God, 39-46; T.N.D. Mettinger, In Search of God, 14-49, u.a.

299 H. Schrade, Der verborgene Gott, 26ff.; E. Otto, El und JHWH in Jerusalem, 319-329;
    W.E. Lemke, The Near and the Distant God, 541-555, u.a.

300 D.N. Freedman, Divine Names and Titles in Early Hebrew Poetry, 55-107.

wesentlichen mit der tatsächlichen Evolution des Jahwismus übereinstimmt.[301]

. Obwohl das Theonym *yhwh* im Chronikbuch dominiert, spielen die Gottesbenennungen *'ĕlohîm* und *yhwh* *'ĕlohîm* im chronistischen Weltbild eine bedeutendere Rolle als im deuteronomistischen. Der Chronist ersetzt nicht selten das in der deuteronomistischen Vorlage benutzte Theonym *yhwh* durch die Benennung *'ĕlohîm*, vor allem in solchen für ihn und sein Auditorium, für sein Geschichts- und Weltbild relevanten Topoi wie dem dynastischen Orakel Natans und dem Gebet Davids (1 Chr. 17,3.16, vgl. 1 Sam. 7,4.18ff.), der Volkszählung Davids (1 Chr. 21,8ff., vgl. 2 Sam. 24,11ff.), der Theophanie in Gibeon (2 Chr. 1,7, vgl. 1 Reg. 3,5) u.a., während entgegengesetzte Modifikationen viel seltener anzutreffen sind (1 Chr. 17,1, vgl. 1 Sam. 7,2 u.a.).

Der Chronist ist offensichtlich daran interessiert, die Identität, die Gleichwertigkeit der drei führenden Gottesbenennungen zu bestätigen. Darum erwähnt er wiederholt, auch in Stücken seines Eigenguts, die „Selbstbestätigungs-Formel":[302] „… denn *yhwh*, er ist *'ĕlohîm*" (2 Chr. 33,13, vgl. 17,22; 22,15 u.a.), die jedoch nicht verbergen kann, daß im Chronikbuch unterschiedliche Nuancen der Bedeutung und Verwendung dieser Theonyme anzutreffen sind. Zahlreiche Texte, hauptsächlich in Stücken des chronistischen Eigenguts, zeigen, daß der Geschichtsschreiber das Theonym *yhwh* am häufigsten im Zusammenhang mit instrumentellen rituellen Handlungen erwähnt: Man „bringt Opferrauch vor das Antlitz Jahwes" (1 Chr. 23,13; 2 Chr. 29,11 u.a.), man „bringt das Brandopfer für Jahwe" (1 Chr. 23,31; 2 Chr. 8,12 u.a.), man erfüllt „die gesamte Arbeit (den gesamten Dienst) Jahwes" (1 Chr. 26,30 u.a.). Auf diesen Verwendungszusammenhang ist es auch zurückzuführen, daß sich im Verständnis und in der Darstellung Jahwes beim Chronisten Relikte einer gewissen Körperlichkeit finden (2 Chr. 18,18 u.a.). Im Chronikbuch ist Jahwe vorwiegend ein gerechter, aber strenger und strafender Gott, denn „der Zorn Jahwes" entbrannte gegen sein Volk (2 Chr. 34,21; 36,16 u.a.), „und Jahwe plagte ihn (Rehabeam), daß er starb" (2 Chr. 13,20, vgl. 21,18 u.a.), usw.

Obwohl *'ĕlohîm* auch im Chronikbuch zuweilen als allgemeiner Gattungsname benutzt wird (2 Chr. 2,4; 13,8 u.a.) wie auch nicht selten zur Bezeichnung „fremder" Götter dient (1 Chr. 5,25; 2 Chr. 32,19 u.a.), wird er vorwiegend zur Benennung für den einen und einzigen „unseren" Gott verwendet. Hierbei ist es kennzeichnend, daß als *'ĕlohîm* oder *yhwh ĕlohîm* Gott häufiger als die helfende und rettende Gottheit erscheint: Während von Jahwe Zorn gegen Hiskia ausgeht (2 Chr. 32,26), ist es *'ĕlohîm*, der diesem König Reichtum zuteilt (2 Chr. 32,29) usw.

Im Kontext dieser Betrachtungen verdient der Umstand besondere Aufmerksamkeit, daß der Chronist häufig die Theonyme *'ĕlohîm* oder *yhwh*

---

301 T.H. Vriezen, The Religion on Israel, 124ff.; M. Weinfeld, Israelite Religion, 492ff., u.a.
302 T.N.D. Mettinger, In Search of God, 20ff.

ʾĕlohîm als Bezeichnungen des uralten Phänomens des „Gottes der Väter"[303] benutzt. Hierbei muß ausdrücklich hervorgehoben werden, daß dieses Phänomen vorwiegend in Stücken des chronistischen Eigenguts erscheint (1 Chr. 5,25; 12,18; 29,18 u.a.), hauptsächlich in Beschreibungen von Geschehnissen, die für das chronistische Geschichts- und Weltbild sehr bedeutsam sind wie die Tätigkeit des Königs Hiskia (2 Chr. 29,5; 30,7.19 u.a.), die Buße des Königs Manasse (2 Chr. 33,12) u.a. Aber besonders kennzeichnend ist es, daß der Chronist in seiner die deuteronomistische Vorlage ergänzenden „Erklärung" des Unterganges des judäischen Staates die Benennung „Jahwe, Gott unserer Väter", (2 Chr. 36,15) benutzte. Eine solche ausgesprochene Hinwendung des Chronisten zu diesem uralten Phänomen entspricht der für das chronistische Weltbild relevanten Vorstellung von der Kontinuität des „Wir" und seiner agnatischen Grundlage.

Im Weltbild des Chronisten wird der eine und einzige Gott bevorzugt als die körper- und bildlose, transzendente und über- und außerzeitliche Gottheit des „Wir" und des „Ich" erfaßt.

Ein solches Gottesverständnis bedingt auch das Verständnis des Mechanismus der Beziehung „Gott-Mensch, Mensch-Gott", insbesondere ihres ersten Gliedes. Für diesen Mechanismus sind eine Vielzahl und Mannigfaltigkeit der Formen kennzeichnend. Eine dieser Formen ist die Theophanie,[304] die im jahwistisch-elohistischen Geschichtswerk eine häufige, fast alltägliche Form der Kontakte Gottes nicht nur mit Noah und Abraham, Jakob, Mose u.a. ist, sondern auch mit Personen minderen Ranges, z.B. mit Hagar, Lot usw., im deuteronomistischen Geschichtswerk dagegen, besonders in den von der Monarchie erzählenden Teilen, eher schon als eine außerordentliche und elitäre Erscheinung, ein Ausdruck der besonderen göttlichen Huld (oder des Zorns) gegenüber auserwählten Personen – David, Salomo, Propheten u.a. – erfaßt wird. Der Chronist verschweigt viele der im deuteronomistischen Geschichtswerk geschilderten Theophanien – Epiphanien (1 Reg. 13,18ff.; 2 Reg. 2,11ff. u.a.) und erwähnt sie überhaupt nur in den der deuteronomistischen Vorlage entnommenen Stücken (1 Chr. 17,3ff. – 2 Sam. 7,4ff.; 2 Chr. 1,7ff. – 1 Reg. 3,5ff.), was die Vermutung zuläßt, daß dem Chronisten und seinem Auditorium diese Form des Kontaktes „Gott-Mensch" eher fremd war. Dafür noch ein Argument: Eine übliche Form der Offenbarung Gottes ist, auch im Alten Testament, der Traum,[305] und dementsprechend kommen dort das Verb ḥlm

303  A. Alt, Gott der Väter, 1-78; H. Hirsch, Gott der Väter, 56-58; F.M. Cross, Canaanite Myth and Hebrew Epic, 3-12; T.N.D. Mettinger, In Search of God, 50-68, u.a.

304  B.A. Levine, On the Presence of God in Biblical Religion, 71-87; F.M. Cross, Canaanite Myth and Hebrew Epic, 156ff.; K. Jaroš, Die Stellung des Elohisten zur kanaanäischen Religion, 100-122; Cl. Westermann, Theologie des Alten Testaments in Grundzügen, 19ff.; B.S. Childs, Old Testament Theology in a Canonical Context, 22ff., u.a.

305  E.L. Ehrlich, Der Traum im Alten Testament, 1ff.; K. Jaroš, Die Stellung des Elohisten zur kanaanäischen Religion, 70-98; M. Weinfeld, Ancient Near Eastern Patterns in Prophetic Literature, 185-187, u.a.

(kräftig werden; träumen) 46mal und das Substantiv *ḥălôm* (Traum) 65mal vor, während im Vokabular des Chronisten diese Schlüsselwörter gänzlich fehlen und der Geschichtsschreiber sogar in der von ihm fast wörtlich wiedergegebenen deuteronomistischen Beschreibung der Offenbarung Gottes an Salomo in Gibeon das Wort *ḥălôm* ausläßt (1 Reg. 3,5, vgl. 2 Chr. 1,7).

Eine ähnlich zurückhaltende Einstellung demonstriert der Chronist auch in bezug auf eine andere Äußerung der Beziehung „Gott-Mensch", das Wunder, das im alttestamentlichen Weltmodell einen weiten Raum einnimmt.[306] Ein Beleg dafür ist das alttestamentliche Wunder-Vokabular mit den Wörtern *peleʾ* (Ungewöhnliches, Wunder, 13 Erwähnungen im Alten Testament und keine im Chronikbuch), *niplāʾot* (Wundertaten, 44 Erwähnungen im Alten Testament und drei im Chronikbuch), *ʾôt* (Zeichen, Feuer-, Kenn-, Merk-, Wunderzeichen, 83 Erwähnungen im Alten Testament und keine im Chronikbuch) u.a. Schon diese Angaben weisen auf das geringe Interesse des Chronisten für dieses Phänomen hin, aber noch überzeugender ist die Tatsache, daß er konsequent sämtliche Erwähnungen und Schilderungen von Wundern und Wundertaten in der deuteronomistischen Vorlage verschweigt. So übergeht er nicht nur die Wundertaten Elias und Elisas, sondern verschweigt in seiner Darlegung der Heilung des Königs Hiskia (2 Chr. 32,24) sogar das „Zeichen von Jahwe (*hāʾôt mēʾēt yhwh*)" (2 Reg. 20, 1-11; Jes. 38,1-22) usw. Die Beobachtung W.A. Irwins,[307] daß für die besten alttestamentlichen Geschichtswerke „freedom from wonder elements and mythical elements" charakteristisch ist, kann mit vollem Recht auf das Chronikbuch bezogen werden.

Im gesamten alten Nahen Osten war der Bund eine der wichtigsten Komponenten der Beziehung „Gott-Mensch, Mensch-Gott."[308] Im alttestamentlichen Vokabular wird dieses Konzept durch das Schlüsselwort *bĕrît* ausgedrückt. Die ursprüngliche und grundlegende Bedeutung dieses Terminus ist „Bestimmung, Verpflichtung", was jedoch die traditionelle Interpretation „Vereinbarung, Bund" nicht aufhebt, sondern sie präzisiert, indem das Moment der Aktivität und Verantwortlichkeit der *bĕrît*-Partner stärker berücksichtigt wird. Das gesamte alttestamentliche wie auch das außeralttestamentliche Material belegen, daß *bĕrît* verschiedenartige, dem Inhalt und der Form nach unterschiedliche Beziehungen, Verhältnisse auf der zwischenmenschlichen Ebene – zwischen Individuen, Staaten, Herrschern und Untertanen usw. –, aber auch auf der Ebene „Gott-Mensch, Mensch-Gott" festlegt. Aber diese verschiedenen Formen der *bĕrît* repräsentieren im Grunde genommen nur zwei Typen von Beziehungen – den der Parität zwischen den *bĕrît*-Partnern, die einen gleichartigen Status haben und gleichartige Verpflichtungen

---

306  J. Zakovitch, ʿal tĕpîsat hannēs bĕmiḳrāʾ, 9ff., vgl. Cl. Westermann, Theologie des Alten Testaments in Grundzügen, 46ff., u.a.
307  W.A. Irwin, The Hebrews, 320.
308  J.P. Vejnberg, Čelovek v kuljture drevnevo Bližnevo Vostoka, 166-168.

übernehmen, und den der Abhängigkeit, wenn der Status der Partner unterschiedlich ist, so daß der ältere, höhere Partner dem jüngeren, niedrigeren Partner die Last der Verpflichtungen auflegt oder umgekehrt selbst Verpflichtungen in bezug auf den jüngeren Partner übernimmt. Auf der Ebene der zwischenmenschlichen Beziehungen sind beide Typen der *bĕrît* möglich, während auf der Ebene „Gott-Mensch, Mensch-Gott" unvermeidlich der zweite Typ überwiegt, was aber das Vorhandensein verschiedener Abstufungen der Überlegenheit des älteren Partners, Gottes, und der Abhängigkeit des jüngeren, des Menschen, impliziert.[309] Diese Eigentümlichkeit des *bĕrît*-Konzepts ermöglicht es, das Spezifikum des Wesens der *bĕrît* in verschiedenen Epochen alttestamentlicher Geschichte und ihr Erfassen in unterschiedlichen alttestamentlichen Weltbildern, das chronistische eingeschlossen, zu bestimmen. Man kann denjenigen Forschern beistimmen,[310] die ein frühes Entstehen der *bĕrît*-Konzeption in vormonarchischer Zeit, ihre Entfaltung im 7.-6. Jh. v.u.Z. und eine Renaissance in nachexilischer Zeit annehmen.

Im Chronikbuch ist *bĕrît* mit 30 Erwähnungen ein Schlüsselwort, das aber 14mal als Komponente der Bezeichnung der Bundeslade benutzt wird und nur 16mal eine selbständige Erscheinung bezeichnet. In 13 Fällen bezieht sich *bĕrît* auf die Beziehung „Gott-Mensch, Mensch-Gott", wobei es kennzeichnend ist, daß nur viermal und hauptsächlich in übernommenen Stücken (1 Chr. 16,15.17 – Ps. 105,8.10 u.a.) Gott als Initiator der *bĕrît* auftritt, während in allen übrigen Fällen, hauptsächlich im chronistischen Eigengut, der Mensch als Urheber der *bĕrît* figuriert wie in den folgenden Beispielen: „Und sie (das „Wir") traten in den Bund, um Jahwe, den Gott ihrer Väter, zu suchen" (2 Chr. 15,12), „Nun habe ich (König Hiskia) im Sinn, einen Bund mit Jahwe, dem Gott Israels, zu schließen" (2 Chr. 29,10) u.a. Wenn man noch berücksichtigt, daß der Chronist die aus dem deuteronomistischen Werk übernommene Beschreibung der vom Priester Jojada geschlossenen *bĕrît* derartig modifiziert (2 Chr. 23,16, vgl. 1 Reg. 11,17), daß faktisch jeglicher Anteil Gottes an diesem Bund eliminiert wird,[311] so kann mit gutem Grund angenommen werden, daß im chronistischen Weltbild die Tendenz vorliegt, die Stellung und die Rolle des jüngeren Partners, des Menschen in der *bĕrît* zwischen Gott und Mensch zu erhöhen.

Diese Tendenz äußert sich auch darin, wie der Chronist eine der wichtigsten Komponenten der Beziehung „Gott-Mensch, Mensch-Gott" erfaßt, näm-

---

309 A. Jepsen, Berith, 161-179; J.A. Thompson, The Near Eastern Suzerain-Vassal Concept in the Religion of Israel, 1-19; L. Perlitt, Bundestheologie im Alten Testament, 32ff.; E. Kutsch, „Bund" und Fest, 299-320; ders., Verheißung und Gesetz, 1ff.; M. Weinfeld, The Covenant of Grant in the Old Testament and in the Ancient Near East, 184-203; T.N.D. Mettinger, King and Messiah, 254ff.; E.W. Nicholson, God and His People, 191ff., u.a.

310 A. Jepsen, Berith, 161; L. Perlitt, Bundestheologie im Alten Testament, 129ff.; E.W. Nicholson, God and His People, 191ff., u.a.

311 S. Japhet, ʾemûnôt wĕdēʿôt bĕsēper dibrê-hayyāmîm, 98-99.

lich das Schicksal. Die absolute Allmächtigkeit des einen und einzigen Gottes hebt die Notwendigkeit eines besonderen Vehikels, einer besonderen Kraft zur Verwirklichung der göttlichen Vorbestimmung, des autonomen Schicksals auf. Für Jahwe ist es genügend, die „Wege" für den Menschen abzustecken, während es dem Menschen vorbehalten bleibt, die Wahl zu treffen, welchen der „Wege" er geht.[312]

Darum ist auch das grundlegende Wort der alttestamentlichen Dichotomie „göttliche Vorbestimmung – freier Wille des Menschen" der Terminus *derek*, der die Bedeutungen: Weg, Wegstrecke; Reise; Unternehmung, Geschäft; Art, Brauch, Verhalten, Stärke, Macht; Gottes Verhalten, Maßnahmen, Tätigkeit; das von Gott geforderte, gottgefällige Verhalten hat.[313] Der Vorstellung, dem Begriff „Weg", ist aber eine gewisse innere Widersprüchlichkeit eigen, denn einerseits lenkt der von jemandem eingeschlagene Weg die Schritte des Gehenden, weist ihm die Richtung und nötigt sie ihm sogar auf, aber andererseits kann nur der Gehende selbst entscheiden, welchen Weg er betreten wird, ob er ihn bis zum Ende verfolgen oder von ihm abweichen wird. Das Alte Testament kennt zwei Wege – den immer gerechten, guten „Weg Jahwes" und den „Weg des Menschen", der ein guter und gerechter ist, sofern er mit dem „Weg Jahwes" übereinstimmt, aber ein schlechter, ungerechter „Weg des eigenen Herzens" wird, wenn der Mensch vom „Weg Jahwes" abweicht. Dem Menschen steht es frei, seinen Weg zu erwählen, aber die Autonomie und Freiheit des menschlichen Willens im Alten Testament darf nicht überbewertet werden, denn erstens ist die Freiheit der menschlichen Wahl durch das Vorhandensein von nur zwei „Wegen" begrenzt, und zweitens ruft die Wahl des ungerechten, schlechten „Weges" die unvermeidliche göttliche Strafe hervor.

Im Chronikbuch ist *derek* ein Schlüsselwort, das 20mal (von insgesamt 25 vorkommenden Fällen) im religiös-ethischen Sinne benutzt wird, wobei nur selten (viermal), vorwiegend in der deuteronomistischen Vorlage entnommenen Texten (2 Chr. 6,31.34 u.a. vgl. 2 Reg. 8,40.44 u.a.) der „Weg Jahwes" erwähnt wird. Es dominieren, insbesondere in Stücken des chronistischen Eigenguts (2 Chr. 7,14; 11,17; 13,22 u.a.), Erwähnungen des „Weges des Menschen", und zwar im positiven Sinne wie in dem folgenden Beispiel: „Und Jotam wurde mächtig, denn er richtete seine Wege (*děrākâw*) vor Jahwe, seinem Gott" (2 Chr. 27,6, vgl. 2 Chr. 28,26 u.a.). Es drängt sich die Vermutung auf, daß im chronistischen Weltbild der freie Wille des Menschen hervorgehoben wird, was sich auch im chronistischen Erfassen der Dichotomie „göttliche Vergeltung – menschliche Buße" bemerkbar macht.

Der Chronist war ein überzeugter Anhänger der Vorstellung von der unausweichlichen, unverzüglichen und direkten göttlichen Vergeltung,[314] die aber

---

312 J.P. Vejnberg, Čelovek v kuljture drevnevo Bližnevo Vostoka, 157-159.
313 F. Nötscher, Gotteswege und Menschenwege in der Bibel und in Qumran, 17ff.; H.W. Wolff, Anthropologie des Alten Testaments, 300, u.a.
314 G. von Rad, Das Geschichtsbild des chronistischen Werkes, 8ff.; S. Japhet, ʾemûnôt wědēʿôt běsēper dibrê hayyāmîm, 154ff.; H.G.M. Williamson, 1 and 2 Chronicles, 31-33, .a.

stets eine göttliche „Antwort" auf das menschliche Tun ist: Die Gnade, Huld
Gottes ist eine „Antwort" auf ein gottgefälliges Tun (1 Chr. 28,9 u.a.), während das Tun und Leben, die Gott mißfallen, seinen Zorn und seine Strafe hervorrufen (1 Chr. 10,13; 2 Chr. 26,21; 35,22 u.a.). Der Chronist akzentuiert
hierbei die Absichtlichkeit und Bewußtheit des menschlichen Tuns: Saul „war
Jahwe treulos" (1 Chr. 10,13), es waren der Einfluß der „Obersten von Juda",
d.h. von Menschen, und sein eigener Wille, daß König Joas vom „gerechten,
guten Weg" abwich (2 Chr. 24,17ff.) usw.; während im Gegenteil König
Manasse selbst in seiner Not „vor dem Antlitz Jahwes, seines Gottes, flehte
und sich sehr vor dem Gott seiner Väter demütigte, zu ihm betete, und er
(Gott) erhörte sein Flehen ..." (2 Chr. 33,12-13).

Alles bisher Gesagte führt zu der Annahme, daß der Chronist, ohne selbstverständlich das Walten und Wirken Gottes auszuschalten, konsequent und
zielstrebig die Relevanz und Bedeutung der menschlichen Aktivität in der
Beziehung „Gott-Mensch, Mensch-Gott" hervorhebt. Das berechtigt auch zu
der Frage, welche Bedeutung und Rolle im chronistischen Weltbild Gott zugewiesen werden.

„Der alttestamentliche Mensch hatte die Überzeugung, daß Gott in seiner
Geschichte und der seines Volkes zugegen sei und wirke",[315] entsprechend der
alttestamentlichen Vorstellungen „the beginning of historical events lies in the
will of God, which reveals itself in history ..."[316] Geschichte im Alten Testament bedeutet, „daß das hier Geschehende zwischen Gott und Mensch, zwischen dem Schöpfer und seiner Schöpfung geschieht"[317] – diese und
zahlreiche ähnliche Äußerungen spiegeln die in der modernen Bibelwissenschaft herrschende Ansicht über Jahwe als Gott, der hauptsächlich und bevorzugt in der Geschichte wirkt, und über die Geschichte als Szene und Ergebnis
des göttlichen Wirkens wider. Diese Ansicht bezieht sich auch auf das Chronikbuch: Der Chronist beschreibt „die Geschichte zwischen Gott und seinem
Volk",[318] „... der wirkliche Schwerpunkt dieses Werkes (des Chronikbuches)
ist weder Mensch noch das Volk, sondern Gott."[319] „The Lord is an active
God, vitally interested in the affairs of his people,"[320] „the Israelite God, Yahweh, was active in the course of history"[321] usw. Aber in letzter Zeit wird diese
schon fast als Axiom anerkannte Ansicht von manchen Forschern bestritten
und auf eine in der zeitlichen Entwicklung zunehmende Entsakralisierung und
Säkularisierung des alttestamentlichen geschichtlichen Denkens hingewie-

---

315 R. de Vaux, Anwesenheit und Abwesenheit Gottes in der Geschichte nach dem Alten
    Testament, 329-336.
316 W. de Boer, Roman Historiography in its Relation to Biblical and Modern Thinking, 72.
317 Cl. Westermann, Theologie des Alten Testaments in Grundzügen, 8.
318 G. von Rad, Das Geschichtsbild des chronistischen Werkes, 64.
319 S. Japhet, ᵓemûnôt wĕdēᶜôt bĕsēper dibrê hayyāmîm, 17.
320 J.M. Myers, 1 Chronicles, LXIV.
321 R.K. Duke, The Persuasive Appeal of the Chronicler, 49.

sen,[322] was, so kann hinzufügend bemerkt werden, besonders markant im Chronikbuch zum Ausdruck kommt.

Um zu bestimmen, wie in den Weltbildern der alttestamentlichen Geschichtsschreibung die Stellung und die Rolle Gottes in der geschichtlichen Handlung erfaßt werden, ist es zweckmäßig, sich denjenigen Geschehnissen zuzuwenden, die der alttestamentliche Mensch als ausschlaggebend und schicksalbestimmend für sich und das gesamte „Wir" betrachtete. Aufzählungen solcher Geschehnisse sind in den retrospektiven Übersichten alttestamentlicher Geschichte (Jos. 24,2ff.; Neh. 9,6ff. u.a.) anzutreffen, wo ungeachtet einzelner Divergenzen stets folgende Geschehnisse genannt werden: die Erschaffung des Alls und des Menschen, die Patriarchen und die göttlichen Verheißungen, der Exodus und der Sinai-Bund, die Landnahme und die Einführung des Königtums, der Untergang der davidischen Monarchie und die Zerstörung des Tempels, die Wiederherstellung des Tempels und die Bildung der nachexilischen Gemeinde. Die Aufgabe ist es, festzustellen, ob und wie im chronistischen Geschichts- und Weltbild diese Geschehnisse dargelegt sind, welche Stellung und Rolle in diesen Darlegungen Gott zugesprochen werden.

Es muß nicht besonders bewiesen werden, daß das alttestamentliche Denken als wichtigste göttliche Handlung das Urgeschehen, die Erschaffung des Weltalls und des Menschen, ansieht, wofür als Belege nicht nur Gen. 1-11 und zahlreiche andere alttestamentliche Texte, sondern auch die Inschrift des 7. Jh. v.u.Z.: „[El,] der Schöpfer der Erde" ([ʔl] ḳnʔ ʔrṣ, P.D. Miller, BASOR, 239,1980, 43-46), u.a. angeführt werden können. Darum ist es um so kennzeichnender, daß der Chronist es für zulässig hält, seine Darlegung mit Adam zu beginnen, jedoch ohne überhaupt die Erschaffung Adams durch Gott und das göttliche Erschaffen des Weltalls zu erwähnen. Ein markanter Ausdruck der göttlichen Gnade und Huld sind auch die Verheißungen einer „zahlreichen Nachkommenschaft", eines „großen Namens" und des Landes Kanaan an die Patriarchen, die aber im Chronikbuch kaum erwähnt werden.

Die hervorragendsten und anschaulichsten Äußerungen des rettenden Wirkens Gottes sind der Exodus und der Sinai-Bund, und darum ist die zurückhaltende, gleichgültige Einstellung des Chronisten zu diesem Ereignis um so auffälliger.[323] Er erwähnt es nur episodisch, sozusagen im Vorbeigehen, und hauptsächlich in der deuteronomistischen Vorlage entnommenen Stücken. Einige Male aber (1 Chr. 17,5, vgl. 2 Sam. 7,6; 2 Chr. 6,11, vgl. 1 Reg. 8,21 u.a.) läßt der Chronist die in der deuteronomistischen Vorlage vorhandenen direkten Hinweise auf den Exodus aus, während er in einer Erwähnung dieses

---

322 J.A. Wilcoxen, Some Anthropocentric Aspects of Israels Sacred History, 333-350; P. Fannon, Emerging Secularity in the Old Testament, 20-37; J.A. Soggin, Old Testament and Oriental Studies, 59-66, u.a.

323 G. von Rad, Das Geschichtsbild des chronistischen Werkes, 65; S. Japhet, ʔemûnôt wĕdēʕôt bĕsēper dibrê hayyāmîm, 323; J. Amit, mĕḳômā šel mĕsôret yĕṣîʔat – miṣrayim bĕsēper dibrê hayyāmîm, 139-155, u.a.

Geschehnisses die übliche und die Rolle Gottes hervorhebende Formel: „Und ich (Gott) führte (*wāʾôṣîʾ*) eure Väter aus Ägypten ..." (Jos 24,6 u.a.) folgendermaßen ändert – „... als sie aus dem Land Ägypten kamen (*lĕboʾ ām*)" (2 Chr. 20,10) –, so daß die Rolle der göttlichen Handlung in diesem epochalen Geschehnis herabgesetzt und die des Menschen gesteigert wird.

Ein weiteres Geschehnis von schicksalsreicher Bedeutung für das gesamte „Wir" und ein Exempel der göttlichen Huld ist die Landnahme Kanaans, die der Chronist nicht erwähnt, weil, wie S. Japhet mit Recht feststellt,[324] ihm daran lag, die ursprüngliche, unwandelbare und ununterbrochene Verbindung des „Wir" mit seinem Land zu akzentuieren.

Für den Chronisten war ebenso wie für den deuteronomistischen Geschichtsschreiber die Einführung des Königtums in Israel ein Ereignis von epochaler Wichtigkeit, ein Wendepunkt im Schicksal des Volkes. Aber im Unterschied zu seinem Vorgänger, der ausführlich die Peripetien der Einführung des Königtums beschreibt und hierbei systematisch die direkte und ausschlaggebende Mitwirkung Gottes an diesem Ereignis hervorhebt, begnügt sich der Chronist damit, den deuteronomistischen Bericht über die Zusammenkunft der Ältesten Israels mit David in Hebron, über den dort geschlossenen Bund Davids mit dem „Wir" und die Salbung Davids durch die Ältesten wiederzugeben (1 Chr. 11,3 = 2 Sam. 5,3), und reduziert die ausführliche Beschreibung der göttlichen Teilnahme auf die stereotype Formel: „... nach dem Wort Jahwes durch Samuel" (1 Chr. 11,3b). Zur selben Zeit hebt der Chronist in Stücken seines Eigenguts die Mitwirkung und die Rolle der Menschen bei der Einführung des Königtums hervor: „Und das ist die Anzahl der Obersten, gerüstet zum Heer, die zu David gen Hebron kamen, [um] ihm das Königtum Sauls zuzuwenden nach dem Wort Jahwes" (1 Chr. 12,24, vgl. 1 Chr. 11,10 u.a.).

Die tragischsten Ereignisse der alttestamentlichen Geschichte waren der Untergang der beiden Staaten, besonders des judäischen, und die Zerstörung des Jerusalemer Tempels, die im deuteronomistischen Geschichtswerk als die unvermeidliche und gerechte göttliche Vergeltung für das Abweichen vom „Weg Gottes", dessen sich das gesamte „Wir" und die Könige über viele Generationen im Verlauf der Zeit schuldig gemacht haben, erfaßt und beschrieben wurden. Ähnliche Ansichten, selbstverständlich ohne die Anerkennung der gemeinsamen Verantwortlichkeit, sind auch im Chronikbuch anzutreffen (2 Chr. 6,25-26 – 1 Reg. 8, 34-35 u.a.), aber nicht sie bestimmen die chronistische Darstellung und Deutung der tragischen Geschehnisse von 722 und 586 v.u.Z. Der Umfang eines Textes ist in alten Literaturen häufig ein Indikator der Relevanz des dort geschilderten Geschehnisses für den Verfasser und sein Auditorium: Im deuteronomistischen Geschichtswerk sind der Katastrophe von 722 v.u.Z. 41 Verse gewidmet und der Katastrophe von 586 v.u.Z.

---

324 S. Japhet, ʾemûnôt wĕdēʿôt bĕsēper dibrê hayyāmîm, 321.

(vom Tod Josias ab) 57 Verse, während es im Chronikbuch entsprechend nur zwei bis drei und 21 Verse sind. In bezug auf die Katastrophe von 586 v.u.Z. verschweigt der Chronist jene Taten und Geschehnisse, die in der deuteronomistischen Geschichtsschreibung als „Beweise" der allmählich akkumulierenden, mehrere Generationen des „Wir" und der davidischen Könige umfassenden Schuld vor Gott dienen, wie der Bericht über die Abtrünnigkeit Jojakims (2 Reg. 24,1ff.). Für den Chronisten, einen überzeugten Anhänger des Konzepts der individuellen Verantwortlichkeit und der unmittelbaren, unverzüglichen göttlichen Vergeltung, war die Vorstellung von einer langfristigen, allmählich akkumulierenden kollektiven Schuld völlig unannehmbar, und er erklärt den letzten judäischen König Zedekia als Hauptschuldigen, Hauptverantwortlichen für die Tragödie von 586 v.u.Z.: „Und er (Zedekia) tat das Böse vor Jahwe, seinem Gott, und demütigte sich nicht vor [den Worten] des Propheten Jeremia aus dem Mund Jahwes. Und auch gegen den König Nabuchodonosor meuterte er, der von ihm (Zedekia) einen Schwur [im Namen Gottes] genommen hatte" (2 Chr. 36, 12-13). In dieser Weise, meint S. Japhet,[325] will der Chronist beweisen, daß die durch die Vergehen nur eines Menschen, Zedekias, hervorgerufene Katastrophe kein totales Ende des gesamten „Wir" sein kann und soll. Diese Erklärung ist angemessen, jedoch mit einer Präzisierung: Daß die gesamte Verantwortung einem einzigen Menschen an Stelle mehrerer Generationen von Königen und des „Wir" aufgebürdet wird, impliziert bewußt oder unbewußt auch die Anerkennung der bedeutsamen, zuweilen sogar ausschlaggebenden Rolle des Menschen in der geschichtlichen Handlung, sogar in einer so schicksalschweren, tragischen wie der Katastrophe von 586 v.u.Z.

Die Betrachtung der grundlegenden Komponenten und Sphären des Bereiches „Gott und das Göttliche" im Weltbild des Chronisten weist darauf hin, daß sich dort die Tendenz durchsetzt, die Teilnahme und Rolle des Menschen und des Menschlichen in der geschichtlichen Handlung, den Anthropozentrismus, hervorzuheben, was unvermeidlich eine Einschränkung der Teilnahme und der Rolle Gottes und des Göttlichen, des Theozentrismus, mit sich bringt.

## 7. Raum, Zeit und Historismus im Weltbild des Chronisten

Raum und Zeit als grundlegende Parameter des Seins werden in verschiedenen Epochen, Gesellschaften und Kulturen, sogar von unterschiedlichen sozialen Gruppen und einzelnen Individuen verschiedenartig erlebt und erfaßt. Sie sind unbedingte und relevante Komponenten eines jeden Weltmodells und Weltbildes.

---

325 S. Japhet, ʾemûnôt wĕdēʿôt bĕsēper dibrê hayyāmîm, 314ff.

Die vorhandenen zahlreichen Forschungsarbeiten[326] machen eine detaillierte Betrachtung des Verständnisses vom Raum im mythologischen Denken überflüssig und erlauben es, sich auf die Aufzählung der wesentlichen Merkmale zu beschränken. Der Raum wird „flickenartig" erfaßt, er besitzt eine unbedingte dinghafte Füllung, ist stets geordnet und geregelt, umgrenzt und abgegrenzt, hat seine Mitte, die als Achse die vertikalen und horizontalen Subsysteme des Raums vereinigt, dem Raum ist auch eine qualitative Heterogenität eigen, wobei als grundlegendes Kriterium der Bewertung die Nähe bzw. Entfernung des gegebenen Raumsektors von der sakralen und darum axiologisch besonders relevanten Mitte gilt.

Das mythologische Denken erfaßt die Zeit unbedingt dinghaft – und mit Ereignissen gefüllt, diskret und qualitativ heterogen, was auch ihre ausgesprochene Arrhythmie bedingt.[327] Was die Ausrichtung der Zeit in den mythologischen Weltmodellen und Weltbildern anbetrifft, so plädieren manche Forscher für die Dominanz eines zyklischen Zeitablaufes.[328] I. Klotschkov ist der Meinung, daß zumindest in Mesopotamien ein lineares Zeitverständnis dominierte,[329] während nach M. Achundov das Zeitverständnis in der Alten Welt sich vom archaischen Pendel-Modell über das zyklische Modell zum Modell des spiralartigen Zeitverlaufes entwickelte, wobei das letztere sich in Richtung des Abwickelns der Zeitspirale in eine vorwiegend lineare Konstruktion entfaltete.[330] Gleichzeitig wird auch auf eine vorherrschende Orientierung des Menschen des mythologischen Denkens auf die Vergangenheit hingewiesen.[331]

In bezug auf das antike wissenschaftlich-logische Denken wird anerkannt, daß es den Raum als eine von Dingen unabhängige, autonome Gegebenheit erfaßte, die dialektische Beziehung von Endlichkeit und Unendlichkeit, von Unterbrochenheit und Ununterbrochenheit des Raums anerkannte, der als Kosmos, d.h. „als eine regelmäßige und symmetrische räumliche Struktur" gedacht wird.[332] Es wird anerkannt, daß die antiken Zeitvorstellungen im Diapason von der Betrachtung der Zeit als „des sich in Bewegung befindenden

---

326  H. Frankfort, H.A. Frankfort, Introduction 1. Myth and Reality, 20-23; E.Ch. Haver, Der geographische Raum in der Vorstellungswelt des Menschen, 7ff.; E.M. Meletinskij, Poetika mifa, 212ff.; M.D. Achundov, Koncepcii prostranstva i vremeni, 11ff.; J.P. Vejnberg, Čelovek v kuljture drevnevo Bližnevo Vostoka, 58ff., u.a.

327  H. Frankfort, H.A. Frankfort, Introduction 1. Myth and Reality, 23-26; S.G.F. Brandon, Time and Mankind, 27ff.; E. Cairns, Philosophies of History, 1ff.; A.J. Gurevitsch, Kategorii srednevekovoj kuljtury, 8ff.; J.P. Vejnberg, Čelovek v kuljture drevnevo Bližnevo Vostoka, 66-72, u.a.

328  S.G.F. Brandon, Time and Mankind, 27ff.; E. Cairns, Philosophies of History, 1ff., u.a.

329  I.S. Klotschkov, Duchovnaja kuljtura Vavilonii, 10ff.

330  M.D. Achundov, Koncepcii prostranstva i vremeni, 62ff.

331  J. Batkova, Mythical Pre-Conditions for Historical Reflection, 9-10; Cl. Wilcke, Zum Geschichtsbewußtsein im Alten Mesopotamien, 31-33; I.S. Klotschkov, Duchovnaja kuljtura Vavilonii, 28, u.a.

332  S.S. Averincev, Poetika rannevizantijskoj literatury, 88, vgl. A.F. Losev, Antičnaja filosofija istorii, 116ff.; M.D. Achundov, Koncepcii prostranstva i vremeni, 101ff., u.a.

Abbildes der Ewigkeit" bis hin zur Erkenntnis der Verbindung von Zeit und Bewegung schwankte. Vielfältig sind auch die Meinungen über die Ausrichtung der Zeit im antiken Weltmodell: Sie schwanken von der Anerkennung der Dominanz einer streng zyklischen Zeitauffassung bis hin zur Ansicht über die Vorherrschaft eines linearen Zeitverständnisses,[333] während A. Momigliano mit gutem Grund darauf hinweist, daß „Many tedious discussions on the circularity of time in Greek historiography could have been spared if it had been observed that the span of time with which Greek historians normally operate is too short to be defined either as linear or as circular."[334]

Hiermit ist auch die Frage nach dem Wesen und Spezifikum des geschichtlichen Raums und der geschichtlichen Zeit gestellt. Die Aussage D. Lichatschovs, daß die „künstlerische Zeit nicht ein Blick auf das Problem der Zeit ist, sondern es die Zeit selbst ist, wie sie im Kunstwerk gestaltet und dargestellt wird,"[335] kann auch auf den künstlerischen Raum bezogen werden. Der künstlerische Raum und die künstlerische Zeit bilden sich im Bewußtsein (und/oder Unterbewußtsein) des Künstlers und objektivieren sich als Komponenten seiner künstlerischen Welt, werden Formen des Seins dieser Welt und bestimmen ihre Struktur. Gleichzeitig spiegeln sich im individuell erfaßten und geschaffenen künstlerischen Raum bzw. der Zeit das dem entsprechenden Weltmodell eigene Erfassen dieser Parameter des menschlichen Seins wider. Der künstlerische Raum und die künstlerische Zeit sind eine komplizierte, vielschichtige Realität, in der sich in notwendiger Verbindung und Wechselwirkung das Raum- und Zeiterfassen des betreffenden Weltmodells und das individuelle Raum- und Zeitbewußtsein des Künstlers realisieren.

Von diesen Betrachtungen ausgehend kann mutatis mutandis eine folgende präliminare Definition des geschichtlichen Raums und der geschichtlichen Zeit vorgeschlagen werden: Sie sind grundlegende Parameter des geschichtlichen Denkens, eine Einheit des individuell-subjektiven Raum- und Zeitverständnisses des einzelnen Geschichtsschreibers und des kollektiv-subjektiven Raum- und Zeitverständnisses seiner Epoche, seiner Gesellschaft, seiner Kultur wie auch der objektiven räumlichen und zeitlichen Zusammenhänge und Aufeinanderfolge der realen historischen Geschehnisse und Erscheinungen.

Eines der Argumente der verbreiteten Unterscheidung, genauer Entgegensetzung der altorientalischen Welt und Kultur gegen die antike Welt und Kultur, Jerusalems gegen Athen, ist die Anerkennung der wesentlichen, grundlegenden Divergenz zwischen dem grundsätzlich dynamischen, den Primat der Zeit anerkennenden nahöstlichen, auch alttestamentlichen Denken und dem hauptsächlich statischen, den Primat des Raums akzentuierenden

---

333  A.F. Losev, Antičnaja filosofija istorii, 116ff.; S.A. Oscherov, Koncepcija vremeni i koncepcija istorii v „Eneide" Vergilija, 209, u.a.
334  The Legacy of Greece, 163.
335  D.S. Lichatschov, Poetika drevnerusskoj literatury, 234.

antiken Denken.[336] Aber dieses Konzept ruft mit Recht zahlreiche Einwände hervor, wobei auf die Bedeutsamkeit der räumlichen Denkformen für den nahöstlichen, alttestamentlichen Menschen hingewiesen wird und diejenige der zeitlichen für den antiken.[337]

Ein Argument in diesem Disput sind die Angaben der Tabelle 23, die die Ergebnisse der wortstatistischen Analyse des räumlich-zeitlichen Vokabulars der alttestamentlichen Geschichtsschreibung summiert,[338] wobei die zweite horizontale Spalte diejenigen Termini umfaßt, die ambivalent sind, zugleich räumliche und zeitliche Begriffe bezeichnen, während in den zwei folgenden Spalten Termini mit vorwiegend räumlicher oder zeitlicher Bedeutung aufgezählt worden sind.

Tabelle 23

| Phänomen | Jahw.-Eloh. | Deuteron. | Esr.-Neh. | Chr. |
|---|---|---|---|---|
| Raum und Zeit insgesamt | 5,4 % | 6,1 % | 7,2 % | 10 % |
| Raum und Zeit | 1,3 % | 1,6 % | 1,9 % | 3 % |
| Raum | 2 % | 2,6 % | 3 % | 3,8 % |
| Zeit | 2,1 % | 1,9 % | 2,3 % | 3,2 % |

Die Angaben dieser Tabelle bezeugen kein eindeutiges Übergewicht der zeitlichen Termini im Vergleich mit den räumlichen, was zu erwarten wäre, wenn tatsächlich „... der Raum die gegebene Denkform für Griechen ist, so die Zeit für Hebräer."[339] Ganz im Gegenteil, fast in allen alttestamentlichen Geschichtswerken, inkl. des Chronikbuches, ist das Eigengewicht der zeitlichen Termini ein geringeres als das der räumlichen, was dazu berechtigt, von einer ausgeglichenen räumlichen und zeitlichen Orientierung der alttestamentlichen Geschichtsschreibung zu sprechen.

Darauf weisen auch die Ergebnisse der semantischen Analyse einiger Schlüsselwörter des alttestamentlichen räumlich-zeitlichen Vokabulars hin. In der Gruppe der Termini mit ambivalenter räumlich-zeitlicher Semantik ist einer der am häufigsten erwähnten (440 Fälle) ʿôlām, der gewöhnlich als „Ewigkeit, lange Zeit, Dauer; ferne Vergangenheit, vergangene und zukünftige Zeit" usw. übersetzt wird,[340] was den temporalen Aspekt dieses Terminus

---

336 Th. Boman, Das hebräische Denken im Vergleich mit dem griechischen, 13; S.S. Averinzev, Poetika rannevizantijskoj literatury, 88, u.a.
337 J. Barr, Biblical Words for Time, 21ff.; G.A. Press, History and the Development of the Idea of History in Antiquity, 281ff., u.a.
338 J.P. Vejnberg, Prostranstvo i vremja v modeli mira vetchozavetnovo istoriopisca, 76-77.
339 Th. Boman, Das hebräische Denken im Vergleich mit dem griechischen, 180.
340 L. Černy, The Day of Yahweh and Some Relevant Problems, 1-5; G.R.[inaldi], ʿôlām, 182, u.a.

einseitig hervorhebt. Eben darum wird ʿôlām als „Flut des zeitlichen Ereignis, das mit sich alle Dinge trägt, oder als die Welt wie Geschichte"[341] so häufig dem statisch gedachten Kosmos gegenübergestellt. Aber einer solchen einseitig temporalen Interpretation widersetzt sich sogar die traditionelle Etymologie des Wortes ʿôlām vom Verb ʿlm (verbergen, sich verbergen, verschließen usw.), was im Substantiv ʿôlām die semantische Nuance „das Verborgene" usw. auch im räumlichen Sinne vermuten läßt,[342] während G. Gerleman die These vertritt: „Als äußerste Grenze (Horizont) aufgefaßt, kann ʿôlām als superlativistischer Ausdruck verwendet werden und ein Höchstmaß in Raum oder Zeit meinen."[343]

Im chronistischen räumlich-zeitlichen Vokabular ist ʿôlām eines der wenigen Schlüsselwörter – mit 38 Erwähnungen (im Vergleich mit den nur 32 im umfangreicheren deuteronomistischen Werk), hauptsächlich in Stücken seines Eigenguts, was ein reges Interesse des Chronisten für dieses Wort und das entsprechende Phänomen bezeugt. Der Chronist benutzt den Terminus ʿôlām fast ausschließlich im Zusammenhang mit zwei grundlegenden Erscheinungen seines Weltbildes: erstens im Zusammenhang mit Gott zur Bezeichnung der zeitlichen Dauerhaftigkeit und räumlichen Allumfassendheit seines Seins, seiner Herrschaft (1 Chr. 23,13; 29,10; 2 Chr. 7,3; 20,21 u.a.) und zweitens im Zusammenhang mit David und seiner Dynastie, der ihr zugesagten Dauerhaftigkeit, Langfristigkeit: „Denn ihr sollt wissen, daß Jahwe, der Gott Israels, David das Königtum über Israel gab lᵉʿôlām …" (2 Chr. 13,5, vgl. 1 Chr. 22,10; 28,4 u.a.), was auch auf eine räumliche und zeitliche Orientierung von ʿôlām hinweist. Diese Orientierung ist auch den Schlüsselwörtern rēʾšît-riʾšôn (erster, vorderer, vorangehender im räumlichen Sinne; früherer, vormaliger im zeitlichen), ḥāṣî-ḥāṣôt (Hälfte, Mitte in Raum und Zeit) und ʾāḥôr-ʾaḥēr-ʾaḥărôn-ʾaḥărît (Rückseite, hinten, hinter, letzter, Westen, westlich usw. im räumlichen Sinne; später, künftig, Zukunft, Ende, Ausgang, Nachkommenschaft im zeitlichen Sinne) eigen. Eine Eigenart all dieser Wörter ist das, was M. Bachtin den Chronotopos nannte und womit er die grundlegende Miteinanderverbundenheit des künstlerischen (und wahrscheinlich, soll hinzugefügt werden, auch des geschichtlichen) Raums und der künstlerischen (und vermutlich auch der geschichtlichen) Zeit bezeichnete.[344] Im chronistischen Weltbild verlieren diese Termini vieles von ihrem chronotopistischen Wesen, denn rîʾšôn-rēʾšît und ʾāḥôr-ʾaḥēr-ʾaḥărôn-ʾaḥărît werden dort vorwiegend (bis auf 90-95 % aller vorkommenden Fälle) im nur zeitlichen Sinne benutzt und dabei am häufigsten mit einem Hinweis auf die Begrenztheit der Zeit, z.B. in der

---

341  S.S. Averincev, Poetika rannevizantijskoj literatury, 88.
342  Th. Boman, Das hebräische Denken im Vergleich mit dem griechischen, 131-133; S.E. Balentine, A Description of the Semantic Field of Hebrew Words for „Hide", 137-153, u.a.
343  G. Gerleman, Die sperrende Grenze, 338-349, vgl. J.G. Gammie, Spatial and Ethical Dualism in Jewish Wisdom and Apocalyptic Literature, 356-359, u.a.
344  M.M. Bachtin, Formy vremeni i chronotopa v romane, 234-235.

Formel: „Und die ersten und die letzten (*hārî'šônîm wĕhǎ'ǎhāronîm*) der Taten-Worte des Königs X" (1 Chr. 29,29; 2 Chr. 9,29 u.a.), während *hǎṣî-hāsôt* nur zur Bezeichnung der räumlich-quantitativen Gegebenheit angewendet wird, hauptsächlich in der Formel: *hǎṣî šēbeṭ* X („Die Hälfte des Stammes X"). Das bezeugt ein separates Erfassen von Raum und Zeit, wobei Raum primär begrenzt und Zeit primär endlich gedacht wird.

Häufiger als die oben betrachteten Worte kommen im Chronikbuch diejenigen Termini vor, die die horizontale Struktur des Raums, hauptsächlich die Weltrichtungen, bezeichnen. Es geht um die Wörter *ṣāpôn* (Norden, Nordwind; Götterberg) und *negeb* (Süden, Trockenland; Negeb), *mizrāh* (Sonnenaufgang; Osten) und *ma'ǎrāb* (Sonnenuntergang; Westen), die im Chronikbuch von sämtlichen mythologischen und sakralen Implikationen losgelöst sind und nur den Raum, denjenigen Sektor des Raums bezeichnen, wo sich ein bestimmtes Ding befindet oder eine Handlung vollzieht (1 Chr. 26, 13-19 u.a.).

Eine vergleichbare entmythologisierende Tendenz läßt sich auch daran feststellen, wie der Chronist die Wörter mit primär zeitlicher Bedeutung benutzt. Eines der wichtigsten in dieser Gruppe ist *'ēt*, das die Bedeutungen: Zufall, Geschehnis, Datum; Mal, Zeitpunkt, bestimmte, hauptsächlich endliche, Zeit, unbestimmte Zeitabschnitte, hat und darum auch zentrales Argument in der Diskussion ist,[345] ob das Alte Testament die Vorstellung einer abstrakten, von Dingen und Ereignissen losgelösten Zeit kannte oder nicht. Vermutlich hat J.R. Wilch recht,[346] daß anfänglich *'et* im Alten Testament eine enge Verbundenheit von Zeit und Geschehnissen, die zeitliche Bestimmtheit der Geschehnisse und die Erfülltheit der Zeit mit Ereignissen ausdrückte. Im zeitlichen Ablauf aber setzten sich allmählich ein zunehmend abstraktes Verständnis und eine Autonomisierung der Zeit, eine bevorzugte Benutzung von *'ēt* im Sinne von „die Zeit als solche", durch, die außerhalb der Ereignisse und von ihnen unabhängig ist, sie aber umrahmt und deren Stelle im Ablauf der Geschehnisse festlegt. Besonders deutlich äußert sich ein solcher Zeitbegriff in den Formeln *bē'ēt hahî', bā'ēt hazzôt* („in derjenigen, dieser Zeit"), die im Chronikbuch zehnmal (von 25 Erwähnungen des Wortes *'ēt*) vorkommen (1 Chr. 21,28.29; 2 Chr. 7,8 u.a.).

Das zunehmende Verständnis der Zeit als ein abstraktes und autonomes Phänomen beeinflußte auch die Auswahl der die abgegrenzten Zeitabschnitte bezeichnenden Wörter. Im Chronikbuch sind Wörter wie *dôr* (Kreislauf, Lebenslauf, Generation, Geschlecht), *tĕkûpā* (Wendepunkt, Wende) sehr selten,[347] die die auf Grund der sozial-historischen Erfahrung des Menschen aus-

---

345  J. Barr, Biblical Word for Time, 98ff.; Th. Boman, Das hebräische Denken im Vergleich mit dem griechischen, 114ff., u.a.
346  J.R. Wilch, Time and Event, 165-167.
347  Th. Boman, Das hebräische Denken im Vergleich mit dem griechischen, 114-116; P.R. Ackroyd, The Meaning of Hebrew dôr Considered, 3-10, u.a.

gebildeten und mit den entsprechenden sozial-historischen Erscheinungen verknüpften längeren Zeitabschnitte bezeichnen. Ebenso vermied es der Chronist auch, Wörter wie *peṭaᶜ* (Augenblick, augenblicklich), *regaᶜ* (Ruhe, Augenblick, plötzlich, bald, immer wieder) u.a.[348] zu benutzen, die sehr kurze, aber auch auf Grund der sozial-historischen Erfahrung herausgehobene Zeitabschnitte bezeichnen. Er bevorzugte offensichtlich diejenigen Termini, die den natürlichen Verlauf und die Gliederung der naturhaften Kalender-Zeit bezeichnen. Darum sind in seinem Zeit-Vokabular Schlüsselwörter *šānā* (Jahr), *ḥodeš* (Neumond, Monat, Brunstzeit) u.a., aber insbesondere *yôm* (Tag, helle Tageszeit, besondere Tage, inkl. Tag Jahwes; Lebenszeit usw.), das mit 2370 vorkommenden Fällen im Alten Testament und 118 Erwähnungen im Chronikbuch zu den am häufigsten auftretenden Wörtern gehört. Das stimmt mit der Schlußfolgerung S.J. de Vries' überein: „If ᶜēt is not the primary Hebrew time-word, that honor must fall to the word often used as its synonym: yôm."[349] Im Alten Testament wird dieser Terminus in drei Grund-Modi benutzt: in der Formel *bayyôm hahûʔ*, die am häufigsten zur Bezeichnung eines bestimmten Tages in der Vergangenheit dient, eines Tages, der besonders krassen Konfrontation Gottes mit seinem Volk,[350] in der Formel *hayyôm*, *hayyôm hazze* u.a., die vorwiegend einen gegenwärtigen Zeitabschnitt bezeichnet, in dem neben Gott auch der Mensch aktiv tätig ist[351] und in der Formel *bayyôm hahûʔ*, die auch einen Zeitabschnitt in der Zukunft bezeichnen kann, der „God's or man's new opportunity for decisive action" ist und dessen Kulmination der Tag Jahwes ist „as a day of Yahwe's decisive action in which all the complexities and ambiguities of the present situation are brought to a complete – and in this sense final – resolution."[352]

Wenn wir nun diese Beobachtung auf das Chronikbuch anwenden,[353] so ergibt sich erstens, daß dort das religiös-weltanschaulich relevante, eschatologische und messianistische Erwartungen implizierende Theologem der „Tag Jahwes"[354] gänzlich fehlt und daß zweitens die erwähnten Formeln dort überhaupt nur selten vorkommen – *hayyôm hazze* 13mal und *hayyom hahû* achtmal, fast ausschließlich zur Bezeichnung eines bestimmten Zeitabschnittes in der Gegenwart (1 Chr. 4,41.43; 5,26; 2 Chr. 5,9; 8,8 u.a.). Der Chronist benutzt den Terminus bevorzugt (in 84 % aller Erwähnungen) ohne irgendwelche mythologischen und religiösen Anspielungen zur Bezeichnung der natur-

---

348  Th. Boman, Das hebräische Denken im Vergleich mit dem griechischen, 116-117; S.J. de Vries, Yesterday, Today and Tomorrow, 42, u.a.
349  S.J. de Vries, Yesterday, Today and Tomorrow, 42.
350  Ibid., 136.
351  Ibid., 276.
352  Ibid., 331, 341.
353  J.P. Vejnberg, Prostranstvo i vremja v modeli mira vetchozavetnovo istoriopisca, 78-79.
354  L. Černy, The Day of Yahweh and Some Relevant Problems, 53ff.; J.R. Wilch, Time and Event, 92ff.; A.J. Everson, The Days of Yahweh, 320-325; J.S. de Vries, Yesterday, Today and Tomorrow, 340-343; Y. Hoffmann, The Day of the Lord as a Concept and a Term in the Prophetic Literature, 37-50, u.a.

haften Zeit, am häufigsten zur Bezeichnung des Lebenslaufes, der Lebens- und Herrschaftsdauer der Könige (1 Chr. 7,2; 13,3; 2 Chr. 9,20; 13,20 u.a.), wobei, und das ist grundsätzlich wichtig, nicht die Geschehnisse, Ereignisse dieses Lebenslaufes den *yôm* ausfüllen und bestimmen, sondern der *yôm* diese Geschehnisse und Ereignisse umrahmt: „Alle sie (die Gaditer) wurden in die Geschlechtsregister eingetragen in den Tagen Jotams, des Königs von Juda, und in den Tagen Jerobeams, des Königs von Israel" (1 Chr. 5,17), „... und Silber ward nicht gerechnet in den Tagen Salomos" (2 Chr. 9,20) u.a.

Die semantische Analyse des räumlichen und zeitlichen Vokabulars des Chronisten belegt, daß in seinem Weltbild ein weitgehend entmythologisiertes und entsakralisiertes Verständnis von Raum und Zeit als separaten Phänomene dominiert. Raum und Zeit erscheinen dort vorwiegend als von dinglicher, ereignishafter Angefülltheit losgelöste abstrakte und autonome Erscheinungen, die die Plattform und der Rahmen sind, auf der und innerhalb dessen sich die Dinge und Geschehnisse befinden und verlaufen. Im chronistischen Weltbild werden Raum und Zeit stets begrenzt und endlich erfaßt, wobei für die Zeit eine naturhafte Kalender-Gliederung kennzeichnend ist sowie das Fehlen einer übergroßen, unübersichtlichen Vertiefung in die Vergangenheit, was auch den Aufbau und die Gliederung der chronistischen Erzählung bestimmt.

Eins der markanten Kennzeichen einer entwickelten Geschichtsschreibung ist nach H. Cancik auch die „Vorgeschichte" als eine summierende und generalisierende Darlegung dessen, was dem Inhalt der eigentlichen Geschichtsschreibung vorangeht, ihn vorbereitet.[355] Die ersten neun Kapitel des Chronikbuches sind eine solche „Vorgeschichte",[356] für die der Chronist offensichtlich auch die *tôlĕdôt*[357] der Priesterschrift benutzte, sie aber weitgehend und entsprechend seinem Zeitverständnis modifizierte.

Eines dieser Modifikationsverfahren ist das sog. „telescoping",[358] eine Verringerung der temporalen Tiefe der Genealogien mittels Auslassung oder Kürzung derjenigen Glieder der Genealogien, die für den Geschichtsschreiber und sein Auditorium belanglos oder unerwünscht waren. Der Chronist benutzt dieses Verfahren besonders intensiv in bezug auf die Genealogie der Adamiten und Noahiten. Da der Chronist auch sämtliche Angaben über die „Lebensdauer" der Adamiten ausläßt, ist der Sinn und Zweck dieser Modifikationen darin zu sehen, die zeitliche Tiefe der geschilderten Vergangenheit beträchtlich zu kürzen, was übrigens eins der wesentlichen Merkmale der antiken Geschichtsschreibung war.[359]

---

355 H. Cancik, Die Grundzüge der hethitischen und alttestamentlichen Geschichtsschreibung, 24-27.
356 R.K. Duke, The Persuasive Appeal of the Chronicler, 54-56, u.a.
357 F.M. Cross, Canaanite Myth and Hebrew Epic, 301ff.; P. Weimar, Die Toledot-Formel in der priesterlichen Geschichtsschreibung, 65ff.; ders., Struktur und Komposition der priesterlichen Geschichtsdarstellung, 81ff. und 138ff., u.a.
358 D.P. Henige, The Chronology of Oral Tradition, 27ff.
359 M.J. Finley, The Use and Abuse of History, 23ff.; A. Momigliano, Greek Historiography, 6-8; The Legacy of Greece, 164ff., u.a.

Hierbei ist zu bemerken, daß das „telescoping" nur diejenigen Glieder der
Genealogie der Adamiten und Noahiten betrifft, die als Vorväter des „Sie", der
fremden Ethnien galten. So kann man sagen, daß ein weiteres Ziel und eine
weitere Aufgabe dieser Modifikationen darin bestand, die „Vorgeschichte"
streng zu lokalisieren, sie auf das zu konzentrieren, was für den Chronisten
und sein Auditorium das Wichtigste war, nämlich das „Wir", der Judäische
Staat. Dem entspricht auch die Tatsache, daß der Chronist mittels zahlreicher
Stücke seines Eigenguts – der authentischen vorexilischen Sippensagen,
Genealogien und anderer Materialien – das entgegengesetzte Verfahren des
„lengthening"[360] benutzt, dessen Sinn und Aufgabe es ist, nicht nur die verti-
kale Tiefe zu vergrößern, sondern auch die horizontale Weite derjenigen
Genealogien zu erweitern, die für den Geschichtsschreiber und sein Audito-
rium besonders interessant und bedeutsam waren. Der Chronist benutzt dieses
Verfahren hauptsächlich in bezug auf die Stämme Juda,[361] Benjamin und Levi,
die ausschlaggebend an der Bildung des Judäischen Staates und der nachexilischen Bürger-Tempel-Gemeinde beteiligt waren. In der Sippensage der
Simeoniten werden „die Tage Hiskias, des Königs von Juda" (1 Chr. 4,41),
erwähnt, in der Sippensage der Manassiten wird über ihre Deportation durch
Tiglatpalassar III. berichtet (1 Chr. 5,26) usw., d.h. es werden präzise Zeit-
punkte genannt, alle im Rahmen der zweiten Hälfte des 8. Jh. v.u.Z., was
nochmals auf das Bestreben des Chronisten hinweist, sich nicht in die zu weit
zurückliegende Vergangenheit zu verlieren. Wo er jedoch dazu genötigt ist,
weist er darauf wie auf etwas Außerordentliches, Ungewöhnliches hin: „Und
[das waren] alte (ʿatîḳîm) Taten-Wörter" (1 Chr. 4,22).

Obwohl die Behauptung D.J. McCarthys,[362] daß „The deuteronomistic
history is divided into sharply marked eras," ein wenig zu kategorisch
erscheint, sind im deuteronomistischen Geschichtswerk und in der Priesterschrift Ansätze zu einer Periodisierung vorhanden.[363] Solche Ansätze sind
auch im Chronikbuch zu beobachten, da dort offensichtlich drei Epochen, drei
„Ären" jüdischer Geschichte unterschieden werden – die die vormonarchische
Zeit umfassende „Vorgeschichte" (1 Chr. 1-8), die Geschichte der davidischen
Monarchie (1 Chr. 9,35 – 2 Chr. 36,21) und die auf die Ausbildung der kommenden nachexilischen Gemeinde hinweisende „Nachgeschichte" (2 Chr. 36,
22-23). Diese drei Epochen, „Ären" unterscheiden sich voneinander ihrem
Wesen, ihrem Sinn und ihrer Bedeutung nach[364] und werden im Chronikbuch
verschiedenartig dargelegt, folgen aber aufeinander in einer ausgesprochen

---

360  D.P. Henige, The Chronology of Oral Tradition, 6ff.
361  T. Willi, Late Persian Judaism and Its Conception of an Integral Israel According to
     Chronicles, 146-162.
362  D.J. McCarthy, The Wrath of Yahweh and the Structural Unity of the Deuteronomic
     History, 99.
363  J.P. Vejnberg, Roždenije istorii, 275ff.
364  R. Mosis, Untersuchungen zur Theologie des chronistischen Geschichtswerkes, 17ff.;
     R.K. Duke, The Persuasive Appeal of the Chronicler, 54ff., u.a.

linearen Abfolge, denn die davidische Monarchie ist nicht nur eine Nachfolge-institution der vormonarchischen Zeit, sondern auch ein Neugebilde gegen-über dieser, und sogar der Hinweis auf die kommende Gemeinde, die doch Elemente einer Wiederkehr, eines Wiederaufbaus usw. impliziert, enthält kei-nerlei Andeutungen auf eine Rückkehr zum Gewesenen.

Der Chronist ist auch darum besorgt, diese drei Epochen, „Ären" voneinan-der strikt abzusondern, und als markierender Hiatus zwischen der „Vor-geschichte" und der Geschichte dient die Liste der Einwohner des nachexili-schen Jerusalem (1 Chr. 9, 1-34), die offensichtlich mit der analogen Liste im Nehemiabuch (11, 3-19) kongruiert, während als Hiatus zwischen der Geschichte und „Nachgeschichte" die Darlegung des Edikts Kyrus' II. dient (2 Chr. 36, 22-23, vgl. Esr. 1,1-3). Ohne sich jetzt den diskutablen Fragen über das Verhältnis von 1 Chr. 9, 1-34 zu Neh. 11, 3-19 und 2 Chr. 36, 22-23 zu Esr. 1,1-3 zuzuwenden, muß auf eine sich wiederholende und darum kaum zufäl-lige wesentliche Eigentümlichkeit der beiden Hiati hingewiesen werden – sie beziehen sich beide auf die Gegenwart des Chronisten.

Es kann darum mit gutem Grund gefolgert werden, daß dem chronistischen Zeitverständnis drei grundlegende Merkmale eigen waren – ein linearer Ver-lauf, eine Aufteilung in diskrete Zeitabschnitte und eine vorwiegende Orien-tierung auf die nicht so weit zurückliegende Vergangenheit, die das Wesen und die Eigenart des Historismus im Chronikbuch beeinflußten.

Ungeachtet der zahlreichen Divergenzen in Einzelheiten können zwei prin-zipielle Begriffe des Historismus unterschieden werden: Erstens: den Kern des Historismus bildet die Idee der Entwicklung in sämtlichen Bereichen des menschlichen Wissens, insbesondere in den Humanwissenschaften, die den Menschen zum Gegenstand haben,[365] und zweitens: der Historismus „ist eine Art und Weise der Abgrenzung der Vergangenheit von der Gegenwart ... Historismus ist eine bestimmte Form des Verständnisses der geschichtlichen Zeit."[366] Wenn man dem ersten Standpunkt zustimmt, so kann von einem Historismus nur in bezug auf die Geschichtswissenschaft des 19. Jh. die Rede sein.[367] Wenn aber Historismus eine Form der Abgrenzung der Vergangenheit von der Gegenwart, eine Weise des Erfassens der geschichtlichen Zeit ist, so kann er als immanente Eigenschaft und als Attribut eines jeden nichtmytholo-gischen geschichtlichen Denkens angesehen werden. Man kann darum mit vollem Recht von einem „antiken", „alttestamentlichen" usw. Historismus reden, jedoch unter Berücksichtigung der Tatsache, daß sich der Historismus in Weltbildern der einzelnen Geschichtswerke, inkl. des chronistischen Welt-bildes, verschiedenartig äußert und wirkt.

---

365 M.A. Barg, Epochi i idei, 3.
366 G.A. Antipov, Istoričeskoje prošloje i puti jevo poznanija, 111.
367 F. Meinecke, Die Entstehung des Historismus, 1ff.; J.A. Levada, Istoričeskoje soznanije i naučnyi metod, 203ff., u.a.

Jeder Geschichtsschreiber gehört seiner eigenen Zeit, Gesellschaft und Kultur an und steht darum der von ihm betrachteten Vergangenheit in Distanz gegenüber. Die Beziehung des Geschichtsschreibers zur Vergangenheit als eines sich außerhalb Befindenden hängt von vielen und mannigfaltigen Faktoren und Ursachen ab, aber im Kontext des Problems „der Historismus" sind die räumliche Entfernung und die zeitliche Distanz, die Wesensunterschiede zwischen der Gegenwart des Geschichtsschreibers und der von ihm beschriebenen Vergangenheit besonders relevant, denn je größer und tiefer diese Unterschiede sind, um so höher werden die Verständnishindernisse für den Geschichtsschreiber. Das trifft auch für den Chronisten zu, denn zwischen seiner Gegenwart und der von ihm beschriebenen Vergangenheit liegen, ungeachtet der nicht sehr großen zeitlichen Distanz, die durch die Katastrophe von 586 v.u.Z., das Exil und die nachexilische Bürger-Tempel-Gemeinde hervorgerufenen tiefgreifenden Wesensunterschiede in vielen Lebensbereichen.

Bei so tiefen und grundsätzlichen Divergenzen entstehen für den Geschichtsschreiber die Scylla der Modernisierung und die Charybdis der Archaisierung der Vergangenheit, wobei die Versuchung und Attraktivität der ersten viel akuter sind. Im Verlauf unserer Darlegung wurde schon wiederholt darauf hingewiesen, daß im Erfassen und in der Schilderung relevanter Erscheinungen und Geschehnisse der vorexilischen Vergangenheit – des Menschen und der sozialen Gruppe, des Königtums, Königreichs und Königs, Gottes und des Göttlichen usw. – der Chronist diese nicht selten sub specie praesentiae, durch das Prisma seiner Gegenwart, beeinflußt vom Wesen und der Erfahrung der Bürger-Tempel-Gemeinde betrachtet. Der Chronist begeht jedoch nicht den Fehler, ins Extrem zu verfallen, und vermeidet es, die ihm zeitgenössische Realität in die von ihm beschriebene Vergangenheit zu übertragen, und zwar nicht nur auf der Ebene des Faktischen und des Konzeptionellen, sondern auch auf der terminologischen Ebene, wo die Versuchung der Modernisierung (wie auch der Archaisierung) besonders groß ist. Im Chronikbuch dominieren der Wille und die Fähigkeit, die Vergangenheit in ihrem Wesen und ihren Eigentümlichkeiten mehr oder weniger adäquat darzustellen, wofür der hohe Grad der Authentizität und Glaubwürdigkeit der im Chronikbuch vorhandenen Informationen ein beredtes Zeugnis ist.

Historismus impliziert auch die Anerkennung und den Versuch, die der Wirklichkeit entsprechende Vielseitigkeit und Mannigfaltigkeit der geschichtlichen Handlung, der Verbindung und der gegenseitigen Einwirkung der Erscheinungen und Geschehnisse der Vergangenheit wiederzugeben. Alles vorher über das Weltbild des Chronisten Gesagte bezeugt, daß dort dieses relevante Merkmal des Historismus vorhanden ist, da dem Chronisten daran liegt, die Vergangenheit als eine Gesamtheit von unwichtigen und bedeutsamen, alltäglichen und außerordentlichen Geschehnissen und Taten zu schildern. Ein überzeugender Beleg dafür ist der offensichtliche Zusammenhang zwischen

der Vollständigkeit bzw. Nichtvollständigkeit des Schemas der Taten der
judäischen Könige und der Bewertung ihrer Tätigkeit im Chronikbuch.
Historismus impliziert auch die Anerkennung der Kausalität. Es wird mit
gutem Grund anerkannt,[368] daß die Entdeckung der in göttlicher und/oder
menschlicher Sphäre eingewurzelten αἰτία, der Wille und die Fähigkeit, die
Ursache/n zu eruieren und zu beschreiben, zu den größten Errungenschaften
der antiken Geschichtsschreibung gehörten. Aber Ansätze dazu sind auch in
der nahöstlichen Geschichtsschreibung der Mitte des 1. Jh. v.u.Z., insbesondere in der alttestamentlichen, anzutreffen.[369] Dies gilt auch für das Chronikbuch, wobei es aber für den Chronisten kennzeichnend ist, daß er, ohne die im
göttlichen Bereich liegenden und der göttlichen Kompetenz angehörenden
Ursachen und Motive zu verneinen, jene Ursachen hervorhebt, die beim Menschen liegen. Das betrifft nicht nur Geschehnisse von eher untergeordneter
Bedeutung wie die Erkrankung der Könige Asa und Ussia (2 Chr. 16,12; 26,
16-21), sondern auch solche für das gesamte „Wir" schicksalschweren
Geschehnisse wie die Niederlage und den Tod Josias (2 Chr. 35,20ff.), die
Vergehen Zedekias (2 Chr. 36,11ff.) u.a.
Dem Historismus ist darüber hinaus eine wertende Einstellung zur Vergangenheit eigen, die explizit in der Eingangsformel fast aller chronistischen
Königs-Erzählungen zum Ausdruck kommt. Hierbei muß betont werden, daß
diese axiologischen Aussagen keine formellen Anhängsel waren, sondern
strukturell und konzeptionell mit dem Inhalt der betreffenden Erzählung
korrelierten. In fast sämtlichen chronistischen Erzählungen läßt sich eine der
folgenden Korrelationen finden: der geringe Umfang der Erzählung – die Un-
vollständigkeit des rubrizierten Schemas der Tätigkeit des Königs – die
Einsetzung des Königs durch fremde Herrscher – das gewaltsame Ende des
Königs – die negative Bewertung (Nr. IX, XVII, XX u.a. in Tabelle 20) und
umgekehrt der große Umfang der Erzählung – die Vollständigkeit des rubrizierten Schemas der königlichen Tätigkeit – die Thronübernahme mittels Erbfolge, Akklamation durch das Volk, göttlicher Berufung usw. – das natürliche
Ende – die positive Bewertung (Nr. II, III, VI, VII, XII, XX u.a.).[370] Für den
Historismus des Chronisten ist es kennzeichnend, daß er häufiger als manch
anderer seiner Zeitgenossen sich nicht in das Prokrustesbett der entweder nur
positiven - nur negativen Bewertung zwängt und nicht selten auch die Untaten
„guter" und die guten Taten „schlechter" Könige erwähnt, so daß die Bewertung dieser Könige flexibel sein konnte: Der Geschichtsschreiber wertet sehr
positiv die erste Periode der Herrschaft des Königs Joas, als dieser, vom Prie-

368  H. Strasburger, Die Wesensbestimmung der Geschichte durch die antike Geschichts-
      schreibung, 31-33; A. Momigliano, Greek Historiography, 4; J. Hart, Herodotus and
      Greek History, 177, u.a.
369  J.P. Vejnberg, Roždenije istorii, 312-313.
370  J.P. Weinberg, Der König im Weltbild des Chronisten, 431-434; ders., Carskaja biogra-
      fija na Bližnem Vostoke serediny 1 tys. do n.e., 93-94.

ster Jojada geleitet, das Rechte tat (2 Chr. 24,2), und verurteilt scharf die zweite Periode nach dem Tod Jojadas, als der König, von den Häuptern Judas verleitet, Unrecht zu tun begann (2 Chr. 24, 17-22). In ähnlicher Weise wird die negative Bewertung der anfänglich „schlechten" Herrschaft des Königs Manasse (2 Chr. 33,2) nach der Buße des Königs durch eine ausgesprochen positive (2 Chr. 33,12ff.) ersetzt u.a.

Alles bisher Gesagte weist darauf hin, daß der Historismus auch die Selbsterkenntnis der Geschichtsschreibung, die Reflexion des geschichtlichen Denkens über sein Wesen, seinen Sinn und seine Aufgaben, sozusagen das „Denken zweiter Ordnung" fördert.[371] Obwohl in der nahöstlichen Geschichtsschreibung der Mitte des 1. Jh. v.u.Z. keine so ausführlichen Betrachtungen über das Wesen, den Sinn und die Aufgaben der Geschichte anzutreffen sind, die denen des Thukydides, Polybios, Lukian und anderer vergleichbar wären, war der Unterschied zwischen der antiken Geschichtsschreibung und der nahöstlichen in bezug auf die Selbstreflexion des geschichtlichen Denkens nicht typologisch, sondern eher graduell. Alles in diesem Kapitel über das Weltbild des Chronisten Gesagte berechtigt zu der Schlußfolgerung, daß auch dieser Geschichtsschreiber seine eigene ausgebildete Konzeption von der von ihm beschriebenen Vergangenheit besaß, sie aber nicht explizit deklarierte, systematisch formulierte, sondern in seiner Erzählung und durch seine Erzählung darlegte. Das kann auf eine im Vergleich zur antiken Geschichtsschreibung niedrigere Stufe der Selbstreflexion des geschichtlichen Denkens des Chronisten hinweisen, kann aber auch eine Folge des für das alttestamentliche Denken so charakteristischen Verzichtes auf jegliche Systematisierungsversuche sein.[372]

Es ist stets schwierig und riskant, bei einem so vielseitigen und komplizierten Phänomen wie dem Weltbild des Chronisten nur einige Eigentümlichkeiten und Merkmale als grundsätzliche und grundlegende auszuteilen, aber alles vorher Dargelegte beweist, daß in sämtlichen Bereichen dieses Weltbildes – im Erfassen der Natur und der Dinge, des Menschen und des Soziums, des Königtums, Königreiches und Königs, des Gottes und des Göttlichen, des Raumes und der Zeit – zwei Tendenzen, zwei Richtlinien bewußt und zielstrebig vom Chronisten durchgeführt werden: Die erste ist eine konsequente Entmythologisierung und Entsakralisierung des Alls und des Seins, die zweite ein ausgesprochener Anthropozentrismus, ein zielstrebiges Hervorheben der Bedeutung und der Rolle des Menschen, hauptsächlich als „ich" und „wir", in der geschichtlichen Handlung.

---

371 Y. Elkana, Die Entstehung des Denkens zweiter Ordnung im antiken Griechenland, 52-88, u.a.
372 S. Talmon, Grundzüge des Offenbarungsverständnisses in biblischer Zeit, 16-18.

# VI. Der Verfasser, die Gattung und das Auditorium des Chronikbuches

Die Geschichtsschreibung ist ein durch das Wort und im Wort geführter Dialog zwischen der Gegenwart und der Vergangenheit, zwischen dem Menschen der Gegenwart als Subjekt der Geschichtsschreibung und dem Menschen der Vergangenheit als ihrem Objekt. Aber der Mensch ist das Subjekt der Geschichtsschreibung in zwei Hinsichten, als der Verfasser des Geschichtswerks und als dessen Leser oder Hörer, während das Geschichtswerk selbst als Kommunikationsmittel zwischen dem Autor und dem Auditorium fungiert.[1]

„Herodotos aus Halikarnassos hat diese Nachrichten gesammelt und aufgeschrieben" (Prooem), „Thukydides aus Athen hat den Krieg beschrieben ..." (1,1) – diese und viele andere sog. Autoren-Einleitungen werden häufig als Beweise für den angenommenen grundsätzlichen Unterschied zwischen der ausgesprochenen Autoren-Literatur der Antike und der prinzipiell anonymen nahöstlichen Wortkunst angeführt.[2] An dieser These ist vieles begründet, besonders wenn mit Autorschaft nicht nur die Nennung des Verfassers gemeint ist, sondern das Selbstverständnis des Verfassers als Autor und seine Anerkennung als solcher durch das Auditorium.[3]

Ein solches Verständnis der Autorschaft ist in der altnahöstlichen Geschichtsschreibung tatsächlich nur selten anzutreffen, wird aber häufiger in der Mitte des 1. Jt. v.u.Z., wobei dort zwei Formen der Erwähnung von Autoren vorkommen – die direkte und die indirekte.[4] Für die erste Form kann als Beispiel die Notiz im „Brief an Gott Assur" Sargons II. genannt werden: „Die Tafel des Nabu-schallim-schunu, des Oberschreibers des Königs, des Haupts der Weisen, des Ratgebers Sargons, des Königs von Assyrien, des Erstgeborenen des Harmakki, des assyrischen Schreibers des Königs" (AR II, 178), in der für die weitere Darlegung zwei Momente wichtig sind: Diese Notiz schließt den Text ab, was auf die Bedeutung der enthaltenden Information hinweist, und der Verfasser-Schreiber gehört der neuassyrischen Beamten-Schreiber-Elite an. Ein anderes Beispiel ist die Mitteilung in der „Babylonischen Chronik" (Nr. I, IV, 39-43): „Der erste Teil, geschrieben entsprechend der

---

1  M.M. Bachtin, Estetika slovesnovo tvorčestva, 367.
2  S.S. Averincev, Grečeskaja „literatura" i bližnevostočnaja „slovesnostj", 213ff.
3  M.J. Steblin-Komenskij, Mir sagi, 42.
4  J.P. Vejnberg, Roždenije istorii, 289-292.

Tafel, ist überprüft und verglichen. Die Tafel des Ana-Bel-erisch, Sohn des Liblutu, Nachkomme des Kalbi-Sin. Geschrieben von Ea-nadin, Sohn des Ana-Bel-erisch, Nachkomme von Kalbi-Sin", in der besondere Aufmerksamkeit die agnatische Zusammengehörigkeit der genannten Schreiber verdient.

Obwohl noch eine ganze Reihe solcher direkten Erwähnungen von Autoren in der nahöstlichen Geschichtsschreibung angeführt werden kann, dominieren dort die indirekten Hinweise auf den Autor, d.h. er und/oder das Milieu, in dem das betreffende Geschichtswerk entstanden ist, sind im Text in verkappter Form erwähnt. Für die Eruierung dieser indirekten Erwähnungen gibt es zwei Anhaltspunkte: Als erster Anhaltspunkt dient das, was M. Bachtin „die allgemeine Formel der grundsätzlichen, ästhetisch-produktiven Beziehung des Autors zur handelnden Person" nannte,[5] die das Vorhandensein wesentlicher Berührungspunkte zwischen dem Autor und seinem literarischen Helden, zwischen der Welt des Verfassers und der Welt der verfaßten Person voraussetzt. Diese Beziehung ermöglicht es, gewisse Rückschlüsse von der Schöpfung auf den Schöpfer, von der verfaßten Gestalt auf den Verfasser zu ziehen. Der zweite Anhaltspunkt sind die im literarischen Text vorkommenden, in bezug auf den Inhalt und das Sujet dieses Textes marginalen, nicht systematischen Aussagen, die zuweilen Informationen über den Autor oder das Milieu enthalten können.

Diese zwei Anhaltspunkte sollen im folgenden auf das Chronikbuch angewendet werden, das in der Regel als eine Schöpfung des priesterlichen, hauptsächlich levitischen Milieus angesehen wird.[6] Für diese Annahme sprechen schwerwiegende Argumente wie das offensichtliche Interesse des Chronisten für den Tempel, den Tempeldienst und die Priesterschaft usw. Aber es darf nicht übersehen werden, daß so grundlegende Merkmale des chronistischen Weltbildes wie die konsequente entmythologisierende und entsakralisierende Tendenz, wie das nur geringe Interesse für Ereignisse, die für die Priesterschaft und in der Priesterschrift besonders relevant sind[7], wie die Schöpfung der Welt und des Menschen, wie der Exodus und andere Merkmale, kaum mit einer priesterlichen, levitischen Herkunft des Chronikbuchs übereinstimmen. Darum verdient die Ansicht B. Mazars[8] besondere Aufmerksamkeit, daß im Chronikbuch dieselbe Geschichtsauffassung anzutreffen ist, die dem offensichtlich in vorexilischen Schreiberkreisen entstandenen deuteronomistischen Geschichtswerk[9] eigen ist. Es steht außer Zweifel, daß der Chronist in weiten Teilen das deuteronomistische Geschichtswerk benutzte, und zwar augen-

---

5    M.M. Bachtin, Estetika slovesnovo tvorčestva, 15-16.
6    G. von Rad, Das Geschichtsbild des chronistischen Werkes, 118ff.; J.M. Myers, 1 Chronicles, LXXXVI-LXXXIX; H.G.M. Williamson, 1 and 2 Chronicles, 15-17, u.a.
7    W. Brueggemann, The Kerygma of the Priestly Writers, 397-414; R.E. Friedman, The Exile and Biblical Narrative, 44ff., u.a.
8    B. Mazar, dibrê hayyāmîm, sēper dibrê hayyāmîm, 605-606.
9    M. Weinfeld, Deuteronomy and the Deuteronomic School; J.R. Porter, Old Testament Historiography, 142ff.; R.E. Friedman, The Exile and Biblical Narrative, 1ff., u.a.

scheinlich deshalb, weil vieles in diesem Werk ihm und seinem Auditorium entsprach und zusagte; vieles, aber bei weitem nicht alles, und eben deswegen modifiziert er so energisch den deuteronomistischen Text und ergänzt ihn mit so zahlreichen Eigengutstücken. Das Vorhandensein grundsätzlicher Divergenzen zwischen den beiden Geschichtswerken ist notwendig und verständlich, da sie in überaus unterschiedlichen Zeiten und Mitwelten entstanden sind. Die Annahme B. Mazars muß darum folgendermaßen präzisiert werden: Es scheint richtig zu sein, den Sitz im Leben des Chronikbuches in Schreiberkreisen der nachexilischen Bürger-Tempel-Gemeinde zu suchen.

In der chronistischen „Vorgeschichte", in einem Stück seines Eigenguts, was schon an und für sich auf die Relevanz der folgenden Information für den Chronisten und sein Auditorium hinweist, ist die folgende Notiz vorhanden: „Die Söhne Salmas [sind] Betlehem und die Netofatiter, Aterot Bet-Joab und die Hälfte der Manahtiter, die Zoriter. Und die Schreiber-Sippen (*mišpĕḥôt sôpĕrîm*), die zu Jabez wohnen, Tiratim, Schimatim, Sukatim, die sind Keniter, die von Hamat, dem Vater Bet-Rehabs, herkommen" (1 Chr. 2, 54-55). Dieser Text scheint tatsächlich „unintelligible as it stands,"[10] aber ganz so aussichtslos ist der Fall nicht, denn der Text enthält eine Reihe von Anhaltspunkten, die das Verständnis der Notiz fördern. Es muß darauf hingewiesen werden, daß diese Notiz ein Bestandteil der durch besondere Genauigkeit und Authentizität ausgezeichneten Genealogie der Jehuditer, ein Glied der Genealogie der bekannten judäischen Sippe der Kalebiter ist.[11] In der Notiz werden bekannte reale agnatische Verbände der vorexilischen Zeit wie die Keniter, das „Haus Joab", die Zoriter und Rehabiter genannt,[12] von denen die letzten auch in nachexilischer Zeit existierten (Neh. 3,14).[13] Obwohl die Namen Tiratim, Schumatim und Sukatim in der alttestamentlichen und außeralttestamentlichen Onomastik nicht mehr vorkommen, sind auch sie, nach Sh. Yeivin,[14] Benennungen agnatischer Verbände innerhalb der Schreiber-Sippe. In der Notiz werden auch die Toponyme Betlehem, Netofa und Jabez erwähnt, von denen die ersten zwei Ortschaften im nördlichen Judäa bezeichnen,[15] d.h. in demjenigen Teil des vorexilischen judäischen Staates, der während der Eroberung Judas nicht total verwüstet war und dessen Einwohner nicht deportiert wurden. Die „Männer aus Betlehem und Netofa" werden in der authentischen Liste der Mitglieder der werdenden Bürger-Tempel-Gemeinde vor 458/457 v.u.Z. in der Aufzählung der „nach Ortschaften benannten Gemeinschaften" erwähnt (Neh. 7,26 – Esr. 2, 21-22). Betlehem war der Sitz der Sippe Davids,

---

10  J.M. Myers, 1 Chronicles, 16.
11  Sh. Yeivin, The Israelite Conquest of Canaan, 11-20; H.G.M. Williamson, Sources and Redaction in the Chronicler's Genealogy of Judah, 351-359, u.a.
12  Sh. Yeivin, The Israelite Conquest of Canaan, 72ff.
13  Sh. Abramsky, bêt haʾrēkābîm, 255-264; C.H. Knights, Kenites – Rechabites?: 1 Chronicles II 55 Reconsidered, 10-18.
14  Sh. Yeivin, The Israelite Conquest of Canaan, 195.
15  Z. Kallai, Historical Geography of the Bible, 133-134, 391-393.

und die Notiz über die „Schreiber-Sippe zu Jabez" steht zwischen dem Ende der Genealogie der Jehuditer und vor der Genealogie der Davididen (1 Chr. 3, 1-24), was eine agnatische Verbundenheit dieser Schreiber-Sippe mit den letzteren keinesfalls ausschließt, um so weniger, als die vorangehenden Beobachtungen wie auch die Angaben aus Arrapha aus dem 15.-14. Jh. v.u.Z.[16] das reale Vorkommen von agnatischen Schreiber-Verbänden im Nahen Osten bestätigen. Zusammenfassend kann folgende Vermutung ausgesprochen werden: In 1 Chr. 2, 54-55 wird eine tatsächlich existierende Schreiber-Sippe genannt,[17] die in vorexilischer Zeit im nördlichen Judäa in der Umgebung von Betlehem angesiedelt war, dem Stamme Jehuda angehörte und vielleicht verwandtschaftlich mit den Davididen verbunden war und in nachexilischer Zeit zusammen mit den „nach Ortschaften benannten Gemeinschaften" sich der Bürger-Tempel-Gemeinde angeschlossen hatte; in diesem Milieu eines vor- und nachexilischen agnatischen Verbandes von Schreibern ist der „Sitz im Leben" des Chronikbuches zu suchen.

Diese Vermutung kann durch weitere und von den vorangegangenen Argumenten unabhängige Betrachtungen bekräftigt werden. Sie werden dem Weltbild des Chronisten entnommen und treten besonders markant bei einem Vergleich mit den entsprechenden Angaben der Bücher Esra-Nehemia hervor. Da die letzteren höchstwahrscheinlich aufs engste mit Kreisen der Heimkehrer aus Babylonien, deren Nachkommen verbunden waren, in diesen Kreisen ihren „Sitz im Leben" hatten,[18] so ist anzunehmen, daß der vermutlich in einem anderen Milieu zu suchende „Sitz im Leben" des Chronikbuches grundlegende konzeptionelle, weltanschauliche Divergenzen zwischen diesen Werken hervorrufen muß. Und das ist tatsächlich der Fall:

a) Für die Gemeinschaft der Heimkehrer, die erst unlängst ihren „Exodus" aus Mesopotamien überlebt hatten, war der Exodus aus Ägypten nicht nur die Erlösung der Vorväter in der fernen Vergangenheit, sondern auch zugleich das Urbild ihrer eigenen Erlösung aus der babylonischen Gefangenschaft, und dementsprechend wird in der geschichtlichen Retrospektive des Nehemiabuches der Auszug aus Ägypten ausführlich und mit Interesse geschildert (Neh. 9, 9-21); für die nicht deportierten, in Juda wohnenden, „nach Ortschaften benannten Gemeinschaften" war der Exodus aus Ägypten nur ein Geschehnis der fernen Vergangenheit, und der Chronist wendet ihm nur geringe Aufmerksamkeit zu.

b) Für die Heimkehrer gehörte die „Landnahme", die Restauration ihrer Rechte und Ansprüche auf den Boden ihrer Vorväter, zu den wichtigen Problemen und Aufgaben, und dementsprechend wird im Nehemiabuch die Landnahme Kanaans enthusiastisch beschrieben (Neh. 9, 23-25); für die „nach

---

16   N.B. Jankovskaja, Piscy, perevodčiki, pevčije churritskoj Arrapchi (XV-XIV vv.do n.e.), 37-64.
17   F.W. Golka, Die israelitische Weisheitsschule, 257ff.
18   S. Japhet, Sheshbazzar and Serubbabel, 68ff., u.a.

Ortschaften benannten Gemeinschaften" existierte das Problem der „Landnahme" überhaupt nicht, oder, genauer, die Landnahme war für sie eine störende, sogar bedrohliche Erscheinung, und entsprechend vermeidet es der
Verfasser des Chronikbuches auch, über die frühere Landnahme zu schreiben.

c) In Kreisen der Exulanten wie auch der Heimkehrer war eine kritische
Einstellung zu den Davididen verbreitet, und entsprechend werden in der
geschichtlichen Retrospektive des Nehemiabuches (Neh. 9, 29-30) die vorexilischen Könige ausdrücklich negativ bewertet, David aber überhaupt nicht
erwähnt; im Chronikbuch dagegen stehen David und die Davididen im Zentrum des Geschichtsbildes, was mit der Einstellung der in Judäa Zurückgebliebenen zu dieser Dynastie übereinstimmt.

Diese Aufzählung ist bei weitem nicht erschöpfend, aber zusammen mit
anderen Fakten wie der Provenienz des chronistischen Eigenguts bestätigt sie
die Annahme, daß der Verfasser des Chronikbuches in Kreisen der nachexilischen Schreiber, eines agnatischen Schreiber-Verbandes zu suchen ist.

Der Begriff „Verfasser, Autor" bezeichnet im Altertum und im Mittelalter
nicht nur den individuellen Verfasser, sondern auch den korporativen. Nicht
nur die Existenz agnatischer Schreiberverbände, sondern auch das notwendige
Heranziehen zahlreicher Gehilfen und Mitarbeiter, der nicht vollendete Prozeß
der Emanzipation des Individuums und andere Umstände bedingen das Vorkommen, die Verbreitung des Phänomens des „korporativen Autors"[19] in der
nahöstlichen Geschichtsschreibung der Mitte des 1. Jt. v.u.Z. Aber war der
Chronist ein solcher „korporativer Autor"? Obwohl die Behauptung
H. Canciks,[20] daß „Die literarische Bearbeitung dieses [d.h. des vom Geschichtsschreiber benutzten, J.W.] Materials …, zumal wenn es sich um als literarische und geistige Einheiten konzipierte Geschichtswerke handelt, einen
individuellen Verfasser voraus[setzt]", zu kategorisch ist, scheint sie für den
Chronisten berechtigt. Die inhaltliche Integrität des Chronikbuches und die
grundlegende Einheitlichkeit seines Weltbildes, das nur seltene Vorkommen
von stereotypen Klischees und die zahlreichen von einer rein persönlichen
Sympathie oder Antipathie, von individueller Einstellung bedingten Schilderungen, das konsequente Hervorheben des einzelnen verantwortlich handelnden Individuums – diese und zahlreiche andere Merkmale des chronistischen
Buches berechtigen zu der Annahme, daß es sich beim Verfasser dieses Geschichtswerkes vermutlich um einen individuellen Autor handelt, der „With
skill and artistry … retold the story of Israel in such a way as to set forth a
world-view and an ideology for action within that world."[21]

Hiermit entsteht auch die Frage nach der Zeit der Tätigkeit dieses Verfassers, der Abfassung des Chronikbuches. Obwohl auch in der modernen Bibel-

---

19  J.P. Vejnberg, Roždenije istorii, 294-296.
20  H. Cancik, Grundzüge der hethitischen und alttestamentlichen Geschichtsschreibung,
    55-56.
21  R.K. Duke, The Persuasive Appeal, 151.

wissenschaft das Chronikbuch zuweilen in die hellenistische Epoche datiert wird,[22] überwiegt doch die Ansicht, daß es im persischen Zeitalter entstanden sei, wobei manche Forscher für den Beginn dieser Epoche (Ende des 6. - Anfang des 5. Jh. v.u.Z.) plädieren,[23] andere das Ende (die Zeit um 400 v.u.Z. und später) bevorzugen.[24] Aber es bestehen gute Gründe für eine Datierung in die zweite Hälfte des 5. Jh. v.u.Z., genauer, in die Amtszeit Nehemias in den 40er-30er Jahren des Jahrhunderts.

Im Chronikbuch kommen, wie schon gesagt, Anschauungen und Ansichten der „nach Ortschaften benannten Gemeinschaften" zum Ausdruck. Die spezifischen Anschauungen dieser sozialen Gruppe konnten sich nur dann im chronistischen Weltbild widerspiegeln, wenn sie zur Zeit des Chronisten als eine eigenständige sozial-ideologische Einheit noch bestand oder ihre Auflösung erst kurze Zeit zurücklag. Nach 458/457 v.u.Z. waren diese Gemeinschaften aber in der Bürger-Tempel-Gemeinde nicht mehr vorhanden.

Die der Priesterschaft, besonders den Leviten, im Chronikbuch zugewandte große Aufmerksamkeit läßt sich gut mit dem markanten Zuwachs der Anzahl, des Eigengewichts und der Bedeutung der Priester und Leviten nach 458/457 v.u.Z. erklären. Auch die erste und engere funktionelle Bestimmung des Listenkomplexes in 1 Chr. 1-8, eine Begründung und Bestätigung der Mitglieder der Bürger-Tempel-Gemeinde hinsichtlich ihrer Ansprüche und Rechte auf Boden zu sein, ist akut und aktuell hauptsächlich für ein Gemeinwesen in statu nascendi.

Gerade dieser Listenkomplex enthält das ausschlaggebende Argument für die Ansetzung des Chronikbuches in der zweiten Hälfte des 5. Jh. v.u.Z., und zwar nicht in einer beiläufigen Notiz, sondern in der Liste der Einwohner Jerusalems (1 Chr. 9, 1-34), die weitgehend mit der als authentisch anerkannten Liste[25] der Einwohner Jerusalems nach dem Synoikismos Nehemias (Neh. 11, 1-20) übereinstimmt. Beide Listen sind Aufzählungen der Einwohner Jerusalems, und diese gemeinsame funktionelle Bestimmung wird mit einer und derselben Formel ausgedrückt: „Und in Jerusalem wohnten ..." (Neh. 11,4 – 1 Chr. 9,3). In beiden Listen wird im wesentlichen die gleiche soziale und

---

22  C.C. Torrey, The Chronicler's History of Israel, XIV-XV; M. Noth, Überlieferungsgeschichtliche Studien, 150-155; O. Eißfeldt, Einleitung in das Alte Testament, 749; G. Fohrer, Erzähler und Propheten im Alten Testament, 201; O. Kaiser, Der Gott des Alten Testaments I, 202-203, u.a.

23  D.N. Freedman, The Chroniclers Purpose, 432-442; F.M. Cross, A Reconstruction of the Judean Restoration, 187-201; S.L. McKenzie, The Chronicler's Use of the Deuteronomistic History, 25-26, u.a.

24  W. Rudolph, Chronikbücher, X; B. Mazar, dibrê hayyāmîm, sēper dibrê hayyāmîm, 605-606; J.M. Myers, 1 Chronicles, LXXXVII-LXXXIX; H.G.M. Williamson, 1 and 2 Chronicles, 15-17; ders., The Concept of Israel in Transition, 153; I. Kalimi, Die Abfassungszeit der Chronik, 223-233; S. Japhet, I and II Chronicles, 27-28, u.a.

25  S. Mowinckel, Studien zu dem Buche Ezra-Nehemia 1, 145-150; W. Rudolph, Chronikbücher, 83-84; J.P. Weinberg, Demograpische Notizen zur Geschichte der nachexilischen Gemeinde in Juda, 53; J.M. Myers, Ezra. Nehemiah, 185-192; S. Japhet, I and II Chronicles, 202-219, u.a.

berufliche Einteilung der Einwohner angegeben – „Israel, die Priester, die Leviten (und) die *nětînîm* ..." (Neh. 11,3 – 1 Chr. 9,2) –, sind die Einwohner Jerusalems in *batê ʾābôt* organisiert (Neh. 11,13 – 1 Chr. 9, 9.13) usw. Aber gleichzeitig sind auch nicht geringe Divergenzen zwischen den Listen zu verzeichnen. Die Liste im Nehemiabuch enthält 81 Namen der Häupter der *batê ʾābôt* und ihrer Vorfahren, während im Chronikbuch 71 Namen erwähnt werden, wobei nur ungefähr 35 beiden Listen gemeinsam sind. Es ist kennzeichnend, daß der Chronist am häufigsten diejenigen Namen aus Neh. 11, 1-20 ausläßt, die in seinen Listen nicht vorkommen, z.B. Kol-ḥoze, Kolaja u.a., während die von ihm hinzugefügten oder ersetzten Namen – Ammihud, Omri u.a. – im Onomastikon der chronistischen Genealogien und Sippensagen vorhanden sind. Während im Nehemiabuch geschrieben steht: „Und in Jerusalem wohnten von den Söhnen Judas und Benjamins" (11,4), so fügt der Chronist hinzu „... und von den Söhnen Efraims und Manasse" (9,3). Diese Ergänzung entsprach der zugrundeliegenden Konzeption des Chronisten, daß die nachexilische Gemeinde die legitime Erbin und Repräsentantin des gesamten, nicht nur die Stämme Juda und Benjamin umfassenden „Wir" ist, während es für den/die Verfasser der Bücher Esra-Nehemia eben hauptsächlich die Heimkehrer, die „Söhne Judas und Benjamins", waren, die die Gemeinde bildeten.

Beide Listen besitzen markierende Eingangsformeln, die sich jedoch wesentlich voneinander unterscheiden. Im Nehemiabuch, wo die Liste auf die Beschreibung des Synoikismos folgt und das Ergebnis dieser Maßnahme fixiert, wird in der Eingangsformel eben diese Funktion der Liste hervorgehoben: „Und das sind die Häupter der *mědînā* (Bezirkes, Landes, Staates), die in Jerusalem wohnten und in den Städten Judas wohnten, ein jeder in seinem Eigentum in ihren Städten ... und in Jerusalem wohnten ..." (Neh. 11, 3-4). Die Eingangsformel zur chronistischen Liste besitzt eine kompliziertere Struktur,[26] denn sie besteht aus drei Teilen, die sich sich auf zeitlich unterschiedliche Geschehnisse der jüdischen Geschichte beziehen: Im ersten Teil wird berichtet: „Und das ganze Israel war aufgezählt (*hityaḥśû*), und sie sind eingeschrieben in die Buchrolle der Könige Israels" (1 Chr. 9,1a), was sich vermutlich auf den Inhalt des vorangehenden Listen-Komplexes, zumindest auf die dort vorhandenen Mobilisationslisten bezieht. Der zweite Teil – „... und Juda war nach Babylon weggeführt" (1 Chr. 9,1b) – weist auf die Folgen der Katastrophe von 586 v.u.Z. hin. Die größten Schwierigkeiten ruft jedoch der dritte Teil hervor: „Und die ersten Einwohner (*wěhayyošbîm hāriʾšonîm*), die in ihren Städten ... und in Jerusalem wohnten" (1 Chr. 9, 2-3), wobei besonders der Ausdruck *wěhayyošbîm hāriʾšonîm* problematisch ist. Es überwiegt die Auffassung,[27] daß die ersten Heimkehrer aus Babylonien gemeint sind, aber das Wort *riʾšôn* enthält auch eine wertende Bedeutung (vgl. 1 Chr. 18,17 u.a.), so daß die genannte Wendung auch „die besten Einwohner"

---

26   J. Liver, „wěkol yiśrāʾēl hitjaḥśû wěhinnām kětûbîm ʿal sēper malkê yiśrāʾēl", 234-240.
27   W. Rudolph, Chronikbücher, 84; J.M. Myers, 1 Chronicles, 67, u.a.

bedeuten kann, was mit der Aussage in der Beschreibung des Synoikismos im Nehemiabuch übereinstimmt: „Und das Volk segnete alle Männer, die freiwillig (*hammitnadbîm*) in Jerusalem wohnen wollten" (Neh. 11,2). Wenn diese Beobachtungen richtig sind, so können zwei Schlußfolgerungen gezogen werden: erstens, daß die Liste in 1 Chr. 9, 1-34 dazu dient, die Verbindung und lineare Aufeinanderfolge von „Vorgeschichte" und Geschichte, von Vergangenheit und Gegenwart markant und anschaulich zu präsentieren, und zweitens, daß der Chronist den Kern dieser Liste dem Nehemiabuch entnommen hatte, sie seinen Absichten entsprechend modifizierte, was nochmals die Datierung des Chronikbuchs nach, aber nicht lange nach dem Synoikismos, nach dem Nehemiabuch, ergo in der zweiten Hälfte des 5. Jh. v.u.Z. bestätigt.

„Jede Epoche", bemerkt der litauische Literaturforscher W. Kubiljus,[28] „erzeugt diejenige Gattungsform, die am treffendsten das Wesen dieser Epoche ausdrückt". Aber Epochen und Kulturen unterscheiden sich voneinander nicht nur nach den sie kennzeichnenden Gattungen, sondern auch nach dem Wesen der Gattungen, nach deren Stellung und Rolle im literarischen Prozeß, im geistigen und nicht nur geistigen Leben der Epoche. Im Altertum und im Mittelalter waren für die Gattung folgende grundlegenden Merkmale kennzeichnend: Isoliertheit, da jede Gattung ihren eigenen Stil und Entwicklungsweg besaß, Unterscheidung nicht nur infolge der literarischen Eigentümlichkeiten, sondern auch als Ergebnis der Wahrnehmung von unterschiedlichen Funktionen im praktischen Leben, In-sich-Geschlossenheit und Beständigkeit, was dazu führt, daß eine jede Gattung nicht nur ihren eigenen Autor,[29] sondern ihr eigenes Auditorium besitzt. Darum ist die Frage nach der Gattung des Chronikbuches nicht nur für das Verständnis dieses Werkes wichtig, sondern auch für die Erkenntnis seiner Funktion, seiner Rolle als Mittel- und Bindeglied der Triade „Verfasser-Werk-Auditorium".

In der vorangehenden Darlegung wurde das Chronikbuch als Geschichtsschreibung bestimmt, aber es besteht die Möglichkeit, diese offensichtlich richtige Gattungsbestimmung zu präzisieren und für das Chronikbuch eine engere Untergattung zu bestimmen. Eine der elementaren Komponenten des literarischen Textes ist dessen Umfang, der zuweilen darauf hindeutet, welche Bedeutung der Verfasser den im entsprechenden Text geschilderten Geschehnissen, Erscheinungen usw. verleiht. Der Vergleich des Umfangs der Königs-Erzählungen im deuteronomistischen Geschichtswerk und im Chronikbuch belegt,[30] daß die chronistische Beschreibung der für sein Geschichts- und Weltbild ausschlaggebenden ersten Davididen beträchtlich kürzer ist als die entsprechende im deuteronomistischen Geschichtswerk – für David jeweils

---

28    V. Kubiljus, Territorija intensivnovo razmyšlenija, 239.
29    D.S. Lichatschov, Poetika drevnerusskoj literatury, 15-18.
30    J.P. Weinberg, Der König im Weltbild des Chronisten, 423-425; ders., Carskaja biografija na Bližnem Vostoke serediny 1 tys.do n.e., 84-85.

522 Verse und 758 Verse, für Salomo 201 und 434 – und das gleiche betrifft auch die letzten vier Könige des Judäischen Staates – Joahas drei und fünf, Jojakim fünf und neun, Jojachin zwei und zehn, Zidkia elf und 23 Verse. Mit diesen bewußten und gewollten Kürzungen engt der Chronist „das Sortiment" der in den deuteronomistischen Erzählungen vorhandenen Sujetlinien ein, indem er alle diejenigen ausschaltet, die nicht unmittelbar mit der zentralen handelnden Person – dem König – verbunden sind. Dementsprechend werden in der chronistischen David-Erzählung die Zusammenstöße zwischen Abner und Joab (2 Sam. 2), die Ermordung Ischboschets (2 Sam. 4) u.a. nicht erwähnt, während aus der Salomo-Erzählung die Thronansprüche Adonias (1 Reg. 1,5ff.) usw. ausgeschlossen werden. Hierdurch konzentriert der Chronist viel intensiver als der deuteronomistische Geschichtsschreiber alle Fäden der Erzählung um die zentrale Gestalt, den König.

Zugleich mit der Verengung der Sujetlinien fallen aus der chronistischen Erzählung zahlreiche Personen aus, die im deuteronomistischen Geschichtswerk einen weiten Raum neben dem König einnehmen, ihn zuweilen sogar in den Schatten stellen. In der deuteronomistischen David-Erzählung sind es Samuel und Joab, Davids Frauen Abigail und Mihal, seine Söhne Adonia und Absalom und viele andere, in der Salomo-Erzählung sind es die Königsmutter Batseba, der Bruder Salomos, Adonia, der rebellische Jerobeam und viele andere, die der Chronist überhaupt nicht erwähnt oder nur episodisch, wodurch seine Erzählung zur Biographie wird, gemäß der Charakterisierung dieser Literaturform bei A. Momigliano: „An account of life of man from birth to death is what I call biography"[31]. Außerdem verschweigt der Chronist alles, was das „vor-" und „außerkönigliche" Leben der zentralen handelnden Person betrifft. Eben darum enthält die umfangreiche David-Erzählung keine Beschreibung seiner Hirtenjugend und seines Zweikampfes mit Goliat, der Liebe Mihals zu David und der Liebe Davids zu Batseba sowie anderer Episoden des intim-privaten Lebens des Königs.

Aber der Chronist kürzt nicht nur die deuteronomistischen Erzählungen, sondern erweitert sie häufig durch Stücke seines Eigenguts, die hauptsächlich Angaben über die öffentlich-staatliche Tätigkeit des Königs enthalten, was an die antike Biographie erinnert, in der „es nichts Intim-Privates gab und geben konnte" und die handelnde Person nur in ihrer gesellschaftlich-staatlichen Tätigkeit geschildert wird.[32]

Alles bisher Gesagte berechtigt zu der Annahme, daß, anders als das deuteronomistische Geschichtswerk, dessen Vielseitigkeit und Mannigfaltigkeit der Themen und Inhalte, dessen Angefülltheit, zuweilen sogar Überfülltheit mit Geschehnissen und Erscheinungen, Personen und Handlungen eine Affinität der Gattung zur antiken epischen Geschichtsschreibung (Herodotos, Thukydi-

---

31  A. Momigliano, The Development of Greek Biography, 11-12.
32  M.M. Bachtin, Formy vremeni i chronotopa v romane, 280ff.; G.S. Knabe, Rimskaja biografija i „Žisneopisanije Agrikoly" Tacita, 57ff.

des, Polybios u.a.) aufweist, das Chronikbuch der antiken Biographie näher-steht[33]. Ein weiteres Argument hierfür bietet der Vergleich der Komposition der deuteronomistischen (2 Sam 1 - 1 Reg. 2,11) und der chronistischen (1 Chr. 11-30) David-Erzählung:

| | |
|---|---|
| Der Kampf Davids mit den Anhängern Sauls; | Die Ausrufung Davids zum König in Hebron; |
| die Ausrufung Davids zum König in Hebron; | die Eroberung Jerusalems; |
| die Eroberung Jerusalems; | die Helden und Kampfgenossen Davids; |
| die Überführung der Bundeslade nach Jerusalem; | die Überführung der Bundeslade und die Organisation des Kults; |
| der geplante Tempelbau; | der geplante Tempelbau; |
| Kriege mit den Philistern, Moabitern, Edomitern usw.; | Kriege mit dem Philistern, Moabitern, Edomitern usw.; |
| die Begegnung mit Batseba; | die Volkszählung; |
| der Aufstand Absaloms, der Aufstand Selbas; | die Organisation der Priesterschaft; |
| die Volkszählung; | die Staatsverwaltung; |
| das Alter des Königs, der Kampf um den Thron, der Tod Davids. | die Thronfolge und der Tod Davids. |

Der Unterschied ist offensichtlich: Während der deuteronomistischen Erzählung ein mit dem wirklichen cursus vitae Davids mehr oder weniger korrelierendes chronologisches Schema zugrundeliegt, ist in der chronistischen Erzählung die Tendenz zu einer rubrizierenden Struktur sichtbar. Während für das chronologische Schema die reale zeitliche Abfolge des Lebenslaufes, der Ereignisse des Lebens etwas Gegebenes ist, das vom menschlichen Willen und Wollen nur wenig abhängt, so bezeugt die Organisation einer Lebensbeschreibung nach logischen, im realen Leben kaum anzutreffenden Rubriken das Bestreben des Verfassers, die menschliche Aktivität, den Willen seines Heldens hervorzuheben. Das entspricht erstens der Orientierung des Chronisten auf das aktive und handelnde Individuum und erinnert zweitens an die antike hypomnematische Biographie.[34]

Abschließend noch folgende Bemerkungen: Die alttestamentlichen Patriarchen-Erzählungen werden von J. Blenkinsopp als „biographical" bestimmt,[35] in der hethitischen, neuassyrischen und übrigen nahöstlichen Geschichtsschreibung kommen königliche Autobiographien-Biographien vor.[36] Die

33  J.P. Vejnberg, Roždenije istorii, 298-302.
34  S.S. Averincev, Plutarch i antičnaja biografija, 120ff.
35  J. Blenkinsopp, Biographical Patterns in Biblical Narrative, 27-46.
36  H.G. Güterbock, Hittite Historiography 21-35; H. Tadmor, Autobiographical Apology in Royal Assyrian Literature, 36-57, u.a.

Urheber der griechischen Biographie waren hauptsächlich kleinasiatische Griechen, weil eben „Asia Minor was exposed to Oriental tales with strong biographical flavour."[37] Diese Hinweise zusammen mit dem zuvor Gesagten ermöglichen die Annahme, daß die einzelne chronistische Königs-Erzählung als Biographie bestimmt werden kann. Da bei einer monarchischen Verwaltungsform „die gesamte politische Geschichte mit Leichtigkeit als eine Geschichte der einander abwechselnden Herrscher erfaßt und entsprechend als ein Zyklus von Biographien dargelegt werden kann,"[38] so scheint es berechtigt, das gesamte Chronikbuch als einen Biographien-Zyklus zu qualifizieren.

Eine solche Bestimmung der Gattung des Chronikbuches hebt auch die in der modernen Bibelwissenschaft anzutreffende[39] Bewertung des Chronisten als eines nur mittelmäßigen, zweitrangigen Nachahmers des hervorragenden deuteronomistischen Geschichtsschreibers auf. Diese Bewertung ist nur dann rechtmäßig, wenn man von der üblichen Annahme ausgeht, daß beide Werke ein und derselben Gattung angehören. Dann kann tatsächlich die bescheidene Monochromie des Chronisten nicht mit der schillernden Polychromie des deuteronomistischen Geschichtsschreibers wetteifern, kann die gleichmäßige, ausgewogene Intonation der chronistischen Erzählung nicht mit der dramatischen Spannung der deuteronomistischen verglichen werden, ist die nüchterne, sachliche Beschreibung der öffentlich-staatlichen Tätigkeit der Könige kein adäquater Ersatz für die mit wahrhafter Tragik erfüllten deuteronomistischen Schilderungen der Konfrontation zwischen dem alternden Saul und dem jungen David, zwischen dem liebenden Vater David und dem aufrührerischen Sohn Absalom usw. Aber vielleicht ist gerade das, was als Mangel des Chronikbuches empfunden und verurteilt wird, ein Kennzeichen und eine Folge der anderen Gattungszugehörigkeit dieses Werkes, die den Forderungen und Erwartungen seines Auditoriums entsprach?

Der literarische Prozeß ist stets und notwendig ein Dialog zwischen dem Verfasser und dem Auditorium, in dem das letztere nicht ein passiver Rezipient ist, sondern als aktiver Partner und Teilnehmer des literarischen Schaffens wirkt, und vieles in einem Werk, auch in einem Geschichtswerk, hängt davon ab, an welche Hörer oder Leser es gerichtet ist. In der antiken Welt, so behauptet S. Averincev, richtet sich das Wort des Verfassers, der selbst ein Bürger ist, stets an die Bürger der eigenen Polis, an alle freien Griechen, während „... die altnahöstlichen Literaturen nicht einfach von lese- und schreibkundigen Menschen für lese- und schreibkundige Menschen geschaffen wurden. Am häufigsten wurden sie von Schreibern und Buchgelehrten für Schreiber und

---

37    A. Momigliano, The Development of Greek Biography, 28ff.
38    S.S. Averincev, Plutarch i antičnaja biografija, 239.
39    M. Noth, Überlieferungsgeschichtliche Studien 1, 110ff.; G. Hölscher, Geschichtsschreibung in Israel, 19, u.a.

Buchgelehrte geschrieben."[40] Die Richtigkeit des ersten Gliedes dieser Gegenüberstellung steht außer Zweifel, obwohl auch innerhalb der tatsächlich „offenen", exoterischen antiken Literatur ein nicht geringes esoterisches Schrifttum bestand. Esoterische Texte gab es auch im altnahöstlichen Schrifttum, aber nicht sie bildeten das Gros und den Kern dieser Literatur, und die nahöstliche Geschichtsschreibung der Mitte des 1. Jt. v.u.Z. war keinesfalls ein in sich geschlossenes, esoterisches Schrifttum.[41]

Ein offensichtlicher und objektiver Beleg für die Offenheit, die Popularität und Verbreitung eines Textes ist die Anzahl der Auflagen, Kopien usw., aber hierbei muß grundsätzlich unterschieden werden zwischen dem, was als „administrativ-befehlsmäßige Vermehrung", und dem, was als eine „spontane Verbreitung" bezeichnet werden kann. Die erste Weise kann kaum als echter Indikator für die Popularität eines Textes gelten, da seine Vermehrung hauptsächlich von den Bedürfnissen der entsprechenden sozial-politischen Institution bestimmt wird, was bei weitem nicht immer mit dem tatsächlichen Interesse und der „Nachfrage" des Auditoriums übereinstimmt. Gerade die letzten Vorbedingungen machen die „spontane Verbreitung" zum besonders zuverlässigen Indikator der Popularität eines Werkes, der Weite seines Auditoriums. Im Hinblick auf diese Kriterien ist es für die Bestimmung der Rezipienten des Chronikbuches schon kennzeichnend, daß es in den Kanon des Alten Testaments aufgenommen wurde, was auf eine offensichtliche Popularität dieses Werkes hinweist.

Wenn die Beziehung „Verfasser-Auditorium" ein ständiger Dialog ist, der sich im Text und durch den Text verwirklicht, so ist für diesen Dialog, aber auch für die Zusammensetzung und den Umfang des Auditoriums, nicht ohne Bedeutung, in welcher Form der Text fixiert, tradiert und rezipiert wird, ob schriftlich oder mündlich. Ein schriftlicher Text, und das Chronikbuch war *ab ovo* ein solcher, kann seinerseits auf zweierlei Weise rezipiert werden – mittels einer Verlesung des Textes, wie z.B. in Neh. 8, 2-3, wo es heißt, daß Esra, der Schreiber, „die Tora vor die Gemeinde (*ḳāhāl*) brachte, vom Manne bis zum Weibe, und alle, die es zu hören verstanden ... und las darin auf dem Platz ....," oder durch private Lektüre. Zwar setzen die beiden Rezeptionsweisen einen je unterschiedlichen Umfang – die erste einen weiten, die zweite einen engen – wie auch eine unterschiedliche Zusammensetzung des Auditoriums voraus; die erste läßt auch nicht Lesekundige zu, für die zweite dagegen ist Lesekundigkeit eine *conditio sine qua non*. Aber dennoch sind die Divergenzen zwischen ihnen nicht so groß, wie vermutet werden könnte, weil das Bedürfnis und die Gewohnheit des nahöstlichen Menschen, laut zu lesen, auch dem privaten Lesen einen gewissen Öffentlichkeitscharakter verleiht. Aber die

---

40    S.S. Averincev, Poetika rannevizantijskoj literatury, 190-191.
41    A.K. Grayson, Histories and Historians of the Ancient Near East, 163-164; Cl. Wilcke, Zum Geschichtsbewußtsein im Alten Mesopotamien, 42-43; R. Alter, The Art of Biblical Poetry, 140, u.a.

von vornherein für ein öffentliches Vorlesen verfaßten Texte des Alten Testaments, wie z.B. die Prophetensprüche (Jes. 44,1; Jer. 10,1 u.a.), enthalten die für diese Form der Rezeption notwendigen direkten Anreden an das Auditorium, die im Chronikbuch gänzlich fehlen. Dieser Umstand schließt natürlich ein öffentliches Vorlesen bzw. Hören des Chronikbuches, z.B. in der Schule, nicht aus, aber weist auf das private Lesen als die beabsichtigte, primäre Rezeptionsform hin.

Aber diese Rezeptionsform erfordert mindestens zwei Vorbedingungen. Die erste umfaßt die Verbreitung und das Niveau der Lese- und Schreibkundigkeit in der Bürger-Tempel-Gemeinde. Obwohl man der Ansicht[42] zustimmen kann, daß in spätvorexilisch-nachexilischer Zeit die Lese- und Schreibkundigkeit bei den Juden weit verbreitet war, muß das *caveat* M. Harans, daß „The scholars and educated people, among whom the scribes were included, were probably to be found within a fairly thin layer of the population, the representatives of which underwent long years of study in schools,"[43] ernst genommen werden. Eine andere Vorbedingung ist die Zugänglichkeit der schriftlichen Texte, die infolge der hohen Kosten für den privaten Gebrauch wahrscheinlich begrenzt war.

Die Rezeption eines literarischen Textes ist stets „an act of text production,"[44] da der Hörer/Leser ihn nicht einfach annimmt, übernimmt, sondern ihn in der Regel modifiziert und ergänzt, ihn entsprechend seinen eigenen Vorstellungen und Intentionen umgestaltet. Aber eine solche schöpferische Einstellung zum gegebenen Text ist nur dann möglich, wenn die Diskrepanz zwischen dem, was vom Verfasser im Text dargelegt worden ist, und dem, was der Hörer/Leser im Text hören und lesen will, hört und liest, nicht übermäßig groß ist, da sonst die Gefahr des Nichtverstehens und des Nichtannehmens dieses Textes entsteht. Der Hörer/Leser nimmt einen Text, dessen „Sprache" ihm vertraut ist und der auch seine Informationsbedürfnisse befriedigt, ohne besondere „Störungen" und Vorbehalte an und reproduziert ihn schöpferisch. Eben darum sind Rückschlüsse vom Werk, resp. vom Chronikbuch, auf sein Auditorium möglich und berechtigt.

Ein markantes Merkmal des Chronisten als Geschichtsschreiber ist sein ständiges Bestreben, die überschüssigen Ausdrucksmittel zu beseitigen, die „dispersive" Polysemie durch eine „gesammelte" Polysemie, zuweilen sogar durch eine Monosemie, die Terminologieartigkeit impliziert, zu ersetzen, was für die intellektuelle Elite der Achsenzeit kennzeichnend war.[45] Solche grundlegenden Eigentümlichkeiten der Methode des Chronisten wie seine selektiv-

---

42  A.R. Millard, Assessment of the Evidence for Writing in Ancient Israel, 301-312.
43  M. Haran, On the Diffusion of Literacy and Schools in Ancient Israel, 95.
44  W.S. Vorster, Readings, Readers and the Succession Narrative, 351-352.
45  S.S. Averincev, Klassičeskaja grečeskaja filosofija kak javlenije istoriko-literaturnovo rjada, 46ff.; Y. Elkana, Die Entstehung des Denkens zweiter Ordnung im antiken Griechenland, 52ff., u.a.

kritische Einstellung zur geschichtlichen Tradition, seine Praxis, in den Schlußverweisen auf wichtige und das von ihm Erzählte ergänzende Texte hinzuweisen usw., setzen ein Auditorium voraus, dem eine solche Einstellung nah, verständlich und annehmbar war, das die vom Chronisten benutzte geschichtliche Tradition wie auch die nicht-traditionellen Texte kannte und darum die Neuerungen des Chronisten bewerten konnte.[46] Im Hinblick auf so fundamentale Kennzeichen des chronistischen Weltbildes wie die sein gesamtes Werk durchdringende entmythologisierende und entsakralisierende Tendenz, seinen ausgesprochenen Anthropozentrismus und andere Merkmale scheint die Schlußfolgerung berechtigt, daß, obwohl das Chronikbuch kein esoterisches Schriftstück war, dennoch sein primäres Auditorium und seine Zielgruppe die soziale und intellektuelle Elite der nachexilischen Bürger-Tempel-Gemeinde waren.

---

46  R.K. Duke, The Persuasive Appeal of the Chronicler, 110ff.; J.P. Weinberg, The Book of Chronicles: Its Author and Audience, 218-219.

# Nachwort

Der Historiker gehört wie jeder Mensch seiner Zeit, seiner Gesellschaft und seiner Kultur an, was auch die in der Geschichte der Geschichtswissenschaft häufig anzutreffende Übereinstimmung zwischen einer Epoche der Geschichte und den in dieser Epoche entstandenen, erzeugten Geschichtswerken bestimmt. Dieser Kongruenz entspringen auch die wie alles Bedeutsame, Große nur selten vorkommenden Fälle, daß eine für den Menschen und die Menschheit bedeutsame Epoche Geschichtswerke hervorbringt, die nicht nur die Größe und Bedeutsamkeit dieser Epoche ausdrücken, sondern auch selbst Faktoren und Komponenten dieses ihres Wesens sind und darum Meilensteine in der Entwicklung der Geschichtsschreibung und -wissenschaft werden.

Diese Beobachtung kann mit vollem Recht auf die Achsenzeit übertragen werden, da eben damals „das menschliche Dasein als Geschichte Gegenstand des Nachdenkens ... [wird]"[1] und solche ihrer Größe und Bedeutsamkeit entsprechende, diese Größe und Bedeutsamkeit bestätigende Geschichtsschreiber und Geschichtswerke hervorbringt wie Herodotos und seine „Darlegung der Erkundung", Thukydides und seine „Geschichte des Peleponnesischen Krieges", Polybios und seine „Weltgeschichte" und viele andere. Aber es wäre verfehlt, diese Übereinstimmung nur auf die Antike zu beziehen, denn auch die andere lokale Variante der Achsenzeit, der nahöstliche Vorhellenismus, erzeugte ihm entsprechende, ihn ausbildende Geschichtswerke, deren markante Repräsentanten die alttestamentlichen Geschichtswerke sind. Ein Beleg dafür ist die organische Verbindung der nachexilischen Jerusalemer Bürger-Tempel-Gemeinde mit dem Chronikbuch. Es war nicht das einzige Geschichtswerk dieser Zeit und in dieser Gemeinde – die Bücher Esra und Nehemia dürfen nicht vergessen werden –, aber das Chronikbuch drückte das Wesen und die Eigentümlichkeit dieser Zeit und dieser Gemeinde nicht nur besonders ausführlich, differenziert, komplex und wesensnah aus, sondern förderte auch deren Ausbildung und Entfaltung.

Die exilisch-nachexilische Epoche (6.-4. Jh. v.u.Z.) war von besonderer, ausschlaggebender Bedeutung für das weitere Schicksal des jüdischen Volkes. Es kann mit Recht gesagt werden, daß diese drei Jahrhunderte, deren zentrale Geschehnisse – die Katastrophe von 586, das Exil und hauptsächlich die nachexilische Jerusalemer Bürger-Tempel-Gemeinde – dem jüdischen Volk seine Standfestigkeit und Widerstandsfähigkeit gaben, eine Vorbereitung und Prü-

---

1  K. Jaspers, Vom Ursprung und Ziel der Geschichte, 18-19.

fung hinsichtlich des bevorstehenden Leidenswegs und der kommenden Wiedergeburt waren.

Die Jerusalemer Bürger-Tempel-Gemeinde war und konnte keine ideale, endgültige und über-außerzeitliche Lösung existentialer Probleme des jüdischen Volkes sein oder eine solche anbieten. Aber sie erfüllte eine engere und begrenztere, darum auch wirksamere und längerfristige Aufgabe, indem sie lebenswahre und lebensfähige, den realen Umständen und Herausforderungen entsprechende Wandlungen und Änderungen vollzog, die auch später als Modelle und Exempla für das Volk dienen konnten und dienten. Die Bürger-Tempel-Gemeinde, um nur das Wichtigste zu summieren, war schon selbst, für sich genommen, eine annehmbare, befriedigende und produktive Lösung der stets schwierigen Dichotomie „Kontinuität-Diskontinuität" in bezug auf die eigene Vergangenheit. Sie brachte mit sich die gewiß nicht leichte und einfache, aber notwendige Erfahrung einer Koexistenz der eigenen beschränkten inneren Autonomie und Selbstverwaltung mit der fremden äußeren Oberherrschaft, Zentralgewalt, was unvermeidlich eine gewisse Lockerung der Antinomie „Partikularismus-Universalismus", „wir-sie" hervorrief und mit einem deutlichen universalistischen Trend im Zusammenhang stand. Die Bürger-Tempel-Gemeinde konnte als Modell dafür dienen (und tat es wahrscheinlich auch), wie wirtschaftliche, berufliche, soziale u.a. Divergenzen in Schranken zu halten und der innere Zusammenhalt, die Einheitlichkeit des „Wir" zu bewahren, drei grundlegende, aber typologisch unterschiedliche Institutionen – der *bêt 'ābôt*, die Stadt und der Tempel – in einem effektiv funktionierenden sozial-politischen und geistig-geistlichen Gebilde zu vereinigen waren. Es gibt wahrscheinlich keine ideale und endgültige Lösung der Dichotomie „ich-wir, wir-ich", aber die in der nachexilischen Bürger-Tempel-Gemeinde dominierende, ihr Wesen weitgehend bestimmende Anerkennung der Selbständigkeit und Autonomie des in erster Linie als Individualität erfaßten Menschen, zugleich mit dem Hervorheben seiner notwendigen und existentialen dialektisch widersprüchlichen Verbundenheit mit dem „Wir", war für das weitere Schicksal des jüdischen Volkes genau so wichtig wie das in dieser Auffassung wurzelnde Prinzip der Freiwilligkeit, der individuellen Wahl und Verantwortung, das auf das Entstehen, die Ausbildung und das Wesen der Jerusalemer Bürger-Tempel-Gemeinde ausschlaggebend einwirkte. Wenn abschließend noch darauf hingewiesen wird, daß eben im 6.-4. Jh. v.u.Z. und besonders in der Bürger-Tempel-Gemeinde die Zulassung und Anerkennung der Rechtmäßigkeit eines Anders-Denkens und Anders-Handelns, eines Pluralismus, zur grundlegenden Eigenart und Komponente der nationalen Mentalität wurden und das Wesen und Wirken des Judentums in den folgenden Zeiten entscheidend beeinflußten, so scheint die vorher gegebene Bewertung der Stellung und Bedeutung der Bürger-Tempel-Gemeinde berechtigt zu sein.

Es war das Chronikbuch, das mit der konsequent durchgeführten selektiv-kritischen Einstellung zur historischen Tradition, mit den Eigentümlichkeiten seines Historismus die Harmonisierung, jedenfalls das nichtantagonistische Erfassen der Dichotomie „Kontinuität – Diskontinuität", aber mit Akzent auf dem letzten Glied, fördern konnte. Obwohl der Chronist eine die völlige staatliche Unabhängigkeit, das Königtum, das Königreich und den König besitzende Vergangenheit beschrieb, erleichterte er durch sein Erfassen und seine Schilderung des Königreichs als eines hauptsächlich ethno-politischen Gebildes und des Königs als Nur-Menschen die Anerkennung und Annahme der Bürger-Tempel-Gemeinde. Für diese Gemeinde waren auch die im Weltbild des Chronisten vorherrschende Anerkennung der Selbständigkeit und Autonomie des als Persönlichkeit-Individualität erfaßten Menschen, das ständige Hervorheben der Notwendigkeit und Wirksamkeit der Wahl und der Verantwortung des „Ich", aber auch seine unvermeidliche und grundlegende Verbundenheit mit dem als Einheit und Einheitlichkeit erfaßten „Wir" von großer Bedeutung. Für den Chronisten war die ethnische Identität des „Wir", sein ausgesprochenes ethnisches Bewußtsein, eine conditio sine qua non, was aber eine weitreichende Milderung der Abgeschlossenheit des „Wir", des Partikularismus, und einen dezidierten universalistischen Trend im Chronikbuch nicht ausschließt. Der Chronist bezweifelt natürlich nicht die Existenz und die Herrschaft Gottes und des Göttlichen, aber er hebt konsequent und zielstrebig die Bedeutung und Rolle des Menschen und des Menschlichen in der geschichtlichen Handlung hervor. Das Chronikbuch durchdringt ein tiefgreifender Anthropozentrismus, womit auch die diesem Werk zugrundeliegende wissenschaftlich-logische Denkweise verbunden ist.

Dank dieser seiner Eigenschaften wurde das Chronikbuch ein Geschichtswerk seiner Zeit und für alle Zeiten, was auch seine Aufnahme in den Kanon des Alten Testaments bedingte, seine ständige, aber nicht immer gleichartige Präsenz im jüdischen Leben und Denken bestimmte, worüber am treffendsten der Talmud sagt: „Seitdem das Buch der Genealogien (das Chronikbuch) versteckt wurde (der öffentlichen gelehrten Tradition entzogen wurde), erschlaffte die Kraft der Weisen, und ihr Augenlicht stumpfte ab" (B. Pes. 62b).

# Literatur

Abramsky, Sh. »bêt harēkābîm – gēnēʾālôgyā wēṣibyôn ḥebrātî«. E-I 8 (1967) 255-264.

Achundov, M.D. Koncepii prostranstva i vremeni: istoki, evoljucija, perspektivy (Die Konzeption des Raums und der Zeit: Die Anfänge, die Evolution, die Perspektiven), Moskau 1982.

Ackerman, J.S. »Prophecy and Warfare in Early Israel. A Study of the Deborah-Barak Story«. BASOR 220 (1975) 5-13.

Ackroyd, P.R. „Studies in the Book of Haggai«. JJS 2 (1951) 163-176; 3 (1952) 1-13.

— Exile and Restoration. A Study of Hebrew Thought of the Sixth Century B.C. London 1968.

— »The Meaning of Hebrew dôr Considered«. JSS 13 (1968) 3-10.

— »The Jewish Community in Palestine in the Persian Period«. CHJ I 130-161.

— The Chronicler in His Age. JSOT Supplement Series 101. Sheffield 1991.

Aharoni, Y. »mĕḥôzôt yiśrāʾēl wĕyĕhûdā«. BBR 110-131.

— »Arad: Its Inscriptions and Temple«. BA 31 (1968) 2-32.

— Excavations at Tel Beer-Sheba. Preliminary Report of the Fourth Season, 1972. Tel-Aviv 1974.

—, Amiran, R. »Excavations at Tel Arad. Preliminary Report on the First Season, 1962«. IEJ 14 (1964) 131-137.

— u.a. Excavations at Ramat Rahel I. Roma 1962.

Ahituv, Sh. »hammaḥôz šĕʾābād. ʿiyyûn bĕrešîmat meḥozôt yĕhûdā (Jos. 16, 21-62)«. A. Malamat Volume E-I 24 (1993) 7-11.

Ahlström, G.W., »Der Prophet Nathan und der Tempelbau«. VT 11 (1961) 113-127.

— »Oral and Written Transmission«. HThR 59 (1966) 69-81.

Albright, W.F. »King Joiachin in Exile«. BA 5 (1942) 49-55.

— »The List of Levitic Cities«. Louis Ginzberg Jubilee Volume 1. New York 1945. 49-73.

— »A Brief History of Judah from the Days of Josia to Alexander the Great«. BA 9 (1946) 2-20.

— »The Judicial Reform of Jehoshaphat«. Alexander Marx Jubilee Volume. New York 1950. 61-81.

— »The Son of Tabeel (Isaiah 7:6)«. BASOR 140 (1955) 34-35.

— »Samuel and the Beginning of the Prophetic Movement«. Interpreting the Prophetic Tradition. New York 1969. 149-176.

Alfaro, J.I. »The Land-Stewardship«. BThB 8 (1978) 51-61.

Allrik, H.L. »The Lists of Zerubbabel (Nehemia 7 and Ezra 2) and the Hebrew Numeral Notation«. BASOR 136 (1954) 21-27.

Alt, A. »Gott der Väter«. KSGVI I 1-78.

— »Gedanken über das Königtum Jahwes«. KSGVI I 345-357.

— »Das Reich Davids und Salomos«. KSGVI II 33-65.

— »Die Rolle Samarias bei der Entstehung des Judentums«. KSGVI II 316-337.

— »Zur Geschichte der Grenze zwischen Judäa und Samarien«. KSGVI II 346-362.

Alter, R. The Art of Biblical Poetry. New York 1985.

— »Introduction tc the Old Testament«. LGB. 11-35.

— »Psalms«. LGB. 244-262.

— »The Characteristics of Ancient Hebrew Poetry«. LGB. 611-624.

Amit, Y. »měķômā šel měsôret yěṣî'at – miṣrayim běsēper dibrê hayyāmîm«. – ʿiyyûnîm běmiḳrā'. sēper zikārôn lj.m. grînṣ. Tel Aviv 1982. 139-155.

Amusin, J.D. »„Narod zemli" (K voprosu o svobodnych zemledeljcach drevnej Perednej Azii)« („Das Volk des Landes". Zur Frage über die freien Produzenten im alten Vorderasien). VDI 2 (1955) 14-36.

— »ŠĀKĪ R. K voprosu o najemnon trude na drevnem Bližnem Vostoke (1-aja polovina 1 tys. do n.e.)« (Zur Frage über die Lohnarbeit im alten Nahen Osten. Die erste Hälfte des 1. Jt. v.u.Z.). Peredneaziatskij sbornik III. Moskau 1979. 15-25.

— »Die gerim in der sozialen Legislatur des Alten Testaments«. Klio 63 (1981) 15-23.

— »K voprosu o svobodnych na Drevnem Vostoke« (Zur Frage über die Freien im Alten Orient). Pisjmennyje pamjatniki i problemy istorii kuljtury narodov Vostoka I. Moskau 1981. 71-76

—, Heltzer, M.L. »The Inscription from Meṣad Ḥashavyahu. Complaint of a Reaper from the Seventh Century B.C.«. IEJ 14 (1964) 148-157.

Anderson, A.A. »The Marriage of Ruth«. JSS 2 (1978) 171-183.

Anderson, B.W. »Exodus and Covenant in Second Isaiah and Prophetic Tradition«. Magnalia Dei. The Mighty of God. Garden City 1976. 339-360.

Andrejev, Ju.V. »Istoričeskaja specifika grečeskoj urbanizacii« (Das geschichtliche Spezifikum der griechischen Urbanisation). Gorod i gosudarstvo v antičnom mire. Problemy istoričeskovo razvitija. Leningrad 1987. 4-33.

Antipov, G.A. Istoričeskoje prošloje i puti jevo poznanija (Die historische Vergangenheit und die Wege ihres Verständnisses). Nowosibirsk 1987.

Antonova, J.V. Očerki kuljtury drevnich zemledeljcev Perednej i Srednej Azii. Opyt rekonstrukcii mirovosprijatija (Studien zur Kultur der alten Ackerbauern des Nahen Osten und Mittelasiens. Ein Versuch der Rekonstruktion des Weltverständnisses). Moskau 1984.

Auscher, D. »Les relations entre la Gréce et la Palestine avant la conquéte d'Alexandre«. VT 17 (1967). 8-30.

Averincev, S.S. »Grečeskajă literatura" i bližnevostočnajă slovesnostj" (Protivostojanije i vstreča dvuch tvorčeskich principov)« (Die griechische „Literatur" und die nahöstliche „Wortkunst". Die Gegenüberstellung und das Treffen zweier schöpferischen Prinzipien). Tipologija i vzaimosvjazi literatur drevnevo mira. Moskau 1971. 206-266.

— Plutarch i antičnaja biografija (Plutarch und die antike Biographie). Moskau 1973.

— Poetika rannevizantijskoj literatury (Die Poetik der frühbyzantinischen Literatur). Moskau 1977.

— »Klassičeskaja grečeskaja filosofija kak javlenije istoriko-literaturnovo rjada« (Die klassische griechische Philosophie als ein Phänomen des historisch-literarischen Bereichs). Novoje v sovremennoj klassičeskoj filologii. Moskau 1979. 41-81.

Avigad, N. »A New Class of Jehud Stamps«. IEJ 7 (1957) 146-153.

— »ḥôtām«. EB III 67-86.

— Bullae and Seals from a Post-Exilic Judean Archive. Qedem Monographs of the Institute of Archaeology. Jerusalem 1976.

Bachtin, M.M. Tvorčestvo Fransua Rable i narodnaja kuljtura srednevekovja i Renessansa (Das Schaffen des François Rabelais und die Volkskultur des Mittelalters und der Renaissance). Moskau 1965.

— »Formy vremeni i chronotopa v romane. Očerki po istoričeskoj poetike« (Die Formen der Zeit und des Chronotopos im Roman. Essays zur historischen Poetik). Ders. Voprosy literatury i estetiki. Moskau 1975. 234-407.

— Estetika slovesnovo tvorčestva (Die Ästhetik des literarischen Schaffens). Moskau 1979.

Baker, D.W. »Scribes as Transmitters of Tradition«. Faith, Tradition and History. Old Testament Historiography in its Near Eastern Context. Winona Lake 1994. 65-77.

Balentine, S.E. »A Description of the Semantic Field of Hebrew Words for "Hide"«. VT 30 (1980) 137-153.

Baltzer, D. Ezechiel und Deuterojesaja: Berührungen in der Heilserwartung der beiden großen Exilspropheten. BZAW 121. Berlin/New York 1971.

Bar-Efrat, S. »Some Observations on the Analysis of Structure in Biblical Narrative«. VT 30 (1980) 154-173.

Barg, M.A. »Istoričeskoje soznanije kak problema istoriografii« (Das geschichtliche Bewußtsein als ein Problem der Historiographie). Voprosy istorii 12 (1982) 49-66.

— Epochi i idei. Stanovlenije istorisma (Epochen und Ideen. Das Werden des Historismus). Moskau 1987.

Barr, J. Biblical Words for Time. London 1962.

— The Semantics of Biblical Language. London 1962.

Bartlett, J.B. »Edom and the Fall of Jerusalem 587 B.C.«. PEQ 114 (1982). 13-24.

Batkova, J. »Mythical Pre-Conditions for Historical Reflection«. AAOH. 3-11.

Baudissin, W.W. Die Geschichte des alttestamentlichen Priesterthums. Leipzig 1889.

Beentjes, P.C. »Tradition and Transformation. Aspects of Innerbiblical Interpretation in 2 Chronicles 20«. Biblica 74 (1993) 258-268.

Bendor, S. bêt haʾāb bĕyiśrāʾēl lĕmin hahitnaḥălût wĕʿad sôp yĕmê hammĕlûkā. mibne haḥebrā hakḳĕdûmā bĕyiśrāʾēl. Haifa 1986.

Ben-Shem, J. »heʾārôt lĕsôṣiôlôgiyā šel šibāt-ṣiyon«. PHLHB VII. 205-211.

Bentzen, A. »Priesterschaft und Laien in der jüdischen Gemeinde des fünften Jahrhunderts«. AfO 6 (1931) 280-286.

Berger, P.-R. »Zu den Namen Scheschbazzar und Schinazzar (Esr. 1, 8.11; 5, 14.16 bzw. 1 Chr. 3,18)«. ZAW 83 (1971) 98-100.

Berlev, O.D. »„Zolotoje imja" egipetskovo faraona« (Der „goldene Name" des ägyptischen Pharao). F. Šampoljon i dešifrovka egipetskich ieroglifov. Moskau 1979. 41-59.

Bertholet, A. Die Stellung der Israeliten und der Juden zu den Fremden. Freiburg/Leipzig 1896.

Beuken, W.A.M. »Mišpaṭ. The First Servant Song and its Context«. VT 22 (1972) 1-30.

Bibler, V.S. Myšlenije kak tvorčestvo (Vvedenije v logiku myslennovo dialoga) (Denken als Schaffen. Einleitung in die Logik des innerlichen Dialogs). Moskau 1975.

Bickermann, E.J. Der Gott der Makkabäer. Untersuchungen über Sinn und Ursprung der makkabäischen Erhebung. Berlin 1937.

— »The Edyct of Cyrus in Ezra 1«. JBL 65 (1946) 284-275.

— »The Historical Foundations of Postbiblic Judaism«. The Jews: Their History, Culture and Religion I. New York 1960. 70-114.

— Four Strange Books of the Bible. New York 1967.

— »The Babylonian Captivity«. CHJ I 342-358.

Birch, B.C. »The Development of the Tradition on the Anointing of Saul in 1 Sam. 9:1-10:16«. JBL 90 (1971) 55-68.

Blank, Sh.H. »The Prophet as Paradigm«. EOTE 111-130.

Blenkinsopp, J. »Biographical Patterns in Biblical Narrative«. JSOT 20 (1981) 27-46.

— Ezra – Nehemia. A Commentary. The OT Library. Philadelphia 1988.

— »Second Isiah – Prophet of Universalism«. JSOT 41 (1988) 83-103.

— »A Jewish Sect of the Persian Period«. CBQ 52 (1990) 5-20.

— »Temple and Society in Achaemenid Judah«. STS 1. 22-53.

Boman, Th. Das hebräische Denken im Vergleich mit dem griechischen. Göttingen 1965.

Brandon, S.G.F. Time and Mankind. An Historical and Philosophical Study of Mankind's Attitude to the Phenomena of Change. London u.a. 1951.

Braun, R.L. »Solomonic Apologetic in Chronicles«. JBL 92 (1973) 503-516.

— »Solomon, the Chosen Temple Builder: the Significance of 1 Chronicles 22,28 and 29 for the Theology of Chronicles«. JBL 95 (1976) 581-590.

Briant, P. Etat et pasteurs au Moyen-Orient ancien. Paris 1982.

— Rois, tributs et paysans. Etudes sur les formations tributaires du Moyen-Orient ancien. Paris 1982.

Brichto, H.Ch.Kin. »Cult, Land and Afterlife – a Biblical Complex«. HUCA 44 (1973) 1-54.

Brin, G. »ᶜal hatôʾār „ben hammelek"«. Leš. 31 (1966/1967) 5-20, 85-96.

Brownlee, W.H. »The Ineffable Name of God«. BASOR 226 (1977) 39-46.

— »From Holy War to Holy Martyrdom«. The Quest for the Kingdom of God. Winona Lake 1983. 281-292.

— »"Son of Man set Your Face". Ezekiel the Refugee Prophet«. HUCA 54 (1983) 83-110.

Brueggemann, W. »The Kerygma of the Priestly Writers«. ZAW 84 (1973) 397-414.

— »The Trusted Creature«. CBQ 31 (1969) 484-498.

Brunner, G. Der Nabuchodonosor des Buches Judith. Beitrag zur Geschichte Israels nach dem Exil und des ersten Regierungsjahres Darius I. Berlin 1959.

Brunnet, G. Les Lamentations contre Jérémie. Réinterpretation des quatres premières Lamentations. Paris 1968.

Buccellati, G. Cities and Nations of Ancient Syria. An Essay on Political Institutions with Special Reference to the Israelite Kingdom. Studi Semitici 26. Roma 1967.

Budagov, R.R. Istorija slov v istorii obščestva (Die Geschichte der Wörter in der Geschichte der Gesellschaft). Moskau 1971.

— Čto takoje razvitije i soveršenstvovanije jazyka? (Was ist Entwicklung und Vervollkommnung der Sprache?). Moskau 1977.

Budde, K. »Vermutungen zum „Midrasch des Buches der Könige"«. ZAW 12 (1892) 37-51.

Butler, T.C. »A Forgotten Passage from a Forgotten Era (1 Chr. XVI 8-36)«. VT 28 (1978) 142-150.

Buttenwieser, M. The Psalms. New York 1969.

Cairns, G.E. Philosophies of History. Meeting of East and West in Cycle-Pattern Theories of History. New York 1962.

Campbell, E.F. »The Shechem Area Survey«. BASOR 190 (1968) 19-41.

Cancik, H. Grundzüge der hethitischen und alttestamentlichen Geschichtsschreibung. Wiesbaden 1976.

Cardascia, G. Les archives des Murašû. Une famille d'hommes d'affairs babyloniens a l'epoque perse (455-403 av.J.C.). Paris 1951.

Carlson, R.A. David, the Chosen King. Stockholm 1964.

Carroll, R.P. »Ancient Israelite Prophecy and Dissonance Theory«. Numen 24 (1977) 135-151.

— »Prophecy and Dissonance. A Theoretical Approach to the Prophetic Tradition«. ZAW 92 (1980) 108-119.

— »"Silence, Exile and Cunning". Reflections on the Bürger-Tempel-Gemeinde Thesis Approach to the Early Second Temple Period«. SBL 1990 International Meeting Abstracts. Vienna 1990. 36.

— »So What Do We Know About the Temple? The Temple in the Prophets«. STS 2. 34-51.

Carter, Ch.C. »The Province of Yehud in the Post-Exilic Period: Soundings in Site Distribution and Demography«. STS 2. 106-145.

Childs, B.S. Old Testament Theology in a Canonical Context. London 1985.

Clements, R.E. God and Temple. Oxford 1965.

— »The Deuteronomistic Interpretation of the Founding of the Monarchy in 1 Sam. VIII«. VT 24 (1974) 398-410.

— Prophecy and Tradition. Oxford 1975.

Clifford, R.J. The Cosmic Mountain in Canaan and in the Old Testament. Harvard Semitic Monographs 4. Cambridge (Mass.) 1972.

Clines, D.J.A. »X, X ben Y, ben Y: Personal Names in Hebrew Narrative Style«. VT 22 (1972) 266-287.

— »Constructing and Deconstructing Haggai's Temple«. SBL 1991 International Meeting Abstracts. Rome 1991 37.

— »Haggai's Temple Constructed, Deconstructed and Reconstructed«. STS 2. 60-87.

Cogan, M. »Israel in Exile – the View of a Josianic Historian«. JBL 97 (1978) 40-44.

Coggins, R.J. »The Old Testament and Samaritan Origins«. ASThJ 6 (1967/1968) 35-48.

Collingwood, R.G. The Idea of History. Oxford 1961.

Coogan, M.D. West Semitic Personal Names in the Murašu Documents. Harvard Semitic Monographs 7. Missoula 1976.

Cooke, G.A. »Some Considerations on the Text and Teaching of Ezekiel 40-48«. ZAW 42 (1924) 105-115.

Cowley, A.E. Aramaic Papyri of the Fifth Century B.C. Oxford 1923.

Crenshaw, J.L. Prophetic Conflict. Its Effect upon Israelite Religion. BZAW 124. Berlin/New York 1971.

— »The Eternal Gospel (Eccl.3:11)«. EOTE 23-55.

— »Wisdom Literature: Retrospect and Prospect«. Of Prophet's Visions and the Wisdom of Sages. Essays in Honour of R.N. Whybray on His Seventieth Birthday. JSOT Supplement Series 163. Sheffield 1993 160-187.

Cross, F.M. »Judean Stamps«. E-I 9 (1969) 20-27.

— »The Discovery of the Samaria Papyri«. BA 26 (1963) 110-121.

— »Papyri of the Fourth Century B.C. from Daliyeh. A Preliminary Report on Their Discovery and Significance«. NDBA 45-69.

— Canaanite Myth and Hebrew Epic. Essays in the History of the Religion of Israel. Cambridge (Mass.) 1973.

— »A Reconstruction of the Judean Restoration«. Interpretation 29 (1975) 4-18.

Crown, A.D. »An Alternative Meaning for ʾîš in the Old Testament«. VT 24 (1974) 110-112.

Crüsemann, F. »Jahwes Gerechtigkeit (ṣᵉdāqa/ṣädäq) im Alten Testament«. ETh 36 (1976) 427-450.

Daiches, S. The Jews in Babylonia in the Time of Ezra and Nehemia According to Babylonian Inscriptions. London 1910.

Dandamajev, M.A. »Bagasarū ganzubara«. Innsbrucker Beiträge zur Kulturgeschichte 14. 1968. 235-239.

— Rabstvo v Vavilonii VII-IV vv. do n.e. (Sklaverei in Babylonien im 7.-4. Jh. v.u.Z.). Moskau 1974.

— Vavilonskije piscy (Die babylonischen Schreiber). Moskau 1983.

— »Nerabskije formy zavisimosti v drevnej Perednej Azii (K postanovke voprosa)« (Die nichtsklavischen Formen der Abhängigkeit im alten Vorderasien. Zur Fragestellung). Problemy socialjnych otnošenij i form zavisimosti na Drevnem Vostoke. Moskau 1984 5-25.

— »Vavilonija do makedonskovo zavojevanija i ellenisma« (Babylon vor der makedonischen Eroberung und Hellenismus). Kavkazsko-bližnevostočnyj sbornik VIII, Tbilisi 1984 116-122.

— Političeskaja istorija Achemenidskoj deržavy (Die politische Geschichte des Achämenidischen Reiches). Moskau 1985.

—, Lukonin v.g. Kuljtura i ekonomiko drevnevo i pona (Die Kultur und die Wirtschaft des Alten Irans). Moskau 1980.

Dandamajeva, M.M. »Nekotoryje aspekty istorii ellenisma v Vavilonii« (Einige Aspekte der Geschichte des Hellenismus in Babylonien). VDI 4 (1990) 3-26.

Danelius, E. »The Sins of Jeroboam Ben-Nabat«. JQR 58 (1968) 95-114, 204-223.

Davies, E.W. »Ruth IV 5 and the Duties of the gōʾēl«. VT 33 (1983) 231-234.

Davies, Ph.R. »The Concept of Israel: A Foundation of Persian Period Judean Ideology«. SBL 1991 International Meeting Abstracts. Rome 1991. 24-25.

Day, P.L. An Adversary in Heaven. śāṭān in Hebrew Bible. Harvard Semitic Monographs. Atlanta 1988.

de Boer, P.A.H. Fatherhood and Motherhood in Israelite and Judean Piety. Leiden 1974.

den Boer, W. »Graeco-Roman Historiography in its Relation to Biblical and Modern Thinking«. HaTh 7 (1968) 60-75.

de Geus, C.H.J. The Tribes of Israel. An Investigation Into Some of the Presuppositions of Martin Noth's Amphictyony Hypothesis. Assen/Amsterdam 1976.

Demsky, A. »The Genealogy of Gibeon (1 Chronicles 9:35-44): Biblical and Epigraphic Considerations«. BASOR 202 (1971) 16-23.

— »Pelekh in Nehemia 3«. IEJ 33 (1983) 242-244.

— »Who Came First, Ezra or Nehemiah? A New Approach. SBL 1990 International Meeting Abstracts. Vienna 1990. 25-26.

— »hagēnēʾalôḡyā šel běnê ʾāšēr (1 Chr 7,30-40). A. Malamat Volume. E-I 24 (1993) 68-73.

de Vaux, R. Ancient Israel 1-2. New York/Toronto 1965.

— „Le lieu que Jahve a choisi pour y établir son nome". Das ferne und das nahe Wort. BZAW 105. Berlin 1967. 219-228.

— »Anwesenheit und Abwesenheit Gottes in der Geschichte nach dem Alten Testament. Concilium 5 (1969) 729-736.

de Vries, S.J. Yesterday, Today and Tomorrow. Time and History in the Old Testament. Grand Rapids 1975.

Dieguid, I.M. Ezekiel and the Leaders of Israel. Supplement to VT LVI. Leiden u.a. 1994.

di Lella, A.A. The Book of Daniel. Anchor Bible XXIII. New York 1978.

Dion, P.E. »The Civic-and-Temple Community of Persian Period Judaea: Neglected Insights from Eastern Europe«. JNES 50 (1991) 281-287.

Djakonov, I.M. Razvitije zemeljnych otnošenij v Assirii (Die Entwicklung der Agrarverhält-nisse in Assyrien). Leningrad 1949.

— »Primenim li termin „svobodnyje" v istorii drevnej Mesopotamii« (Kann der Begriff „freier Mensch" in der Geschichte des alten Mesopotamiens verwendet werden). VDI 1 (1976) 184-186.

— »Vvedenije« (Einleitung). Mifologija drevnevo mira. Moskau 1977. 1-32.

— »Naučnyje predstavlenija na drevnem Vostoke (Šumer, Vavilonija, Perednjaja Azija)« (Die wissenschaftlichen Erkenntnisse des Alten Orients. Sumer, Babylon, Vorderasien). Očerki istorii jestestvenno-naučnych znanij v drevnosti. Moskau 1982. 59-119.

— Archaičeskije mify Vostoka i Zapada (Die archaischen Mythen des Ostens und Westens). Moskau 1990.

—, Jakobson, V.A. »„Nomovyje gosudarstva", „territorialjnyje carstva", „polisy" i „imperii". Problemy tipologii« (Die „Gau-Staaten", die „territorialen Königreiche", die „Poleis" und die „Imperien". Typologische Probleme). VDI 2 (1982) 3-16.

Dörrfuß, E.M. Mose in den Chronikbüchern. Garant theokratischer Zukunftserwartungen. BZAW 219. Berlin/New York 1994.

Dommershausen, W. Die Estherrolle: Stil und Ziel einer alttestamentlichen Schrift. Stuttgart 1968.

Dothan, M. »Ashdod: A City of the Philistine Pentapolis«. Archaeology 20 (1967) 178-186.

— »Ashdod of the Philistines«. NDBA 17-27.

Dovatur, A.I. Politika i politii Aristotelja (Die Politik und die Politien des Aristoteles). Moskau 1965.

Drazin, N. History of Jewish Education from 515 B.C.E. to 220 C.H. (During the Period of the Second Commonwealth and the Tannaim). Baltimore 1940.

Duke, R.K. The Persuasive Appeal of the Chronicler. A Rhetorical Analysis. JSOT Supplement Series 88. Sheffield 1990.

Eaton, J.H. »The Psalms and Israelite Worship«. TaI 238-273.

Efros, I.I. Ancient Jewish Philosophy. A Study in Metaphysics and Ethics. Detroit 1964.

Ehrlich, E.L. Der Traum im Alten Testament. Berlin 1953.

Eisenbeis, W. Die Wurzel שׁלם im Alten Testament. BZAW 113. Berlin 1969.

Eisenstadt, N.S. »Allgemeine Einleitung: Die Bedingungen für die Entstehung und Institutionalisierung der Kulturen der Achsenzeit«. Kulturen der Achsenzeit. Ihre Ursprünge und ihre Vielfalt 1. Frankfurt/M. 1987. 10-40.

Eißfeldt, O. »Jahwe als König«. ZAW 5 (1928) 172-193.

— »Jeremias Drohorakel gegen Ägypten und gegen Babel«. VuH 31-37.

— Einleitung in das Alte Testament. Tübingen 1964.

— »Jahwe Zebaoth«. KS III 103-123.

— »Gott und das Meer in der Bibel«. KS III 256-264.

— »Partikularismus und Universalismus in der israelitisch-jüdischen Religionsgeschichte«. KS III 288.

— »Zwei verkannte militärtechnische Termini im Alten Testament«. KS III 354-358.

— »Silo und Jerusalem«. KS III 417-425.

— »Die Lade Jahwes in Geschichtserzählung, Sage und Lied«. Altertum 14 (1968) 135-145.

Elazar, D.J., Cohen St.A. The Jewish Polity. Jewish Political Organization from Biblical Times to the Present. Bloomington 1985.

Elkana, Y. »Die Entstehung des Denkens zweiter Ordnung im antiken Griechenland«. Kulturen der Achsenzeit. Ihre Ursprünge und ihre Vielfalt 1. Frankfurt/M. 1987. 52-69.

Elliger, K. »Der Prophet Tritojesaja«. ZAW 49 (1931) 112-141.

Emerton, J.A. »Wisdom«. TaI 214-237.

— »New Light on Israelite Religion: The Implications of the Inscriptions from Kuntillet ʿAjrud«. ZAW 94 (1982) 2-20.

Engnell, K.I.A. »The ʿEbed Yahweh Songs and the Suffering-Messiah in "Deutero-Isaiah"«. BJRL 31 (1948) 54-93.

— A Rigid Scrutiny. Nashville 1969.

Eshel, H., Misgav, H. »A Fourth Century B.C. Document from Ketef Jericho«. IEJ 38 (1988) 158-175.

Eskenazi, T.C. »The Structure of Ezra-Nehemiah and the Integrity of the Book«. JBL 107 (1988) 641-656.

Evans, D.G. »Rehoboam's Advisers at Shechem and Political Institutions in Israel and Sumer«. JNES 25 (1966) 273-279.

— »"Coming" and "Going" at the City-Gate. A Discussion of Prof. Speiser's Paper«. BASOR 150 (1958) 28-33.

— »'Gates' and 'Streets': Urban Institutions in Old Testament Times«. JRH 2 (1962) 1-12.

Everson, A.J. »The Days of Yahweh«. JBL 93 (1974) 329-337.

Fannon, P. »Emerging Secularity in the Old Testament«. IThQ 40 (1973) 20-37.

Fensham, F.Ch. »Widow, Orphan and the Poor in Ancient Near Eastern Legal and Wisdom Literature«. JNES 21 (1962) 129-139.

Finkelstein, L. The Pharisees. The Sociological Background of their Faith 1. Philadelphia 1940.

Finley, M.I. The Use and Abuse of History. London 1975.

Flanagan, J. »Chiefs in Israel«. JSOT 20 (1981) 4-73.

Floss, J.P. Jahwe dienen – Göttern dienen. Terminologische, literarische und semantische Untersuchung einer theologischen Aussage zum Gottesverhältnis im Alten Testament. Bonner Biblische Beiträge 45. Köln/Bonn 1975.

Fohrer, G. »Israels Haltung gegenüber den Kanaanäern und anderen Völkern«. JSS 13 (1968) 64-75.

— Die symbolischen Handlungen der Propheten. Zürich/Stuttgart 1968.

— Die Weisheit im Alten Testament. BZAW 115. Berlin 1969.

— Das Buch Hiob. Berlin 1988.

— Erzähler und Propheten im Alten Testament. Geschichte der israelitischen und frühjüdischen Literatur. UTB. Heidelberg/Wiesbaden 1989.

Fornara, Ch.W. The Nature of History in Ancient Greece and Rome. Berkeley u.a. 1983.

Forshey, H.O. »The Construct Chain naḥǎlat JHWH/ʾělohîm«. BASOR 220 (1975) 51-53.

Fowler, J.D. Theophoric Personal Names in Ancient Hebrew. A Comparative Study. JSOT Supplement Series 49. Sheffield 1988.

Fox, M.V. »Aspects of the Religion of the Book of Proverbs«. HUCA 39 (1968) 55-69.

— »Ṭôb as Covenant Terminology«. BASOR 209 (1973) 41-42.

— »The Epistemology of Proverbs«. SBL 1991 International Meeting Abstracts. Rome 1991. 63.

— Character and Ideology in the Book of Esther. Studies on Personalities of the OT. Columbia 1991.

Fraenkel, M. »Zur Deutung von Mědina „Bezirk, Staat"«. ZAW 77 (1965) 215.

Frankfort, H. Kingship and the Gods. A Study of Ancient Near Eastern Religion as the Integration of Society and Nature. Chicago 1948.

— and H.A. »Introduction. 1 Myth and Reality«. IAAM 1-27.

Freedman, D.N. »The Chroniclers Purpose«. CBQ 23 (1961) 432-442.

— »Divine Names and Titles in Early Hebrew Poetry«. Magnalia Dei. The Mighty Acts of God. Garden City 1976. 55-107.

Frei, P. »Zentralgewalt und Lokalautonomie im achämenidischen Kleinasien. Transeuphraténe 3 (1990) 157-171.

Frejdenberg, O.M. Mif i literatura drevnosti (Der Mythos und die Literatur des Altertums). Moskau 1978.

Freiman, A.Ch. »ʾāḥ wěʾǎḥôt«. EB I 189-193.

Fretheim, T.E. »The Priestly Document: Anti-Temple?«. VT 18 (1968) 313-329.

Freydank, H. »Zur Entwicklung einer Geschichtsschreibung im alten Vorderen Orient«. Klio 66 (1984) 380-387.

Friedman, R.E. The Exile and Biblical Narrative. The Formation of the Deuteronomistic and Priestly Works. Harvard Semitic Monographs 22. Chico 1981.

von Fritz, K. Die griechische Geschichtsschreibung 1. Berlin 1967.

Funck, B. Uruk zur Seleukidenzeit. Eine Untersuchung zu den spätbabylonischen Pfründentexten als Quelle für die Erforschung der sozialökonomischen Entwicklung der hellenistischen Stadt. Schriften zur Geschichte und Kultur des Alten Orients 16. Berlin 1984.

Gadd, C.J. Ideas of Divine Rule in the Ancient Near East. London 1948.

Galling, K. »Die Exilswende in der Sicht des Propheten Sacharja«. VT 2 (1952) 18-36.

— »Erwägungen zur antiken Synagoge«. ZDPV 72 (1956) 163-178.

— Studien zur Geschichte Israels im persischen Zeitalter. Tübingen 1964.

Gammie, J.G. »Spatial and Ethical Dualism in Jewish Wisdom and Apocalyptic Literature«. JBL 93 (1974) 356-385.

Garbini, G. »Le fonti citate nel "Libra dei Re"«. Henoch 3 (1981) 19-46.

Gasow-Ginsberg, A.M. »Sekret prašči Davida« (Das Geheimnis der Schleuder Davids). PS 15 [78] (1966) 54-57.

Gerhardsson, B. Memory and Manuscript. Oral Tradition and Written Transmissions in Rabbinic Judaism and Early Christianity. Uppsala 1961.

Gerleman, G. »Die Wurzel שלם«. ZAW 85 (1973) 1-14.

— »Nutzrecht und Wohnrecht. Zur Bedeutung von ʾăḥuzzā und naḥălă«. ZAW 89 (1977) 313-325.

— »Das übervolle Maß. Ein Versuch mit ḥaesed«. VT 28 (1978) 151-164.

— »Die sperrende Grenze. Die Wurzel ʿlm im Hebräischen«. ZAW 91 (1979) 338-349.

Gertner, M. »The Masorah and the Levites. An Essay in the History of a Concept«. VT 10 (1960) 241-284.

Geschichte des wissenschaftlichen Denkens im Altertum. Berlin 1982.

Gese, H. Der Verfassungsentwurf des Ezechiel (Kap. 40-48). Traditionsgeschichtlich untersucht. BHTh 25. Tübingen 1957.

Gittin, S. »Incense Altars from Ekron, Israel and Judah: Context and Typology«. E-I 20 (1989) 52-66.

Glasson, Th.F. »The Main Source of Tobit«. ZAW 71 (1959) 275-277.

Goldingay, J. »Diversity and Unity in Old Testament Theology«. VT 34 (1984) 153-168.

Golka, F.W. »Die israelitische Weisheitsschule oder „des Kaisers neue Kleider"«. VT 33 (1983) 257-270.

Good, R.M. The Sheep of His Pasture. A Study of the Hebrew Noun Am(m) and its Semitic Cognates. Chico 1983.

Gophna, R. »"ḥaṣērîm" běnegeb haṣṣĕpônî«, Yediot 27 (1963) 173-180.

— »ha"ḥaṣērîm" bĕdĕrôm pĕlešet bĕtĕḳûpat habbarzel haʾ«. ʾAtiqot 3 (1966) 44-51.

Görg, M. Das Zelt der Begegnung. Untersuchungen zur Gestalt der sakralen Zelttraditionen Altisraels. BBL 27. Bonn 1967.

Gottwald, N.K. All the Kingdoms of the Earth. Israelite Prophecy and International Relations in the Ancient Near East. New York u.a. 1964.

Gowan, D.E. »The Beginnings of Exile-Theology and the Root glh«. ZAW 87 (1975) 204-207.

Grabbe, L.L. »Reconstructing History From the Book of Ezra«. STS 1. 98-106.

— »What Was Ezra's Mission?«. STS 2. 286-299.

— »Prophets, Priests, Diviners and Sages in Ancient Israel«. Of Prophet's Visions and the Wisdom of Sages. Essays in Honour of R.N. Whybray on His Seventieth Birthday. JSOT Supplement Series 163. Sheffield 1993. 54-62.

Grant, A.M. »ʾadam and ʾish. Man in the Old Testament«. ABR 25 (1976) 2-11.

Grant, M. The Ancient Historians. London 1970.

Gray, G.B. Studies in Hebrew Proper Names. London 1896.

Grayson, A.K. »Histories and Historians of the Ancient Near East: Assyria and Babylonia«. Orientalia 49 (1980) 140-194.

Grintz, Y.M. »yĕhûdît, sēper yĕhûdît«. EB III. 514-517.

Gross, H. Die Idee des ewigen und allgemeinen Weltfriedens im Alten Orient und im Alten Testament. Trier 1956.

Gunneweg, A.H.J. Leviten und Priester. Hauptlinien der Traditionsbildung und Geschichte des israelitisch-jüdischen Kultpersonals. FRLANT 89. Göttingen 1965.

— »Herrschaft Gottes und Herrschaft des Menschen«. KuD 27 (1981) 164-179.

— »ʿam hāʾāreṣ – A Semantic Revolution«. ZAW 95 (1983) 437-440.

Gurevitsch, A.J. Kategorii srednevekovoj kuljtury (Die Kategorien der mittelalterlichen Kultur). Moskau 1972.

— „Edda" i saga (Die „Edda" und Saga). Moskau 1979.

— »Istoričeskaja nouko i istoričeskaja antropologija (Geschichtswissenschaft und historische Anthropologie). Voprosy filosofii 1 (1988) 56-70.

Güterbock, H.G. »Hittite Historiography: A Survey«. HHJ. 21-35.

Guthrie, H.H. God and History in the Old Testament. Greenwich (Conn.) 1960.

Habel, N. »The Form and Significance of the Call Narratives«. ZAW 77 (1965) 296-233.

Hahn, I. »Der Erkenntnisfortschritt in der antiken Geschichtsschreibung«. Klio 66 (1984) 388-404.

Haldar, A. Associations of Cult Prophets Among the Ancient Semites. Uppsala 1945.

Halpern, B. »The Ritual Background of Zechariah's Temple Song«. CBQ 40 (1978) 167-190.

— The Constitution of the Monarchy in Israel. Harvard Semitic Monographs. Ann Arbor 1981.

— »Sacred History and Ideology. Chronicle's Thematic Structure – Indications of an Earlier Source«. The Creation of Sacred Literature. Composition and Redaction of the Biblical Text. University of California Publications. Near Eastern Studies 22. Berkeley u.a. 1981. 35-54.

— »Doctrine by Misadventure. Between the Israelite Source and the Biblical Historian«. The Poet and the Historian. Essays in Literary and Historical Biblical Criticism. Harvard Semitic Studies 26. Chico 1983. 41-73.

Hamerton-Kelly, R.G. »The Temple and the Origins of Jewish Apocalyptic«. VT 20 (1970) 1-15.

Hanson, H.E. »Num XVI 30 and the Meaning of BĀRĀ'«. VT 22 (1972) 353-359.

Hanson, P.D. »Jewish Apocalyptic Against its Near Eastern Environment«. RB 87 (1971) 31-58.

— »Israelite Religion in the Early Postexilic Period«. Ancient Israelite Religion. Philadelphia 1987. 485-508.

Haran, M. »kĕhunnā, kohănîm«. EB IV. 14-45.

— »Shilo and Jerusalem«. JBL 81 (1962) 14-24.

— »The Law-Code of Ezekiel XL-XLVIII and its Relation to the Priestly School«. HUCA 50 (1979) 45-71.

— Temples and Temple-Service in Ancient Israel. An Inquiry into Biblical Cult Phenomena and the Historical Setting of the Priestly School. Winona Lake 1985.

— »On the Diffusion of Literacy and Schools in Ancient Israels«. Supplements to VT 40. Leiden 1988. 81-95.

Hart, J. Herodotus and Greek History. New York 1982.

Hasel, G.F. The History and Theology of the Remnant Idea from Genesis to Isaiah. Berrien Springs 1972.

Häusler, E. Sklaven und Personen minderen Rechts im Alten Testament. Köln 1956.

Haver, E.Ch. Der geographische Raum in der Vorstellungswelt des Menschen. Über die Beziehungen sozialer Gruppen zu ihrer geographischen Umwelt. München 1975.

Heltzer, M. »The Social and Fiscal Reforms of Nehemiah in Judah and the Attitude of the Achaemenid Kings to the Internal Affairs of the Autonomous Provinces«. Apoll. LXII (1989) 333-354.

— Die Organisation des Handwerks im „Dunklen Zeitalter" und im 1. Jahrtausend v.u.Z. im östlichen Mittelmeergebiet. History of the Ancient Near East. Studies III. Padova 1992.

— »A Recently Published Babylonian Tablet and the Province of Judah After 516 B.C.E.«. Transeuphratène 5 (1992) 284-286.

— »Neh.11,24 and the Provincial Representative at the Persian Royal Court«. Transeuphraténe 8 (1994) 109-119.

Hempel, J. Althebräische Literatur und ihr hellenistisch-jüdisches Nachleben. Potsdam 1930.

Henige, D.P. The Chronology of Oral Tradition. Quest for a Chimera. Oxford 1974.

Hermisson, H.-J. Studien zur israelitischen Spruchweisheit. WMANT 28. Neukirchen-Vluyn 1968.

Hertzler, J.O. A Sociology of Language. New York 1965.

Hesse, F. »Haggai«. VuH. 109-134.

Hillers, D.H. »Pahad yishāq«. JBL 91 (1972) 90-92.

Hirsch, H. »Gott der Väter«. AfO 21 (1966) 56-58.

Hoffmann, Y. »The Day of the Lord as a Concept and a Term in the Prophetic Literature«. ZAW 93 (1981) 37-50.

Høgenhaven, J. »Israels Golden Age: Past, Future and Present in Nathan's Prophecy (2 Sam.7)«. SBL 1991 International Meeting Abstracts. Rome 1991. 38.

Hoglund, K. »The Achaemenid Context«. STS 1. 54-72.

Holladay, J.S. »Religion in Israel and Judah under the Monarchy«. Ancient Israelite Religion. Philadelphia 1987. 249-299.

Hölscher, G. Geschichtsschreibung in Israel. Untersuchungen zum Jahvisten und Elohisten. Lund 1952.

Holstein, J.A. »The Case of ʾîš hāʾĕlohîm Reconsidered: Philological Analysis versus Historical Reconstruction«. HUCA 48 (1977) 69-81.

Hooke, S.H. Prophets and Poets. London 1938.

Hopkins, I.W.J. »The City Region in Roman Palestine«. PEQ 112 (1980) 19-32.

Horst, F. »Zwei Begriffe für Eigentum (Besitz): ʾăhuzzā und nahălā«. VuH. 135-156.

Huffman, H.H. »The Origins of Prophecy«. Magnalia Dei. The Mighty Acts of God. Garden City 1976. 171-192.

Huizinga, J. »A Definition of the Concept of History«. Philosophy and History. New York 1963. 7-31.

Humphreys, W.L. »A Life-Style for Diaspora: A Study of the Tales of Esther and Daniel«. JBL 92 (1973) 211-223.

Hurowitz, V.(A.). I Have Built You an Exalted House. Temple Building in the Bible in the Light of Mesopotamian and Northwest Semitic Writings. JSOT Supplement Series 115. Sheffield 1992.

Hurvitz, A. »Linguistic Observations of the Biblical Usage of the Priestly Term ʿēdā«. Tarbiz 40 (1970/1971) 261-267.

— bên lāšôn lĕlāšôn. lĕtôlādôt lĕšôn hammikrāʾ biyĕmê bayit šēnî. Jerusalem 1972.

— »The Evidence of Language in Dating the Priestly Code. A Linguistic Study in Technical Idioms and Terminology«. RB 81 (1974) 24-56.

— »Dating the Priestly Source in Light of the Historical Study of Biblical Hebrew. A Century after Wellhausen«. ZAW 100 (1988) 88-100.

Im, T.S. Das Davidbild in den Chronikbüchern. David als Idealbild des theokratischen Messianismus für den Chronisten. Frankfurt/M. u.a. 1985.

In der Smitten, W.T. »Die Gründe für die Aufnahme der Nehemiaschrift in das chronistische Geschichtswerk«. BZ (NS) 16 (1972) 207-221.

Irwin, W.A. »The Hebrews«. IAAM. 221-360.

Istorija drevnevo mira (Die Geschichte der Alten Welt) II. Moskau 1989.

Jacob, E. Theology of the Old Testament. London 1958.

Jacobsen, Th. »Mesopotamia«. IAAM. 123-219.

Jakobson, V.A. »Predstavlenije o gosudarstve v drevnej Mesopotamii« (Vorstellungen über den Staat im alten Mesopotamien). Drevnij Vostok 3. Jerewan 1978. 55-70.

James, E.O. The Ancient Gods. The History and Diffusione of Religion in the Ancient Near East and the Eastern Mediterranean. New York 1960.

Jankovskaja, N.B. Piscy, perevodčiki, pevčije churritskoj Arrapchi (XV-XIV vv.do n.e.) (Schreiber, Dolmetscher, Sänger im hurritischen Arrapcha. 15.-14. Jh. v.u.Z.). Peredneaziatskij sbornik IV. Moskau 1986. 37-64.

Janssen, E. Juda in der Exilszeit. Ein Beitrag zur Frage der Entstehung des Judentums. FRLANT 51/69. Göttingen 1956.

Janssen, P. Natur und Geschichte? Einige systematische Reflexionen auf Möglichkeiten ihrer Unterscheidung. Beihefte zur Zeitschrift für philosophische Forschung 31. Meisenheim am Glan 1973.

Japhet, S. »The Supposed Common Authorship of Chronicles and Ezra-Nehemia Investigated Anew«. VT 18 (1968) 330-371.

— ʾemûnôt wĕdēʾôt bĕsēper dibrê – hayyāmîm umĕḳôman bĕʿôlām hammaḥšābā hammiḳrāʾît. Jerusalem 1977.

— »People and Land in the Restoration Period«. Das Land Israel in biblischer Zeit. Göttingen 1983. 103-125.

— »Sheshbazzar and Zerubbabel. Against the Background of the Historical and Religious Tendencies of Ezra-Nehemiah«. ZAW 94 (1982) 66-98; 95 (1983) 218-230.

— »The Historical Reliability of Chronicles. The History of the Problem and its Place in Biblical Research«. JSOT 33 (1985) 83-107.

— I and II Chronicles. Louisville 1993.

— »Composition and Chronology in the Book of Ezra-Nehemiah«. STS 2. 189-216.

Jaroš, K. Die Stellung des Elohisten zur kanaanäischen Religion. OBO 4. Freiburg 1974.

Jaspers, K. Vom Ursprung und Ziel der Geschichte. Zürich 1949.

Jepsen, A. Die Quellen des Königsbuches. Halle (Saale) 1956.

— »Berith. Ein Beitrag zur Theologie der Exilszeit«. VuH. 161-179.

— »Israel und das Gesetz«. ThLZ 93 (1968) 85-94.

Jeremias, J. Kultprophetie und Gerichtsverkündigung in der späten Königszeit. WMANT 35. Neukirchen-Vluyn 1970.

Johnson, A.J. The Vitality of the Individual in the Thougt of Ancient Israel. Cardiff 1964.

Johnson, M.D. The Purpose of the Biblical Genealogies with Special Reference to the Setting of the Genealogies of Jesus. MSSNTS 8. Cambridge 1969.

Johnstone, W. »Reactivating the Chronicles Analogy in Pentateuchal Studies with Special Reference to the Sinai Pericope in Exodus«. ZAW 99 (1987) 16-37.

Joines, K.R. »The Bronze Serpent in the Israelite Cult«. JBL 87 (1968) 245-256.

— Serpent Symbolism in the Old Testament: A Linguistic, Archaeological and Literary Study. Haddonfield 1974.

Jones, G.H. »"Holy War" or "Yahweh War"?«. VT 25 (1975) 642-658.

Kaiser, O. Der königliche Knecht. Eine traditionsgeschichtlich-exegetische Studie über die Ebed-Jahwe-Lieder bei Deuterojesaja. FRLANT 69. Göttingen 1959.

— »Zum Formular der in Ugarit gefundenen Briefe«. ZDPV 86 (1970) 10-23.

— Der Gott des Alten Testaments. Theologie des Alten Testaments. 1. Grundlegung. Göttingen 1993.

Kalimi, I. »Die Abfassungszeit der Chronik – Forschungsstand und Perspektiven«. ZAW 105 (1993) 223-233.

Kallai, Z. »Judah and Israel. A Study in Israelite Historiography«. IEJ 28 (1968) 251-261.

— Historical Geography of the Bible. The Tribal Territories of Israel. Jerusalem/Leiden 1986.

Kappelrud, A.S. »The Date of the Priestly Code (P)«. ASThJ 3 (1964) 58-64.

— »Second Isaiah and the Suffering Servant«. Hommages à André Dupont-Sommer. Paris 1971. 297-303.

— »The Main Concern of Second Isaiah«. VT 32 (1982) 50-58.

Katzenstein, H.J. »Some Remarks on the Lists of the Chief Priests of the Temple of Solomon«. JBL 81 (1962) 377-384.

Kaufmann, J. »Probleme der israelitisch-jüdischen Religionsgeschichte«. ZAW 48 (1930) 23-43.

Kaufmann, Y. tôlădôt haʾĕmûnā hayiśrāʾēlît miyĕmê ḳedem ʿad sôp bayit šēnî 1. Jerusalem 1955.

Kegler, J. Politisches Geschehen und theologisches Verstehen. Zum Geschichtsverständnis in der frühen israelitischen Königszeit. Stuttgart 1977.

— »Prophetengestalten im Deuteronomistischen Geschichtswerk und in den Chronikbüchern. Ein Beitrag zur Kompositions- und Redaktionsgeschichte der Chronikbücher«. ZAW 105 (1993) 481-497.

—, Augustin M. Synopse zum Chronistischen Geschichtswerk. Frankfurt/M. u.a. 1984.

Kellermann, U. »Die Listen in Nehemia 11: eine Dokumentation aus den letzten Tagen des Reiches Juda?«. ZDPV 82 (1966) 209-227.

— Nehemia: Quellen, Überlieferung und Geschichte. BZAW 102. Berlin 1967.

— »Erwägungen zum Problem der Esradatierung«. ZAW 80 (1968) 55-87.

Kenik, A.H. »Code of Conduct for a King: Psalm 101«. JBL 95 (1976) 391-403.

Kippenberg, H. Religion und Klassenbildung im antiken Judäa: Eine religionssoziologische Studie zum Verhältnis von Tradition und gesellschaftlicher Entwicklung. Göttingen 1978.

Kitchen, K.A. Ancient Orient and Old Testament. London/Chicago 1966.

Klausner, J. »haḥayyîm hakalkāliyîm bĕyiśrāʾēl biyĕmê bayit šēnî«. BBŠ. 82-168.

— »haʾāmānût hayĕhûdît biyĕmê haḥašmônāʾîm«. BBŠ. 196-226.

— hisṭôriyā šel habbayit haššēnî I-II. Jerusalem 1954.

— »kĕneset haggĕdôlā«. EB IV. 193-196.

Klein, S. »Kleine Beiträge zur Erklärung der Chronik dibrê hayyāmîm«. MGWJ 80 [44] (1936) 195-206.

— ʾereṣ yĕhûdā miyĕmê haʿăliyyā mibbābel ʿad ḥatîmat hatalmûd. Tel-Aviv 1939.

Kleinig, J.W. The Lord's Song. The Basis, Function and Significance of Choral Music in Chronicles. JSOT Supplement Series 156. Sheffield 1993.

Klotschkov, I.S. Duchovnaja kuljtura Vavilonii: čelovek, sudjba, vremja (Die geistige Kultur Babyloniens: der Mensch, das Schicksal, die Zeit). Moskau 1983.

Knabe, G.S. »Rimskaja biografija i „Žisneopisanije Agrikoly" Tacita« (Die römische Biographie und die „Lebensbeschreibung des Agricola" des Tacitus). VDI 4 (1980) 60-78.

Knierim, R. »Exodus 18 und die Neuordnung der Mosaischen Gerichtsbarkeit«. ZAW 73 (1961) 146-171.

Knights, C.H. »Kenites = Rechabites? 1Chronicles II 55 Reconsidered«. VT 43 (1993) 10-18.

Kobzev, A.I. »O ponimanii ličnosti v kitajskoj i jevropejskoj kuljturach« (Das Verständnis der Persönlichkeit in der chinesischen und europäischen Kultur). NAA 5 (1979) 43-57.

Koch, K. Die Priesterschrift von Exodus 25 bis Leviticus 16. Eine überlieferungsgeschichtliche und literarkritische Untersuchung. FRLANT 71. Göttingen 1959.

— »Ezra and the Origins of Judaism«. JSS 19 (1974) 173-197.

Kon, I.S. Otkrytije „ja" (Die Entdeckung des „Ich"). Moskau 1978.

Körner, J. »Die Bedeutung der Wurzel bārā im Alten Testament«. OLZ 64 (1969) 533-540.

Korngrin, P. »hareḳaʿ habên – lĕʾûmî šel šibāt – ṣiyôn mibbābel«. PHLHB VII. 195-204.

— »ʿēdût wĕʿēdā«. PHLHB I. 19-26.

Kovacs, B.W. »Is There a Class Ethic in Proverbs?«. EOTE. 171-189.

Kraeling, E.G. The Brooklyn Museum Aramaic Papyri. New Documents of the Fifth Century B.C. from the Jewish Colony at Elephantine. New Haven 1953.

Krecher, J., Müller, H.-P. »Vergangenheitsinteresse in Mesopotamien und Israel«. Saec. 29 (1973) 13-44.

Kreissig, H. Die sozialökonomische Situation in Juda zur Achämenidenzeit. Schriften zur Geschichte und Kultur des Alten Orients 7. Berlin 1973.

— »Eine beachtenswerte Theorie zur Organisation altvorderorientalischer Tempelgemeinden im Achämenidenreich, zu J.P. Weinbergs „Bürger-Tempel-Gemeinde" in Juda«. Klio 66 (1984) 35-39.

Kubiljus, V. »Territorija intensivnovo razmyšlenija« (Ein Gebiet des intensiven Nachdenkens). Družba narodov 5 (1986) 239-244.

Kutsch, E. Salbung als Rechtsakt im Alten Testament und im Alten Orient. BZAW 87. Berlin 1963.

— »„Bund" und Fest. Zum Gegenstand und Terminologie einer neuen Forschungsrichtung«. ThQ 150 (1970) 299-320.

— Verheißung und Gesetz. Untersuchungen zum sogenannten „Bund" im Alten Testament«. BZAW 131. Berlin/New York 1973.

Laato, A. »The Servant of Yahweh. The Reinterpretation of the Exilic Programm in Isa 40-55«. SBL 1990 International Meeting Abstracts. Vienna 1990. 46-48.

Labuske, H. »Geschichtsschreibung im Hellenismus: Polybios und seine Konkurrenten«. Klio 66 (1984) 479-487.

Lamarche, P. Zacharie IX-XIV. Structure littéraire et messianisme. Paris 1961.

Landy, F. »Lamentations«. LGB 329-334.

Lapide, P. »Das Kamel dürstet im Weltenhaus«. Die Welt, Nr. 299 (22. Dezember 1990) 9-11.

Leach, E. »The Gatekeepers of Heaven. Anthropological Aspects of Grandiose Architecture«. JAR 39 (1983) 234-264.

The Legacy of Greece. A New Appraisal. Oxford 1981.

Lemaire, A. Les écoles et la formation de la Bible dans l'ancien Israël. Fribourg/Göttingen 1981.

Lemche, N.P. »The "Hebrew Slave". Comments on the Slave Law Ex XXI 2-11«. VT 25 (1975) 129-144.

— »The Manumission of Slaves – the Fallow Year – the Sabbatical Year – the Yobel Year. VT (1976) 38-54.

Lemke, W.E. »The Near and the Distant God. A Study of Jer 23: 23-24 in its Biblical Theological Context«. JBL 100 (1981) 541-555.

Lescow, Th. »Die dreistufige Tora. Beobachtungen zu einer Form«. ZAW 82 (1970) 362-379.

Levada, Ju.A. »Istoričeskoje soznanije i naučnyj metod« (Das geschichtliche Bewußtsein und die wissenschaftliche Methode). Filosofskije problemy istoričeskoj nauki. Moskau 1969. 186-224.

Levine, B.A. »On the Presence of God in Biblical Religion«. Religions in Antiquity. Leiden 1968. 71-87.

— In the Presence of the Lord. A Study of Cult and Some Cultic Terms in Ancient Israel. Leiden 1974.

— »In Praise of the Israelite Mišpāḥā. Legal Themes in the Book of Ruth«. The Quest for the Kingdom of God. Winona Lake 1983. 95-106.

Levine, E. »Distinguishing 'Air' from 'Heaven' in the Bible«. ZAW 88 (1976) 97-99.

Lewy, J. »The Biblical Institution of Děrôr in the Light of Accadian Documents«. E-I 5 (1958) 21-31.

Lichatschov, D.S. Poetika drevnerusskoj literatury (Die Poetik der altrussischen Literatur). Leningrad 1971.

Licht, J.Sh. »lēwî, lěwiyyîm«. EB IV. 460-478.

Lipiński, E. La royauté de Yahwé dans la poésie et le culte de l'Ancien Israël. Verhandelingen van den Koninklijke Vlaam Academie voor Wetwrschappen, Letteren en Schone Kunsten van Belgie. Klasse der Letteren XXVII, Nr. 55. Brüssel 1965.
— »Obadiah 20«. VT 23 (1973) 368-370.
— »Nāgid, der Kronprinz«. VT 24 (1974) 497-499.
—, Beaucamp, É. Saint-Arnaud I. Les psaumes. Supplément au dictionnaire de la Bible IX. Paris 1974.
Liver, J. yĕmê ʿezrāʾ wĕneḥemyā. Jerusalem 1953.
— »zĕrubbābel«. EB II. 938-941.
— »yaḥas, yaḥaś«. EB III. 663-671.
— »rēʾšîta šel šibat – ṣiyôn«. E-I 5 (1958) 114-119.
— tôlādôt bêt dāwîd. mĕḥurbān mamleket yĕhûdā wĕʿad lĕʾaḥar ḥurbān habbayit haššēni. Jerusalem 1959.
— pĕrāḵîm bĕtôlādôt hakĕhûnnā wĕhalĕwiyyā. Jerusalem 1968.
— »sēper dibrê šĕlomo«. ḤMMMY. 83-105.
— »hîsṭôriyā wĕhîsṭôriôgrāpiyā bĕsēper dibrê hāyyāmîm«. ḤMMMY. 221-233.
— »wĕkol yiśrāʾēl hityaḥšu wĕhinnām kĕtûbîm ʿal sēper malkê yiśrāʾēl«. ḤMMMY. 234-248.
Long, B.O. »Prophetic Call Traditions and Reports of Visions«. ZAW 84 (1972) 494-500.
Loretz, O. »Der Mensch als Ebenbild Gottes«. Anima 19 (1964) 109-120.
Losev, A.F. Antičnaja filosofija istorii (Die antike Philosophie der Geschichte). Moskau 1977.
Lotman, Ju.M. Struktura chudožestvennovo teksta (Die Struktur eines Kunsttextes). Moskau 1970.
— Statji po tipologii kuljtury (Schriften über die Typologie der Kultur). Tartu 1973.
Lubetski, M. »New Light on Old Seas«. JQR 68 (1977) 65-77.
Ludwig, Th.M. »The Traditions of the Establishing of the Earth in Deutero-Isaiah«. JBL 92 (1973) 345-357.
Lundquist, J.M. »What is a Temple? A Preliminary Typology«. The Quest for the Kingdom of God. Winona Lake 1983. 205-219.
Lurje, B.-Z. »ʾēdôm« bĕpî hannĕbîʾîm miyĕmê šibāt-ṣiyôn«. PHLHB 2 (1956) 93-98.
— hayĕhudîm bĕsûryā biyĕmê šibāt-ṣiyôn, hamišnā wĕhatalmûd. Jerusalem 1957.
Maas, F. »Tritojesaja«. Das ferne und das nahe Wort. BZAW 105. Berlin 1967. 153-163.
Macdonald, J. »The Status and the Role of the Naʿar in Israelite Society«. JNES 35 (1976) 147-170.
Macholz, G.Ch. »Noch einmal: Planungen für den Wiederaufbau nach der Katastrophe von 587. Erwägungen zum Schlußteil des sog. „Verfassungsentwurf des Hesekiel"«. VT 19 (1969) 322-352.
— »Zur Geschichte der Justizorganisation in Juda«. ZAW 84 (1972) 314-340.
Maksimenko, V.I. »Soobščenije [Kruglyj stol. Intelligencija drevnjaja i novaja]« (Mitteilung Runder Tisch: Die alte und neue Intelligenz). NAA 2 (1990) 46-49.
Malamat, A. »Jeremia and the Last Two Kings of Judah«. PEQ 83 (1951) 81-87.
— »"ḥāṣērîm" bamiḵrāʾ wĕbĕmaʾrî«. Yediot 27 (1963) 181-184.
— »Organs of Statecraft in the Israelite Monarchy«. BA 28 (1965) 34-65.
— »King Lists of the Old Babylonian Period and Biblical Genealogies«. JAOS 88 (1968) 163-173.
— »The Last Kings of Judah and the Fall of Jerusalem. A Historical-Chronological Study«. IEJ 18 (1968) 137-156.
— »The Twilight of Judah. In the Egyptian-Babylonian Maelstrom«. Supplements to VT 28. Leiden 1975. 123-145.
— »The Last Years of the Kingdom of Judah«. The Age of the Monarchies: Political History. Vol IV, Ch. X. Jerusalem 1979. 205-221, 349-353.

— »A Forerunner of Biblical Prophecy. The Mari Documents«. Ancient Israelite Religion. Philadelphia 1987. 33-52.

Mantel, H. Studies in the History of the Sanhedrin. New York 1961.

— »The Dichotomy of Judaism during the Second Temple«. HUCA 44 (1973) 55-87.

Margalith, O. »On the Origin and Antiquity of the Name "Israel"«. ZAW 102 (1990) 225-237.

Margulijot, E. »ḥukkê hakohānîm wĕhakārbānôt bĕyĕḥezkē'l«. Tarbiz 22 (1950) 21-27.

Marinkovic, P. »What Does Zechariah 1-8 Tells Us About the Second Temple?«. STS 2. 88-103.

Mason, R.A. »The Relation of Zech 9-14 to Proto-Zechariah«. ZAW 88 (1976) 227-239.

— »The Purpose of the "Editorial Framework" of the Book of Haggai«. VT 27 (1977) 413-421.

May, H.G. »Three Hebrew Seals and the Status of Exiled Jehoiakin«. AJSL 56 (1939) 146-148.

— »Aspects of the Imagery of World Dominion and World State in the Old Testament«. EOTE. 57-76.

Mayes, A.D.H. »Israel in the Premonarchic Period«. VT 23 (1973) 151-170.

— »Prophecy and Society in Israel«. Of Prophet's Visions and the Wisdom of Sages. Essays in Honour of R.N. Whybray on His Seventieth Birthday. JSOT Supplement Series 163. Sheffield 1993. 25-42.

Mazar, B. »The Negev in Ancient Times«. IEJ 4 (1954) 47-48.

— »dibrê hayyāmîm, sēper dibrê hayyāmîm«. EB II. 596-606.

— »ben ṭab'ēl wĕbêt ṭôbyā«. E-I 4 (1956) 249-251.

— »yĕrušālayim – mikdāš melek wĕbêt momlākā«. Yĕhûdā wĕyĕrušālayim. Jerusalem 1957. 25-32.

— »The Tobiads«. IEJ 7 (1957) 137-145, 229-238.

— »Excavations at the Oasis of Engedi«. Archaeology 16 (1963) 99-107.

— »yĕrûšālayim bĕtĕkûpat hammikrā'«. Ders. ʿārîm wegālîlôt bĕ'ereṣ yiśrā'ēl. mehkārîm ṭôpôgrāpiyîm-hîsṭoriyîm. Jerusalem 1975. 11-44.

— »lĕbô' ḥămāt wĕggĕbûlā haṣṣĕpônî šel 'ereṣ kĕnaʿan«. Ders. ʿārîm wegālîlôt bĕ'ereṣ yiśrā'ēl. mehkārîm ṭôpôgrāpiyîm-hîsṭoriyîm. Jerusalem 1975. 167-181.

McCarter, P.K. »Obadiah and the Fall of Edom«. BASOR 221 (1976) 87-91.

McCarthy, D.J. »Notes on the Love of God in Deuteronomy and the Father-Son Relationship between Jahweh and Israel«. CBQ 27 (1965) 144-147.

— »The Inauguration of Monarchy in Israel«. Interpretation 27 (1973) 401-412.

— »The Wrath of Yahweh and the Structural Unity of the Deuteronomistic History«. EOTE. 97-110.

McCown, Ch.C. Man, Morals and History. Today's Legacy from Ancient Times and Biblical Peoples. New York 1958.

McEvenue, S.E. »The Political Structure in Judah from Cyrus to Nehemiah«. CBQ 43 (1981) 353-364.

McKane, W. »Prophetic Literature«. TaI. 163-188.

McKay, J.W. »Man's Love for God in Deuteronomy and the Father/Teacher – Son/Pupil Relationship«. VT 22 (1972) 426-439.

McKenzie, S.L. The Chronicler's Use of the Deuteronomistic History. Harvard Semitic Monographs 33. Atlanta 1985.

Meinecke, F. Die Entstehung des Historismus. München 1946.

Meinhold, A. »Die Gattung der Josephsgeschichte und des Estherbuches: Diasporanovelle«. ZAW 87 (1975) 306-324.

— »Menschsein in der Welt vor Gott. Alttestamentliche Perspektiven«. ThLZ 107 (1982) 242-245.

Meletinskij, E.M. Poetika mifa (Die Poetik des Mythos). Moskau 1976.
— »Mif i istoričeskaja poetika foljklora« (Der Mythos und die historische Poetik der Folklore). Foljklor. Poetičeskaja sistema. Moskau 1977. 23-41.
Melugin, R.F. »Deutero-Isaiah and Form-Criticism«. VT 21 (1971) 326-337.
Mendelsohn, I. »Guilds in Ancient Palestine«. BASOR 80 (1940) 17-21.
— Slavery in the Ancient Near East. New York 1949.
Mendenhall, G.E. »The Census List of Numbers 1 and 22«. JBL 77 (1958) 52-66.
Mettinger, T.N.D. Solomonic State Officials. A Study of the Civil Government Officials of the Israelite Monarchy. Lund 1971.
— »Abbild oder Urbild? „Imago Dei" in traditionsgeschichtlicher Sicht«. ZAW 86 (1974) 403-424.
— King and Messiah. The Civil and Sacral Legitimation of the Israelite Kings. Coniectanea Biblica. Old Testament Series 8. Lund, 1976.
— The Dethronement of Sabaoth. Studies in the Shem and Kabod Theologies. Coniectanea Biblica. Old Testament Series 18. Lund 1982.
— In Search of God. The Meaning and Message of the Everlasting Names. Philadelphia 1991.
Meyer, Ed. Die Entstehung des Judentums. Eine historische Untersuchung. Halle 1896.
Meyer, R. »Levitische Emancipationsbestrebungen in nachexilischer Zeit«. OLZ 41 (1938) 721-728.
Meyers, E.M. »The Shelomith Seal and the Judean Restoration: Some Additional Considerations«. E-I 18 (1985) 33-38.
— »The Persian Period and the Judean Restoration: From Zerubbabel to Nehemiah«. Ancient Israelite Religion. Philadelphia 1987. 509-521.
Milgrom, J. Studies in Levitical Terminology 1. The Encroacher and the Levite. The Term 'Aboda. Berkeley u.a. 1970.
— »Two Kinds of ḪAṬṬÄ'T«. VT 26 (1976) 333-337.
— »Priestly Terminology and the Political and Social Structure of Premonarchic Israel«. JQR 69 (1978) 65-81.
— "The Alien in Your Midst": Reflections on the Biblical Ger. The Daniel E. Hoshland Memorial Lecture. San Francisco 1989.
Millard, A.R. »The Practice of Writing in Ancient Israel«. BA 35 (1972) 3-8.
— »JW and JHW Names«. VT 30 (1980) 208-212.
— »An Assessment of the Evidence for Writing in Ancient Israel«. BAT. 98-111.
Miller, J.M. »In the "Image" and "Likeness" of God«. JBL 91 (1972) 301-312.
Miller, P.D. The Divine Warrior in Early Israel. Harvard Semitic Monographs 5. Cambridge (Mass.) 1973.
Milne, P.M. »The Narrative Role of Judith: Warrior Heroine or Seductive Helper?«. SBL 1990 International Meeting Abstracts. Vienna 1990. 30-31.
Momigliano, A. The Development of Greek Biography. Cambridge (Mass.) 1971.
— »Greek Historiography«. HaTh 17 (1978) 1-28.
Moore, C.A. Esther. AncB 7B. Garden City 1979.
Moran, W.L. »The Ancient Near Eastern Background to the Love of God in Deuteronomy«. CBQ 25 (1963) 47-87.
Morgenstern, J.A. »Chapter in the History of the High Priesthood«. AJSL 55 (1938) 1-24.
— »The Decalogue of the Holiness Code«. HUCA 26 (1955) 1-27.
— »The Origin of the Synagogue«. Studi Orientalistici in onore di G. Levi Della Vida II. Roma 1956. 192-201.
— »Jerusalem – 485 B.C.«. HUCA 27-28 (1956-1957) 101-179, 15-47.
— »The Message of Deutero-Isaiah in its Sequential Unfolding«. HUCA 29 (1958) 1-67.

— »The Suffering Servant – a New Solution«. VT 11 (1961) 292-320, 406-431.

— »The Dates of Esra and Nehemia«. JSS 7 (1962) 1-11.

Mosis, R. Untersuchungen zur Theologie des chronistischen Geschichtswerkes. FThSt 92. Freiburg u.a. 1973.

Mowinckel, S. Psalmenstudien I-IV. Oslo 1921-1924.

— Prophecy and Tradition. The Prophetic Books in the Light of the Study of the Growth and History of the Tradition. Oslo 1946.

— Zur Frage nach dokumentarischen Quellen in Josua 13-19. Oslo 1946.

— »Psalms and Wisdom«. Wisdom in Israel and in the Ancient Near East. Supplements to VT III. Leiden 1955. 205-224.

— »„Ich" und „Er" in der Ezrageschichte«. VuH. 211-233.

— Studien zu dem Buche Ezra-Nehemia I-III. Oslo 1964-65.

Müller, H.P. »Phönizien und Juda in exilisch-nachexilischer Zeit«. WO 6 (1970/1971) 189-204.

Müller, R. Menschenbild und Humanismus der Antike. Studien zur Geschichte der Literatur und Philosophie. Leipzig 1980.

Murtonen, A. The Living Soul. A Study of the Meaning of the Word naefaeš in the Old Testament Hebrew Language. Studia Orientalia XXIII:I. Helsinki 1958.

Myers, J.M. »Some Considerations Bearing on the Date of Joel«. ZAW 74 (1962) 177-195.

— »Edom and Judah in the Sixth-Fifth Centuries B.C.«. Near Eastern Studies in Honor of W.F. Albright. Baltimore 1971. 377-392.

— I Chronicles. – II Chronicles. AncB 12-13. Garden City 1981, 1979.

— Ezra. Nehemiah. AncB 14. Garden City 1981.

Naᶜaman, N. Borders and Districts in Biblical Historiography. JBS 4. Jerusalem 1986.

Naveh, J. »A Hebrew Letter from the Seventh Century B.C.«. IEJ 10 (1960) 129-139.

—, Greenfield, J.C. »Hebrew and Aramaic in the Persian Period«. CHJ I. 115-129.

Negbi, O. »A Deposit of Terracottas and Statuettes from Tel Ṣippor«. Atiquot VI (1966) 1-27.

Newsome, J.D. »Toward a New Understanding of the Chronicler and His Purpose«. JBL 94 (1975) 201-217.

Nicholson, E.W. »The Meaning of the Expression ᶜam hāʾāreṣ in the Old Testament«. JSS 10 (1965) 59-66.

— Preaching to the Exiles. A Study of the Prose Tradition in the Book of Jeremiah. Oxford 1970.

— »Blood-Spattered Altars«. VT 27 (1977) 113-116.

— »Apocalyptic«. TaI. 189-213.

— God and His People. Covenant and Theology in the Old Testament. Oxford 1986.

Nielsen, E. »Deuterojesaja. Erwähnungen zur Formkritik, Traditions- und der Redaktionsgeschichte«. VT 20 (1970) 190-205.

von Nordheim, E. »König und Tempel. Der Hintergrund des Tempelverbotes in 2 Samuel VII«. VT 27 (1977) 434-453.

Norin, S. »Jô-Namen und Jehô-Namen«. VT 29 (1979) 87-97.

North, C.R. »The Religious Aspects of Hebrew Kingship«. ZAW 50 (1932) 8-38.

— »Civil Authority in Ezra«. Studi in onore di E. Volterra VI. Milano 1969. 377-404.

North, F.S. »Critical Analysis of the Book of Haggai«. ZAW 86 (1956) 25-46.

North, R. »Theology of the Chronicler«. JBL 82 (1963) 369-381.

— »Angel-Prophet or Satan-Prophet?«. ZAW 82 (1970) 31-67.

Noth, M. Die israelitischen Personennamen im Rahmen der gemeinsemitischen Namengebung. Stuttgart 1928.

— Das System der zwölf Stämme Israels. BWANT 4,1. Stuttgart 1930.

— Überlieferungsgeschichtliche Studien 1. Die sammelnden und bearbeitenden Geschichtswerke im Alten Testament. Schriften der Königsberger Gelehrten Gesellschaft 18g. Gei-
steswiss. Klasse H 12. Königsberg 1943.

—»Die Katastrophe von Jerusalem im Jahre 587 v.Chr. und ihre Bedeutung für Israel«.
Ders., Gesammelte Studien zum Alten Testament. München 1960. 346-371.

Nötscher, F. Gotteswege und Menschenwege in der Bibel und in Qumran. BBB 15. Bonn
1958.

Oded, B. »Observations on the Methods of Assyrian Rule in Transjordania after the Palestinian Campaign of Tiglat-Pileser III«. JNES 29 (1970) 177-186.

—»Judah and the Exile«. IJH. 480-486.

—»The Table of Nations (Genesis 10). A Sociocultural Approach«. ZAW 98 (1986) 14-31.

Oscherov, S.A. »Koncepcija vremeni i koncepcija istorii v „Eneide" Vergilija« (Die Konzeption der Zeit und die Konzeption der Geschichte in der „Äneis" Vergils). VDI 4 (1970).
209.

Östborn, G. Tōrā in the Old Testament. A Semantic Study. Lund 1945.

Orlinsky, H.M. »Ḥāṣēr in the Old Testament«. JAOS 59 (1939) 22-37.

Osgood, Ch.E. Language Universals and Psycholinguistics. Cambridge (Mass.) 1966.

Otto, E. »El und JHWH in Jerusalem. Historische und theologische Aspekte einer Religions-
interpretation«. VT 30 (1980) 319-329.

Overholt, T. »Jeremiah 27-29: The Question of False Prophecy«. JAAR 35 (1967) 238-251.

Pardee, D. »The Judicial Plea from Meṣad Ḥashavyahu (Yawne – Yam). A New Philological
Study«. Maarav 1 (1978/1979) 33-66.

Parke-Taylor, G.H. Yahweh: The Divine Name in the Bible. Ontario 1975.

Parrot, A. Le temple de Jérusalem. Neuchâtel 1954.

Patai, R. Man and Temple in Ancient Jewish Myth and Ritual. London 1947.

Pečirkova, J. »Forms and Functions of Handing Down Historical Events in Babylonia and
Assyria«. AAOH. 12-39.

Pedersen, J. Israel. Its Life and Culture I-II. Oxford 1926.

Perdue, L.G. »Liminality as a Social Setting for Wisdom Instructions«. ZAW 93 (1981) 114-
116.

Perichanjan, A.G. Chramovyje objedinenija Maloj Azii i Armenii (IV v.do n.e. - III v.n.e.)
(Die Tempelverbände Kleinasiens und Armeniens. IV Jh. v.u.Z. - III Jh.u.Z.). Moskau
1959.

Perlitt, L. Bundestheologie im Alten Testament. WMANT 36. Neukirchen 1969.

Person, R.F. Second Zechariah and the Deuteronomic School. JSOT Supplement Series 167.
Sheffield 1993.

Peter, H. Wahrheit und Kunst. Geschichtsschreibung und Plagiat im klassischen Altertum.
Leipzig/Berlin, 1911.

Petersen, D.L. Late Israelite Prophecy: Studies in Deutero-Prophetic Literature and in Chronicles. SBL Monograph Series Volume 23. Missoula 1977.

— The Roles of Israels Prophets. Sheffield 1981.

—»Zechariah's Visions: A Theological Perspective«. VT 34 (1984) 195-206.

—»Persian Period Prophecy: The Task of Interpreting Zechariah 9-14«. SBL 1990 International Meeting Abstracts. Vienna 1990. 6.

—»The Temple in the Persian Period Prophetic Texts«. STS 1. 125-144.

Pfeiffer, R.H. Introduction to the Old Testament. New York/London 1941.

Plöger, O. Theokratie und Eschatologie. WMANT 2. Neukirchen 1959.

—»Reden und Gebete im deuteronomistischen und chronistischen Geschichtswerk«. Ders.,
Aus der Spätzeit des Alten Testaments. Göttingen 1971. 50-66.

Pohlmann, K.-F. Studien zum dritten Esra. Ein Beitrag zur Frage nach dem ursprünglichen Schluß des chronistischen Geschichtswerkes. FRLANT 104. Göttingen 1970.

Pope, M.H. El in the Ugaritic Texts. Supplements to VT 11. Leiden, 1955.

Porschnev, B.F. Socialjnaja psichologija i istorija (Soziale Psychologie und Geschichte). Moskau 1979.

Porten, B., Yardeni, A. Textbook of Aramaic Documents from Ancient Egypt. 1-2. Jerusalem 1986, 1989.

Porteous, N.W. »Jerusalem – Zion. The Growh of a Symbol«. VuH. 235-262.

Porter, J.R. »Old Testament Historiography«. TaI. 132-162.

Press, G.A. »History and the Development of the Idea of History in Antiquity«. HaTh 16 (1977) 280-286.

Preuß, H.D. Einführung in die alttestamentliche Weisheitsliteratur. Stuttgart u.a. 1987.

Pritchard, J.B. Gibeon Where the Sun Stood Still. The Discovery of the Biblical City. Princeton 1962.

Rabinowitz, I. »Aramaic Inscriptions of the Fifth Century B.C.E. from a North-Arab Shrine in Egypt«. JNES 15 (1956) 1-9.

von Rad, G. Das Geschichtsbild des chronistischen Werkes. BWANT 54. Stuttgart 1930.

— Weisheit in Israel. Neukirchen 1970.

Rainey, A.F. »Administration in Ugarit and the Samaria Ostraca«. IEJ 12 (1962) 62-63.

— »Royal Weights and Measures. BASOR 179 (1965) 34-36.

— »The Satrapy "Beyond the River"«. AJBA 1 (1969) 51-78.

Raitt, Th.M. »The Prophetic Summons to Repentance«. ZAW 83 (1971) 30-49.

Rappaport, U. »Numismatics«. CHJ I. 26-59.

Redford, D.B. »The Relations Between Egypt and Israel from El-Amarna to the Babylonian Conquest«. BAT. 192-205.

Rendtorff, R. Offenbarung als Geschichte. KuD 1. Göttingen 1963.

Graf Reventlow, H. Das Heiligkeitsgesetz formgeschichtlich untersucht. WMANT 6. Neukirchen-Vluyn 1961.

— »Friedensverheißungen im Alten und Neuen Testament«. Friede über Israel 62 (1979) 99-109, 147-153.

Reviv, H. »On Urban Representative Institutions and Self-Government in Syria-Palestine in the Second-Half of the Second Millenium B.C.«. JESHO 12 (1969) 283-297.

— »Early Elements and Late Terminology in the Descriptions of Non-Israelite Cities in the Bible«. IEJ 27 (1977) 189-196.

Richter, W. Die sogenannten vorprophetischen Berufungsberichte. Eine literaturwissenschaftliche Studie zu 1 Sam 9,1-10,16; Ex 3f. und Ri 6,11b.-17. FRLANT 101. Göttingen 1970.

Riesener, I. Der Stamm ʿbd im Alten Testament. BZAW 149. Berlin/New York 1978.

Riley, W. King and Cultus in Chronicles. Worship and the Reinterpretation of History. JSOT Supplement Series 160). Sheffield 1992.

R.[inaldi], G. »ʿôlām«. Bibbia e Oriente 16 (1974) 182.

Ritoók, Z. »Schriftlichkeit und Geschichtsschreibung«. Klio 66 (1984) 416-427.

Roberts, J.J.W. »The Davidic Origin of the Zion-Tradition«. JBL 92 (1973) 329-344.

Roeroe, W.A. Das Ältestenamt im Alten Testament. Reinheim 1975.

Rosenberg, J. »Jeremiah and Ezekiel«. LGB. 184-194.

Rosenthal, E.I.J. »Some Aspects of the Hebrew Monarchy«. Ders., Studia Semitica 1. London 1971. 3-20.

Ross, J.B. »Jahweh Ṣᵉbāʾôt in Samuel and Psalms«. VT 17 (1967) 76-92.

Rost, L. »Erwägungen zum Kyroserlaß«. VuH. 300-307.

Rothstein, J.W. Juden und Samaritaner. Die grundlegende Scheidung von Judentum und Heidentum. Eine kritische Studie zum Buche Haggai und zur jüdischen Geschichte im ersten nachexilischen Jahrhundert. Leipzig 1908.

— Die Nachtgesichte des Sacharja. Studien zur Sacharjaprophetie und zur jüdischen Geschichte im ersten nachexilischen Jahrhundert. BWAT 8. Leipzig 1910.

Rowley, H.H. »The Servant Mission. The Servant Songs and Evangelism". Interpretation 8 (1954) 259-272.

— From Moses to Qumran. Studies in the Old Testament. London 1963.

Rudolph, W. Chronikbücher. HAT. Tübingen 1955.

Ruprecht, E. »Der traditionsgeschichtliche Hintergrund der einzelnen Elemente von Genesis XII 2-3«. VT 29 (1979) 444-464.

Saebø, M. »Taler og bønner hos Kronisten og i Esra/Nehemja-boken«. NTT 83 (1982) 119-132.

Sarkisjan, G.Ch. »Samoupravljajuščijsja gorod selevkidskoj Vavilonii« (Die selbstverwaltende Stadt im Seleukidischen Babylonien). VDI 1 (1952) 68-83.

— »O gorodskoj zemle v selevkidskoj Vavilonii« (Der stadteigene Boden im seleukidischen Babylon). VDI 1 (1953) 59-73.

Sasson, J.M. »Ruth«. LGB. 320-328.

— »Esther«. LGB. 335-342.

Sawyer, J.F.A. »The Meaning of bĕ ṣelem ᵓĕlohîm ("In the image of God") in Genesis I-IX«. JThS 25 (1974) 418-426.

— Prophecy and the Prophets of the Old Testament. Oxford 1987.

Schaeder, H.H. Esra der Schreiber. BHTh 5. Tübingen 1930.

Schäfer, P. »The Hellenistic and Maccabaean Periods«. IJH. 539-604.

Scharbert, J. »Der Sinn der Toledot-Formel in der Priesterschrift«. WGG. 45-56.

— »Das Alter und die Alten in der Bibel«. Saeculum 30 (1979) 338-354.

Schifman, I.Sch. »Pravovoje položenije rabov v Judeje po dannym bibleiskoj tradicii« (Die rechtliche Stellung der Sklaven in Juda nach Angaben der alttestamentlichen Tradition). VDI 3 (1964) 54-80.

— »Ugaritskij Jubilej« (Das ugaritische Jobeljahr). VDI 2 (1975) 94-99.

— Kuljtura drevnevo Ugarita (XIV-XIII vv.) (Die Kultur des alten Ugarits. 14.-13. Jh.). Moskau 1987.

Schmid, H.H. Wesen und Geschichte der Weisheit. Eine Untersuchung zur altorientalischen und israelitischen Weisheitsliteratur. BZAW 101. Berlin 1966.

Schmid, W., Stählin, O. Geschichte der griechischen Literatur I. München 1959.

Schmidt, W.H. Königtum Gottes in Ugarit und Israel. Zur Herkunft der Königsprädikation Jahwes. BZAW 90. Berlin 1961.

Schmitt, G. „Du sollst keinen Frieden schließen mit den Bewohnern des Landes". Die Weisungen gegen die Kanaanäer in Israels Geschichte und Geschichtsschreibung. BWANT 91. Stuttgart u.a. 1970.

Schmitt, R. Zelt und Lade als Thema alttestamentlicher Wissenschaft. Eine kritische forschungsgeschichtliche Darstellung. Gütersloh 1972.

Schokel, L.A. »Isaiah«. LGB. 165-183.

Schoors, A. »Arriére - fond historique et critique d'authencité des textes Deutéro-Isaiens«. OLP 2 (1971) 105-135.

— »Šĕbî and gālût in Is. XL-LV. Historical Background«. Proceedings of the Fifth World Concress of Jewish Studies. Jerusalem 1969. 90-101.

Schrade, H. Der verborgene Gott. Gottesbild und Gottesvorstellung in Israel und im Alten Orient. Stuttgart 1949.

Schtalj, I.V. Chudožestvennyj mir gomerovskovo eposa (Die künstlerische Welt des homerischen Epos). Moskau 1983.

Schunk, K.D. »Zentralheiligtum, Grenzheiligtum und Höhenheiligtum in Israel«. Numen 18 (1971) 132-140.

Seale, M.S. »The Common Wisdom Tradition of the Ancient Hebrews and the Desert-Dwelling Arabs«.Études sémitiques. Actes du XXIXe Congrès international des Orientalistes. Paris 1975. 63-69.

Seebaß, H. »Jeremias Konflikt mit Chananja. Bemerkungen zu Jer 27 und 28«. ZAW 82 (1970) 449-459.

Seidl, Th. Texte und Einheiten in Jeremia 27-29. 1. St. Otilien 1977.

Sellin, E. Studien zur Entstehungsgeschichte der jüdischen Gemeinde nach dem babylonischen Exil I-II. Leipzig 1901.

Serebrennikov, B.A. Ob otnositeljnoj samostojateljnosti razvitija sistemy jazyka (Über die relative Selbständigkeit der Entwicklung des Sprachsystems). Moskau 1968.

Shaked, Sh. »Iranian Influence on Judaism: First Century B.C.E. to Second Century C.E.«. CHJ I. 308-325.

Shearman, S.L., Briggs, J. »Divine-Human Conflict in the Old Testament«. JNES 28 (1969) 231-242.

Shiloh, Y. »The Population of Iron Age Palestine in the Light of a Sample Analysis of Urban Plans, Areas and Population Density«. BASOR 239 (1980) 25-35.

Skinner, J. Prophecy and Religion. Studies in the Life of Jeremiah. Cambridge 1961.

Smith, D.L. The Religion of the Landless. A Sociology of the Babylonian Exile. Bloomington 1989.

— »The Politics of Ezra: Sociological Indicators of Post-Exilic Judaean Society«. STS I. 73-97.

Smith, M. Palestinian Parties and Politics That Shaped the Old Testament. New York/London. 1971.

— »Jewish Religious Life in the Persian Period«. CHJ I. 219-278.

Snaith, N.H. »The Historical Books«. The Old Testament and Modern Study. A Generation of Discovery and Research. London 1961. 84-114.

von Soden, W. »Jahwe: „Er ist, Er erweist sich"«. WO 4 (1967) 177-187.

— Sprache, Denken und Begriffsbildung im Alten Orient. Akademie der Wissenschaften und Literatur. Abhandlungen der Geistes- und Sozialwissenschaflichen Klasse 1973, 6. Mainz 1974.

Soggin, J.A. Das Königtum in Israel: Ursprünge, Spannungen, Entwicklung. BZAW 104. Berlin 1967.

— »Der Entstehungsort des deuteronomistischen Geschichtswerkes«. ThZ 100 (1975) 3-8.

— Old Testament and Oriental Studies. Biblica et Orientalia 29. Rome 1975.

Speiser, E.A. »"Coming" and "Going" at the "City" Gate«. BASOR 144 (1956) 20-23.

— »"People" and "Nation" in Israel«. JBL 79 (1960) 157-163.

— »Three Thousand Years of Bible Study«. The Centennial Review IV (1960) 206-222.

— »Background and Function of the Biblical Nasi«. OBS. 113-122.

— »Censur and Ritual Expiation in Mari and Israel«. OBS. 171-186.

— »Authority and Law in Mesopotamia«. OBS. 313-323.

Spina, F.A. »Israelites as gērîm 'Sojourners' in Social and Historical Context«. The Word of the Lord Shall Go Forth. Winona Lake 1983. 321-333.

Spiro, S.J. »Who Was the Haber? A New Approach to an Ancient Institution«. JSJ 11 (1980) 186-216.

Steblin-Kamenskij, M.I. »Islandskaja rodovaja saga« (Die isländische Sippensaga). Romano-germanskaja filologija. Leningrad 1957. 281-290.

— Mir sagi (Die Welt der Saga). Leningrad 1971.

Stephenson, F.R. »The Date of the Book of Joel«. VT 19 (1969) 224-229.

Stern, E. »ʾereṣ yiśrāʾēl bětěḳûpā happarsît«. Qadmoniyot 2 (1969) 110-124.

— »Seal-Impressions in the Achaemenid Style in the Province of Judah«. BASOR 202 (1971) 6-16.

— »Israel at the Close of the Period of the Monarchy. An Archaelogical Survey«. BASOR 202 (1971) 26-54.

— The Material Culture of the Land of the Bible in the Persian Period. 538-332 B.C. Warminster 1982.

— »The Archaeology of Persian Palestine«. CHJ I. 88-144.

— »The Persian Empire and the Political and Social History of Palestine in the Persian Period«. CHJ I. 70-87.

— »The Dor Province in the Persian Period in the Light of the Recent Excavations at Dor«. Transeuphratène 2 (1990) 145-155.

Stinespring, W.F. »Eschatology in Chronicles«. JBL 80 (1961) 209-219.

Stockton, E. »Stones at Worship«. AJBA 1 (1970) 58-91.

Stolz, F. Jahwes und Israels Kriege. Kriegstheorien und Kriegserfahrungen im Glauben des alten Israel. AThANT 60. Zürich 1972.

Strasburger, H. Die Wesensbestimmung der Geschichte durch die antike Geschichtsschreibung. Sitzungsberichte der wissenschaftlichen Gesellschaft an der Johann Wolfgang Goethe-Universität Frankfurt/M. 5, 1966, 3. Wiesbaden 1975.

Strübind, K. Tradition als Interpretation in der Chronik. König Josaphat als Paradigma chronistischer Hermeneutik und Theologie. BZAW 201. Berlin/NewYork 1991.

Superanskaja, A.V. Obščaja teorija imeni sobstvennovo (Eine generelle Theorie des Eigennamens). Moskau 1973.

Tacho-Godi, A.A. »Mifologičeskoje proizchoždenije poetičeskovo jazyka „Iliady" Gomera« (Die mythologische Herkunft der poetischen Sprache der „Ilias" Homers). Antičnostj i sovremennostj. Moskau 1978. 203-212.

Tadmor, H. »ʿîr hammiḳdāš wěʿîr hammělûkā běbābel wěʾaššûr«. hāʿîr wěhaḳḳěhîlā. Jerusalem 1967. 179-205.

— »Traditional Institutions and the Monarchy: Social and Political Tensions in the Time of David and Solomon«. Studies in the Period of David and Solomon and other Essays. Tokyo 1982. 239-257.

— »Autobiographical Apology in the Royal Assyrian Literature«. HHJ. 36-57.

— »The Origins of Israel as Seen in the Exilic and Post-Exilic Ages«. Le origini di Israele (Roma, 10-11 Febbraio 1986). Accademia Nazionale dei Lincei. Roma 1978. 15-27.

Tadmor, M. »Fragments of an Archaemenid Throne from Samaria«. IEJ 24 (1974) 37-43.

Talmon, S. »Synonymous Readings in the Textual Traditions of the Old Testament«. Scripta Hierosolymitana 8 (1961) 335-383.

— »"Wisdom" in the Book of Esther«. VT 19 (1963) 429-455.

— »The New Hebrew Letter from the Seventh Century B.C. In Historical Perspective«. BASOR 176 (1964) 29-38.

— »The 'Desert Motif' in the Bible and in Qumran Literature«. Biblical Motifs. Origins and Transformations. Cambridge 1966. 31-63.

— »The Judean ʿAm Haʾareṣ in Historical Perspective«. PEQ July-Dec. (1968) 87.

— »Ezra and Nehemiah«. Interpreters Dictionary of the Bible. Supplement« Volume. New York 1976. 357-364.

— »The "Comparative Method" in Biblical Interpretation. Principles and Problems«. Supplement to VT. Leiden 1978. 320-356.

— »Grundzüge des Offenbarungsverständnisses in biblischer Zeit«. Offenbarung im jüdischen und christlichen Glaubensverständnis. Freiburg u.a. 1981. 12-36.

— »rēšîtā šel šibat ṣiyôn«. hahîsṭôriyā šel ʿam yiśrāʾēl. šîbat ṣiyôn – yĕmê šilṭôn pāras. Jerusalem 1982. 28-39, 259-289.

— »The Emergence of Jewish Sectarianism in the Early Second Temple Period. – An Addendum to Max Weber's Das Antike Judentum«. Ders., King, Cult and Calendar in Ancient Israel. Jerusalem 1986. 165-201.

— »Daniel«. LGB. 343-356.

— »I and II Chronicles«. LGB. 365-372.

Talshir, D. »A Reinvestigation of the Linguistic Relationship Between Chronicles and Ezra-Nehemiah«. VT 38 (1988) 165-193.

Terrien, S. »The Omphalos Myth and Hebrew Religion«. VT 20 (1970) 315-338.

Thiel, W. »Erwägungen zum Alter des Heiligkeitsgesetzes«. ZAW 81 (1969) 40-73.

Thomas, D.W. »The Sixth Century B.C.: A Creative Epoch in the History of Israel«. JSS 6 (1961) 33-46.

Thompson, J.A. »The Near Eastern Suzerain-Vassal Concept in the Religion of Israel«. JHR 3 (1964) 1-19.

Thompson, Th. and D. »Some Legal Problems in the Book of Ruth«. VT 18 (1968) 79-99.

Throntveit, M.A. »Linguistic Analysis and the Question of Authorship in Chronicles, Ezra and Nehemiah«. VT 32 (1982) 201-216.

Tollington, J.E. Tradition and Innovation in Haggai and Zechariah 1-8. JSOT Supplement Series 150. Sheffield 1993.

Timpe, D. »Moses als Gesetzgeber«. Saeculum 31 (1980) 66-77.

Toporov, V.N. »O kosmologičeskich istočnikach ranneistoričeskich opisanij« (Über die kosmologischen Quellen der frühgeschichtlichen Beschreibungen). Trudy po znakovym sistemam VI. Tartu 1973. 106-150.

Torrey, C.C. Ezra Studies. Chicago 1910.

— The Chroniclers History of Israel. Chronicles – Ezra – Nehemiah Restored to its Original Form. New Haven 1954.

Tournay, R.J. Seeing and Hearing God With the Psalms. The Prophetic Liturgy of the Second Temple in Jerusalem. JSOT Supplement Series 118. Sheffield 1991.

Troiani, L. »Per un'interpretazione della storia ellenistica e romana contenuta nelle «Antichita guidaiche» di Giuseppe (Libri XII-XX)«. Studi ellenistici I. Pisa 1984. 39-50.

Tsevat, M. »Studies in the Book of Samuel IV. Yahweh Ṣebaʾot«. HUCA 36 (1965) 49-58.

Tuell, S. Sh. The Law of the Temple in Ezekiel 40-48. HSM 49. Atlanta 1992.

Tuland, C.G. »Ezra-Nehemiah or Nehemiah-Ezra?«. Andrews University Seminary Studies 12 (1974) 47-62.

Tur-Sinai, N.H. »ʾezrāḥ«. EB I. 188-189.

Uffenheimer, B. »ḳawwîm lĕʾôpî hassiprûtî wĕlĕreḳaʿ hahîsṭôrî šel sēper yôʾēl - b«. PHLHB II. 109-116.

— »Mythos und Realität im alten Israel«. Kulturen der Achsenzeit. Ihre Ursprünge und ihre Vielfalt 1. Frankfurt/M. 1987. 192-239.

Ulrichsen, J.H. »JHWH MĀLĀK: einige sprachliche Beobachtungen«. VT 27 (1977) 361-374.

Urbach, E. »millîm ʾōpyāniyôt bĕtôrat hakkohanîm«. PHLHB II. 25-28.

— »hălākôt ʿăbadîm kĕmākôr lĕhîsṭôriyā haḥebrātît biyĕmê habayit haššēnî wĕbĕtĕḳûpat hamišnā wĕhatalmûd«. Zion 25 (1960) 141-189.

Utschenko, S.L., Djakonov I.M. Socialjnaja stratifikacija drevnevo obščestva (Die soziale Stratifikation der Alten Gesellschaft). XIII Meždunarodnyj kongress istoričeskich nauk. Moskau 1970.

Utzschneider, H. Das Heiligtum und das Gesetz. Studien zur Bedeutung der Sinaitischen Heiligtumstexte (Ex 25-40; Lev 8-9). Orbis Biblicus et Orientalis 77. Göttingen 1988.

van Baal, J. »Offering, Sacrifice and Gift«. Numen 23 (1976) 161-178.

van Baaren, Th.P. »Theoretical Speculations on Sacrifice«. Numen 11 (1964) 1-12.

Vanderkam, J.C. »Jewish High Priests of the Persian Period: Is the List Complete?« Priesthood and the Cult in Ancient Israel. JSOT Supplement Series 125. Sheffield 1991. 67-91.

— »Ezra-Nehemiah or Nehemiah-Ezra?«. PPS. 55-75.

van Rooy, H.V. »Prophet and Society in Persian Period According to Chronicles«. STS 2. 163-179.

van Seters, J. In Search of History. Historiography in the Ancient World and the Origins of Biblical History. New Haven/London 1983.

Veijola, T. Die ewige Dynastie. David und die Entstehung seiner Dynastie nach der deuteronomistischen Darstellung. Ann. acad. scient. fennicae. Ser. B. vol. 193. Helsinki 1975.

— Das Königtum in der Beurteilung der deuteronomistischen Historiographie. Eine redaktionsgeschichtliche Untersuchung. Helsinki 1977.

Vesco, J.-L. »La date du livre de Ruth«. RB 74 (1967) 235-247.

Vink, J.G. The Date and Origin of the Priestly Code in the Old Testament. Leiden 1969.

Vogt, H.C.M. Studie zur nachexilischen Gemeinde in Esra-Nehemia. Werl 1966.

Vorster, W.S. »Readings, Readers and the Succession Narrative. An Essay on Reception«. ZAW 98 (1986) 351-362.

Vriezen, Th.C. The Religion of Ancient Israel. London 1969.

Wallis, G. »Die Stadt in den Überlieferungen der Genesis«. ZAW 78 (1966) 133-147.

— »Wesen und Struktur der Botschaft Maleachis«. Das ferne und nahe Wort. BZAW 105. Berlin 1967.

— Geschichte und Überlieferung. Gedanken über alttestamentliche Darstellungen der Frühgeschichte Israels und der Anfänge seines Königtums. Berlin 1968.

— »Das Jobeljahr-Gesetz, eine Novelle zum Sabbath-Gesetz«. MIO 15 (1969) 337-345.

— »Gott und seine Gemeinde. Eine Betrachtung zum Tritojesaja-Buch«. ThZ 27 (1971) 182-200.

Wanke, G. Die Zionstheologie der Korachiten in ihrem traditionsgeschichtlichen Zusammenhang. BZAW 97. Berlin 1966.

— »Prophecy and Psalms in the Persian Period«. CHJ I. 162-188.

Washington, H.C. »Proverbs and Post-Exilic Society«. SBL 1991 International Meeting Abstracts. Rome 1991. 63-64.

Watts, J.D.W. Obadiah: A Critical Exegetical Commentary. Grand Rapids 1969.

Weber, M. Ancient Judaism. New York 1967.

Wehrle, J. Prophetie und Textanalyse. Die Komposition Obadja 1-21 interpretiert auf der Basis textlinguistischer und semiotischer Konzeptionen. St. Otilien 1987.

Weidner, E.F. »Jojachin, König von Juda, in babylonischen Keilschrifttexten«. BAH 30 (1939) 923-935.

Weimar, P. »Die Toledot-Formel in der priesterlichen Geschichtsdarstellung«. BZ (N.F.) 18 (1974) 65-93.

— »Aufbau und Struktur der priesterlichen Jakobsgeschichte«. ZAW 86 (1974) 174-203.

— »Struktur und Komposition der priesterlichen Geschichtsdarstellung«. Biblische Notizen 23-24 (1984) 81-134, 138-162.

Weinberg (Vejnberg), J.P. »Demographische Notizen zur Geschichte der nachexilischen Gemeinde in Juda«. Klio 54 (1972) 45-59.

— »Das bēit ʾābōt im 6.-4. Jh. v.u.Z.«, VT 23 (1973) 400-414.

— »Gorod v palestinskoj graždansko-chramovoj obščine VI-IV vv.do n.e.« (Die Stadt in der palästinischen Bürger-Tempel-Gemeinde des 6.-4. Jh. v.u.Z.). Drevnij Vostok. Goroda i torgovlja (III-I tys.do n.e.). Jerewan 1973. 149-161.

— Graždansko-chramovaja obščina v zapadnych provincijach Achemenidskoj deržavy (Die Bürger-Tempel-Gemeinde in den westlichen Provinzen des achämenidischen Reiches). Tbilisi 1973.

— »Die Agrarverhältnisse in der Bürger-Tempel-Gemeinde der Achämenidenzeit«. AAASH 22 (1974) 473-486.

— »Der ʿam häʾāreṣ des 6.-4. Jh. v.u.Z.«. Klio 56 (1974) 325-335.

— »Kollektivy, nazvannyje po mestnostjam v achemenidskoj Judeje« (Die nach Ortschaften benannten Gemeinschaften im achämenidischen Judäa). Ar.Or. 42 (1974) 341-353.

— »Raby i drugije kategorii zavisimych ljudej v palestinskoj graždansko-chramovoj obščine VI-IV vv.do n.e.« (Die Sklaven und anderen Kategorien abhängiger Leute in der palästinischen Bürger-Tempel-Gemeinde des 6.-4. Jh. v.u.Z.). PS 25 [88] (1974) 63-66.

— »Nětînîm und „Söhne der Sklaven Salomos" im 6.-4. Jh. v.u.Z.«. ZAW 87 (1975) 355-371.

— »Bemerkungen zum Problem „Der Vorhellenismus im Vorderen Orient"«. Klio 58 (1976) 5-20.

— »Zentral- und Partikulargewalt im achämenidischen Reich«. Klio 59 (1977) 25-43.

— »Die „außerkanonischen Prophezeiungen" in den Chronikbüchern«. AAASH 26 (1978) 387-404.

— »Materialy k izučeniju drevnebližnevostočnoj istoričeskoj mysli („Kanoničeskije" proročestva v knige Paralipomenon)« (Materialien zur Untersuchung des nahöstlichen geschichtlichen Gedankens. Die „kanonischen" Prophezeiungen im Chronikbuch). Drevnij Vostok 3. Jerewan 1978. 230-251.

— »Das Eigengut in den Chronikbüchern«. OLP 10 (1979) 161-181.

— »K voprosu ob ustnoj i pisjmennoj tradicii v Vetchom zavete« (Zur Frage über die mündliche und schriftliche Tradition im Alten Testament). Peredneaziatskij sbornik III. Istorija i filologija stran Drevnevo Vostoka. Moskau 1979. 60-70.

— »Der Mensch im Weltbild des Chronisten: die allgemeinen Begriffe«. Klio 63 (1981) 25-37.

— »Die Natur im Weltbild des Chronisten«. VT 31 (1981) 324-345.

— »Das Wesen und die funktionelle Bestimmung der Listen in 1 Chr. 1-9«. ZAW 93 (1981) 91-114.

— »Der Mensch im Weltbild des Chronisten: sein Körper«. OLP 13 (1982) 71-89.

— »Struktura ponjatijnoj sistemy v kn. Paralipomenon« (Die Struktur des Begriffssystems im Chronikbuch). AoF IX (1982) 81-91.

— »Der Mensch im Weltbild des Chronisten: seine Psyche«. VT 23 (1983) 298-316.

— »„Wir" und „sie" im Weltbild des Chronisten«. Klio 66 (1984) 19-34.

— »Krieg und Frieden im Weltbild des Chronisten«. OLP 16 (1985) 111-129.

— Čelovek v kuljture drevnevo Bližnevo Vostoka (Der Mensch in der Kultur des alten Nahen Osten). Moskau 1986.

— »Die soziale Gruppe im Weltbild des Chronisten«. ZAW 98 (1986) 72-95.

— »Königtum und Königreich im Weltbild des Chronisten«. Klio 69 (1987) 28-45.

— »Diplomatičeskaja praktika palestinskich gosudarstv 1 tysjačeletija do n.e.« (Die diplomatische Praxis der palästinischen Staaten des 1. Jt. v.u.Z.). Kavkazsko-bližnevostočnyj sbornik, VII (1988) 36-43.

— »Gott im Weltbild des Chronisten: Die vom Chronisten verschwiegenen Gottesnamen«. ZAW 100 (1988) 170-190.

— »Der König im Weltbild des Chronisten«. VT 39 (1989) 415-437.

— »Carskaja biografija na Bližnem Vostoke serediny 1 tys.do n.e.« (Die Königsbiographie im Nahen Osten der Mitte des 1. Jt. v.u.Z.). VDI 4 (1990) 81-97.

— »Prostranstvo i vremja v modeli mira vetchozavetnovo istoriopisca« (Raum und Zeit im Weltmodell des alttestamentlichen Geschichtsschreibers). NAA 6 (1990) 76-84.

— »Die Mentalität der Jerusalemischen Bürger-Tempel-Gemeinde des 6.-4. Jh. v.u.Z.«. Transeuphraténe 5 (1992) 133-141.

— Roždenije istorii. Istoričeskaja myslj na Bližnem Vostoke serediny 1 tysjačeletija do n.e. (Die Geburt der Geschichte. Der geschichtliche Gedanke im Nahen Osten der Mitte des 1. Jt. v.u.Z.). Moskau 1993.

— The Citizen-Temple Community. JSOT Supplement Series 151. Sheffield 1992.

— »The Perception of 'Things' and Their Production in the Old Testament Historical Writings«. PPS. 174-181.

— »The Book of Chronicles: Its Author and Audience«. A. Malamat Volume. E-I 24 (1993) 216-220.

— »Drevnejevreiskoje gosudarstvo: ideja i realjnostj (Der althebräische Staat: die Idee und die Wirklichkeit). Vestnik Jevreiskovo Universiteta v Moskve 2 [6] (1994) 4-17.

Weinfeld, M. »hammĕgāmmā haʾûnîbersālîsṭît wĕhammegāmmā hannibdĕlānît bĕtĕḳûpat šîbat-ṣiyôn«. Tarbiz 33 (1964) 228-242.

— »The Covenant Grant in the Old Testament and in the Ancient Near East«. JAOS 90 (1970) 184-203.

— Deuteronomy and the Deuteronomic School. Oxford 1972.

— »Ancient Near Eastern Patterns in Prophetic Literature«. VT 27 (1977) 178-195.

— »They Fought from Heaven. Divine Intervention in War in Ancient Israel and in the Ancient Near East«. E-I 14 (1978) 23-31.

— „The Transition from Tribal Rule to Monarchy and its Impact on the History of Israel«. Kinship and Council. The Jewish Political Tradition and its Contemporary Uses. Ramatgan u.a. 1981. 151-166.

— »A Comparison of a Passage from the Šamaš Hymn (Lines 65-78) with the Psalm 107«. AfO 19 (1982) 275-279.

— »The Counsel of the "Elders" to Rehoboam and its Implications«. Maarav 3/1 (1982) 27-53.

— »Zion and Jerusalem as Religious and Political Capital: Ideology and Utopia«. The Poet and the Historian. Essays in Literary and Historical Biblical Criticism. Harvard Semitic Studies 26. Chico 1983. 75-115.

— »Divine Intervention in War in Ancient Israel and in the Ancient Near East«. HHI. 121-147.

— mišpāṭ wĕṣṣĕdāḳā bĕyiśrāʾēl wĕbĕʿamîm. šiwyôn wĕḥērût bĕyiśrāʾēl haʿatîkā ʿal reḳaʿ mûśāgê ṣedeḳ hebrātî bĕmizrāḥ haḳḳādôm. Jerusalem 1985.

— »Israelite Religion«. Encyclopedia of Religion. New York 1987. 480-496.

— »Der Protest gegen den Imperialismus in der altisraelitischen Prophetie«. Kulturen der Achsenzeit. Ihre Ursprünge und ihre Vielfalt 1. Frankfurt/M. 1987. 240-257.

— »gîrûš, hôrāšā wĕhaḥermā šel haʾuklûsiyyā haḳḳedem yiśrāʾēlît bĕḥûḳḳê hammiḳrāʾ«. Zion 53 (1988) 135-147.

— »Sabbatical Year and Jubilee in the Pentateuchal Laws and their Ancient Near Eastern Background«. The Law in the Bible and in its Environment. Publications of the Finnish Exegetical Society 51. Göttingen 1990. 31-67.

— »The Phases of Human Life in Mesopotamian and Jewish Sources«. PPS. 182-189.

Weippert, M. »„Heiliger Krieg" in Israel und Assyrien. Kritische Bemerkungen zu Gerhard von Rads Konzept des „Heiligen Krieges" im alten Israel«. ZAW 84 (1972) 460-493.

— »Fragen des israelitischen Geschichtsbewußtseins«. VT 23 (1973) 415-442.

Weiser, A. »Die Tempelbaukrise unter David«. ZAW 77 (1965) 153-168.

Weiss, H.F. Untersuchungen zur Kosmologie des hellenistischen und palästinischen Judentums. Berlin 1966.

Welch, A.C. »The Share of N. - Israel in the Restoration of the Temple Worship«. ZAW 48 (1930) 175-185.

— The Work of the Chronicler. Its Purpose and its Date. The Schweich Lectures of the British Academy for 1938. London 1938.

Wellhausen, J. Die Rückkehr der Juden aus dem babylonischen Exil. NGWG.PH. Göttingen 1895.

— Prolegomena zur Geschichte Israels. Berlin/Leipzig 1927.

Welten, P. Geschichte und Geschichtsdarstellung in den Chronikbüchern. WMANT 42. Neukirchen-Vluyn 1973.

Wenham, G.J. »Were David's Sons Priest?«. ZAW 87 (1975) 79-82.

Westermann, C. »Der Frieden (shalom) im Alten Testament«. FAT II. 196-229.

— »Die Herrlichkeit Gottes in der Priesterschrift«. FAT II. 115-137.

— »Das sakrale Königtum in seinen Erscheinungsformen und seiner Geschichte«. FAT II. 291-308.

— Theologie des Alten Testaments in Grundzügen. ATD Ergänzungsreihe 6. Göttingen 1978.

Whitley, C.F. »The Semantic Range of Ḥesed«. Biblica 62 (1981) 519-526.

Whybray, R.N. The Intellectual Tradition in the Old Testament. BZAW 135. Berlin/NewYork 1974.

Widengren, G. »King and Covenant«. JSS 2 (1957) 1-32.

— »The Persian Period«. IJH. 489-538.

Wifall, W. »The Sea of Reeds as Sheol«. ZAW 92 (1980) 325-332.

Wilch, J.R. Time and Event. An Exegetical Study of the Use of ᶜēth in the Old Testament in Comparison to other Temporal Expressions in Clarification of the Concept of Time. Leiden 1969.

Wilcke, C. Zum Geschichtsbewußtsein im Alten Mesopotamien. Archäologie und Geschichtsbewußtsein 3. München 1982. 31-52.

Wilcoxen, J.A. »Some Anthropocentric Aspects of Israel's Sacred History«. JRH 48 (1968) 333-350.

Will, E., Orrieux, C. Ioudaïsmos-hellènismos. Essai sur le judaïsme judéen à l'époque hellénistique. Nancy 1986.

Willi, T. Die Chronik als Auslegung. Untersuchungen zur literarischen Gestaltung der historischen Überlieferung Israels. FRLANT 106. Göttingen 1972.

— »Thora in den biblischen Chronikbüchern«. Judaica 36 (1980) 102-105, 148-151.

— »Late Persian Judaism and Its Conception of an Integral Israel According to Chronicles: Some Observations on Form and Function of the Genealogy of Judah in 1 Chronicles 2.3 - 4.22«. STS 2. 146-162.

Williams, J.G. »Proverbs and Ecclesiastes«. LGB. 263-282.

Williamson, H.G.M. »The Accession of Solomon in the Book of Chronicles«. VT 26 (1976) 351-361.

— »Eschatology in Chronicles«. Tyndale Bulletin 28 (1977) 115-154.

— Israel in the Books of Chronicles. Cambridge u.a. 1977.

— 1 and 2 Chronicles. NCBC. Grand Rapids/London 1982.

— »The Governors of Judah under the Persians«. Tyndale Bulletin 39 (1988) 59-82.

— The Dynastic Oracle in the Books of Chronicles. I.L. Seeligman Volume III. Jerusalem 1983. 305-318.

— »The Old Testament in the Old Testament«. It is Written. Scripture Citing Scripture. Cambridge 1988. 141-161.

— »The Concept of Israel in Transition«. The World of Ancient Israel. Cambridge 1989. 141-161.

— »The Temple in the Books of Chronicles«. Templum Amicitiae. Essays on the Second Temple presented to E. Bammel. JSNT Supplement Series 48. Sheffield 1990. 22-25.

— »ʾeben gĕlāl (Ezra 5:8,6:4) Again«. BASOR 280 (1990) 83-88.

— »Isaiah 63,7 - 64,11. Exilic Lament or Postexilic Protest?«. ZAW 102 (1990) 48-58.

Wilsdorf, H. »Antike Auffassungen von den Einwirkungen der τέχνη und der φύσις auf die Geschichte«. Klio 66 (1984) 428-435.

Wilson, R.R. Genealogy and History in the Biblical World. New Haven/London 1977.

Wilshire, L.E. »The Servant-City: a New Interpretation of the „Servant of the Lord" in the Servant Songs of Deutero-Isaiah«. JBL 94 (1975) 356-367.

Wiseman, D.J. Nebuchadrezzar and Babylon. The Schweich Lectures of the British Academy. Oxford 1985.

Wolf, C.U. »Traces of Primitive Democracy in Ancient Israel«. JNES 4 (1947) 98-108.

Wolff, H.W. »Das Kerygma des deuteronomistischen Geschichtswerkes«. ZAW 73 (1961) 171-186.

— Anthropologie des Alten Testaments. München 1984.

Wright, G.R.H. »Joseph's Grave under the Tree by the Omphalos at Shechem«. VT 22 (1972) 476-486.

Wright, J.W. »Guarding the Gates: 1 Chronicles 26.1-19 and the Role of Gatekeepers in Chronicles«. JSOT 48 (1990) 69-81.

Yeivin, S. »ʾǎmarkālût yiśrāʾēl (biyĕmê dāwîd)«. BBR. 47-65.

— »mišpāḥôt wĕmiplāggôt bĕmamleket yĕhûdā«. Ders., meḥqārîm bĕtôlādôt yiśrāʾēl wĕʾarṣô. Jerusalem 1960. 250-293.

— »lēwî«. EB IV. 450-460.

— »Weights and Measures of Varying Standards in the Bible«. PEQ 101 (1969) 63-68.

— The Israelite Conquest of Canaan. Istanbul 1971.

Zadok, R. The Jews in Babylonia in the Chaldean and Achaemenian Periods in the Light of the Babylonian Sources. Tel Aviv 1976.

Zakovitch, J. ʿal tĕpîsat hannēs bemiḵrāʾ. Tel Aviv 1987.

Zavadskaja, Je.V. Vostok na zapade (Der Osten im Westen). Moskau 1977.

Zer-Kabod, M. hassĕpārîm ḥaggay, zĕkaryā, malʾākî. Jerusalem 1957.

Zeron, A. »Tag für Tag kam man zu David, um ihm zu helfen. 1 Chr. 12,1-22«. ThZ 30 (1974) 257-261.

Zertal, A. »The Pahwah of Samaria (Northern Israel) during the Persian Period. Types of Settlement, Economy, History and New Discoveries«. Transeuphratène 3 (1990) 9-16.

Zimmerli, W. »Planungen für den Wiederaufbau nach der Katastrophe von 587«. VT 18 (1968) 229-255.

— »ḥsd im Schrifttum von Qumran«. Hommages à André Dupont-Sommer. Paris 1971. 439-449.

— »„Heiligkeit" nach dem sogenannten Heiligkeitsgesetz«. VT 30 (1980) 493-512.

Zucker, H. Studien zur jüdischen Selbstverwaltung im Altertum. Berlin 1936.

# Abkürzungen

| | |
|---|---|
| AAASH | Acta Antiqua Academiae Scientiarum Hungaricae. Budapest. |
| AAOH | Aspects of Ancient Oriental Historiography. Prague, 1975. |
| ABR | Australian Biblical Review. Melbourne. |
| AfO | Archiv für Orientforschung. Graz. |
| AJBA | Australian Journal of Biblical Archaeology. Sydney. |
| AJSL | American Journal of Semitic Languages and Literatures. Chicago. |
| AncB | Anchor Bible. Garden City. |
| Apoll. | Apollinaris. Commentarius juris canonici. Civitas Vaticana. |
| AR I-II | Ancient Records of Assyria and Babylonia I-II. Ed. D.D. Luckenbill. Chicago, 1926-1927. |
| ArOr | Archiv Orientálni. Prague. |
| ASThJ | Annual of the Swedish Theological Institute in Jerusalem. Leiden. |
| BA | Biblical Archaeologist. New Haven. |
| BAH | Bibliothèque archéologique et historique. Paris. |
| BASOR | Bulletin of the American Schools of Oriental Research. New Haven. |
| BAT | Biblical Archaeology Today. Proceedings of the International Congress of Biblical Archaeology Jerusalem, April 1984. Jerusalem, 1985. |
| BBB | Bonner biblische Beiträge. Bonn. |
| BBR | biyĕmê bayit riʾšôn. malkûyôt yiśrāʾēl wĕyĕhûdā. Jerusalem, 1961. |
| BBŠ | Klausner, J. biyĕmê bayit šēnî. Jerusalem, 1954. |
| BJRL | Bulletin of the John Rylands Library. Manchester. |
| Br. | Kraeling E.G. The Brooklyn Museum Aramaic Papyri. New Haven, 1953. |
| BThB | Biblical Theology Bulletin. Roma. |
| BZ | Biblische Zeitschrift. Paderborn. |
| CBQ | Catholic Biblical Quarterly. Washington. |
| CHJ I | The Cambridge History of Judaism I. Introduction, the Persian Period. Cambridge, 1984. |
| Cowl. | Cowley A. Aramaic Papyri of the Fifth Century B.C. Oxford, 1923. |
| EB | Encyclopaedia Biblica. Jerusalem. |
| EEA | Moscati S. Epigrafia ebraica antica. 1935-1950. Roma, 1951. |
| E-I | Eretz-Israel. Jerusalem. |
| EOTE | Essays in Old Testament Ethics. New York, 1974. |
| ETh | Evangelische Theologie. München. |
| FAT | Westermann Cl. Forschungen am Alten Testament. Gesammelte Studien I-II. München, 1974. |
| FThSt | Freiburger theologische Studien. Freiburg, Br. |
| HaTh | History and Theory. Middletown. |
| HHI | History, Historiography and Interpretation. Studies in Biblical and Cuneiform Literatures. Jerusalem, 1984. |
| ḤMMMY | Liver, J. ḥiḵĕrê miḵrāʾ wĕmĕgillôt midbar yĕhûdā. Jerusalem, 1971. |
| HThR | Harvard Theological Review. Cambridge (Mass.). |

| | |
|---|---|
| HUCA | Hebrew Union College Annual. Cincinnati. |
| IAAM | Frankfort H. and H.A., Wilson J.A., Jacobsen Th., Irvin W.A. The Intellectual Adventure of Ancient Man. An Essay on Speculative Thougt in the Ancient Near East. Chicago, 1946. |
| IAP | Diringer, D. Le iscrizioni antico-ebraiche Palestinesi. Firenze, 1934. |
| IEJ | Israel Exploration Journal. Jerusalem |
| IJH | Israelite and Judaean History. London, 1977. |
| JAAR | Journal of the American Academy of Religion. Decatur. |
| JAOS | Journal of the American Oriental Society. Baltimore. |
| JAR | Journal of anthropological research. Albuquerque. |
| JBL | Journal of Biblical Literature. Missoula. |
| JBS | Jerusalem Biblical Studies. Jerusalem. |
| JESHO | Journal of the Economic and Social History of the Orient. Leiden. |
| JJS | Journal of Jewish Studies. London. |
| JNES | Journal of Near Eastern Studies. Chicago. |
| JQR | Jewish Quarterly Review. London. |
| JRH | The Journal of Religious History. Sydney. |
| JSJ | Journal for the Study of Judaism in the Persian, Hellenistic and Roman Period. Leiden. |
| JSOT | Journal for the Study of the Old Testament. Sheffield. |
| JSS | Journal of Semitic Studies. Manchester. |
| JThS | Journal of Theological Studies. Oxford. |
| KS I-III | Eißfeldt O. Kleine Schriften I-III. Tübingen, 1962-1966. |
| KSGVI I-II | Alt A. Kleine Schriften zur Geschichte des Volkes Israel I-II. München, 1953. |
| KuD | Kerygma und Dogma. Göttingen. |
| Lach. | Lachish I (Tell ed Duweir). The Lachish Letters. By H. Torczyner, L. Harding, A. Lewis, J.L. Starkey. London – New York – Toronto, 1938. |
| Leš. | Lešōnēnū. A Journal for the Study of the Hebrew Language and Cognate Subjects. Jerusalem. |
| LGB | The Literary Guide to the Bible. Ed. by R. Alter and Fr. Kermode. London, 1989. |
| MGWJ | Monatsschrift für Geschichte und Wissenschaft des Judentums. Breslau. |
| MIO | Mitteilungen des Instituts für Orientforschung. Berlin. |
| NAA | Narody Azii i Afriki. Moskau. |
| NDBA | New Directions in Biblical Archaeology. Garden City, 1971. |
| NGWG.PH | Nachrichten der Gesellschaft der Wissenschaften in Göttingen. Philologisch-Historische Klasse. Berlin. |
| NTT | Norsk teologisk tidsskrift. Oslo. |
| OBO | Orbis Biblicus et Orientalis. Freiburg, Schweiz. |
| OBS | Speiser E.A. Oriental and Biblical Studies. Philadelphia, 1967. |
| OLP | Orientalia Lovaniensia Periodica. Leuven. |
| OLZ | Orientalische Literaturzeitung. Berlin. |
| PEQ | Palestine Exploration Quarterly. London. |
| PHLHB | pirsumê haḥebrā lĕḥēḳer hamiḳrāʾ bĕyiśrāʾēl. Jerusalem. |
| PPS | Priests, Prophets and Scribes. Essays on the Formation and Heritage of Second Temple Judaism in Honour of J. Blenkinsopp. Sheffield, 1992. (JSOT Supplement Series 149). |
| PS | Palestinskij sbornik. Moskau – Leningrad. |
| RB | Revue biblique. Paris. |
| Saec. | Saeculum. Jahrbuch für Universalgeschichte. München. |

| STS 1 | Second Temple Studies 1. Persian Period. Sheffield, 1991 (JSOT Supplement Series 117). |
| STS 2 | Second Temple Studies 2. Temple Community in the Persian Period. Sheffield, 1994 (JSOT Supplement Series 175). |
| TaI | Tradition and Interpretation. Essays by Members of the Society for Old Testament Study, Oxford, 1979. |
| ThLZ | Theologische Literaturzeitung. Leipzig. |
| ThQ | Theologische Quartalschrift. Tübingen. |
| ThZ | Theologische Zeitschrift. Basel. |
| VDI | Vestnik drevnej istorii. Moskau. |
| VT | Vetus Testamentum. Leiden. |
| VuH | Verbannung und Heimkehr. Beiträge zur Geschichte und Theologie Israels im 6. und 5. Jahrhundert v.Chr. Wilhelm Rudolph zum 70. Geburtstag dargebracht. Tübingen, 1961. |
| WO | Die Welt des Orients. Wissenschaftliche Beiträge zur Kunde des Morgenlandes. Göttingen. |
| ZAW | Zeitschrift für die alttestamentliche Wissenschaft. Berlin – New York. |
| ZDPV | Zeitschrift des Deutschen Palästina-Vereins. Wiesbaden. |

# Register der Bibelstellen

**Genesis**

| | |
|---|---|
| 1,26 | 170 |
| 28 | 168, 170 |
| 2,9 | 171 |
| 3,22 | 171 |
| 4,11ff. | 168 |
| 5,1ff. | 122 |
| 6,9ff. | 122 |
| 10 | 18 |
| 1 | 146 |
| 20 | 146 |
| 11,1 | 28 |
| 1-9 | 18 |
| 9 | 21 |
| 15,9 | 238 |
| 18 | 99 |
| 25,10 | 178 |
| 36,1 | 146 |
| 9 | 146 |
| 37,8 | 212 |
| 49,30 | 178 |

**Exodus**

| | |
|---|---|
| 22,20 | 199 |
| 23,9 | 199 |
| 25,9 | 234 |
| 40 | 234 |
| 25-40 | 12 |
| 34, 11-16 | 46 |
| 27 | 99 |

**Leviticus**

| | |
|---|---|
| 8-9 | 12 |
| 16,29 | 199 |
| 17-26 | 12 |
| 18,26 | 199 |
| 19,34 | 72, 199 |
| 24,11 | 92 |
| 25, 11-13 | 69 |
| 26,19 | 17 |

**Numeri**

| | |
|---|---|
| 16,30ff. | 168 |
| 21,14 | 122 |
| 33,51ff. | 47 |

**Deuteronomium**

| | |
|---|---|
| 4,16 | 234 |
| 17 | 234 |
| 18 | 234 |
| 7,3ff. | 46 |
| 15,1-3 | 69 |
| 22,5 | 193 |

**Josua**

| | |
|---|---|
| 6,19 | 17 |
| 8,31 | 228 |
| 32 | 228 |
| 12,2 | 212 |
| 24,2ff. | 262 |
| 6 | 263 |
| 32 | 178 |

**Judicum**

| | |
|---|---|
| 11,30ff. | 238 |
| 20,16 | 138 |
| 20 | 134 |

**Samuel I**

| | |
|---|---|
| 1,3ff. | 235 |
| 4ff. | 238 |
| 2,27ff. | 242 |
| 3,4 | 242 |
| 21ff. | 243 |
| 7,4ff. | 243, 256 |
| 18ff. | 256 |
| 8, 1-20 | 213 |
| 9,1-10,27 | 220 |
| 13,1ff. | 235 |
| 15,27ff. | 244 |
| 16, 1-13 | 220 |
| 17,2 | 134 |
| 18,4 | 138 |

| | |
|---|---|
| 25 | 125 |
| 28,6ff. | 125 |
| 29,4 | 250 |
| 31 | 159 |

**Samuel II**

| | |
|---|---|
| 2 | 220, 285 |
| 2,8-3,1 | 124 |
| 3,6-4,12 | 124 |
| 4 | 285 |
| 5,3ff. | 218, 263 |
| 7 | 216 |
| 10 | 254 |
| 18 | 248 |
| 21 | 130, 204 |
| 6, 1-11 | 135 |
| 7, 1-29 | 85 |
| 2-17 | 136 |
| 3 | 127 |
| 4ff. | 220, 257 |
| 6 | 262 |
| 8 | 127, 136, 254 |
| 12 | 213, 219 |
| 13 | 130, 136, 213 |
| 14 | 219 |
| 15 | 230 |
| 27 | 254 |
| 8,17 | 73 |
| 18 | 227 |
| 11,2ff. | 20, 124 |
| 12,27 | 155 |
| 13,1ff. | 125 |
| 19,23 | 250 |
| 23, 8-39 | 142 |
| 13 | 248 |
| 24-25 | 227 |
| 24,1ff. | 250 |
| 13 | 127 |
| 18-25 | 130, 177 |
| 22 | 171 |
| 25 | 177 |

| Regum I | | 15,7 | 149 | Jesaja | |
|---|---|---|---|---|---|
| 1,5ff. | 285 | 8 | 148, 225 | 2,10 | 140 |
| 11ff. | 244 | 17,5ff. | 244 | 21 | 140 |
| 2,3 | 228 | 10ff. | 125 | 13,13 | 170 |
| 35 | 73 | 18,1ff. | 125 | 28,15 | 246 |
| 46 | 213 | 19ff. | 244 | 24-25 | 18 |
| 3,4ff. | 208 | 36 | 137 | 38, 1-22 | 258 |
| 5ff. | 256, 257, 258 | 22,2ff. | 127, 243 | 40-55 | 8 |
| 6 | 230 | 6ff. | 244 | 40,22 | 170 |
| 14 | 228 | | | 42,1-9 | 8 |
| 5,13 | 172 | Regum II | | 44,1 | 289 |
| 17 | 225 | 2,11ff. | 257 | 45,1ff. | 26 |
| 27 | 199 | 8,25 | 197, 209 | 48,1ff. | 111 |
| 6-8 | 85 | 28-29 | 157 | 49, 1-6 | 8 |
| 6,7 | 17 | 40 | 260 | 14 | 48 |
| 24ff. | 171 | 44 | 260 | 56-66 | 8 |
| 7,13ff. | 204 | 9,2ff. | 244 | 56,7 | 48 |
| 23ff. | 170 | 27 | 196 | 65,17 | 170 |
| 8,1 | 73 | 11,1-3 | 157 | | |
| 5 | 205 | 4ff. | 73, 205, 236, | Jeremia | |
| 21 | 262 | | 241 | 1,2 | 7 |
| 27 | 168 | 12 | 218 | 18 | 73 |
| 30 | 170, 171 | 14 | 221 | 3,21-22 | 134 |
| 34-35 | 263 | 14,5 | 213 | 4,23ff. | 170 |
| 62-63 | 227 | 19 | 221 | 6,23 | 134 |
| 9,25 | 239 | 15,19 | 213 | 10,1 | 289 |
| 11,11 | 213 | 16,3 | 204 | 12 | 170 |
| 11-13 | 214 | 4 | 171 | 20,1 | 80 |
| 13 | 213 | 17 | 103 | 21,1 | 80 |
| 17 | 259 | 13 | 134 | 24,1 | 37 |
| 29ff. | 220, 243, 244 | 19,35 | 250 | 25,3 | 7 |
| 29-39 | 246 | 20, 1-11 | 246, 258 | 26, 20-23 | 36 |
| 30ff. | 244 | 20-21 | 197 | 27-29 | 7 |
| 30-39 | 214 | 23,6-25,30 | 11 | 28-29 | 50 |
| 31 | 243 | 23,2 | 73 | 28,2ff. | 50 |
| 41 | 122 | 29-30 | 159 | 11ff. | 50 |
| 12,21-14,29 | 157 | 31 | 209 | 29 | 111 |
| 12,6ff. | 201 | 24,1ff. | 264 | 1 | 43 |
| 15 | 246 | 10-16 | 125 | 5ff. | 50 |
| 22ff. | 246 | 12ff. | 37 | 7 | 45 |
| 22-24 | 137 | 15ff. | 40, 42 | 10 | 50 |
| 23 | 130, 207 | 25,1ff. | 35 | 11 | 49 |
| 31 | 73 | 11ff. | 37 | 22ff. | 50 |
| 13,1ff. | 244 | 12 | 43 | 33,4ff. | 51 |
| 11ff. | 243 | 22 | 40 | 34,1 | 212 |
| 18ff. | 257 | 22-26 | 36, 125 | 19 | 73 |
| 14,2ff. | 243 | 25 | 41 | 35,2ff. | 22 |
| 26-27 | 178 | 27 | 42 | 39,1ff. | 35 |
| 29 | 149 | 27-30 | 40, 42, 125 | 9 | 37 |
| 30 | 157 | | | 10 | 43 |

| | |
|---|---|
| 40,5 | 40, 41 |
| 6 | 36, 41 |
| 10 | 35 |
| 11ff. | 41 |
| 40,5-43,13 | 7 |
| 41,2ff. | 41 |
| 10 | 41 |
| 16 | 41 |
| 42,15 | 41 |
| 19 | 41 |
| 44 | 7 |
| 50,4ff. | 51 |
| 28 | 51 |
| 52 | 7 |
| 10ff. | 37 |
| 16 | 43, 67 |

**Ezechiel**

| | |
|---|---|
| 1,2 | 42 |
| 4,13 | 49 |
| 8,1 | 43 |
| 3 | 234 |
| 10 | 234 |
| 11,1ff. | 111 |
| 13,5 | 96 |
| 14,1 | 43 |
| 18,20 | 24 |
| 22,3ff. | 22 |
| 28,2 | 140 |
| 37,11 | 49 |
| 40-48 | 7, 51, 68, 72, 217 |
| 44,6ff. | 73 |
| 23 | 75 |
| 45,1ff. | 67 |
| 5 | 68 |
| 7ff. | 68, 73 |
| 47,22 | 72 |
| 48,14 | 68, 70 |
| 20 | 68 |
| 29 | 68 |

**Amos**

| | |
|---|---|
| 4,13 | 168 |
| 5, 4-5 | 134 |
| 7,12 | 246 |

**Obadia**

| | |
|---|---|
| 6ff. | 46, 51 |
| 13 | 38 |

**Micha**

| | |
|---|---|
| 1,3 | 170 |
| 3,7 | 246 |
| 4,4 | 18 |
| 7,11 | 96 |

**Haggai**

| | |
|---|---|
| 1,1 | 60, 90, 91 |
| 2,2 | 60, 90, 91 |
| 4 | 110 |
| 11 | 75 |
| 21 | 90 |

**Sacharia**

| | |
|---|---|
| 1-8 | 10, 89 |
| 2,15 | 110 |
| 3,1ff. | 60 |
| 4,9ff. | 91 |
| 6,9 | 108 |
| 7,5 | 110 |
| 8,7 | 110 |
| 8 | 110 |
| 9-14 | 9 |

**Psalmi**

| | |
|---|---|
| 2,7 | 219 |
| 3,2 | 24 |
| 27,13 | 168 |
| 80,13 | 96 |
| 89,21ff. | 51 |
| 27-28 | 219 |
| 96, 1-13 | 136 |
| 103,22 | 212 |
| 104,2 | 170 |
| 16 | 171 |
| 105, 1-15 | 8, 136 |
| 6 | 206 |
| 8 | 259 |
| 10 | 259 |
| 15 | 218 |
| 106,1 | 8, 136 |
| 47-48 | 136 |
| 114,2 | 212 |
| 115,16 | 168 |
| 126 | 8 |
| 132,10 | 218 |
| 137 | 8 |

**Iob**

| | |
|---|---|
| 1,3 | 71 |

**Proverbia**

| | |
|---|---|
| 16,11 | 82 |

**Ruth**

| | |
|---|---|
| 2,3ff. | 71 |
| 4,2 | 82 |
| 9-10 | 69 |
| 11 | 82 |
| 13ff. | 28 |

**Ecclesiastes**

| | |
|---|---|
| 2,7 | 71 |

**Threni**

| | |
|---|---|
| 1,1ff. | 35 |
| 2,5ff. | 35 |
| 3,8 | 48 |
| 29 | 49 |
| 4,21ff. | 46, 51 |
| 5,2 | 38, 40 |
| 20 | 48 |

**Esther**

| | |
|---|---|
| 1,13 | 190 |
| 9,27ff. | 111 |
| 10,3 | 51 |

**Daniel**

| | |
|---|---|
| 3,12 | 95 |
| 14 | 95 |
| 6,17 | 95 |
| 29 | 51 |
| 7,23 | 26 |
| 11,3 | 212 |
| 5 | 212 |

**Esra**

| | |
|---|---|
| 1-6 | 89, 90 |
| 1-7 | 104 |
| 1,1-6,22 | 85f. |
| 1,1 | 54, 150 |
| 1-3 | 150, 273 |
| 2 | 104, 112 |
| 2-4 | 54, 104 |
| 3 | 54, 55, 110 |
| 5 | 74, 77 |
| 8 | 90 |
| 8-11 | 91 |
| 11 | 55 |

| 2 | 55, 56, 57, 58, 61, 62, 63, 64, 71, 78 | 8 | 91 | 3 | 82 |
|---|---|---|---|---|---|
| 1 | 55, 62, 81, 108, 112 | 9 | 104, 170 | 4 | 115 |
| | | 12 | 104 | 6 | 112 |
| 2 | 55, 91 | 13 | 90 | 10 | 110 |
| 2-67 | 61 | 14 | 91 | 2,2 | 112, 115 |
| 3-19 | 77 | 18ff. | 74 | 3ff. | 55, 115 |
| 20-35 | 56 | 20 | 108 | 10 | 104 |
| 21-22 | 279 | 21 | 58 | 12ff. | 115 |
| 43-58 | 73 | 7, 1-5 | 45, 114 | 15 | 115 |
| 59 | 108 | 6 | 94, 112 | 17ff. | 115 |
| 59-60 | 77, 79 | 7 | 59 | 19 | 104 |
| 60 | 80 | 10 | 112 | 3 | 45, 82, 97 |
| 61 | 62 | 11 | 94 | 1ff. | 114 |
| 63 | 89, 90 | 12-26 | 93, 104 | 2 | 58 |
| 64 | 63 | 12 | 76, 94 | 5 | 65 |
| 64-67 | 71 | 13 | 74 | 7 | 58 |
| 68 | 77 | 14 | 94 | 8 | 19 |
| 70 | 81, 110 | 21 | 104 | 12 | 97 |
| 3 | 45 | 23 | 95 | 14 | 80, 279 |
| 1-3 | 85 | 25 | 95 | 16 | 97 |
| 2 | 60, 91, 112 | 28 | 115 | 23 | 69 |
| 8ff. | 60, 74, 108 | 8 | 62, 78 | 31 | 20 |
| 10 | 112 | 1ff. | 55, 77, 115 | 31-32 | 82 |
| 4,1 | 107 | 1-14 | 62 | 4,1ff. | 104, 106 |
| 2 | 103 | 2ff. | 74, 114 | 2 | 106 |
| 2-3 | 77, 114 | 9 | 78 | 3 | 115 |
| 4 | 107 | 10 | 92 | 4 | 79 |
| 7 | 103 | 16 | 92 | 5 | 107 |
| 8 | 90, 103 | 18 | 75 | 6 | 66 |
| 9 | 90, 103 | 20 | 98 | 7 | 79, 98 |
| 9-10 | 103 | 22 | 107, 115 | 10 | 98 |
| 12-13 | 82, 83 | 23 | 115 | 16 | 79 |
| 14 | 103 | 24 | 98 | 17 | 115 |
| 17 | 103 | 29 | 98, 112 | 5 | 69 |
| 23 | 74, 103 | 31 | 115 | 1ff. | 68, 110, 113 |
| 5,2 | 60, 91 | 9-10 | 64, 153 | 7ff. | 69, 115 |
| 5 | 91 | 9,1 | 112 | 8ff. | 69, 107, 113 |
| 6 | 90, 91 | 3 | 115 | 9 | 107 |
| 8 | 62 | 9 | 96 | 10 | 98 |
| 9 | 91 | 10,1ff. | 64, 115 | 13 | 109 |
| 11 | 104, 112, 170 | 6 | 60 | 14 | 96 |
| 14 | 90 | 9 | 113 | 15-16 | 42, 98 |
| 16 | 91 | 14 | 83, 109 | 17 | 66, 101, 107 |
| 17-22 | 104 | 15 | 114 | 6,1 | 104, 107 |
| 6, 3-5 | 54, 104 | 16 | 77, 79 | 2ff. | 106 |
| 6 | 91 | | | 6-7 | 106 |
| 6-12 | 104 | Nehemia | | 11 | 115 |
| 7 | 89, 90, 91 | 1-2 | 111 | 17 | 98 |
| | | 1,1 | 115 | 17-19 | 105, 106 |
| | | 2ff. | 111, 115 | | |

| 7 | 55, 56, 57, 61, 62, 63, 64, 78 |
|---|---|
| 1-2 | 115 |
| 2-4 | 98 |
| 6 | 55, 62, 81, 108, 112 |
| 7 | 55, 91 |
| 7-69 | 61 |
| 8-24 | 77 |
| 25-38 | 56 |
| 26 | 279 |
| 46-60 | 73 |
| 61 | 108 |
| 61-62 | 77, 79 |
| 62 | 80 |
| 63 | 62 |
| 65 | 89, 90 |
| 66 | 63 |
| 66-68 | 71 |
| 70 | 77, 89, 90 |
| 72 | 81, 110 |
| 8-9 | 153 |
| 8, 2-3 | 288 |
| 7-8 | 75 |
| 9 | 76 |
| 9,1-2 | 112 |
| 6ff. | 262 |
| 9-21 | 280 |
| 23-25 | 280 |
| 29-30 | 281 |
| 36 | 70 |
| 10,1 | 99 |
| 2ff. | 114 |
| 23 | 69 |
| 28 | 100 |
| 32 | 82 |
| 35 | 79, 110 |
| 38 | 83 |
| 11 | 142 |
| 1 | 65 |
| 1-20 | 282, 283 |
| 2 | 284 |
| 3 | 62, 69, 84, 283 |
| 3-4 | 283 |
| 3-19 | 143, 273 |
| 4 | 113, 282 |
| 4-22 | 64 |
| 12 | 79, 80 |
| 13 | 77, 79, 283 |
| 20 | 69 |

| 25-36 | 65 |
|---|---|
| 32 | 69 |
| 12, 10-11 | 60 |
| 12 | 77 |
| 22 | 77 |
| 23 | 77 |
| 26 | 60 |
| 13 | 64 |
| 4ff. | 87 |
| 4-8 | 105 |
| 8ff. | 115 |
| 11 | 98 |
| 13 | 76 |
| 15ff. | 19, 82 |
| 23 | 104, 113 |
| 24 | 113 |
| 28 | 105 |
| 31 | 115 |

Chronica I

| 1-8 (9) | 141, 146, 204, 255, 272, 282 |
|---|---|
| 1,1 | 18, 173, 185 |
| 1-27 | 142 |
| 1-42 | 146, 147 |
| 10 | 168 |
| 28-42 | 142 |
| 29 | 147 |
| 43ff. | 188, 204 |
| 43-54 | 142, 145 |
| 2-8 | 143 |
| 2, 3-55 | 146 |
| 10 | 217 |
| 23 | 197 |
| 54-55 | 280 |
| 55 | 19, 196 |
| 3, 1-24 | 146, 280 |
| 19 | 92 |
| 4, 1-23 | 146 |
| 14 | 196 |
| 22 | 272 |
| 23 | 196 |
| 24-43 | 145 |
| 31 | 146 |
| 32 | 198 |
| 33 | 194, 198 |
| 38 | 184 |
| 39-40 | 224 |
| 40 | 188 |

| 41 | 146, 153, 184, 270, 272 |
|---|---|
| 42 | 169 |
| 43 | 146, 270 |
| 5, 1-10 | 145 |
| 6 | 217 |
| 7 | 194 |
| 9 | 169 |
| 9-10 | 224 |
| 10 | 146 |
| 11-17 | 145 |
| 13 | 195 |
| 15 | 195 |
| 17 | 271 |
| 18ff. | 223 |
| 21 | 184 |
| 23 | 169 |
| 23-26 | 145, 224 |
| 24 | 185 |
| 25 | 256, 257 |
| 26 | 146, 270, 272 |
| 27-41 | 146 |
| 39-41 | 174 |
| 40 | 172 |
| 6, 1-15 | 146 |
| 16-32 | 145 |
| 17 | 188 |
| 35-38 | 146 |
| 39 | 197 |
| 41 | 198 |
| 63 | 169 |
| 7, 1-5 | 145 |
| 2 | 195, 199, 271 |
| 4 | 195 |
| 5 | 199 |
| 6-12 | 145 |
| 9 | 194, 195 |
| 13 | 146 |
| 20-29 | 145 |
| 30-40 | 145 |
| 8, 1-40 | 146 |
| 8-28 | 145, 146 |
| 28 | 194 |
| 38 | 184 |
| 40 | 199 |
| 9,1 | 122, 283 |
| 1-34 | 142, 143, 273, 282, 284 |
| 2 | 283 |
| 2-3 | 283 |

| | | | | | |
|---|---|---|---|---|---|
| 3 | 63 | 5 | 215 | 18, 1-14 | 157 |
| 9 | 218 | 6 | 208 | 7 | 178 |
| 11 | 218 | 14,1 | 171 | 10 | 178 |
| 20 | 218 | 2 | 192, 206, 213 | 11 | 203 |
| 22 | 246 | 8ff. | 223 | 14 | 206, 230 |
| 32 | 170, 237, 249 | 8-12 | 157 | 16ff. | 242 |
| 44 | 184 | 12 | 204 | 17 | 227, 283 |
| 10 | 213 | 9 | 248 | 19,1-20,3 | 157 |
| 13 | 261 | 17 | 224 | 19,1ff. | 224 |
| 13-14 | 159, 224 | 21 | 130 | 2 | 250 |
| 11,2 | 206, 218, 220 | 15,1-16,6 | 157 | 7 | 206 |
| 3 | 201, 218, 263 | 15,1-24 | 135 | 8 | 224 |
| 5 | 197, 216 | 2 | 206, 242 | 11 | 206 |
| 9 | 254 | 3ff. | 208, 216 | 20,1 | 155 |
| 10 | 213, 263 | 4-24 | 142, 145 | 5 | 171 |
| 10-41 | 142 | 6 | 153 | 21,1ff. | 250 |
| 10-47 | 142, 145 | 13 | 136, 229 | 2 | 215 |
| 13ff. | 174, 206, 223 | 16-24 | 242 | 3 | 199 |
| 15 | 248 | 25 | 189, 192, 201 | 8ff. | 193 |
| 16ff. | 174 | 16,1 | 188 | 12 | 127, 187, 215 |
| 17ff. | 193 | 4-6 | 135, 188 | 14 | 187 |
| 19 | 184 | 7-36 | 135, 136 | 16 | 168, 171, 188, 201 |
| 42-47 | 142 | 11 | 186 | 17 | 192 |
| 11,10-12,39 | 157 | 12 | 136 | 18-26 | 130, 177 |
| 12, 1-22 | 133, 142, 145 | 13 | 206 | 23 | 171 |
| 1ff. | 179 | 14 | 136 | 25 | 177 |
| 2 | 134, 168 | 15 | 259 | 26 | 227, 238 |
| 9 | 169, 172 | 17 | 259 | 28 | 269 |
| 9-16 | 134 | 22 | 218 | 29 | 169, 235, 269 |
| 18 | 134, 193, 225, 257 | 27 | 186 | 22, 1-19 | 136 |
| 19 | 135, 225, 246, 249 | 33 | 188 | 2 | 199 |
| 20 | 199 | 36 | 206 | 2-5 | 157 |
| 20-23 | 134 | 37-42 | 135 | 3ff. | 234 |
| 23 | 134 | 39 | 235 | 5 | 201 |
| 24 | 134, 213, 263 | 40 | 153 | 7 | 136, 188, 192, 235, 254 |
| 24-39 | 142, 145 | 17,1 | 171, 192, 256 | 7-10 | 226 |
| 24-41 | 133, 134 | 2-15 | 136 | 7-16 | 155 |
| 25 | 134 | 3ff. | 152, 256, 257 | 8 | 136 |
| 28 | 219 | 5 | 262 | 9 | 225 |
| 31-38 | 134 | 7ff. | 127, 136, 220, 254 | 10 | 136, 268 |
| 33 | 190 | 8 | 184 | 11ff. | 178 |
| 39 | 185, 205 | 10 | 204 | 12 | 228 |
| 13,1 | 192, 208, 218 | 11 | 213 | 14 | 178, 189 |
| 1-14 | 157 | 12 | 130 | 15 | 190 |
| 2 | 205, 208, 216 | 13 | 219 | 17-19 | 155 |
| 2-3 | 155 | 14 | 213 | 19 | 184 |
| 3 | 271 | 16 | 188, 192, 256 | 23-26 | 137, 141, 142, 145, 157 |
| 4 | 205 | 17 | 185 | | |
| | | 24 | 184, 254 | | |

| | | | | | |
|---|---|---|---|---|---|
| 23,2ff. | 242 | 2ff. | 168, 234 | 3,1ff. | 169, 234 |
| 3-24 | 145 | 7 | 177 | 6 | 168 |
| 11 | 195 | 8 | 168 | 11ff. | 171, 248 |
| 13 | 188, 238, 256, 268 | 9 | 192 | 12 | 248 |
| | | 10ff. | 239, 268 | 4,2ff. | 170 |
| 14 | 185 | 11ff. | 173 | 3 | 183 |
| 24 | 195 | 12 | 179, 198 | 5 | 177 |
| 28 | 198 | 14 | 192 | 5,2 | 216 |
| 31 | 237, 256 | 15 | 168, 198 | 2-3 | 216 |
| 24-26 | 241 | 17 | 192 | 3 | 185, 216 |
| 24, 1-19 | 145 | 18 | 257 | 4 | 242 |
| 6 | 153 | 20 | 205 | 6 | 205 |
| 20-30 | 146 | 22 | 136, 189 | 7 | 248 |
| 30 | 195 | 24 | 199 | 9 | 271 |
| 25,1 | 224 | 25 | 213 | 14 | 254 |
| 1-31 | 145 | 28 | 179, 198 | 6,3 | 188, 205 |
| 26, 1-19 | 145 | 29 | 122, 134, 136, 150, 269 | 5 | 185, 206 |
| 6 | 195 | | | 6 | 206 |
| 13-19 | 269 | 30 | 186, 213 | 7 | 188 |
| 14 | 190 | | | 11 | 262 |
| 20-32 | 145 | Chronica II | | 12 | 205 |
| 26 | 224 | 1,1 | 213 | 14 | 188 |
| 29-32 | 142 | 2-3 | 209 | 16 | 228 |
| 30 | 256 | 3 | 169, 205, 235 | 18 | 168, 185 |
| 27, 1-15 | 215 | 5 | 205 | 21ff. | 171 |
| 1-22 | 142, 145 | 6ff. | 238, 239 | 24 | 204 |
| 1-34 | 137, 138 | 7ff. | 152, 193, 256, 257, 258 | 25-26 | 263 |
| 16-22 | 215 | | | 29 | 185 |
| 23 | 171 | 8 | 230 | 30 | 185 |
| 24 | 137, 189 | 9 | 196, 206 | 31 | 260 |
| 25 | 178 | 10 | 190, 191 | 32 | 204 |
| 25-31 | 142, 145, 178 | 11 | 188, 190, 191 | 33 | 235 |
| 26 | 178 | 11-12 | 179 | 34 | 206, 260 |
| 32 | 185 | 15 | 168 | 38 | 184 |
| 28,1-29,9 | 157 | 16 | 196 | 42 | 218 |
| 1 | 199 | 18 | 213, 254 | 7, 1-3 | 254 |
| 1-21 | 136 | 2,2 | 196 | 3 | 268 |
| 2ff. | 158 | 3 | 192, 237 | 4-5 | 227 |
| 2-6 | 226 | 4 | 256 | 6 | 242 |
| 3 | 136, 235, 254 | 6ff. | 178, 191 | 7 | 198 |
| 4ff. | 136, 206, 268 | 7 | 171 | 8 | 269 |
| 5 | 213 | 9 | 171, 177 | 12 | 235 |
| 8 | 205 | 10 | 189 | 13 | 168, 187 |
| 9 | 184, 261 | 11 | 168, 173, 190 | 14 | 260 |
| 11 | 235 | 12ff. | 204 | 8,4 | 169 |
| 12 | 235 | 12-13 | 234 | 8 | 270 |
| 18 | 235 | 13 | 195, 205 | 12 | 256 |
| 19 | 234 | 14 | 199 | 13 | 228, 237, 239 |
| 29,1 | 201, 205, 208 | 15 | 170 | 13-16 | 137 |
| 1-26 | 136 | 16 | 199 | 14ff. | 137, 228 |

| | | | | | |
|---|---|---|---|---|---|
| 15 | 137 | 15 | 185 | 7 | 188, 189 |
| 9,3 | 191 | 16ff. | 139 | 8 | 207 |
| 4 | 249 | 20 | 256, 271 | 9 | 188 |
| 5 | 191 | 22 | 150, 260 | 20,1ff. | 223 |
| 8 | 189, 230 | 14,2-4 | 137 | 1-30 | 138 |
| 14 | 196 | 3 | 137 | 3 | 139, 188 |
| 20 | 271 | 4 | 273 | 4 | 139 |
| 22 | 168, 191, 192 | 5 | 225 | 5ff. | 198, 240 |
| 23 | 188 | 5-6 | 139 | 6ff. | 186, 213, 239 |
| 26 | 215 | 7 | 138 | 10 | 263 |
| 29 | 122, 135, 149, 153, 269 | 8-14 | 138 | 14 | 135, 246 |
| 30 | 197 | 10 | 139, 240 | 15 | 197 |
| 10,6ff. | 193, 201 | 11 | 139, 240 | 17 | 197 |
| 8 | 190 | 12 | 139 | 21 | 193, 268 |
| 13 | 190 | 13 | 189 | 22 | 139 |
| 14 | 190 | 13-14 | 179 | 25ff. | 139, 206 |
| 15 | 246 | 15,1 | 135, 249 | 27ff. | 224 |
| 17 | 207 | 1-8 | 246 | 34 | 122, 138 |
| 11,1ff. | 158, 197, 207 | 3 | 228 | 37 | 246 |
| 2ff. | 246 | 6 | 197 | 21,3 | 178 |
| 2-4 | 137 | 8-15 | 137 | 4 | 196, 207 |
| 3 | 130, 207 | 10 | 213 | 12-15 | 246 |
| 5 | 197 | 12 | 137, 184, 259 | 13 | 196 |
| 5-12 | 139, 142 | 19 | 213 | 15 | 187 |
| 13 | 207 | 16,7 | 135, 150, 246 | 16-19 | 138 |
| 13-17 | 137 | 10 | 193, 240 | 17 | 196 |
| 16 | 206 | 11 | 122, 138 | 18 | 187, 256 |
| 17 | 213, 260 | 12 | 187, 196, 275 | 19 | 187 |
| 21 | 196 | 17,2 | 138 | 22,1 | 197, 209 |
| 12,1 | 186, 213 | 5 | 150, 179, 198 | 5 | 190 |
| 5 | 152 | 6 | 137, 140 | 5-9 | 157 |
| 6 | 230 | 7-9 | 137, 142, 145 | 9 | 196 |
| 7 | 189 | 8-9 | 242 | 10ff. | 158 |
| 8 | 213 | 9 | 228 | 10-12 | 157 |
| 9-10 | 178 | 10 | 140, 189, 213 | 15 | 256 |
| 13 | 184 | 10-12 | 140, 179 | 23,1ff. | 236 |
| 15 | 122, 135, 137, 149, 221 | 12 | 139 | 2 | 77 |
| 13,2 | 221 | 13-19 | 138, 142, 145 | 3 | 205 |
| 2-21 | 138 | 18 | 224 | 11 | 218 |
| 3ff. | 223 | 22 | 256 | 12 | 206 |
| 4 | 153, 207 | 18,1 | 179 | 13 | 221 |
| 4-12 | 214 | 2ff. | 127, 206 | 16 | 206, 259 |
| 5 | 268 | 3 | 206 | 17 | 183 |
| 6 | 199 | 9 | 197 | 18 | 189, 228 |
| 7 | 185, 201 | 18 | 256 | 21 | 225 |
| 8 | 256 | 19,1 | 225 | 24,2 | 276 |
| 12ff. | 139 | 2-3 | 246 | 4ff. | 158 |
| 14 | 139 | 4ff. | 215, 242 | 8 | 197 |
| | | 4-11 | 137 | 9 | 169 |
| | | 6-7 | 155 | 17ff. | 261 |

| | | | | | | | |
|---|---|---|---|---|---|---|---|
| 17-19 | 134, 208 | 5 | 137, 257 | 14 | 139, 226 | | |
| 17-22 | 276 | 5-11 | 155 | 15-17 | 134 | | |
| 20 | 135, 246 | 10ff. | 158, 259 | 18 | 122, 150 | | |
| 21 | 228 | 11 | 256 | 34,3 | 197 | | |
| 22 | 230 | 12-14 | 142, 145 | 3-7 | 137 | | |
| 27 | 122 | 15 | 137, 228 | 5 | 197 | | |
| 25 | 138 | 16ff. | 238 | 9 | 205 | | |
| 3 | 213 | 20ff. | 238 | 21 | 153, 256 | | |
| 4 | 153, 228 | 21ff. | 137, 239 | 29ff. | 201 | | |
| 5-6 | 138 | 23 | 137 | 35,1ff. | 237 | | |
| 7 | 135 | 24 | 137 | 1-13 | 137 | | |
| 11-13 | 138 | 25 | 228 | 1-19 | 236 | | |
| 12 | 174 | 30 | 189 | 2ff. | 137, 238, 242 | | |
| 14 | 134 | 31 | 238 | 3-4 | 155 | | |
| 16 | 190 | 32 | 137 | 7ff. | 239 | | |
| 25 | 186 | 30,1 | 216, 237 | 7-17 | 237 | | |
| 26 | 122, 138, 150 | 1-27 | 137, 237 | 8-9 | 142, 145 | | |
| 27 | 221 | 2 | 208 | 10 | 137 | | |
| 26,6-8 | 138 | 7 | 257 | 10-16 | 137 | | |
| 8 | 184 | 10 | 237 | 18 | 237 | | |
| 9 | 197 | 13 | 237 | 20ff. | 275 | | |
| 9-10 | 139, 178 | 16 | 137, 228 | 20-25 | 138, 159 | | |
| 10 | 174, 196 | 19 | 257 | 21 | 250 | | |
| 11-14 | 138 | 20 | 240 | 22 | 261 | | |
| 14-15 | 179 | 22 | 137, 190 | 27 | 122, 137, 150 | | |
| 15 | 139, 179, 184 | 26 | 237 | 36,1 | 209 | | |
| 16 | 186 | 31,2 | 137 | 4 | 196 | | |
| 16-21 | 134, 227, 275 | 2-21 | 137 | 6-7 | 138 | | |
| 18 | 238 | 8 | 206 | 11ff. | 275 | | |
| 19 | 187 | 10 | 206 | 12-13 | 264 | | |
| 21 | 186, 200, 261 | 12-19 | 142, 145 | 15 | 257 | | |
| 22 | 150 | 16 | 137 | 16 | 256 | | |
| 27,2 | 206 | 32,1 | 159 | 20 | 200 | | |
| 3-4 | 139 | 1-4 | 138 | 21 | 125 | | |
| 5 | 138 | 5 | 139 | 22-23 | 150, 249, 273 | | |
| 6 | 140, 260 | 6 | 197 | | | | |
| 7 | 122 | 6-8 | 138 | Esra III | | | |
| 28,3 | 204 | 19 | 256 | 3,1-4,63 | 14 | | |
| 4 | 171 | 21 | 188, 250 | 9,1 | 60 | | |
| 5-8 | 138 | 23 | 179 | | | | |
| 6ff. | 224 | 24 | 240, 246, 258 | Judith | | | |
| 9 | 224 | 25-26 | 140 | 4,6ff. | 87 | | |
| 9-15 | 158, 246 | 25-31 | 140 | 8 | 100, 101 | | |
| 10 | 200 | 26 | 256 | 6,16 | 82 | | |
| 12ff. | 208, 224 | 27 | 179 | 7,2ff. | 83 | | |
| 14 | 205 | 29 | 256 | 8,7 | 71 | | |
| 17 | 138 | 33 | 197 | 15,8 | 100, 101 | | |
| 25 | 197 | 32,10-11 | 138 | 16,24 | 69 | | |
| 26 | 260 | 12ff. | 134, 257, 261, 276 | | | | |
| 29,30-30,27 | 236 | | | Ben Sira | | | |
| 29,3-36 | 137 | 13 | 256 | 26,27 | 82 | | |